Fausto Arnaud Sampaio

Licenciado em Matemática pela Universidade Estadual de Campinas (Unicamp-SP)

Especialista em Educação Matemática pela Universidade Estadual de Campinas (Unicamp-SP)

Professor da rede particular de ensino

Jornadas.mat 9

Matemática

Editora Saraiva

Dados Internacionais de Catalogação na Publicação (CIP)
(Câmara Brasileira do Livro, SP, Brasil)

Sampaio, Fausto Arnaud
Jornadas.mat : matemática, 9º ano : ensino fundamental / Fausto Arnaud Sampaio. -- 3. ed. -- São Paulo : Saraiva, 2016.

Suplementado pelo manual do professor.
Bibliografia.
ISBN 978-85-472-0006-0 (aluno)
ISBN 978-85-472-0007-7 (professor)

1. Matemática (Ensino fundamental) I. Título.

15-08290 CDD-372.7

Índice para catálogo sistemático:
1. Matemática : Ensino fundamental 372.7

Gerente editorial M. Esther Nejm
Editor responsável Viviane Carpegiani
Editores Juliana Grassmann dos Santos, Julio Cesar Augustus de Paula Santos, Luis Felipe Porto Mendes, Marcela Maris, Rani de Oliveira e Souza
Coordenador de revisão Camila Christi Gazzani
Revisores Ana Maria Marson, Carol Gama, Diego Carbone, Kátia Lopes Godoi
Produtor editorial Roseli Said
Coordenador de iconografia Cristina Akisino
Pesquisa iconográfica Cristiano Rogério Vieira
Licenciamento de textos Érica Brambila, Carolina Carmini
Gerente de artes Ricardo Borges
Coordenador de artes Narjara Lara Bush Bastos
Design Casa Paulistana de Comunicação
Capa Sérgio Cândido com imagem de Thinkstock/Getty Images
Diagramação Alexandre Miasato Uehara, Edson Yamamoto
Edição de arte Regiane de Paula Santana
Assistente Camilla Felix Cianelli
Ilustrações BIS, Dawidson França, Edel, Estúdio Mil, Estúdio Lab 307, Estúdio Mil, Luiz Fernando Rubio, Quanta Estúdio, Sidnei Moura
Cartografia Sonia Vaz
Tratamento de imagens Emerson de Lima
Produtor gráfico Thais Mendes Petruci Galvão
605642.003.001 **Impressão e acabamento** Bercrom Gráfica e Editora

Editora Saraiva
SAC 0800-0117875
De 2ª a 6ª, das 8hs às 18hs
www.editorasaraiva.com.br/contato

Avenida das Nações Unidas, 7221 – 1º andar – Setor C – Pinheiros – CEP 05425-902

APRESENTAÇÃO

Caro aluno,

A Matemática é parte da cultura humana e tem uma história de milhares de anos.

Ela contribui para a formação cidadã e o desenvolvimento do raciocínio lógico – crucial para o exercício de qualquer atividade humana.

Além disso, a Matemática oferece ferramentas para as ciências investigarem os mais diversos fenômenos, contribuindo direta ou indiretamente para o avanço tecnológico. Há cerca de 80 anos, por exemplo, os matemáticos Alan Turing (1912-1954) e Alonzo Church (1903-1995) estabeleceram as bases teóricas sobre as quais se fundamentam a computação, antecipando-se à construção do primeiro computador em quase 10 anos! Observe o mundo à sua volta e avalie o impacto dos computadores em nossa sociedade e em seu cotidiano.

A Matemática é a base sobre a qual se apoiam as ciências aplicadas: pense em qualquer aparelho eletrônico de seu dia a dia (DVD, rádio, televisor, computador, telefone celular etc.) e poderá verificar que todos incorporam princípios científicos que, em última análise, dependem da Matemática para sua compreensão.

Com o estudo da Matemática, você pode descobrir a resposta para diferentes perguntas, por exemplo: "Como os números são escritos nos computadores? Como é possível calcular a altura de um prédio com um transferidor e uma trena? Por que devemos ser cautelosos com as conclusões de pesquisas divulgadas na mídia?", dentre muitas outras questões.

Esperamos que esta coleção de Matemática:

- proporcione a você um caminho de buscas e investigação;
- favoreça seu desenvolvimento visando à formação de um cidadão consciente de seu papel na sociedade;
- possibilite a você reconhecer a importância da Matemática para a compreensão da "sociedade da informação" em que vivemos; e
- incentive sua atuação na construção do futuro de nosso país.

Um grande abraço,

Autor e equipe editorial

CONHEÇA SEU LIVRO

Este livro está organizado em oito unidades. O desenvolvimento dos temas foi distribuído em diferentes seções, cada uma com finalidade específica.

Abertura de unidade

Cada unidade é iniciada com uma dupla de páginas que apresenta um tema relacionado ao conteúdo em estudo.
As situações apresentadas contêm textos e imagens que motivam uma discussão inicial, proposta por meio de questões no boxe **Trocando ideias.**

UNIDADE 3

Proporcionalidade e semelhança

Representação gráfica em Arquitetura e Urbanismo

Tradicionalmente, os instrumentos de representação mais utilizados por arquitetos eram, entre outros, o papel e o lápis, modelos tridimensionais, também confeccionados com papel, e fotografias. No entanto, nas últimas décadas do século passado, a incorporação dos computadores no cotidiano desses profissionais ampliou as possibilidades de representação gráfica. Contudo, no ofício de arquiteto a grande base de expressão recorrente é o desenho.

[...]

Planta baixa de uma casa feita à mão.

[...]

Na Antiguidade Grega, Mesopotâmica ou Egípcia, os métodos de projeto eram realizados na escala 1 : 1, e só na época helenística é que surgem os primeiros croquis em escala reduzida. Ao que parece, o desenho mais antigo que se tem notícia é uma planta da cidade suméria de Girsu (2350 a.C.). Na verdade, foi com as teorias e compilações de Vitrúvio que o desenho começou a adquirir maior importância na atividade do arquiteto, mesmo que ainda com pouca distinção entre os problemas matemáticos e geométricos [...].

Frederico Braida; Antonio Colchete Filho; Patrícia Maya – Monteiro. Inovações tecnológicas na Arquitetura e Urbanismo: desafios para a prática projetual. Disponível em: <http://www.ufjf.br/frederico_braida/files/2011/02/2006_Inova%C3%A7%C3%B5es-tecnol%C3%B3gicas-na-Arquitetura.pdf>. Acesso em: 23 abr. 2015.

Vitrúvio: foi um arquiteto e engenheiro romano, que viveu no século I a.C.

Planta baixa elaborada com auxílio de um programa de computador. Atualmente, há *softwares* que possibilitam a representação em 3D.

TROCANDO IDEIAS

1. De acordo com o texto, em que época surgiram os primeiros croquis em escala reduzida? Você sabe o que isso significa?
2. Observe o dormitório que aparece na planta desenhada com uso de *software*. Qual é a medida real do comprimento desse cômodo? E a da largura? Use uma calculadora para dividir a medida real do comprimento desse cômodo pela medida da largura. Registre o resultado em seu caderno.
3. Use uma régua para medir a parte interna do dormitório que aparece na planta desenhada com uso de *software*. Quantos centímetros ele tem de comprimento? E de largura? Use uma calculadora e divida a medida de comprimento que você obteve pela medida da largura. Depois, compare com a resposta da atividade **2**.
4. Pesquise sobre os *softwares* utilizados na produção de desenhos técnicos e arquitetônicos e descubra quais são as vantagens oferecidas por esse tipo de programa computacional. Depois, compartilhe as informações encontradas com os colegas e o professor.

Nesta unidade você vai saber mais sobre...
- Razão e proporção entre segmentos
- Teorema de Tales
- A ideia de semelhança
- Semelhança de triângulos

Apresenta os principais conteúdos que serão trabalhados e desenvolvidos na unidade.

Enigma

Em todas as unidades desta coleção, após a abertura, é proposta uma situação-problema que denominamos **Enigma**, cujo objetivo é utilizar os conceitos explorados na unidade para resolvê-la.

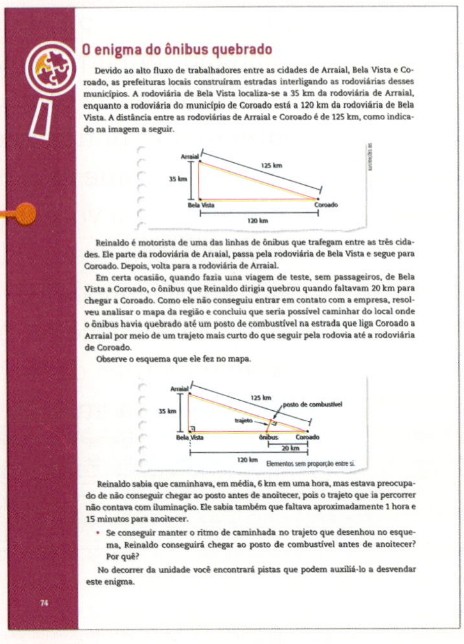
O enigma do ônibus quebrado

Devido ao alto fluxo de trabalhadores entre as cidades de Arraial, Bela Vista e Coroado, as prefeituras locais construíram estradas interligando as rodoviárias desses municípios. A rodoviária de Bela Vista localiza-se a 35 km da rodoviária de Arraial, enquanto a rodoviária do município de Coroado está a 120 km da rodoviária de Bela Vista. A distância entre as rodoviárias de Arraial e Coroado é de 125 km, como indicado na imagem a seguir.

Reinaldo é motorista de uma das linhas de ônibus que trafegam entre as três cidades. Ele parte da rodoviária de Arraial, passa pela rodoviária de Bela Vista e segue para Coroado. Depois, volta para a rodoviária de Arraial.

Em certa ocasião, quando fazia uma viagem de teste, sem passageiros, de Bela Vista a Coroado, o ônibus que Reinaldo dirigia quebrou quando faltavam 20 km para chegar a Coroado. Como ele não conseguiu entrar em contato com a empresa, resolveu analisar o mapa da região e concluiu que seria possível caminhar do local onde o ônibus havia quebrado até um posto de combustível na estrada que liga Coroado a Arraial por meio de um trajeto mais curto do que seguir pela rodovia até a rodoviária de Coroado.

Observe o esquema que ele fez no mapa.

Reinaldo sabia que caminhava, em média, 6 km em uma hora, mas estava preocupado de não conseguir chegar ao posto antes de anoitecer, pois o trajeto que ia percorrer não contava com iluminação. Ele sabia também que faltava aproximadamente 1 hora e 15 minutos para anoitecer.

- Se conseguir manter o ritmo de caminhada no trajeto que desenhou no esquema, Reinaldo conseguirá chegar ao posto de combustível antes de anoitecer? Por quê?

No decorrer da unidade você encontrará pistas que podem auxiliá-lo a desvendar este enigma.

74

Pista 1

Observe novamente o esquema feito por Reinaldo para representar o trajeto entre o local onde o ônibus quebrou e o posto de combustível na rodovia que liga as rodoviárias de Arraial e Coroado.
- Quantos triângulos é possível observar nessa imagem?
- Esses triângulos são semelhantes?
- Qual é o caso de semelhança?

Procure as **Pistas** disponíveis ao longo da unidade e desvende esses enigmas!

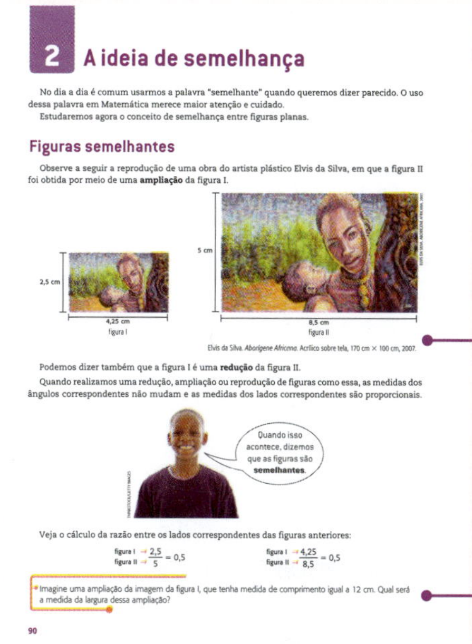

Desenvolvimento dos conteúdos

Os conteúdos apresentados são desenvolvidos por meio de textos, acompanhados de figuras, esquemas, diagramas, tabelas, gráficos ou tirinhas. Apresentamos o significado de algumas palavras para facilitar a compreensão dos textos.

Boxes ao longo do texto trazem questionamentos que motivam debates entre a turma e o professor.

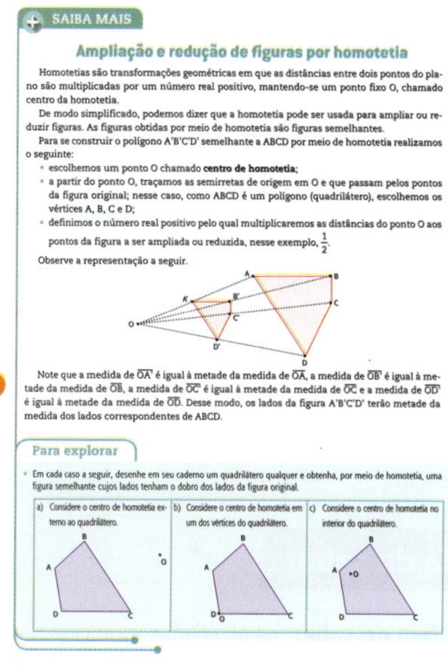

Saiba mais

A seção **Saiba mais** apresenta textos diversificados que abordam conteúdos relacionados ao tema da unidade sob a perspectiva histórica, ou com curiosidades, ou, ainda, relacionando a Matemática com outras áreas do conhecimento.

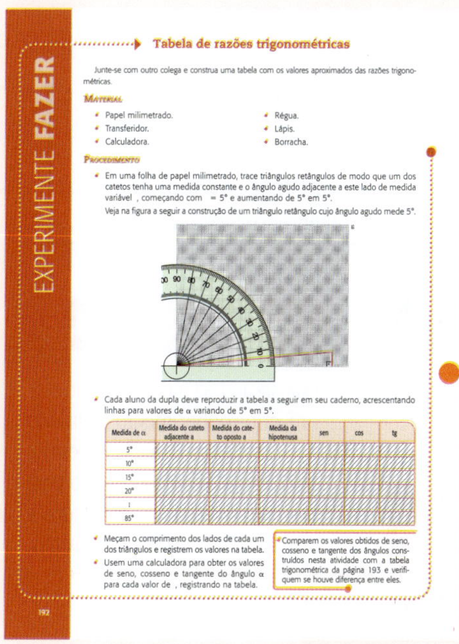

Experimente fazer

As atividades desta seção são variadas e aparecem na coleção em momentos de ampliação do conteúdo estudado. Nela, trazemos jogos, experimentos, organização de dados em tabela ou outros tipos de registros, construções geométricas etc.

Ativando habilidades

Esta seção apresenta problemas desafiadores, obtidos em provas e bancos de questões de olimpíadas de Matemática, em especial a Olimpíada Brasileira de Matemática das Escolas Públicas (Obmep). Em cada unidade é apresentado um problema, cuja resolução é discutida passo a passo.

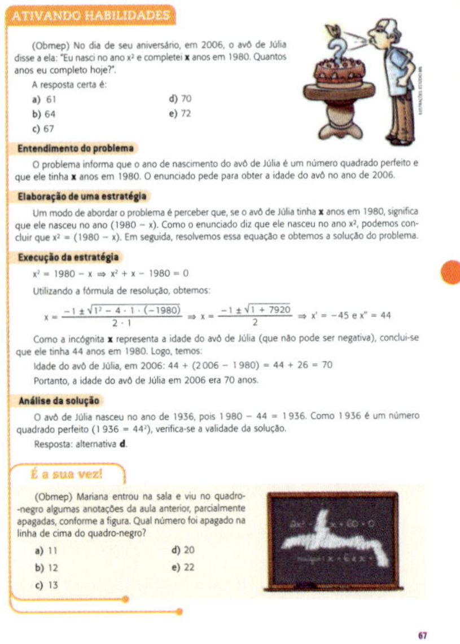

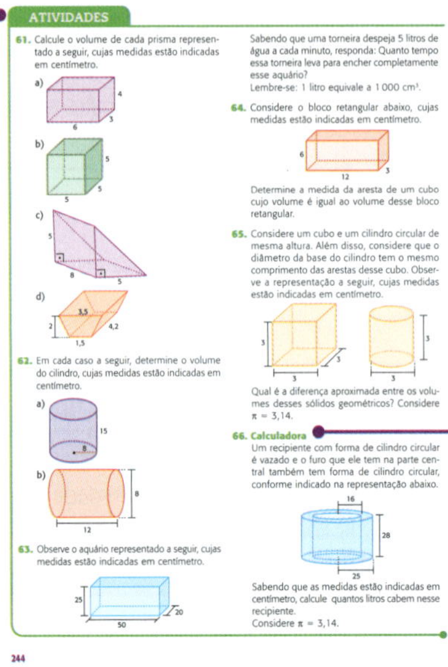

As atividades sobre determinado conteúdo são apresentadas após o seu desenvolvimento, em dois momentos distintos: na seção **Atividades** e na seção **Teia do saber**.
Na seção **Atividades**, em geral, trabalha-se o conteúdo de maneira mais direta. Há também problemas resolvidos, que trazem exemplos de estratégias para a resolução de atividades.

Em diversas atividades, são apresentadas indicações para o uso de **calculadora** e de estratégias de **cálculo mental**, além de indicações de **atividade em grupo** e de **produção textual**.

Teia do saber

No **Teia do saber**, há atividades muitas vezes contextualizadas com situações cotidianas e que exigem a aplicação de diferentes conceitos estudados até o momento em que ela aparece.

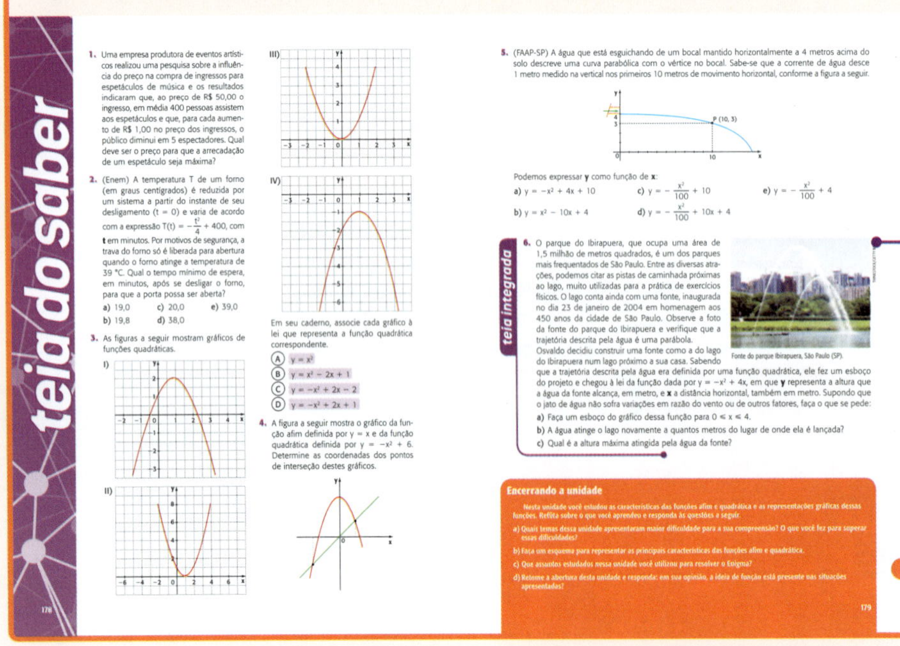

A última atividade da seção, chamada **Teia integrada**, traz oportunidades de trabalho envolvendo a Matemática e outras disciplinas.

Encerrando a unidade

Esta seção traz a oportunidade de rever o conhecimento adquirido e refletir sobre ele. Aproveite esse momento de avaliação para retomar os assuntos estudados e tirar suas dúvidas.

Conhecimento interligado

Na seção **Conhecimento interligado**, são apresentados temas que permitem a conexão entre alguns dos conteúdos matemáticos estudados na unidade e outras áreas do conhecimento, como Geografia, História, Arte, Língua Portuguesa, Língua Estrangeira e Ciências da Natureza.

Em ação

No **Em ação**, são propostos temas que permitem a reflexão sobre as próprias atitudes e o posicionamento de maneira crítica, como Cidadania, Trabalho e Consumo, Saúde, Meio Ambiente, Ética e Pluralidade Cultural. Essa seção envolve leituras, debates, trabalhos em equipe, análise de situações, entre outras atividades.

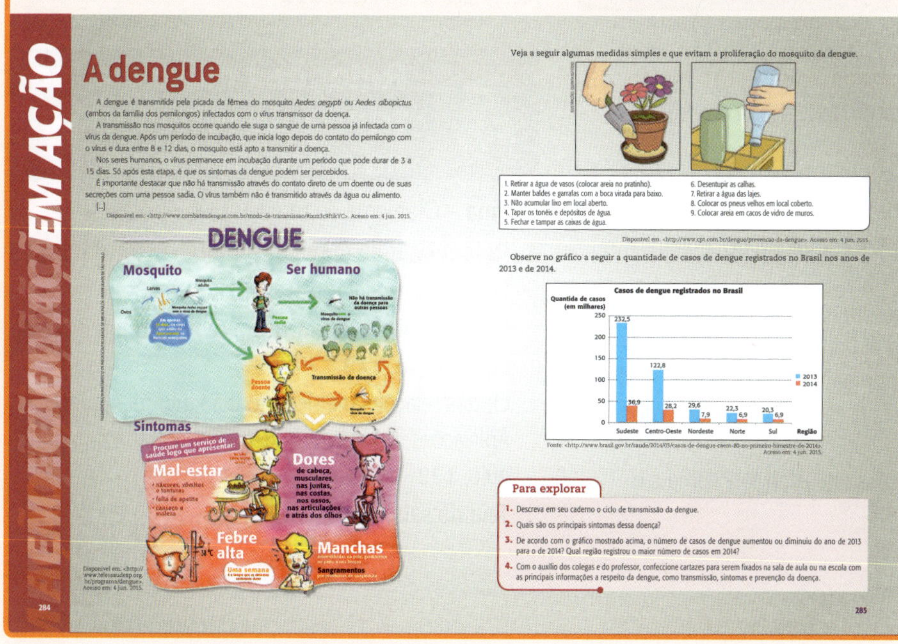

SUMÁRIO

UNIDADE

1 Potências e raízes

FOTOGRAFIA DE FUNDO: MILES DAVIES/ALAMY/LATINSTOCK

A geometria dos fractais está presente em toda a natureza. Existem várias plantas que reproduzem um padrão similar. A samambaia, por exemplo, é composta de um talo central com várias ramificações. Cada ramificação tem um talo central com outras ramificações, e assim sucessivamente. Dessa maneira, é possível observar que cada parte da samambaia representa o todo.

THINKSTOCK/GETTY IMAGES

Nesta unidade você vai saber mais sobre...

- Potências com expoentes inteiros
- Notação científica
- Raízes quadrada, cúbica e enésima
- Operações com radicais

A composição de um fractal é feita por meio de repetições de um mesmo padrão. Essas repetições são chamadas de **iterações**, e as imagens, de **fractais**.

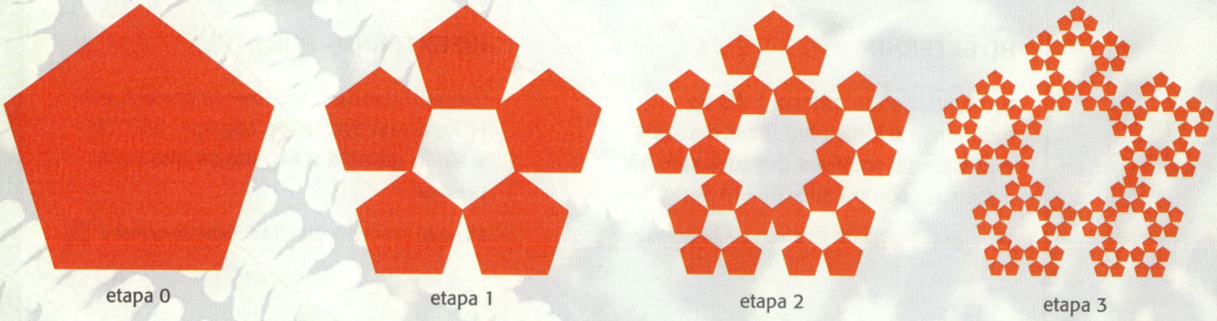

Etapas de 0 a 3 do Fractal pentagonal de Dürer.

TROCANDO IDEIAS

1. Reúna-se com seus colegas e descrevam como o Fractal pentagonal de Dürer é construído.
2. Construa uma tabela que relacione o número das etapas com o total de pentágonos vermelhos obtidos em cada uma delas. O que os números que expressam o total de pentágonos vermelhos têm em comum?
3. Você conhece outras expressões artísticas em que é possível reconhecer o uso de conceitos matemáticos em sua elaboração? Se sim, compartilhe com os colegas e o professor.

O enigma da cópia de segurança

Diego trabalha como produtor musical em uma gravadora. Em seu computador, ele tem cerca de dez mil músicas de diversos estilos. Nos últimos dias, ele notou que sua máquina está um pouco lenta e por isso resolveu fazer uma cópia de segurança de suas músicas em um dispositivo externo de memória, como *pendrive*, cartão de memória ou HD externo.

Com o objetivo de gastar o menos possível, Diego comparou o preço desses dispositivos em uma loja virtual.

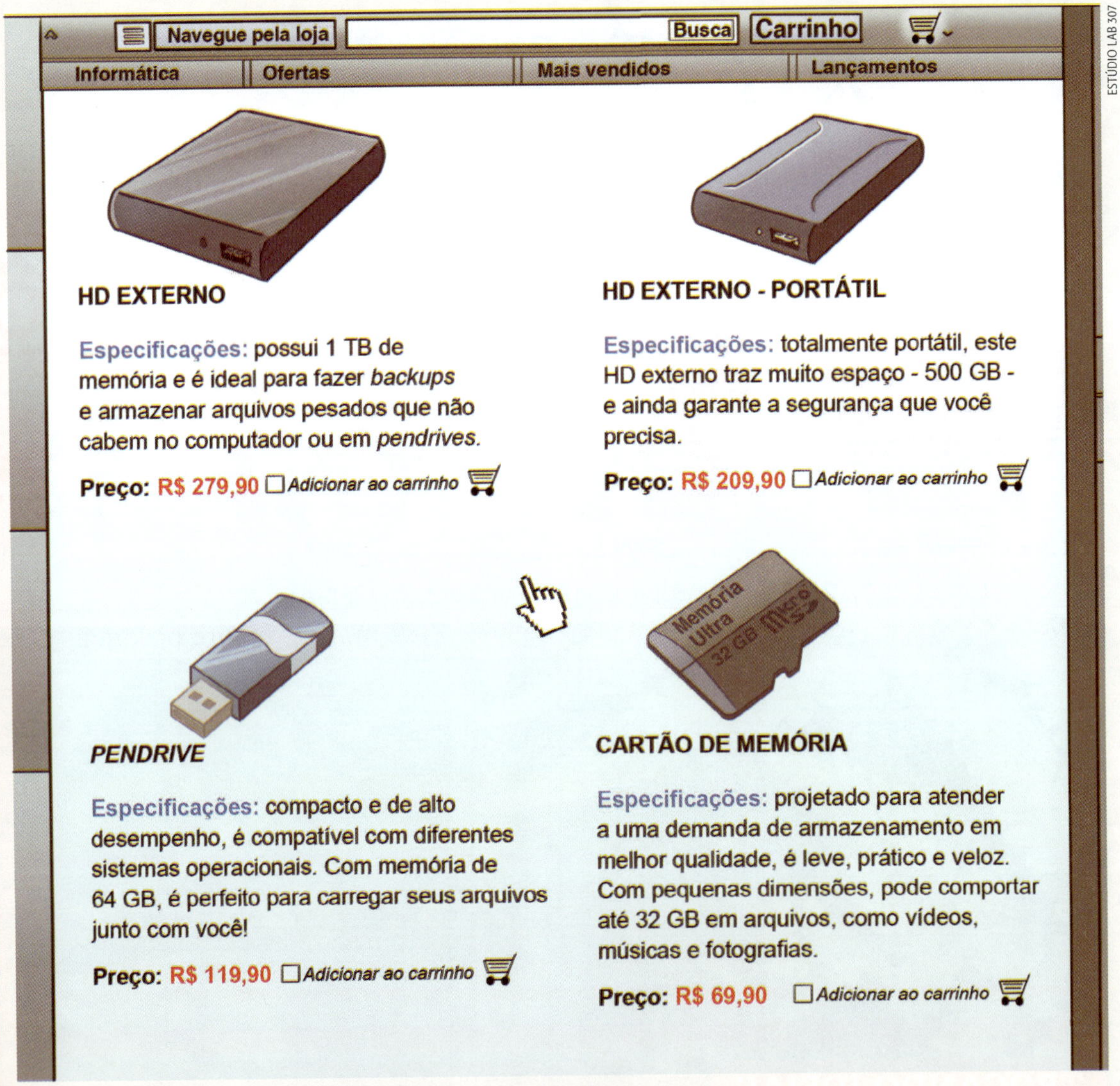

ESTÚDIO LAB 307

Byte, *megabyte* (MB), *gigabyte* (GB) e *terabyte* (TB) são unidades de medida de informação amplamente utilizadas na informática. Um *gigabyte* equivale a um bilhão de *bytes* ou mil *megabytes*, enquanto em um *terabyte* cabem um milhão de *megabytes*. Uma música, por exemplo, tem, em média, 4 *megabytes*.

- Quanto Diego deverá gastar com a compra de um dispositivo capaz de armazenar todas as suas músicas?

No decorrer da unidade você encontrará pistas que podem auxiliá-lo a desvendar este enigma.

1 Potenciação

Potência com expoente natural

Na sequência de figuras apresentada abaixo, compare o número de novos segmentos de reta traçados de uma etapa para a outra.

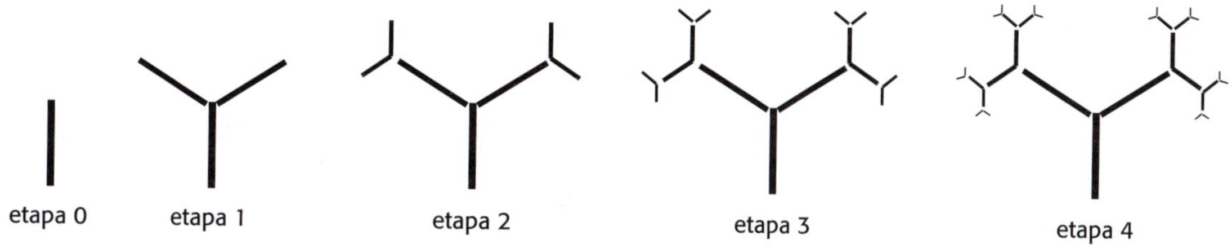

Número da etapa	Número de novos segmentos de reta
0	1
1	2
2	4
3	8
4	16

Os números de novos segmentos de reta podem ser escritos como potências de base 2 e expoentes naturais: 2^0, 2^1, 2^2, 2^3 e 2^4.

Quando a base é um número real **a** e o expoente é um número inteiro **n**, com $n > 1$, temos:

$$a^n = \underbrace{a \cdot a \cdot a \cdot a \cdot \ldots \cdot a}_{\textbf{n} \text{ fatores}}$$

(a: base; n: expoente)

Exemplos:

- $3^4 = 3 \cdot 3 \cdot 3 \cdot 3 = 81$
- $10^6 = 10 \cdot 10 \cdot 10 \cdot 10 \cdot 10 \cdot 10 = 1\,000\,000$
- $\left(-\frac{1}{3}\right)^3 = \left(-\frac{1}{3}\right) \cdot \left(-\frac{1}{3}\right) \cdot \left(-\frac{1}{3}\right) = \left(-\frac{1}{27}\right)$

Por definição, temos também que:

- Para qualquer número real **a**, temos $a^1 = a$.
- Para qualquer número real não nulo **a**, temos $a^0 = 1$.

SHUTTERSTOCK

Potência com expoente inteiro negativo

Observe a sequência das potências nos quadros a seguir.

$(4)^4 = 256$	$(4)^3 = 64$	$(4)^2 = 16$	$(4)^1 = 4$	$(4)^0 = 1$	$4^{-1} = ?$	$4^{-2} = ?$

: (4) : (4) : (4) : (4) : (4) : (4)

$(-2)^4 = 16$	$(-2)^3 = -8$	$(-2)^2 = 4$	$(-2)^1 = -2$	$(-2)^0 = 1$	$(-2)^{-1} = ?$	$(-2)^{-2} = ?$

: (−2) : (−2) : (−2) : (−2) : (−2) : (−2)

Prosseguindo o processo de divisão, obtemos as potências com expoente negativo que faltam em cada quadro.

- $(4)^{-1} = 1 : (4) = \frac{1}{4}$
- $(4)^{-2} = \frac{1}{4} : (4) = \frac{1}{16}$

- $(-2)^{-1} = 1 : (-2) = -\frac{1}{2}$
- $(-2)^{-2} = -\frac{1}{2} : (-2) = \frac{1}{4}$

Estes exemplos ilustram uma importante definição:

Dados um número real não nulo **a** e um número inteiro negativo **−m**, temos: $a^{-m} = \frac{1}{a^m}$

Exemplos:

- $5^{-2} = \frac{1}{5^2} = \frac{1}{25}$
- $(-2)^{-4} = \left(-\frac{1}{2}\right)^4 = \frac{1}{16}$
- $\left(\frac{2}{5}\right)^{-1} = \left(\frac{5}{2}\right)^1 = \frac{5}{2}$
- $\left(-\frac{3}{2}\right)^{-3} = \left(-\frac{2}{3}\right)^3 = -\frac{8}{27}$

- Em uma potência com expoente inteiro negativo, por que o valor da base **a** não pode ser igual a zero?
- De acordo com essa definição, qual é o valor de $\left(\frac{1}{3}\right)^{-3}$?

Notação científica

Podemos simplificar a escrita de números com muitos algarismos usando notação científica. Essa notação é empregada com mais frequência em áreas como a Química, a Física, a Astronomia, entre outras.

Um número está na forma de notação científica quando se apresenta de acordo com o produto a seguir.

$m \cdot 10^k$, em que:

- **m** é um número maior do que ou igual a 1 e menor do que 10 escrito na forma decimal;
- **k** é um número inteiro e não nulo.

Veja alguns exemplos de números escritos em notação científica:

A superfície do Sol é de $6,0877 \cdot 10^{18}$ m².

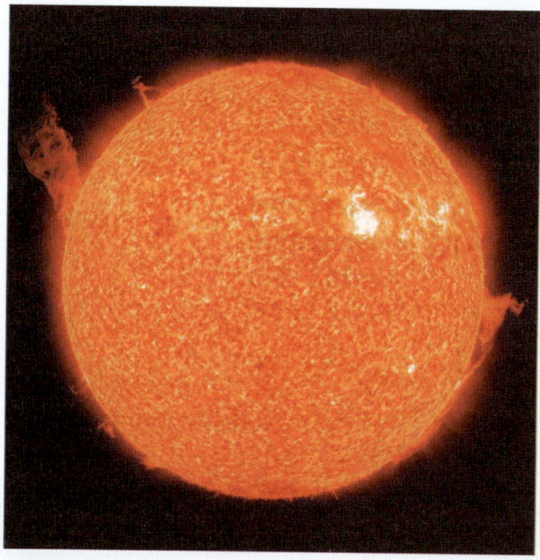

Fotografia do Sol. Cores fantasia.

O comprimento do vírus do mosaico do tomateiro (ToMV – *Tomato mosaic virus*) mede aproximadamente $3 \cdot 10^{-7}$ m.

Tomateiro atacado pelo *Tomato mosaic virus*.

Acompanhe como escrevemos um número na forma de notação científica:

a) $478\,000\,000\,000 = 478 \cdot \underbrace{1\,000\,000\,000} = 478 \cdot \underbrace{10^9}$

Como o número 478 é maior do que 10, podemos dividi-lo por 100, obtendo um número maior do que 1 e menor do que 10, e multiplicar a potência 10^9 por 100 ou 10^2:

$$\frac{478}{100} \cdot 10^9 \cdot 10^2 = 4,78 \cdot 10^{11}$$

Veja mais este exemplo:

b) $0,000000075 = 75 \cdot \underbrace{0,000000001} = 75 \cdot \underbrace{10^{-9}}$

Como o número 75 tem a parte inteira com 2 algarismos, podemos dividi-lo por 10, obtendo 7,5 e, para não alterar o número, multiplicar a potência 10^{-9} por 10 ou 10^1:

$$\frac{75}{10} \cdot 10^{-9} \cdot 10 = 7,5 \cdot 10^{-8}$$

Pista 1

Os recentes avanços na resolução e na configuração de arquivos na era da tecnologia têm forçado o surgimento de novas unidades de medida de informação.

- Com base nos dados do enigma, escreva, utilizando a notação científica, quantos *bytes* cabem em 1 MB, 1 GB e 1 TB.

Propriedades da potenciação

Vamos rever as propriedades envolvendo potências com **base real não nula e expoente inteiro**.

- **Multiplicação de potências de mesma base**

Para multiplicar potências de mesma base, mantemos a base e adicionamos os expoentes.

$$a^m \cdot a^n = a^{m+n}, \text{ com } a \in \mathbb{R}^*, m \in \mathbb{Z}, n \in \mathbb{Z}.$$

THINKSTOCK/GETTY IMAGES

Exemplos:

- $2^3 \cdot 2^5 = 2^{3+5} = 2^8$
- $(-3)^{-2} \cdot (-3)^4 = (-3)^{-2+4} = (-3)^2 = 9$
- $(0{,}43)^5 \cdot (0{,}43) = (0{,}43)^{5+1} = (0{,}43)^6$

- **Divisão de potências de mesma base**

Para dividir potências de mesma base, mantemos a base e subtraímos os expoentes.

$$a^m : a^n = a^{m-n}, \text{ com } a \in \mathbb{R}^*, m \in \mathbb{Z}, n \in \mathbb{Z}.$$

Exemplos:

- $7^5 : 7^5 = 7^{5-5} = 7^0 = 1$
- $8^{-3} : 8^{-2} = 8^{-3-(-2)} = 8^{-3+2} = 8^{-1} = \dfrac{1}{8}$
- $(-0{,}7)^{10} : (-0{,}7)^7 = (-0{,}7)^{10-7} = (-0{,}7)^3$

- **Potência de uma potência**

Para obter a potência de uma potência, mantemos a base da potência e multiplicamos os expoentes.

$$(a^m)^n = a^{m \cdot n}, \text{ com } a \in \mathbb{R}^*, m \in \mathbb{Z}, n \in \mathbb{Z}.$$

Exemplos:

- $(3^2)^3 = 3^{2 \cdot 3} = 3^6$
- $(10^3)^{-3} = 10^{3 \cdot (-3)} = 10^{-9} = \left(\dfrac{1}{10}\right)^9$
- $(2{,}5^2)^4 = (2{,}5)^{2 \cdot 4} = (2{,}5)^8$

- **Potência de um produto**

Para elevar um produto a um expoente, elevamos cada um dos fatores a esse expoente.

$$(a \cdot b)^n = a^n \cdot b^n, \text{ com } a \in \mathbb{R}^*, b \in \mathbb{R}^*, n \in \mathbb{Z}.$$

Exemplos:

- $(2 \cdot 6)^3 = 2^3 \cdot 6^3$
- $(1{,}4 \cdot 0{,}9)^4 = (1{,}4)^4 \cdot (0{,}9)^4$

- **Potência de um quociente**

Para elevar um quociente a um expoente, elevamos o dividendo e o divisor a esse expoente.

$$(a : b)^n = a^n : b^n, \text{ com } a \in \mathbb{R}^*, b \in \mathbb{R}^*, n \in \mathbb{Z}.$$

Exemplos:

- $\left(\dfrac{1}{2}\right)^4 = \dfrac{1^4}{2^4} = \dfrac{1}{16}$
- $\left(\dfrac{4}{5}\right)^{-2} = \dfrac{4^{-2}}{5^{-2}} = \dfrac{1}{16} : \dfrac{1}{25} = \dfrac{25}{16}$

Pista 2

Para que seu computador fique mais veloz, Diego precisa armazenar todas as suas músicas em um novo dispositivo externo de memória.

- Quantos *bytes* esse dispositivo deverá ser capaz de armazenar para que caibam todas as músicas de Diego? Escreva esse número em forma de notação científica.

ATIVIDADES

1. Calcule as potências em cada caso:

a) 3^4
b) $(-3)^4$
c) $(-3)^{-4}$
d) 3^{-4}
e) $(-4)^3$
f) $(-4)^{-3}$
g) 4^{-3}
h) $(-3)^{-3}$

2. Calcule o resultado das adições a seguir.

a) $(-1)^1 + (-1)^2 + (-1)^3 + ... + (-1)^{20}$
b) $10^0 + 10^{-1} + 10^{-2} + 10^{-3}$

3. Calcule:

a) $\left(\frac{2}{5}\right)^{-2} + \left(\frac{1}{3}\right)^{-1}$
b) $\left(\frac{3}{4}\right)^{2} - \left(\frac{4}{3}\right)^{-2}$
c) $(0,2)^2 - (0,4)^{-1}$
d) $(0,1)^{-1} + (0,5)^2$

4. Escreva os números a seguir em notação científica:

a) 1200
b) 458 000
c) 72 000 000 000 000
d) 0,006
e) 0,00000075
f) 0,000000000000001

5. Simplifique a expressão escrevendo-a na forma de uma única potência:

$$\frac{2^{2n+6} \cdot 4^{2n}}{4^{n+1}}$$

Resolução

Fatoramos a base 4 obtendo 2^2 e aplicamos as propriedades estudadas:

$$\frac{2^{2n+6} \cdot (2^2)^{2n}}{(2^2)^{n+1}} = \frac{2^{2n+6} \cdot 2^{4n}}{2^{2n+2}} = \frac{2^{2n+6+4n}}{2^{2n+2}} = \frac{2^{6n+6}}{2^{2n+2}} = 2^{6n+6-2n-2} = 2^{4n+4}$$

- Por que foi possível aplicar as propriedades da potênica depois de fatorar a base 4?

6. Simplifique as expressões escrevendo-as na forma de uma única potência:

a) $2 \cdot 4^3 \cdot 8^4 \cdot 16$
b) $(3^n \cdot 3^{n+1} \cdot 3^{n+2} : 3^{n+4})$
c) $[2^9 : (2^2 \cdot 2)^2]^{-3}$
d) $[3^4 \cdot (3^3 : 3^2)^{-1}]^{-2}$

SAIBA MAIS

Dobrando uma folha de papel

Por que não dá para dobrar uma folha de papel ao meio mais de seis vezes?

Na verdade, dá para dobrar mais de oito vezes. Essa lenda urbana ganhou força porque, para desmenti-la, é necessário usar um papel de medidas que você não encontra por aí facilmente. Basicamente, o número de dobras possíveis depende do tamanho e da espessura do papel. "O problema é que a cada dobra a espessura duplica e a área cai pela metade. Portanto, para conseguir mais dobras precisa-se usar um papel muito fino ou extenso e, de preferência, bastante maleável", diz o físico Cláudio Furukawa, da USP. Foi justamente o que fez a estudante americana Britney Gallivan, que, depois de criar uma fórmula para calcular as medidas necessárias para um determinado número de dobras, decidiu botar a teoria em prática e, em 2002, atingiu a marca recorde de 12 dobras. Ela não revelou o tamanho exato do papel usado, mas, usando a fórmula, concluímos que ele tinha pelo menos 400 metros de comprimento. E isso porque ela usou um papel especial, bem fino. Mas não pense que a experiência foi fácil: ela teve que encontrar um espaço enorme e, mesmo contando com a ajuda dos pais, precisou de sete horas para atingir o objetivo. O problema é que, embora ela tenha provado matematicamente que o número de dobras possíveis é infinito, dificilmente alguém vai comprovar, na prática, que pode fazer 20, 30 ou 50 dobras. Sabe qual seria a espessura de um papel da grossura de uma folha de caderno dobrado 50 vezes? [...]

Artur Louback Lopes. Disponível em: <http://mundoestranho.abril.com.br/materia/por-que-nao-da-para-dobrar-uma-folha-de-papel-ao-meio-mais-de-seis-vezes>. Acesso em: 15 abr. 2015.

Para explorar

1. Considere uma folha de papel com espessura de aproximadamente 0,1 mm. Supondo que seja possível dobrá-la ao meio um número qualquer de vezes, obtenha a medida da espessura após: 6 dobras, 10 dobras, 30 dobras e 42 dobras.
2. Responda ao questionamento feito no texto: "Qual seria a espessura de um papel da grossura de uma folha de caderno dobrado 50 vezes?"

Pista 3

Diego encontrou tantas opções de dispositivos que decidiu montar um quadro com o preço e a capacidade de armazenamento de cada aparelho, em *bytes*.

- Copie o quadro abaixo em seu caderno e complete-o.

Aparelho	Capacidade de armazenamento (*bytes*)	Preço
HD externo		
HD externo portátil		
Pendrive		
Cartão de memória		

Desvende o enigma

A partir da conversão de unidades, foi possível descobrir a capacidade de armazenamento de cada dispositivo e a necessidade de Diego, de acordo com a quantidade de músicas que deseja guardar.

- Quanto Diego deverá gastar em seu novo dispositivo?

1. Os microprocessadores são componentes eletrônicos que fazem parte de vários aparelhos, como os computadores pessoais. A capacidade de processamento da informação desses dispositivos depende, entre outras coisas, da quantidade de *bits* (unidades de informação digital) com a qual o microprocessador opera. Observe o quadro a seguir com uma breve cronologia da evolução dos microprocessadores.

Ano	Número de *bits* dos modelos de microprocessador
1971	4
1972	8
1978	16
1985	32
2003	64

THINKSTOCK/GETTY IMAGES

Microprocessador.

a) O que os números da coluna da direita do quadro têm em comum?

b) Qual é o número esperado de *bits* do próximo microprocessador a ser incluído nessa lista?

2. Em um filme de ficção científica, um inseto duplica sua medida de comprimento a cada dia, durante 7 dias, ao final dos quais para de crescer.

a) Se, ao final do primeiro dia, o inseto media 20 cm de comprimento, qual é a sua medida de comprimento ao final do 7º dia?

b) Em qual dia esse inseto tinha a metade da medida obtida ao final do 7º dia?

3. Calcule e responda:

a) Qual é o resultado obtido ao se elevar o número 0,1 ao expoente -4?

b) Qual é o expoente ao qual a fração $\frac{1}{2}$ deve ser elevada para que o resultado obtido seja igual a 0,25?

c) Qual é a base que elevada ao expoente -2 resulta em 9?

4. Escreva as potências a seguir em ordem crescente.

2^{34}; $(2^3)^4$; 2^{3+4}; 2^{3^4}

5. Nas igualdades a seguir, **x** e **y** representam números inteiros. Identifique as igualdades verdadeiras.

a) $3^x \cdot 4^y = 12^{xy}$

b) $3^x \cdot 3^y = 9^{x+y}$

c) $3^x : 3^y = 3^{x-y}$

d) $36^x = 6^{2x}$

e) $3^x + 3^y = 3^{x+y}$

6. Veja como Natália começou a resolver a expressão abaixo.

$$\frac{5^{10} + 5^{20}}{5^{20} + 5^{30}} = \frac{5^{10} \cdot (1 + 5^{10})}{5^{20} \cdot (1 + 5^{10})}$$

Supondo que ela finalizou o cálculo corretamente, o valor obtido foi:

a) 5^{10}

b) 5^{20}

c) 5^{-10}

d) 5^{-20}

7. Observe:

$2 \cdot 5 = 10$

$2^2 \cdot 5^2 = (2 \cdot 5)^2 = 10^2 = 100$

$2^3 \cdot 5^3 = (2 \cdot 5)^3 = 10^3 = 1\,000$

Calcule o valor de $2^7 \cdot 5^9$.

8. Faça o que se pede com relação à expressão $16^5 + 8^8$:

a) Escreva essa expressão como uma soma de potências de base 2.

b) Obtenha a metade do valor dessa expressão.

teia do saber

9. Considerando $10^3 = 1\,000$ uma aproximação para $2^{10} = 1\,024$, obtenha o valor aproximado de:

a) 2^{20} b) 2^{21} c) 2^{30} d) 2^{39}

10. Nas expressões a seguir, **x** e **y** representam números reais não nulos. Simplifique cada expressão escrevendo-a na forma de uma única fração.

a) $(x^{-1} + y^{-1}) : (x + y)^{-1}$

b) $(x^{-1} + y^{-1}) \cdot (x + y)^{-1}$

11. Suponha que para contar em voz alta cada número da sequência dos números inteiros positivos (1, 2, 3, ...) seja necessário apenas 1 segundo.

a) Qual é o tempo necessário para se contar até 100?

b) E até 1 000?

c) E até 1 000 000?

12. Reescreva cada frase registrando os números em notação científica:

a) O corpo humano tem aproximadamente 200 bilhões de células.

b) Nosso organismo tem aproximadamente 97 000 000 metros de artérias, veias e capilares.

c) A área da Terra é de aproximadamente 510 000 000 km².

d) O volume de água na Terra é estimado em 1 590 000 000 km³.

13. A distância média da Terra ao Sol é de aproximadamente 150 milhões de quilômetros, e a distância média da Terra à Lua é de aproximadamente 400 mil quilômetros.

a) Expresse essas distâncias em notação científica.

b) Quantas vezes, aproximadamente, a distância da Terra ao Sol corresponde à distância da Terra à Lua?

14. Veja como Paulo começou a resolução do exercício a seguir: "Sabendo que $6^{4x} = 81$, obtenha o valor de 6^{-x}".

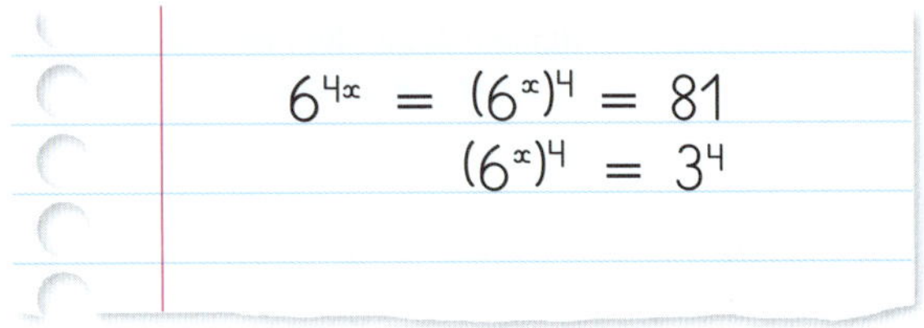

a) Observando a última igualdade obtida por Paulo, determine o valor de 6^x.

b) Com base na resposta do item **a**, obtenha o valor de 6^{-x}.

15. (Obmep – Banco de questões) A expressão $\frac{a^{-2}}{a^5} \cdot \frac{4a}{(2^{-1} \cdot a)^{-3}}$, em que $a \neq 0$, é igual a:

a) $\frac{a^3}{2}$ b) $\frac{2}{a^3}$ c) $\frac{1}{2a^3}$ d) $\frac{a^5}{2}$ e) $\frac{2}{a^5}$

16. Determine a menor potência de 2 que deve ser adicionada à potência de cada item para se obter um quadrado perfeito.

a) 2^1 b) 2^3 c) 2^5 d) 2^7

teia integrada

17. A doença clamídia é uma infecção sexualmente transmissível que atinge homens e mulheres, sendo transmitida pelas bactérias do gênero *Chlamydia*.

a) A menor bactéria do gênero *Chlamydia* mede 0,0000002 metro de comprimento. Calcule quantas dessas bactérias precisaríamos enfileirar de modo a medir 10 metros de comprimento.

b) Pesquise sobre as medidas preventivas a serem adotadas para evitar a contaminação pela bactéria *Chlamydia* e os sintomas dessa doença, compartilhando suas descobertas com os colegas e o professor.

SCIENCE FACTION/MASTERFILE/LATINSTOCK

Representação de bactérias do gênero *Chlamydia*. Cores fantasia. Elementos sem proporção entre si.

2 Radiciação e operações

Vamos retomar o estudo da raiz quadrada e conhecer a operação de radiciação.

Raiz quadrada

> Raiz quadrada de um número real **a** é o número **b** não negativo que, quando elevado ao quadrado, resulta em **a**.

índice

$$\sqrt[2]{a} = b$$

radicando

Exemplos:

- $\sqrt{16} = 4$, pois $4^2 = 16$
- $\sqrt{\dfrac{9}{25}} = \dfrac{3}{5}$, pois $\left(\dfrac{3}{5}\right)^2 = \dfrac{9}{25}$

Observe a situação a seguir.

Deseja-se construir um quadrado cuja área seja igual a 17 unidades de área.

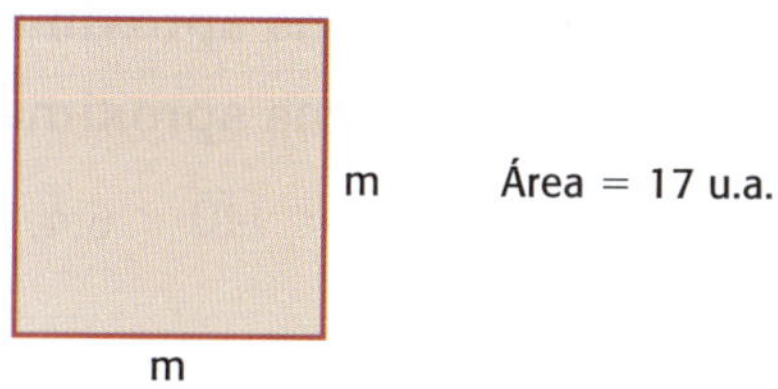

A área desse quadrado é dada por $m^2 = 17$. Pela definição de raiz quadrada, o número **m** é a raiz quadrada de 17, representado por $\sqrt{17}$.

Observação:

- $\sqrt{49} \neq -7$, pois, apesar de $(-7)^2 = 49$, a raiz quadrada de um número real é, por definição, um número não negativo.

Fatoração e raiz quadrada

Observe como podemos saber se a raiz quadrada de um número racional é exata ou não exata. Acompanhe alguns exemplos:

a) $\sqrt{1156}$

1156	2
578	2
289	17
17	17
1	

$1156 = (2 \cdot 17)^2 = 34^2$ e $\sqrt{1156} = 34$

$\sqrt{1156}$ é uma raiz quadrada exata.

b) $\sqrt{50}$

50	2
25	5
5	5
1	

$50 = 2 \cdot 5^2$ e $\sqrt{50} = 5\sqrt{2}$

$\sqrt{50}$ é uma raiz quadrada não exata.

THINKSTOCK/GETTY IMAGES

Cálculo do valor aproximado de uma raiz quadrada não exata

Nos casos em que a raiz quadrada é não exata, é possível obter um valor aproximado por meio de uma calculadora.

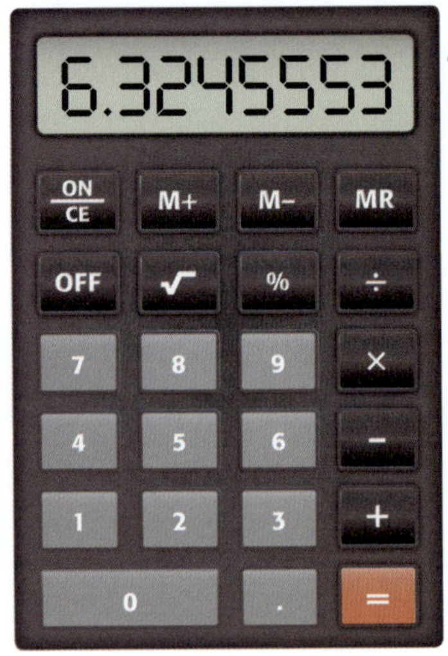

ILUSTRAÇÕES: BIS

Por exemplo, para calcular $\sqrt{40}$ apertamos as teclas da calculadora:

O resultado apresentado no visor da calculadora é:

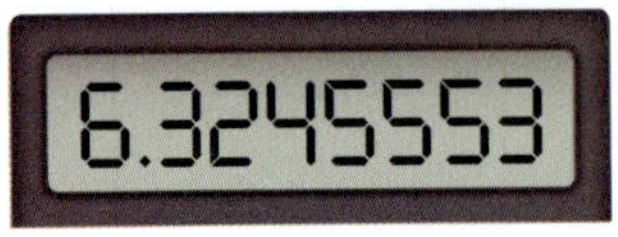

Podemos obter um valor para $\sqrt{40}$ fazendo aproximações sucessivas:

- Aproximação até a ordem das unidades

  $\sqrt{40} > 6$, pois $6^2 = 36$. Dizemos que 6 é uma **aproximação por falta** de $\sqrt{40}$.

  $\sqrt{40} < 7$, pois $7^2 = 49$. Dizemos que 7 é uma **aproximação por excesso** de $\sqrt{40}$.

  Portanto, $\sqrt{40}$ é um número entre 6 e 7: $6 < \sqrt{40} < 7$.

- Aproximação até a ordem dos décimos

  $\sqrt{40} > 6{,}3$, pois $(6{,}3)^2 = 39{,}69$. O número 6,3 é uma **aproximação por falta** de $\sqrt{40}$.

  $\sqrt{40} < 6{,}4$, pois $(6{,}4)^2 = 40{,}96$. O número 6,4 é uma **aproximação por excesso** de $\sqrt{40}$.

  Portanto, $\sqrt{40}$ é um número entre 6,3 e 6,4: $6{,}3 < \sqrt{40} < 6{,}4$.

- Aproximação até a ordem dos centésimos

  $\sqrt{40} > 6{,}32$, pois $(6{,}32)^2 = 39{,}9424$. O número 6,32 é uma **aproximação por falta** de $\sqrt{40}$.

  $\sqrt{40} < 6{,}33$, pois $(6{,}33)^2 = 40{,}0689$. O número 6,33 é uma **aproximação por excesso** de $\sqrt{40}$.

  Portanto, $\sqrt{40}$ é um número entre 6,32 e 6,33: $6{,}32 < \sqrt{40} < 6{,}33$.

Podemos prosseguir as aproximações até a ordem desejada: milésimos, décimos de milésimos, e assim por diante.

ATIVIDADES

7. Obtenha em $\mathbb{R}$, se existir, o resultado de:

a) $\sqrt{400}$
b) $\sqrt{900}$
c) $\sqrt{169}$
d) $\sqrt{324}$
e) $\sqrt{-25}$
f) $\sqrt{-1}$
g) $\sqrt{441}$
h) $\sqrt{576}$

8. Classifique cada raiz quadrada a seguir como exata ou não exata.

a) $\sqrt{196}$
b) $\sqrt{484}$
c) $\sqrt{536}$
d) $\sqrt{625}$
e) $\sqrt{364}$
f) $\sqrt{1\,024}$

9. Calcule o perímetro de um quadrado cuja área é igual a:

a) 144 cm²
b) 529 m²
c) $\frac{169}{289}$ cm²
d) 0,25 m²

10. Obtenha dois números naturais consecutivos entre os quais se encontra:

a) $\sqrt{709}$
b) $\sqrt{428}$
c) $\sqrt{1\,000}$
d) $\sqrt{613}$

11. Calculadora

Patrícia usou uma calculadora para obter a raiz quadrada de 2 393 209 e registrou o resultado obtido: 1 549. Júlia, mesmo sem realizar o cálculo, percebeu imediatamente que Patrícia registrou o resultado de forma incorreta. Como Júlia descobriu isso?

12. Verifique se a afirmação a seguir é verdadeira, justificando sua resposta.
"Ao dobrar um número natural, sua raiz quadrada também dobra de valor."

13. Copie o quadro em seu caderno e complete-o:

x	y	$\sqrt{x} + \sqrt{y}$	$\sqrt{x + y}$
1	4		
9	16		
4	25		
36	49		

O que se pode concluir comparando os resultados das duas colunas que você preencheu?

14. Calcule o valor de cada expressão numérica a seguir.

a) $4 + 2 \cdot \sqrt{100} - 3^2 \cdot \sqrt{36}$

b) $(\sqrt{121} - \sqrt{81})^2$

c) $\sqrt{1 + \sqrt{64}}$

d) $\sqrt{6 + \sqrt{9}} - \sqrt{2^3 + \sqrt{289}}$

15. O tempo **t**, em segundo, que um objeto leva para tocar o solo abandonado de uma altura **h**, em metro, em queda livre, pode ser aproximado por $t = \sqrt{\frac{h}{5}}$. Obtenha:

a) O tempo de queda de um objeto que caiu de uma altura de 125 m em relação ao solo.

b) De quantos metros de altura caiu um objeto que levou 3 segundos para atingir o solo.

16. (Obmep) Quais dos números dados são negativos?

a) $10 - 3\sqrt{11}$

b) $3\sqrt{11} - 10$

c) $18 - 5\sqrt{13}$

d) $51 - 10\sqrt{26}$

e) $10\sqrt{26} - 51$

Raiz cúbica

Por volta do ano 429 a.C., a cidade de Atenas, na Grécia, sofreu uma epidemia e o grande número de vítimas causou temor e pânico na população. Conta-se que um representante ateniense foi ao oráculo na cidade de Delfos, o qual informou que o deus Apolo pedia que seu altar com formato de um cubo tivesse seu volume duplicado para que a peste fosse contida.

Fonte de pesquisa: <http://www.seara.ufc.br>. Acesso em: 15 abr. 2015.

THINKSTOCK/GETTY IMAGES

O templo de Apolo em Delfos está associado ao problema da "duplicação do cubo", um dos três famosos problemas matemáticos da Antiguidade.

Sabemos que o volume de um cubo de aresta de medida **a** é dado por:

$$\text{Volume} = a^3 \text{ ou } V = a^3$$

Vamos obter a medida **a** da aresta de um cubo cujo volume seja igual a 2:

$$V = a^3 = 2$$

Dizemos que **a** é a **raiz cúbica** de 2, representada por $\sqrt[3]{2}$.

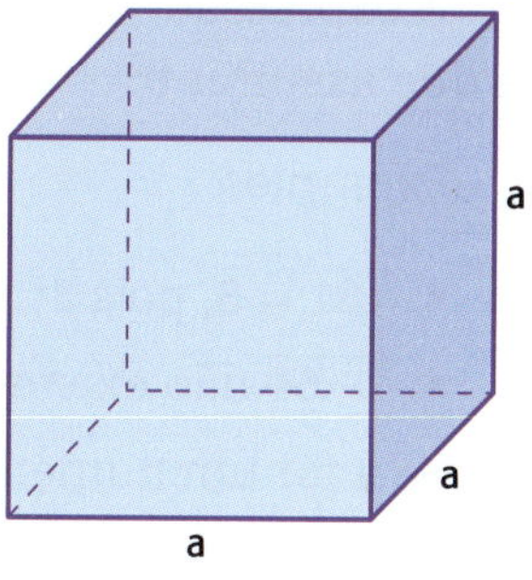

Raiz cúbica de um número real **a** é o número real **b** que, quando elevado ao cubo, resulta em **a**.

Exemplos:

- $\sqrt[3]{8} = 2$, pois $2^3 = 8$
- $\sqrt[3]{\dfrac{1}{64}} = \dfrac{1}{4}$, pois $\left(\dfrac{1}{4}\right)^3 = \dfrac{1}{64}$
- $\sqrt[3]{-125} = -5$, pois $(-5)^3 = -125$

JOSE LUIS PELAEZ INC/ GETTY IMAGES

As raízes cúbicas podem ser racionais (exatas), como nos exemplos anteriores, ou irracionais (não exatas). Por exemplo, $\sqrt[3]{2}$.

Vamos ver a seguir como obter o valor aproximado de raízes cúbicas não exatas.

Cálculo do valor aproximado de uma raiz cúbica não exata

Podemos obter um valor para a raiz cúbica não exata fazendo aproximações sucessivas. Acompanhe alguns exemplos.

Vamos obter um valor aproximado para $\sqrt[3]{2}$.

- Aproximação até a ordem dos décimos

$$(1{,}2)^3 = 1{,}728 \text{ e } (1{,}3)^3 = 2{,}197\text{; portanto: } 1{,}2 < \sqrt[3]{2} < 1{,}3$$

Testando outros valores entre 1,2 e 1,3 podemos obter melhores aproximações para $\sqrt[3]{2}$:

- Aproximação até a ordem dos centésimos

$$(1{,}25)^3 = 1{,}953125 \text{ e } (1{,}26)^3 = 2{,}000376\text{; portanto: } 1{,}25 < \sqrt[3]{2} < 1{,}26$$

e assim por diante.

Raiz enésima

As ideias de raiz quadrada e raiz cúbica podem ser ampliadas para raízes quartas, quintas e outras, denominadas genericamente por raízes enésimas.

Representamos a raiz enésima de um número real **a**, sendo o índice um número natural $n \geq 2$, da seguinte forma:

índice

$$\sqrt[n]{a} = b$$

radicando

A raiz enésima de um número real é definida de acordo com o índice:

- **Se o índice é par**

A raiz enésima de um número real não negativo **a** é o número real não negativo **b** tal que $b^n = a$.

$\sqrt[n]{a} = b$ se e somente se $b^n = a$, com $a \in \mathbb{R}_+$, $b \in \mathbb{R}_+$, **n** natural par maior do que ou igual a 2.

Observação:

A expressão "se e somente se" indica que assumir $\sqrt[n]{a} = b$ implica $b^n = a$ e que assumir $b^n = a$ implica $\sqrt[n]{a} = b$.

SHUTTERSTOCK

Exemplos:

- $\sqrt[4]{81} = 3$, pois $3^4 = 81$
- $\sqrt[6]{-64}$ não existe em $\mathbb{R}$

Se **a** for um número real menor do que zero, a raiz enésima de **a**, com **n** par, não será um número real.

- **Se o índice é ímpar**

A raiz enésima de um número real **a** é o número real **b** tal que $b^n = a$.

$\sqrt[n]{a} = b$ se, e somente se, $b^n = a$, com $a \in \mathbb{R}$, $b \in \mathbb{R}$, **n** natural ímpar maior do que 2.

Exemplos:

- $\sqrt[5]{-32} = -2$, pois $(-2)^5 = -32$
- $\sqrt[3]{\dfrac{1}{125}} = \dfrac{1}{5}$, pois $\left(\dfrac{1}{5}\right)^3 = \dfrac{1}{125}$

A raiz enésima de um número real **a**, em que **n** é um número natural maior do que ou igual a 2, é chamada de **radical**.

Observação:

O termo radical é também utilizado para denominar o símbolo $\sqrt{}$.

ATIVIDADES

17. Qual é a medida da aresta de um cubo de volume 27 cm³?

18. Calcule as raízes em cada caso.

a) $\sqrt[3]{-1}$

b) $\sqrt[3]{\dfrac{125}{343}}$

c) $\sqrt[3]{\dfrac{27}{1000}}$

d) $\sqrt[3]{0{,}008}$

19. Em cada caso, determine o valor de **x** para que a igualdade seja verdadeira.

a) $\sqrt[3]{-512} = x$

b) $\sqrt[4]{x} = 7$

c) $\sqrt[5]{-1024} = x$

d) $\sqrt[x]{-1000} = -10$

20. Obtenha o valor de cada expressão a seguir.

a) $\sqrt[3]{27 - \sqrt{4}}$

b) $\sqrt[3]{-\sqrt[3]{64} + \sqrt[3]{27}}$

c) $\sqrt[3]{\dfrac{\sqrt{25} + 10}{\sqrt[3]{125}}}$

d) $\sqrt[3]{\sqrt[3]{\sqrt[3]{512}}}$

21. Copie o quadro a seguir em seu caderno e complete-o.

n	n^3	Algarismo das unidades de n^3
1	$1^3 = 1$	1
2	$2^3 = 8$	8
3	$3^3 = 27$	7
⋮		
12		

a) Que regularidade você observa em relação ao algarismo das unidades de n^3 quando o algarismo das unidades de **n** é igual a 0, 1, 4, 5, 6 ou 9?

b) Que regularidade você observa em relação ao algarismo das unidades de n^3 quando o algarismo das unidades de **n** é igual a 2, 3, 7 e 8?

22. Calcule o valor da raiz em cada caso.

a) $\sqrt[4]{256}$

b) $\sqrt[6]{4096}$

c) $\sqrt[7]{-1}$

d) $\sqrt[8]{256}$

23. Em cada caso, determine o valor aproximado da raiz até a ordem dos décimos.

a) $\sqrt[3]{10}$

b) $\sqrt[3]{25}$

c) $\sqrt[3]{80}$

d) $\sqrt[3]{100}$

24. Calculadora

Com o auxílio de uma calculadora, faça o que se pede: escolha um número positivo qualquer e aperte sucessivamente a tecla de $\sqrt{}$, observando o valor ao qual os resultados se aproximam. Qual é esse valor?

25. Uma caixa em forma de cubo tem capacidade para 8 000 litros. Sabendo que em uma caixa de capacidade 1 m³ cabem 1 000 litros, determine a medida da aresta dessa caixa.

26. Em cada caso, diga se ao substituir o valor de **x** e de **y** na expressão $\sqrt[3]{x^2 - y}$ o resultado é um número racional ou um número irracional.

a) $x = 2$ e $y = 3$

b) $x = 3$ e $y = 3$

c) $x = 4$ e $y = 8$

d) $x = 6$ e $y = 9$

Propriedades dos radicais

Vamos estudar as propriedades dos radicais que são usadas para simplificar alguns cálculos.

- **Propriedade 1**

Dados um número real **a**, tal que $a \geqslant 0$, e um número natural **n**, tal que $n \geqslant 2$, temos:

$$\sqrt[n]{a^n} = a, \text{ com } a \in \mathbb{R}_+, n \in \mathbb{N} \text{ e } n \geqslant 2.$$

Exemplo:

- $\sqrt[4]{5^4} = 5$
- $\sqrt[6]{7^6} = 7$
- $\sqrt[3]{2^3} = 2$

No entanto, quando **a** é um número real negativo e **n** um número ímpar, a igualdade também é válida.

Exemplo:

- $\sqrt[3]{(-2)^3} = \sqrt[3]{-8} = -2$, pois $(-2)^3 = -8$
- $\sqrt[5]{(-4)^5} = \sqrt[5]{-1024} = -4$, pois $(-4)^5 = -1024$

Assim, a propriedade 1 é válida com as seguintes condições:

- se **n** é ímpar, **a** pode ser um número real qualquer;
- se **n** é par, **a** deve ser um número real maior do que ou igual a zero.

Pela propriedade 1 podemos escrever, por exemplo, $2 = \sqrt[3]{2^3}$ e $2 = \sqrt[6]{2^6}$.

Assim, $\sqrt[6]{2^6} = \sqrt[3]{2^3}$ ou, ainda, $\sqrt[6:2]{2^{6:2}} = \sqrt[3]{2^3}$ e $\sqrt[3 \cdot 2]{2^{3 \cdot 2}} = \sqrt[6]{2^6}$. Essa é a ideia da segunda propriedade enunciada a seguir.

- **Propriedade 2**

Quando dividimos o índice e o expoente do radicando por um mesmo número natural diferente de zero, o valor do radical não se altera.

Quando multiplicamos o índice e o expoente do radicando por um mesmo número natural diferente de zero, o valor do radical não se altera.

$\sqrt[n]{a^m} = \sqrt[n:q]{a^{m:q}}$, com $a \in \mathbb{R}_+$, $n \in \mathbb{N}$, $m \in \mathbb{N}$, $q \in \mathbb{N}^*$, $n \geqslant 2$, $m \geqslant 2$ e **q** é divisor comum de **m** e **n**.

$\sqrt[n]{a^p} = \sqrt[n \cdot r]{a^{p \cdot r}}$, com $a \in \mathbb{R}_+$, $n \in \mathbb{N}$, $p \in \mathbb{N}$, $r \in \mathbb{N}^*$, $n \geqslant 2$ e $p \geqslant 2$.

Exemplo:

- $\sqrt[4]{2^2} = \sqrt[4:2]{2^{2:2}} = \sqrt{2}$
- $\sqrt[3 \cdot 3]{7^{1 \cdot 3}} = \sqrt[9]{7^3}$
- $\sqrt[4]{2^8} = \sqrt[4:4]{2^{8:4}} = 2^2 = 4$

- **Propriedade 3**

A raiz enésima do produto de dois números reais não negativos é igual ao produto das raízes enésimas de cada um desses números.

$$\sqrt[n]{a \cdot b} = \sqrt[n]{a} \cdot \sqrt[n]{b}, \text{ com } a \in \mathbb{R}_+, b \in \mathbb{R}_+, n \in \mathbb{N} \text{ e } n \geqslant 2.$$

Essa propriedade pode ser estendida para o produto de mais de duas raízes de mesmo índice.

Exemplos:

- $\sqrt{7} \cdot \sqrt{3} = \sqrt{7 \cdot 3} = \sqrt{21}$
- $\sqrt{4 \cdot 5 \cdot 3} = \sqrt{4} \cdot \sqrt{5} \cdot \sqrt{3} = 2\sqrt{15}$
- $\sqrt[3]{8 \cdot 2} = \sqrt[3]{8} \cdot \sqrt[3]{2} = 2\sqrt[3]{2}$

- **Propriedade 4**

A raiz enésima do quociente de dois números reais, em que o dividendo é não negativo e o divisor é positivo, é igual ao quociente das raízes enésimas de cada um desses números.

$$\sqrt[n]{\frac{a}{b}} = \frac{\sqrt[n]{a}}{\sqrt[n]{b}}, \text{ com } a \in \mathbb{R}_+, b \in \mathbb{R}_+^*, n \in \mathbb{N} \text{ e } n \geq 2.$$

Exemplos:

- $\sqrt[5]{\frac{243}{1024}} = \frac{\sqrt[5]{243}}{\sqrt[5]{1024}} = \frac{\sqrt[5]{3^5}}{\sqrt[5]{2^{10}}} = \frac{3}{2^2} = \frac{3}{4}$
- $\sqrt[3]{\frac{64}{125}} = \frac{\sqrt[3]{64}}{\sqrt[3]{125}} = \frac{\sqrt[3]{2^6}}{\sqrt[3]{5^3}} = \frac{2^2}{5} = \frac{4}{5}$

ATIVIDADES

27. Aplique as propriedades dos radicais para obter o resultado em cada caso.

a) $\sqrt{9 \cdot 36}$

b) $\sqrt{\frac{4}{25} \cdot \frac{1}{100}}$

c) $\sqrt[3]{125 \cdot 343}$

d) $\sqrt[3]{\frac{1}{8} \cdot \frac{27}{1000}}$

28. Simplifique a expressão em cada caso:

a) $\sqrt[12]{3^8}$ b) $\sqrt[28]{5^{21}}$

29. Calcule o resultado de:

a) $\sqrt{6^6}$

b) $\sqrt[6]{2^8}$

c) $\sqrt[3]{(4)^{15}}$

d) $\sqrt[18]{5^{12}}$

Aplicações das propriedades dos radicais

Simplificação de raízes

Utilizando a fatoração de um número natural em fatores primos e a propriedade do produto de dois radicais de mesmo índice podemos simplificar o cálculo de raízes. Veja os exemplos a seguir.

a) $\sqrt{441}$

Decompondo o número 441 em fatores primos, obtemos:

$$\begin{array}{r|l} 441 & 3 \\ 147 & 3 \\ 49 & 7 \\ 7 & 7 \\ 1 & \end{array} \qquad 441 = 3^2 \cdot 7^2$$

$$\sqrt{441} = \sqrt{3^2 \cdot 7^2} = \sqrt{3^2} \cdot \sqrt{7^2} = 3 \cdot 7 = 21$$

b) $\sqrt[3]{1080}$

Decompondo o número 1080 em fatores primos, obtemos:

$$\begin{array}{r|l} 1080 & 2 \\ 540 & 2 \\ 270 & 2 \\ 135 & 3 \\ 45 & 3 \\ 15 & 3 \\ 5 & 5 \\ 1 & \end{array} \qquad 1080 = 2^3 \cdot 3^3 \cdot 5$$

$$\sqrt{1080} = \sqrt[3]{2^3 \cdot 3^3 \cdot 5} = \sqrt[3]{2^3} \cdot \sqrt[3]{3^3} \cdot \sqrt[3]{5} =$$
$$= 2 \cdot 3 \cdot \sqrt[3]{5} = 6\sqrt[3]{5}$$

Comparação de radicais

Na comparação de dois radicais de mesmo índice, o maior é aquele de maior radicando.

Exemplos:

- $\sqrt{75} > \sqrt{56}$, pois $75 > 56$
- $\sqrt[3]{309} < \sqrt[3]{327}$, pois $309 < 327$

Para comparar dois radicais com índices diferentes, é necessário obter um radical equivalente a cada um deles, de modo que os índices sejam iguais.

Exemplo:

a) Vamos comparar $\sqrt{7}$ e $\sqrt[3]{9}$.

Como os índices são 2 e 3 e mmc(2, 3) = 6, temos:

- $\sqrt{7} = \sqrt[2 \cdot 3]{7^{1 \cdot 3}} = \sqrt[6]{7^3} = \sqrt[6]{343}$
- $\sqrt[3]{9} = \sqrt[3 \cdot 2]{9^{1 \cdot 2}} = \sqrt[6]{9^2} = \sqrt[6]{81}$

Como $343 > 81$, concluímos que $\sqrt[6]{343} > \sqrt[6]{81}$ e, portanto: $\sqrt{7} > \sqrt[3]{9}$.

b) Qual número é maior: $\sqrt[6]{27}$ ou $\sqrt[4]{12}$?

Como os índices são 4 e 6 e mmc(4, 6) = 12, temos:

- $\sqrt[6]{27} = \sqrt[6 \cdot 2]{27^{1 \cdot 2}} = \sqrt[12]{27^2} = \sqrt[12]{729}$
- $\sqrt[4]{12} = \sqrt[4 \cdot 3]{12^{1 \cdot 3}} = \sqrt[12]{12^3} = \sqrt[12]{1728}$

Como $1728 > 729$, concluímos que $\sqrt[12]{1728} > \sqrt[12]{729}$ e, portanto: $\sqrt[4]{12} > \sqrt[6]{27}$.

Introdução de fatores externos no radicando

Considere o produto $5\sqrt{7}$. Como introduzir o fator externo 5 no radicando?

Para introduzir um fator externo no radicando, podemos aplicar a propriedade 1 e escrever o fator externo 5 como uma raiz de mesmo índice 2:

$$5\sqrt{7} = 5 \cdot \sqrt{7} = \sqrt{5^2} \cdot \sqrt{7} = \sqrt{5^2 \cdot 7} = \sqrt{175}$$

Veja outros exemplos:

- $2\sqrt{5} = 2 \cdot \sqrt{5} = \sqrt{4} \cdot \sqrt{5} = \sqrt{20}$
- $3\sqrt[4]{12} = 3 \cdot \sqrt[4]{12} = \sqrt[4]{3^4} \cdot \sqrt[4]{12} = \sqrt[4]{81 \cdot 12} = \sqrt[4]{972}$

Relação entre potências e radicais

Dados **a** um número real positivo e **m** e **n** números inteiros, com n ⩾ 2, definimos:

$$a^{\frac{m}{n}} = \sqrt[n]{a^m}, \text{ com } a \in \mathbb{R}_+^*, m \in \mathbb{Z}, n \in \mathbb{N} \text{ e } n \geq 2.$$

Exemplos:

- $7^{\frac{1}{2}} = \sqrt{7}$
- $16^{-\frac{1}{2}} = \sqrt{16^{-1}} = \sqrt{\frac{1}{16}} = \frac{1}{4}$
- $2^{\frac{3}{4}} = \sqrt[4]{2^3} = \sqrt[4]{8}$
- $3^{0,25} = 3^{\frac{1}{4}} = \sqrt[4]{3}$

Observação:

As mesmas propriedades que estudamos para potências com expoente inteiro são válidas para potências de base positiva e expoente racional.

Exemplos:

- $25^{\frac{1}{2}} \cdot 25^{\frac{1}{3}} = 25^{\frac{1}{2}+\frac{1}{3}} = 25^{\frac{5}{6}}$
- $4^{\frac{2}{5}} : 4^{\frac{1}{5}} = 4^{\frac{2}{5}-\frac{1}{5}} = 4^{\frac{1}{5}}$
- $\left(10^{\frac{3}{4}}\right)^{\frac{1}{9}} = 10^{\frac{3}{4}\cdot\frac{1}{9}} = 10^{\frac{3}{36}} = 10^{\frac{1}{12}}$

ATIVIDADES

30. Decomponha os radicandos em fatores primos e simplifique as raízes.

a) $\sqrt[3]{640}$
b) $\sqrt[4]{112}$
c) $\sqrt{1089}$
d) $\sqrt{1296}$
e) $\sqrt[3]{1331}$
f) $\sqrt[4]{6561}$

31. Obtenha o valor aproximado de cada raiz quadrada. Use $\sqrt{2} = 1,41$; $\sqrt{3} = 1,73$ e $\sqrt{5} = 2,23$.

a) $\sqrt{18}$
b) $\sqrt{45}$
c) $\sqrt{128}$
d) $\sqrt{60}$

32. Em cada caso, introduza o fator externo no radicando.

a) $2\sqrt{7}$
b) $5\sqrt{3}$
c) $2\sqrt[3]{9}$
d) $3\sqrt[4]{2}$
e) $10\sqrt{5}$
f) $5\sqrt[5]{5}$

33. Transforme em um único radical:

a) $\sqrt{9} \cdot \sqrt{5}$
b) $\sqrt{5} \cdot \sqrt[4]{8}$
c) $\sqrt[4]{6} \cdot \sqrt[6]{8}$
d) $\sqrt[3]{2} \cdot \sqrt[5]{5}$

34. Compare os radicais escrevendo-os em ordem decrescente.

$$\sqrt{20}; \sqrt[4]{30}; \sqrt[3]{24}; \sqrt[6]{48}$$

35. Simplifique as expressões abaixo.

a) $\frac{6 + \sqrt{18}}{2}$

b) $\frac{-8 + \sqrt{32}}{4}$

c) $\frac{10 - \sqrt{60}}{6}$

d) $\frac{-4 + \sqrt{27}}{6}$

36. Calcule o resultado em cada caso.

a) $25^{\frac{1}{2}}$ b) $625^{\frac{1}{4}}$ c) $8^{\frac{4}{3}}$ d) $32^{\frac{1}{5}}$

37. Calculadora

Como é possível calcular a raiz quarta de 6 561 com uma calculadora comum?

38. Um retângulo tem lados de medidas 54 cm e 150 cm. Quantos centímetros mede o lado de um quadrado de mesma área que esse retângulo?

Adição algébrica com radicais

Observe o resultado obtido por Cláudia ao efetuar a adição $\sqrt{2} + \sqrt{18}$ em sua calculadora, cujo visor mostra apenas oito dígitos:

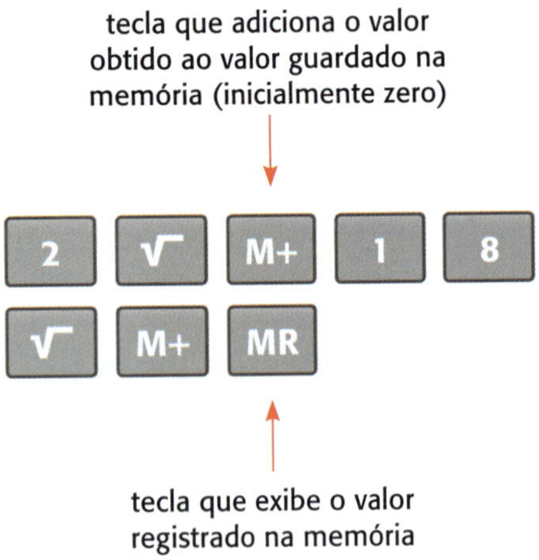

BIS

Como as parcelas $\sqrt{2}$ e $\sqrt{18}$ são números irracionais, a calculadora apresenta um valor aproximado da adição dessas raízes. Entretanto, em muitas situações, é conveniente realizar as operações e apresentar a resposta por meio de radicais, sem a utilização de valores aproximados, no caso de as raízes serem não exatas. Vejamos como fazer isso.

Do mesmo modo que na adição de expressões algébricas agrupamos termos semelhantes, devemos observar se há **radicais semelhantes**.

SHUTTERSTOCK

Exemplos:

- $\sqrt{3}$ e $-5\sqrt{3}$ são radicais semelhantes;
- $\sqrt{5}$ e $\sqrt[3]{5}$ não são radicais semelhantes, pois têm índices diferentes;
- $\sqrt[3]{3}$ e $\sqrt[3]{5}$ não são radicais semelhantes, pois têm radicandos diferentes.

No caso de haver termos com radicais semelhantes, realizamos a adição algébrica como mostram os exemplos:

- $2\sqrt{3} - 5\sqrt{3} + 7\sqrt{3} = (2 - 5 + 7) \cdot \sqrt{3} = 4\sqrt{3}$
- $\sqrt[3]{4} + 3\sqrt[3]{3} - \sqrt{5} + \sqrt[3]{3} = \sqrt[3]{4} - \sqrt{5} + (3 + 1) \cdot \sqrt[3]{3} = \sqrt[3]{4} - \sqrt{5} + 4\sqrt[3]{3}$

Entretanto, se em uma adição não se observa termos com radicais semelhantes, podemos tentar simplificar o radical a fim de verificar se o resultado é um radical semelhante à outra parcela.

Exemplos:

- $5\sqrt{2} + \sqrt{8} - \sqrt{32} = 5\sqrt{2} + \sqrt{2^3} - \sqrt{2^5} = 5\sqrt{2} + 2\sqrt{2} - 4\sqrt{2} = (5 + 2 - 4) \cdot \sqrt{2} = 3\sqrt{2}$
- $\sqrt{125} - \sqrt{25} - \sqrt{45} = \sqrt{5^3} - \sqrt{5^2} - \sqrt{3^2 \cdot 5} = 5\sqrt{5} - 5 - 3\sqrt{5} = 2\sqrt{5} - 5$

ATIVIDADES

39. Calcule o valor das expressões escrevendo o resultado, quando possível, na forma de um único radical.

a) $7\sqrt{5} - 4\sqrt{5}$

b) $3\sqrt{6} + \sqrt{30} + \sqrt{24}$

c) $5\sqrt{3} - 4\sqrt{12} + \sqrt{192}$

d) $-2\sqrt{6} + 3\sqrt{96} + 2\sqrt{24} - \sqrt{25}$

40. Determine o perímetro do polígono regular descrito em cada item.

a) Um triângulo equilátero cujo lado mede $2\sqrt{3}$ cm.

b) Um quadrado cujos lados medem $2\sqrt{5}$ m.

c) Um retângulo cujo lado menor mede $\sqrt[3]{2}$ cm e o lado maior mede o dobro do lado menor.

41. Resolva a expressão escrevendo o resultado na forma de um único radical em cada caso.

a) $125^{\frac{1}{2}} + 5^{\frac{1}{2}}$

b) $27^{\frac{1}{2}} + 243^{\frac{1}{2}}$

42. Resolva as expressões abaixo e identifique o resultado de cada uma delas com os pontos destacados na reta numerada a seguir.

a) $\sqrt{63} - 2\sqrt{7}$

b) $\sqrt{50} - \sqrt{18} + 3\sqrt{2} - \sqrt{32}$

c) $2\sqrt{3} + \sqrt{12}$

d) $-\sqrt{8} - 2\sqrt{18} + \sqrt{98} + \sqrt{32}$

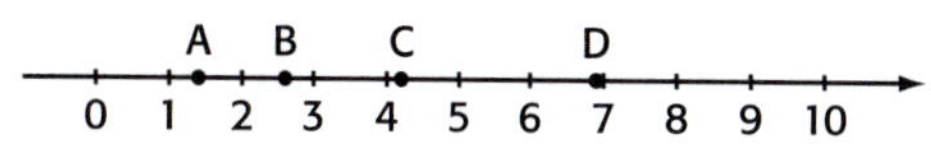

43. Calcule o valor aproximado de cada expressão, considerando $\sqrt{5} = 2{,}23$.

a) $-4\sqrt{80} + 9\sqrt{405}$

b) $3\sqrt{45} + 2\sqrt{20} - \sqrt{5}$

Multiplicação e divisão com radicais

Para realizar a multiplicação e a divisão com radicais, aplicamos as propriedades dos radicais.

Exemplos:

- $\sqrt{8} \cdot \sqrt{8} = \sqrt{8 \cdot 8} = \sqrt{8^2} = 8$
- $\sqrt[3]{25} \cdot \sqrt[3]{40} = \sqrt[3]{25 \cdot 40} = \sqrt[3]{1000} = \sqrt[3]{10^3} = 10$

Potenciação com radicais

Acompanhe os exemplos a seguir.

- $(\sqrt{6})^3 = \sqrt{6} \cdot \sqrt{6} \cdot \sqrt{6} = \sqrt{6 \cdot 6 \cdot 6} = \sqrt{6^3}$
- $(3\sqrt[3]{5})^2 = 3\sqrt[3]{5} \cdot 3\sqrt[3]{5} = 3^2 \cdot \sqrt[3]{5^2}$

É possível demonstrar que:

$$(\sqrt[n]{a})^m = \sqrt[n]{a^m}, \text{ com } a \in \mathbb{R}_+^*, m \in \mathbb{Z}, n \in \mathbb{N} \text{ e } n \geq 2.$$

Radiciação com radicais

Dados **a** um número real maior do que ou igual a zero e **m** e **n** números naturais maiores do que ou iguais a 2, vamos aplicar as propriedades da potenciação e dos radicais para calcular $\sqrt[n]{\sqrt[m]{a}}$.

$$\sqrt[n]{\sqrt[m]{a}} = \sqrt[n]{(a)^{\frac{1}{m}}} = \left[(a)^{\frac{1}{m}}\right]^{\frac{1}{n}} = (a)^{\frac{1}{m} \cdot \frac{1}{n}} = (a)^{\frac{1}{n \cdot m}} = \sqrt[n \cdot m]{a}$$

Assim,

$$\sqrt[n]{\sqrt[m]{a}} = \sqrt[n \cdot m]{a}, \text{ com } a \in \mathbb{R}_+, n \in \mathbb{N}, m \in \mathbb{N}, n \geq 2 \text{ e } m \geq 2.$$

Exemplos:

- $\sqrt[4]{\sqrt[6]{9}} = \sqrt[4 \cdot 6]{9} = \sqrt[24]{9}$
- $\sqrt{2\sqrt[3]{3}} = \sqrt{\sqrt[3]{2^3 \cdot 3}} = \sqrt[2 \cdot 3]{24} = \sqrt[6]{24}$

ATIVIDADES

44. Transforme os produtos em um único radical:

a) $\sqrt{3} \cdot \sqrt{8}$

b) $\sqrt[4]{9} \cdot (-\sqrt[4]{18})$

c) $\sqrt{12} \cdot \sqrt{27}$

d) $\sqrt[4]{5} \cdot \sqrt[4]{25} \cdot \sqrt[4]{25}$

45. Transforme os quocientes em um único radical:

a) $-\sqrt{30} : \sqrt{6}$

b) $\sqrt[3]{49} : \sqrt[3]{14}$

c) $\sqrt{48} : \sqrt{12}$

d) $\sqrt[3]{625} : \sqrt[3]{5}$

46. Calcule o valor de $\sqrt{8} \cdot \sqrt[3]{256}$.

Resolução

$\sqrt{8} \cdot \sqrt[3]{256} = \sqrt[2 \cdot 3]{8^3} \cdot \sqrt[2 \cdot 3]{256^2} = \sqrt[6]{(2^3)^3} \cdot \sqrt[6]{(2^8)^2} = \sqrt[6]{2^9} \cdot \sqrt[6]{2^{16}} = \sqrt[6]{2^9 \cdot 2^{16}} = \sqrt[6]{2^{25}} = \sqrt[6]{2^{24} \cdot 2} = 2^4\sqrt[6]{2} = 16\sqrt[6]{2}$

- Por que **não** é possível calcular $\sqrt{8} \cdot \sqrt[3]{256}$ do seguinte modo: $\sqrt[3 \cdot 2]{8 \cdot 256}$?

47. Calcule:

a) $\sqrt{2} \cdot \sqrt[3]{32}$

b) $\sqrt{8} \cdot \sqrt[3]{128}$

c) $\sqrt{6} : \sqrt[3]{3}$

d) $\sqrt{27} : \sqrt[3]{3}$

48. Calcule o perímetro e a área de cada retângulo representado a seguir. Considere que as medidas estão indicadas em centímetros.

a) 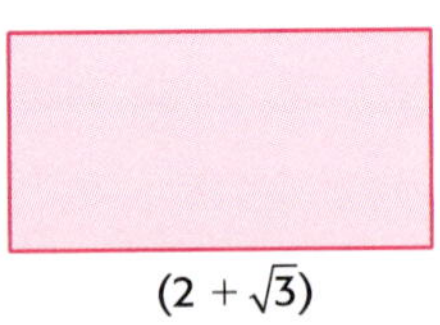

b) 

49. Calcule o resultado de cada expressão a seguir.

a) $\sqrt{2} \cdot \sqrt{128} - (\sqrt{13} + \sqrt{7}) \cdot (\sqrt{13} - \sqrt{7})$

b) $2\sqrt{3} \cdot (\sqrt{6} - \sqrt{2}) + \sqrt[3]{49} \cdot \sqrt[3]{7}$

50. Calcule a área de um triângulo equilátero com 4 cm de base e $2\sqrt{3}$ cm de altura.

51. Observe a figura a seguir:

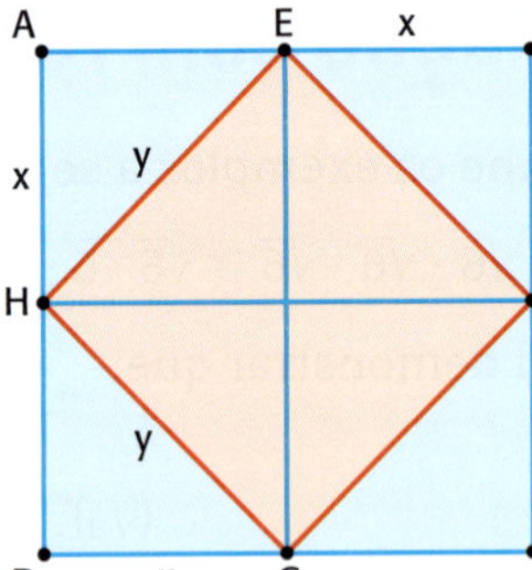

a) Sabendo que a área do quadrado ABCD é 36 cm², qual é o valor de **x**?

b) Qual é a área do quadrado EFGH?

c) Qual é a medida **y** do lado do quadrado EFGH?

d) Qual é o perímetro do quadrado EFGH?

52. Calcule as potências:

a) $(\sqrt{7})^3$
b) $(\sqrt{5})^2$
c) $(3+\sqrt{3})^2$
d) $(\sqrt{2})^6$
e) $(2\sqrt{11})^2$
f) $(3\sqrt[3]{3})^3$
g) $(\sqrt{18})^{-2}$
h) $(\sqrt{5}+\sqrt{3})^2$

53. Calcule o valor da expressão em cada caso:

a) $(\sqrt{5}+\sqrt{4})^2+(\sqrt{5}-\sqrt{4})^2$
b) $[(\sqrt{5}+\sqrt{4})+(\sqrt{5}-\sqrt{4})]^2$
c) $\left(\sqrt{5+\sqrt{4}}\right)^2+\left(\sqrt{5-\sqrt{4}}\right)^2$

54. Qual é o volume de um cubo cuja aresta mede $\sqrt{3}$ cm?

55. Transforme em um único radical e, em seguida, simplifique, se possível.

a) $\sqrt{\sqrt{12}}$
b) $\sqrt{\sqrt{\sqrt{256}}}$
c) $\sqrt{2\sqrt{2}}$
d) $\sqrt{3\sqrt[3]{2}}$
e) $\sqrt{\sqrt{16}}$
f) $\sqrt{\sqrt[3]{9}}$
g) $\sqrt[4]{\sqrt{600}}$
h) $\sqrt[5]{2\sqrt{3}}$

56. Calcule e identifique quais números a seguir são números inteiros.

a) $(\sqrt[3]{9})^2$
b) $(2\sqrt{5})^4$
c) $(\sqrt[4]{6})^{-4}$
d) $(3\sqrt{4})^3$

Racionalização de denominadores

Considere a fração $\frac{1}{\sqrt{3}}$ cujo denominador é um número irracional. Podemos determinar uma fração equivalente a ela que tenha como denominador um número racional. Esse procedimento é conhecido como racionalização de denominadores e o estudaremos a seguir.

- **1º caso – o denominador é um único radical**

Vamos racionalizar o denominador de $\frac{1}{\sqrt{3}}$.

Para isso, observe que se multiplicarmos o denominador por $\sqrt{3}$ obteremos um número racional: $\sqrt{3}\cdot\sqrt{3}=3$. Ambos os termos da fração devem ser multiplicados pelo mesmo fator, obtendo:

$$\frac{1}{\sqrt{3}}\cdot\frac{\sqrt{3}}{\sqrt{3}}=\frac{\sqrt{3}}{3}$$

- Com o auxílio de uma calculadora, obtenha um valor aproximado para $\frac{1}{\sqrt{3}}$.
- Obtenha um valor para $\frac{\sqrt{3}}{3}$ sem usar a calculadora e explique aos colegas como você fez.

Vamos racionalizar o denominador de $\frac{5}{\sqrt[3]{2}}$. Para isso, observe que se multiplicarmos o denominador por $\sqrt[3]{2^2}$ obteremos um número racional: $\sqrt[3]{2}\cdot\sqrt[3]{2^2}=\sqrt[3]{2^3}=2$.

Entretanto, ambos os termos devem ser multiplicados pelo mesmo fator:

$$\frac{5}{\sqrt[3]{2}}\cdot\frac{\sqrt[3]{2^2}}{\sqrt[3]{2^2}}=\frac{5\sqrt[3]{2^2}}{2}=\frac{5\sqrt[3]{4}}{2}$$

- **2º caso – o denominador é uma adição ou subtração com radicais**

Nesse caso, aplicamos o "produto da soma pela diferença" para racionalizar o denominador.

O produto da soma pela diferença de dois termos (**a** e **b**) é: $(a + b) \cdot (a - b) = a^2 - b^2$, em que **a** e **b** são números reais.

Observe os exemplos:

a) Para racionalizar o denominador de $\frac{1}{2 + \sqrt{3}}$, multiplicamos numerador e denominador pela expressão: $2 - \sqrt{3}$

$$\frac{1}{(2 + \sqrt{3})} \cdot \frac{(2 - \sqrt{3})}{(2 - \sqrt{3})} = \frac{(2 - \sqrt{3})}{2^2 - (\sqrt{3})^2} = \frac{2 - \sqrt{3}}{4 - 3} = 2 - \sqrt{3}$$

b) Para racionalizar $\frac{3}{(\sqrt{2} - \sqrt{7})}$, usaremos o mesmo processo.

$$\frac{3}{(\sqrt{2} - \sqrt{7})} \cdot \frac{(\sqrt{2} + \sqrt{7})}{(\sqrt{2} + \sqrt{7})} = \frac{3 \cdot (\sqrt{2} + \sqrt{7})}{2 - 7} = \frac{3(\sqrt{2} + \sqrt{7})}{-5} = -\frac{3(\sqrt{2} + \sqrt{7})}{5}$$

ATIVIDADES

57. Racionalize o denominador das frações abaixo.

a) $\frac{1}{\sqrt{5}}$ b) $\frac{\sqrt{3}}{\sqrt{7}}$ c) $\frac{1}{\sqrt[3]{4}}$ d) $\frac{\sqrt{2}}{\sqrt[3]{2}}$

58. Racionalize o denominador das expressões:

a) $\frac{1}{\sqrt{2} + \sqrt{3}}$ b) $\frac{4}{1 + \sqrt{2}}$ c) $\frac{3\sqrt{2}}{\sqrt{3} + 1}$ d) $\frac{(\sqrt{2} + 1)}{(\sqrt{2} - 1)}$

59. Considere $\sqrt{10} = 3{,}16$ e obtenha o valor aproximado da expressão $\frac{3}{\sqrt{10} - 3}$.

ATIVANDO HABILIDADES

(Obmep) No primeiro estágio de um jogo, Pedro escreve o número 3 em um triângulo e o número 2 em um quadrado. Em cada estágio seguinte, Pedro escreve no triângulo a soma dos números do estágio anterior e no quadrado a diferença entre o maior e o menor desses números. Qual é o número escrito no triângulo do 56º estágio?

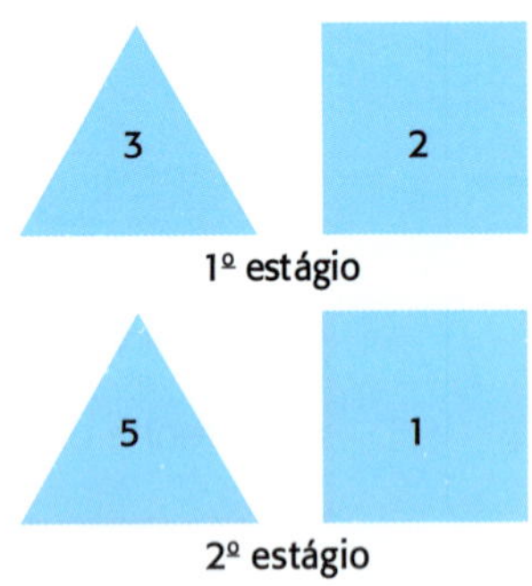

a) $3 \cdot 2^{26}$

b) $5 \cdot 2^{28}$

c) $5 \cdot 2^{56}$

d) $3 \cdot 2^{28}$

e) $5 \cdot 2^{27}$

Entendimento do problema

Para escrever os números nas figuras devemos obedecer à seguinte regra: a partir do 2º estágio, o número escrito em cada triângulo é a soma dos dois números do estágio anterior e o número escrito em cada quadrado é a diferença entre o maior e o menor dos números do estágio anterior.

Elaboração de uma estratégia

Um modo de abordar o problema é elaborar um quadro que indique os números das figuras em cada estágio, buscando descobrir um padrão por meio do qual podemos chegar à solução do problema.

Execução da estratégia

Para nos ajudar a observar o padrão, vamos chamar de **m** o número do triângulo e de **n** o número do quadrado no 1º estágio e escrever as expressões dos números de cada estágio no quadro ao lado.

Estágio	Número do triângulo	Número do quadrado
1º	m	n
2º	$m + n$	$m - n$
3º	$(m + n) + (m - n) = 2m$	$(m + n) - (m - n) = 2n$
4º	$2m + 2n = 2(m + n) = 2^1(m + n)$	$2m - 2n = 2(m - n)$
5º	$(2m + 2n) + (2m - 2n) = 4m$	$(2m + 2n) - (2m - 2n) = 4n$
6º	$4m + 4n = 4(m + n) = 2^2(m + n)$	$4m - 4n = 4(m - n)$
7º	$(4m + 4n) + (4m - 4n) = 8m$	$(4m + 4n) - (4m - 4n) = 8n$
8º	$8m + 8n = 8(m + n) = 2^3(m + n)$	$8m - 8n = 8(m - n)$

Observe as expressões obtidas para o número do triângulo nos estágios pares. O coeficiente que multiplica $(m + n)$ é uma potência de 2, cujo expoente é uma unidade a menos do que a metade de **x**, ou $2^{\frac{x}{2} - 1}$.

Para o 56º estágio, o coeficiente que multiplica $(m + n)$ é igual a $2^{\frac{56}{2} - 1} = 2^{27}$. Assim, o número do triângulo nesse estágio é dado por $2^{27} \cdot (m + n)$.

Substituindo o valor de **m** por 3 e de **n** por 2, obtemos:

$$2^{27} \cdot (3 + 2) = 5 \cdot 2^{27}$$

Análise da solução

Um modo de conferir a resposta obtida é verificar a validade da expressão que determina o número dos triângulos. Vamos testar a expressão $2^{\frac{x}{2} - 1}(m + n)$ para alguns valores pares de **x**.

Estágio (**x**)	Número do triângulo	Número do quadrado	$2^{\frac{x}{2} - 1}(m + n)$
1º	3	2	
2º	5	1	$2^{\frac{2}{2} - 1}(3 + 2) = 5$
3º	6	4	
4º	10	2	$2^{\frac{4}{2} - 1}(3 + 2) = 10$
5º	12	8	
6º	20	4	$2^{\frac{6}{2} - 1}(3 + 2) = 20$
7º	24	16	
8º	40	8	$2^{\frac{8}{2} - 1}(3 + 2) = 40$
9º	48	32	
10º	80	16	$2^{\frac{10}{2} - 1}(3 + 2) = 80$

Os resultados acima sugerem que a expressão que usamos para determinar os números do triângulo está correta e que obtemos o resultado esperado para o número do triângulo no 56º estágio.

Resposta: alternativa **e**.

É a sua vez!

- Determine o número escrito no quadrado do 39º estágio.

teia do saber

1. Qual é a medida dos lados de um quadrado cuja área é igual à do retângulo da figura representada abaixo?

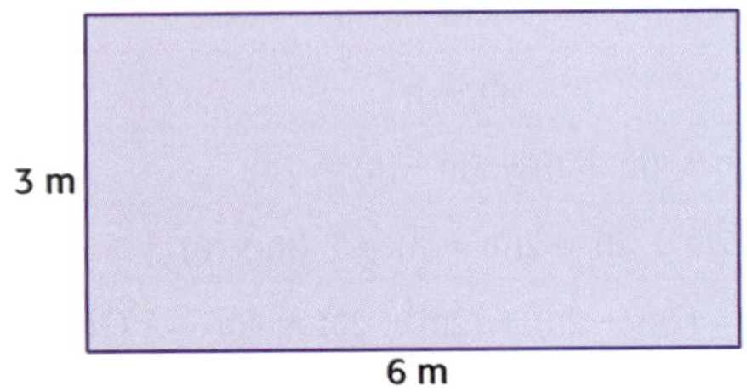

2. Calcule o valor das expressões abaixo:
   a) $(1 + \sqrt{3})^2$
   b) $\sqrt{6 + \sqrt{9}} - \sqrt{2^3 + \sqrt{289}}$
   c) $(2 + \sqrt{2}) \cdot (2 - \sqrt{2})$
   d) $\sqrt{5 + \sqrt[3]{64}}$

3. **Calculadora**
   "Pense em um número natural positivo, eleve-o ao quadrado, adicione o dobro do número pensado e, ao final, adicione 1."
   a) Com o auxílio de uma calculadora, obtenha a raiz quadrada desse número.
   b) Compare o resultado obtido com o de seus colegas: o que você observa?
   c) Desenvolva o produto notável $(n + 1)^2$ e, com base na expressão obtida, explique o resultado dos cálculos efetuados.

4. Simplifique os radicais.
   a) $\sqrt{48}$
   b) $\sqrt{800}$
   c) $\sqrt[3]{162}$
   d) $\sqrt[4]{80}$
   e) $\sqrt[3]{640}$
   f) $\sqrt[5]{360}$

5. Calcule:
   a) $(\sqrt[3]{2})^6$
   b) $(\sqrt{5})^4$
   c) $(\sqrt[3]{3})^{-3}$
   d) $(\sqrt{7})^7$

6. Responda:
   a) $\sqrt[5]{2^9}$ é maior, igual ou menor que 4?
   b) $10^{0,6}$ é maior, igual ou menor que $\sqrt{10}$?
   c) $5^{0,25}$ é maior, igual ou menor que $\sqrt[4]{5}$?

7. Introduza os fatores externos nos radicandos:
   a) $4\sqrt{5}$
   b) $3\sqrt{3}$
   c) $2\sqrt[3]{4}$
   d) $2\sqrt[6]{2}$

8. Escreva na forma de um único radical.
   a) $\sqrt[3]{\sqrt[4]{36}}$
   b) $\sqrt{\sqrt[4]{8}}$
   c) $\sqrt{3\sqrt[4]{9}}$
   d) $\sqrt[3]{2\sqrt{8}}$

9. (Obmep – Banco de questões) O valor de $\dfrac{\sqrt[3]{-0,001} \cdot \sqrt{400}}{\sqrt{0,25}} - \dfrac{\sqrt{0,036} - \sqrt{0,4}}{\sqrt{0,4}}$ é:
   a) $-3,3$
   b) $-4,7$
   c) $-4,9$
   d) $-0,38$
   e) $-0,75$

10. Indique o valor que se obtém ao desenvolvermos a expressão $(\sqrt{1 + \sqrt{2}})^4$:
    a) $3 + 2\sqrt{2}$
    b) $1 + 2\sqrt{2}$
    c) $1 + \sqrt{2}$
    d) 2
    e) 1
    f) $2\sqrt{2}$

11. Calcule os produtos a seguir.
    a) $\sqrt[3]{20} \cdot \sqrt[3]{50}$
    b) $-\sqrt{5} \cdot \sqrt{125}$
    c) $\sqrt[4]{512} \cdot \sqrt[4]{8}$
    d) $\sqrt[3]{2} \cdot \sqrt[3]{16} \cdot \sqrt[3]{8}$
    e) $\sqrt{50} \cdot \sqrt{6} \cdot \sqrt{8} \cdot \sqrt{3}$
    f) $\sqrt{27} \cdot \sqrt[4]{27}$

12. Calcule os quocientes a seguir.
    a) $\sqrt[3]{40} : \sqrt[3]{5}$
    b) $\sqrt{54} : \sqrt{6}$
    c) $\sqrt[3]{32} : \sqrt{8}$
    d) $\sqrt[4]{120} : (-\sqrt[3]{24})$
    e) $\sqrt{16} : \sqrt{8}$
    f) $\sqrt[4]{64} : \sqrt{2}$

13. Racionalize o denominador em cada caso.
    a) $\dfrac{2}{\sqrt{2}}$
    b) $\dfrac{11}{\sqrt{11}}$
    c) $\dfrac{3}{\sqrt[4]{3}}$
    d) $\dfrac{\sqrt{6}}{\sqrt[4]{3}}$
    e) $\dfrac{3}{\sqrt{5} - \sqrt{2}}$
    f) $\dfrac{1}{\sqrt{2} - 6}$

teia integrada

14. Leia o texto e faça o que se pede a seguir.

Brasil e Mônaco estabeleceram relações diplomáticas em 2010. A embaixada brasileira em Paris (França) é cumulativamente responsável por representar o Brasil ao governo monegasco. Mônaco desempenha papel internacional relevante na discussão de temas relacionados ao ambiente marinho e aos oceanos e foi o primeiro Chefe de Estado ou de Governo a confirmar presença na Conferência Rio+20.

ROBERT HARDING IMAGES/MASTERFILE/LATINSTOCK

Monte Carlo, Mônaco.

a) Reúna-se com um colega e pesquise o que foi a conferência Rio+20. Pesquise também outras informações sobre Mônaco, como sua localização, número de habitantes, cultura, entre outros.

b) Mônaco está entre os 10 menores países da Europa, com área de aproximadamente 1,95 km^2. Imagine que o território de Mônaco tivesse a forma de um quadrado e calcule a medida aproximada, em metro, dos lados desse quadrado. Use uma calculadora para realizar os cálculos.

Encerrando a unidade

Nesta unidade, você teve a oportunidade de ampliar seus conhecimentos sobre potenciação, radiciação e suas propriedades. Reflita sobre os conteúdos estudados e responda às questões a seguir.

a) Você considera a potenciação e a radiciação importantes para representar situações matemáticas e resolver problemas? Se possível, apresente um exemplo que justifique a sua opinião.

b) Existe uma relação entre a potenciação e a radiciação? Explique.

c) Retome a atividade 2 da abertura desta unidade e responda: qual será o total de pentágonos vermelhos na construção do fractal pentagonal de Dürer na etapa 5?

d) Que assuntos estudados nessa unidade você utilizou para resolver o Enigma?

Leis de escala e seres vivos

Você já leu o livro *As viagens de Gulliver*, do escritor irlandês Jonathan Swift (1667-1745)?

THINKSTOCK/GETTY IMAGES

Nesse livro, Gulliver é arrastado a uma ilha chamada Lilliput após o naufrágio de seu navio.

Os habitantes de Lilliput são seres humanos em miniatura, de 12 centímetros de altura, que estão constantemente em conflito por motivos fúteis; trata-se de uma crítica do autor à sociedade britânica do século XVIII.

Na segunda parte do livro, Gulliver conhece Brobdingnag, uma terra de gigantes de 15 metros de altura, cujo contexto sugere uma crítica de Swift à autoimagem da superioridade dos cidadãos britânicos em relação aos demais povos.

Ao ler esse livro, podemos pensar: existem seres humanos com a estatura dos habitantes de Lilliput ou de Brobdingnag?

Na literatura ou nas artes plásticas, diversos autores já criaram personagens interessantes em relação às suas medidas. Por exemplo, na obra *A cuca*, Tarsila do Amaral retrata o personagem principal com a cabeça desproporcional em relação ao restante do corpo.

Um ramo da Biologia que estuda o crescimento desproporcional de uma parte de um organismo em relação ao conjunto todo é chamado **Alometria**. As relações alométricas, em geral, envolvem potências com expoentes fracionários (ou decimais) e podem ser descritas como:

A característica biológica estudada é proporcional a uma potência da massa.

TARSILA DO AMARAL. A CUCA, 1924.

Tarsila do Amaral. *A cuca*. Óleo sobre tela, 73 cm × 100 cm, Museu de Grenoble, Grenoble, França, 1924.

Exemplos:

Sendo **p** um número real positivo e **M** a massa do animal, temos:

- a medida do comprimento das asas de uma ave é dada por: $p \cdot M^{\frac{1}{3}}$
- a área das asas é dada por: $p \cdot M^{\frac{2}{3}}$

O conhecimento das leis da Alometria permite diversas aplicações; por exemplo, a partir dos ossos de um dinossauro, os cientistas podem estimar qual era sua massa, a quantidade de alimento que ingeria e outras características.

PHILIPPE PSAILA/SCIENCE PHOTO LIBRARY/LATINSTOCK

Paleontólogo analisando ossos de dinossauro.

Fontes de pesquisa: Mark Ridley. *Evolução*. Porto Alegre: Artmed, 2006; <http://www2.ib.unicamp.br/profs/fsantos/bt682/2012/Aula3.pdf>. Acesso em: 29 mar. 2015.

Para explorar

1. No livro *As viagens de Gulliver*, qual é a estatura dos habitantes de Lilliput? E a dos habitantes de Brobdingnag? Cite exemplos de objetos que têm essas medidas de altura.
2. De acordo com o texto, qual é uma das aplicações das ideias da Alometria?
3. De acordo com a relação apresentada pelo texto, como você calcularia a medida do comprimento das asas de uma ave de 1 kg de massa?

FOTOGRAFIA DE FUNDO: SHUTTERSTOCK

UNIDADE

2 Equações do 2º grau

A civilização babilônica perdurou aproximadamente entre os anos 2000 a.C. até 600 a.C. na região onde hoje é o Iraque.

SIDNEI MOURA

Fonte: KINDER, Hermann; HILGEMANN, Werner. *Atlas histórico mundial*: de los origenes a la Revolución Francesa. Madrid: Ediciones Istmo, 1982. p. 26, 28 e 30.

Essa civilização notabilizou-se pelo uso da escrita em tabletes de argila, o uso de um código de leis chamado Código de Hamurábi, e pelo desenvolvimento da Matemática, em que se destacam:

- a invenção de um sistema de numeração de base sessenta que permitia não apenas registrar quantidades, mas também realizar operações aritméticas;
- o desenvolvimento de métodos para a obtenção de soluções de diversos tipos de equações.

Nesta unidade você vai saber mais sobre...

- Equações do 2º grau com uma incógnita
- Sistemas de equações

Um dos mais famosos tabletes utilizados no período babilônico é a placa de argila Plimpton 322. Trata-se de uma placa da coleção G. A. Plimpton, da Universidade Columbia, catalogada sob o número 322, que foi escrita no período babilônico antigo [...]

Entre os babilônios, havia também tabletes equivalentes às nossas tabuadas. A maioria das operações realizadas relacionava-se diretamente com os tabletes, como multiplicação, quadrados, raízes quadradas, cubos, raízes cúbicas etc. [...]

Além dos tabletes contendo o resultado de operações, os babilônios tinham um certo número de tabletes de procedimentos, como se fossem exercícios resolvidos. Correspondiam a problemas que trataríamos hoje por meio de equações. [...]

Fonte: Tatiana Roque. *História da Matemática – Uma visão crítica, desfazendo mitos e lendas*. Rio de Janeiro: Zahar, 2012. p. 57; 63.

Um dos procedimentos impressos no tablete BM13901, mostrado ao lado, descreve os cálculos para obter a solução de um problema que atualmente, considerando o nosso sistema de numeração, pode ser traduzido como:

"Adicionei a área e a medida do lado de um quadrado: obtive 0,75. Qual é a medida do lado desse quadrado?"

THE TRUSTEES OF THE BRITISH MUSEUM

Tablete BM13901. Encontra-se no acervo do British Museum, em Londres, na Inglaterra.

TROCANDO IDEIAS

1. A civilização babilônica notabilizou-se por diversos feitos. No texto, o que foi destacado em relação ao legado dessa civilização quanto ao desenvolvimento da Matemática?
2. Entre os tabletes deixados pelos babilônios, há registros de operações matemáticas e de procedimentos, como se fossem exercícios resolvidos. Nos dias de hoje esses procedimentos seriam relacionados a quê?
3. Leia novamente o problema traduzido do tablete BM13901 e escolha uma letra para representar a medida do lado do quadrado. Qual é a expressão algébrica que representa a área desse quadrado?

O enigma dos ovos de Páscoa

Valéria produz doces e chocolates artesanais para vender em sua loja. Com o intuito de aumentar seu lucro, na última Páscoa, ela lançou uma promoção diferente:

ESTÚDIO LAB 307

O sr. Antônio comprou alguns ovos de Páscoa. Como o dia de Valéria foi bastante agitado atendendo a diversos clientes, ela se esqueceu de anotar a quantidade de ovos de Páscoa vendida ao sr. Antônio, o que certamente faria diferença em seu controle de estoque. A única informação que Valéria tem é o pagamento recebido do cliente, um cheque no valor de R$ 252,00.

- Quantos ovos de Páscoa o sr. Antônio comprou para presentear seus netos?

No decorrer da unidade você encontrará pistas que podem auxiliá-lo a desvendar este enigma.

1 Equações do 2º grau com uma incógnita

Alguns campeonatos nacionais envolvendo esportes coletivos, como basquete, vôlei e futebol, são realizados com base em regulamentos que preveem, em pelo menos uma de suas etapas, a realização de jogos em que cada equipe joga contra todas as outras em duas ocasiões; ora como visitante, ora como anfitriã.

Esse sistema valoriza a equipe mais regular ao longo do torneio, pois a equipe campeã é aquela com o maior número de pontos ao final da competição.

O campeonato brasileiro de futebol, por exemplo, é composto atualmente de 20 equipes, que disputam um total de 380 partidas, mas nem sempre o torneio teve 20 equipes participantes. Em certo ano, as equipes disputaram um total de 552 jogos; quantas equipes participaram desse torneio?

Vamos começar a resolução do problema supondo um menor número de equipes participantes.

Para três equipes, temos os jogos a seguir.

Equipe	Equipe visitante	Representação do jogo
A	B	AB
A	C	AC
B	A	BA
B	C	BC
C	A	CA
C	B	CB

Total de jogos: 6

Um campeonato com quatro equipes teria 12 jogos no total. Veja:

Equipe	Equipe visitante	Representação do jogo
A	B	AB
A	C	AC
A	D	AD
B	A	BA
B	C	BC
B	D	BD
C	A	CA
C	B	CB
C	D	CD
D	A	DA
D	B	DB
D	C	DC

Total de jogos: 12

THINKSTOCK/GETTY IMAGES

No caso em que o torneio tem 3 equipes, cada uma delas (A, B e C) joga contra cada uma das 2 equipes restantes, totalizando 6 jogos ($3 \cdot 2 = 6$).

No caso em que o torneio tem 4 equipes, cada uma delas (A, B, C e D) joga contra cada uma das 3 equipes restantes, totalizando 12 jogos ($4 \cdot 3 = 12$).

No caso do problema do campeonato brasileiro de futebol, cada uma das **x** equipes participantes jogou contra as $(x - 1)$ equipes restantes, totalizando 552 jogos. Então:

$$x \cdot (x - 1) = 552$$
$$x^2 - x = 552$$

$$x^2 - x - 552 = 0$$

Esse é um exemplo de equação do 2º grau na incógnita **x**:

> Toda equação com uma incógnita que pode ser escrita na forma $ax^2 + bx + c = 0$, em que **x** é incógnita, **a**, **b** e **c** são números reais, e $a \neq 0$, é uma equação polinomial do 2º grau.

Nas equações polinomiais do 2º grau, ou simplesmente equações do 2º grau, o maior expoente da incógnita **x** é o número 2 e os números reais **a**, **b** e **c** são os **coeficientes** da equação.

Quando uma equação do 2º grau está escrita na forma $ax^2 + bx + c = 0$, dizemos que ela está na **forma reduzida**.

No caso da equação relacionada ao número de jogos do campeonato brasileiro, $x^2 - x - 552 = 0$, temos:

$a = 1$ $\qquad$ $b = -1$ $\qquad$ $c = -552$

Acompanhe outros exemplos de equações do 2º grau:

- $2x^2 = -18$
- $x - 3 = \dfrac{x^2}{5}$

Nesse caso, para determinarmos os coeficientes, precisamos reescrever a equação na forma $ax^2 + bx + c = 0$, obtendo:

- $2x^2 + 0x + 18 = 0$
  - $a = 2$
  - $b = 0$
  - $c = 18$
- $-\dfrac{x^2}{5} + x - 3 = 0$
  - $a = -\dfrac{1}{5}$
  - $b = 1$
  - $c = -3$

> O que ocorreria se, em uma equação da forma $ax^2 + bx + c = 0$, tivéssemos $a = 0$ e os demais coeficientes não nulos?

Quando uma equação do 2º grau, em sua forma reduzida, tem todos os seus coeficientes **a**, **b** e **c** não nulos, dizemos que é uma equação do 2º grau completa.

Se o coeficiente **b** é nulo ou o coeficiente **c** é nulo ou ambos são nulos, dizemos que a equação do 2º grau é incompleta.

Exemplos:

- $-3x^2 + x - 5 = 0$ é uma equação do 2º grau completa.
- $2x^2 + \dfrac{x}{4} - 1 = 0$ é uma equação do 2º grau completa.
- $-0{,}6x^2 + 8x = 0$ é uma equação do 2º grau incompleta, pois $c = 0$.
- $3{,}7x^2 + 2 = 0$ é uma equação do 2º grau incompleta, pois $b = 0$.

Raízes de uma equação do 2º grau com uma incógnita

Raiz ou solução de uma equação é o valor atribuído à incógnita que torna a igualdade verdadeira.

Acompanhe alguns exemplos:

As raízes da equação $x^2 - x - 552 = 0$ são os números -23 e 24, pois substituindo **x** por cada um desses valores na equação obtemos uma igualdade verdadeira:

Para $x = -23$, temos:

$$x^2 - x - 552 = 0$$
$$(-23)^2 - (-23) - 552 = 0$$
$$529 + 23 - 552 = 0$$
$$0 = 0$$

Para $x = 24$, temos:

$$x^2 - x - 552 = 0$$
$$24^2 - 24 - 552 = 0$$
$$576 - 24 - 552 = 0$$
$$0 = 0$$

A equação $x^2 + 25 = 0$ não tem raízes reais, pois não existe um número real que elevado ao quadrado e somado a 25 resulte em zero. Ou seja, não há um valor real que torne a sentença verdadeira.

Resolução de equações incompletas do 2º grau com uma incógnita

Quando uma equação do 2º grau $ax^2 + bx + c = 0$ é incompleta, podemos resolvê-la no conjunto dos números reais como mostrado nos casos a seguir.

1º caso: Equações do tipo $ax^2 + c = 0$, em que $a \neq 0$

Exemplos:

a) Resolver em $\mathbb{R}$ a equação $4x^2 - 196 = 0$.

Adicionando 196 a ambos os membros da equação:

$$4x^2 = 196$$

Dividindo ambos os membros da equação por 4:

$$x^2 = 49$$

Estamos procurando números que, elevados ao quadrado, resultem 49. Portanto:

$$x = +\sqrt{49} \quad \text{ou} \quad x = -\sqrt{49}$$

As raízes da equação são $\mathbf{x = 7}$ ou $\mathbf{x = -7}$.

b) Resolver em $\mathbb{R}$ a equação $3x^2 + 18 = 0$.

Adicionando -18 a ambos os membros da equação:

$$3x^2 = -18$$

Dividindo ambos os membros da equação por 3:

$$x^2 = -6$$

Como todo número real elevado ao quadrado é maior do que ou igual a zero, concluímos que a equação não tem solução em $\mathbb{R}$.

2º caso: Equações do tipo $ax^2 + bx = 0$, em que $a \neq 0$

Exemplos:

a) Resolver em $\mathbb{R}$ a equação $x^2 - 5x = 0$.

Colocando o fator comum **x** em evidência:

$$x \cdot (x - 5) = 0$$

Para que um produto seja zero, pelo menos um dos fatores deve ser igual a zero. Portanto:

$$x = 0 \quad \text{ou} \quad x - 5 = 0 \Rightarrow x = 5$$

As raízes da equação são $\mathbf{x = 0}$ e $\mathbf{x = 5}$.

b) Resolver em $\mathbb{R}$ a equação $-4x^2 + 12x = 0$.

$$-4x \cdot (x - 3) = 0$$

Portanto, temos:

$$-4x = 0 \Rightarrow x = 0 \quad \text{ou} \quad (x - 3) = 0 \Rightarrow x = 3$$

As raízes da equação são $\mathbf{x = 0}$ e $\mathbf{x = 3}$.

SHUTTERSTOCK

Pista 1

Valéria criou uma promoção para fazer com que seus clientes comprassem mais ovos de Páscoa. Dessa maneira, associou o preço pago por cada unidade à quantidade de ovos de Páscoa comprada.

- Copie o quadro abaixo em seu caderno e complete-o com os dados corretos.

Quantidade de ovos de Páscoa comprada	Preço por unidade (R$)	Total a ser pago (R$)
1	30,00	
2		
3		
4		
5		

ATIVIDADES

1. Identifique as equações do 2º grau.

a) $-4 + x^3 + 4x = 0$

b) $3x + 0{,}5x^2 = 8$

c) $(x - 2)^2 = 5$

d) $x(x^2 + 4) = x^3 - 2x^2 + 1$

e) $(2x^2 - 3)^2 + 4 = x^2 \cdot (2 - x)$

f) $\left(\frac{x}{3}\right)^3 - 1 = 0$

g) $x^2 + 6x < 0$

h) $3x + 4x^2 = 2 \cdot (x - 2x^2)$

i) $x^2 - 4 = 2x^2 + 3$

2. Escreva a equação do 2º grau na forma $ax^2 + bx + c = 0$ para:

a) $a = -2$, $b = 3$ e $c = 7$

b) $a = 1$, $b = -1$ e $c = 2$

c) $a = 3$, $b = 0$ e $c = -9$

d) $a = -1$, $b = 3$ e $c = 0$

3. Considere a equação $(3m - 6) \cdot x^2 + 6x - 1 = 0$, na incógnita **x**, em que o coeficiente **a** é dado pela expressão $3m - 6$, e responda às questões.

a) O que ocorrerá com o grau dessa equação se $m = 2$?

b) E se $m \neq 2$?

4. Escreva as equações do 2º grau na forma reduzida.

a) $2x^2 - 3 = 4x$

b) $x^2 = 3x - 9$

c) $3x + 4 = -x^2$

d) $-5 + 5x^2 = 6x$

5. Classifique as equações do 2º grau a seguir como completas ou incompletas.

a) $x^2 - 5x + 6 = 0$

b) $3x + 4x^2 = 0$

c) $-2x^2 - 8 = 0$

d) $(x + 4)^2 - 2x = 0$

6. Um retângulo tem lados de medida $(x - 3)$ cm e $(x + 2)$ cm, perímetro igual a 18 cm e área igual a 14 cm².

a) Escreva uma equação correspondente ao seu perímetro.

b) Escreva uma equação correspondente à sua área.

c) Qual das equações anteriores é do 2º grau? Identifique seus coeficientes.

7. Qual das equações a seguir tem raízes $x = -2$ e $x = 6$?

a) $-x^2 + 5x + 8 = 0$

b) $x^2 - 4x - 12 = 0$

c) $x^2 - 4x = 0$

8. Em seu caderno, associe cada equação do 2º grau às suas respectivas raízes.

I. $x^2 - 9 = 0$

II. $x^2 - 7x + 12$

III. $x^2 - 3x = 0$

IV. $-x^2 + 6x - 9 = 0$

A: $x' = 3$ e $x'' = 4$

B: $x' = 0$ e $x'' = 3$

C: $x' = 3$ e $x'' = 3$

D: $x' = 3$ e $x'' = -3$

9. Escreva uma equação do 2º grau em que 5 seja uma de suas raízes.

10. Classifique cada afirmação a seguir como verdadeira ou falsa:

a) -2 e 2 são raízes da equação $t^2 - 4 = 0$.

b) A equação $2x^2 + 8 = -16$ apresenta raízes reais.

c) Zero é sempre raiz de uma equação do 2º grau da forma $ax^2 = 0$.

d) 5 é raiz das equações $x^2 - 5x = 0$ e $2x^2 + 3x = 65$.

11. A equação $(2p - 5)y^2 - (p + 2)y + 5 = 0$ tem raiz $y = 1$. Qual é o valor de **p**?

12. Resolva as seguintes equações do 2º grau no conjunto dos números reais.

a) $2x^2 - 3x = 0$

b) $x^2 - 81 = 0$

c) $2x^2 = 144$

d) $3x^2 - 9x = 0$

e) $\frac{x^2}{4} - 2x = 0$

f) $0{,}5x^2 = 0{,}25x$

g) $x \cdot (x + 7) = 0$

h) $\frac{3x^2}{4} = \frac{2x}{5}$

13. Um número elevado ao quadrado e adicionado ao seu dobro resulta em zero. Que número é esse?

14. Um triângulo isósceles tem a medida da base igual ao triplo da medida de sua altura. Sabendo que a área desse triângulo é igual a 243 cm², obtenha a medida da base e a da altura desse triângulo.

Resolução de equações completas do 2º grau com uma incógnita

Por volta do ano 1000, os matemáticos indianos já conheciam um modo de resolver equações do 2º grau, o qual não era apresentado como uma fórmula, ou seja, não se utilizava linguagem algébrica para escrever a incógnita em termos de operações aritméticas envolvendo seus coeficientes.

Contudo, esse modo de resolver equações do 2º grau pode ser escrito em linguagem atual do seguinte modo:

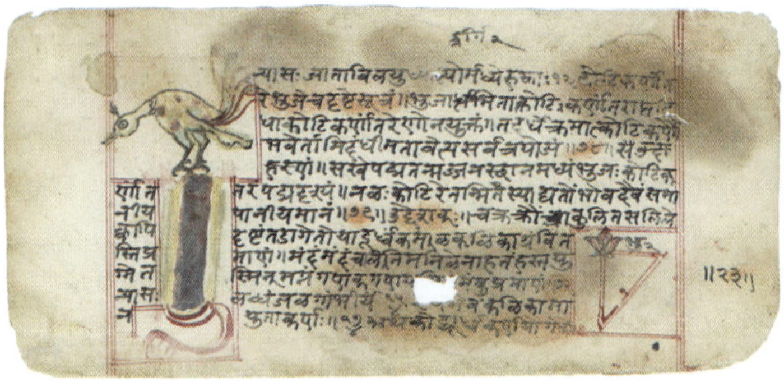

BHASKARA AKARIA (BHASKARA II). LILAVATI, 1650.

Página de um manuscrito de 1650 do livro *Lilavati*, do matemático indiano Bhaskara, que conhecia a regra para resolução de equações do 2º grau, mas que nunca a escreveu como uma "fórmula". No Brasil, é comum associar o nome de Bhaskara a essa "fórmula".

"*Multiplique ambos os membros da equação pelo número que vale quatro vezes o coeficiente do quadrado e some a eles um número igual ao quadrado do coeficiente original da incógnita. A solução desejada é a raiz quadrada desse valor.*"

Acompanhe o uso dessa regra para a obtenção da fórmula para resolução das equações do 2º grau na forma $ax^2 + bx + c = 0$.

Adicionando $-c$ a ambos os membros da equação, temos:

$$ax^2 + bx + c - c = 0 - c$$
$$ax^2 + bx = -c$$

No texto indiano, lemos: "*multiplique ambos os membros da equação pelo número que vale quatro vezes o coeficiente do quadrado*". Ou seja, devemos multiplicar ambos os membros por 4a:

$$4a \cdot (ax^2 + bx) = 4a \cdot (-c)$$
$$4a^2x^2 + 4abx = -4ac$$

Depois, o texto indica o seguinte: "*some a eles um número igual ao quadrado do coeficiente original da incógnita*". Isso significa que devemos adicionar b^2 a ambos os membros da equação:

$$4a^2x^2 + 4abx + b^2 = -4ac + b^2$$
$$4a^2x^2 + 4abx + b^2 = b^2 - 4ac$$

Fatorando o 1º membro da equação, obtemos:

$$(2ax + b)^2 = b^2 - 4ac$$

Ainda no texto, lemos: "*A solução desejada é a raiz quadrada desse valor*". Ou seja, devemos extrair a raiz quadrada em ambos os membros da equação:

$$\sqrt{(2ax + b)^2} = \pm\sqrt{b^2 - 4ac}$$
$$2ax + b = \pm\sqrt{b^2 - 4ac}$$

O motivo de aparecer o sinal ± à esquerda da raiz quadrada no 2º membro da equação é que podem existir dois valores (2ax + b) que, elevados ao quadrado, resultam $b^2 - 4ac$. Por exemplo, se $b^2 - 4ac = 9$; então, $2ax + b = \sqrt{9} = +3$ ou $2ax + b = -\sqrt{9} = -3$.

Observação: Os indianos não reconheciam raízes negativas, como fazemos atualmente.

Finalmente, devemos isolar a incógnita **x** e obter a fórmula de resolução de equações do 2º grau:

$$2ax + b = \pm\sqrt{b^2 - 4ac}$$

$$2ax = -b \pm \sqrt{b^2 - 4ac}$$

$$x = \frac{-b \pm \sqrt{b^2 - 4ac}}{2a}$$

A expressão $b^2 - 4ac$ é chamada discriminante da equação do 2º grau e é simbolizada pela letra grega Δ (delta). Podemos, então, escrever deste modo a fórmula de resolução de equações do 2º grau:

$$x = \frac{-b \pm \sqrt{\Delta}}{2a}$$

Como a raiz quadrada de um número negativo não existe em ℝ, se o valor do discriminante Δ for negativo, a equação do 2º grau não terá soluções reais. Por esse motivo, convém calcularmos o valor do discriminante antes de substituirmos os valores dos coeficientes na fórmula de resolução da equação do 2º grau.

Acompanhe nos exemplos como aplicar a fórmula na resolução de equações do 2º grau.

a) Resolver em ℝ a equação $-x^2 - 7x - 10 = 0$.
   $a = -1$, $b = -7$ e $c = -10$

   Calculando o valor do discriminante, temos:

   $\Delta = b^2 - 4 \cdot a \cdot c$
   $\Delta = (-7)^2 - 4 \cdot (-1) \cdot (-10) = 49 - 40 = 9$

   Como o valor discriminante não é negativo, prosseguimos substituindo os valores de **a**, **b** e **c** na fórmula de resolução:

$$x = \frac{-b \pm \sqrt{\Delta}}{2a} = \frac{-(-7) \pm \sqrt{9}}{2 \cdot (-1)} = \frac{7 \pm 3}{-2}$$

$$x' = \frac{7 + 3}{-2} = \frac{10}{-2} = -5$$

$$x'' = \frac{7 - 3}{-2} = \frac{4}{-2} = -2$$

   As raízes são **−5** e **−2**.

   Vamos verificar que −5 e −2 são soluções da equação:

   Para $x = -5$, temos: $-(-5)^2 - 7(-5) - 10 = 0$
   $-25 + 35 - 10 = 0$
   $10 - 10 = 0$
   $0 = 0$

   Para $x = -2$, temos: $-(-2)^2 - 7(-2) - 10 = 0$
   $-4 + 14 - 10 = 0$
   $10 - 10 = 0$
   $0 = 0$

b) Resolver em $\mathbb{R}$ a equação $4t^2 - 2t = 0$.
$a = 4$, $b = -2$ e $c = 0$

Calculando o valor do discriminante, temos:

$\Delta = b^2 - 4 \cdot a \cdot c$
$\Delta = (-2)^2 - 4 \cdot 4 \cdot 0 = 4 - 0 = 4$

Como o valor discriminante não é negativo, prosseguimos substituindo os valores de **a**, **b** e **c** na fórmula de resolução:

$$x = \frac{-b \pm \sqrt{\Delta}}{2a} = \frac{-(-2) \pm \sqrt{4}}{2 \cdot 4} = \frac{2 \pm 2}{8}$$

$$x' = \frac{2+2}{8} = \frac{4}{8} = \frac{1}{2}$$

$$x'' = \frac{2-2}{8} = \frac{0}{8} = 0$$

As raízes são $\mathbf{\frac{1}{2}}$ e **0**.

• Verifique as soluções obtidas no item **b**.

Pista 2

Com base nos dados do problema, é possível escrever uma expressão matemática que relacione o número de ovos comprados e o preço a ser pago pelo cliente.

- Se o sr. Antônio comprar $(x + 2)$ ovos de Páscoa, com $x \in \mathbb{N}$, qual deverá ser o preço de cada unidade?
- Escreva uma expressão matemática que relacione o preço total pago pelo sr. Antônio ao comprar $(x + 2)$ ovos de Páscoa.

ATIVIDADES

15. Resolva as equações abaixo no conjunto dos números reais.

a) $x^2 - 3x - 4 = 0$

b) $x^2 - 8x + 12 = 0$

c) $x^2 + 6x + 5 = 0$

d) $4x^2 + 9 = 12x$

e) $2x^2 + 12x + 18 = 0$

f) $x^2 + x - 12 = 0$

g) $x^2 - 2x + 10 = 0$

h) $x^2 - 2x - 2 = 0$

16. Faça o que se pede.

a) Resolva em $\mathbb{R}$ a equação do 2º grau $-x^2 + 3x + 4 = 0$

b) Resolva em $\mathbb{R}$ a equação do 2º grau $x^2 - 3x - 4 = 0$

c) Compare os resultados obtidos nos itens anteriores; eles são iguais ou diferentes?

d) Por que isso ocorreu?

17. Regina resolveu em $\mathbb{R}$ a equação $3x^2 - 6x - 105 = 0$ utilizando os coeficientes que apareciam originalmente nessa equação. Contudo, seu amigo Tiago transformou essa equação em $x^2 - 2x - 35 = 0$.

a) Determine as raízes da equação que Regina resolveu.

b) Qual foi a transformação efetuada por Tiago? Quais raízes ele obteve?

c) Supondo que Regina e Tiago resolveram corretamente suas equações, as raízes que eles obtiveram são as mesmas?

d) Qual das equações você considera mais fácil de resolver?

18. Resolva as equações do 2º grau a seguir no conjuntos dos números reais.

a) $x^2 - 324 = 0$

b) $-2x^2 + 162 = 0$

c) $3x^2 + 12x = 0$

d) $-5x^2 - 7x = 0$

e) $2x = 8x^2$

f) $2x^2 + x = 1$

19. O triplo do quadrado de um número positivo, adicionado de treze é igual a 40. Que número é esse?

20. Escreva as equações a seguir na forma reduzida e, depois, as resolva no conjunto dos números reais.

a) $2x(x - 3) - 6 = x(x - 1)$

b) $-x^2 - x = 2x(x - 5)$

c) $(x + 1)^2 = -6x + 1$

d) $\frac{x^2}{3} - x = x - \frac{10}{6}$

e) $\frac{x^2}{2} = \frac{x + 1}{12}$

21. O quadrado e o retângulo mostrados a seguir têm a mesma área. Determine o valor de **x**.

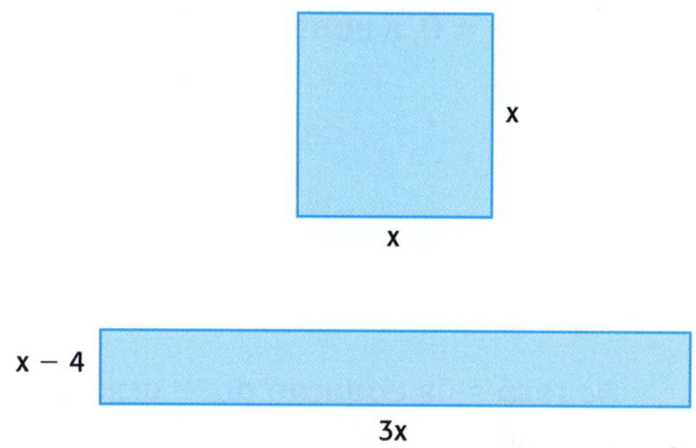

A relação entre o discriminante e o número de raízes de uma equação do 2º grau

Estudamos a fórmula de resolução de uma equação do 2º grau, a qual envolve o cálculo do discriminante $\Delta = b^2 - 4 \cdot a \cdot c$

Podemos analisar as raízes de uma equação do 2º grau considerando o valor do discriminante Δ, conforme mostra o quadro a seguir.

Discriminante	Raiz	Número de raízes
$\Delta > 0$	$\frac{-b + \sqrt{\Delta}}{2a}, \frac{-b - \sqrt{\Delta}}{2a}$	Duas raízes reais distintas.
$\Delta = 0$	$-\frac{b}{2a}$	Duas raízes reais iguais.
$\Delta < 0$	Não apresenta raízes reais.	Zero raiz real.

Acompanhe os exemplos:

a) Resolver em $\mathbb{R}$ a equação $x^2 - 2x - 3 = 0$.

Calculando o valor do discriminante, temos:

$\Delta = b^2 - 4 \cdot a \cdot c$

$\Delta = (-2)^2 - 4 \cdot (1) \cdot (-3) = 4 + 12 = 16$

Como $\mathbf{\Delta > 0}$, a equação do 2º grau tem duas raízes reais distintas.

De fato:

$$x = \frac{-b \pm \sqrt{\Delta}}{2a} = \frac{-(-2) \pm \sqrt{16}}{2 \cdot 1} = \frac{2 \pm 4}{2}$$

$$x' = \frac{2 + 4}{2} = \frac{6}{2} = 3$$

$$x'' = \frac{2 - 4}{2} = \frac{-2}{2} = -1$$

As raízes são **3** e **−1**.

b) Resolver em $\mathbb{R}$ a equação $-x^2 - 10x - 25 = 0$.

Calculando o valor do discriminante, temos:

$\Delta = b^2 - 4 \cdot a \cdot c$

$\Delta = (-10)^2 - 4 \cdot (-1) \cdot (-25) = 100 - 100 = 0$

Como $\mathbf{\Delta = 0}$, a equação do 2º grau tem duas raízes reais iguais.

De fato:

$$x = \frac{-b \pm \sqrt{\Delta}}{2a} = \frac{-(-10) \pm \sqrt{0}}{2 \cdot (-1)} = \frac{10 \pm 0}{-2}$$

$$x' = \frac{10 + 0}{-2} = \frac{10}{-2} = -5$$

$$x'' = \frac{10 - 0}{-2} = \frac{10}{-2} = -5$$

As raízes da equação do 2º grau são **x' = x" = −5**.

c) Resolver em $\mathbb{R}$ a equação $3x^2 - 7x + 8 = 0$.

Calculando o valor do discriminante, temos:

$\Delta = b^2 - 4 \cdot a \cdot c$

$\Delta = (-7)^2 - 4 \cdot (3) \cdot (8) = 49 - 96 = -47$

Como $\mathbf{\Delta < 0}$, a equação do 2º grau não tem raízes reais.

ATIVIDADES

22. Determine o número de raízes reais das equações a seguir.

a) $x^2 - 14x + 49 = 0$

b) $-2x^2 - 3x - 5 = 0$

c) $x^2 + 2x = 0$

d) $x^2 + 2x - 3 = 0$

e) $3x^2 - \frac{x}{4} + 2 = 0$

f) $-x^2 - 7 = 0$

23. Na equação $x^2 - 2x + 2m - 1 = 0$, na incógnita **x**, a expressão $(2m - 1)$ representa o coeficiente **c**. Obtenha os valores reais de **m** para que a equação tenha duas raízes reais distintas.

Resolução

$\Delta > 0$

$(-2)^2 - 4 \cdot 1 \cdot (2m - 1) > 0$

$4 - 8m + 4 > 0$

$-8m > -8$

Logo, $m < 1$.

Determine o valor de **m** para que a equação tenha duas raízes reais iguais.

24. Determine **m** de modo que as equações, na incógnita **x**, satisfaçam à condição exigida em cada caso.

a) $mx^2 - 2x + 1 = 0$ não tenha raízes reais.

b) $2x^2 - 4x + m = 0$ tenha duas raízes reais distintas.

Problemas envolvendo equações do 2º grau

Vamos estudar alguns problemas que podem ser resolvidos por meio de uma equação do 2º grau.

- **Problema 1**

A soma dos quadrados de dois números naturais consecutivos é igual a 1513. Quais são esses números?

Vamos representar os dois números naturais consecutivos por **x** e $x + 1$.

O quadrado de cada um desses números são, respectivamente, x^2 e $(x + 1)^2$. Então, como a soma dos quadrados desses números é igual a 1513, podemos escrever:

$$x^2 + (x + 1)^2 = 1513$$

Desenvolvendo a expressão $(x + 1)^2$, obtemos:

$$(x + 1)^2 = x^2 + 2x + 1$$

(x	+	1)²	=	x²	+	2x	+	1
1º termo		2º termo		quadrado do 1º termo		duas vezes o produto do 1º termo pelo 2º termo		quadrado do 2º termo

Assim:

$$x^2 + x^2 + 2x + 1 = 1513$$
$$2x^2 + 2x - 1512 = 0$$

Podemos dividir ambos os membros da igualdade por 2, obtendo:

$$x^2 + x - 756 = 0$$

Calculando o valor do discriminante, temos:

$$\Delta = b^2 - 4 \cdot a \cdot c$$
$$\Delta = (1)^2 - 4 \cdot (1) \cdot (-756) = 1 + 3024 = 3025$$

Como $\Delta > 0$, prosseguimos substituindo os valores de **a**, **b** e **c** na fórmula de resolução:

$$x = \frac{-b \pm \sqrt{\Delta}}{2a} = \frac{-1 \pm \sqrt{3025}}{2 \cdot (1)} = \frac{-1 \pm 55}{2}$$

$$x' = \frac{-1 + 55}{2} = \frac{54}{2} = 27$$

$$x'' = \frac{-1 - 55}{2} = \frac{-56}{2} = -28$$

As raízes da equação são **27** e **−28**. Como nas condições do problema **x** é um número natural, concluímos que $x = 27$ e $x + 1 = 28$.

Portanto, os números procurados são **27** e **28**.

Verificando a solução:

$$27^2 + 28^2 = 729 + 784 = 1513$$

- **Problema 2**

Um polígono convexo tem 35 diagonais. Quantos lados tem esse polígono?

O número de diagonais D de um polígono convexo é dado pela fórmula:

$D = \frac{n \cdot (n - 3)}{2}$, em que **n** é o número de lados do polígono.

Substituindo o valor 35 para D, temos:

$$\frac{n \cdot (n - 3)}{2} = 35$$

$$n^2 - 3n = 70 \text{ ou } n^2 - 3n - 70 = 0$$

Calculando o valor do discriminante, temos:

$\Delta = b^2 - 4 \cdot a \cdot c$

$\Delta = (-3)^2 - 4 \cdot (1) \cdot (-70) = 9 + 280 = 289$

$$n = \frac{-b \pm \sqrt{\Delta}}{2a} = \frac{-(-3) \pm \sqrt{289}}{2 \cdot (1)} = \frac{3 \pm 17}{2}$$

$$n' = \frac{3 + 17}{2} = \frac{20}{2} = 10$$

$$n'' = \frac{3 - 17}{2} = \frac{-14}{2} = -7$$

As raízes da equação são **10** e **−7**. Como o número de diagonais de um polígono é um número natural, concluímos que **n = 10**.

Portanto, o polígono tem 10 lados, chamado decágono.

Pista 3

Valéria guardou o cheque que recebeu do sr. Antônio, que aponta o valor de R$ 252,00 pagos pelos ovos de Páscoa.

- A partir da relação matemática que você escreveu na Pista 2, escreva a equação que expressa o valor pago pelo sr. Antônio. Em seguida, resolva essa equação.
- O que o valor de **x** representa no contexto do enigma? De acordo com o resultado obtido no item anterior, quantos ovos de Páscoa o sr. Antônio pode ter comprado?
- Observe novamente a cena e responda: há alguma restrição associada à promoção?

Desvende o enigma

A relação matemática criada com os dados do problema possibilitou calcular o número de ovos de Páscoa comprados pelo sr. Antônio.

- Quantos ovos de Páscoa o sr. Antônio comprou para presentear seus netos?

Soma e produto das raízes de uma equação do 2º grau

Podemos calcular a soma e o produto das raízes de uma equação do 2º grau da forma $ax^2 + bx + c = 0$, com $a \neq 0$, conhecendo apenas os coeficientes **a**, **b** e **c** da equação.

Soma das raízes

Vamos obter a soma S das raízes de uma equação do 2º grau:

$$S = x' + x''$$

$$S = \left(\frac{-b + \sqrt{\Delta}}{2a}\right) + \left(\frac{-b - \sqrt{\Delta}}{2a}\right) = \frac{-b + \sqrt{\Delta} - b - \sqrt{\Delta}}{2a} = \frac{-2b}{2a} = -\frac{b}{a}$$

A soma das raízes da equação $ax^2 + bx + c = 0$, com $a \neq 0$, é $-\frac{b}{a}$.

Produto das raízes

Vamos obter o produto P das raízes de uma equação do 2º grau:

$$P = x' \cdot x''$$

$$P = \left(\frac{-b + \sqrt{\Delta}}{2a}\right) \cdot \left(\frac{-b - \sqrt{\Delta}}{2a}\right) = \frac{(-b)^2 - (\sqrt{\Delta})^2}{(2a)^2} = \frac{b^2 - \Delta}{4a^2}$$

Substituindo Δ por $b^2 - 4ac$ na expressão acima, obtemos:

$$P = \frac{b^2 - \Delta}{4a^2} = \frac{b^2 - b^2 + 4ac}{4a^2} = \frac{4ac}{4a^2} = \frac{c}{a}$$

O produto das raízes da equação $ax^2 + bx + c = 0$, com $a \neq 0$, é $\frac{c}{a}$.

Podemos recorrer às fórmulas da soma e do produto da equação do 2º grau para calcular mentalmente as raízes da equação. Acompanhe os exemplos:

a) Resolver em $\mathbb{R}$ a equação $x^2 - 3x + 2 = 0$.

Vamos calcular a soma e o produto das raízes dessa equação aplicando as fórmulas anteriores.

$$S = -\frac{b}{a} = -\frac{(-3)}{1} = 3$$

$$P = \frac{c}{a} = \frac{2}{1} = 2$$

Para determinar as raízes da equação, devemos encontrar dois números que multiplicados resultam em 2 e cuja soma seja 3.

Os dois números que satisfazem essas condições são $x' = 1$ e $x'' = 2$.

Verificação:

Para $x = 1$, temos: $(1)^2 - 3 \cdot (1) + 2 = 0$
$1 - 3 + 2 = 0$
$-2 + 2 = 0$
$0 = 0$

Para $x = 2$, temos: $(2)^2 - 3 \cdot (2) + 2 = 0$
$4 - 6 + 2 = 0$
$-2 + 2 = 0$
$0 = 0$

Logo, as raízes da equação são $\mathbf{x' = 1}$ e $\mathbf{x'' = 2}$.

b) Resolver em $\mathbb{R}$ a equação $2x^2 + 2x - 4 = 0$.

$$S = -\frac{b}{a} = -\frac{2}{2} = -1$$

$$P = \frac{c}{a} = \frac{-4}{2} = -2$$

Devemos encontrar dois números cujo produto seja -2 e a soma seja -1. Os dois números que satisfazem essas condições são $x' = -2$ e $x'' = 1$.

Verificação:

Para $x = -2$, temos: $2 \cdot (-2)^2 + 2 \cdot (-2) - 4 = 0$

$$8 - 4 - 4 = 0$$
$$4 - 4 = 0$$
$$0 = 0$$

Para $x = 1$, temos: $2 \cdot (1)^2 + 2 \cdot (1) - 4 = 0$

$$2 + 2 - 4 = 0$$
$$4 - 4 = 0$$
$$0 = 0$$

Logo, as raízes da equação são **$x' = -2$** e **$x'' = 1$**.

Aplicações das relações envolvendo a soma e o produto das raízes

Vamos conhecer duas importantes aplicações das relações envolvendo a soma S e o produto P das raízes de uma equação do 2º grau.

Obtenção da equação do 2º grau a partir de suas raízes

Considere a equação do 2º grau na forma $ax^2 + bx + c = 0$, com $a \neq 0$.

Dividindo ambos os membros por **a**:

$$\frac{ax^2 + bx + c}{a} = \frac{0}{a}$$

$$x^2 + \frac{bx}{a} + \frac{c}{a} = 0$$

Como a soma e o produto das raízes são dados por $S = -\frac{b}{a}$ e $P = \frac{c}{a}$, podemos escrever:

$$\frac{b}{a} = -\left(-\frac{b}{a}\right) = -S \qquad \frac{c}{a} = P$$

Portanto, a equação do 2º grau pode ser escrita como:

$x^2 - Sx + P = 0$, em que S é a soma e P, o produto das raízes da equação.

Veja este exemplo:

Vamos escrever uma equação do 2º grau na incógnita **x** que tenha raízes $x' = -4$ e $x'' = 1$.

Com os valores das raízes, podemos calcular a soma e o produto delas:

$$S = x' + x'' = -4 + 1 = -3$$
$$P = x' \cdot x'' = (-4) \cdot 1 = -4$$

Portanto, uma equação cujas raízes são -4 e 1 é:

$$x^2 - Sx + P = 0$$
$$x^2 - (-3)x + (-4) = 0$$
$$x^2 + 3x - 4 = 0$$

Fatoração de um trinômio do 2º grau

Nem sempre um trinômio do 2º grau da forma $ax^2 + bx + c$, com $a \neq 0$, pode ser fatorado como um trinômio quadrado perfeito. Acompanhe como fatorar esse trinômio a partir das raízes, x' e x'', da equação $ax^2 + bx + c = 0$, com $a \neq 0$.

$$ax^2 + bx + c = 0$$

Colocando o termo **a** em evidência, temos:

$$a \cdot \left(x^2 + \frac{b}{a} \cdot x + \frac{c}{a}\right) = \frac{0}{a}$$

Como a soma e o produto das raízes são dados por $S = -\frac{b}{a}$ e $P = \frac{c}{a}$, respectivamente, podemos escrever a expressão acima como:

$$a \cdot (x^2 - Sx + P) = 0$$

Substituindo S por $x' + x''$ e P por $x' \cdot x''$, temos:

$$a \cdot [x^2 - (x' + x'') \cdot x + x' \cdot x''] = 0$$

$$a \cdot [x^2 - x' \cdot x - x'' \cdot x + x' \cdot x''] = 0$$

fator comum: **x** fator comum: **x''**

$$a \cdot [x \cdot (x - x') - x'' \cdot (x - x')] = 0$$

fator comum: (x − x')

$$a \cdot [(x - x') \cdot (x - x'')] = 0$$

Portanto, a forma fatorada do trinômio $ax^2 + bx + c$ é dada por:

> $a \cdot (x - x') \cdot (x - x'')$, em que x' e x'' são as raízes da equação $ax^2 + bx + c = 0$.

Exemplo:

Para obter a forma fatorada do trinômio $x^2 - x - 6$, escrevemos a equação do 2º grau associada a ele, e calculamos as raízes dessa equação pelas relações de soma e produto.

$$x^2 - x - 6 = 0$$

$$S = -\frac{b}{a} = -\frac{(-1)}{1} = 1$$

$$P = \frac{c}{a} = \frac{-6}{1} = -6$$

As raízes da equação são dois números que multiplicados resultam em −6 e cuja soma seja 1. Os dois números que satisfazem essas condições são $x' = -2$ e $x'' = 3$.

A forma fatorada do trinômio $x^2 - x - 6 = 0$ é dada por:

$$1 \cdot (x + 2) \cdot (x - 3) = (x + 2) \cdot (x - 3)$$

ATIVIDADES

25. A soma de um número natural com o quadrado de seu sucessor é 551. Qual é esse número?

26. A área do terreno retangular representado abaixo é igual a 14 m^2. Determine, em metro, a medida de seus lados.

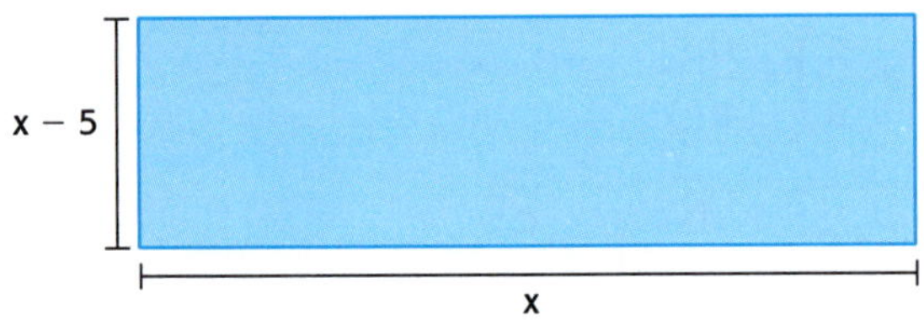

27. Um terreno retangular media 20 m de comprimento e 10 m de largura e teve acrescentadas duas faixas de mesma largura, passando a ocupar 416 m^2. Obtenha o valor da medida **x**.

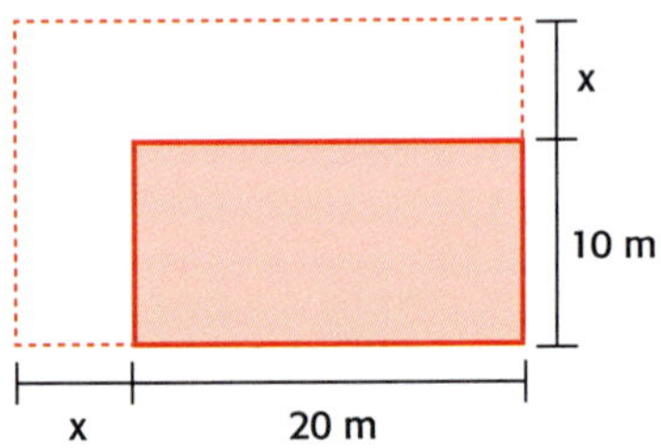

28. Um grupo de soldados estava disposto em **n** fileiras, com **n** soldados em cada uma. Em seguida, chegaram mais alguns soldados de modo que o grupo passou a ter 6 fileiras a mais que no início, totalizando 91 soldados. Obtenha o número de fileiras que havia no início da formação.

29. Em uma festa, há certo número de pessoas, sendo que cada uma delas cumprimentou as demais pessoas uma única vez.

a) Copie o quadro a seguir em seu caderno e complete-o.

Número de pessoas	Esquema dos cumprimentos	Número de cumprimentos
2	A-B	1
3	A-B / A-C / B-C	3
4		

b) Com qual das expressões a seguir podemos calcular o número de cumprimentos dados em uma festa com **n** pessoas?

I. $\frac{n^2 - n}{2}$

II. $n^2 - n$

III. $n^3 - 1$

c) Obtenha o número de pessoas em uma festa, na qual todos se cumprimentaram uma única vez totalizando 171 cumprimentos.

30. Rogério descobriu cinco números inteiros positivos e consecutivos com a seguinte propriedade: "a soma dos quadrados dos três primeiros é igual à soma dos quadrados dos dois últimos números". Quais são esses números?

31. Mário quer construir um cercado retangular de 720 m^2 de área. Um dos lados deve ter 6 metros a mais que a medida do outro lado.

a) Escreva uma equação para a área do cercado.

b) Calcule as medidas dos lados desse cercado.

c) Obtenha o perímetro desse cercado.

32. Sabe-se que Regina e sua filha Márcia têm hoje 45 e 15 anos de idade, respectivamente. Responda:

a) Há **x** anos, qual era a idade de Regina e de Márcia?

b) Para qual valor de **x** a idade de Regina era igual ao quadrado da idade de sua filha?

33. Cálculo mental

Veja como Leila calculou mentalmente as raízes da equação $x^2 - 7x + 12 = 0$.

> Como o produto das raízes é igual a 12 : 1, ou seja, igual a 12, penso em dois números que multiplicados resultam em 12, como **4** e **3** ou **2** e **6** ou mesmo **1** e **12**. Sei que a soma das raízes é igual a $-(-7) : 1$, ou seja, igual a 7, de modo que as raízes corretas são **4** e **3**, pois $4 + 3 = 7$.

SHUTTERSTOCK

Faça como Leila e calcule mentalmente as raízes das equações a seguir no conjunto dos números reais.

a) $x^2 - 5x - 14 = 0$

b) $x^2 + 12x + 36 = 0$

c) $-x^2 - x + 42 = 0$

d) $2x^2 - 8x + 8 = 0$

e) $-x^2 - 2x + 48 = 0$

f) $3x^2 - 9x + 6 = 0$

34. Obtenha a equação do 2º grau cujas raízes apresentem a soma S e o produto P indicado em cada item.

a) $S = 3$ e $P = 4$

b) $S = -5$ e $P = -6$

c) $S = 8$ e $P = 16$

d) $S = \frac{3}{2}$ e $P = \frac{1}{2}$

35. Fatore o primeiro membro das equações do 2º grau a seguir.

a) $x^2 + 3x - 40 = 0$

b) $3x^2 + 5x - 12 = 0$

c) $-x^2 + 2x - 1 = 0$

d) $x^2 - 6x + 9 = 0$

e) $2x^2 - x - 3 = 0$

f) $-5x^2 - 8x + 4 = 0$

36. Um trinômio do 2º grau apresenta as seguintes características:

- Igualando-o a zero, têm-se as raízes $x' = -3$ e $x'' = 5$.
- A soma de seus coeficientes $(a + b + c)$ é 48.

Obtenha o trinômio que tem essas características.

37. Obtenha a equação do 2º grau que apresente as raízes indicadas em cada item.

a) -2 e 4

b) 3 e 7

c) 0 e -1

d) -2 e -2

e) 0 e 0

f) -2 e 2

38. Sabendo que a equação apresentada em cada item a seguir está na incógnita **x**, obtenha o valor de **m** para que:

a) As raízes da equação $mx^2 - 10x + 12 = 0$ tenham soma igual a 5.

b) As raízes da equação $x^2 - mx + 6 = 0$ tenham soma igual a -7.

c) As raízes da equação $-x^2 - 2x + m = 0$ tenham produto igual a 3.

39. As regras de soma e produto de raízes são mais simples de utilizar quando o coeficiente **a** é igual a 1, pois, nesse caso:

$$S = -b \text{ e } P = c$$

Acompanhe um método que permite escrever a equação $6x^2 + 3x = 3$ com coeficiente **a** igual a 1.

I. Multiplica-se a equação por **a** (no caso, por 6):

$$6 \cdot 6x^2 + 6 \cdot 3x = 6 \cdot 3$$
$$(6x)^2 + 3 \cdot (6x) = 18$$

II. Substitui-se 6x por **y**:

$$y^2 + 3y - 18 = 0$$

Agora é sua vez!

a) Calcule as raízes da equação do 2º grau $y^2 + 3y - 18 = 0$ por meio das relações de soma e produto de raízes.

b) Iguale cada raiz a 6x e obtenha as raízes x' e x''.

40. Obtenha a equação do 2º grau cujas raízes são $x' = 1 + \sqrt{3}$ e $x'' = 1 - \sqrt{3}$.

SAIBA MAIS

Equação do 2º grau sem fórmulas

Em 641 d.C., a Biblioteca de Alexandria, centro cultural do mundo árabe, foi totalmente destruída. Contudo, três califas – Al-Mansur, Harum al-Rachid e Al-Mamum – ordenaram a tradução, do grego para o árabe, de importantes escritos científicos, como *O Almagesto*, de Ptolomeu, e *Os Elementos*, de Euclides.

Durante o reinado de Al-Mamum, no século IX, ergueu-se o centro cultural Casa da Sabedoria (em Bagdá), semelhante à Biblioteca de Alexandria, que recebeu contribuições de muitos matemáticos. Um deles foi Mohamed ibn-Musa al-Khwarizmi, que desenvolveu o "método de completar quadrados" para resolver uma equação polinomial do 2º grau, descrito a seguir.

IVAN VDOVIN/ALAMY/LATINSTOCK

Retrato de Al-Khwarizmi.

Observe, por exemplo, como era resolvida a equação $x^2 + 10x = 39$.

I. Representa-se x^2 por um quadrado de lado de medida $\mathbf{x}$.

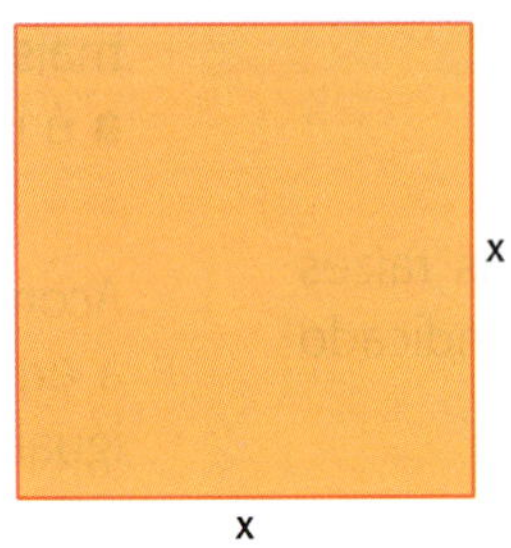

área do quadrado laranja: x^2

II. Divide-se $10x$ em quatro retângulos de lados 2,5 e $\mathbf{x}$, como mostra a figura abaixo.

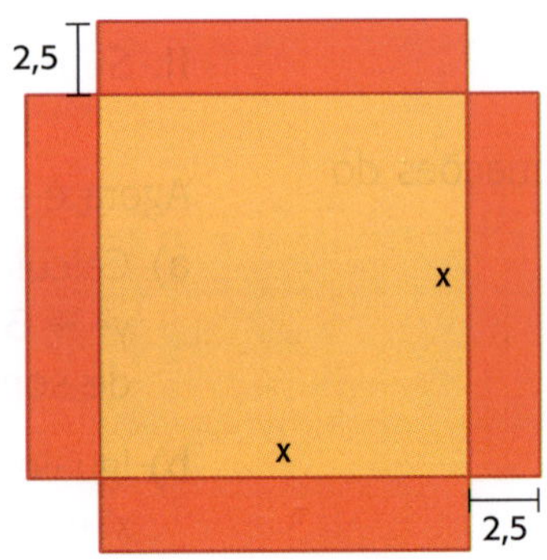

área dos retângulos vermelhos: $4 \cdot (2{,}5 \cdot x) = 10x$

área total: $x^2 + 10x = 39$

III. Completa-se o quadrado maior acrescentando quatro quadrados menores de lados 2,5.

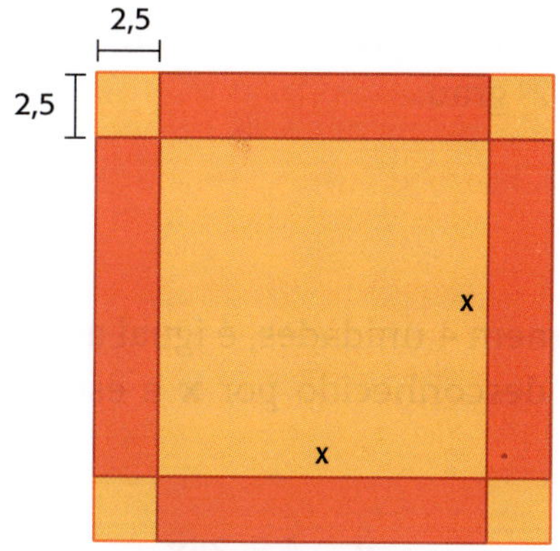

área dos quadrados menores: $4 \cdot (2,5 \cdot 2,5) = 25$

área total do quadrado maior: $39 + 25 = 64$

IV. Analisa-se a medida do lado do quadrado obtido com essa construção e sua área.

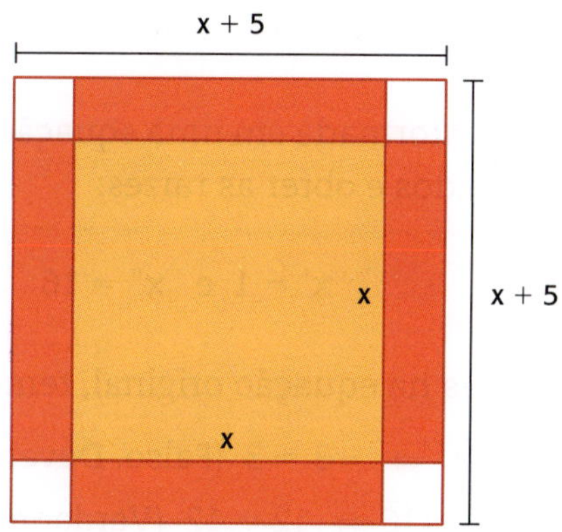

Como o quadrado tem área igual a 64, conclui-se que a medida do lado é $\sqrt{64} = 8$. Portanto, $x + 5 = 8$, ou seja, $x = 3$.

Os árabes ignoravam na resolução a raiz negativa da equação, pois as figuras têm lados e áreas maiores que zero. Atualmente, podemos aplicar esse método para resolver equações do 2º grau determinando as raízes positivas e negativas:

$$(x + 5)^2 = 64$$

$$x + 5 = \pm\sqrt{64} \Rightarrow x = 3 \text{ ou } x = -3$$

Fonte de pesquisa: Wagner de Cunha Fragoso.
Uma abordagem histórica da equação polinomial do 2º grau.
Revista do Professor de Matemática, n. 43, Rio de Janeiro: SBM, 2000.

Para explorar

- Resolva a equação $x^2 + 12x = 64$, aplicando o método de completar quadrados.

Equações que recaem em uma equação do 2º grau

Existem equações que, apesar de não estarem na forma $ax^2 + bx + c = 0$, com $a \neq 0$, podem ser resolvidas como uma equação do 2º grau.

Equações irracionais

Leia o problema:

"Qual número, do qual se subtraem 4 unidades, é igual ao triplo de sua raiz quadrada?".

Vamos representar o número desconhecido por **x** e escrever a expressão correspondente ao enunciado:

$$x - 4 = 3\sqrt{x}$$

Essa é uma **equação irracional**. Veja o que ocorre ao elevarmos ambos os membros da equação ao quadrado:

$$(x - 4)^2 = (3\sqrt{x})^2$$

$$x^2 - 8x + 16 = 9x$$

$$x^2 - 17x + 16 = 0$$

Observe que a equação foi transformada em uma equação do 2º grau, que podemos resolver com qualquer um dos métodos estudados e obter as raízes:

$$x' = 1 \quad e \quad x'' = 16$$

Verificando as soluções obtidas na equação original, temos:

Para $x' = 1$, temos: $1 - 4 = 3\sqrt{1} \Rightarrow -3 = 3$ (Falso. Devemos descartar essa solução.)

Para $x'' = 16$, temos: $16 - 4 = 3\sqrt{16} \Rightarrow 12 = 12$ (Verdadeiro.)

Portanto, o número procurado é **16**.

Equação irracional é toda equação que apresenta incógnita em um ou mais radicais.

Equações biquadradas

Outro tipo de equação que pode ser reduzida a uma equação do 2º grau são as **equações biquadradas**.

Equação biquadrada é toda equação da forma $ax^4 + bx^2 + c = 0$, em que **a**, **b** e **c** são números reais e $a \neq 0$.

Vamos resolver em $\mathbb{R}$ a equação biquadrada $x^4 - 18x^2 + 32 = 0$.

Substituindo x^2 por **y**, escrevemos a equação biquadrada de incógnita **x** como uma equação do 2º grau com incógnita **y**:

$$(x^2)^2 - 18x^2 + 32 = 0$$

$$y^2 - 18y + 32 = 0$$

Resolvendo a equação em **y**:

$$y = \frac{-(-18) \pm \sqrt{(-18)^2 - 4 \cdot 1 \cdot 32}}{2 \cdot 1} \Rightarrow y = \frac{18 \pm \sqrt{196}}{2} \Rightarrow y = \frac{18 \pm 14}{2} \Rightarrow \boxed{y' = 16 \text{ e } y'' = 2}$$

Observe que obtivemos os valores de **y**, e não os de **x**, que é a incógnita da equação original. Portanto, devemos utilizar a igualdade $y = x^2$ para obter as raízes procuradas:

Para $y = 16$, temos:

$$x^2 = 16 \Rightarrow \boxed{x' = -4 \text{ e } x'' = 4}$$

Para $y = 2$, temos:

$$x^2 = 2 \Rightarrow \boxed{x''' = -\sqrt{2} \text{ e } x'''' = +\sqrt{2}}$$

Portanto, as raízes da equação são $\mathbf{-4}$, $\mathbf{-\sqrt{2}}$, $\mathbf{\sqrt{2}}$ e $\mathbf{4}$.

ATIVIDADES

41. Determine as raízes reais das equações a seguir.

a) $\sqrt{x} - 5 = 4$

b) $\sqrt{x - 5} = 4$

c) $x + \sqrt{x + 13} = 7$

d) $\sqrt{2x^2 - 1} = x$

e) $\sqrt{3x - 2} = x$

f) $\sqrt{x + 1} - 4\sqrt{2} = 0$

g) $x = \sqrt{x}$

h) $\sqrt{x + 2} = -x$

42. Pensei em um número, multipliquei-o por 5 e subtraí 1. Em seguida, extraí a raiz quadrada do valor obtido e verifiquei que o resultado era igual ao sucessor do número pensado. Em que número eu pensei?

43. Uma folha de papel de formato quadrado teve sua área diminuída de 16 cm² e seus lados passaram a medir 3 cm de comprimento. Sabendo que após a diminuição da área a folha continuou com o formato de quadrado, responda:

a) Qual era a medida do comprimento dos lados?

b) Qual era a área da folha de papel?

44. Miguel digitou um número em sua calculadora e, depois, apertou as seguintes teclas:

[×] [3] [=] [+] [1] [=] [√]

Sabendo que o resultado obtido no visor é igual a 7, descubra o número digitado inicialmente na calculadora.

45. Escreva uma equação irracional que apresente uma raiz igual a 8.

46. Resolva em $\mathbb{R}$ as equações biquadradas a seguir.

a) $x^4 - 81 = 0$

b) $x^4 - 4x^2 = 0$

c) $-x^4 - x^2 + 12 = 0$

d) $2y^4 - 8y^2 + 8 = 0$

1. Diana plantava hortaliças em um terreno, de formato quadrado, de lado de medida **x**. Para ampliar a área de plantio, ela aumentou a medida de um dos lados em 7 metros, como mostra a figura a seguir.

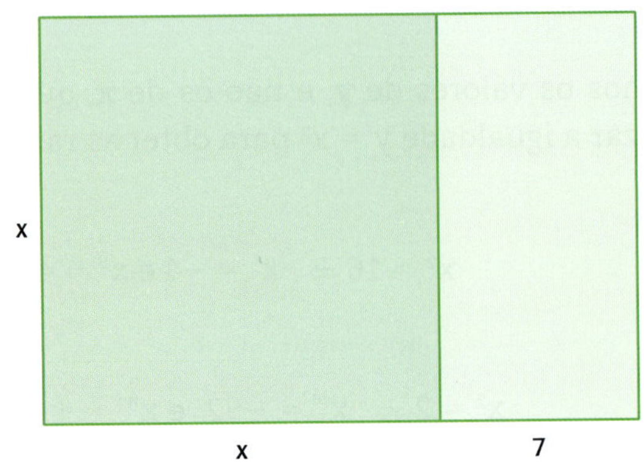

a) Obtenha a expressão correspondente à área total utilizada para plantar hortaliças, depois do aumento.

b) Se a área total passou a ser igual a 330 m^2, escreva a equação do 2º grau correspondente a essa situação.

c) Obtenha os coeficientes da equação do 2º grau do item **b**.

d) Classifique essa equação do 2º grau em completa ou incompleta.

e) Resolva a equação do 2º grau e obtenha as medidas dos lados do terreno.

2. Considere a equação $(x - 3)^2 = 64$ e faça o que se pede a seguir.

a) Desenvolva a expressão entre parênteses e reescreva a equação na forma $ax^2 + bx + c = 0$.

b) A equação obtida apresenta $b = 0$ ou $c = 0$?

c) Substitua a expressão $(x - 3)$ por **y**, na equação original, e resolva a equação resultante na incógnita **y**.

d) Substitua os valores do item **c** na igualdade $y = x - 3$ e obtenha as soluções da equação.

3. A soma de um número natural com o quadrado de seu antecessor é igual a 703. Qual é esse número?

4. Um produto de preço **x** recebeu um aumento de 10%, passando a custar 1,10x. No mês seguinte, recebeu novo aumento de 10% sobre o preço anterior, passando a custar R$ 48,40.

a) Que equação corresponde ao preço do produto após o segundo aumento?

b) Quantos reais custava esse produto antes dos aumentos?

5. Escreva uma equação do 2º grau que atenda à condição exigida em cada caso:

a) Tenha coeficiente $a = 1$ e não tenha raízes reais.

b) Tenha coeficiente $b = -3$ e apresente duas raízes iguais.

c) Tenha coeficiente $c = 2$ e apresente duas raízes distintas.

6. Leia o texto e faça o que se pede a seguir.

O artesanato é uma atividade que, de acordo com dados do SEBRAE (Serviço Brasileiro de Apoio às Micro e Pequenas Empresas) movimenta cerca de R$ 50 bilhões ao ano e emprega mais de 8 milhões de pessoas. O crescimento desse setor vem favorecendo a preservação de práticas tradicionais em diversas regiões do país e o aumento da renda das pessoas envolvidas com ele.

Fonte de pesquisa: <http://www.sebrae.com.br/>. Acesso em: 23 abr. 2015.

Uma das técnicas do artesanato é a dobradura de papel para a construção de pequenos enfeites e caixas. A partir de uma folha de papel de formato retangular é possível obter uma folha com formato quadrado fazendo dobraduras, como mostram as imagens a seguir.

FOTOGRAFIAS: RONY COSTA/FINEPHOTO

Considere que a folha de formato quadrado tenha lados de 22 cm de comprimento, e que para fazer a base de uma caixa é preciso recortar um quadrado menor em cada um dos cantos da folha, de modo que a área restante seja igual a 384 cm^2, como mostra a figura:

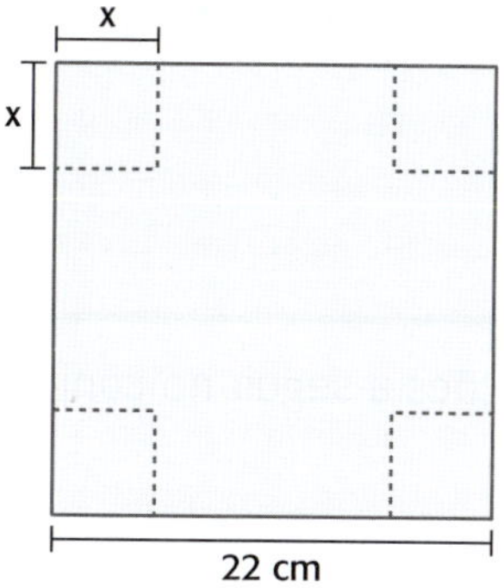

a) Escreva a equação do 2º grau correspondente a essa situação.

b) Obtenha o valor de **x**.

c) Na região em que você reside existe algum produto típico do artesanato local? Se sim, qual?

2 Sistemas de equações

Alguns problemas podem ser apresentados na forma de um sistema de duas equações com duas incógnitas cuja resolução recai em uma equação do 2º grau. Veja o exemplo a seguir.

Dois números inteiros são tais que sua soma é 8 e seu produto é −153. Quais são esses números?

Representando os números por **x** e **y**, temos o sistema de equações a seguir.

$$\begin{cases} x + y = 8 \\ x \cdot y = -153 \end{cases}$$

Para resolver esse sistema de equações, podemos isolar uma das incógnitas em qualquer uma das equações e substituir na outra equação. Isolando a incógnita **y** na primeira equação, temos:

$$x + y = 8 \Rightarrow y = 8 - x$$

Substituindo **y** por 8 − x na segunda equação:

$$\begin{aligned} x \cdot y &= -153 \\ x \cdot (8 - x) &= -153 \\ 8x - x^2 &= -153 \end{aligned}$$

$$-x^2 + 8x + 153 = 0$$

Vamos resolver essa equação:

Calculando o valor do discriminante, temos:

$\Delta = b^2 - 4 \cdot a \cdot c$

$\Delta = (8)^2 - 4 \cdot (-1) \cdot (153) = 64 + 612 = 676$

Como $\Delta > 0$, a equação do 2º grau tem duas raízes reais distintas.

$$x = \frac{-b \pm \sqrt{\Delta}}{2a} = \frac{-(8) \pm \sqrt{676}}{2 \cdot (-1)} = \frac{-8 \pm 26}{-2}$$

$$x' = \frac{-8 + 26}{-2} = \frac{18}{-2} = -9$$

$$x'' = \frac{-8 - 26}{-2} = \frac{-34}{-2} = 17$$

As raízes da equação do 2º grau são $x' = -9$ e $x'' = 17$.

Para $x = -9$, temos $y = 8 - (-9) = 17$ e

Para $x = 17$, temos $y = 8 - 17 = -9$

Portanto, as soluções do sistema são $\mathbf{x = -9}$ e $\mathbf{y = 17}$ ou $\mathbf{x = 17}$ e $\mathbf{y = -9}$.

ATIVIDADES

47. Resolva os sistemas de equações a seguir no conjunto dos números reais.

a) $\begin{cases} x - y = 5 \\ x \cdot y = -4 \end{cases}$

b) $\begin{cases} 2x + y = 2 \\ x^2 + y^2 = 17 \end{cases}$

c) $\begin{cases} 3x + 3y = \dfrac{15}{2} \\ x = y^2 + \dfrac{11}{4} \end{cases}$

d) $\begin{cases} 3x = y - 1 \\ x^2 = y + 9 \end{cases}$

ATIVANDO HABILIDADES

(Obmep) No dia de seu aniversário, em 2006, o avô de Júlia disse a ela: "Eu nasci no ano x^2 e completei **x** anos em 1980. Quantos anos eu completo hoje?".

A resposta certa é:

a) 61
b) 64
c) 67
d) 70
e) 72

ILUSTRAÇÕES: ESTÚDIO MIL

Entendimento do problema

O problema informa que o ano de nascimento do avô de Júlia é um número quadrado perfeito e que ele tinha **x** anos em 1980. O enunciado pede para obter a idade do avô no ano de 2006.

Elaboração de uma estratégia

Um modo de abordar o problema é perceber que, se o avô de Júlia tinha **x** anos em 1980, significa que ele nasceu no ano (1980 − x). Como o enunciado diz que ele nasceu no ano x^2, podemos concluir que $x^2 = (1980 - x)$. Em seguida, resolvemos essa equação e obtemos a solução do problema.

Execução da estratégia

$x^2 = 1980 - x \Rightarrow x^2 + x - 1980 = 0$

Utilizando a fórmula de resolução, obtemos:

$$x = \frac{-1 \pm \sqrt{1^2 - 4 \cdot 1 \cdot (-1980)}}{2 \cdot 1} \Rightarrow x = \frac{-1 \pm \sqrt{1 + 7920}}{2} \Rightarrow x' = -45 \text{ e } x'' = 44$$

Como a incógnita **x** representa a idade do avô de Júlia (que não pode ser negativa), conclui-se que ele tinha 44 anos em 1980. Logo, temos:

Idade do avô de Júlia, em 2006: $44 + (2\,006 - 1\,980) = 44 + 26 = 70$

Portanto, a idade do avô de Júlia em 2006 era 70 anos.

Análise da solução

O avô de Júlia nasceu no ano de 1936, pois $1\,980 - 44 = 1\,936$. Como 1 936 é um número quadrado perfeito ($1\,936 = 44^2$), verifica-se a validade da solução.

Resposta: alternativa **d**.

É a sua vez!

(Obmep) Mariana entrou na sala e viu no quadro-negro algumas anotações da aula anterior, parcialmente apagadas, conforme a figura. Qual número foi apagado na linha de cima do quadro-negro?

a) 11
b) 12
c) 13
d) 20
e) 22

teia do saber

1. Obtenha dois números naturais tais que:
   - a diferença entre eles é igual ao dobro do menor número;
   - o produto dos números é igual a 147.

2. Em um retângulo, a razão entre a medida do lado maior e a medida do lado menor é 2,5 e o perímetro é igual a 42 cm. Obtenha as medidas dos lados desse retângulo.

3. Obtenha as medidas **x** e **y** na figura a seguir sabendo que o perímetro da figura é igual a 84 cm e a área é igual a 297 cm².

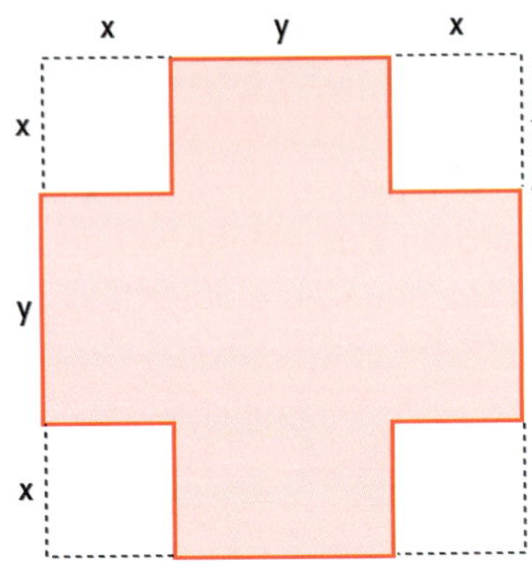

ILUSTRAÇÕES: ESTÚDIO MIL

4. Escreva uma equação do 2º grau que tenha uma das raízes igual a -2 e coeficiente $a = 2$.

5. O produto de dois números naturais ímpares consecutivos é igual a 575. Quais são esses números?

6. A equação do 2º grau $x^2 - 8x + c = 0$ tem raízes iguais. O valor de **c** é igual a:

   a) 16
   b) 8
   c) -8
   d) 64
   e) -64

7. Um cubo tem área total de suas faces igual a 96 cm². Obtenha:

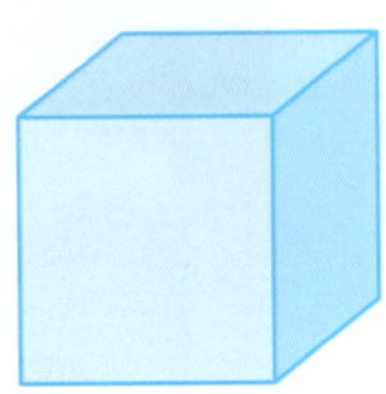

   a) A medida de suas arestas.
   b) O volume do cubo.

8. Um trapézio tem a medida da base menor igual à metade da medida da base maior e a medida de sua altura é igual ao triplo da medida do lado menor. Sabendo que a área do trapézio é igual a 36 cm², obtenha a medida da altura desse trapézio.

9. Dois números naturais consecutivos têm produto igual a 552. Quais são esses números?

10. Leia o que Arnaldo diz e responda à questão.

THINKSTOCK/GETTY IMAGES

Quais são as medidas dessa sala, desconsiderando-se as portas?

11. (Obmep – Banco de questões) Para cercar um terreno retangular de 60 m² com uma cerca formada por dois fios de arame foram usados 64 metros de arame. Qual é a diferença entre o comprimento e a largura do terreno?

   a) 4 m
   b) 7 m
   c) 11 m
   d) 17 m
   e) 28 m

12. Uma casa será construída a uma distância **x** dos muros do terreno de medidas 20 m e 30 m, de modo que tenha 200 m² de área construída. Qual é a medida **x** que deve ficar as paredes da casa dos muros do terreno?

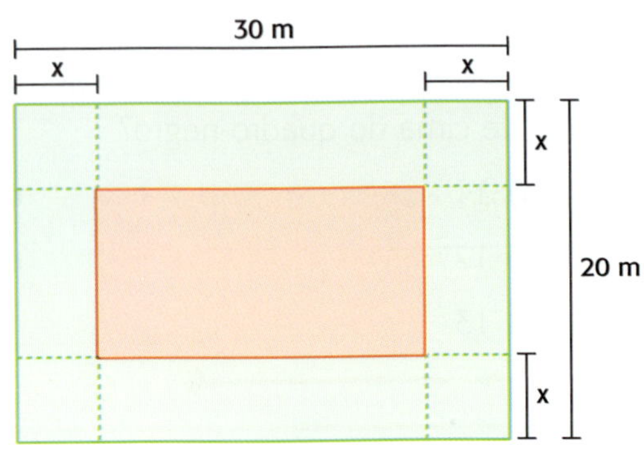

teia integrada

13. O problema a seguir aparece no papiro egípcio Rhind.

É-te dito... a área de um quadrado de 100 (cúbitos quadrados) é igual à de dois quadrados menores. O lado de um dos quadrados é igual a $\frac{1}{2} + \frac{1}{4}$ do outro lado. Diz-me quais são os lados dos dois quadrados desconhecidos.

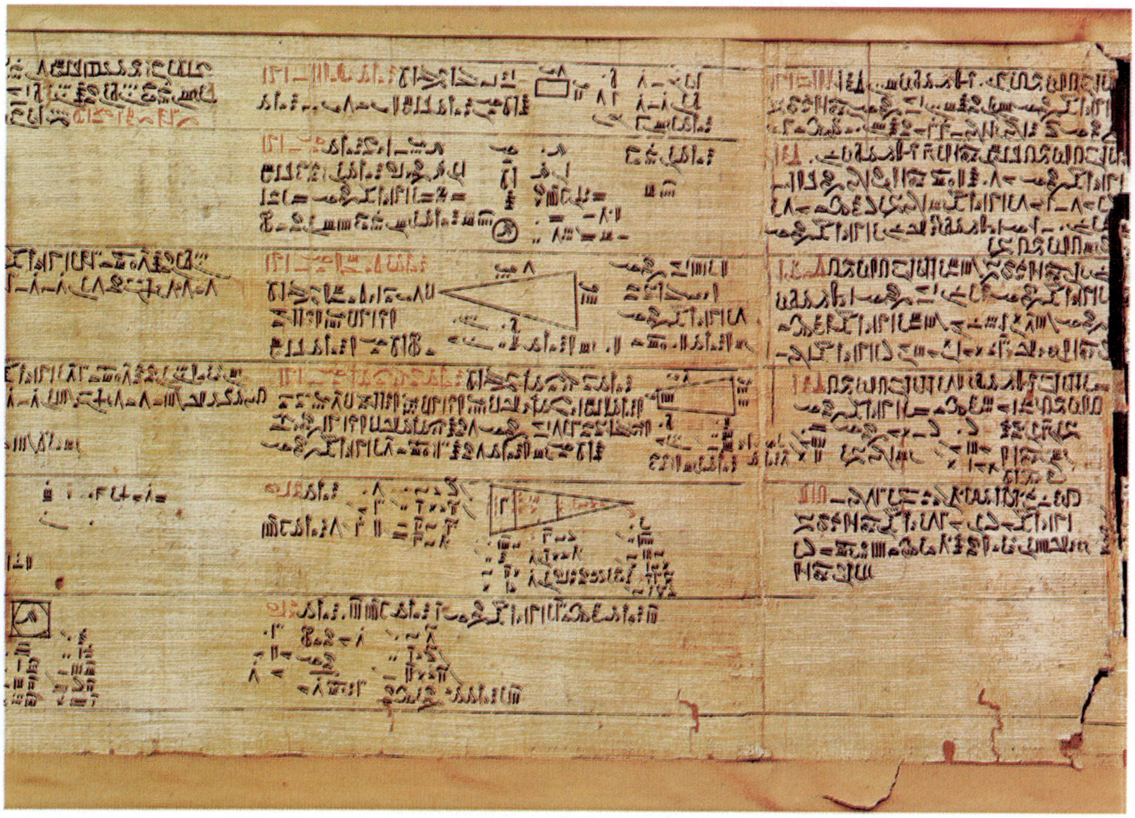

ERICH LESSING/ALBUM ART/LATINSTOCK

Datado de 1800 a.C., o papiro Rhind recebeu esse nome por ter sido comprado pelo escocês A. H. Rhind por volta de 1850, em Luxor, no Egito.

a) Resolva o problema descrito acima.

b) Pesquise sobre o papiro de Rhind e conte aos colegas o que descobriu sobre esse documento.

Encerrando a unidade

Nesta unidade, você estudou equações do 2º grau, procedimentos de resolução e problemas relacionados a elas. Reflita sobre o que você aprendeu e faça o que se pede.

a) Quais temas desta unidade apresentaram maior dificuldade para a sua compreensão?

b) O que você fez para superar as dificuldades?

c) Faça um esquema no caderno para sintetizar os principais temas abordados nesta unidade.

d) Retome a abertura desta unidade e escreva a equação correspondente ao problema traduzido do tablete BM13901. Depois, determine a solução desse problema.

e) Que assuntos estudados nesta unidade você utilizou para resolver o Enigma?

Lâmpadas × Consumo

Fim de um ícone: mundo vai ter de trocar a lâmpada

Utilizada em larga escala desde o final do século XIX, a lâmpada incandescente deve desaparecer em breve por culpa de sua ineficiência energética.

Você talvez consiga imaginar sua vida sem muitos apetrechos tecnológicos que existem hoje. Mas certamente não se imagina vivendo em um mundo sem luz. E quando falamos em luz, difícil não pensar na lâmpada incandescente, presente na vida das pessoas desde sua disseminação comercial, no final do século XIX, por conta de Thomas Alva Edison.

O problema é que as lâmpadas incandescentes não são sustentáveis: gastam mais energia, iluminam menos e têm vida útil menor do que os produtos mais recentes – ao menos seis vezes inferior do que as fluorescentes, por exemplo. "Elas produzem 5% luz e 95% calor. Com a sua substituição por outras tecnologias, o meio ambiente ganhará com a menor produção de calor e CO_2 e, portanto, de efeito estufa. O País ganhará economizando recursos para gerar e transmitir energia." [...]

BETTMANN/CORBIS/LATINSTOCK

Thomas Edison (1847-1931) mostrando uma lâmpada incandescente, Nova Jérsei (EUA), década de 1920.

QUANTA ESTÚDIO

Representação de um ambiente iluminado no início do século XX, no Brasil.

A iluminação corresponde a 15% do gasto com energia elétrica em um lar brasileiro médio, segundo estudo realizado pela Eletrobrás em 2007. Esse percentual tende a ser reduzido, já que a comercialização das incandescentes tem diminuído em relação às novas lâmpadas. Por lei, caso não atinjam maior nível de eficiência, elas deixarão o mercado brasileiro nos próximos anos. [...]

A tecnologia que deve ganhar cada vez mais espaço, a partir do seu barateamento, é o diodo emissor de luz. Esse tipo de luz é mais conhecido como LED (sigla para *Light Emitting Diode*) e já é utilizado há algum tempo, principalmente em aparelhos eletrônicos, como televisores, celulares e computadores.

[...]

GHX Comunicação. O fim da lâmpada incandescente. Disponível em: <http://noticias.terra.com.br/ciencia/infograficos/lampada/>. Acesso em: 24 abr. 2015.

SHUTTERSTOCK

Ambiente iluminado por LED.

Em comparação com as lâmpadas incandescentes, as lâmpadas de LED consomem 90% menos energia, o que reduz o impacto ambiental e a conta no fim do mês.

Disponível em: <http://www.abilux.com.br/portal/pdf/noticias/20.08.2014_AECweb_LED.pdf>. Acesso em: 24 abr. 2015.

Para explorar

1. Você conhece outros tipos de lâmpadas além das apresentadas?

2. De acordo com o texto, as lâmpadas incandescentes devem desaparecer. Por quê?

3. A potência de uma lâmpada está relacionada à tensão da rede elétrica e à resistência da lâmpada pela fórmula $V = \sqrt{P \cdot R}$, em que P é a potência, em watt (W), R é a resistência, em ohm (Ω), e V é a tensão, em volt (V). Sabendo que, em uma determinada casa, a tensão varia entre 110 V e 130 V, determine a potência mínima e a potência máxima de uma lâmpada com resistência de 161,3 Ω.

UNIDADE

3 Proporcionalidade e semelhança

Representação gráfica em Arquitetura e Urbanismo

Tradicionalmente, os instrumentos de representação mais utilizados por arquitetos eram, entre outros, o papel e o lápis, modelos tridimensionais, também confeccionados com papel, e fotografias. No entanto, nas últimas décadas do século passado, a incorporação dos computadores no cotidiano desses profissionais ampliou as possibilidades de representação gráfica. Contudo, no ofício de arquiteto a grande base de expressão recorrente é o desenho.

[...]

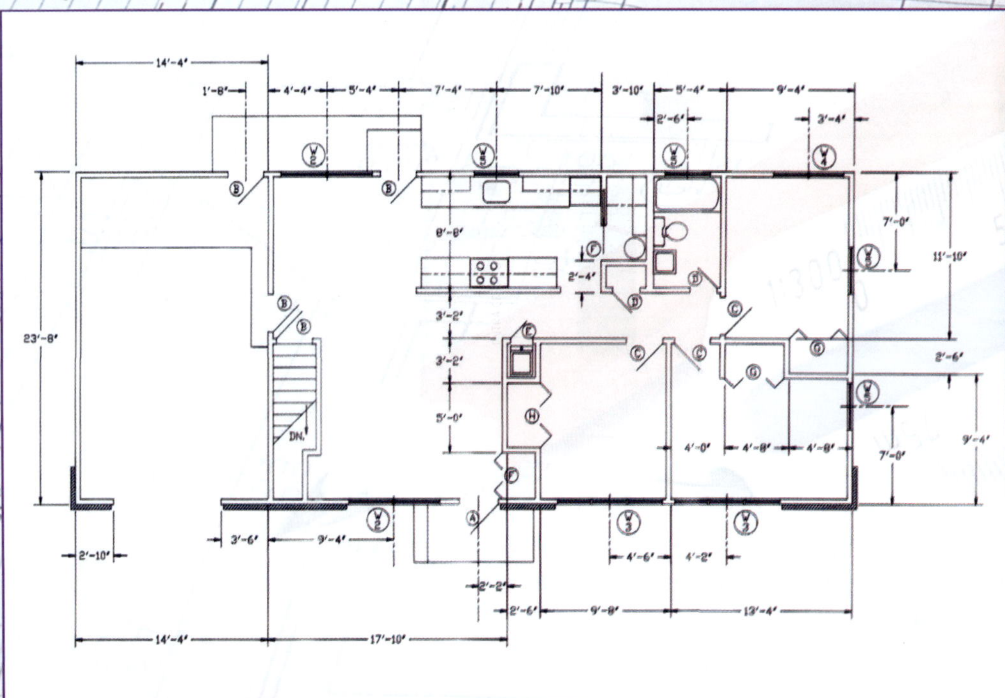

Planta baixa de uma casa feita à mão.

Nesta unidade você vai saber mais sobre...

- Razão e proporção entre segmentos
- Teorema de Tales
- A ideia de semelhança
- Semelhança de triângulos

FOTOGRAFIA DE FUNDO: THINKSTOCK/GETTY IMAGES

[...]

Na Antiguidade Grega, Mesopotâmica ou Egípcia, os métodos de projeto eram realizados na escala 1 : 1, e só na época helenística é que surgem os primeiros croquis em escala reduzida. Ao que parece, o desenho mais antigo que se tem notícia é uma planta da cidade suméria de Girsu (2350 a.C.). Na verdade, foi com as teorias e compilações de Vitrúvio que o desenho começou a adquirir maior importância na atividade do arquiteto, mesmo que ainda com pouca distinção entre os problemas matemáticos e geométricos [...].

Frederico Braida; Antonio Colchete Filho; Patricia Maya – Monteiro.
Inovações tecnológicas na Arquitetura e Urbanismo: desafios para a prática projetual.
Disponível em: <http://www.ufjf.br/frederico_braida/files/2011/02/2006_Inova%C3%A7%C3%B5es-tecnol%C3%B3gicas-na-Arquitetura.pdf>.
Acesso em: 23 abr. 2015.

Vitrúvio: foi um arquiteto e engenheiro romano, que viveu no século I a.C.

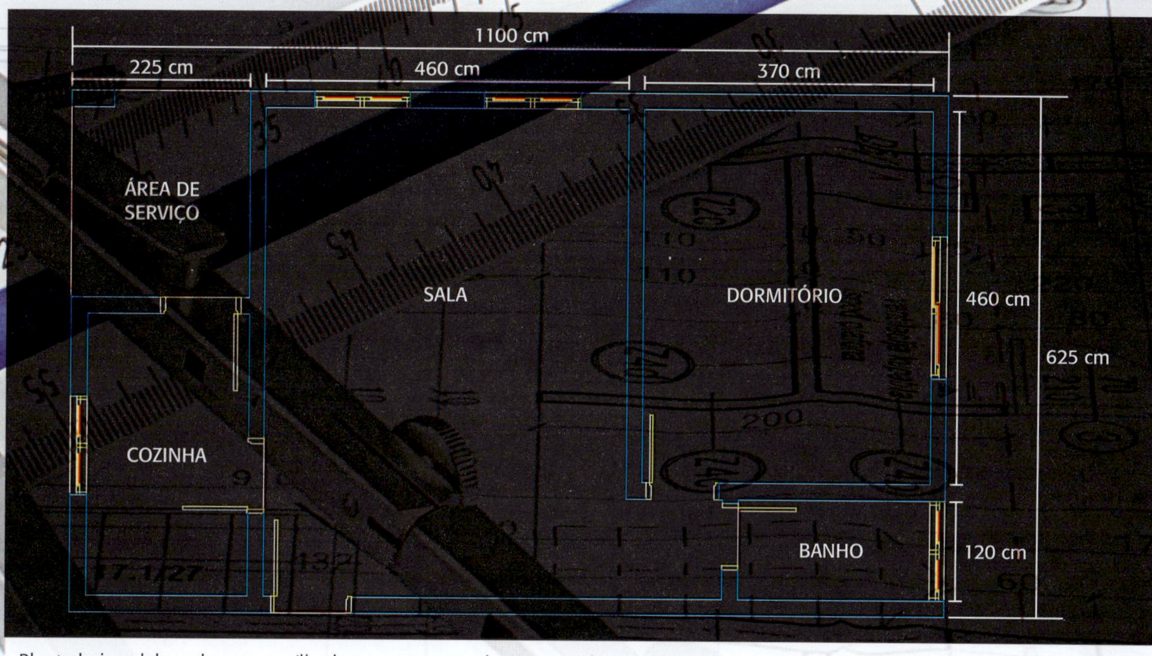

WMO

Planta baixa elaborada com auxílio de um programa de computador. Atualmente, há *softwares* que possibilitam a representação em 3D.

TROCANDO IDEIAS

1. De acordo com o texto, em que época surgiram os primeiros croquis em escala reduzida? Você sabe o que isso significa?

2. Observe o dormitório que aparece na planta desenhada com uso de *software*. Qual é a medida real do comprimento desse cômodo? E a da largura? Use uma calculadora para dividir a medida real do comprimento desse cômodo pela medida da largura. Registre o resultado em seu caderno.

3. Use uma régua para medir a parte interna do dormitório que aparece na planta desenhada com uso de *software*. Quantos centímetros ele tem de comprimento? E de largura? Use uma calculadora e divida a medida de comprimento que você obteve pela medida da largura. Depois, compare com a resposta da atividade **2**.

4. Pesquise sobre os *softwares* utilizados na produção de desenhos técnicos e arquitetônicos e descubra quais são as vantagens oferecidas por esse tipo de programa computacional. Depois, compartilhe as informações encontradas com os colegas e o professor.

O enigma do ônibus quebrado

Devido ao alto fluxo de trabalhadores entre as cidades de Arraial, Bela Vista e Coroado, as prefeituras locais construíram estradas interligando as rodoviárias desses municípios. A rodoviária de Bela Vista localiza-se a 35 km da rodoviária de Arraial, enquanto a rodoviária do município de Coroado está a 120 km da rodoviária de Bela Vista. A distância entre as rodoviárias de Arraial e Coroado é de 125 km, como indicado na imagem a seguir.

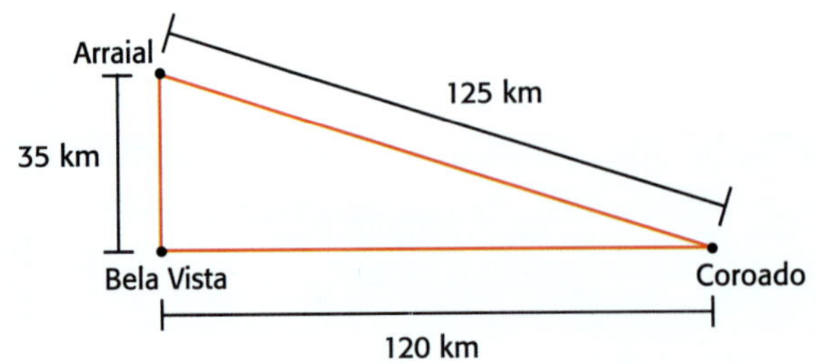

ILUSTRAÇÕES: BIS

Reinaldo é motorista de uma das linhas de ônibus que trafegam entre as três cidades. Ele parte da rodoviária de Arraial, passa pela rodoviária de Bela Vista e segue para Coroado. Depois, volta para a rodoviária de Arraial.

Em certa ocasião, quando fazia uma viagem de teste, sem passageiros, de Bela Vista a Coroado, o ônibus que Reinaldo dirigia quebrou quando faltavam 20 km para chegar a Coroado. Como ele não conseguiu entrar em contato com a empresa, resolveu analisar o mapa da região e concluiu que seria possível caminhar do local onde o ônibus havia quebrado até um posto de combustível na estrada que liga Coroado a Arraial por meio de um trajeto mais curto do que seguir pela rodovia até a rodoviária de Coroado.

Observe o esquema que ele fez no mapa.

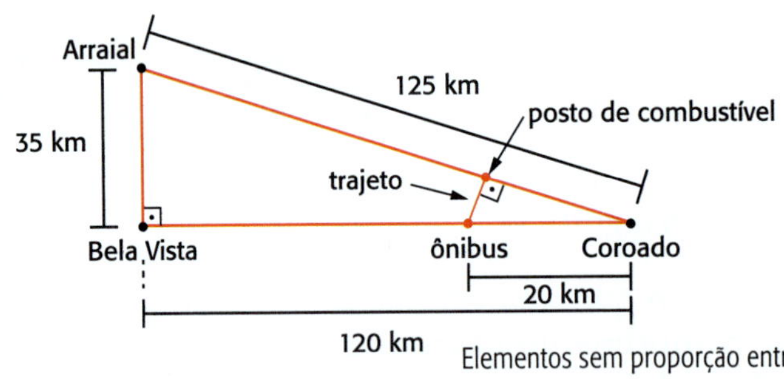

Elementos sem proporção entre si.

Reinaldo sabia que caminhava, em média, 6 km em uma hora, mas estava preocupado de não conseguir chegar ao posto antes de anoitecer, pois o trajeto que ia percorrer não contava com iluminação. Ele sabia também que faltava aproximadamente 1 hora e 15 minutos para anoitecer.

- Se conseguir manter o ritmo de caminhada no trajeto que desenhou no esquema, Reinaldo conseguirá chegar ao posto de combustível antes de anoitecer? Por quê?

No decorrer da unidade você encontrará pistas que podem auxiliá-lo a desvendar este enigma.

1 Razão e proporção

A mandioca, também conhecida por macaxeira e aipim em algumas regiões do Brasil, é uma raiz que tem importante papel na alimentação humana e animal, além de ser matéria-prima de inúmeros produtos industriais.

SHUTTERSTOCK

Plantação de mandioca.

Ao fazer o plantio, o espaçamento entre duas mudas consecutivas depende de fatores como a fertilidade do solo, a variedade da planta, a quantidade de produção, entre outros. Em alguns casos, utiliza-se 0,5 m de distância entre duas mudas consecutivas em uma mesma fileira e 1 m entre duas mudas consecutivas em fileiras vizinhas.

Fonte de pesquisa: Revista Globo Rural. Disponível em: <http://revistagloborural.globo.com/GloboRural/0,6993,EEC1101967-4529-2,00.html>. Acesso em: 23 abr. 2015.

Vimos no volume do 7º ano como calcular a razão entre dois números e entre duas grandezas. Vimos também quando duas razões formam uma proporção.

Observe ao lado uma figura que representa o distanciamento, descrito no texto anterior, entre mudas de mandioca em uma plantação.

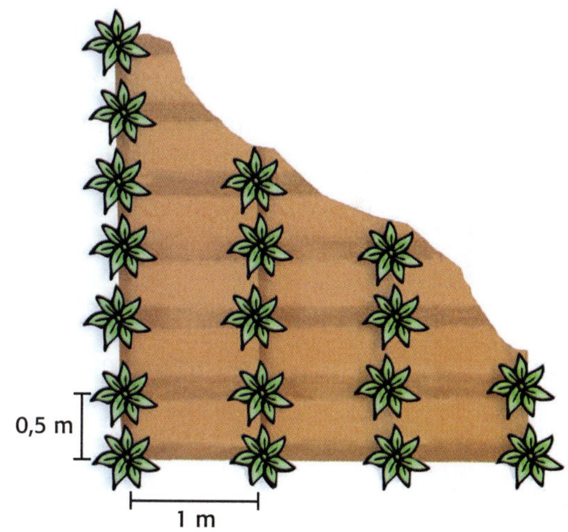

ESTÚDIO MIL

Se considerarmos as distâncias entre duas mudas de mandioca consecutivas em uma mesma fileira e entre duas mudas consecutivas em fileiras vizinhas, conforme indicado na figura, dizemos que estão na razão 0,5 : 1, ou seja, $\frac{0,5}{1}$. Essa razão é equivalente à razão $\frac{1}{2}$. Essas duas razões formam uma **proporção**.

Escrevemos $\frac{0,5}{1} = \frac{1}{2}$.

A **razão** entre dois números **p** e **q**, com $q \neq 0$, nessa ordem, é o quociente $\frac{p}{q}$.

Uma **proporção** é uma igualdade entre razões.

Em toda proporção, o produto dos meios é igual ao produto dos extremos (propriedade fundamental das proporções). Em símbolos, temos:

$$\frac{a}{b} = \frac{c}{d} \Rightarrow a \cdot d = b \cdot c$$

Estudaremos agora esses conceitos aplicados à Geometria.

Razão entre segmentos e segmentos proporcionais

Considere os segmentos de reta representados a seguir.

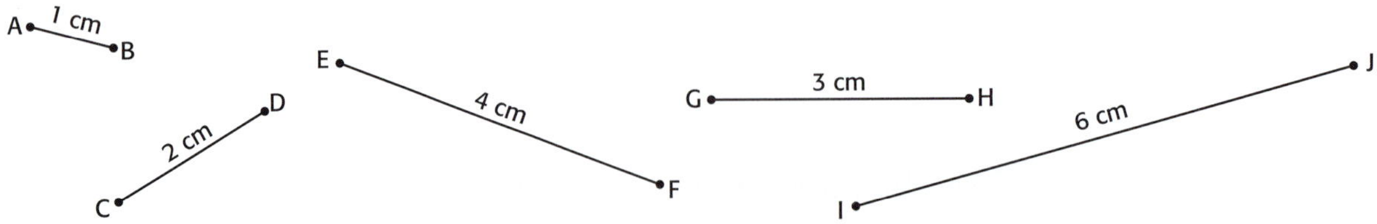

Para obter a razão entre o segmento $\overline{AB}$ e o segmento $\overline{CD}$, calculamos a razão entre as medidas correspondentes considerando a mesma unidade.

THINKSTOCK/GETTY IMAGES

Indicamos assim: $\frac{AB}{CD} = \frac{1}{2}$

Podemos também calcular a razão entre o segmento $\overline{CD}$ e o segmento $\overline{AB}$, que é dada por $\frac{CD}{AB} = \frac{2}{1} = 2$.

> A razão entre dois segmentos é a razão entre as medidas de comprimento desses segmentos em uma mesma unidade.

THINKSTOCK/GETTY IMAGES

Note que o segmento $\overline{AB}$ cabe duas vezes no segmento $\overline{CD}$, ou seja, o segmento $\overline{CD}$ tem o dobro do comprimento do segmento $\overline{AB}$.

- Qual é a razão entre o segmento $\overline{EF}$ e o segmento $\overline{GH}$? E a razão entre $\overline{GH}$ e $\overline{CD}$?

Observe que a razão entre o segmento $\overline{GH}$ e o segmento $\overline{IJ}$ é igual a $\frac{3}{6}$, que equivale a $\frac{1}{2}$.

Quando temos duas razões iguais entre dois pares de segmentos, dizemos que essas razões formam uma proporção.

Os segmentos $\overline{AB}$, $\overline{CD}$, $\overline{GH}$ e $\overline{IJ}$, nessa ordem, são segmentos proporcionais, pois $\frac{AB}{CD} = \frac{GH}{IJ} = \frac{1}{2}$.
Dizemos que $\frac{1}{2}$ é o **coeficiente de proporcionalidade** dessa proporção.

- Os segmentos $\overline{AB}$, $\overline{CD}$, $\overline{EF}$ e $\overline{KL}$, nessa ordem, são segmentos proporcionais. Para que essa afirmação seja verdadeira, qual deve ser a medida do segmento $\overline{KL}$?

ATIVIDADES

1. Observe os segmentos representados a seguir.

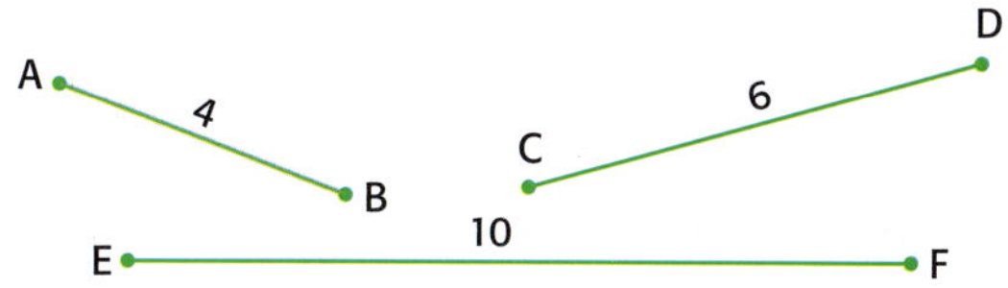

Em cada caso, determine na forma simplificada a razão indicada por:

a) $\frac{AB}{CD}$ b) $\frac{AB}{EF}$ c) $\frac{EF}{CD}$ d) $\frac{CD}{AB}$

2. Responda às questões a seguir.

a) A razão entre um número **x** e 3 é igual a 5. Qual é o valor de **x**?

b) Qual é o número **y** cuja razão entre 12 e **y** é igual a 6?

3. Os três pontos da figura a seguir pertencem à mesma reta.

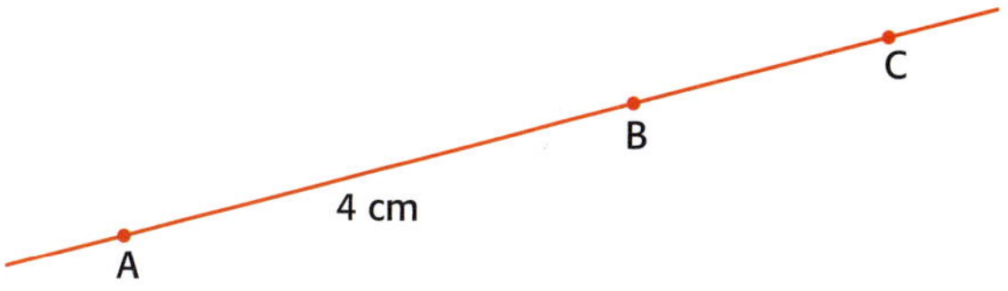

Sabendo que o segmento $\overline{AC}$ mede 6 cm, determine na forma simplificada a razão indicada por $\frac{BC}{AB}$.

4. Escreva cada razão a seguir na forma de fração irredutível.

a) $\frac{9}{21}$ b) $\frac{12}{48}$ c) $\frac{\sqrt{32}}{8}$ d) $\frac{\sqrt{50}}{15}$

5. A razão entre a base e a altura de um triângulo retângulo é igual a 2. Sabendo que a área desse triângulo é igual a 16 cm², obtenha a medida da base e a da altura.

Resolução

Considerando **x** a medida da base do triângulo, **y** a medida da altura e sabendo que a razão entre a base e a altura desse triângulo é igual a 2, temos:

$$\frac{x}{y} = 2$$

Logo, $x = 2y$, ou seja, a base é o dobro da altura.

Como a área desse triângulo é 16 cm², temos o seguinte:

$$\frac{x \cdot y}{2} = 16$$

Substituindo **x** por 2y nessa igualdade, obtemos:

$$\frac{2y \cdot y}{2} = 16$$

$$y^2 = 16 \Rightarrow y = 4 \text{ ou } y = -4$$

Como a incógnita **y** representa uma medida de comprimento, o valor negativo não é solução da equação.

Logo, $y = 4$.

Portanto, a medida da base desse triângulo retângulo é 8 cm (pois $2 \cdot 4 = 8$) e a medida da altura é 4 cm.

6. Considere um retângulo cujo perímetro é igual a 32 cm.

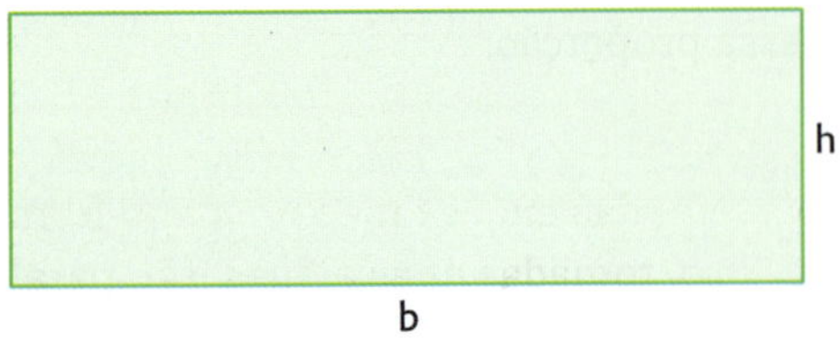

Determine a área desse retângulo, sabendo que a razão entre a altura e a base é igual a $\frac{1}{3}$.

7. Desenhe em seu caderno um segmento $\overline{AB}$ de medida 12 cm. Depois, divida esse segmento em três partes, $\overline{AP}$, $\overline{PQ}$ e $\overline{QB}$, de modo que $\frac{AP}{PQ} = \frac{3}{2}$ e $\frac{PQ}{QB} = 2$.

8. Considere um triângulo cuja razão entre as medidas de dois de seus lados é igual a 1. Qual é a classificação desse triângulo quanto à medida dos lados?

9. O lado menor de um retângulo mede 4,8 cm e a razão entre esse lado e o lado maior é igual a 0,8.
Determine:

a) a medida do lado maior desse retângulo.

b) o perímetro desse retângulo.

c) a área desse retângulo.

10. Na figura a seguir, os três pontos estão alinhados.

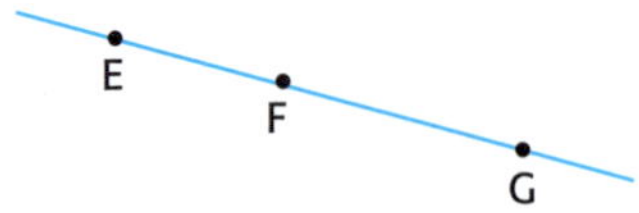

Sabendo que $\frac{EF}{FG} = \frac{2}{3}$ e FG = 21 cm, obtenha as medidas do segmento:

a) $\overline{EF}$

b) $\overline{EG}$

11. Sabendo que as igualdades a seguir são proporções, determine em cada caso o valor desconhecido.

a) $\frac{x}{8} = \frac{9}{24}$

b) $\frac{12}{18} = \frac{8}{y}$

c) $\frac{15}{z} = \frac{5}{7}$

d) $\frac{2}{6} = \frac{w}{48}$

12. Os segmentos $\overline{AB}$, $\overline{BC}$, $\overline{CD}$ e $\overline{DE}$ formam, nessa ordem, uma proporção.
Sabendo que AB = 4 cm, BC = 6 cm e que $\overline{CD}$ mede 7 cm a menos que $\overline{DE}$, obtenha a medida de $\overline{CD}$ e a medida de $\overline{DE}$.

Feixe de retas paralelas e o teorema de Tales

Pouco se sabe sobre a vida de Tales de Mileto, mas acredita-se que ele tenha vivido entre cerca de 625 a.C. e 546 a.C.

Devido a viagens pelo Egito e pela Mesopotâmia, Tales provavelmente teve contato com os conhecimentos acumulados por povos dessas regiões. Atribui-se a ele o cálculo da medida da altura da pirâmide no Egito e outros cálculos que exigem conhecimentos que egípcios e babilônios já dominavam na época.

ERNST WALLIS. TALES DE MILETO, 1875.

Tales de Mileto.

Fonte de pesquisa: Francisco César P. Milies; José Hugo de O. Bussab. *A Geometria na Antiguidade Clássica*. São Paulo: FTD, 1999.

Estudaremos nesta parte da unidade um importante resultado em Matemática conhecido, em algumas partes do mundo, como teorema de Tales. Antes, porém, verificaremos uma propriedade relacionada a um feixe de retas paralelas.

Considere as retas em um mesmo plano representadas a seguir. As retas **r**, **s**, **t** e **u** formam um feixe de retas paralelas.

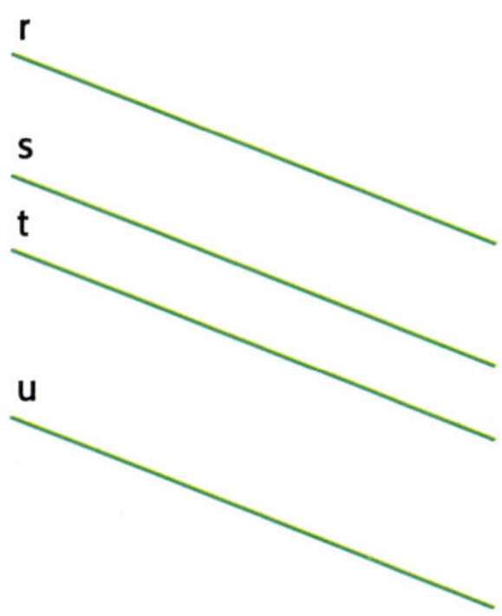

Duas ou mais retas representadas em um mesmo plano formam um **feixe de retas paralelas** quando, tomadas duas a duas, são paralelas.

Se uma reta corta uma reta de um feixe de retas paralelas, ela corta todas as retas que formam esse feixe. Essa reta é chamada **reta transversal** ao feixe de retas paralelas.

Observe abaixo um feixe de retas paralelas cortadas por uma reta transversal.

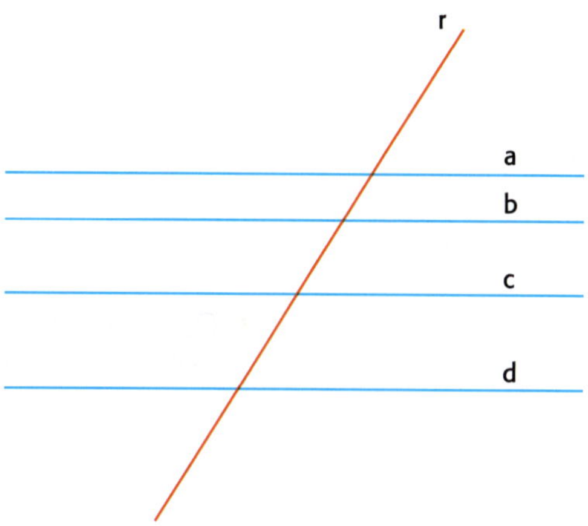

Nessa figura, a reta **a** é paralela à reta **b**, à reta **c** e à reta **d**.

Indicamos assim: a // b; a // c; a // d.

Além disso, temos também: b // c; b // d; c // d.

A reta **r** é uma reta transversal ao feixe de retas paralelas.

Se um feixe de retas paralelas determina segmentos congruentes sobre uma reta transversal, então determina também segmentos congruentes sobre qualquer outra reta transversal.

Observe a seguir a demonstração dessa propriedade.

Considere um feixe de retas paralelas em que todas as retas sejam equidistantes entre si, ou seja, as distâncias entre essas retas duas a duas são iguais. Considere também uma reta transversal que corta esse feixe de retas paralelas, conforme indicado na figura ao lado.

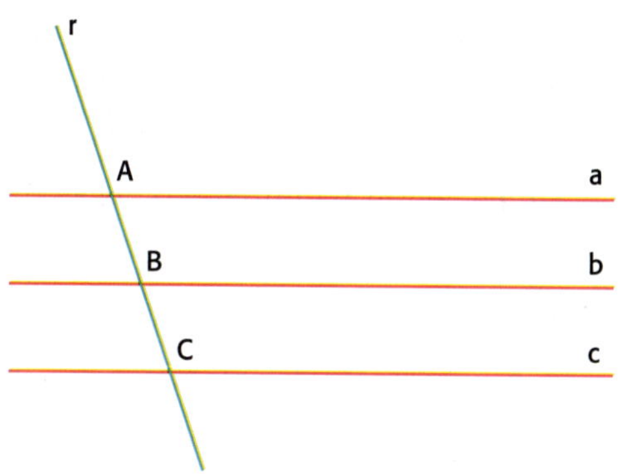

Vamos verificar, por meio de congruência de triângulos, que os segmentos $\overline{AB}$ e $\overline{BC}$ são congruentes.

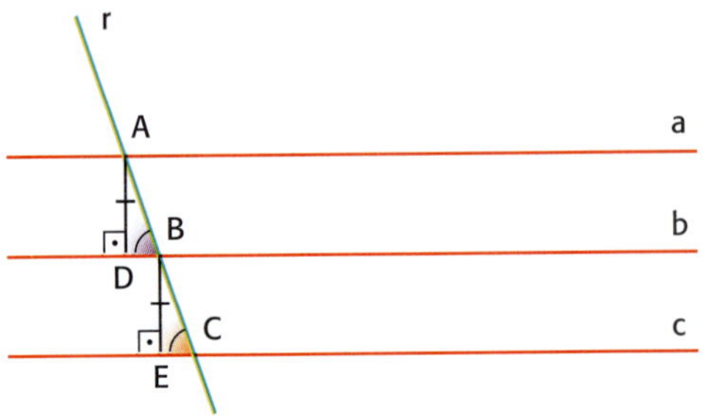

Os triângulos ADB e BEC são congruentes pelo caso de congruência **LAA_o** (lado-ângulo adjacente-ângulo oposto).

Logo, **AB = BC**.

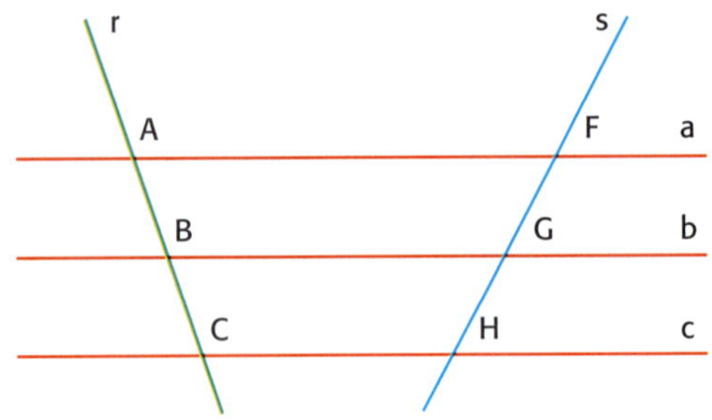

Considere agora a reta **s**, também uma reta transversal a esse mesmo feixe de retas paralelas, conforme indicado na figura ao lado.

Vamos mostrar que os segmentos $\overline{FG}$ e $\overline{GH}$ são congruentes.

Traçamos os segmentos $\overline{GI}$ e $\overline{HJ}$, contidos em retas paralelas à reta **r**, conforme indicado na figura a seguir.

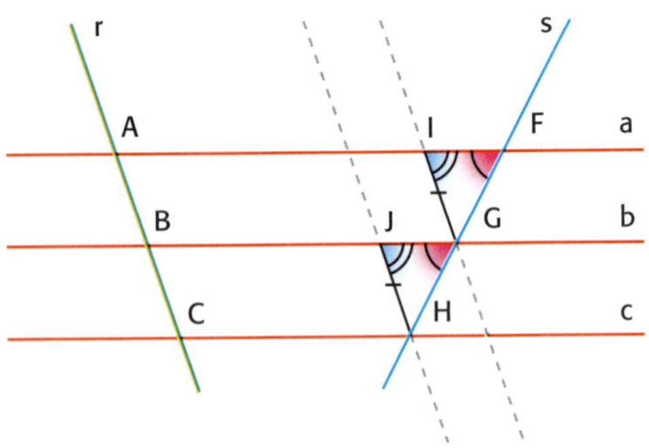

O segmento $\overline{GI}$ é um dos lados do paralelogramo ABGI e é congruente ao segmento $\overline{AB}$. Do mesmo modo, o segmento $\overline{HJ}$ é um dos lados do paralelogramo BCHJ e é congruente ao segmento $\overline{BC}$. Com isso, verifica-se que $\overline{GI}$ e $\overline{HJ}$ são segmentos congruentes.

Além disso, os ângulos $G\hat{F}I$ e $H\hat{G}J$ são congruentes (ângulos correspondentes). Os ângulos $F\hat{I}G$ e $G\hat{J}H$ também são congruentes (ângulos correspondentes).

Pelo caso de congruência **LAA_o** (lado-ângulo adjacente-ângulo oposto) os triângulos GIF e HJG são congruentes.

Logo, **FG = GH**.

Assim, mostramos que se um feixe de retas paralelas determina segmentos congruentes sobre uma reta transversal, então determina também segmentos congruentes sobre qualquer outra reta transversal.

Teorema de Tales

Estudaremos agora um resultado conhecido como teorema de Tales.

Leia a seguir o enunciado desse teorema.

> Um feixe de retas paralelas determina, sobre duas retas transversais, segmentos proporcionais.

Considere um feixe de retas paralelas cortadas por duas retas transversais como representado na figura ao lado.

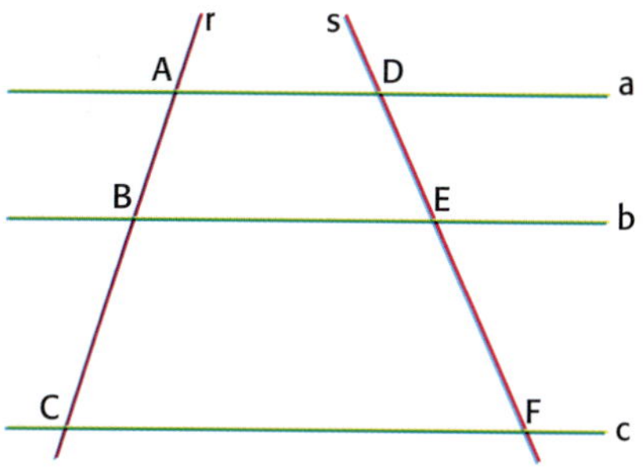

Precisamos mostrar que os segmentos $\overline{AB}$, $\overline{BC}$, $\overline{DE}$ e $\overline{EF}$, nessa ordem, são segmentos proporcionais, ou seja, $\frac{AB}{BC} = \frac{DE}{EF}$.

Suponha que exista um segmento de medida **x** que caiba **m** vezes em $\overline{AB}$ e **n** vezes em $\overline{BC}$, em que **m** e **n** sejam números inteiros. Com isso, temos AB = mx e BC = nx.

Logo, $\frac{AB}{BC} = \frac{mx}{nx}$, ou seja, $\frac{AB}{BC} = \frac{m}{n}$ **(I)**

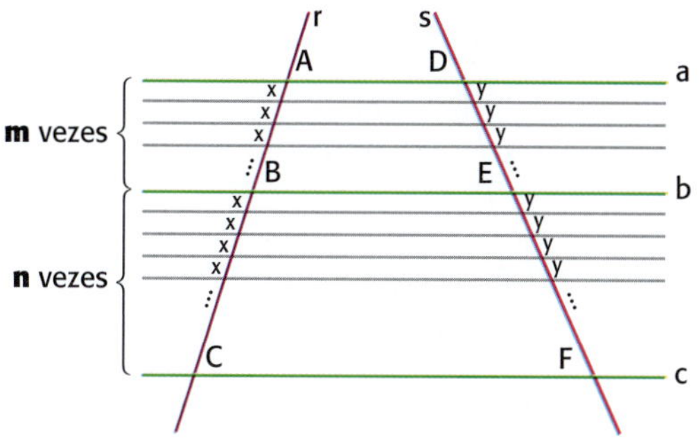

Se traçarmos as retas paralelas ao feixe que dividem os segmentos $\overline{AB}$ e $\overline{BC}$, respectivamente, em **m** e em **n** partes de mesma medida, os segmentos $\overline{DE}$ e $\overline{EF}$ também serão divididos, respectivamente, em **m** e em **n** partes de mesma medida.

Representando por **y** a medida dos segmentos congruentes que caberão **m** vezes em $\overline{DE}$ e **n** vezes em $\overline{EF}$, temos DE = my e EF = ny.

Logo, $\frac{DE}{EF} = \frac{my}{ny}$, ou seja, $\frac{DE}{EF} = \frac{m}{n}$ **(II)**

Comparando as igualdades **(I)** e **(II)**, obtemos o seguinte:

$\frac{AB}{BC} = \frac{DE}{EF}$, o que equivale a dizer que os segmentos $\overline{AB}$, $\overline{BC}$, $\overline{DE}$ e $\overline{EF}$, nessa ordem, são proporcionais.

Exemplo:

Calcular o valor de **x**, sabendo que **r**, **s** e **t** são retas paralelas.

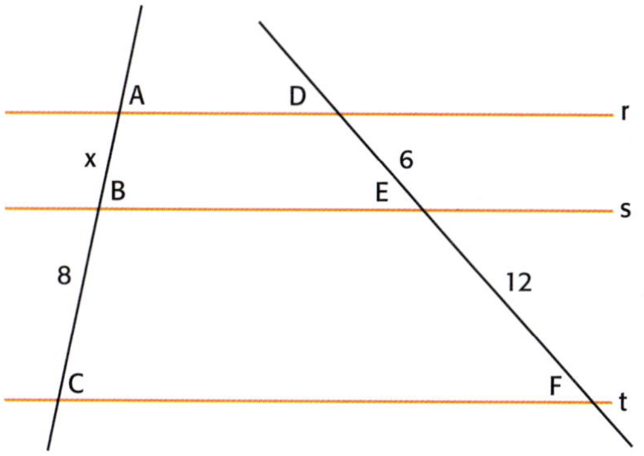

Aplicando o teorema de Tales, temos:

$$\frac{x}{8} = \frac{6}{12}$$

$$12 \cdot x = 6 \cdot 8$$

$$12x = 48$$

$$\mathbf{x = 4}$$

Observação:

Os matemáticos também já demonstraram que esse resultado é válido quando as medidas dos segmentos determinados pelo feixe de retas paralelas são números irracionais.

ATIVIDADES

13. Em cada caso a seguir, **a**, **b** e **c** são retas paralelas. Determine o valor de **x**.

a)

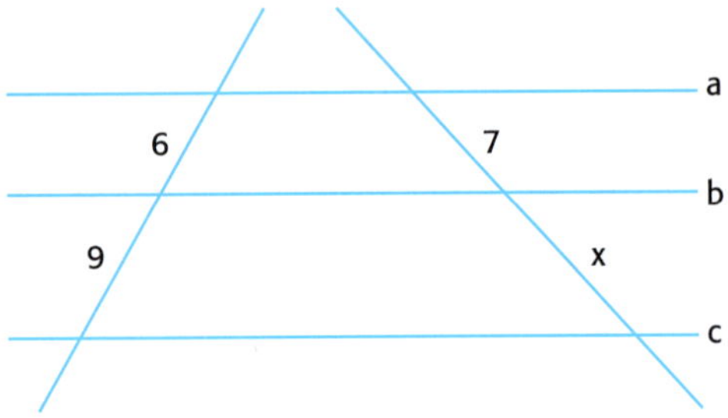

b)

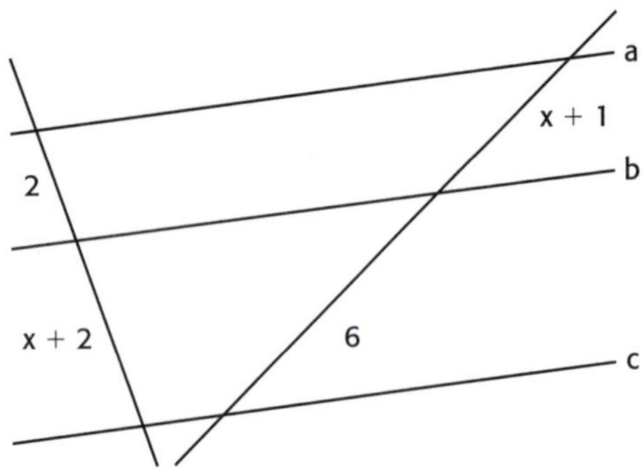

c)

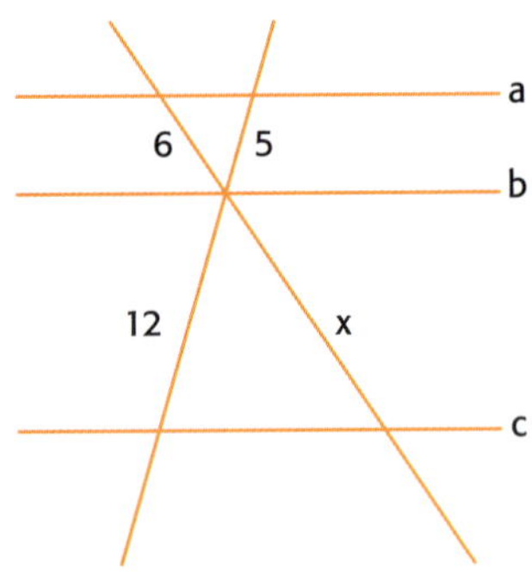

d)

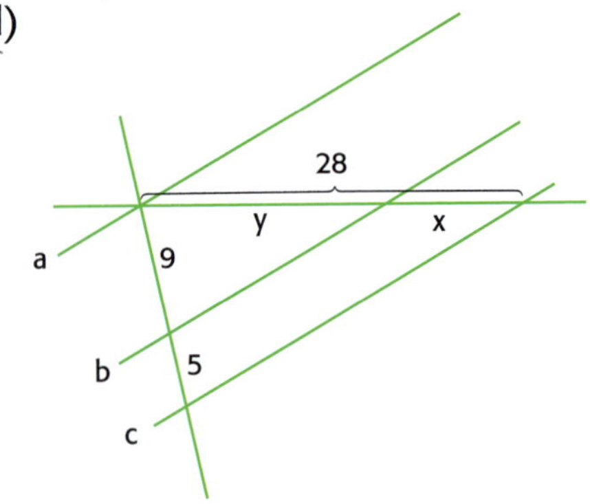

14. Considere a figura a seguir.

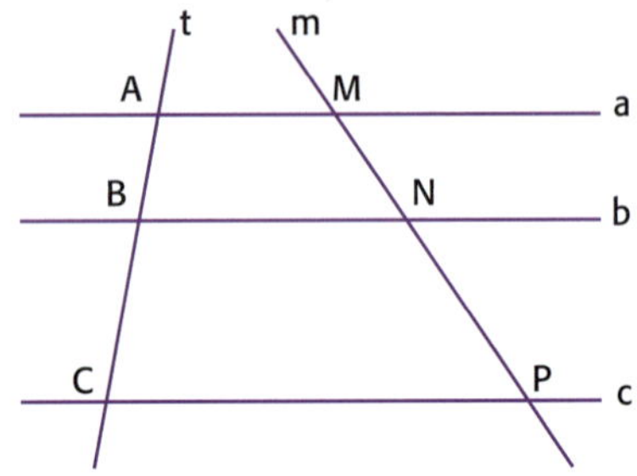

Sabendo que a // b // c, reescreva em seu caderno as igualdades a seguir substituindo o ■ pela medida do segmento que torna a sentença verdadeira.

a) $\frac{AB}{■} = \frac{MN}{NP}$

b) $\frac{■}{AC} = \frac{NP}{MP}$

c) $\frac{AC}{AB} = \frac{MP}{■}$

d) $\frac{MP}{NP} = \frac{AC}{■}$

• Propriedades decorrentes do teorema de Tales

Estudaremos agora duas propriedades que decorrem do teorema de Tales.

> Se uma reta paralela a um dos lados de um triângulo cruza os outros dois lados em pontos distintos, então essa reta divide os dois lados em segmentos proporcionais.

Considere o triângulo ABC representado a seguir e a reta **r** paralela ao lado $\overline{BC}$.

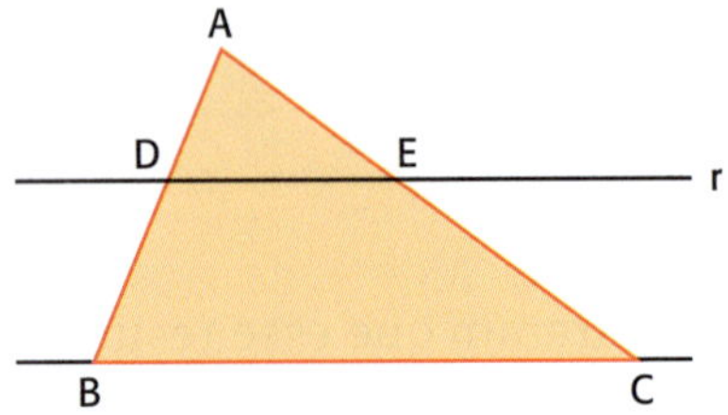

Traçando uma reta **s**, paralela ao lado $\overline{BC}$ e passando pelo ponto A, temos a seguinte representação:

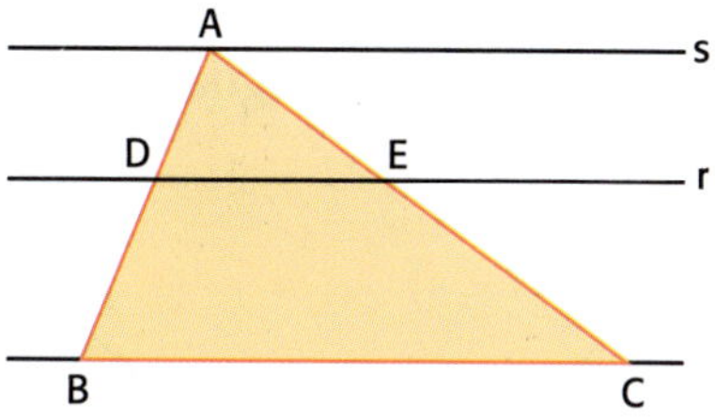

Pelo teorema de Tales, temos que $\frac{AD}{DB} = \frac{AE}{EC}$.

Portanto, os segmentos $\overline{AD}$, $\overline{DB}$, $\overline{AE}$ e $\overline{EC}$, nessa ordem, são proporcionais.

Exemplo:

Determinar o valor de **y**, sabendo que os segmentos $\overline{LN}$ e $\overline{EO}$ representados a seguir estão sobre retas paralelas.

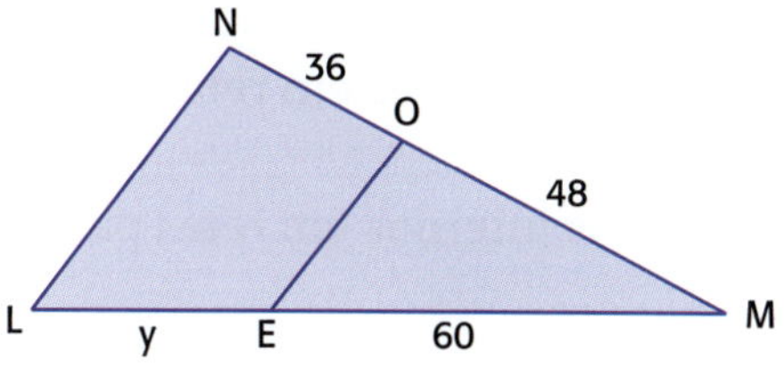

Como $\overline{LN}$ e $\overline{EO}$ estão sobre retas paralelas, os segmentos $\overline{MO}$, $\overline{ON}$, $\overline{ME}$ e $\overline{EL}$, nessa ordem, são proporcionais. Com isso, temos:

$$\frac{48}{36} = \frac{60}{y}$$

$$\frac{4}{3} = \frac{60}{y}$$

$$4y = 180$$

$$y = \frac{180}{4}$$

$$\mathbf{y = 45}$$

Propriedade (teorema da bissetriz interna)

> Em um triângulo, a bissetriz de um ângulo interno divide o lado oposto a ele em segmentos proporcionais aos lados que formam esse ângulo.

Considere um triângulo ABC e a bissetriz relativa ao ângulo BÂC, representada na figura abaixo pelo segmento $\overline{AP}$.

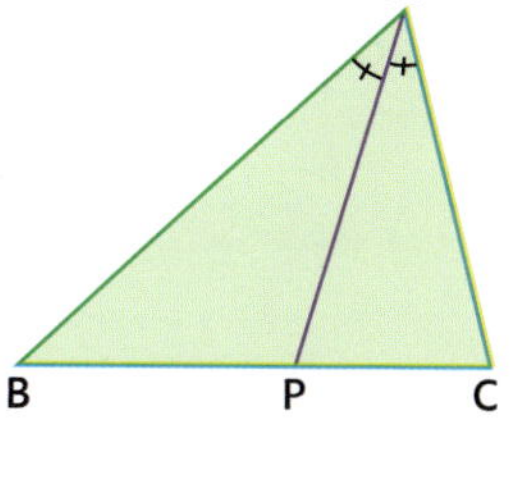

Vamos mostrar que $\frac{BP}{AB} = \frac{PC}{AC}$.

Prolongamos o lado $\overline{BA}$ do triângulo representando a semirreta $\overrightarrow{BA}$. Traçamos a semirreta de origem no ponto C e paralela à bissetriz $\overline{AP}$, de modo que cruze a semirreta $\overrightarrow{BA}$ no ponto Q.

Usando a propriedade anterior, temos a seguinte igualdade: $\frac{BP}{PC} = \frac{BA}{AQ}$ **(I)**

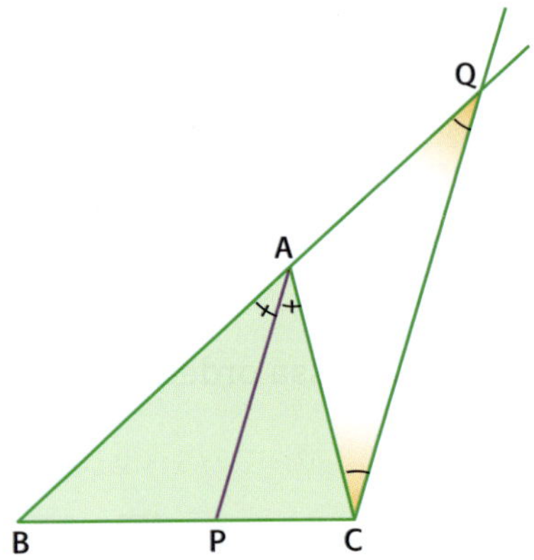

Além disso, temos o seguinte:

- os ângulos $B\hat{A}P$ e $P\hat{A}C$ são congruentes, pois $\overline{AP}$ é bissetriz relativa ao ângulo $B\hat{A}C$;
- os ângulos $B\hat{A}P$ e $A\hat{Q}C$ são congruentes, pois são ângulos correspondentes em retas paralelas cortadas por uma transversal;
- os ângulos $P\hat{A}C$ e $A\hat{C}Q$ são congruentes, pois são ângulos alternos internos em retas paralelas cortadas por uma transversal.

Com isso, temos que os ângulos $A\hat{C}Q$ e $B\hat{Q}C$ são congruentes e, portanto, o triângulo ACQ é isósceles, de modo que: $AC = AQ$ **(II)**

Logo, substituindo AQ por AC na igualdade **(I)**, obtemos o seguinte:

$$\frac{BP}{PC} = \frac{BA}{AC}, \text{ ou seja: } \frac{BP}{BA} = \frac{PC}{AC}$$

Portanto, em um triângulo, a bissetriz de um ângulo interno divide o lado oposto a ele em segmentos proporcionais aos lados que formam esse ângulo.

Exemplo:

Determinar o valor de **y**, sabendo que o segmento $\overline{GI}$ é a bissetriz relativa ao ângulo $F\hat{G}H$ do triângulo representado na figura a seguir.

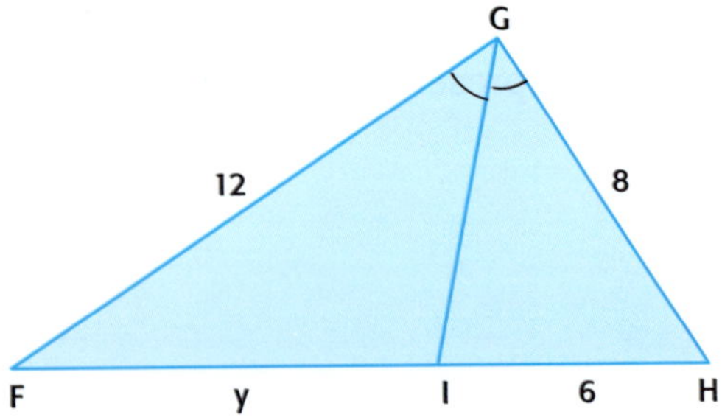

Como o segmento $\overline{GI}$ é a bissetriz relativa ao ângulo $F\hat{G}H$, então os segmentos $\overline{FI}$, $\overline{FG}$, $\overline{HI}$ e $\overline{HG}$, nessa ordem, são proporcionais. Sendo assim, temos o seguinte:

$$\frac{y}{12} = \frac{6}{8}$$

$$8y = 72$$

$$y = \frac{72}{8}$$

$$\mathbf{y = 9}$$

Divisão de um segmento em partes iguais

Veja a seguir como dividir um segmento de reta em partes iguais, com auxílio de uma régua e um compasso.

Material

- Folha de papel sem pauta.
- Régua.
- Lápis.
- Compasso.

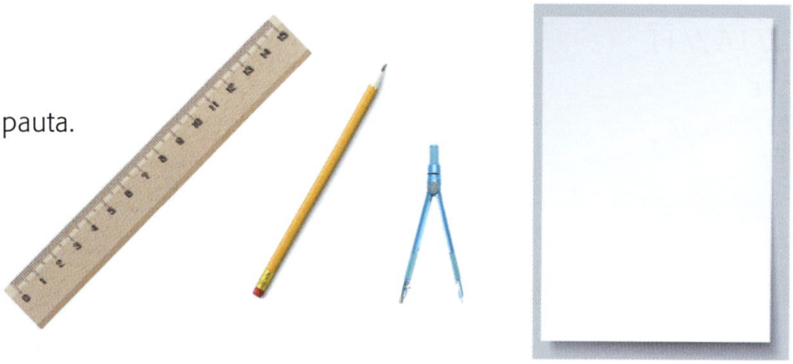

THINKSTOCK/GETTY IMAGES

Construção

I. Use a régua para traçar na folha de papel um segmento $\overline{AB}$ de medida qualquer.

II. Com auxílio da régua, trace uma semirreta com origem no ponto A. Depois, use o compasso para marcar nessa semirreta alguns pontos igualmente espaçados. Para marcar o ponto C, por exemplo, você precisa colocar a ponta seca do compasso sobre o ponto A e traçar um arco que corte a semirreta desenhada. A quantidade de pontos vai depender do número de partes em que se pretende dividir o segmento inicial. Nesse exemplo, para dividir o segmento $\overline{AB}$ em 7 partes iguais, marcamos 7 pontos.

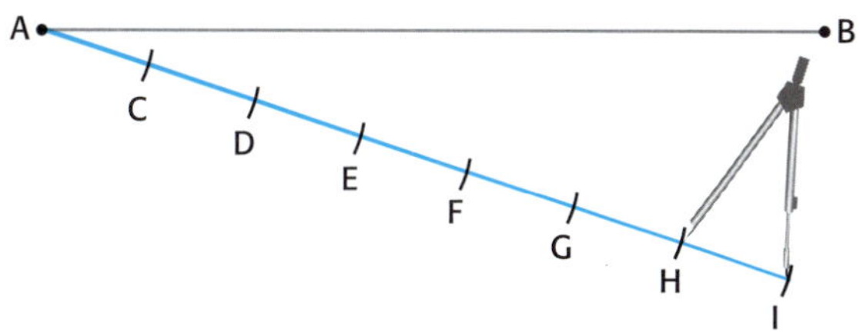

III. Use a régua para traçar o segmento $\overline{IB}$, que liga o ponto I ao ponto B.

IV. Trace as retas paralelas à reta que contém o segmento $\overline{IB}$ e que passam pelos pontos marcados na semirreta $\overrightarrow{AI}$.

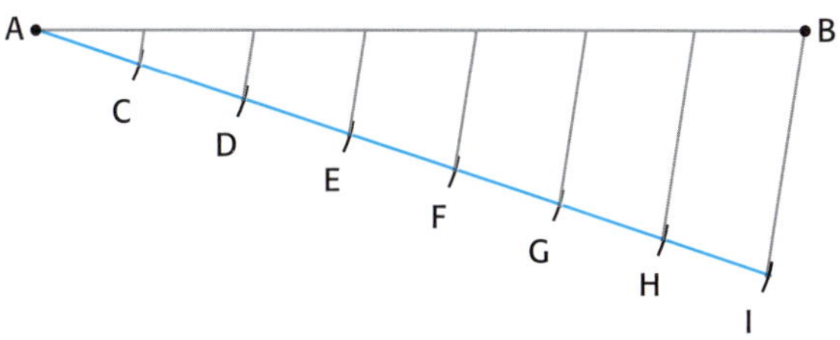

SHUTTERSTOCK

As retas paralelas obtidas cruzam o segmento $\overline{AB}$ dividindo-o em sete partes iguais.

ATIVIDADES

15. Em cada caso, determine os valores desconhecidos sabendo que:

a) $\overline{GR} \parallel \overline{LA} \parallel \overline{FT}$

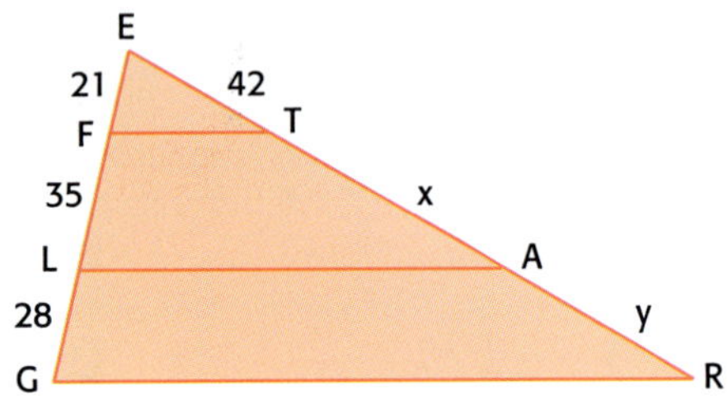

b) $\overline{ZE} \parallel \overline{OP} \parallel \overline{IA} \parallel \overline{DR}$

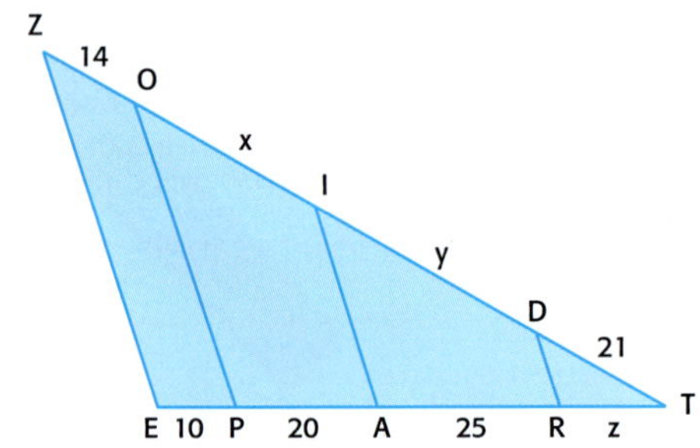

16. Em seu caderno, com auxílio de uma régua, trace um segmento de 8 cm de comprimento. Depois, use régua e compasso para dividir esse segmento em 6 partes iguais.

17. Nas figuras representadas nos itens a seguir, o segmento $\overline{BD}$ é a bissetriz relativa ao ângulo $A\hat{B}C$. Em cada caso, determine o valor de **x** e de **y**.

a)

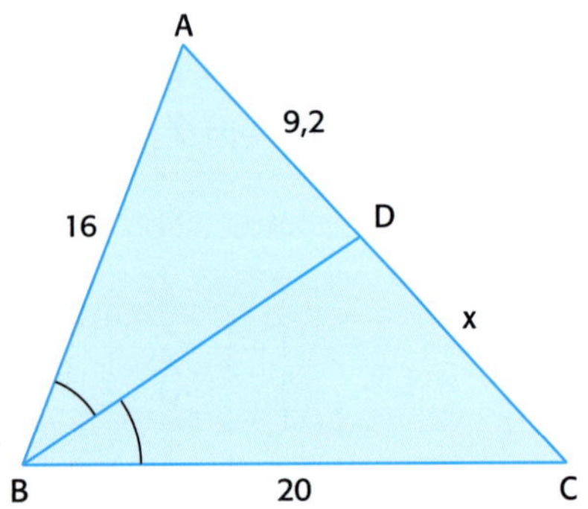

b)

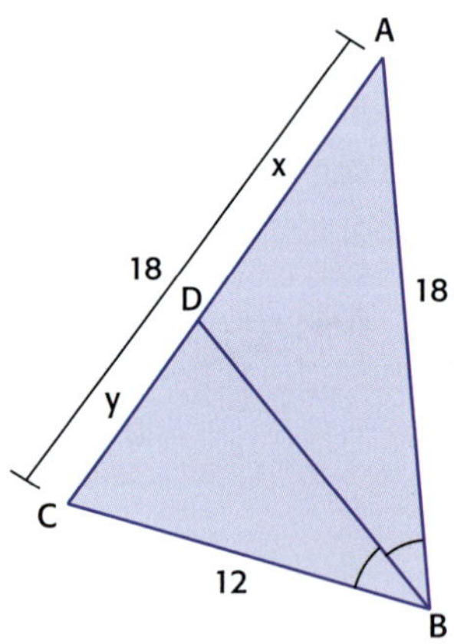

18. Em cada caso, determine PQ e RQ, sabendo que $\overline{RT}$ é bissetriz do ângulo interno $P\hat{R}Q$.

a)

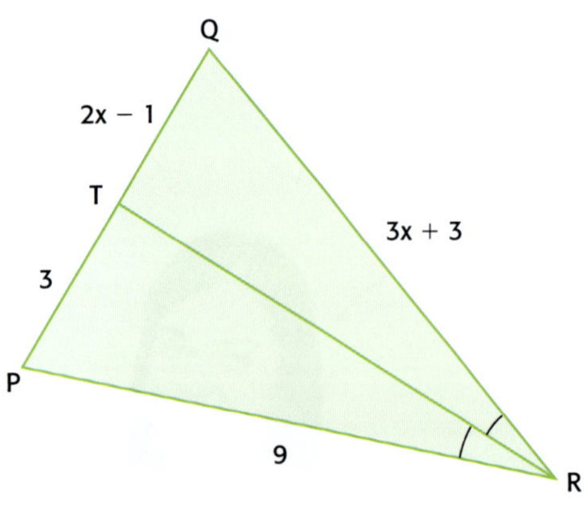

b)

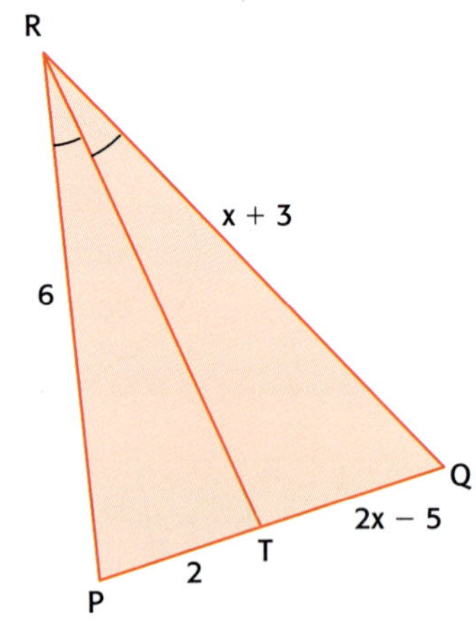

1. Calculadora

Observe a tabela ao lado com a distância entre algumas cidades brasileiras.

Distância entre algumas cidades brasileiras

Cidades	Distância (em km)
Campina Grande (PB) e Feira de Santana (BA)	845
Cuiabá (MT) e Londrina (PR)	1 303
São Paulo (SP) e Belo Horizonte (MG)	586

Fonte: DNER/AP/Div. Planejamento – Serv. Coord. e Gerência de Sistemas Rodoviários. Disponível em: <http://www.areaseg.com/distancias.html>. Acesso em: 28 abr. 2015.

De acordo com os dados da tabela, responda às questões a seguir.

a) Qual é a razão entre a distância de Cuiabá a Londrina e a distância de Campina Grande a Feira de Santana?

b) Qual é a razão entre a distância de Campina Grande a Feira de Santana e a distância de São Paulo a Belo Horizonte?

2. Leia o texto a seguir sobre as dimensões da área de jogo de um campo de futebol, recomendada pela Federação Internacional de Futebol (em Língua Francesa: Fédération Internationale de Football Association – FIFA).

[...]

Para todas as partidas de 1ª divisão profissional e onde forem feitos jogos principais internacionais e nacionais, os campos devem medir 105 m × 68 m. Estas dimensões são obrigatórias para a Copa do Mundo [...] e para as competições finais nos campeonatos de confederações. O campo deve ter as marcações precisas ilustradas. [...]

Disponível em: <http://img.fifa.com/mm/document/tournament/competition/01/37/17/76/p_sb2010_stadiumbook_ganz.pdf>. Acesso em: 28 abr. 2015.

De acordo com o texto acima, a razão entre o comprimento e a largura da área de jogo de um campo de futebol é aproximadamente:

a) 1

b) 1,5

c) 2

d) 2,16

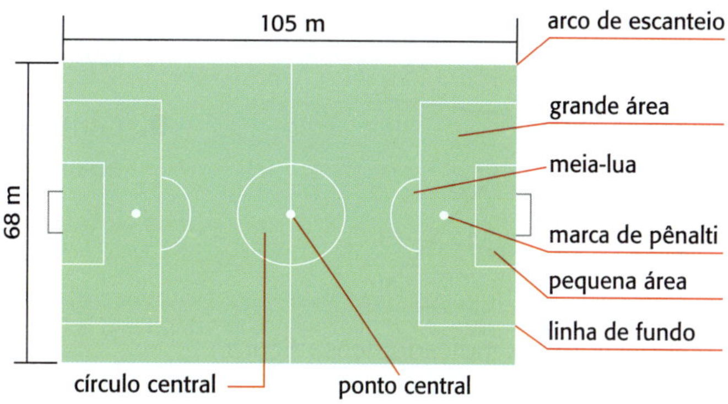

3. Calculadora

Observe o mapa a seguir.

Fonte: *Atlas Geográfico Escolar*. Rio de Janeiro: IBGE, 2012. p. 157 e 159.

O segmento de reta destacado em vermelho representa a distância entre Belém (PA) e Manaus (AM), que é de 1 280 km. Com auxílio de uma régua e de uma calculadora, faça o que se pede a seguir.

a) Calcule a escala em que foi desenhado esse mapa.

b) Determine a distância entre a cidade de Santarém (PA) e Parintins (AM).

4. Determine o valor de **x**, sabendo que $\overline{EF} \parallel \overline{CB}$.

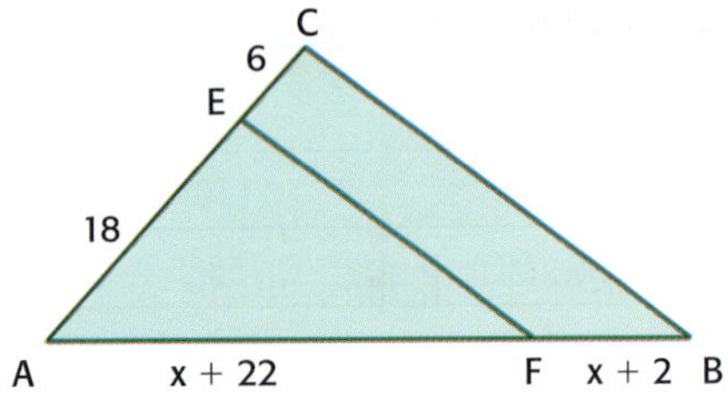

5. Na figura a seguir os pontos A, B e C estão alinhados e a razão entre o segmento $\overline{AB}$ e o segmento $\overline{AC}$ é igual a $\frac{3}{5}$.

Escolhendo um ponto P entre os pontos A e B, a razão indicada por $\frac{AP}{AC}$ pode ser igual a qual dos valores a seguir?

a) 0,65
b) $\frac{4}{5}$
c) $\frac{2}{3}$
d) 0,1818...
e) 1

6. Na figura a seguir, as retas **a**, **b** e **c** são paralelas.

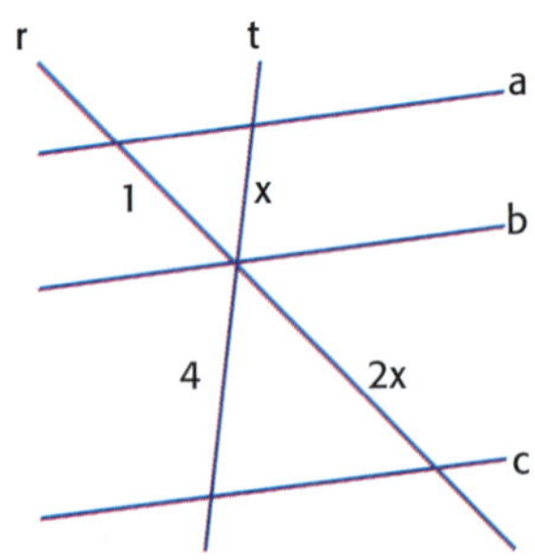

Para calcular o valor de **x** indicado nessa figura, Renato escreveu a seguinte igualdade:

$$\frac{1}{x} = \frac{4}{2x}$$

Com base nessas informações, responda às questões a seguir.

a) A sentença escrita por Renato está correta? Justifique sua resposta.

b) Qual é o valor de **x**?

7. Determine o valor de **x** e **y** na figura a seguir, sabendo que $\overline{BD}$ e $\overline{CE}$ estão sobre retas paralelas.

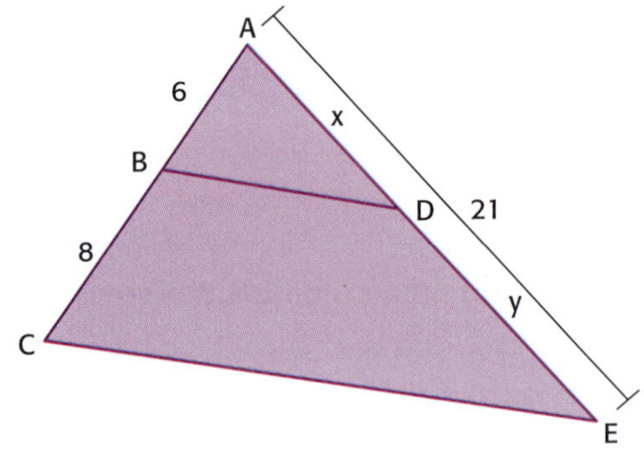

8. Um terreno foi dividido em lotes de acordo com a figura a seguir.

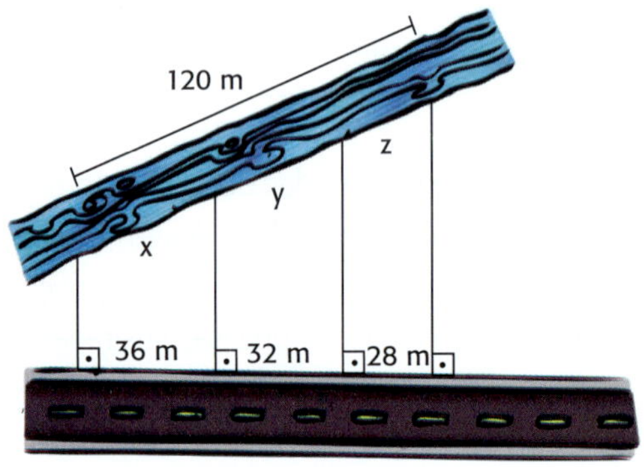

ESTÚDIO MIL

Qual é o valor de **x**, **y** e **z**?

9. Considere o triângulo isósceles ABC representado abaixo.

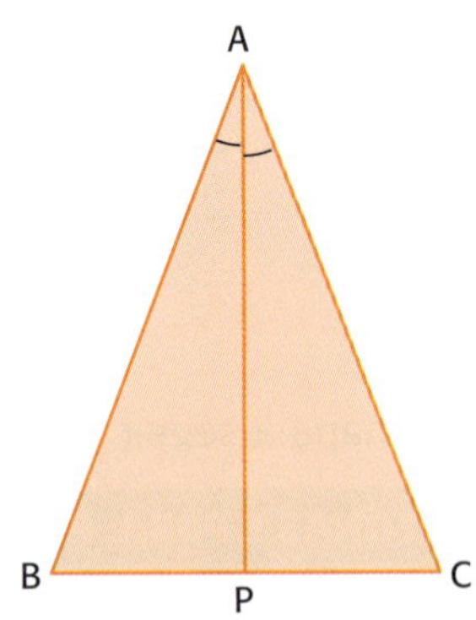

Sabendo que $\overline{AP}$ é bissetriz relativa ao ângulo $B\hat{A}C$, responda às questões a seguir.

a) O que se pode afirmar sobre os segmentos $\overline{BP}$, $\overline{BA}$, $\overline{CP}$ e $\overline{CA}$?

b) Considerando o teorema da bissetriz interna, o que podemos afirmar sobre a medida dos segmentos $\overline{BP}$ e $\overline{CP}$?

10. Calculadora

Leia o texto a seguir.

O franco-suíço Charles-Edouard Jeanneret-Gris (1887--1965), conhecido por Le Corbusier, foi considerado um dos arquitetos mais importantes do século XX. Influenciado pela suposta presença da razão áurea em construções da antiguidade e usando uma sequência numérica conhecida como sequência de Fibonacci, criou um sistema de medidas denominado *Modulor*, que dividia o corpo humano de forma proporcional e harmônica.

Le Corbusier, usava esse sistema para compor seus projetos arquitetônicos e pinturas.

LE CORBUSIER. LE MODULOR, 1955.

Le Corbusier, *Le Modulor*, litografia, 0,425 m × 0,327 m, Fundação Le Corbusier, Paris, França, 1995.

Fonte de pesquisa: <http://educacao.uol.com.br/biografias/le-corbusier.jhtm>. Acesso em: 28 abr. 2015.

Observe alguns números que compõem o sistema de medidas criado por Le Corbusier.

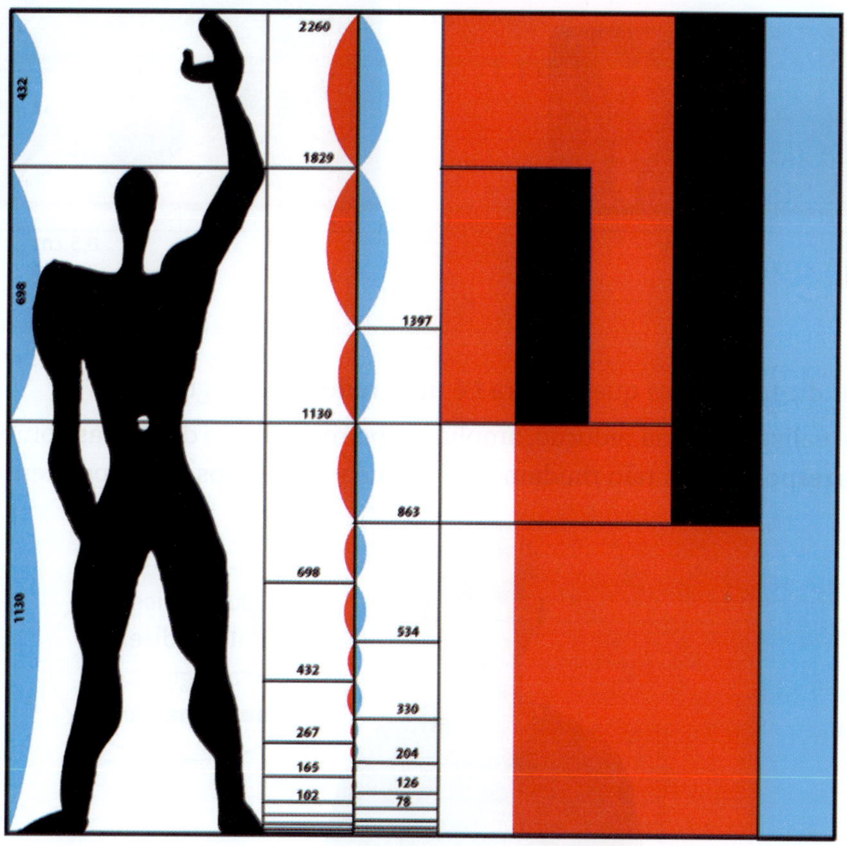

OBRA DERIVADA LE CORBUSIER. LE MODULOR, 1955.

Responda às questões a seguir.

a) Com uma calculadora, determine um valor aproximado da razão áurea, dada por $\Phi = \dfrac{1 + \sqrt{5}}{2}$.

b) Calcule a razão entre os números 1 829 e 1 130 que aparecem no esquema anterior e compare o resultado obtido com o valor obtido no item **a**. O que você percebeu?

c) Escolha outro número que aparece no esquema anterior e calcule a razão entre ele e o número imediatamente abaixo dele na mesma coluna do esquema.

2 A ideia de semelhança

No dia a dia é comum usarmos a palavra "semelhante" quando queremos dizer parecido. O uso dessa palavra em Matemática merece maior atenção e cuidado.

Estudaremos agora o conceito de semelhança entre figuras planas.

Figuras semelhantes

Observe a seguir a reprodução de uma obra do artista plástico Elvis da Silva, em que a figura II foi obtida por meio de uma **ampliação** da figura I.

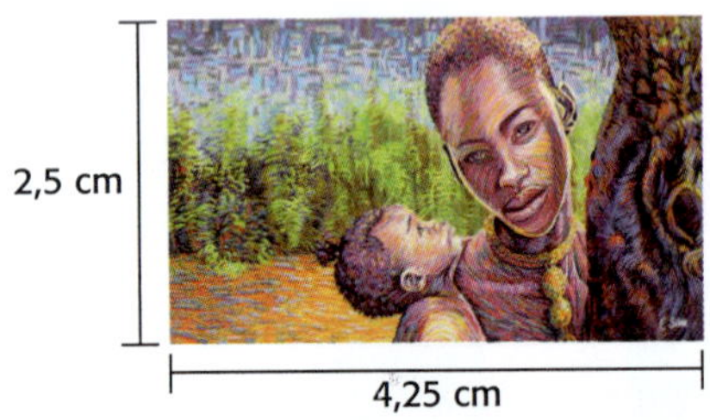

figura I

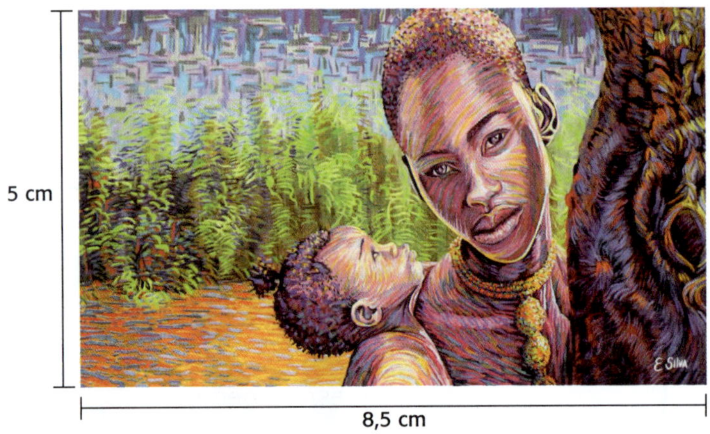

figura II

ELVIS DA SILVA. ABORÍGENE AFRICANA, 2007.

Elvis da Silva. *Aborígene Africana.* Acrílico sobre tela, 170 cm × 100 cm, 2007.

Podemos dizer também que a figura I é uma **redução** da figura II.

Quando realizamos uma redução, ampliação ou reprodução de figuras como essa, as medidas dos ângulos correspondentes não mudam e as medidas dos lados correspondentes são proporcionais.

THINKSTOCK/GETTY IMAGES

Veja o cálculo da razão entre os lados correspondentes das figuras anteriores:

$$\frac{2,5}{5} = 0,5 \quad \text{(figura I} \rightarrow 2,5\text{; figura II} \rightarrow 5\text{)}$$

$$\frac{4,25}{8,5} = 0,5 \quad \text{(figura I} \rightarrow 4,25\text{; figura II} \rightarrow 8,5\text{)}$$

- Imagine uma ampliação da imagem da figura I, que tenha medida de comprimento igual a 12,75 cm. Qual será a medida da largura dessa ampliação?

Polígonos semelhantes

Adriana desenhou o polígono ABCD na malha quadriculada e depois, desenhou uma ampliação dessa figura, ou seja, o polígono EFGH. Observe a seguir as representações.

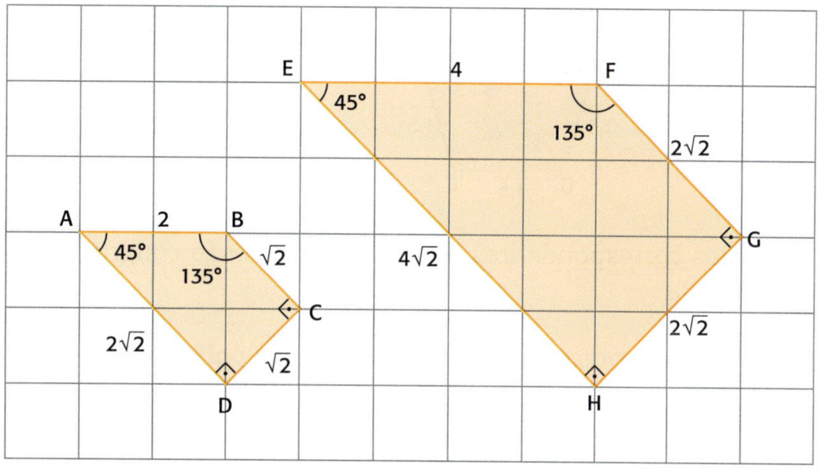

Vamos comparar as medidas dos ângulos internos do polígono EFGH com as medidas dos ângulos internos correspondentes do polígono ABCD.

- Os ângulos $\hat{E}$ e $\hat{A}$ têm a mesma medida, que é 45°;
- Os ângulos $\hat{F}$ e $\hat{B}$ têm a mesma medida, 135°;
- Os ângulos $\hat{G}$ e $\hat{C}$ têm a mesma medida, 90°;
- Os ângulos $\hat{H}$ e $\hat{D}$ têm a mesma medida, 90°.

THINKSTOCK/GETTY IMAGES

Vamos calcular as razões entre os lados do polígono EFGH e os lados correspondentes do polígono ABCD.

- $\frac{EF}{AB} = \frac{4}{2} = 2;$
- $\frac{FG}{BC} = \frac{2\sqrt{2}}{\sqrt{2}} = 2;$
- $\frac{GH}{CD} = \frac{2\sqrt{2}}{\sqrt{2}} = 2;$
- $\frac{EH}{AD} = \frac{4\sqrt{2}}{2\sqrt{2}} = 2.$

THINKSTOCK/GETTY IMAGES

Dois polígonos são **semelhantes** quando os ângulos correspondentes são congruentes e os lados correspondentes são proporcionais.

A razão entre as medidas dos lados correspondentes dos polígonos semelhantes é chamada **razão de semelhança**.

Os polígonos ABCD e EFGH desenhados por Adriana são semelhantes. Além disso, a **razão de semelhança** entre o polígono ampliado, EFGH, e o polígono ABCD é igual a 2.

Observação: se a razão de semelhança entre dois polígonos semelhantes é igual a 1, então esses polígonos são congruentes.

Acompanhe a seguir um exemplo de polígonos semelhantes e dois exemplos de polígonos não semelhantes.

a) Os pentágonos regulares ABCDE e PQRST representados a seguir são polígonos semelhantes.

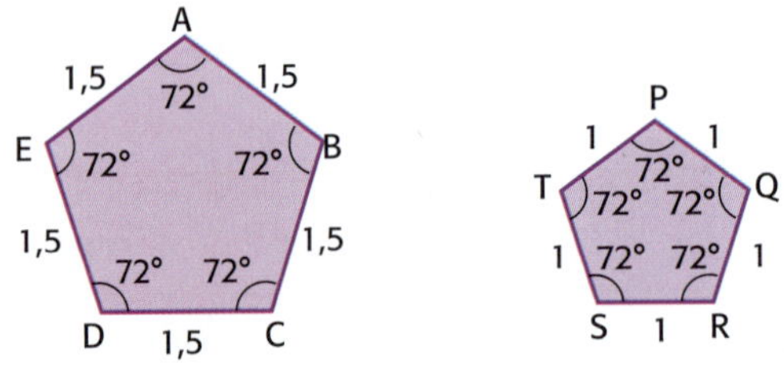

Observe que os ângulos correspondentes desses polígonos são congruentes e os lados correspondentes são proporcionais.

b) Os trapézios EFGH e IJKL representados a seguir **não** são polígonos semelhantes.

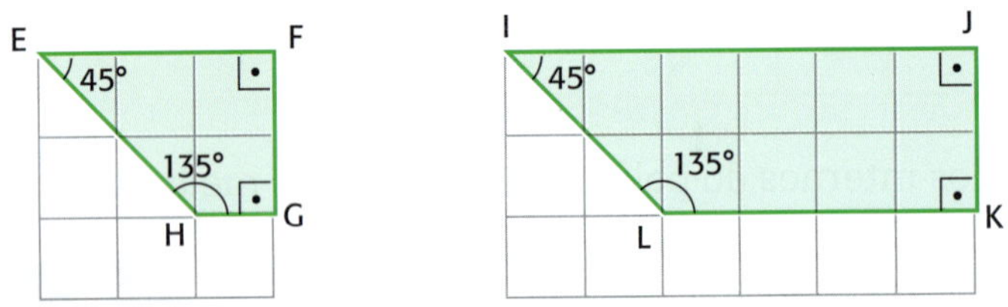

Observe que os ângulos correspondentes desses polígonos são congruentes, mas os lados correspondentes não são proporcionais.

c) Os losangos MNOP e XYZW representados a seguir **não** são polígonos semelhantes.

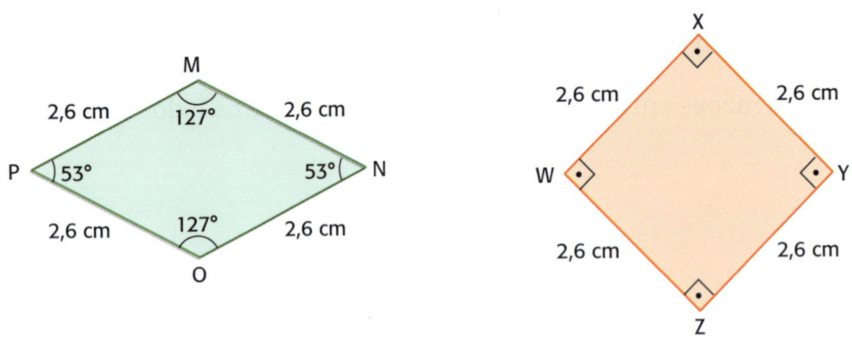

Observe que, embora os lados correspondentes desses losangos sejam proporcionais, os ângulos correspondentes desses polígonos não são congruentes.

Razão entre perímetros de polígonos semelhantes

A seguir apresentaremos um resultado que relaciona a razão de semelhança e os perímetros de polígonos semelhantes.

Considere os polígonos semelhantes representados a seguir.

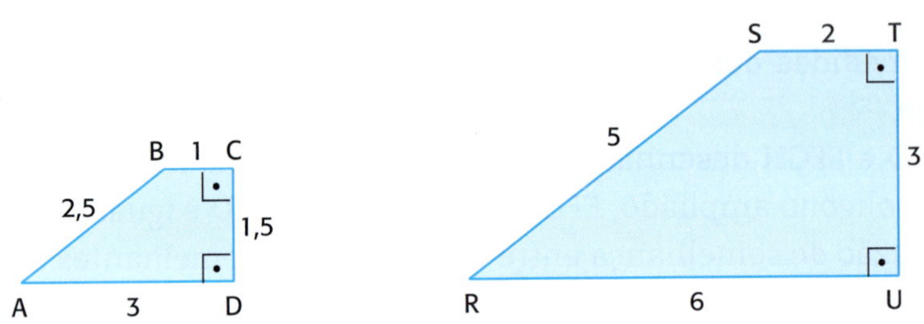

A razão de semelhança entre o polígono RSTU e o polígono ABCD é igual a 2:

$$\frac{RS}{AB} = \frac{ST}{BC} = \frac{TU}{CD} = \frac{RU}{AD} = 2$$

Note que o perímetro do polígono ABCD é igual a 8 (pois 2,5 + 1 + 1,5 + 3 = 8) e o perímetro do polígono RSTU é igual a 16 (pois 5 + 2 + 3 + 6 = 16).

Assim, a razão entre o perímetro do polígono RSTU e o perímetro do polígono ABCD é igual a $\mathbf{\frac{16}{8} = 2}$.

Observe que a razão entre o perímetro do polígono RSTU e o perímetro do polígono ABCD é igual à razão de semelhança entre os respectivos polígonos.

Se dois polígonos são semelhantes, a razão entre seus perímetros é igual à razão de semelhança desses polígonos.

Razão entre áreas de polígonos semelhantes

A seguir apresentaremos um resultado que relaciona a razão de semelhança e as áreas de polígonos semelhantes.

Considere os polígonos semelhantes representados a seguir.

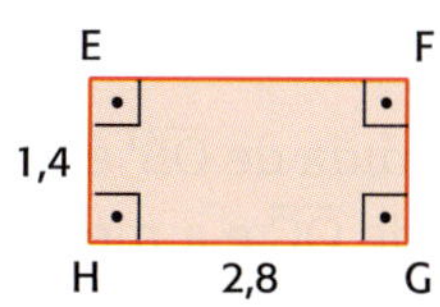

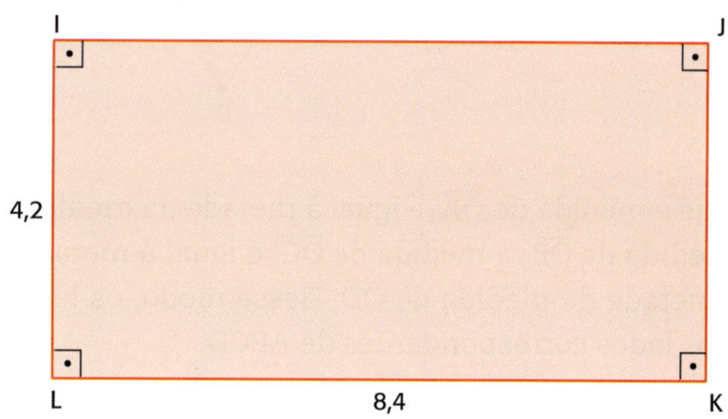

A razão de semelhança entre o polígono IJKL e o polígono EFGH é igual a 3:

$$\frac{IJ}{EF} = \frac{JK}{FG} = \frac{KL}{GH} = \frac{LI}{EH} = 3$$

Note que a área do polígono EFGH é igual a 3,92 (pois $1{,}4 \cdot 2{,}8 = 3{,}92$) e a área do polígono IJKL é igual a 35,28 (pois $4{,}2 \cdot 8{,}4 = 35{,}28$).

Assim, a razão entre a área do polígono IJKL e a área do polígono EFGH é igual a $\frac{35{,}28}{3{,}92} = 9$.

Observe que a razão entre a área do polígono IJKL e a área do polígono EFGH é igual ao quadrado da razão de semelhança entre os respectivos polígonos.

Se dois polígonos são semelhantes, a razão de semelhança entre suas áreas é igual ao quadrado da razão de semelhança desses polígonos.

SAIBA MAIS

Ampliação e redução de figuras por homotetia

Homotetias são transformações geométricas em que as distâncias entre dois pontos do plano são multiplicadas por um número real positivo, mantendo-se um ponto fixo O, chamado centro da homotetia.

De modo simplificado, podemos dizer que a homotetia pode ser usada para ampliar ou reduzir figuras. As figuras obtidas por meio de homotetia são figuras semelhantes.

Para se construir o polígono A'B'C'D' semelhante a ABCD por meio de homotetia realizamos o seguinte:

- escolhemos um ponto O chamado **centro de homotetia**;
- a partir do ponto O, traçamos as semirretas de origem em O e que passam pelos pontos da figura original; nesse caso, como ABCD é um polígono (quadrilátero), escolhemos os vértices A, B, C e D;
- definimos o número real positivo pelo qual multiplicaremos as distâncias do ponto O aos pontos da figura a ser ampliada ou reduzida, nesse exemplo, $\frac{1}{2}$.

Observe a representação a seguir.

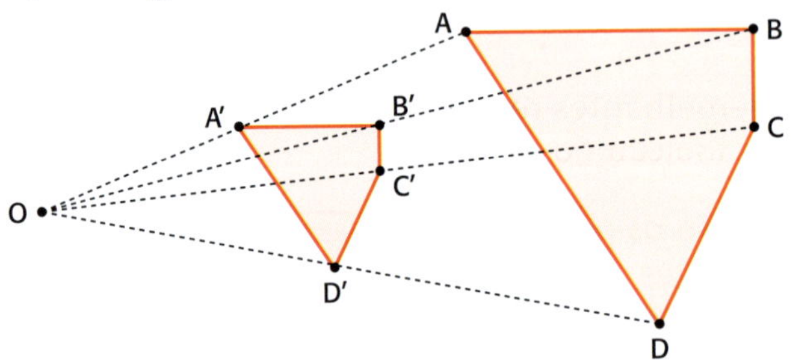

Note que a medida de $\overline{OA'}$ é igual à metade da medida de $\overline{OA}$, a medida de $\overline{OB'}$ é igual à metade da medida de $\overline{OB}$, a medida de $\overline{OC'}$ é igual à metade da medida de $\overline{OC}$ e a medida de $\overline{OD'}$ é igual à metade da medida de $\overline{OD}$. Desse modo, os lados da figura A'B'C'D' terão metade da medida dos lados correspondentes de ABCD.

Para explorar

- Em cada caso a seguir, desenhe em seu caderno um quadrilátero qualquer e obtenha, por meio de homotetia, uma figura semelhante cujos lados tenham o dobro dos lados da figura original.

a) Considere o centro de homotetia externo ao quadrilátero.	b) Considere o centro de homotetia em um dos vértices do quadrilátero.	c) Considere o centro de homotetia no interior do quadrilátero.
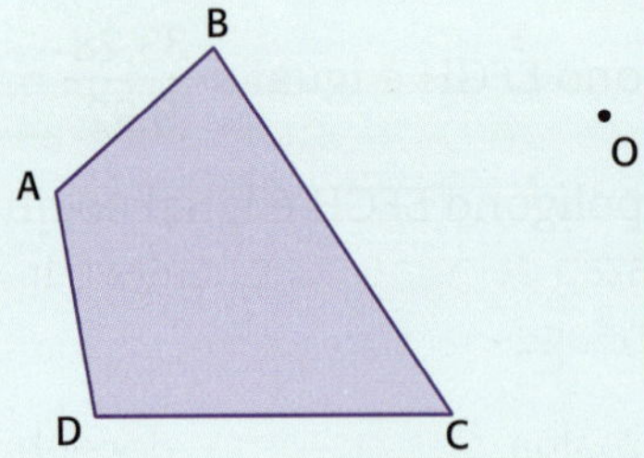	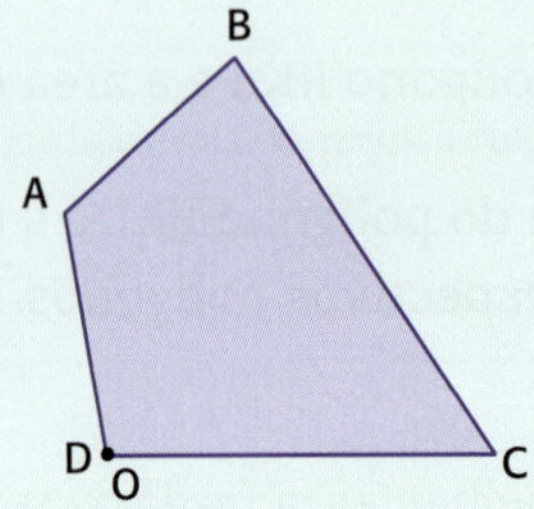	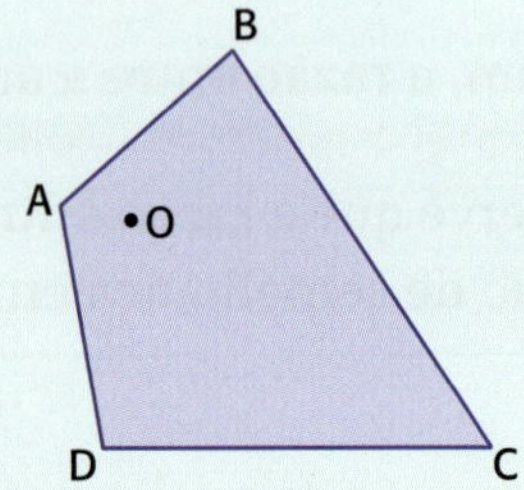

ATIVIDADES

19. Observe os retângulos representados na malha quadriculada a seguir.

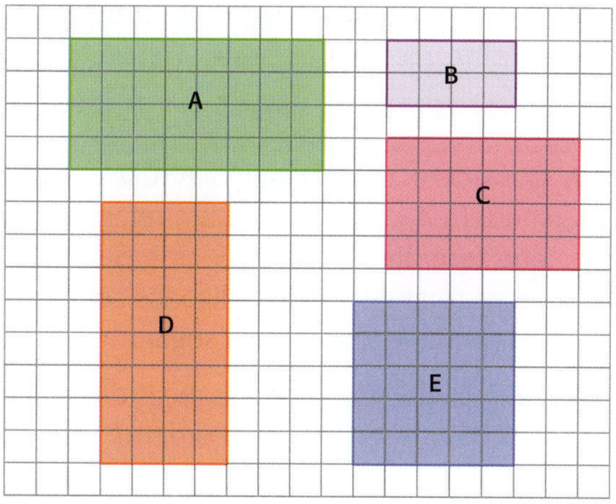

Responda às questões:

a) Quais desses retângulos são polígonos semelhantes?

b) Qual é a razão de semelhança entre os polígonos que você indicou no item **a**?

20. Em cada caso, verifique se os polígonos representados são semelhantes ou não.
Observação: nas representações, ângulos congruentes estão indicados com marcas iguais.

a)

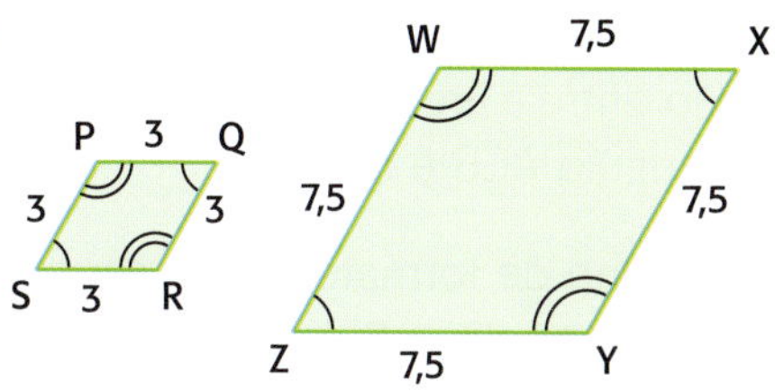

b)

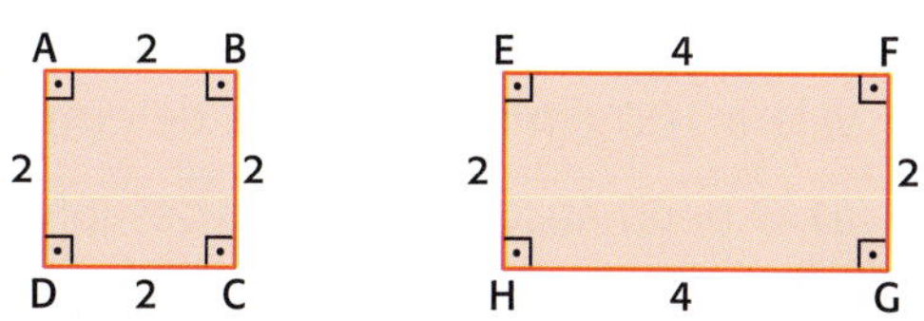

21. Classifique cada afirmação a seguir como verdadeira ou falsa. Justifique sua resposta.

a) Dois polígonos semelhantes são sempre congruentes.

b) Dois polígonos semelhantes, cuja razão de semelhança entre eles é igual a 1, são congruentes.

c) Nem todos os polígonos congruentes são semelhantes.

d) Existem polígonos semelhantes que **não** são congruentes.

22. Os polígonos representados em cada item a seguir são polígonos semelhantes. Faça o que se pede.

a) Determine o valor de **x**, sabendo que a razão de semelhança entre o polígono ABCDE e o polígono RSTUV é igual a 2.

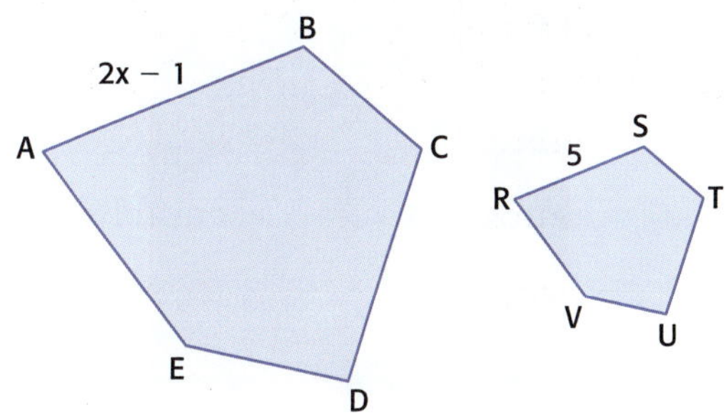

b) Determine o valor de **x**, sabendo que a razão de semelhança entre o polígono EFGH e o polígono IJKL é igual a 1,5.

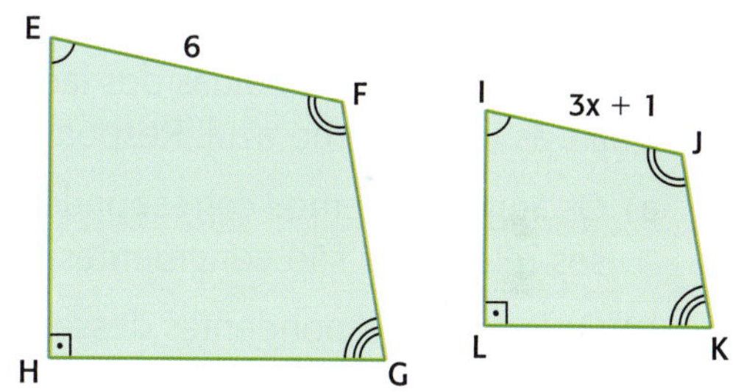

23. Os triângulos representados a seguir são polígonos semelhantes.

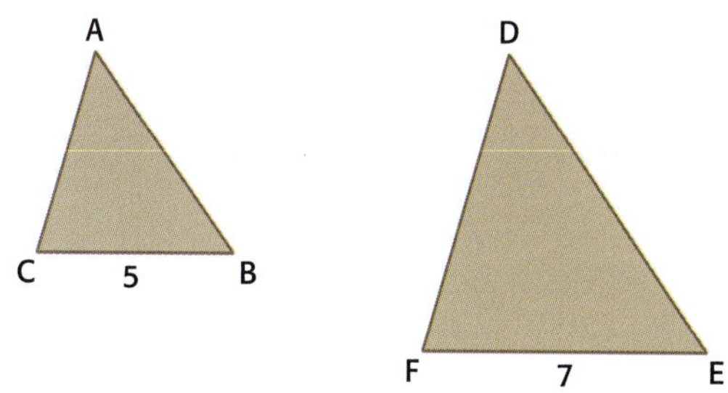

Qual é a razão de semelhança entre o triângulo DEF e o triângulo ABC?

24. Em uma malha quadriculada, desenhe dois retângulos que sejam polígonos semelhantes, cuja razão de semelhança é igual a 3.

25. Cláudia recortou uma fotografia retangular e a colou em um cartão, também retangular, como indicado na imagem a seguir. Considere que as medidas estão indicadas em centímetro.

Considere um retângulo cujas medidas dos lados sejam iguais às do contorno vermelho e um retângulo cujas medidas dos lados sejam iguais às do contorno azul. Responda:

a) Os ângulos internos correspondentes desses retângulos são congruentes?

b) Os lados correspondentes desses retângulos são proporcionais?

c) Esses retângulos são polígonos semelhantes?

26. Os triângulos ABC e CDE representados a seguir são polígonos semelhantes.

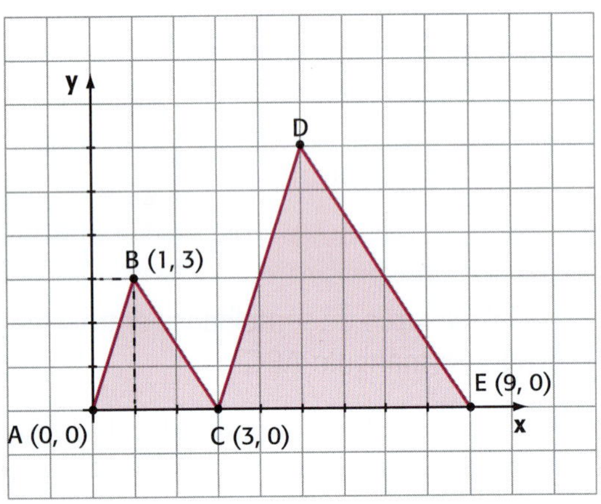

Faça o que se pede:

a) Determine as coordenadas (x, y) do ponto D.

b) Calcule a razão de semelhança entre o triângulo ABC e o triângulo CDE.

c) Qual é a razão entre os perímetros dos polígonos CDE e ABC, nessa ordem? E a razão entre as áreas?

27. Considere um retângulo ABCD cujos lados medem 4 cm e 7 cm, e um retângulo EFGH, que tem área igual a 63 cm². Sabendo que esses retângulos são polígonos semelhantes, responda às questões a seguir.

a) Qual é a razão entre as áreas dos polígonos EFGH e ABCD, nessa ordem?

b) Qual é a razão de semelhança entre o polígono EFGH e o polígono ABCD?

c) Quais são as medidas dos lados do retângulo EFGH?

28. Os triângulos representados a seguir são polígonos semelhantes.

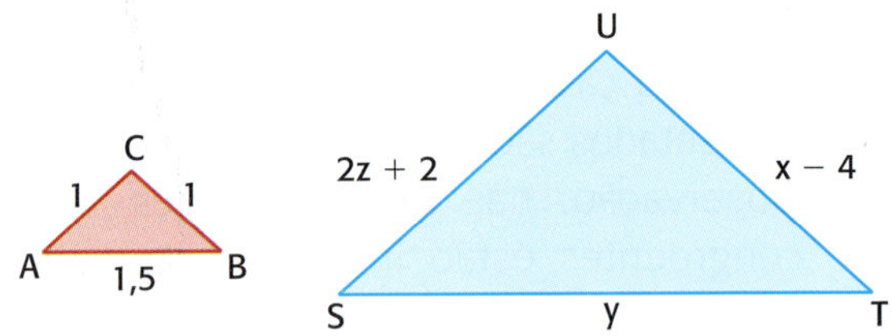

Determine os valores de **x**, **y** e **z**, sabendo que a razão entre a área do triângulo SUT e a área do triângulo ACB é igual a 9.

29. Um terreno de formato retangular tem 18 m de comprimento e 6 m de largura. Sabendo que ele foi desenhado em uma escala de 1 : 100, ou seja, cada 1 cm no desenho equivale a 100 cm na realidade, determine:

a) O perímetro do retângulo desenhado.

b) A área do retângulo desenhado.

30. Um quadrado foi ampliado, de modo que as medidas dos lados do quadrado obtido aumentaram 50% em relação às medidas do quadrado original.
Qual foi, em porcentagem, o aumento da área do quadrado ampliado em relação ao original?

Semelhança de triângulos

Sabemos que todo triângulo é um polígono. Com isso, podemos considerar a definição de polígonos semelhantes para definir triângulos semelhantes.

Dois triângulos são semelhantes quando têm ângulos internos correspondentes congruentes e lados correspondentes proporcionais.

Os triângulos ABC e DEF representados a seguir são triângulos semelhantes.

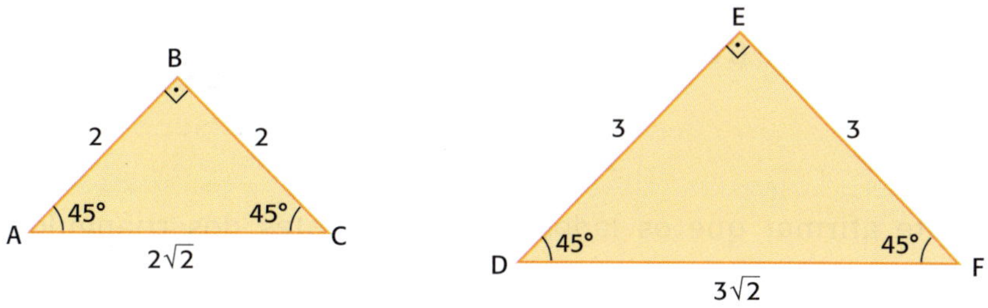

Observe que os ângulos correspondentes desses triângulos são congruentes:

$$\hat{A} \equiv \hat{D},\ \hat{B} \equiv \hat{E} \text{ e } \hat{C} \equiv \hat{F}$$

Além disso, os lados correspondentes são proporcionais.

$$\frac{AB}{DE} = \frac{BC}{EF} = \frac{AC}{DF} = \frac{2}{3}$$

Indicamos que os triângulos ABC e DEF são semelhantes assim: $\triangle ABC \sim \triangle DEF$.

Teorema fundamental da semelhança de triângulos

Vamos agora estudar um importante teorema envolvendo semelhança de triângulos.

Toda reta paralela a um lado de um triângulo que cruza os outros dois lados em dois pontos distintos determina um triângulo semelhante ao primeiro.

Leia a seguir a demonstração desse teorema.

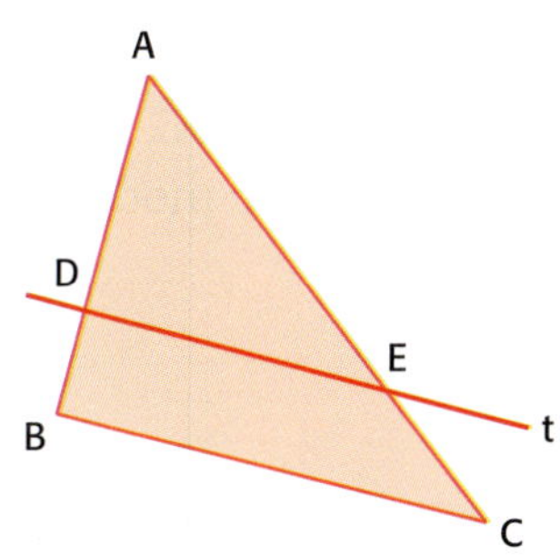

Considere um triângulo ABC e uma reta **t**, paralela a um de seus lados (a $\overline{BC}$, por exemplo), e que cruza os outros dois lados nos pontos D e E, conforme indicado na figura ao lado.

Como $\overline{DE} \parallel \overline{BC}$, pelo teorema de Tales, temos que: $\frac{AD}{AB} = \frac{AE}{AC}$ **(I)**

Traçamos a reta **r** passando por E, paralela ao lado $\overline{AB}$, que cruza o lado $\overline{BC}$ no ponto F.

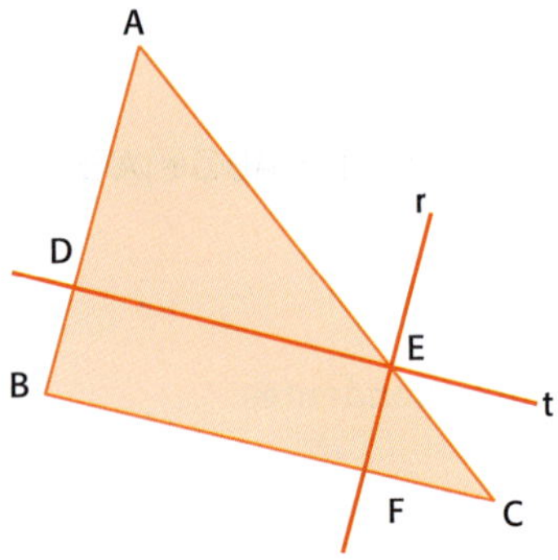

Como $\overleftrightarrow{EF} // \overleftrightarrow{AB}$, pelo teorema de Tales, temos que: $\frac{AE}{AC} = \frac{BF}{BC}$ **(II)**

O quadrilátero BDEF é um paralelogramo, pois $\overline{EF} // \overline{AB}$ e $\overline{DE} // \overline{BC}$. Como lados opostos de um paralelogramo são congruentes, temos que: $BF = DE$ **(III)**

De **(II)** e **(III)**, obtemos: $\frac{AE}{AC} = \frac{DE}{BC}$ **(IV)**

Com base nas igualdades **(I)** e **(IV)**, obtemos o seguinte:

$$\frac{AD}{AB} = \frac{AE}{AC} = \frac{DE}{BC}$$

O que nos permite afirmar que os lados correspondentes dos triângulos ADE e ABC são proporcionais.

Precisamos agora mostrar que os ângulos correspondentes desses triângulos são congruentes. Nesse caso, temos:

- O ângulo $B\hat{A}C$ é comum aos triângulos ADE e ABC;
- Os ângulos $A\hat{E}D$ e $A\hat{C}B$ são congruentes, pois são ângulos correspondentes em retas paralelas cortadas por uma transversal;
- Os ângulos $A\hat{D}E$ e $A\hat{B}C$ também são congruentes, pois são ângulos correspondentes em retas paralelas cortadas por uma transversal.

Com isso, verificamos que os ângulos correspondentes dos triângulos ADE e ABC são congruentes.

Portanto, como os ângulos correspondentes dos triângulos ADE e ABC são congruentes e os lados correspondentes proporcionais, concluímos que o triângulo ADE e o triângulo ABC são triângulos semelhantes.

Exemplo:

Sabendo que $\overline{DE} // \overline{BC}$ no triângulo representado ao lado, determinar os valores de **x** e de **y**.

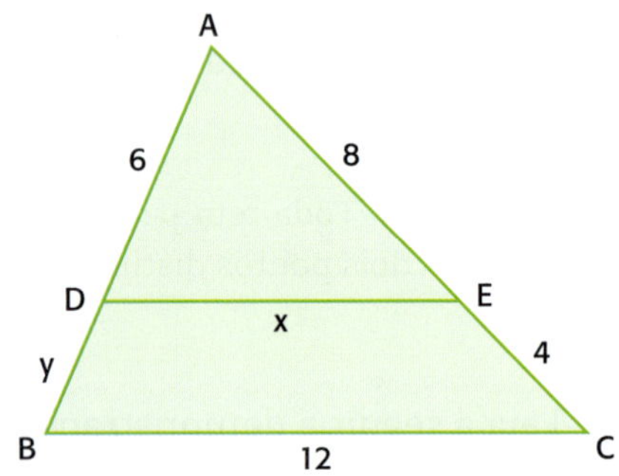

Como $\overline{DE} // \overline{BC}$, pelo teorema fundamental da semelhança, os triângulos ADE e ABC são semelhantes. Desse modo, calculamos os valores de **x** e **y** por meio das igualdades a seguir.

$$\frac{8}{12} = \frac{x}{12} \Rightarrow \mathbf{x = 8}$$

$$\frac{6}{6+y} = \frac{8}{12}$$
$$8 \cdot (6 + y) = 72$$
$$48 + 8y = 72$$
$$8y = 72 - 48$$
$$y = \frac{24}{8}$$
$$\mathbf{y = 3}$$

ATIVIDADES

31. Sabendo que os triângulos representados a seguir são semelhantes, determine os valores de **x** e de **y**.

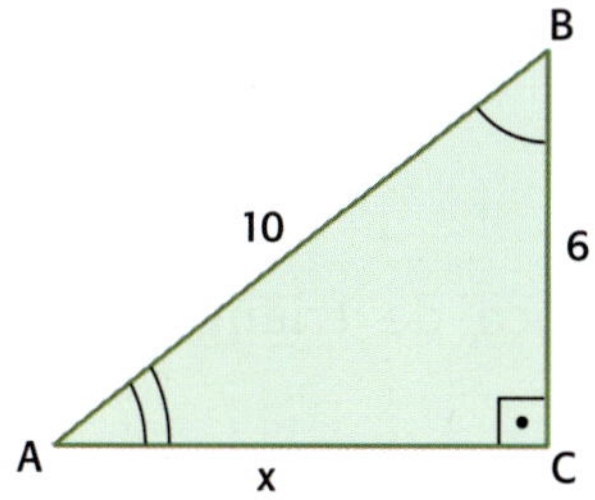

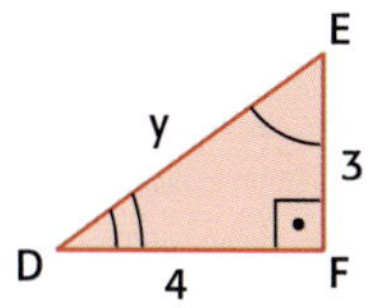

32. Em cada caso, determine os valores desconhecidos, sabendo que:

a) $\overline{BC} // \overline{RS}$

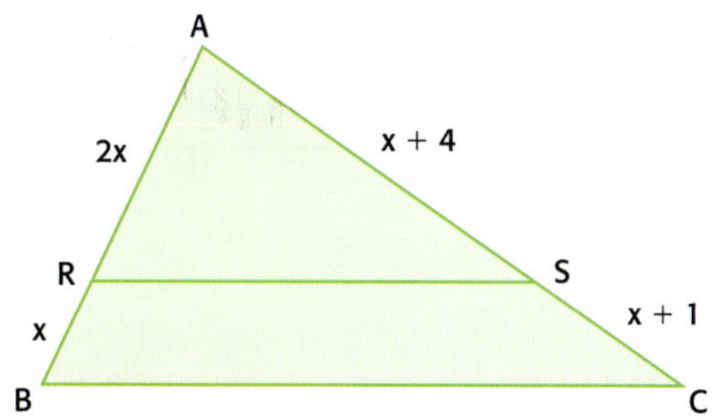

b) $\overline{BC} // \overline{DE}$

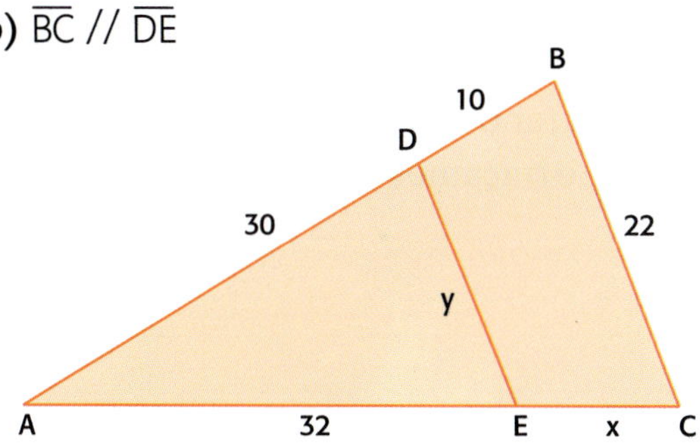

33. Classifique cada afirmação a seguir em verdadeira ou falsa. Justifique sua resposta.

a) Dois triângulos com perímetros iguais são sempre semelhantes.

b) Dois triângulos equiláteros são sempre semelhantes.

c) Dois triângulos retângulos isósceles são sempre semelhantes.

34. Na figura a seguir os triângulos ABC e A'BC' são semelhantes. Determine os valores de **x** e de **y**.

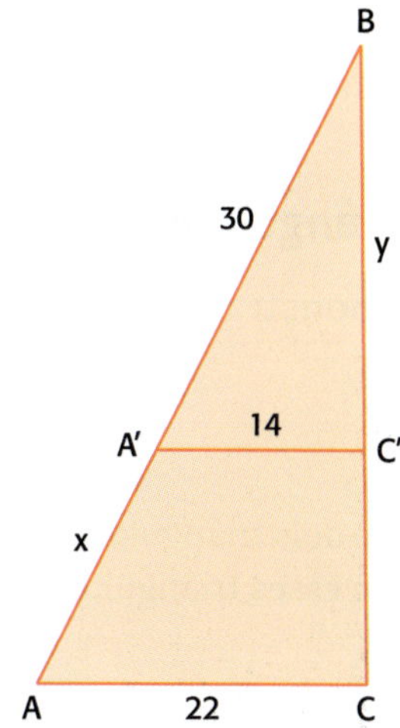

35. Observe a figura a seguir e considere que as medidas estão indicadas em centímetro.

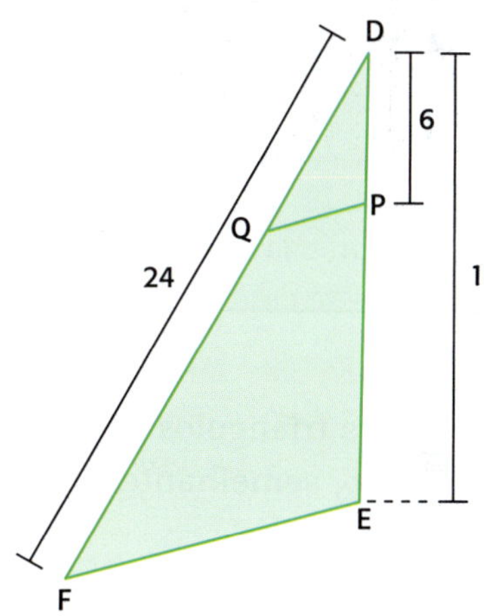

Determine a medida do segmento $\overline{DQ}$, sabendo que $\overline{EF} // \overline{PQ}$.

36. Observe a figura representada a seguir.

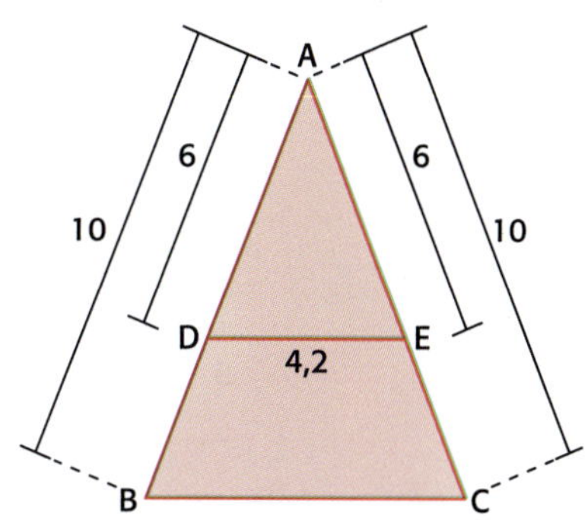

Sabendo que $\overline{BC} // \overline{DE}$, determine a medida do segmento $\overline{BC}$.

Casos de semelhança de triângulos

Vimos que dois triângulos são semelhantes quando têm ângulos internos correspondentes congruentes e lados correspondentes proporcionais. Entretanto, podemos reconhecer a semelhança entre dois triângulos com base em alguns critérios que serão estudados a seguir. Esses critérios são conhecidos como **casos de semelhança de triângulos**.

Caso ângulo-ângulo (AA)

Vamos demonstrar o caso ângulo-ângulo de semelhança de triângulos. Leia a seguir o enunciado.

> Se dois triângulos têm dois ângulos correspondentes respectivamente congruentes, então esses triângulos são semelhantes.

Considere os triângulos ABC e KLM, em que $\hat{A} \equiv \hat{K}$ e $\hat{B} \equiv \hat{L}$, como representado a seguir.

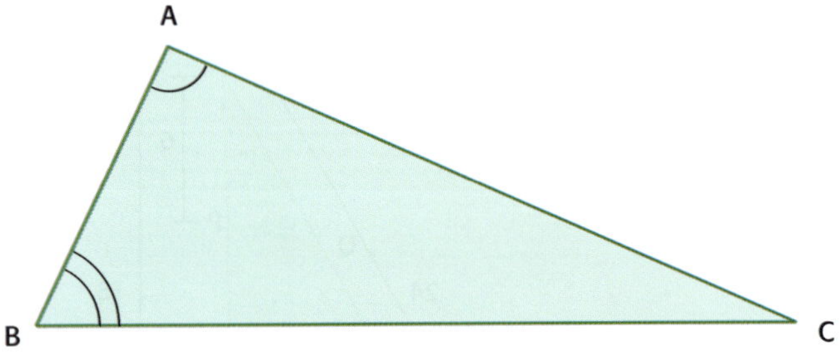

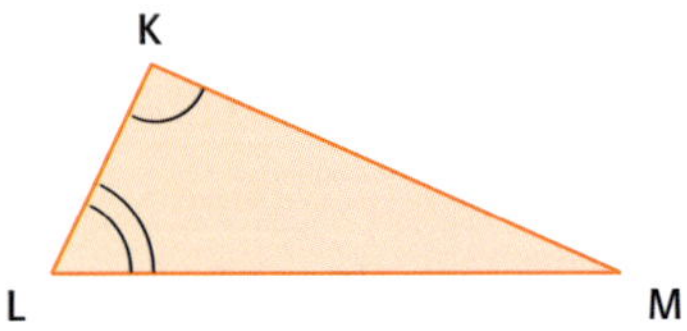

Se $\overline{AB} \equiv \overline{KL}$, os triângulos ABC e KLM são congruentes pelo caso ALA de congruência de triângulos, e, portanto, semelhantes, pois dois triângulos congruentes são semelhantes com razão de semelhança igual a 1.

Supondo $\overline{AB}$ e $\overline{KL}$ lados não congruentes, vamos considerar o caso em que $AB > KL$. No triângulo ABC, marcamos o ponto D sobre $\overline{AB}$ de modo que $\overline{AD} \equiv \overline{KL}$ e traçamos o segmento $\overline{DE}$, paralelo a $\overline{BC}$, conforme indicado na figura a seguir.

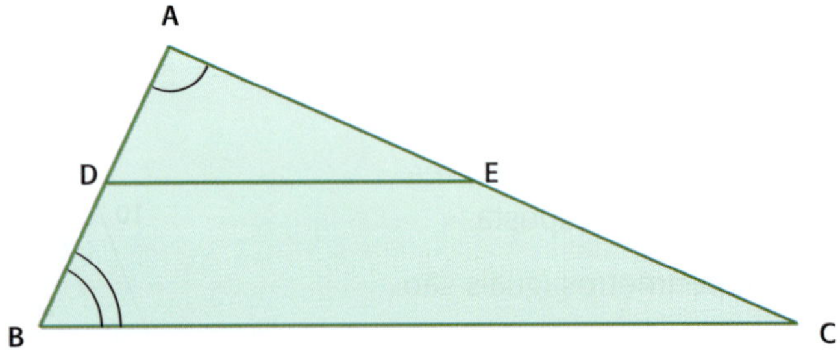

Temos que $A\hat{D}E \equiv A\hat{B}E$, pois são ângulos correspondentes em retas paralelas cortadas por uma transversal.

Logo, como $\hat{A} \equiv \hat{K}$, $\overline{AD} \equiv \overline{KL}$ e $A\hat{D}E \equiv A\hat{B}E$, os triângulos ADE e KLM são congruentes pelo caso ALA de congruência de triângulos.

Pelo teorema fundamental da semelhança de triângulos, os triângulos ADE e ABC são triângulos semelhantes.

Como os triângulos ADE e KLM são congruentes e os triângulos ABC e ADE são semelhantes, concluímos que os triângulos ABC e KLM são semelhantes, ou seja, $\triangle \mathbf{ABC} \sim \triangle \mathbf{KLM}$.

Exemplo:

Sabendo que os ângulos $\hat{B}$ e $\hat{D}$ na figura a seguir são congruentes, determinar o valor de **x**.

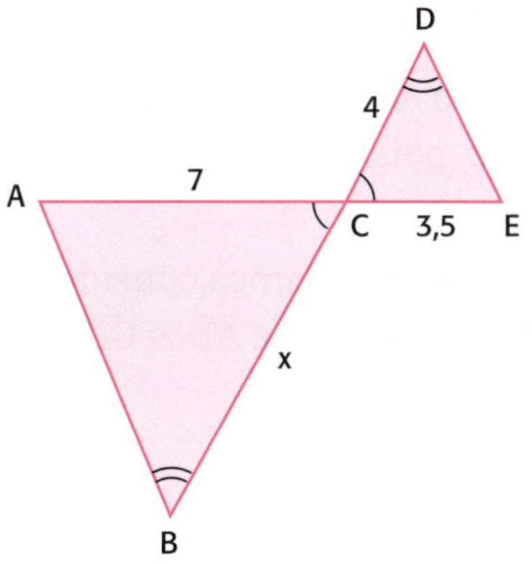

Os ângulos $A\hat{C}B$ e $E\hat{C}D$ são congruentes, pois são opostos pelo vértice.

Logo, $\triangle ABC \sim \triangle EDC$ pelo caso ângulo-ângulo (AA) de semelhança de triângulos. Portanto, os lados correspondentes são proporcionais. Assim:

$$\frac{x}{4} = \frac{7}{3{,}5}$$

$$\frac{x}{4} = 2$$

$$\mathbf{x = 8}$$

Pista 1

Observe novamente o esquema feito por Reinaldo para representar o trajeto entre o local onde o ônibus quebrou e o posto de combustível na rodovia que liga as rodoviárias de Arraial e Coroado.

- Quantos triângulos é possível observar nessa imagem?
- Esses triângulos são semelhantes?
- Qual é o caso de semelhança?

Caso lado-ângulo-lado (LAL)

Vamos demonstrar o caso lado-ângulo-lado de semelhança de triângulos. Leia a seguir o enunciado.

> Se dois triângulos têm dois lados correspondentes proporcionais e os ângulos internos compreendidos por esses lados são congruentes, então esses triângulos são semelhantes.

Considere os triângulos ABC e GHI, em que $\frac{AB}{GH} = \frac{AC}{GI}$ e $\hat{A} \equiv \hat{G}$, como representado a seguir.

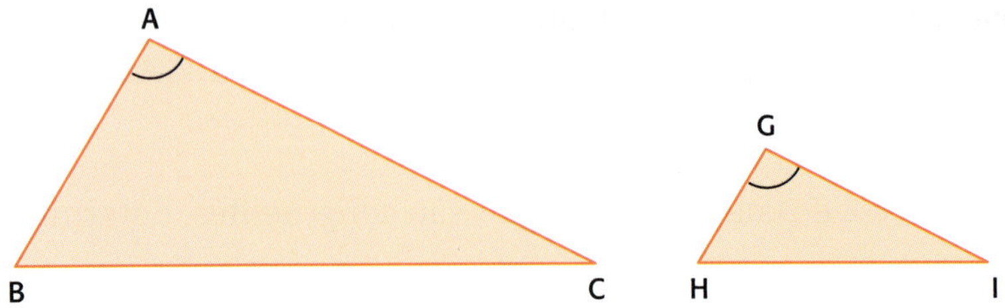

Se $\overline{AB} \equiv \overline{GH}$ e $\overline{AC} \equiv \overline{GI}$, os triângulos ABC e GHI são congruentes pelo caso LAL de congruência de triângulos, e, portanto, semelhantes, pois dois triângulos congruentes são semelhantes com razão de semelhança igual a 1.

Supondo $\overline{AB}$ e $\overline{GH}$ lados não congruentes, vamos considerar o caso em que $AB > GH$. No triângulo ABC, marcamos o ponto D sobre $\overline{AB}$ de modo que $\overline{AD} \equiv \overline{GH}$ e traçamos o segmento $\overline{DE}$, paralelo a $\overline{BC}$, conforme indicado na figura a seguir.

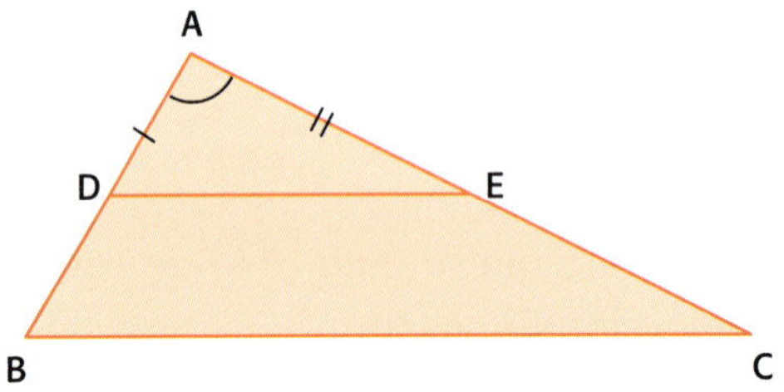

Pelo teorema fundamental da semelhança, os triângulos ABC e ADE são semelhantes, ou seja, $\triangle ABC \sim \triangle ADE$.

Precisamos mostrar agora que os triângulos ADE e GHI são congruentes.

Temos que $D\hat{A}E \equiv H\hat{G}I$ por hipótese e $\overline{AD} \equiv \overline{GH}$ por construção. Resta mostrar que $\overline{AE} \equiv \overline{GI}$.

Como $\triangle ABC \sim \triangle ADE$, temos a seguinte igualdade:

$\frac{AB}{AD} = \frac{AC}{AE}$, que pode ser reescrita como $\frac{AB}{GH} = \frac{AC}{AE}$ **(I)**, pois $\overline{AD} \equiv \overline{GH}$.

Pela hipótese, temos a seguinte igualdade: $\frac{AB}{GH} = \frac{AC}{GI}$ **(II)**.

Comparando as igualdades **(I)** e **(II)**, concluímos que $\overline{AE} \equiv \overline{GI}$

Logo, como $\overline{AD} \equiv \overline{GH}$, $\hat{A} \equiv \hat{G}$, e $\overline{AE} \equiv \overline{GI}$, os triângulos ADE e GHI são congruentes pelo caso LAL de congruência de triângulos.

Como os triângulos ADE e GHI são congruentes e os triângulos ABC e ADE são semelhantes, concluímos que os triângulos ABC e GHI são semelhantes, ou seja, $\triangle$**ABC** $\sim$ $\triangle$**GHI**.

Caso lado-lado-lado (LLL)

Vamos apresentar sem fazer a demonstração o caso lado-lado-lado de semelhança de triângulos. Leia a seguir o enunciado.

> Se dois triângulos têm os três lados correspondentes proporcionais, então esses triângulos são semelhantes.

ATIVIDADES

37. Verifique, em cada item a seguir, se os triângulos representados são semelhantes. Em caso afirmativo, indique o caso de semelhança de triângulos usado para chegar à conclusão.

a)

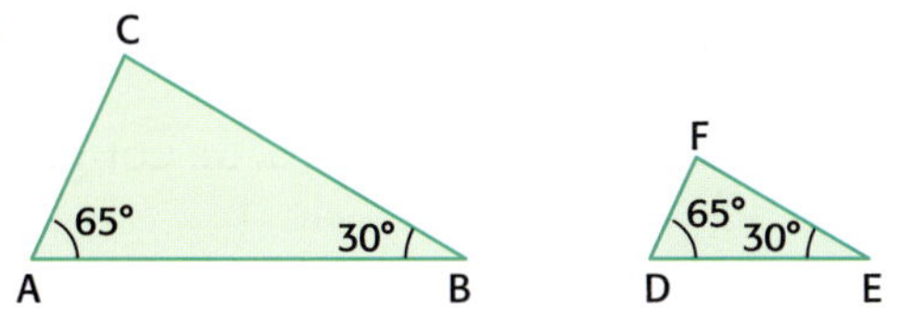

b)

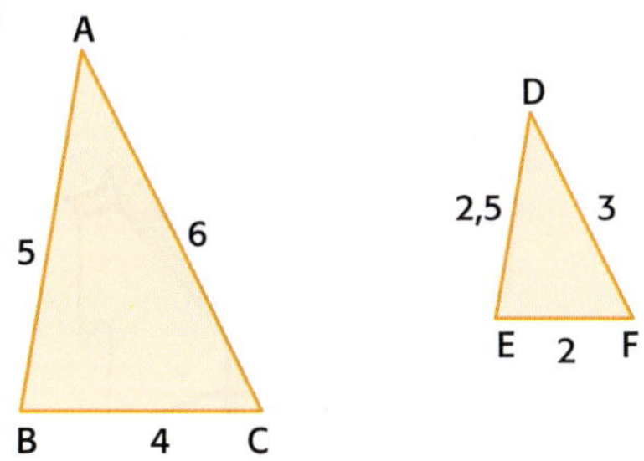

c)

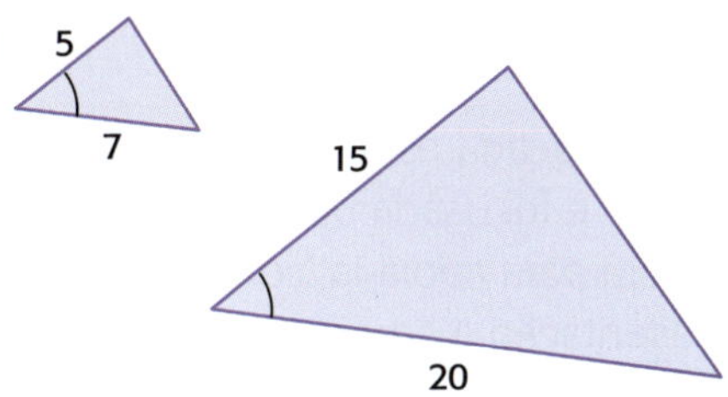

d)

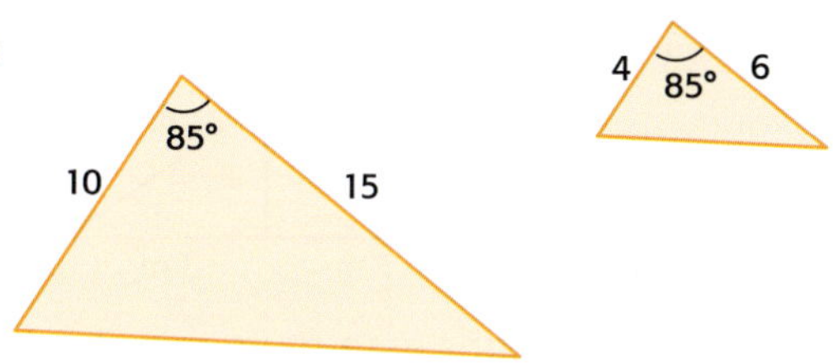

38. Os triângulos a seguir são semelhantes. Em cada caso, determine o valor de **x**, sabendo que:

a) $\overline{AB}$ // $\overline{ED}$

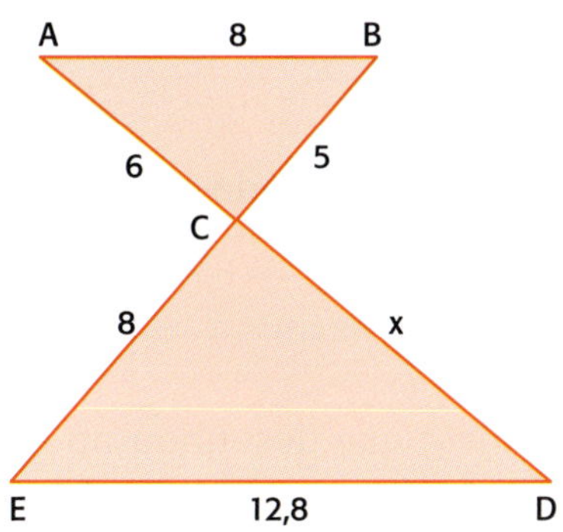

b) $\overline{BC}$ // $\overline{DE}$

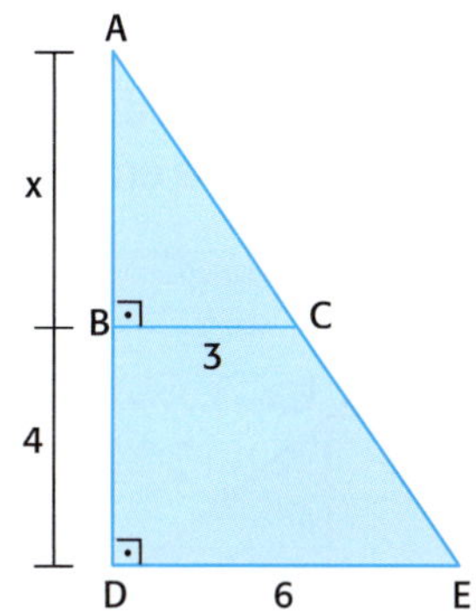

c) $\overline{PM}$ // $\overline{ST}$

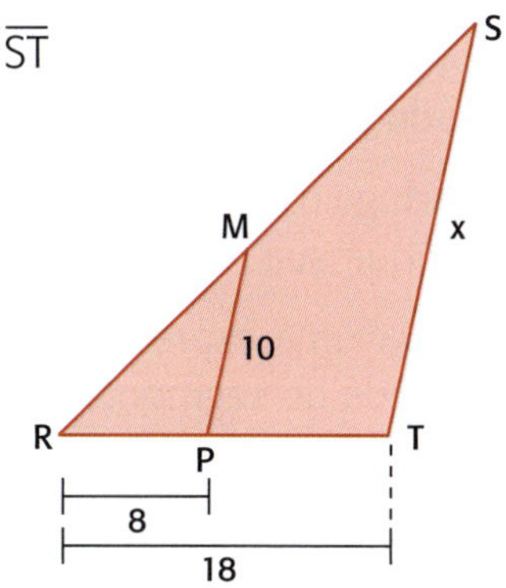

39. Observe a figura a seguir e responda às questões.

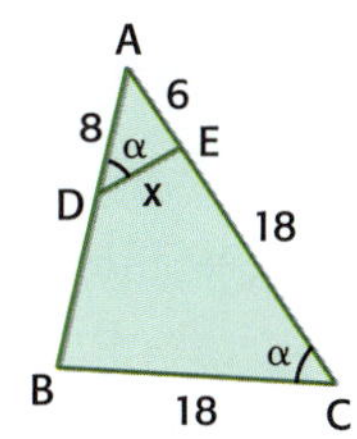

a) Os triângulos ABC e AED são semelhantes? Justifique sua resposta.

b) Qual lado do triângulo ABC é proporcional ao lado $\overline{AD}$ do triângulo AED?

c) Qual lado do triângulo ABC é proporcional ao lado $\overline{AE}$ do triângulo AED?

d) Qual é o valor de **x**?

40. Na figura a seguir, considere BD = 26 cm, AD = 10 cm e AE = 12 cm.

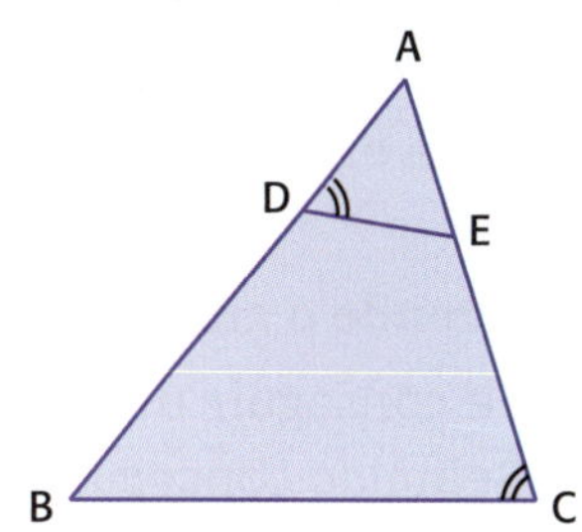

Sabendo que os triângulos ADE e ABC são semelhantes, responda: Qual é a medida do segmento $\overline{EC}$?

41. Na figura a seguir, o triângulo ABC é retângulo e o polígono BDEF é um quadrado. Considere que as medidas estão indicadas em centímetro.

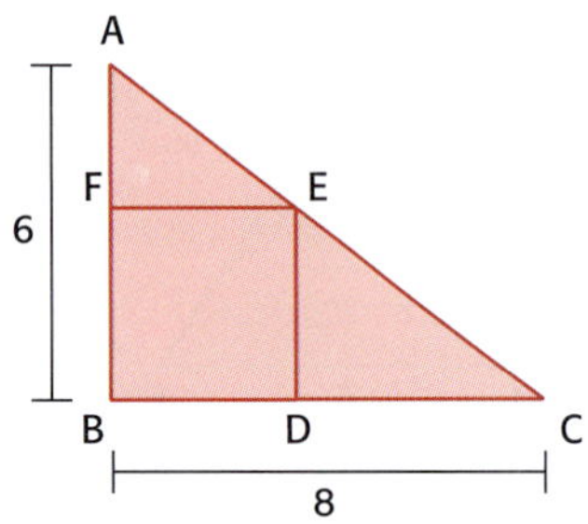

De acordo com essas informações, responda:

a) Os triângulos EDC e ABC são semelhantes? Justifique sua resposta.

b) Escreva uma expressão para representar a medida do segmento $\overline{DC}$ e outra para a medida do segmento $\overline{AF}$.

c) Usando a expressão obtida no item **b**, determine a medida do lado do quadrado.

42. Em cada caso a seguir, determine:

a) A medida do segmento $\overline{CD}$.

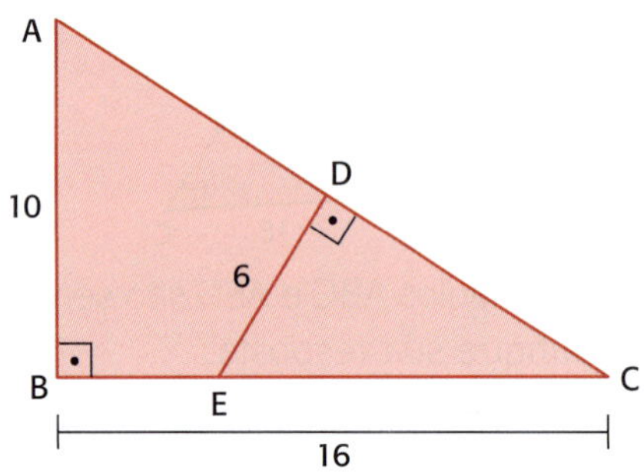

b) A medida do segmento $\overline{LM}$.

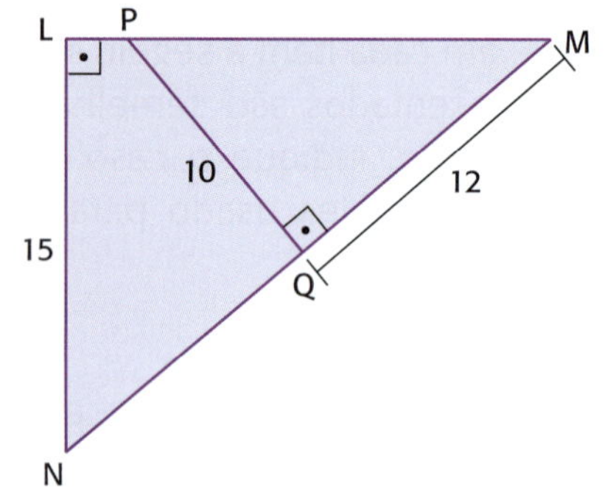

43. Uma escada está apoiada em um muro, conforme indicado na imagem a seguir.

O pé da escada está a 6 metros de distância do muro e foi usada uma escora de 2 metros de altura para apoiá-la, conforme indicado na representação a seguir.

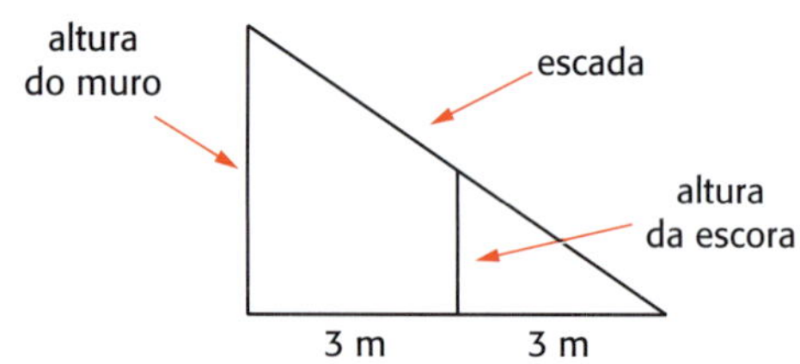

Quantos metros esse muro tem de altura?

Pista 2

De acordo com a pista anterior, faça o que se pede a seguir.

- Determine a distância a ser percorrida por Reinaldo do local onde o ônibus quebrou até a estrada que liga as rodoviárias de Arraial e Coroado.

Desvende o enigma

- Se conseguir manter o ritmo de caminhada no trajeto que desenhou no esquema, Reinaldo conseguirá chegar ao posto de combustível antes de anoitecer? Por quê?

ATIVANDO HABILIDADES

(Obmep – Banco de questões) A área do quadrado ABCD é 300 cm².

Na figura, M é o ponto médio de $\overline{CD}$ e o ponto F pertence à reta que passa por B e C.

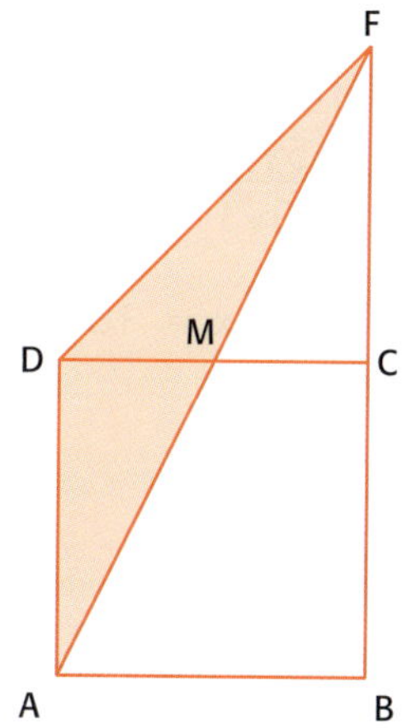

a) Qual é a área do triângulo $\triangle ABF$?

b) Qual é área do triângulo $\triangle AFD$?

Entendimento do problema

Sabemos que a área do quadrado ABCD é 300 cm², sendo assim podemos obter a medida de cada um de seus lados. Além disso, temos que o ângulo $A\hat{B}F$ é reto, assim como o ângulo $D\hat{C}F$, pois F pertence à reta que passa por B e C. Como M é o ponto médio do segmento $\overline{CD}$, sabemos também que $\overline{DM} \equiv \overline{MC}$.

Elaboração de uma estratégia

Um modo de obter a área dos triângulos ABF e AFD é determinar a medida de cada lado do quadrado ABCD, e depois usar o teorema fundamental da semelhança de triângulos para obter a medida do segmento $\overline{CF}$.

Execução da estratégia

Como a área do quadrado ABCD é igual a 300 cm², concluímos que a medida de cada um de seus lados é igual a $10\sqrt{3}$ cm.

O segmento $\overline{MC}$ mede $5\sqrt{3}$ cm, pois M é ponto médio do lado CD do quadrado.

Considerando apenas os triângulos MCF e ABF, obtemos a seguinte figura:

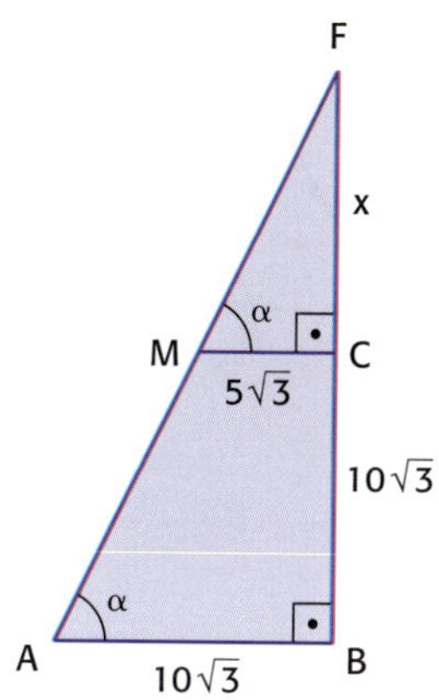

Como $\overline{MC}$ e $\overline{AB}$ são paralelos, pois ABCD é um quadrado, $F\hat{A}B \equiv F\hat{M}C$. Além disso, $M\hat{C}F \equiv A\hat{B}F$.

Logo, os triângulos MCF e ABF são semelhantes pelo caso AA.

Portanto:

$$\frac{MC}{AB} = \frac{FC}{FB}$$

$$\frac{5\sqrt{3}}{10\sqrt{3}} = \frac{x}{x + 10\sqrt{3}}$$

$$x = 10\sqrt{3}$$

Sendo assim:

$$\text{Área}_{ABF} = \frac{10\sqrt{3}\ \text{cm} \cdot 20\sqrt{3}\ \text{cm}}{2} = 300\ \text{cm}^2$$

$$\text{Área}_{AFD} = \text{Área}_{DMF} + \text{Área}_{AMD} = \left(\frac{5\sqrt{3}\ \text{cm} \cdot 10\sqrt{3}\ \text{cm}}{2}\right) + \left(\frac{5\sqrt{3}\ \text{cm} \cdot 10\sqrt{3}\ \text{cm}}{2}\right) = 150\ \text{cm}^2$$

Análise da solução

Observe que os triângulos AMD e MCF são congruentes pelo critério ALA de congruência de triângulos, pois:

$\hat{D} \equiv \hat{C}$ (ângulos retos)

$\overline{DM} \equiv \overline{CM}$ (M é ponto médio de $\overline{DC}$)

$D\hat{M}A \equiv C\hat{M}F$ (ângulos opostos pelo vértice)

Logo, $\overline{AD} \equiv \overline{CF}$

Assim, a medida do segmento $\overline{CF}$ é $10\sqrt{3}$, como tínhamos determinado.

É a sua vez!

(Obmep – Banco de questões) Sendo $\overline{IL}$ paralelo ao segmento $\overline{EU}$ e $\overline{RE}$ paralelo a $\overline{NI}$, determine $\frac{FN \cdot FU}{FR \cdot FL}$

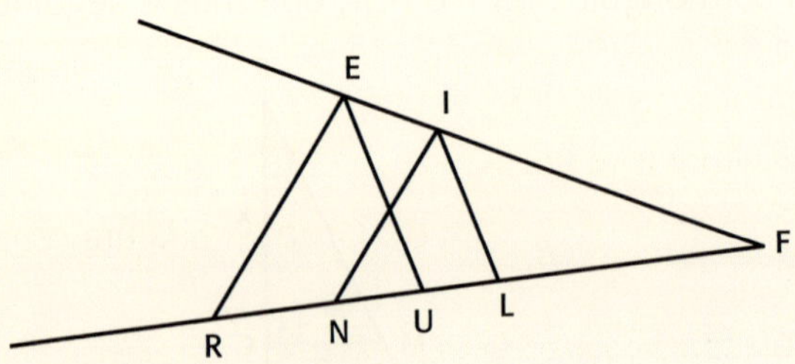

teia do saber

1. A planta de um edifício foi desenhada usando-se a escala 1 : 50. Se o quarto de um dos apartamentos, nessa planta, é representado por um retângulo de medidas 8 cm por 7 cm, qual é a área real desse quarto?

2. Em cada caso, determine o valor de **x**.

a) $\overline{AB} \parallel \overline{CD}$

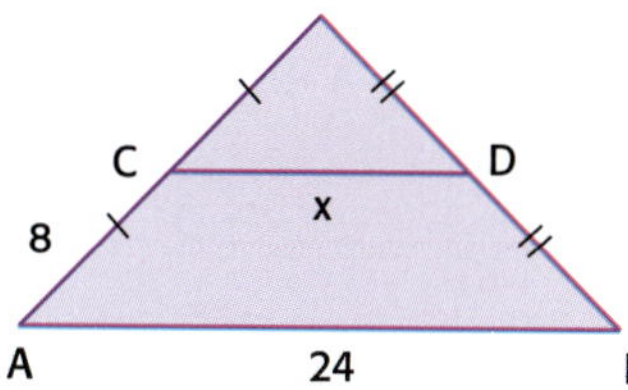

b) $\overline{EF} \parallel \overline{HG}$

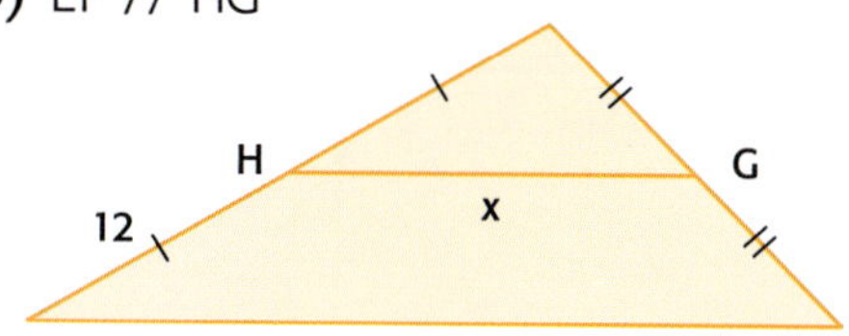

3. A casa de Felipe fica na mesma rua do prédio onde Rafael mora. Observe a representação a seguir.

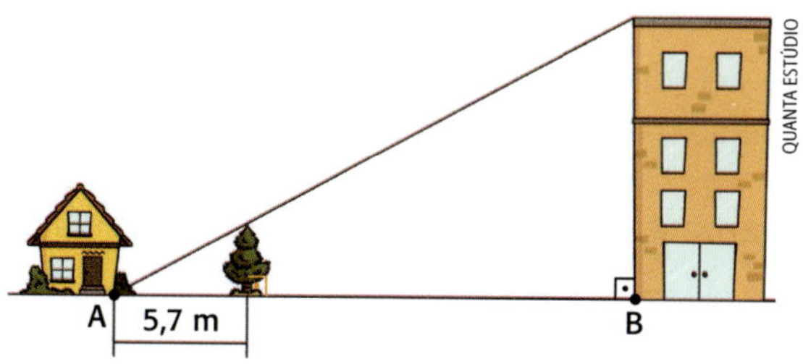

Sabendo que o prédio tem 12 m de altura e a árvore entre a casa e o prédio tem 3 m de altura, determine a distância entre a casa de Felipe (ponto A) e o prédio de Rafael (ponto B).

4. A medida da altura de um triângulo KLM é igual ao dobro da medida da base, e a área desse triângulo é igual a 36 cm². Determine as medidas da altura e da base do triângulo RST semelhante a KLM e que tem área igual a 324 cm².

5. Sabe-se que a razão entre as medidas dos lados de um retângulo é igual a $\frac{2}{7}$, e seu perímetro é igual a 144 cm. De acordo com essas informações, responda: Quais são as medidas dos lados desse retângulo?

6. Felipe deseja cortar um pedaço de papel com formato retangular, de modo a obter dois pedaços de mesmo tamanho, conforme representado na figura a seguir.

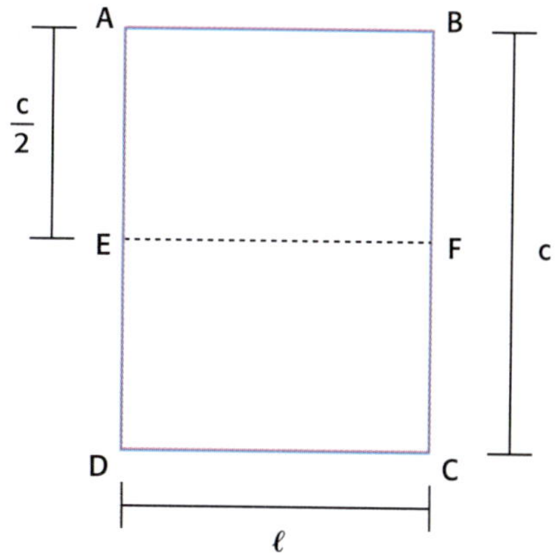

Seja o lado $\overline{EF}$ paralelo ao lado $\overline{CD}$ e ponto médio E do lado $\overline{AD}$, determine a razão entre as medidas de comprimento e de largura do retângulo ABCD, de modo que ele seja semelhante ao retângulo EFBA.

7. Um muro foi construído de modo que a razão entre a medida de seu comprimento e de sua altura é igual a 6. Sabendo que a área ocupada pela face frontal desse muro é de 37,5 m², determine a medida de comprimento e altura desse muro.

8. Observe a figura representada a seguir.

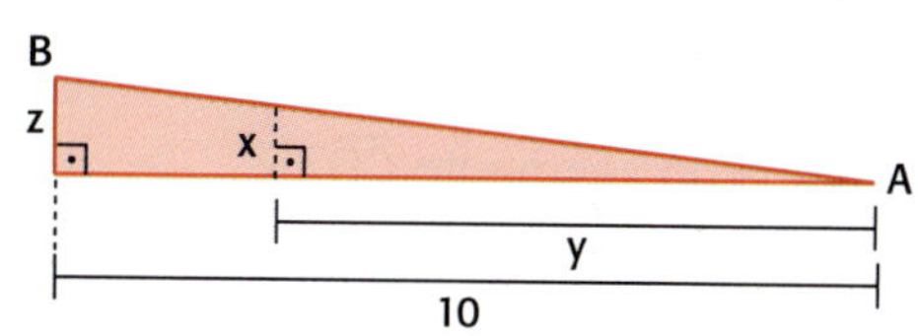

Sabendo que a razão entre **y** e **x** é igual a 20, determine o valor de **z**.

9. Tatiana efetuou o seguinte procedimento para determinar a distância que a separa de um poste: segurou um lápis de 20 cm de comprimento na posição vertical e andou até que a imagem do poste ficasse encoberta pelo lápis, como mostra a figura a seguir.

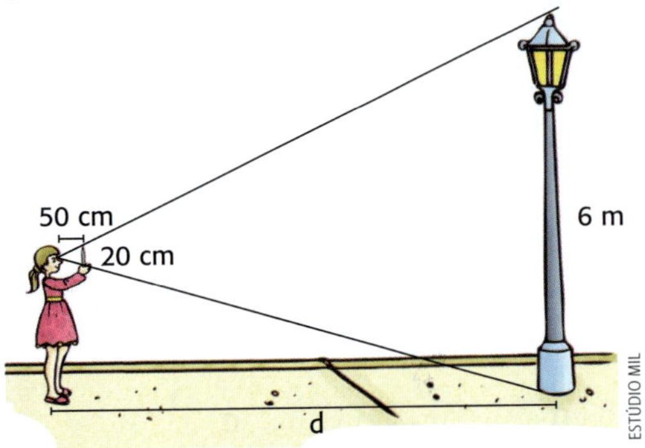

Elementos sem proporção entre si.

De acordo com essas informações e as medidas indicadas na figura, responda: Qual é a distância, em metros, entre Tatiana e o poste?

10. (Fuvest) Na figura, o triângulo ABC é retângulo em A, ADEF é um quadrado, AB = 2 e AC = 3. Quanto mede o lado do quadrado?

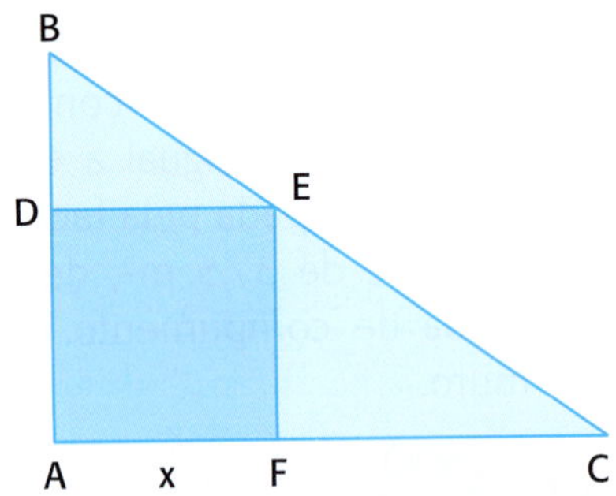

11. Observe o triângulo ABC representado a seguir.

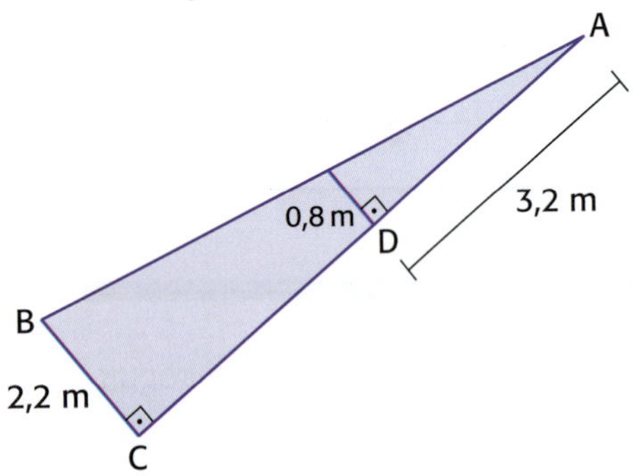

Qual é a medida do segmento $\overline{CD}$?

a) 1,16 m
b) 3,0 m
c) 5,4 m
d) 5,6 m
e) 7,04 m

12. Em certo momento do dia, a sombra de uma árvore e a de um garoto de 1,20 m de altura têm suas extremidades coincidentes. Sabe-se que a sombra do garoto mede 1 m e que ele está distante 2 m da árvore, conforme o esquema a seguir.

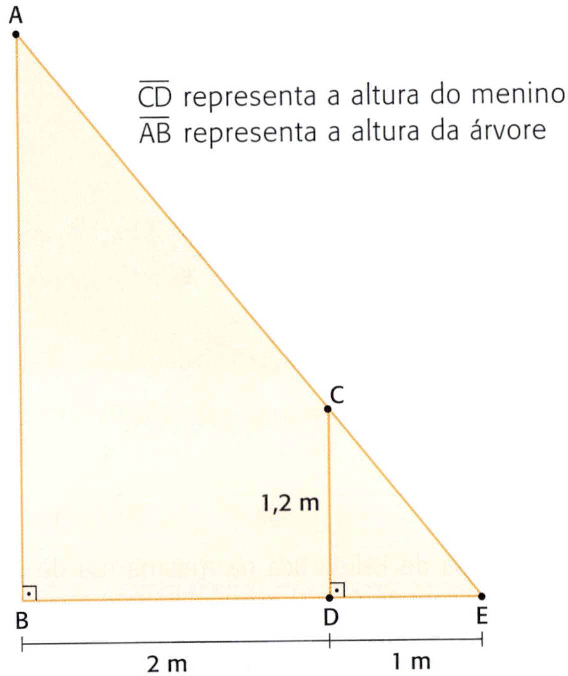

De acordo com essas informações, responda: Quanto mede, em metros, a altura da árvore?

13. A razão entre os perímetros de dois triângulos semelhantes é igual a $\frac{3}{7}$. Sendo assim, qual é a razão entre as áreas desses triângulos?

14. (Obmep) Na figura, AEFD é um retângulo, ABCD é um quadrado cujo lado mede 1 cm e os segmentos BF e DE são perpendiculares. Qual é a medida, em centímetros, do segmento AE?

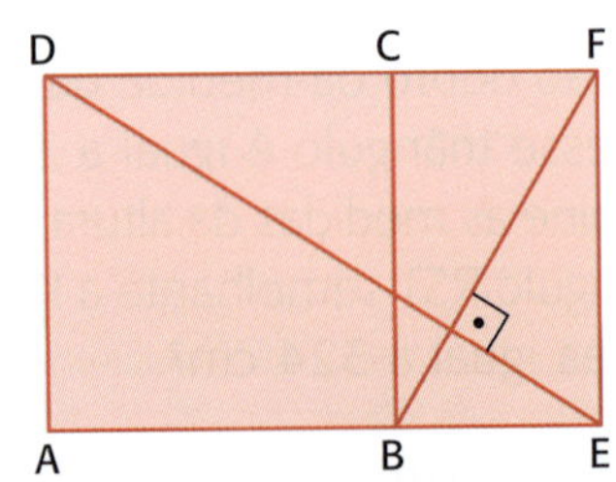

a) $\sqrt{2}$
b) $\frac{\sqrt{3}}{2}$
c) 2
d) $\frac{8}{5}$
e) $\frac{1 + \sqrt{5}}{2}$

teia integrada

15. Leia o texto a seguir.

A pirâmide de Quéops, também conhecida como a grande pirâmide de Gizé, é uma das três pirâmides de Gizé, construídas na margem oeste do rio Nilo, no Egito. Quéops é a mais alta e antiga do complexo, construída por volta de 2 540 a.C.

SHUTTERSTOCK

As pirâmides de Gizé: Quéfren, Quéops e Miquerinos.

Fonte de pesquisa: Craig Freuderinch. *A grande pirâmide de Quéops*. Disponível em: <http://ciencia.hsw.uol.com.br/piramide2.htm>. Acesso em: 9 abr. 2015.

Acredita-se que Tales de Mileto calculou a medida da altura de uma pirâmide colocando uma estaca vertical no extremo da sombra projetada pela pirâmide. A partir do impacto dos raios solares, obteve dois triângulos formados pela sombra da estaca, da pirâmide e suas respectivas alturas.

Fonte de pesquisa: Francisco César P. Milies e José Hugo de O. Bussab. *A Geometria na Antiguidade Clássica*. São Paulo, FTD, 1999.

Esse procedimento pode ser representado pela figura a seguir.

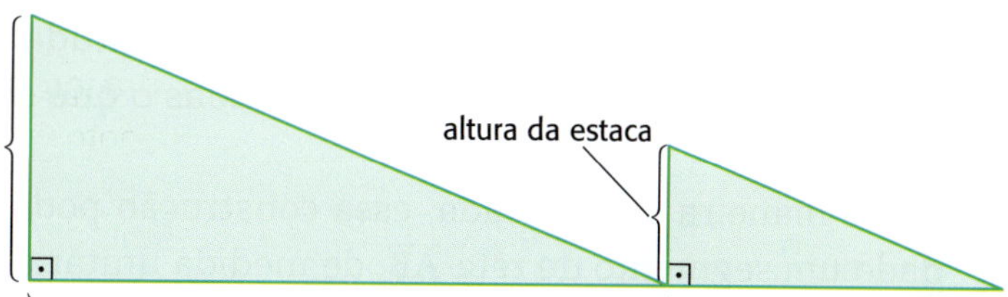

a) Suponha que a estaca medisse 1 m de altura e que a sombra projetada fosse de 1,20 m. Além disso, suponha que a sombra projetada pela pirâmide fosse de 102,5 m. Sabendo que a base da pirâmide tem a forma de um quadrado cujo lado mede 230 m de lado, qual seria, nessas condições, a altura da pirâmide?

b) Com um colega, pesquise sobre as pirâmides do Egito. Descubra as principais funções desses monumentos construídos na antiguidade. Compartilhe suas descobertas com os colegas e o professor.

Encerrando a unidade

Ao longo desta unidade você estudou razão e proporção entre segmentos, o teorema de Tales e propriedades e semelhança de polígonos. Com base no que você estudou nesta unidade, responda às questões a seguir.

a) Dos problemas propostos nesta unidade que foram resolvidos por meio de semelhança de triângulos, quais você considerou mais interessantes?

b) Você teve dificuldade em compreender algum conteúdo estudado nesta unidade? Qual?

c) Que conteúdo estudado nesta unidade você usou para resolver o Enigma?

d) Qual é a escala da planta desenhada com *software* mostrada na abertura desta unidade?

A razão áurea e o reconhecimento facial

Na Grécia Antiga, alguns matemáticos estudaram como dividir um segmento de reta em "média e extrema razão". Mas o que significa essa construção? Como fazê-la?

De maneira simplificada, essa construção pode ser definida do seguinte modo: dado um segmento de reta $\overline{AB}$, de medida unitária, obter o ponto C que divide esse segmento de modo que seja válida a proporção:

$$\frac{AB}{AC} = \frac{AC}{CB}$$

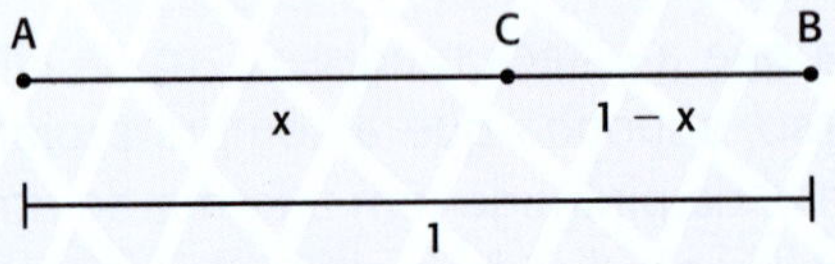

Essa relação indica que a razão entre as medidas 1 e **x**, nessa ordem, é igual à razão entre as medidas **x** e 1 – x, nessa ordem. Desse modo, temos:

$$\frac{1}{x} = \frac{x}{1 - x}$$

O número positivo **x** que satisfaz essa igualdade é um número irracional aproximadamente igual a 0,618; e a razão $\frac{1}{x}$ é também um número irracional, aproximadamente igual a 1,618. Essa razão recebe o nome de **razão áurea**, geralmente representada pela letra do alfabeto grego Φ (fi).

Atualmente, na área de tecnologia da informação, há estudos sobre a chamada "Visão Computacional", que têm por objetivo desenvolver técnicas que permitam a um programa de computador identificar rostos humanos usando a razão áurea.

Nestas imagens digitais, foram representados segmentos de reta sobre certas regiões da face de uma pessoa:

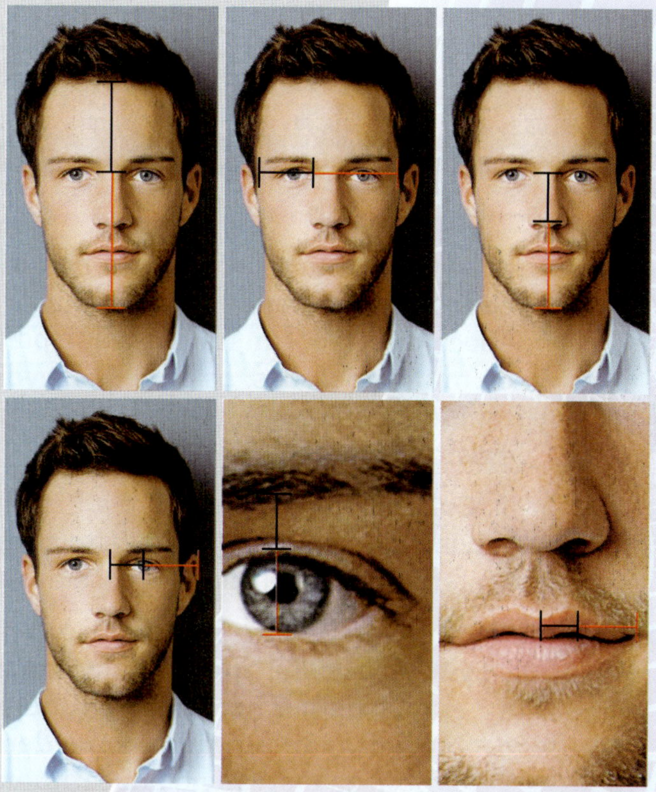

FOTOGRAFIAS: SHUTTERSTOCK

Em cada imagem, a razão entre a medida do segmento maior e a do segmento indicado em vermelho é aproximadamente igual à razão áurea.

Segundo pesquisadores, estudos sobre o uso da razão áurea no desenvolvimento de tecnologia para a detecção de faces humanas em imagens digitais ainda necessitam de mais investigações, porém já se tem conhecimento de algumas aplicações do reconhecimento facial: vigilância e segurança de empresas; análise de documentos de identificação e passaportes; controle de multidões; procura de suspeitos em cenas de crime; montagem ou reconstrução de fotografias, entre outras.

Fontes de pesquisa: Francisco César P. Milies; José Hugo de O. Bussab. *A Geometria na Antiguidade Clássica*. São Paulo: FTD, 1999; Junior Leal do Prado e Adilson Gonzaga. *Detecção de Faces Humanas através da Proporção Áurea*. Disponível em: <http://iris.sel.eesc.usp.br/wvc/Anais_WVC2012/pdf/97226.pdf>. Acesso em: 18 maio 2015.

Para explorar

1. Aplicando a propriedade fundamental das proporções à igualdade $\frac{1}{x} = \frac{x}{1 - x}$ é possível obter uma equação do 2º grau na incógnita **x**. Resolva essa equação no conjunto dos números reais e expresse a raiz positiva obtida com uma aproximação de três casas decimais.

2. Em sua opinião, a vigilância de locais públicos por meio de câmeras e o uso de programas de reconhecimento facial trazem benefícios às pessoas? Converse com os colegas, levantando pontos positivos ou negativos sobre essa questão.

3. Pesquise sobre aplicações da razão áurea e compartilhe as informações obtidas com os colegas e o professor.

UNIDADE 4

Relações métricas no triângulo retângulo e na circunferência

A moda está relacionada à história e à cultura dos povos, apresentando características distintas em cada época e região. Um item que faz parte do vestuário de muitas pessoas, os calçados, evoluiu ao longo do tempo até chegar à imensa diversidade de modelos existentes hoje.

Conheça um pouco sobre a história de um dos modelos de calçados, o de salto alto, e saiba como a Matemática se relaciona a esse assunto.

O registro mais antigo do uso de salto alto é do Egito Antigo, há aproximadamente 4 500 anos, onde era usado por homens e mulheres das classes sociais mais elevadas como demonstração de riqueza e prestígio em cerimônias e ocasiões especiais.

Na Era Moderna, a tendência de salto alto iniciou-se no século XV em Veneza, na Itália, com o uso de sandálias cuja plataforma variava entre 15 cm e 42 cm de altura.

Detalhe de sandálias em esculturas do Egito Antigo.

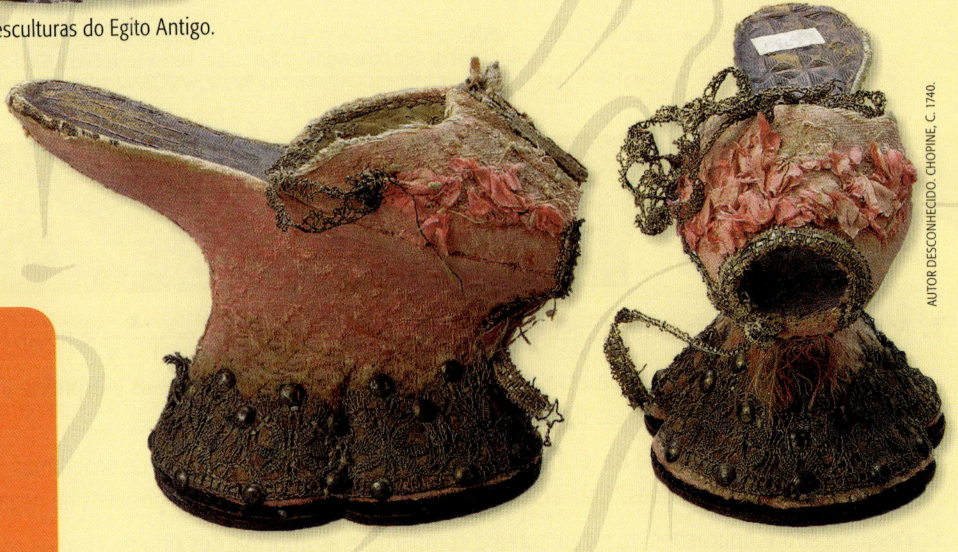

Chopine do século XVI.

Nesta unidade você vai saber mais sobre...

- Triângulo retângulo
- Teorema de Pitágoras
- Circunferência

BELLE ALEXIS SIMON. RETRATO DE LUÍS XV DA FRANÇA, 1723.

SHUTTERSTOCK

No século XVIII, o salto alto tornou-se popular graças ao rei Luís XV, da França, que o utilizava com frequência.

O rei Luís XV governou a França de 1723 a 1774. Existe um tipo de salto denominado Luís XV, usado até hoje, que é largo na extremidade e mais fino no centro.

Belle Alexis Simon. Retrato de Luís XV, da França, 1723. Palácio de Versailles (França).

Como escolher o salto alto?

Ao usar salto alto, boa parte do peso é distribuída sobre os dedos e uma pequena parte do pé, como mostram as imagens e o esquema a seguir, que apresentam as medidas de um pé de tamanho médio.

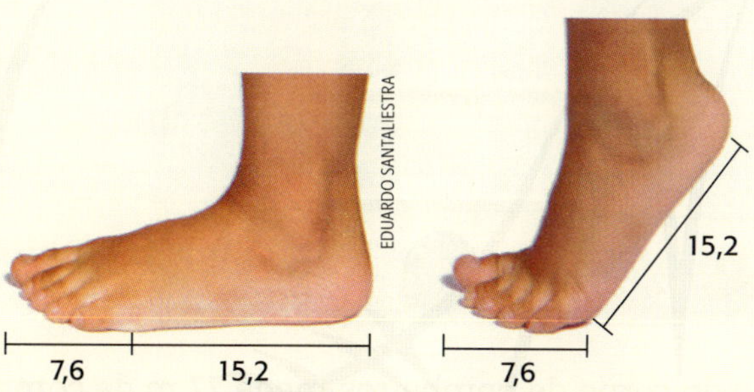

EDUARDO SANTALIESTRA

Considere que as medidas estão indicadas em centímetro.

Podemos representar as medidas envolvidas no uso do "salto alto nº 12", cuja altura mede 12 cm, em um triângulo.

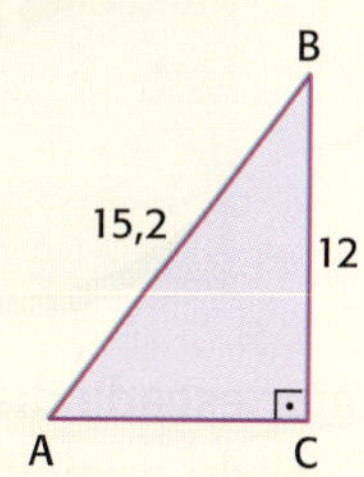

TROCANDO IDEIAS

1. Pesquise sobre riscos e benefícios do uso do salto alto.

2. Como é chamado um triângulo que tem um ângulo reto?

O enigma do resgate

Ricardo é responsável pelo corpo de bombeiros de sua cidade e acaba de receber um chamado para resgatar um gato travesso que ficou preso próximo à sacada de um apartamento no 9º andar de um prédio depois de um de seus passeios. Os moradores do edifício afirmam que não conseguem realizar o contato com os donos do apartamento, já que na última noite eles saíram às pressas para uma viagem não programada.

Com o intuito de avaliar as condições do salvamento, a equipe de Ricardo dirigiu-se rapidamente ao local. Devido às particularidades da rua que dá vista para a sacada, a base da escada sobre o veículo do corpo de bombeiros deve ficar a 7 metros de distância da parede. Após conversar com o zelador do edifício, a equipe foi informada de que cada um dos andares do prédio (incluindo o andar térreo) mede 2,9 m de altura.

ESTÚDIO LAB 307

A maior escada disponível no veículo do corpo de bombeiros mede 27 m de comprimento, sendo apoiada no caminhão a 2,1 m do solo. Para não perder tempo, Ricardo precisa decidir se essa escada poderá ser utilizada ou se será necessário solicitar o auxílio do corpo de bombeiros de uma cidade vizinha, que dispõe de uma escada maior, para atingir a altura da sacada em que está o gato.

- Para realizar o resgate, Ricardo poderá utilizar a escada de que dispõe ou deverá solicitar um veículo portando uma escada maior?

No decorrer da unidade você encontrará pistas que podem auxiliá-lo a desvendar este enigma.

1 Relações métricas no triângulo retângulo

O teorema de Pitágoras

Em um triângulo retângulo, a hipotenusa é o lado oposto ao ângulo reto, e os catetos são os lados que formam o ângulo reto.

No triângulo ABC representado abaixo, temos:

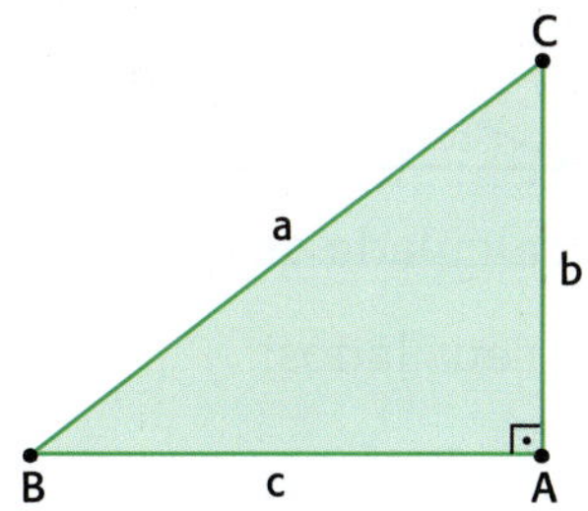

$\overline{BC}$ é a **hipotenusa** de medida **a**.

$\overline{AB}$ e $\overline{AC}$ são os **catetos** de medidas **c** e **b**, respectivamente.

A relação entre as medidas dos lados de um triângulo retângulo é descrita pelo teorema de Pitágoras:

> Em todo triângulo retângulo, a soma dos quadrados das medidas dos catetos é igual ao quadrado da medida da hipotenusa.

Observe o triângulo retângulo a seguir (cujos catetos medem 3 unidades e 4 unidades e a hipotenusa, 5 unidades) e a área dos quadrados formados a partir das medidas dos lados desse triângulo.

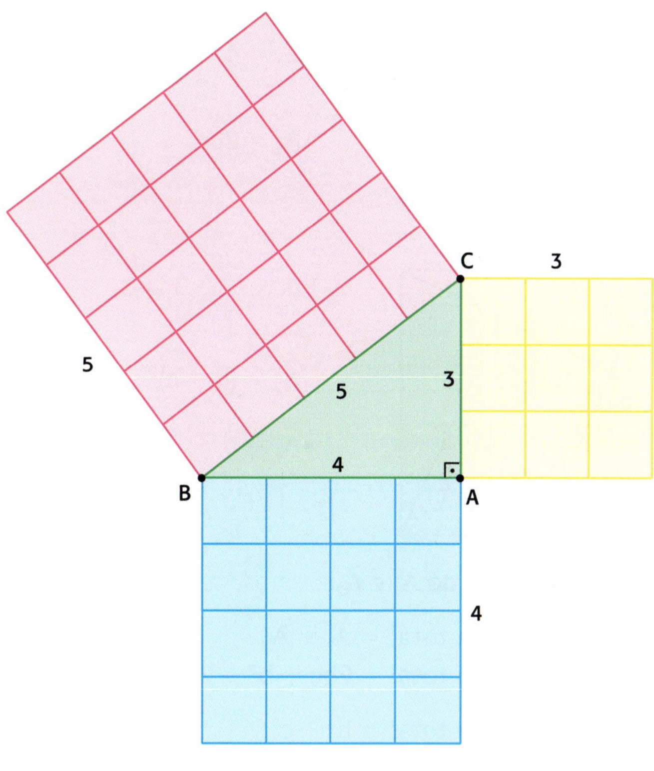

Note que:

$5^2 = 3^2 + 4^2$

$25 = 9 + 16$

Vamos provar que a relação observada para esse caso particular é sempre válida.

Considere o quadrado maior na figura abaixo, formado por 4 triângulos retângulos congruentes com lados de medidas **a**, **b** e **c**, em que **a** é medida da hipotenusa, e um quadrado menor com lados de medida b − c.

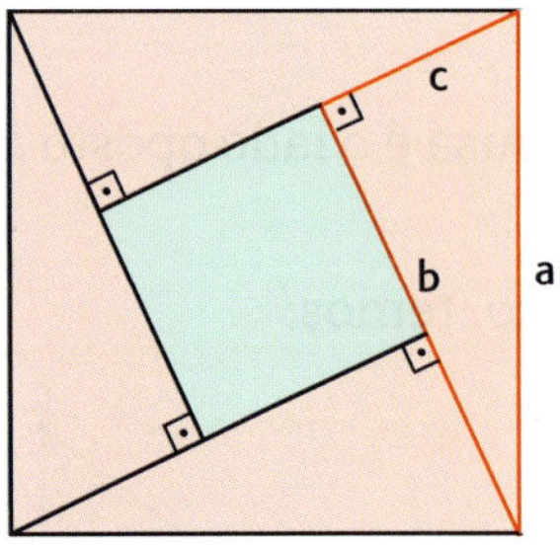

A área do quadrado maior pode ser calculada de dois modos diferentes:

I. Pela multiplicação das medidas de seus lados;

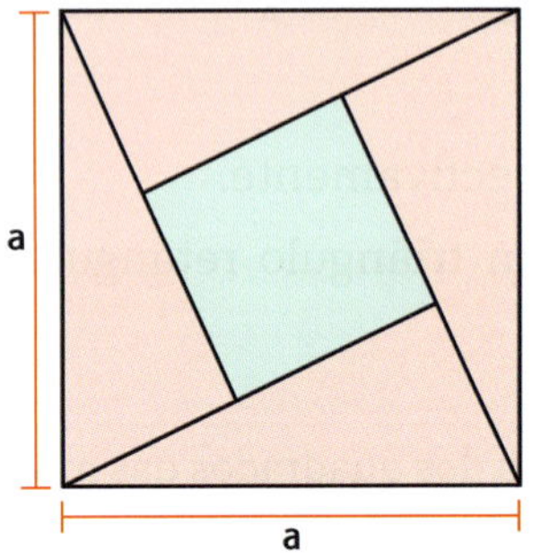

Área total $= a^2$

II. Pela adição das áreas dos 4 triângulos (A_1) com a área do quadrado menor (A_2).

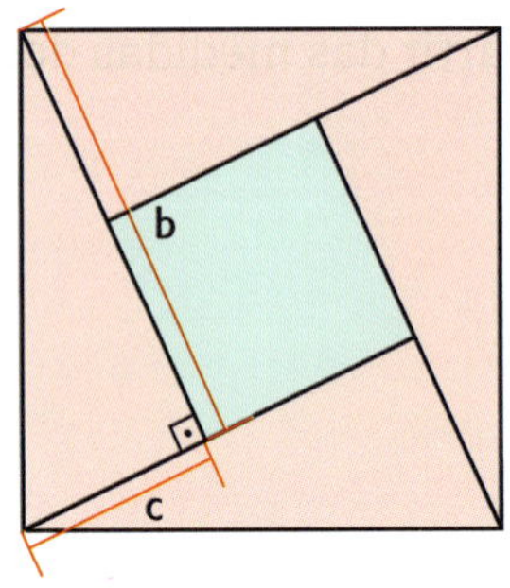

$$A_1 = 4 \cdot \left(\frac{b \cdot c}{2}\right)$$

$$A_1 = 2bc$$

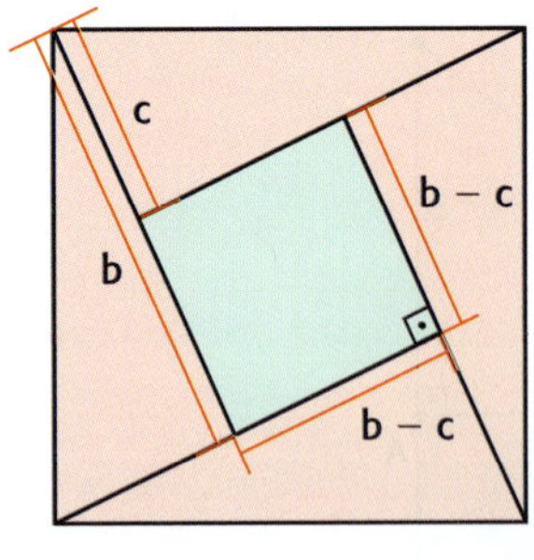

$$A_2 = (b - c)^2$$

$$A_2 = b^2 - 2bc + c^2$$

A área do quadrado maior é a soma de A_1 e A_2:

$$\text{Área total} = A_1 + A_2$$
$$\text{Área total} = 2bc + b^2 - 2bc + c^2$$

$$\text{Área total} = b^2 + c^2$$

Como a área desse quadrado pode ser representada por a^2 e $(b^2 + c^2)$, concluímos que:

$$a^2 = b^2 + c^2$$

É verdade também que: Se em um triângulo cujos lados medem **a**, **b** e **c** vale a relação $a^2 = b^2 + c^2$, então esse triângulo é retângulo com hipotenusa de medida **a**.

ATIVIDADES

1. Obtenha, em metro, o valor de **x** em cada caso a seguir.

a)

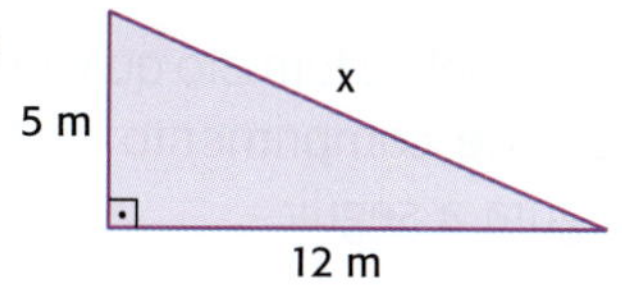

b)

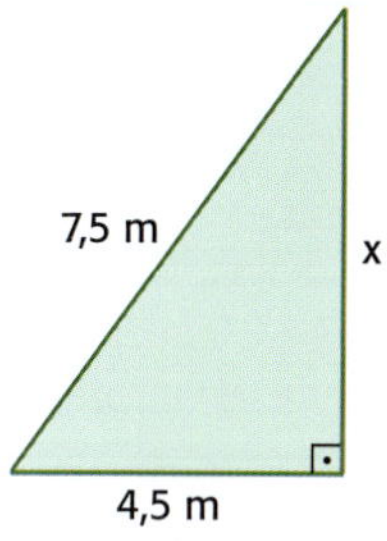

c)

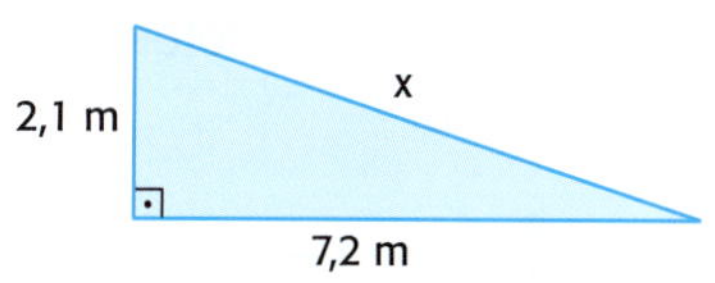

d)

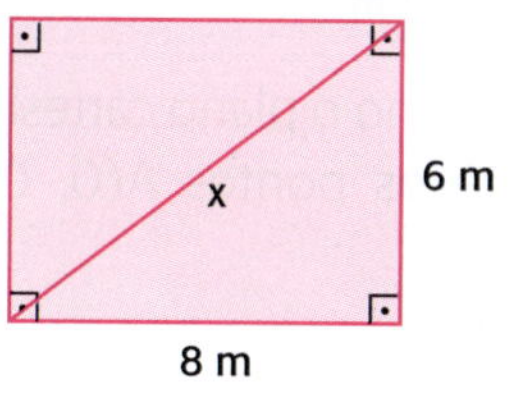

e)

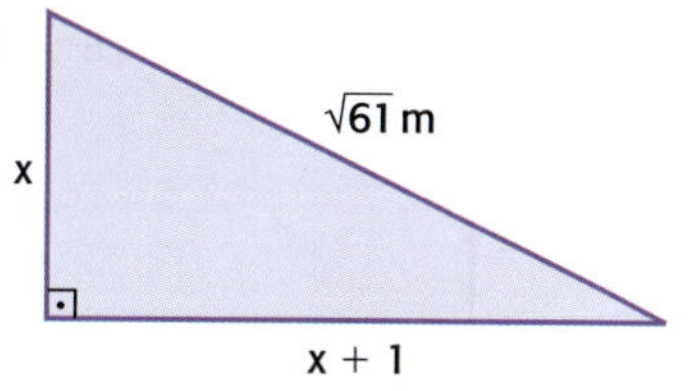

f)

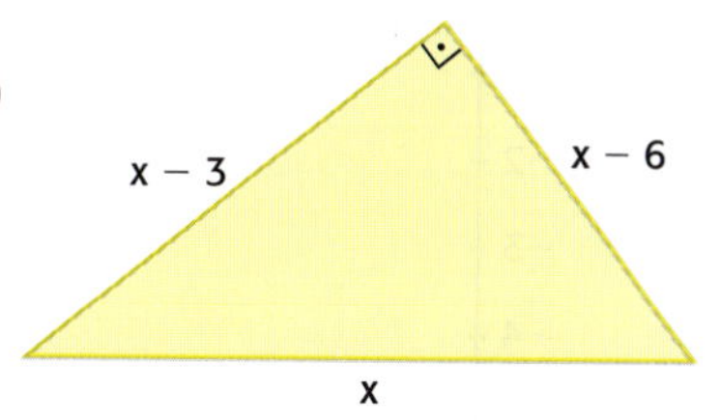

2. Calcule o perímetro do trapézio representado a seguir.

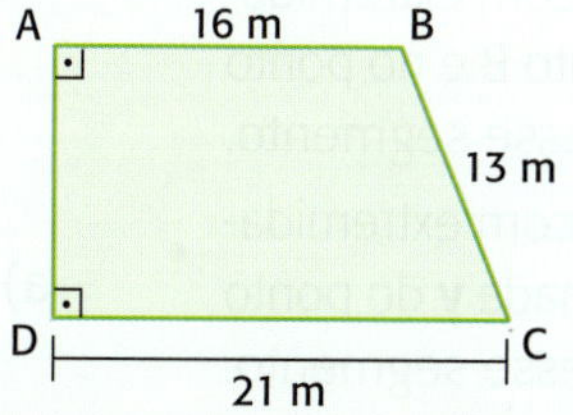

Resolução

Para calcular o perímetro do trapézio falta obter a medida da altura relativa à base $\overline{CD}$. Traçando uma altura relativa a essa base passando por B, obtemos o triângulo retângulo BHC, cujos catetos medem 5 m (pois $21 - 16 = 5$) e **x** (em metro), e a hipotenusa mede 13 m.

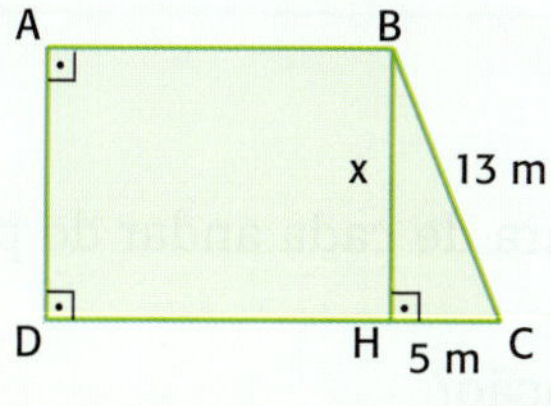

Aplicando o teorema de Pitágoras, temos:

$x^2 + 5^2 = 13^2$

$x^2 + 25 = 169$

$x^2 = 144$

$x = 12$

Portanto, o perímetro do trapézio é dado por $21\text{ m} + 16\text{ m} + 12\text{ m} + 13\text{ m} = 62\text{ m}$.

3. Calcule a medida **x** do cilindro oblíquo representado abaixo.

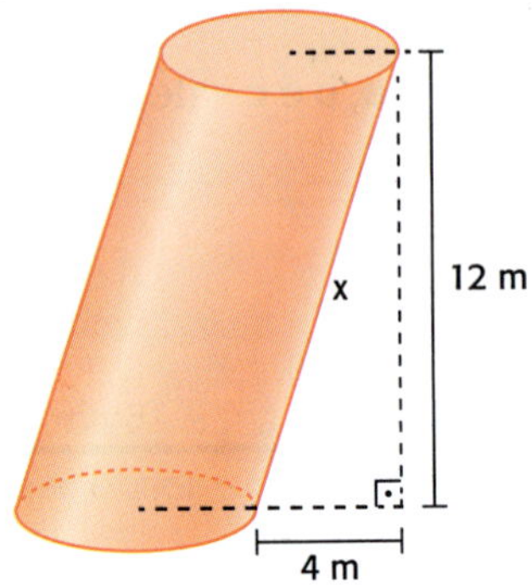

4. Reproduza em seu caderno o plano cartesiano a seguir e represente os pontos A(0, 0) e B(4, 4).

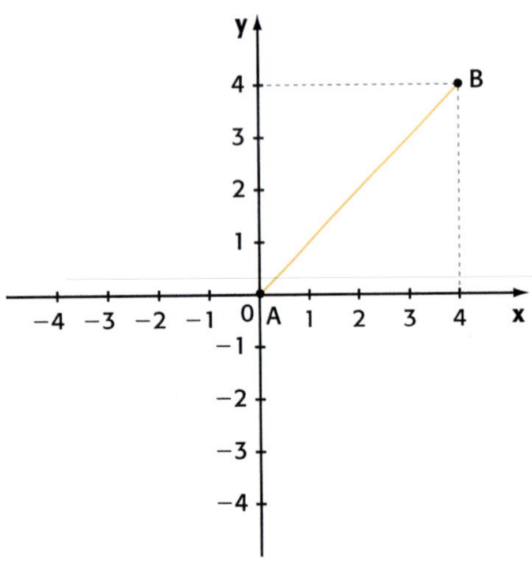

Siga os procedimentos abaixo para calcular a medida do segmento $\overline{AB}$.

a) Trace um segmento de reta com extremidades na coordenada **x** do ponto B e no ponto A e determine a medida desse segmento.

b) Trace um segmento de reta com extremidades no ponto B e na coordenada **y** do ponto B e determine a medida desse segmento.

c) Aplique o teorema de Pitágoras no triângulo retângulo formado e calcule a distância entre os pontos A e B.

5. A figura a seguir representa uma "tesoura", ou seja, uma estrutura que faz parte do telhado de uma casa. Sabendo que $\overline{BC}$ mede 1,6 m, determine a medida **x**.

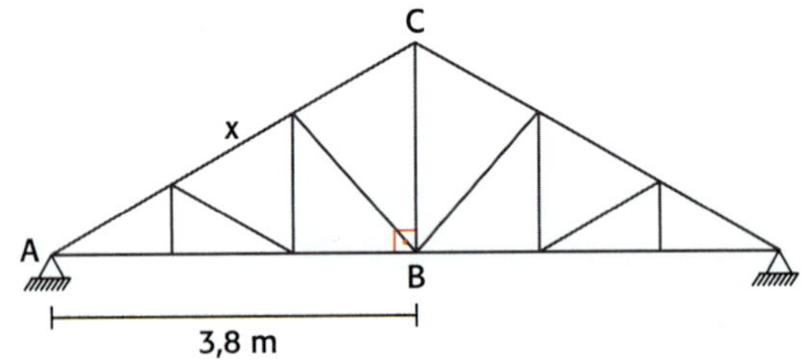

6. Um pedaço de papel de formato quadrado com lados de 3 cm de comprimento está representado na figura a seguir.

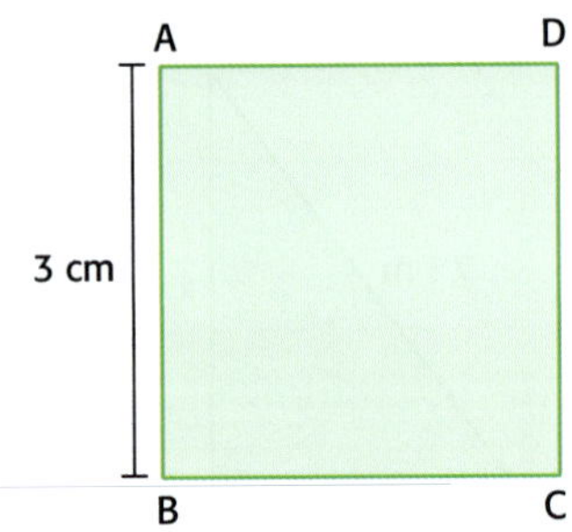

Em seguida, o papel é dobrado de modo que o vértice A fique sobre $\overline{BC}$, determinando um ponto P a 1 cm de B.

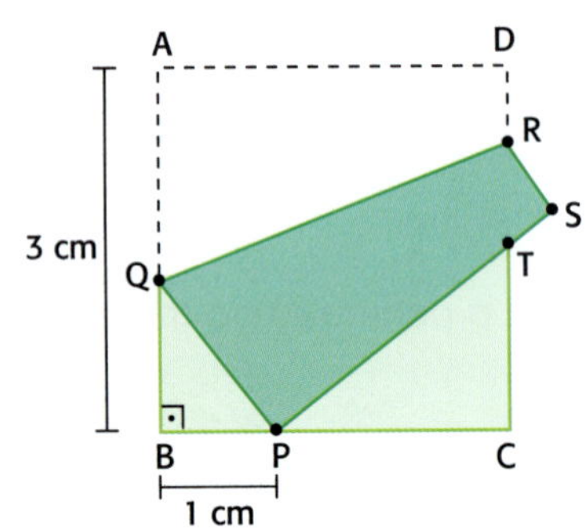

a) Seja **x** a medida, em centímetro, de $\overline{AQ}$, escreva uma expressão para a medida de $\overline{QB}$.

b) Qual é a medida de cada lado do triângulo QBP?

Pista 1

Leia novamente o enigma e obtenha a medida da altura de cada andar do prédio e o andar onde o gato se encontra.

- A que altura do solo encontra-se o animal de estimação?

Quebra-cabeça com o teorema de Pitágoras

Material

- Cartolina.
- Régua e esquadros.
- Tesoura e lápis coloridos.

Procedimentos

I. Desenhe na cartolina um triângulo retângulo com lados de medidas 9 cm, 12 cm e 15 cm.

II. Trace um quadrado sobre cada lado do triângulo retângulo, como mostra a figura abaixo, e pinte os quadrados com as cores indicadas.

III. Marque um ponto sobre um dos lados do quadrado verde, a uma distância qualquer de um dos vértices, por exemplo, 3 cm. Repita o procedimento para os outros lados desse quadrado, trace os segmentos de reta com extremidades nesses pontos, obtendo quatro quadriláteros, como mostra a figura a seguir.

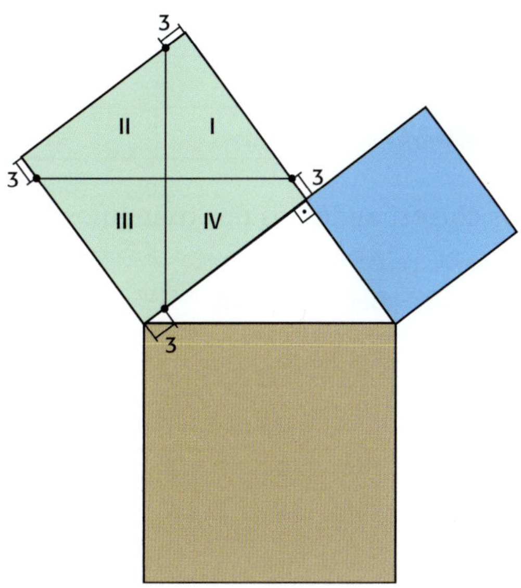

IV. Recorte os quatro quadriláteros obtidos no quadrado verde. Recorte também o quadrado azul.

- Descubra como reposicionar essas cinco peças sobre o quadrado marrom de modo a preenchê-lo sem sobras ou sobreposição.

EXPERIMENTE FAZER

Outras relações métricas no triângulo retângulo

Considere o triângulo retângulo ABC, retângulo em A, em que traçamos a altura relativa à hipotenusa.

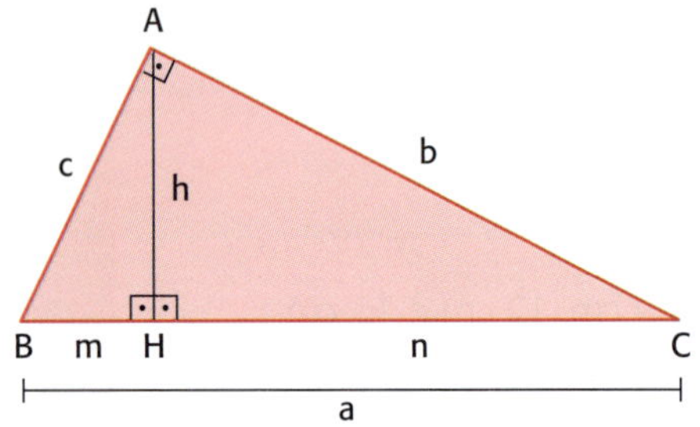

$\overline{AB}$ e $\overline{AC}$ são os catetos.
$\overline{BC}$ é a hipotenusa.
$\overline{AH}$ é a altura relativa à hipotenusa.
$\overline{BH}$ é a projeção do cateto $\overline{AB}$ sobre a hipotenusa.
$\overline{CH}$ é a projeção do cateto $\overline{AC}$ sobre a hipotenusa.

Seja α a medida do ângulo $A\hat{B}C$, então a medida do ângulo $A\hat{C}B$ é igual a $\beta = 90° - \alpha$.

O triângulo HBA tem o ângulo $A\hat{H}B$ reto, o ângulo $\hat{B}$ de medida α e, portanto, o ângulo $B\hat{A}H$ tem medida β.

O triângulo HAC tem o ângulo $A\hat{H}C$ reto, o ângulo $\hat{C}$ de medida β e, portanto, o ângulo $C\hat{A}H$ tem medida α.

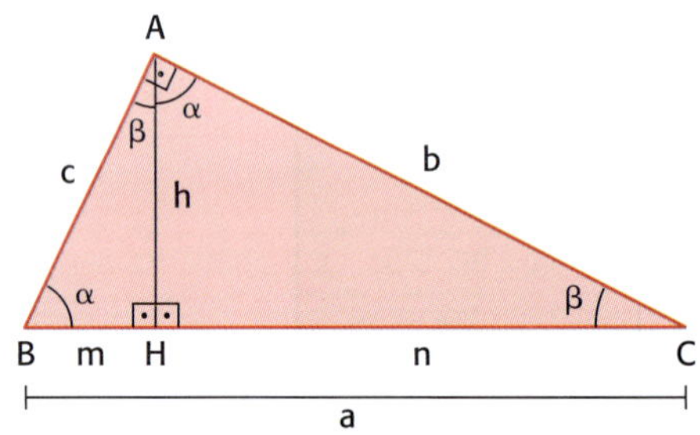

Cada um dos triângulos, ABC, HBA e HAC, tem um ângulo de medida α, um ângulo de medida β e um ângulo reto. Portanto, os três triângulos são semelhantes e a correspondência entre os lados está registrada no quadro abaixo.

	Triângulo ABC	Triângulo HBA	Triângulo HAC
Lado compreendido entre os ângulos de medidas α e β	$\overline{BC}$	$\overline{AB}$	$\overline{AC}$
Lado compreendido entre os ângulos de medidas α e 90°	$\overline{AB}$	$\overline{BH}$	$\overline{AH}$
Lado compreendido entre os ângulos de medidas β e 90°	$\overline{AC}$	$\overline{AH}$	$\overline{CH}$

Comparando as medidas dos lados correspondentes dos triângulos ABC e HBA, temos:

$$\frac{BC}{AB} = \frac{AB}{BH} \Rightarrow \frac{a}{c} = \frac{c}{m}$$

$$c^2 = a \cdot m$$

Comparando as medidas dos lados correspondentes dos triângulos ABC e HAC, temos:

$$\frac{BC}{AC} = \frac{AC}{CH} \Rightarrow \frac{a}{b} = \frac{b}{n}$$

$$b^2 = a \cdot n$$

Em todo triângulo retângulo, o quadrado da medida de um cateto é igual ao produto da medida da hipotenusa pela medida da projeção desse cateto sobre a hipotenusa.

Comparando as medidas dos lados correspondentes dos triângulos ABC e HBA, temos:

$$\frac{BC}{AB} = \frac{AC}{AH} \Rightarrow \frac{a}{c} = \frac{b}{h}$$

$$b \cdot c = a \cdot h$$

Em todo triângulo retângulo, o produto das medidas dos catetos é igual ao produto da medida da hipotenusa pela medida da altura relativa à hipotenusa.

Comparando as medidas dos lados correspondentes dos triângulos HBA e HAC, temos:

$$\frac{BH}{AH} = \frac{AH}{CH} \Rightarrow \frac{m}{h} = \frac{h}{n}$$

$$h^2 = m \cdot n$$

Em todo triângulo retângulo, o quadrado da medida da altura relativa à hipotenusa é igual ao produto das medidas das projeções dos catetos sobre a hipotenusa.

ATIVIDADES

7. Determine **x**, **z** e **w** na figura representada abaixo.

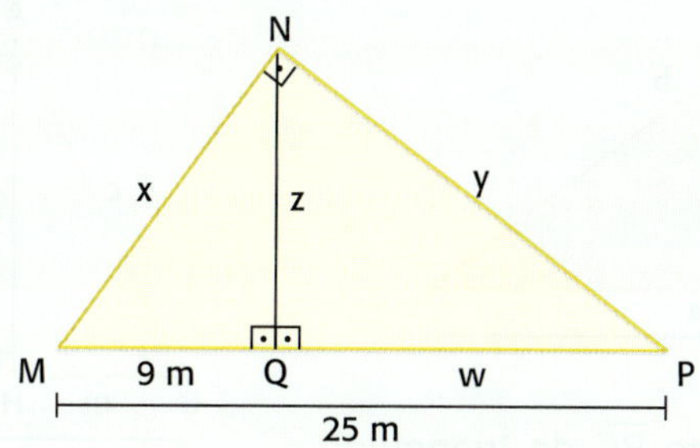

Resolução

O segmento de medida 25 m é a hipotenusa do triângulo retângulo MNP, e o segmento de medida 9 m é a projeção do cateto $\overline{MN}$ sobre a hipotenusa. Com isso, temos:

$$x^2 = 25 \cdot 9$$
$$x^2 = 225$$
$$x = 15$$

Portanto, x = 15 m.

Como w + 9 m = 25 m, concluímos que w = 16 m.

Sabendo que **z** é a medida da altura relativa à hipotenusa $\overline{MP}$ do triângulo MNP, temos o seguinte:

$$z^2 = 9 \cdot 16$$
$$z^2 = 144$$
$$z = 12$$

Portanto, z = 12 m.

- Calcule a medida do cateto $\overline{NP}$ aplicando o teorema de Pitágoras e utilizando a relação que envolve as medidas dos catetos, da hipotenusa e da altura do triângulo MNP.

8. Obtenha as medidas indicadas por letras nas figuras a seguir.

a)

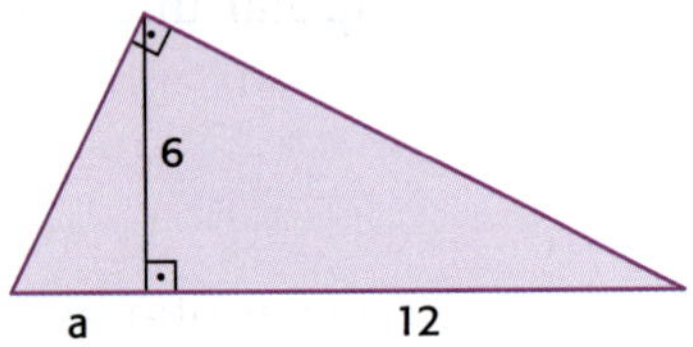

b)

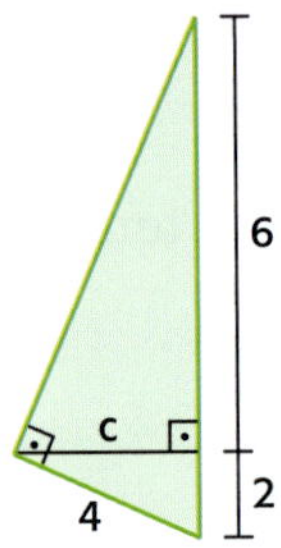

c)

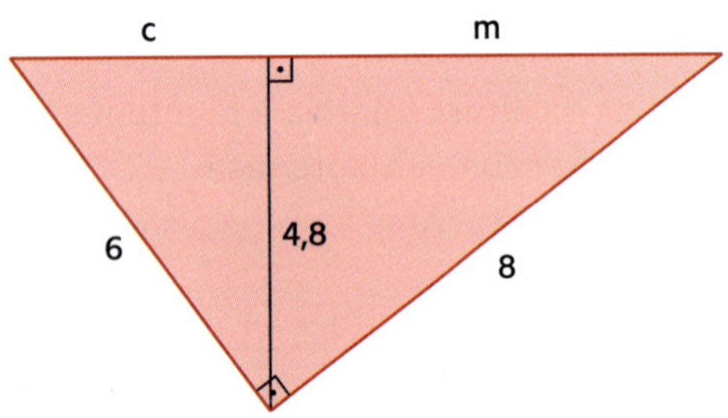

d)

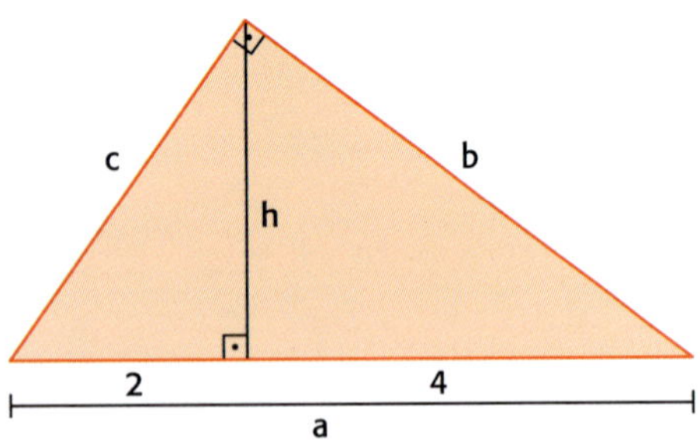

9. Calcule a medida do cateto $\overline{BC}$ do triângulo retângulo a seguir.

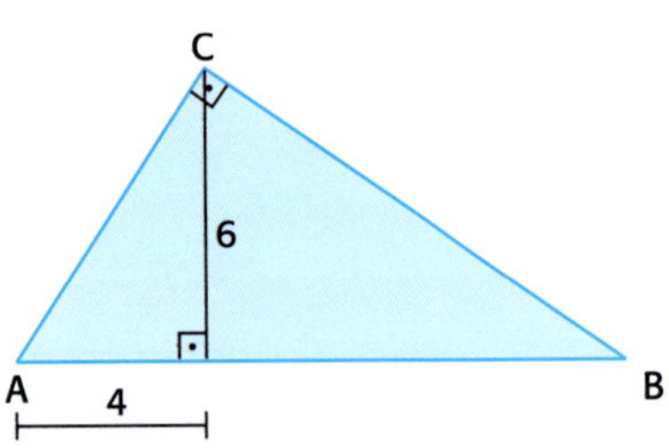

10. Calcule o valor de **x** em cada caso:

a)

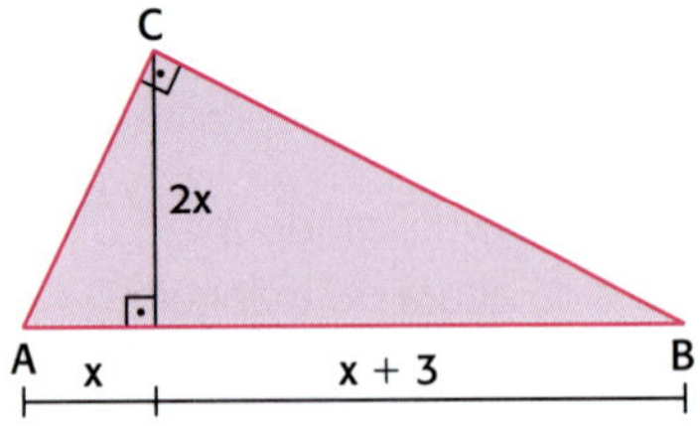

b)

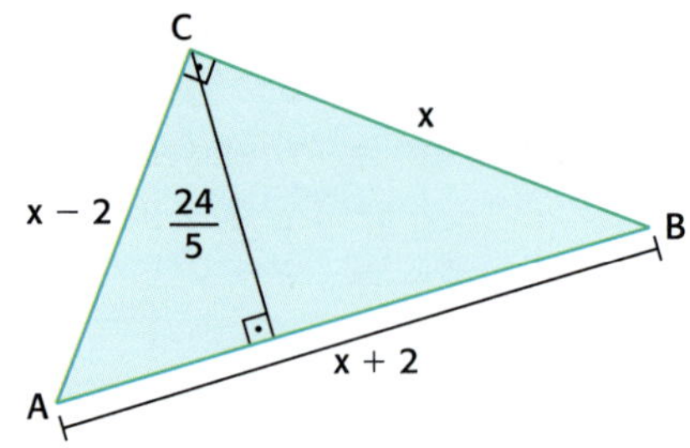

c)

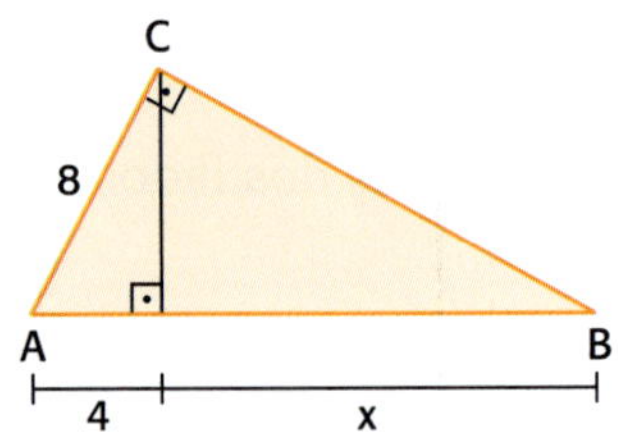

d)

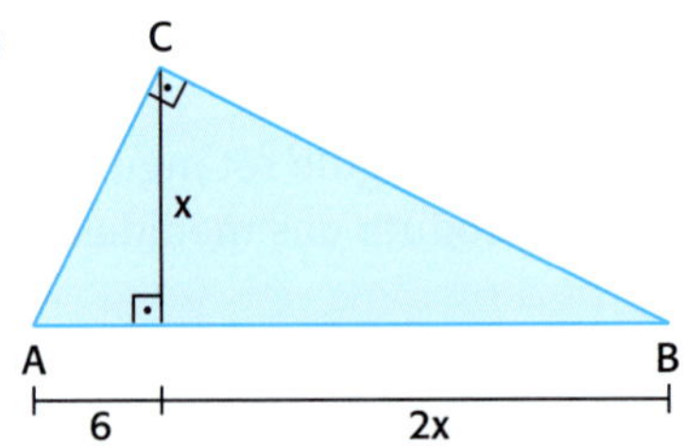

11. Observe o triângulo retângulo ABC a seguir.

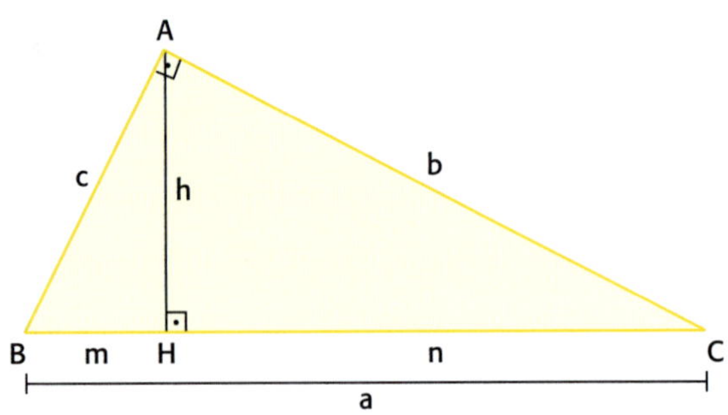

Considere as relações a seguir e faça o que se pede.

$$c^2 = a \cdot m \quad (I)$$
$$b^2 = a \cdot n \quad (II)$$

a) Adicione membro a membro as igualdades (I) e (II).

b) Considerando que $m + n = a$, obtenha o teorema de Pitágoras a partir do item anterior.

12. Em um triângulo retângulo, é possível que a altura relativa à hipotenusa tenha medida 8 cm e as projeções dos catetos sobre ela meçam 4 cm e 12 cm? Justifique.

Pista 2

Para efetuar o resgate, a equipe do corpo de bombeiros deverá apoiar uma escada no topo do caminhão, de modo a alcançar o gato que está preso no 9º andar do edifício.

- Em seu caderno, faça um esquema representando a situação como mostrado abaixo. Note que neste esquema estão desenhados o caminhão do corpo de bombeiros, a escada e a parede do prédio onde ocorrerá o resgate. Você deve anotar as medidas fornecidas e a que precisa descobrir.

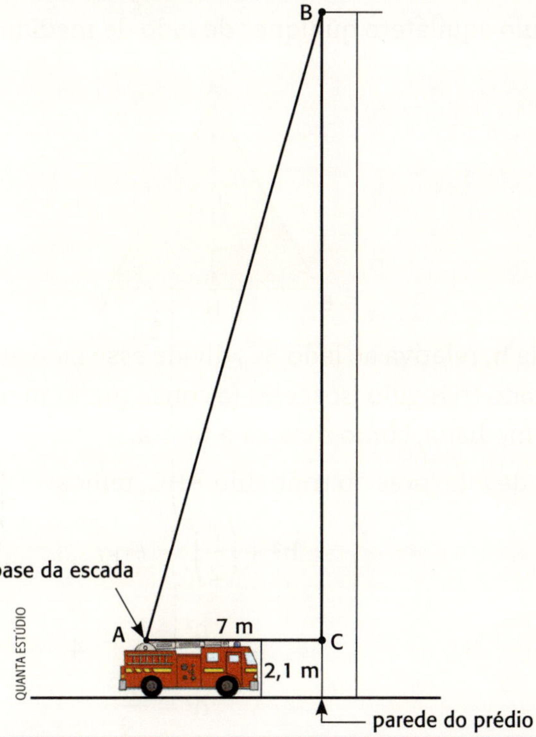

Aplicações das relações métricas no triângulo retângulo

Vamos aplicar o teorema de Pitágoras e as outras relações métricas no triângulo retângulo para obter alguns resultados em Geometria.

Medida da diagonal de um quadrado

Considere um quadrado qualquer de lado de medida ℓ.

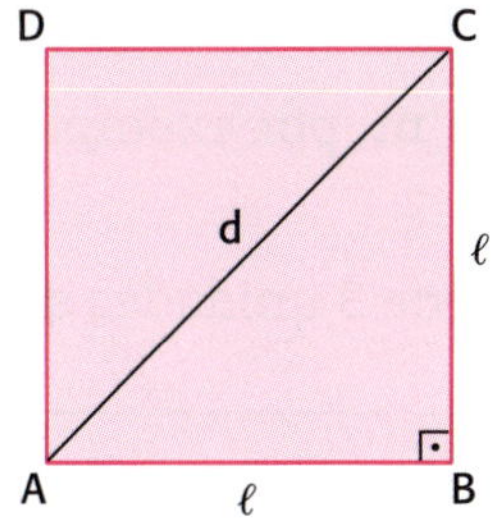

Observe que a diagonal $\overline{AC}$ corresponde à hipotenusa de um triângulo retângulo cujos catetos $\overline{AB}$ e $\overline{BC}$ medem ℓ. Aplicando o teorema de Pitágoras ao triângulo ABC, temos:

$$d^2 = \ell^2 + \ell^2$$
$$d^2 = 2\ell^2$$

Calculando a raiz quadrada de ambos os membros da igualdade, temos:

$$d = \sqrt{2\ell^2}$$

Portanto, a medida da diagonal de um quadrado de lado de medida ℓ é dada por:

$$d = \ell\sqrt{2}$$

Medida da altura de um triângulo equilátero

Considere um triângulo equilátero qualquer de lado de medida ℓ.

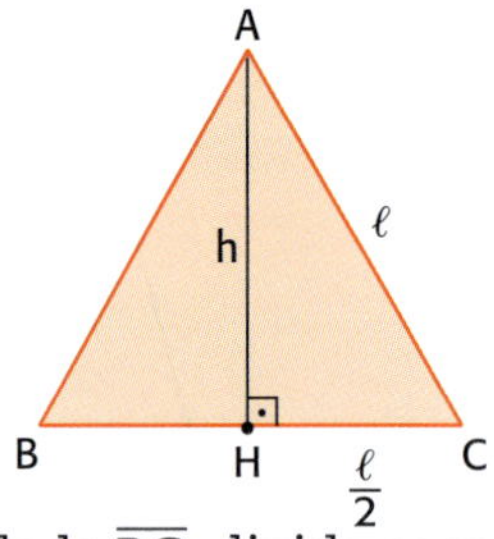

A altura $\overline{AH}$ de medida **h**, relativa ao lado $\overline{BC}$, divide esse lado em dois segmentos de mesma medida, $\overline{BH}$ e $\overline{CH}$, pois em todo triângulo isósceles (e consequentemente em todo triângulo equilátero) a altura coincide com a mediana, como mostra a figura.

Aplicando o teorema de Pitágoras ao triângulo AHC, temos:

$$h^2 + \left(\frac{\ell}{2}\right)^2 = \ell^2$$

$$h^2 = \ell^2 - \frac{\ell^2}{4}$$

$$h^2 = \frac{3\ell^2}{4}$$

$$h = \sqrt{\frac{3\ell^2}{4}}$$

Portanto, a medida da altura de um triângulo equilátero de lado de medida ℓ é dada por:

$$h = \frac{\ell\sqrt{3}}{2}$$

Construção geométrica da raiz quadrada de um número inteiro positivo

Considere um número inteiro positivo **m**, por exemplo, $m = 3$. Vamos construir um segmento de medida $\sqrt{3}$.

Construímos um segmento $\overline{AB}$ que mede 3 unidades de comprimento.

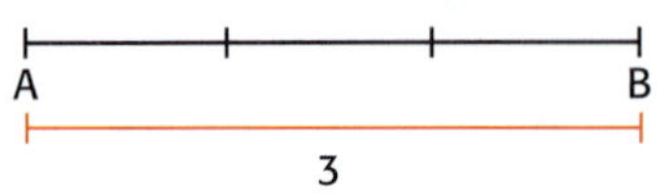

Marcamos um ponto C no prolongamento de $\overline{AB}$ de modo que a medida de $\overline{BC}$ seja unitária;

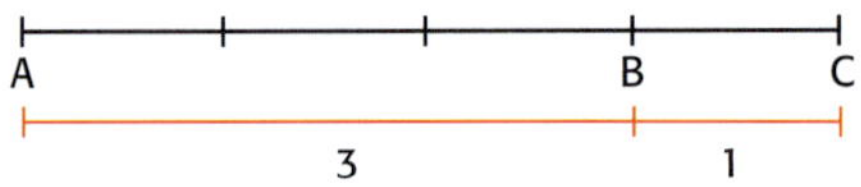

Com centro em O, ponto médio de $\overline{AC}$, traçamos uma semicircunferência passando por A e C.

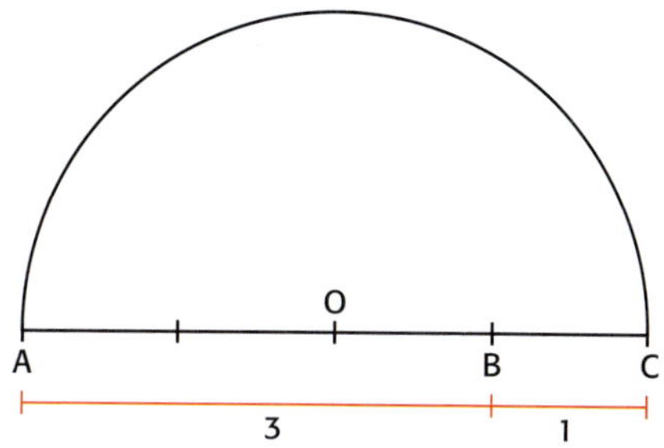

Traçamos um segmento perpendicular a $\overline{AC}$, com extremidade em B, obtendo o ponto D na semicircunferência.

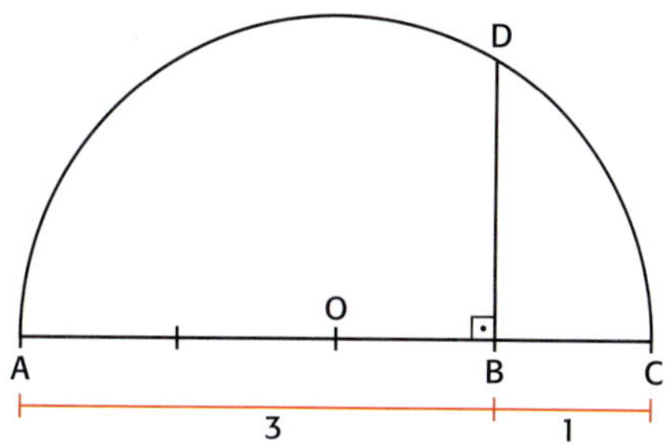

A medida do segmento $\overline{BD}$ é igual a $\sqrt{3}$.

Esse procedimento é válido para se obter um segmento de reta de medida igual à raiz quadrada de qualquer número inteiro positivo **m**. Veja:

O ângulo $\hat{D}$ cujo vértice é um ponto da semicircunferência e cujos lados passam pelas extremidades do diâmetro $\overline{AC}$ é um ângulo reto.

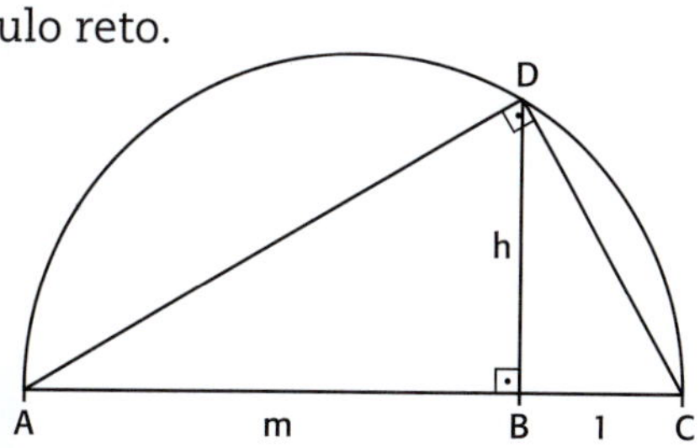

Como $\overline{AB}$ e $\overline{BC}$ correspondem, respectivamente, às projeções dos catetos $\overline{AD}$ e $\overline{DC}$ sobre a hipotenusa, e **h** é a medida da altura relativa à hipotenusa, temos:

$$h^2 = m \cdot 1$$

$$h = \sqrt{m}$$

Pista 3

Observe novamente o esquema que você desenhou na pista anterior e responda:

- Qual é a medida do desnível que a escada do corpo de bombeiros deverá vencer para atingir o gato?
- Aplicando o teorema de Pitágoras, determine a medida mínima da escada necessária para atingir o 9º andar do edifício.

Desvende o enigma

Ao fazer um esquema da situação, foi possível calcular a medida mínima da escada necessária para atingir o gato que está preso na sacada do 9º andar do edifício.

- Para realizar o resgate, Ricardo poderá utilizar a escada de que dispõe ou deverá solicitar um veículo portando uma escada maior?

teia do saber

1. Calcule a área do quadrado representado abaixo.

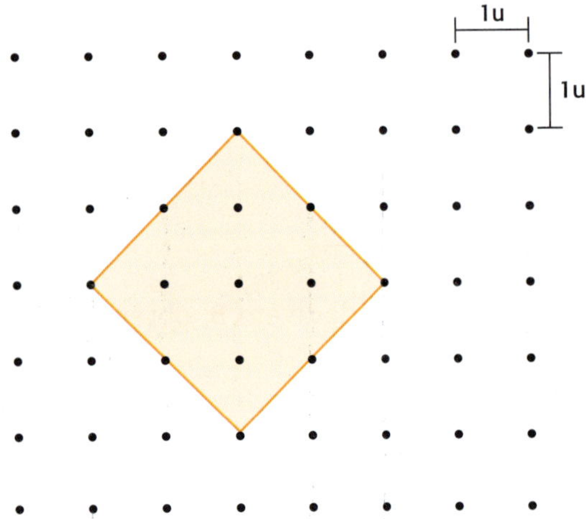

2. Observe duas decomposições diferentes para o quadrado de lado de medida (a + b). Em ambas existem 4 triângulos retângulos com catetos de medida **b** e **a**.

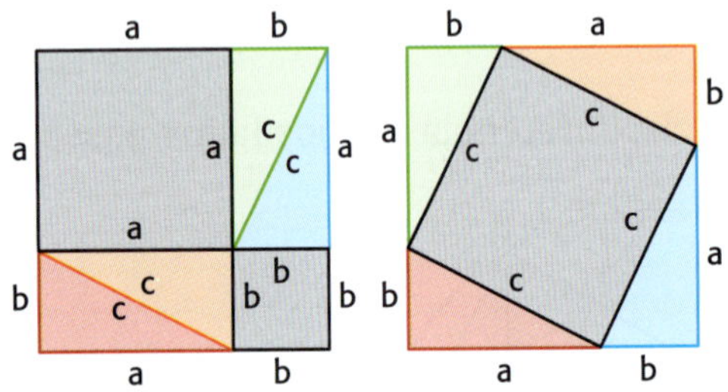

a) Escreva uma expressão algébrica para indicar a soma das áreas dos quadrados cinza da figura I.

b) Escreva uma expressão algébrica para indicar a área do quadrado cinza da figura II.

c) As expressões algébricas obtidas nos itens anteriores são equivalentes. Escreva essa igualdade.

d) Considerando que **a** e **b** são as medidas dos catetos do triângulo retângulo da figura, e que **c** é a medida de sua hipotenusa, o que a igualdade obtida no item anterior representa?

3. Duas pessoas partem de um mesmo ponto em um terreno plano, uma delas no sentido oeste, a uma velocidade de 4 km/h, enquanto a outra segue no sentido sul, a uma velocidade de 6 km/h. Qual é a distância entre elas depois de 30 minutos?

4. Na malha quadriculada a seguir, cada lado do quadrado mede 1 cm. Observe.

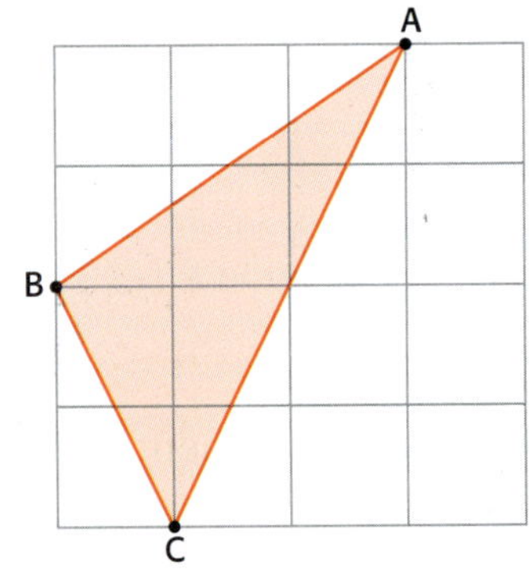

Agora, obtenha:

a) a medida de cada um dos lados do triângulo ABC.

b) a área desse triângulo.

5. Calculadora

Em uma tela de televisor formato *widescreen*, a razão entre as medidas da largura e da altura é 16 : 9. João tem uma estante cujo vão reservado para o televisor mede 80 cm de altura por 100 cm de largura. Ele quer saber se um televisor formato *widescreen* de 52″ caberá em sua estante. Considere que uma polegada equivale a aproximadamente 2,5 cm e verifique se o televisor caberá na estante de João.

THINKSTOCK/GETTY IMAGES

6. O hexágono regular mostrado na figura a seguir é formado por 6 triângulos equiláteros, cujos lados medem 5 unidades. Obtenha o valor de **m**.

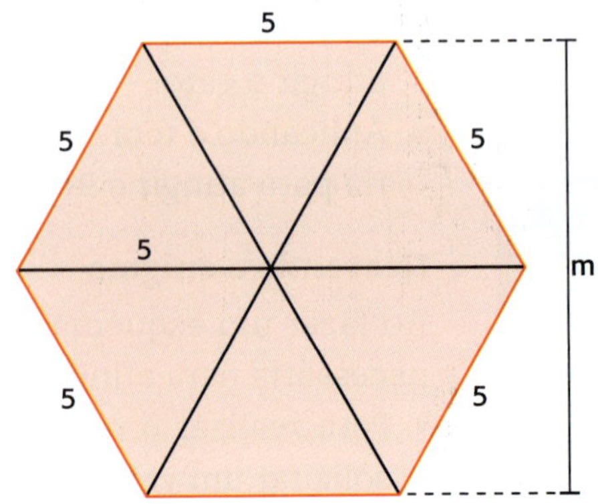

7. Érica fez um trabalho escolar em que tinha de aplicar os conhecimentos sobre relações métricas no triângulo retângulo para calcular quantos metros mede a largura de um rio. Para isso, ela ficou em uma das margens do rio e realizou algumas medidas de ângulo e de distância, como mostra o esquema a seguir.

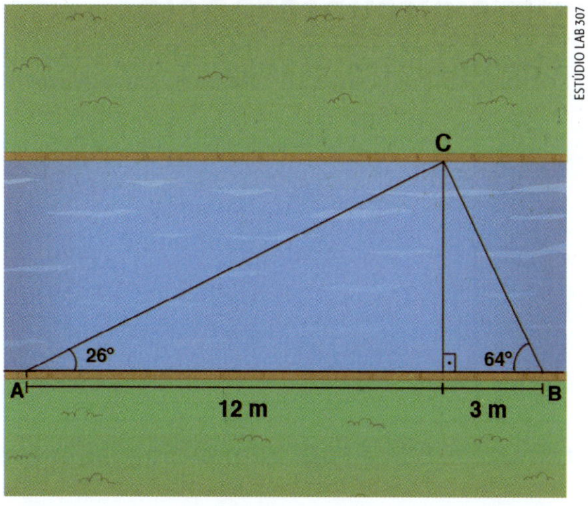

a) Qual é a medida do ângulo $\hat{C}$?

b) Quantos metros mede a largura do rio?

8. Obtenha o perímetro de:

a) Um triângulo equilátero cuja altura mede $2\sqrt{3}$ cm.

b) Um quadrado cuja diagonal mede $\frac{3\sqrt{2}}{2}$ cm.

9. (Enem)

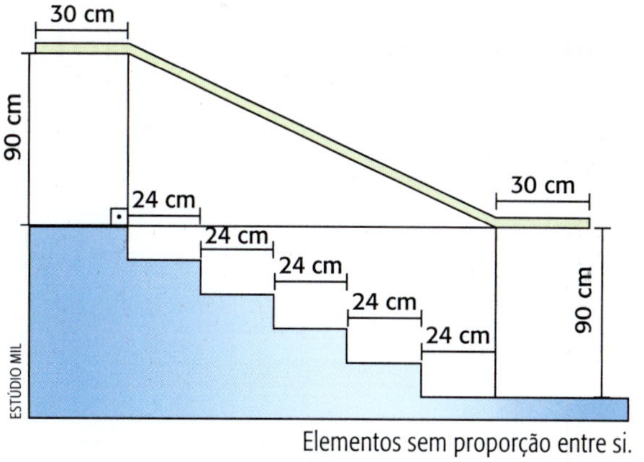

Elementos sem proporção entre si.

Na figura acima, que representa o projeto de uma escada com 5 degraus de mesma altura, o comprimento total do corrimão é igual a:

a) 1,8 m
b) 1,9 m
c) 2,0 m
d) 2,1 m
e) 2,2 m

teia integrada

10. Leia o texto a seguir.

Desde a descoberta da eletricidade até os dias de hoje, ainda não foi possível transmitir a energia elétrica pelo ar, ao menos não de forma economicamente viável. Desse modo, há a necessidade de encaminhar a energia gerada nas usinas, sejam elas térmicas, hidráulicas, termo-nucleares, eólicas, solares, etc., até os centros urbanos – onde, em sua maioria, a energia elétrica será consumida. É, portanto, a partir desse ponto que surge a necessidade de construção das redes de energia elétrica – do contrário, não haveria como a energia gerada chegar ao seu destino final.

Ao sair das usinas e seus geradores, a eletricidade é transportada através de cabos aéreos, ou seja, cabos visíveis por não estarem enterrados, sendo revestidos por camadas isolantes e fixados em grandes (e altas) torres de metal. Chamamos a todo esse conjunto de cabos e torres, portanto, de rede de transmissão de energia elétrica. [...]

Disponível em: <http://www.abradee.com.br/setor-eletrico/redes-de-energia-eletrica>. Acesso em: 20 maio 2015.

Duas torres cujas alturas medem 13 m e 37 m estão sobre um terreno plano e separadas horizontalmente por uma distância de 70 m. Observe o esquema ao lado.

Qual é a distância entre o topo dessas torres?

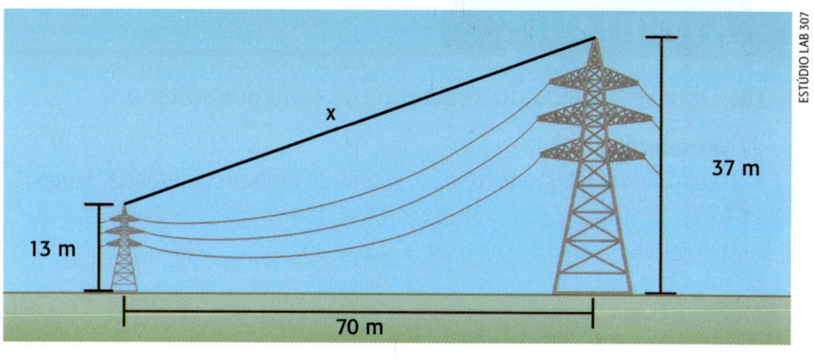

2 Relações métricas na circunferência

Vamos estudar algumas relações envolvendo a medida de segmentos secantes e tangentes à circunferência.

Relação entre duas cordas de uma circunferência

Considere uma circunferência qualquer e duas cordas $\overline{AB}$ e $\overline{CD}$ que se cruzam, em um ponto P, como mostra a figura a seguir.

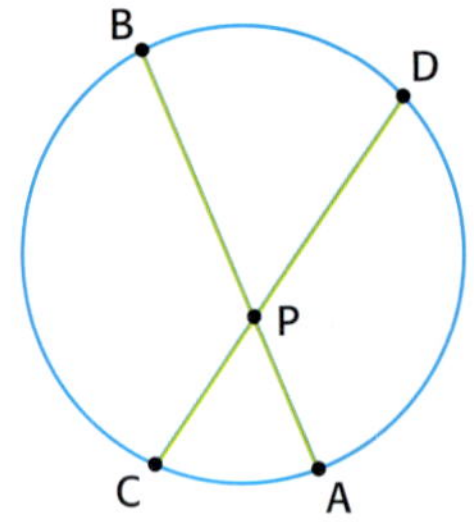

Tracemos os segmentos $\overline{AC}$ e $\overline{BD}$, formando os triângulos PCA e PBD. Vamos mostrar que esses triângulos são semelhantes.

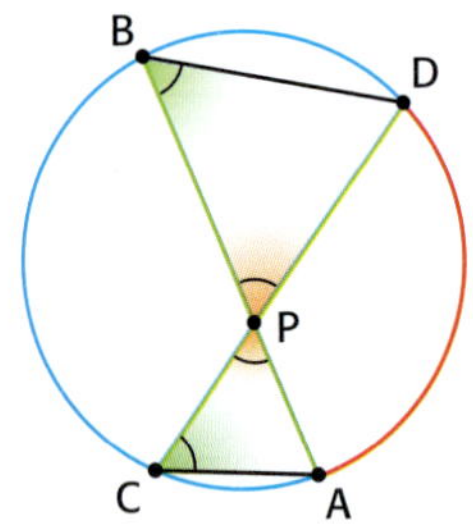

Os ângulos $C\hat{P}A$ e $B\hat{P}D$ são opostos pelo vértice e, portanto, congruentes.

Como estudamos no volume do 8º ano, os ângulos inscritos $A\hat{C}D$ e $A\hat{B}D$ são associados ao mesmo arco $\overset{\frown}{AD}$ e, portanto, são congruentes.

Pelo caso AA de semelhança de triângulos, concluímos que os triângulos PCA e PBD são semelhantes.

Comparando as medidas dos lados correspondentes dos triângulos PCA e PBD, temos:

$$\frac{PB}{PC} = \frac{PD}{PA}$$

$$PA \cdot PB = PC \cdot PD$$

ATIVIDADES

13. Obter a medida do segmento $\overline{EJ}$ na figura ao lado.

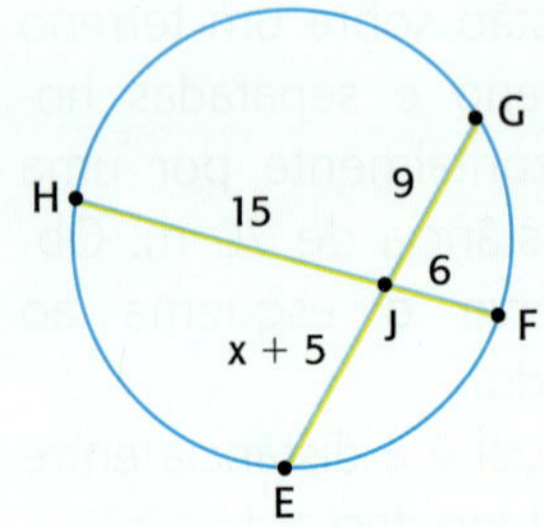

Resolução

Aplicando a relação entre duas cordas de uma circunferência, temos:

$$9 \cdot (x + 5) = 15 \cdot 6$$
$$9x + 45 = 90$$
$$9x = 45$$
$$x = 5$$

Portanto, $\overline{EJ}$ mede 10 unidades (pois 5 + 5 = 10).

14. Calcule o valor desconhecido em cada caso:

a)

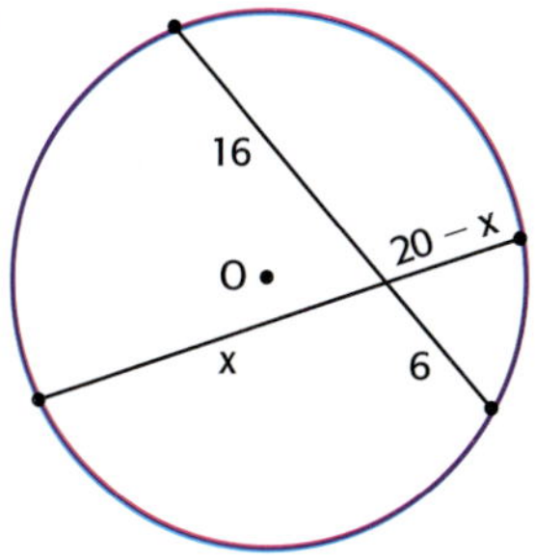

b)

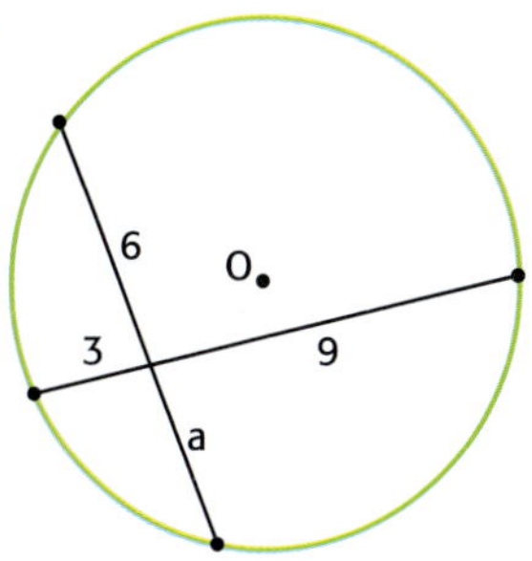

c)

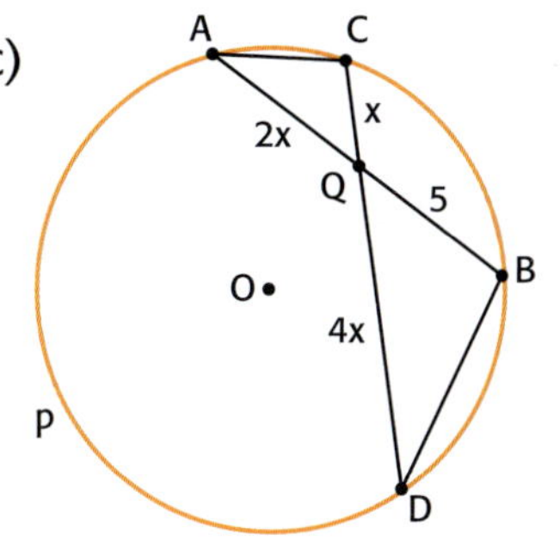

d)

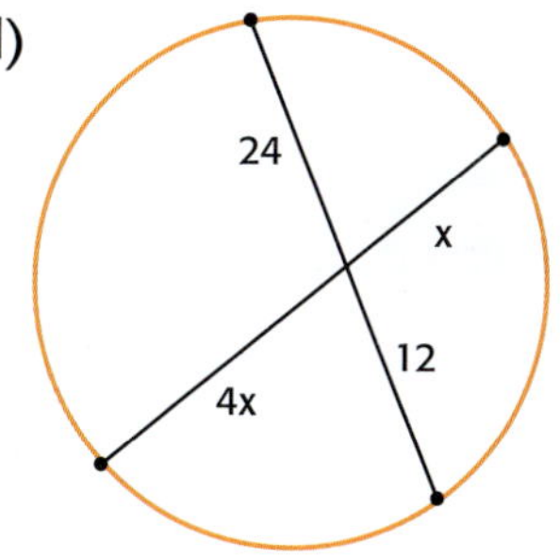

15. Observe ao lado a construção geométrica que Aline fez:

a) Obtenha o valor de **x**.

b) Com base no item **a**, explique como obter geometricamente um segmento de medida $\sqrt{7}$ cm.

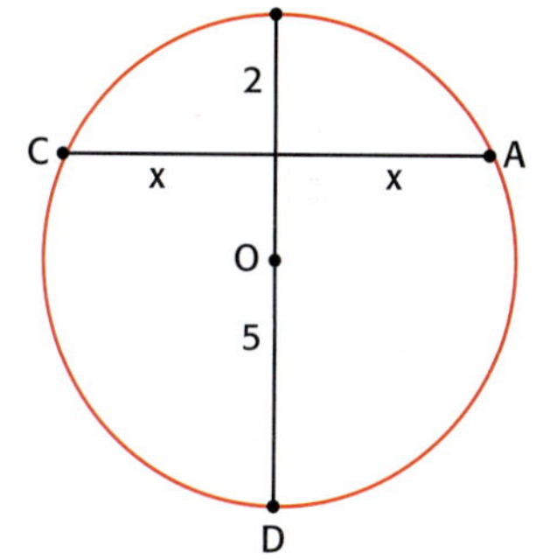

Relação entre dois segmentos secantes a uma circunferência

Considere uma circunferência qualquer e dois segmentos secantes $\overline{PA}$ e $\overline{PC}$ em que a extremidade P é um ponto externo à circunferência, como mostra a figura a seguir:

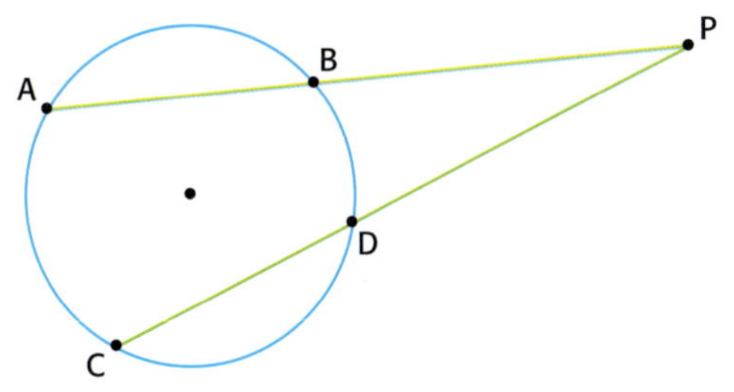

Traçando os segmentos $\overline{AD}$ e $\overline{BC}$, obtemos os triângulos PAD e PCB. Vamos mostrar que esses triângulos são semelhantes.

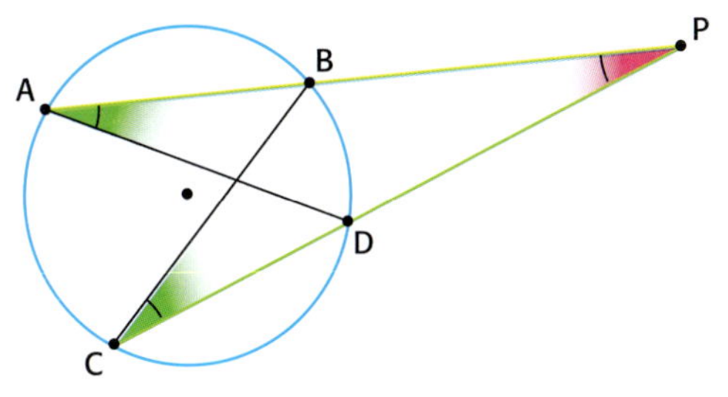

Os ângulos $P\hat{A}D$ e $P\hat{C}B$ são inscritos e associados ao mesmo arco $\overset{\frown}{BD}$, portanto, são congruentes. O ângulo $\hat{P}$ é comum a ambos os triângulos.

Pelo caso AA de semelhança de triângulos, os triângulos PAD e PCB são semelhantes.

Comparando as medidas dos lados correspondentes dos triângulos PAD e PCB, temos:

$$\frac{PA}{PC} = \frac{PD}{PB}$$

$$PA \cdot PB = PC \cdot PD$$

ATIVIDADES

16. Obter a medida do segmento $\overline{AT}$ na figura a seguir.

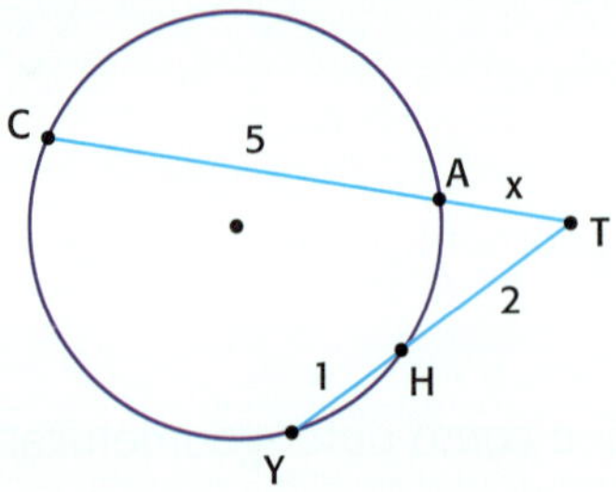

Resolução

Aplicando a relação entre dois segmentos secantes a uma circunferência, temos:

$$x \cdot (x + 5) = 2 \cdot (2 + 1)$$
$$x^2 + 5x = 6$$
$$x^2 + 5x - 6 = 0$$

Resolvendo a equação do 2º grau, obtemos:

$$\Delta = b^2 - 4 \cdot a \cdot c$$
$$\Delta = (5)^2 - 4 \cdot (1) \cdot (-6) = 25 + 24 = 49$$

Como o valor discriminante não é negativo, prosseguimos substituindo os valores de **a** e **b** na fórmula de resolução:

$$x = \frac{-b \pm \sqrt{\Delta}}{2a} = \frac{-(+5) \pm \sqrt{49}}{2 \cdot (1)} = \frac{-5 \pm 7}{2}$$

$$x' = \frac{-5 + 7}{2} = \frac{2}{2} = 1$$

$$x'' = \frac{-5 - 7}{2} = \frac{-12}{2} = -6$$

Como a medida de um segmento não pode ser negativa, temos que $x = 1$.
A medida do segmento $\overline{AT}$ é igual a 1 unidade de comprimento.

17. Determine o valor de **x** em cada caso.

a)

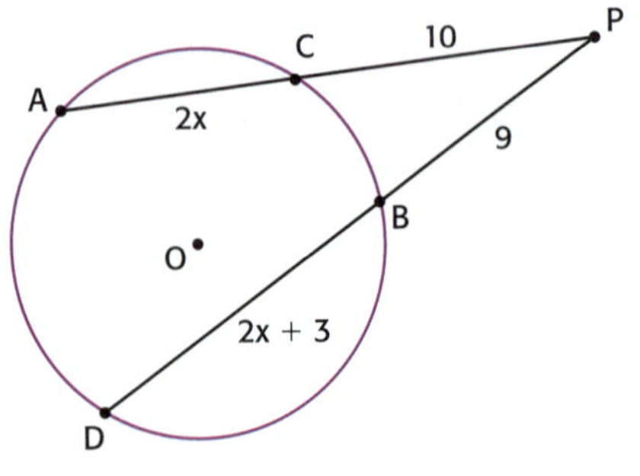

b)

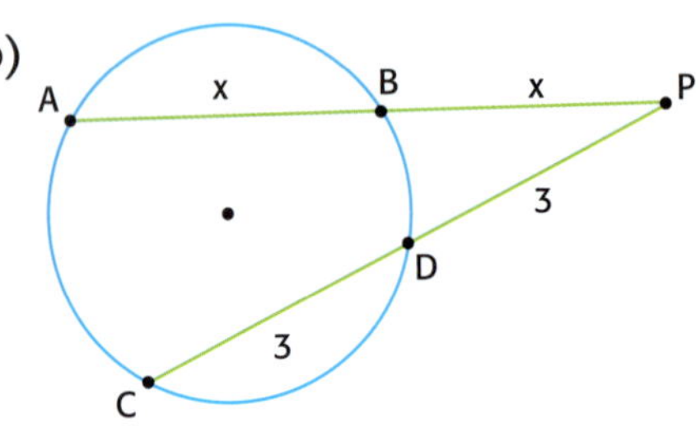

c)

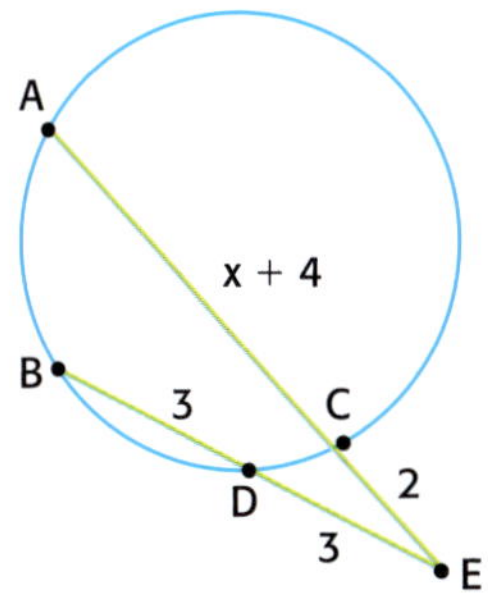

18. Calcule a medida do raio da circunferência a seguir.

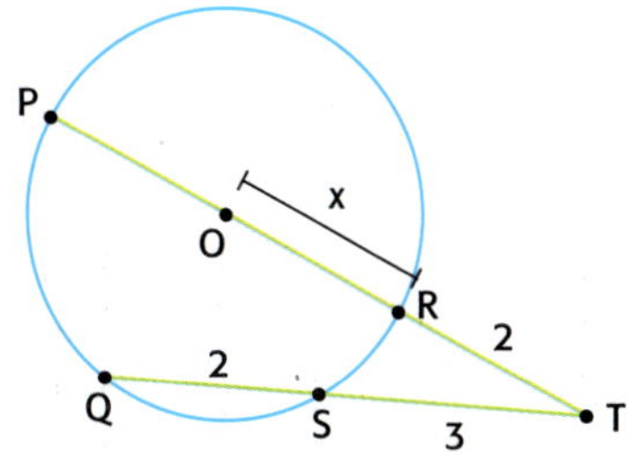

Relação entre um segmento secante e um segmento tangente a uma circunferência

Considere uma circunferência qualquer e um segmento secante $\overline{PB}$ e outro segmento $\overline{PT}$ tangente à circunferência.

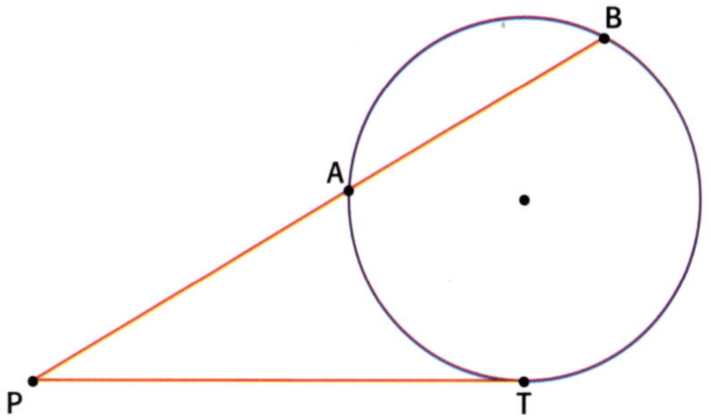

É possível mostrar que a relação a seguir é sempre válida:

$$PA \cdot PB = (PT)^2$$

ATIVIDADES

19. Calcule a medida do segmento $\overline{VE}$ tangente à circunferência em E.

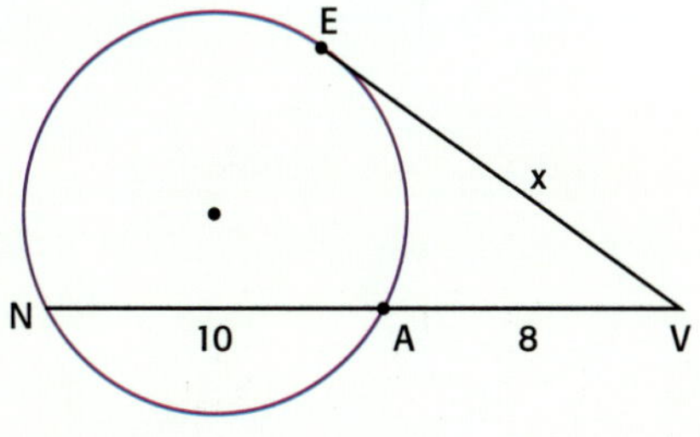

Resolução

Aplicando a relação entre um segmento secante e um segmento tangente a uma circunferência, temos:

$$x^2 = 8 \cdot (10 + 8)$$
$$x^2 = 8 \cdot 18$$
$$x^2 = 144$$
$$x = 12$$

O segmento $\overline{VE}$ mede 12 unidades.

20. Sabendo que o segmento $\overline{PE}$ é tangente à circunferência em E, obtenha o valor de:

a) PA · PB

b) PC · PD

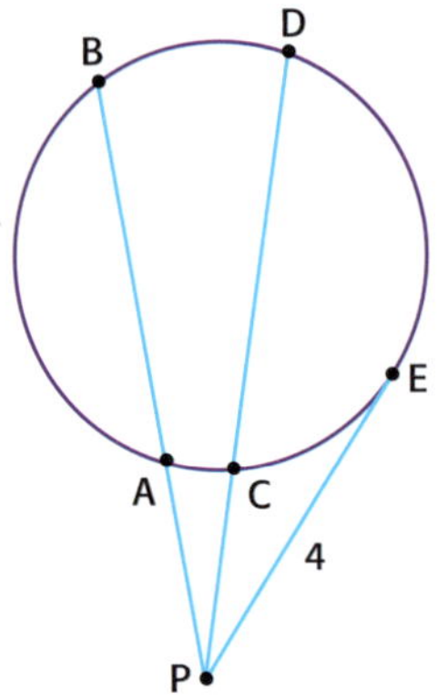

21. Obtenha o valor de **x** sabendo que $\overline{PT}$ é tangente à circunferência em cada caso.

a)

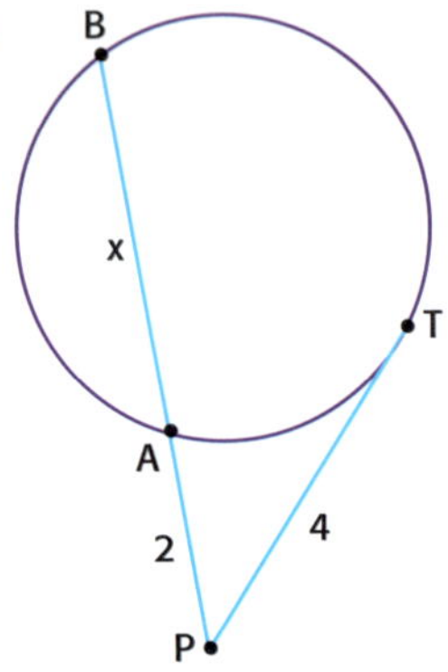

b)

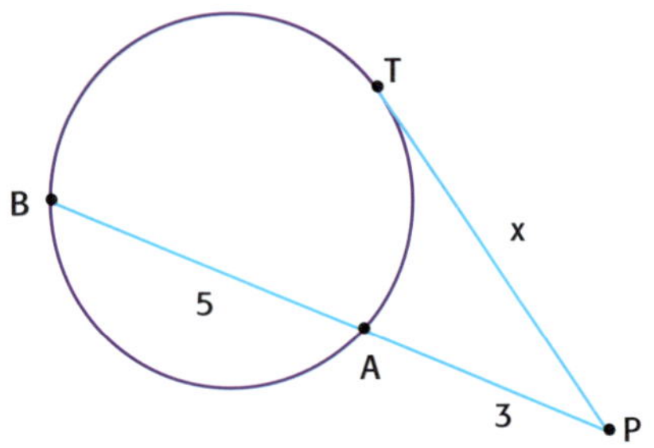

c)

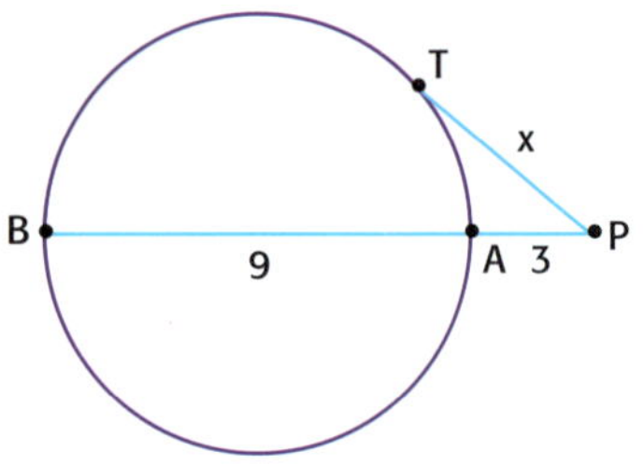

ATIVANDO HABILIDADES

(Obmep) Na figura, os dois semicírculos são tangentes e o lado do quadrado mede 36 cm. Qual é o raio do semicírculo menor?

a) 8 cm

b) 9 cm

c) 10 cm

d) 11 cm

e) 12 cm

Entendimento do problema

O problema informa a medida do lado de um quadrado, mostra dois semicírculos tangentes e pede a medida do raio do semicírculo menor.

Elaboração de uma estratégia

Um modo de resolver o problema é traçar um segmento de reta com extremidades no centro de cada um dos semicírculos passando pelo ponto de tangência e, a partir do triângulo retângulo formado, utilizar os conhecimentos sobre relações métricas para obter a medida do raio do semicírculo menor.

Execução da estratégia

Traçando o segmento de reta que une os centros dos semicírculos e indicando na figura as expressões correspondentes às medidas dos lados do triângulo retângulo formado, temos:

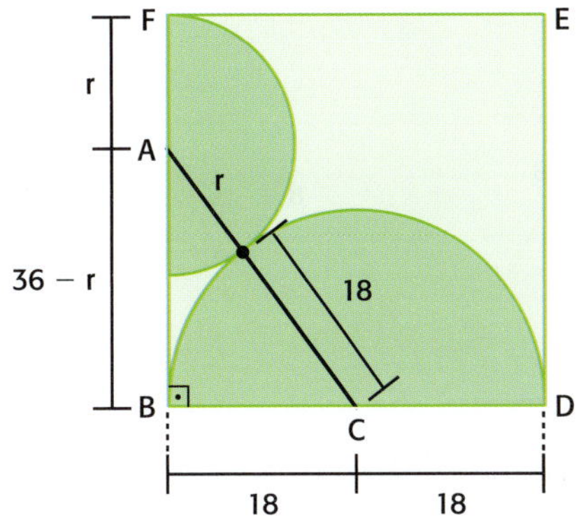

Aplicando o teorema de Pitágoras no triângulo ABC, obtemos:

$$(36 - r)^2 + 18^2 = (18 + r)^2$$
$$36^2 - 2 \cdot 36 \cdot r + r^2 + 18^2 = 18^2 + 2 \cdot 18 \cdot r + r^2$$
$$-72r + 1\,296 = 36r$$
$$-108r = -1\,296$$
$$r = 12$$

Análise da solução

Substituindo o valor de **r** por 12 cm, obtemos:

A medida do lado $\overline{BF}$ é: $12 + (36 - 12) = 36$, ou seja, 36 cm.

No triângulo ABC, aplicando o teorema de Pitágoras, temos:

$$(36 - 12)^2 + (18)^2 = (18 + 12)^2$$
$$576 + 324 = 900$$

Portanto, substituindo a solução obtida, verificamos a validade do teorema de Pitágoras no triângulo ABC.

Resposta: alternativa **e**.

É a sua vez!

(Obmep) Uma tira retangular de cartolina, branca na frente e cinza atrás, foi dobrada como na figura, formando um polígono de 8 lados. Qual é o perímetro desse polígono?

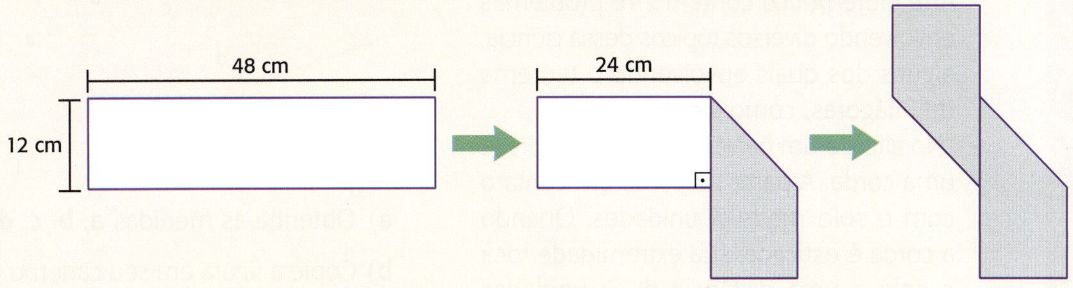

a) 96 cm b) $24 + 4\sqrt{2}$ cm c) $60 + 12\sqrt{2}$ cm d) $72 + 18\sqrt{2}$ cm e) $72 + 24\sqrt{2}$ cm

teia do saber

1. Um losango foi construído juntando-se dois triângulos equiláteros cujos lados medem 8 unidades.

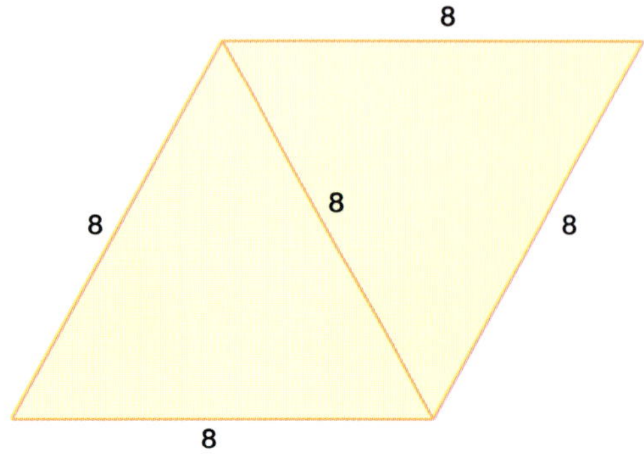

Obtenha:

a) A medida da diagonal maior desse losango.

b) A medida de sua diagonal menor.

c) A área do losango.

2. Obtenha a medida do raio **r** da circunferência da figura, em que DEF é um triângulo equilátero, sabendo que a área do triângulo é igual a $\sqrt{3}$ cm².

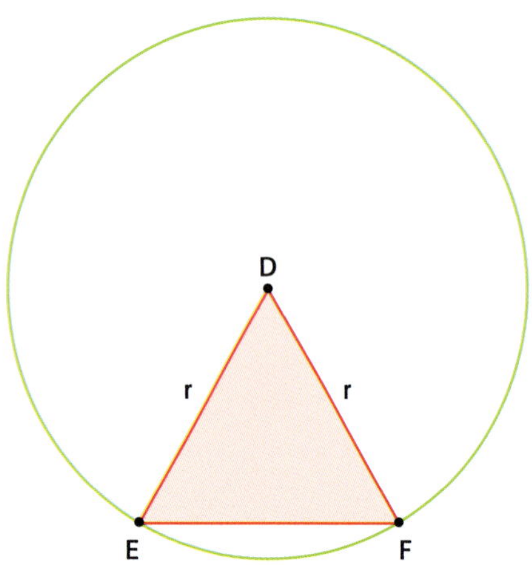

3. O antigo livro chinês *Nove Capítulos da Arte Matemática* contém 246 problemas envolvendo diversos tópicos dessa ciência, alguns dos quais envolvendo o teorema de Pitágoras, como este:
"No alto de um bambu vertical está presa uma corda. A parte da corda em contato com o solo mede 3 unidades. Quando a corda é esticada, sua extremidade toca o solo a uma distância de 8 unidades do pé do bambu. Qual é a medida de comprimento desse bambu?"

4. Em um retângulo de perímetro 90 cm, a medida da largura é igual ao dobro da medida da altura. Obtenha a medida da diagonal desse retângulo.

5. Observe o ponto P de coordenadas (x, y) pertencente à circunferência representada a seguir. Considerando o triângulo retângulo OAP, obtenha uma igualdade envolvendo as coordenadas de P e a medida do raio da circunferência.

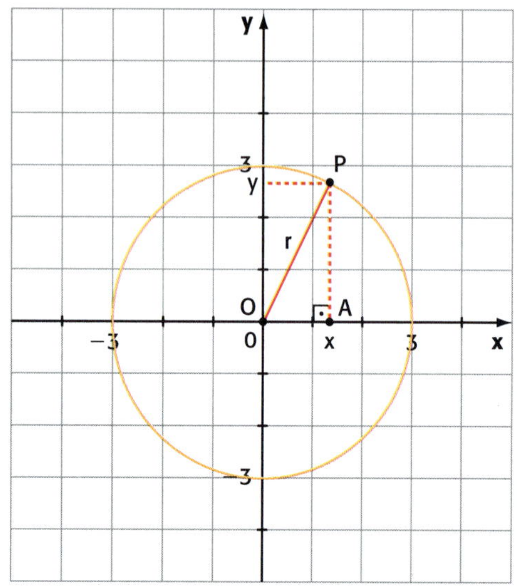

6. Mostre que, em todo triângulo retângulo isósceles, a medida da hipotenusa é igual a $\ell\sqrt{2}$, em que ℓ é a medida de cada cateto.

7. Observe a figura a seguir.

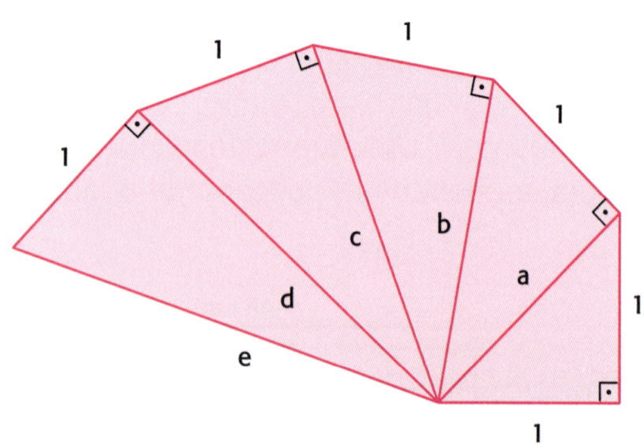

a) Obtenha as medidas **a**, **b**, **c**, **d** e **e**.

b) Copie a figura em seu caderno e construa os próximos dois triângulos retângulos dessa sequência.

8. A figura a seguir é conhecida como árvore fractal pitagórica. Se o quadrado A tem área igual a 100 cm² e o quadrado B, área igual a 36 cm², qual é a medida da hipotenusa do triângulo T em destaque?

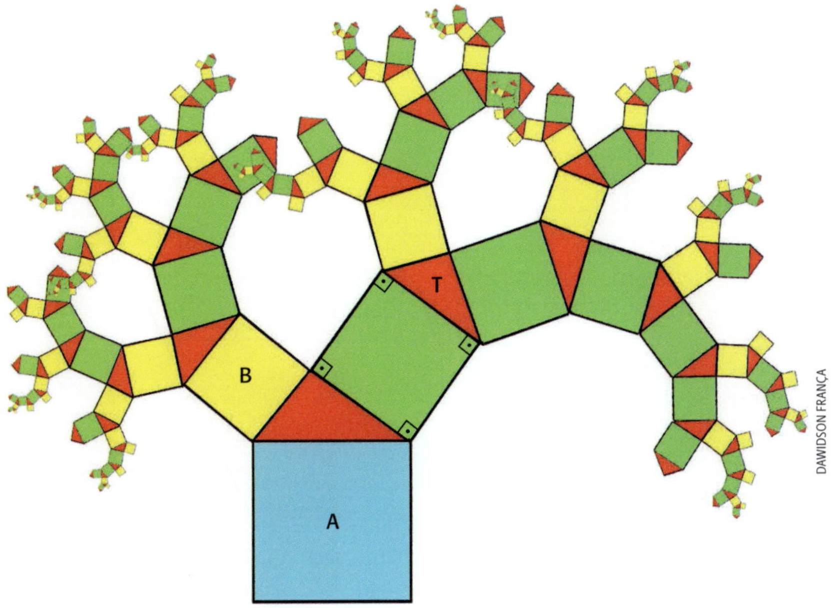

9. Observe as sete peças do *tangram* que são obtidas a partir de um quadrado ABCD: são 5 triângulos retângulos isósceles, 1 quadrado e 1 paralelogramo.

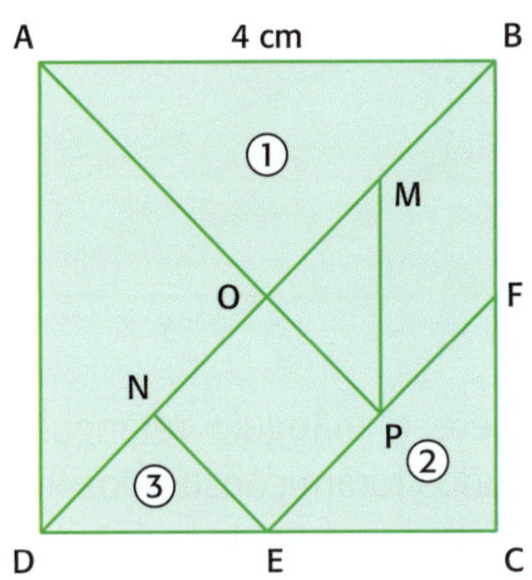

Sabendo que M é ponto médio de $\overline{OB}$, e N é ponto médio de $\overline{OD}$, calcule a medida dos lados do:

a) Triângulo retângulo 1.

b) Triângulo retângulo 2.

c) Triângulo retângulo 3.

10. Uma escada de 25 dm de comprimento apoia-se em um muro do qual seu pé dista 7 dm. Se esse pé for afastado mais 8 dm do muro, qual o deslocamento verificado pela extremidade superior da escada?

11. (UFG) Uma pista retangular para caminhada mede 100 por 250 metros. Deseja-se marcar um ponto P, conforme a figura a seguir, de modo que o comprimento do percurso ABPA seja a metade do comprimento total da pista. Calcule a distância entre os pontos B e P.

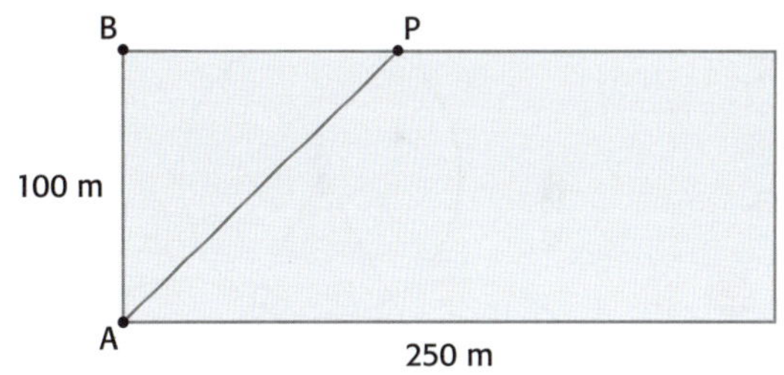

12. Uma empresa embala quatro peças circulares idênticas inserindo uma peça circular pequena no centro para melhor fixação, como mostra a figura abaixo.

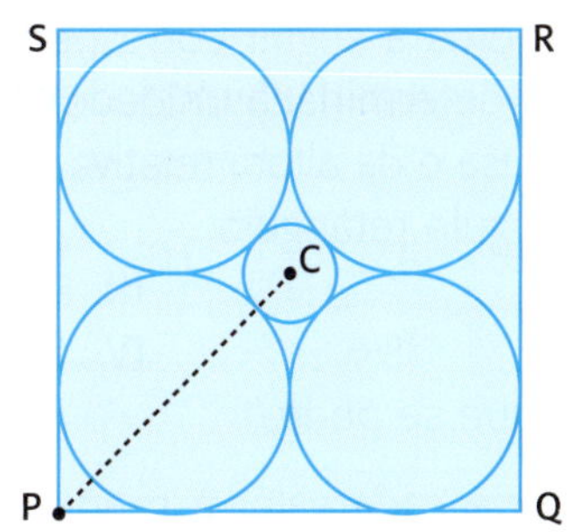

Calcule a área do quadrado PQRS sabendo que $CP = 3\sqrt{2}$ cm e que C é o centro do círculo menor.

13. Uma caixa de papelão com formato de bloco retangular com as medidas indicadas na figura 1, abaixo, foi desmontada e planificada, como mostra a figura 2. Os pontos A e B, na figura 2, que correspondem ao centro das faces opostas com a forma de um quadrado, são unidos pelo segmento $\overline{AB}$. Qual é a medida desse segmento?

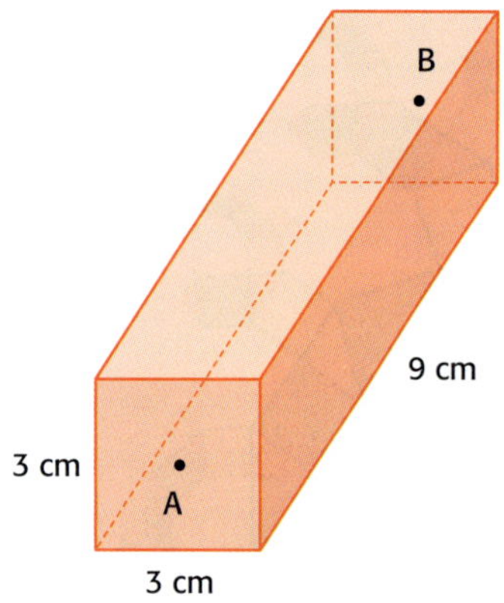

figura 1

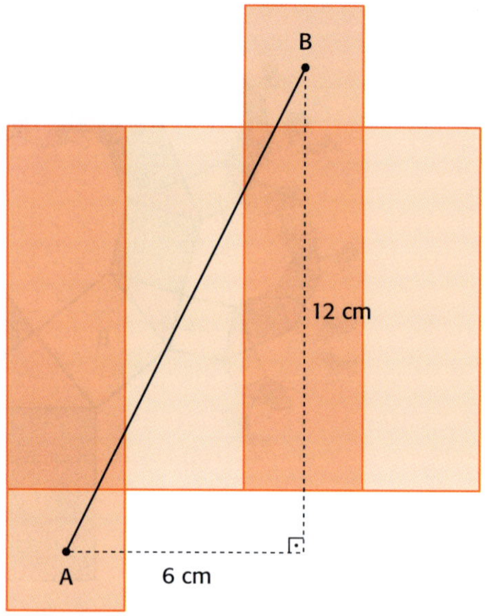

figura 2

14. Obtenha a área do triângulo ABC, cujos vértices correspondem aos centros das circunferências de mesmo tamanho, com medida do raio igual a 6 cm.

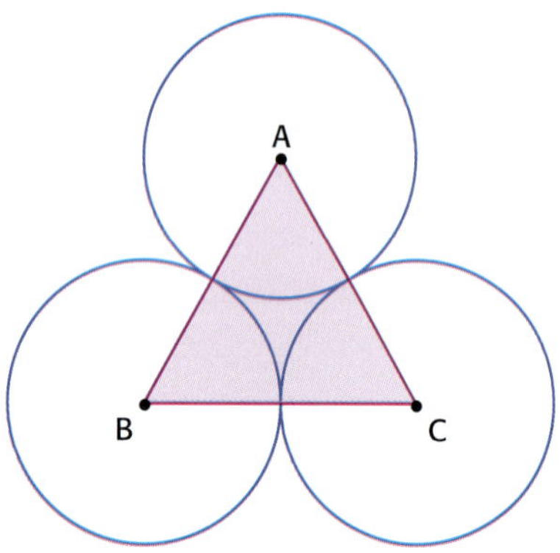

15. Os números a seguir correspondem às medidas, em determinada unidade, dos catetos, da hipotenusa e da altura relativa à hipotenusa de um triângulo retângulo.

I. 20 **III.** 9,6
II. 12 **IV.** 16

Faça o que se pede:

a) Associe cada valor à medida do elemento do triângulo retângulo.

b) Obtenha as medidas das projeções dos catetos sobre a hipotenusa.

16. Obtenha as medidas desconhecidas no triângulo retângulo representado a seguir.

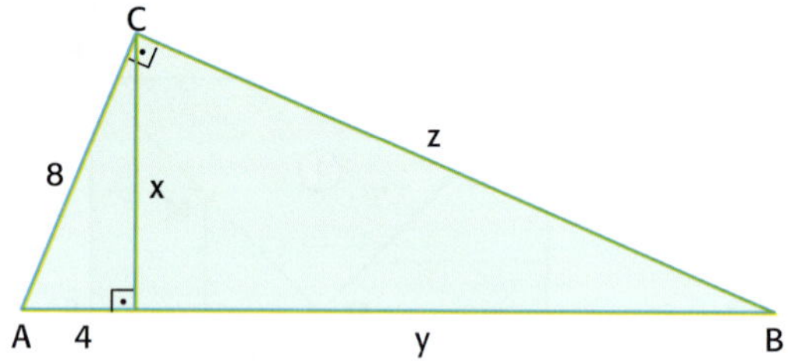

17. Considere o triângulo retângulo a seguir, em cujos lados foram construídos triângulos equiláteros. Calcule a área de cada triângulo e verifique se a soma das áreas dos triângulos construídos sobre os catetos é igual à área do triângulo equilátero construído sobre a hipotenusa.

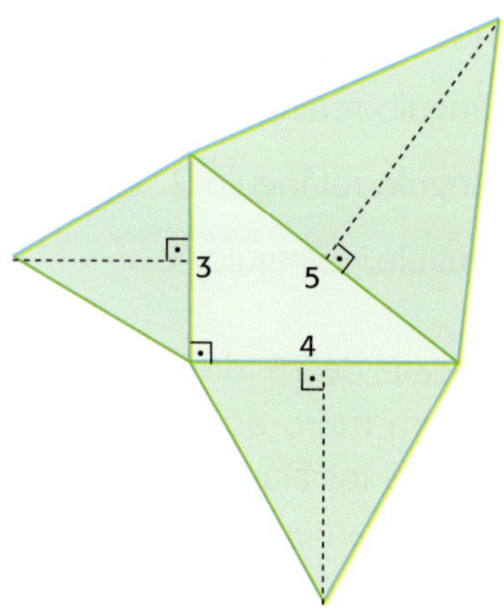

18. Obtenha o valor de **x** na figura abaixo.

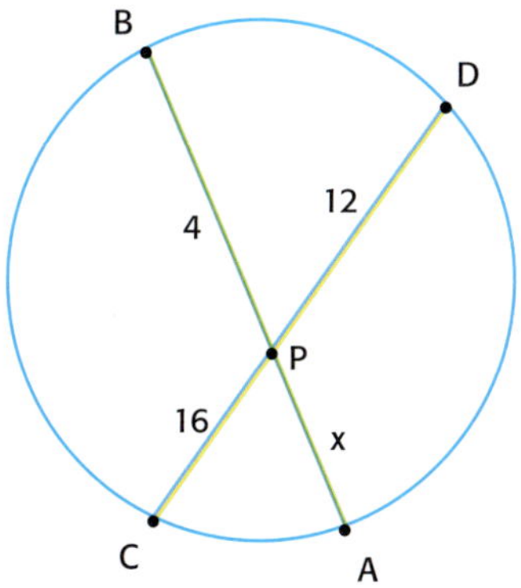

19. Hélio estava em um zoológico, diante da sala de répteis, a cerca de 2 metros de distância dela, no ponto A da figura a seguir.

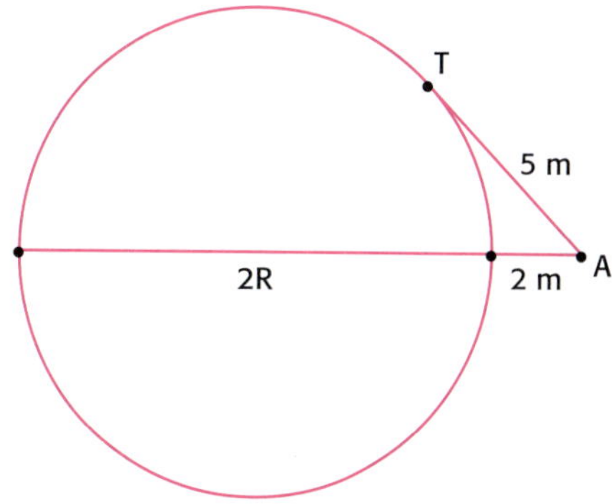

Essa sala tem uma estrutura circular, cuja medida do raio Hélio queria determinar. Para isso, ele andou em linha reta até o ponto T, em uma trajetória tangente à circunferência, e estimou que percorreu 5 metros. Com base nessa estimativa, qual é a medida R do raio da sala de répteis?

teia integrada

20. Os satélites utilizados no GPS (sistema de posicionamento global) orbitam em torno da Terra a uma altitude média aproximada de 20 000 km.
Os sinais emitidos por eles atingem todos os pontos do arco $\overset{\frown}{AB}$ do esquema representado ao lado.

DETLEV VAN RAVENSWAAY/SCIENCE PHOTO/LIBRARY/LATINSTOCK

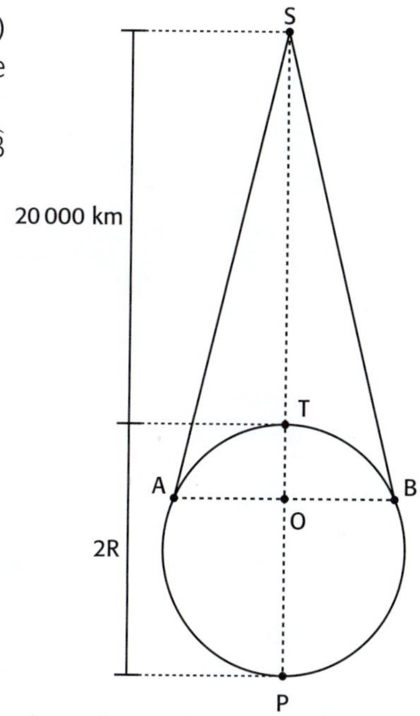

a) Pesquise como funciona um GPS. Depois, compartilhe suas descobertas com os colegas.

b) Sabendo que a medida do raio da Terra é aproximadamente 6 371 km, obtenha a distância, em quilômetro, do segmento $\overline{SA}$, em que S representa um satélite.

Encerrando a unidade

Nesta unidade você estudou as relações métricas no triângulo retângulo e na circunferência. Reflita sobre os conteúdos estudados e responda às questões.

a) Você considera os conteúdos estudados importantes para representar situações matemáticas e resolver problemas? Se possível, apresente um exemplo que justifique a sua opinião.

b) Qual conteúdo você considerou mais difícil? Por quê?

c) Retome a abertura desta unidade e use o teorema de Pitágoras para determinar a medida aproximada do segmento $\overline{AC}$ no triângulo ABC representado. Use uma calculadora para realizar os cálculos.

d) Que assuntos estudados nesta unidade você utilizou para resolver o Enigma?

Tirolesa

A tirolesa é um esporte radical que surgiu na cidade de Tirol, na Áustria, inicialmente usada apenas para transportar equipamentos e pessoas de um ponto a outro sobre rios e desfiladeiros. Atualmente, a tirolesa é praticada no mundo todo, preferencialmente em campo aberto ou acima de um lago.

Nesse esporte, o praticante desloca-se de um ponto a outro através de um cabo aéreo suspenso horizontalmente por meio de roldanas conectadas por mosquetões a uma cadeirinha de alpinismo. O cabo de aço ou corda é fixado geralmente em árvores entre dois pontos, sendo um mais alto do que outro. Esse esporte pode ser praticado por qualquer pessoa, no entanto é necessário sempre estar acompanhado de um profissional e utilizar os equipamentos de segurança.

Prática de tirolesa no Parque Natural Municipal Salto do Sucuriú, Costa Rica (MS), 2010.

Roldana: roda de metal ou de madeira, que gira num eixo, cujo interior é cavado, por onde passa uma corda ou corrente.

Mosquetão: é um equipamento de segurança típico de uso em esportes que utilizam cabos (cordas). Existem diversos tipos e formatos, cada qual com uma função específica.

Capacete.

Corda.

Cadeirinha.

FOTOGRAFIAS: THINKSTOCK/GETTY IMAGES
FOTOGRAFIA DE FUNDO: DIEGO GAZOLA/PULSAR IMAGENS

Para explorar

1. Você já conhecia esse esporte? Conte aos colegas e ao professor.

2. Em sua opinião, por que a tirolesa é considerada um esporte radical?

3. Considere uma tirolesa de 2 100 m de extensão a 900 m de altitude, representada pelo triângulo retângulo abaixo, e calcule a distância horizontal entre a torre de lançamento e o ponto de chegada ao solo da tirolesa.

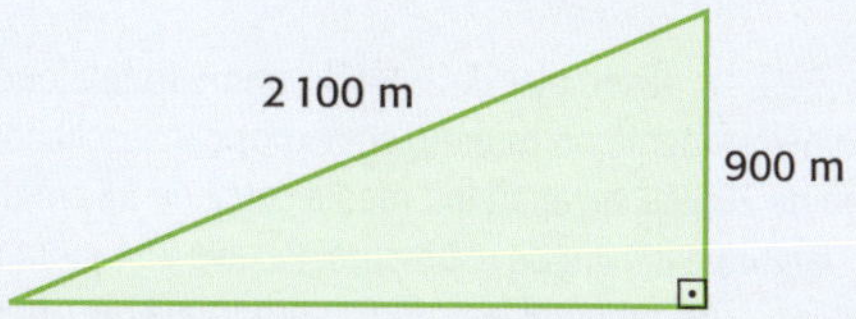

UNIDADE

5 Estudo das funções

FOTOS: THINKSTOCK/GETTY IMAGES

Para muitas pessoas, é difícil imaginar como era o mundo antes da invenção dos aparelhos de telefonia móvel, os telefones celulares.

A primeira cidade do Brasil a implantar um sistema de telefonia móvel foi o Rio de Janeiro, em 1991. Nessa época, os aparelhos custavam caro e alguns modelos chegavam a pesar 800 gramas.

Nesta unidade você vai saber mais sobre...

- Funções
- Representações gráficas de funções
- Crescimento e decrescimento de funções

TIM BOYLE/BLOOMBERG/GETTY IMAGES

Exemplar de 1984 do primeiro telefone celular disponível comercialmente no mundo, em exposição em Illinois (EUA), em 31 de julho de 2009. Este aparelho media cerca de 33 cm de altura, 4,5 cm de largura e 8,9 cm de espessura. Pesava 794 gramas, memorizava até 30 números e possuía autonomia de 1 hora de conversação. Custava, à época, cerca de 4 000 dólares.

Com a popularização dos telefones celulares e a diversificação dos serviços oferecidos pelas operadoras, o valor a ser pago pelas contas passou a ser um item importante do orçamento familiar. Veja algumas dicas do IDEC, Instituto Brasileiro de Defesa do Consumidor, para reduzir o valor pago mensalmente pelo uso do telefone celular:

> A dica básica é ficar atento para certos detalhes, como o tempo de duração da chamada, o horário da ligação, se é DDD (Discagem Direta a Distância) ou DDI (Discagem Direta Internacional) e se o número é de telefone fixo ou móvel. [...]
>
> Chamadas feitas de segunda a sexta-feira, das 0h às 6h, de sábado e domingo, após as 14h, e feriados, o dia todo, são mais baratas porque nesses horários as tarifas são reduzidas. [...]

IDEC. Disponível em: <http://www.idec.org.br/consultas/dicas-e-direitos/confira-dicas-para-economizar-na-conta-do-telefone-fixo-e-do-celular>. Acesso em: 29 abr. 2015.

As empresas oferecem diversas opções de planos de telefonia celular, como os mostrados a seguir:

QUANTA ESTÚDIO

TROCANDO IDEIAS

1. Em sua família, as pessoas que utilizam telefone celular seguem as dicas para economia apresentadas no texto?
2. Se uma pessoa adquiriu o plano A da operadora FALE BASTANTE e usou mais de 100 minutos de ligações, o valor a ser pago no mês dependerá da quantidade de minutos excedentes utilizados?
3. Se um cliente optou pelo plano B da operadora FALE BASTANTE e utilizou 187 minutos de conversação em certo mês, qual será o valor da conta do telefone celular?

O enigma das mensagens em códigos

Vitória é investigadora da polícia e está trabalhando para decifrar mensagens escritas em código por integrantes de uma organização criminosa conhecida como "Colunas de César", provavelmente em referência ao imperador romano Júlio César.

As mensagens transmitidas entre os integrantes do grupo são escritas com letras do nosso alfabeto, mas em uma ordem incompreensível a quem desconhece o sistema de codificação. Vitória observou que, em todas as mensagens transmitidas, as últimas quatro letras são sempre GHAH e descobriu, por meio de outras pistas, que essas letras correspondem ao nome do líder do grupo, conhecido como Nero.

Assim, ela estabeleceu a seguinte relação entre essas letras:

N	E	R	O
↕	↕	↕	↕
G	H	A	H

Ao estudar alguns sistemas de codificação, a investigadora descobriu que o imperador Júlio César utilizava um código chamado Cifrário de César, no qual cada letra era trocada por outra, deslocada algumas unidades adiante na ordem convencional de leitura. Vitória notou que parte da codificação da organização criminosa era inspirada nesse Cifrário, e que cada letra era trocada pela terceira letra à direita.

			A	B	C	D	E	F	G	H	I	J	K	L	M	N	O	P	Q	R	S	T	U	V	W	X	Y	Z
			↕																									
A	B	C	D	E	F	G	H	I	J	K	L	M	N	O	P	Q	R	S	T	U	V	W	X	Y	Z			

Nesse código, a letra A seria representada pela letra D, B por E, ..., X por A, Y por B, e assim por diante.

Entretanto, Vitória percebeu que no sistema de codificação usado pela organização criminosa foi adotada uma variação do Cifrário de César, no qual apareciam apenas as letras de A a J e concluiu que algumas letras, além de terem sido trocadas, tinham a mesma codificação, conforme indicado a seguir.

A	B	C	D	E	F	G	H	I	J
↕	↕	↕	↕	↕	↕	↕	↕	↕	↕
K	L	M	N	O	P	Q	R	S	T
↕	↕	↕	↕	↕	↕				
U	V	W	X	Y	Z				

Assim, as letras A, K e U, por exemplo, são representadas pela mesma letra, ou seja, pela letra D no código usado pela organização.

Vitória descobriu o código usado pela organização "Colunas de César" e decifrou a mensagem a seguir, que permitiu à polícia prender seus integrantes.

AHDGBDH JDBGCDIHBAD GBD EBGCH JDBGIH AHADB FBGHFD FHGCADE GHAH

- Qual é a mensagem que Vitória decifrou?

No decorrer da unidade você encontrará pistas que podem auxiliá-lo a desvendar este enigma.

1 A ideia de função

Considere a seguinte situação.

- **Situação 1**

Luana é gerente de um posto de combustíveis e estava registrando no computador os dados de algumas vendas de etanol daquele dia.

Observe alguns valores registrados por ela:

Número de litros de etanol	Valor pago (em R$)
10	R$ 20,00
20	R$ 40,00
25	R$ 50,00
50	R$ 100,00

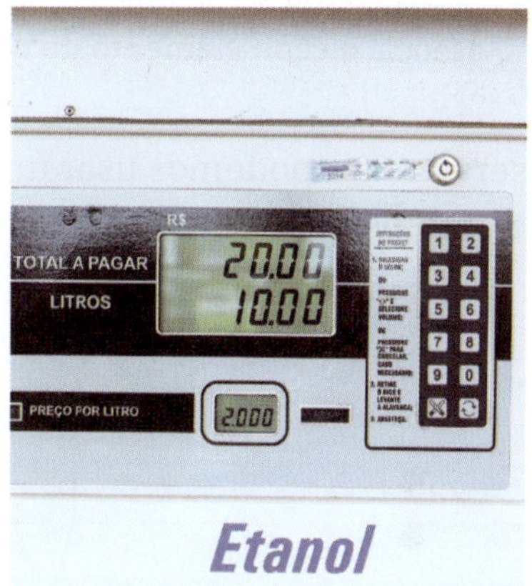

CESAR DINIZ/PULSAR IMAGENS

O valor pago depende do número de litros de etanol vendidos. Dizemos que o valor pago **é função** do número de litros de etanol vendidos.

O uso da palavra função está associado à ideia de relação entre os valores de duas grandezas, no caso, número de litros de etanol e valor pago. Observe também que para cada número de litros está relacionado um único valor pago.

Veja outras situações a seguir.

- **Situação 2**

Um veículo faz uma viagem entre duas cidades à velocidade constante de 80 km/h. Podemos elaborar uma tabela que relacione a distância percorrida de acordo com o tempo de viagem:

Tempo de viagem (em hora)	Distância percorrida (em quilômetro)
0,5	40
1	80
1,5	120
2	160

DANIEL CYMBALISTA/PULSAR IMAGENS

Tráfego de veículos na SP-021, Rodoanel Mário Covas. São Paulo, 2015.

A distância percorrida depende do tempo de viagem, ou seja, a distância percorrida é função do tempo de viagem. Novamente, para cada valor do tempo de viagem está relacionada uma única distância percorrida.

- **Situação 3**

Observe as figuras formadas em cada caso:

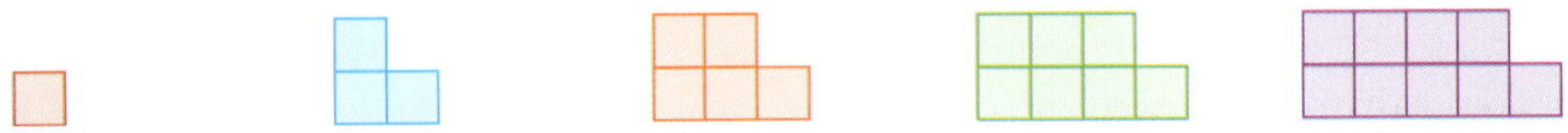

figura 1 figura 2 figura 3 figura 4 figura 5

Existe uma correspondência entre o número da figura e a quantidade de quadradinhos que a compõem. Nesse caso, dizemos que a quantidade de quadradinhos é função do número da figura, e para cada número de figura está relacionada uma única quantidade de quadradinhos.

> Uma **função** de um conjunto A em um conjunto B é uma relação de correspondência que associa a cada elemento do conjunto A um único elemento do conjunto B.

Observe como podemos usar um diagrama para representar a função da situação 1, que relaciona os números de litros de etanol (conjunto A) aos valores pagos (conjunto B).

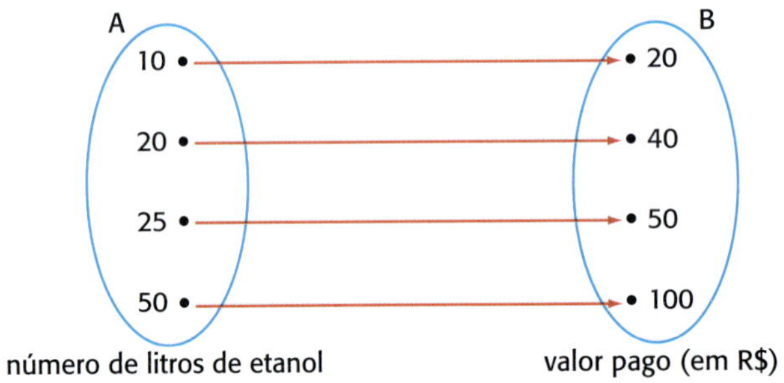

Nesse diagrama, podemos observar que a cada elemento de A está associado um único elemento de B. Agora, observe este outro diagrama:

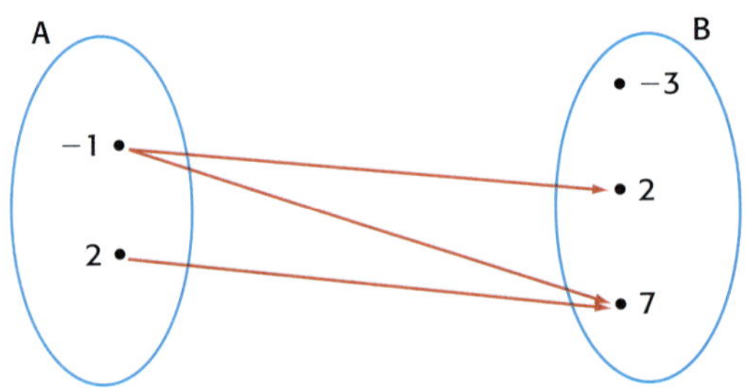

Embora exista uma relação entre os elementos do conjunto A e os do conjunto B, a relação representada no diagrama **não é uma função**. Veja, por exemplo, que o elemento −1 de A está associado a dois elementos de B, 2 e 7.

Pista 1

Observe novamente o Cifrário de César apresentado no Enigma, em que cada letra é trocada pela terceira letra à direita, e responda às questões:

- Como a palavra NERO seria codificada nesse exemplo de cifrário?
- Nesse caso de Cifrário de César, cada letra do nosso alfabeto é associada a uma única letra, também do nosso alfabeto, ao fazer a codificação?
- Cada letra usada no sistema de codificação adotado pela organização criminosa representa uma única letra do nosso alfabeto na escrita convencional? Justifique sua resposta com um exemplo.

Variáveis e lei da função

Vamos retomar cada uma das situações apresentadas anteriormente.

- **Situação 1**

Na situação envolvendo as grandezas valor pago e número de litros de etanol comprados, temos:

- O valor pago depende do número de litros comprados, e por isso o valor pago é denominado **variável dependente**.
- O número de litros comprados é a **variável independente**.

Vamos obter a **lei da função** (também chamada de regra de correspondência ou fórmula) que expressa, em linguagem matemática, a relação entre as variáveis nessa situação.

A relação pode ser expressa do seguinte modo:

Valor pago = (preço de cada litro) · (número de litros comprados)

Substituindo o valor pago por **y** e o número de litros comprados por **x**, temos a seguinte lei da função:

$y = 2 \cdot x$, em que **y** é dado em reais e **x**, em litros.

- **Situação 2**

Na situação em que um veículo faz uma viagem entre duas cidades à velocidade constante de 80 km/h, temos:

- A distância percorrida depende do tempo de viagem e é a **variável dependente**.
- O tempo de viagem é a **variável independente**.

Se a velocidade é de 80 km/h, então em 1 hora são percorridos 80 km; em 0,5 hora são percorridos $0{,}5 \cdot 80$ km = 40 km; em 1,5 hora são percorridos $1{,}5 \cdot 80$ km = 120 km.

Podemos escrever:

Distância percorrida = (velocidade) · (tempo)

Substituindo a distância percorrida por D e o tempo por **t**, temos a seguinte lei da função:

$D = 80 \cdot t$, em que D é dada em quilômetro e **t**, em hora.

- **Situação 3**

Nesta situação, em que cada figura é formada por uma determinada quantidade de quadradinhos, é possível obter uma fórmula que expressa a relação entre o número da figura e a quantidade de quadradinhos que a compõem. Observe.

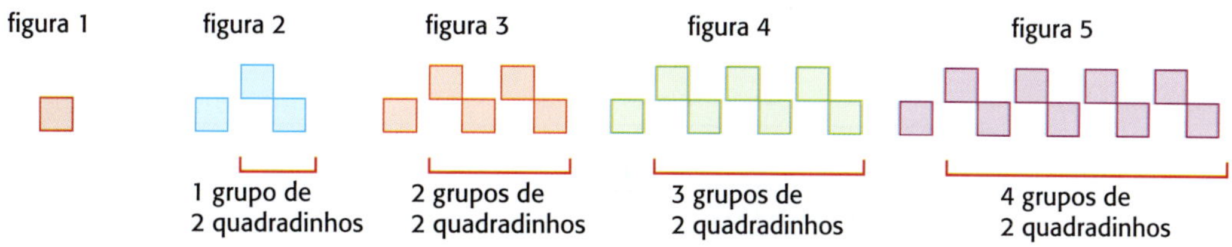

A quantidade de grupos de 2 quadradinhos é 1 unidade a menos que o número da figura; por exemplo: na figura 2, há 1 grupo de 2 quadradinhos; na figura 3, há 2 grupos de 2 quadradinhos, e assim por diante. Além disso, em todas as figuras há 1 quadradinho separado dos grupos de 2 quadradinhos. Podemos escrever:

$$\text{Número de quadradinhos} = 1 + [(\text{número da figura}) - 1] \cdot 2$$

Substituindo o número de quadradinhos por **y** e o número da figura por **n**, temos a seguinte lei da função:

$$y = 1 + (n - 1) \cdot 2$$

$$y = 1 + 2n - 2$$

$$y = 2n - 1$$

- Qual é o número de quadradinhos na figura 13?

A notação f(x)

Considere a situação em que no início do turno de trabalho o guichê de uma empresa rodoviária começa com R$ 86,00 no caixa e vende passagens entre duas cidades ao preço de R$ 17,00. Para saber quantos reais há no caixa, multiplica-se o número de passagens vendidas por 17 e adiciona-se 86 ao resultado obtido.

Assim, a lei da função que relaciona o número de passagens vendidas, indicado por **x**, e o valor arrecadado, indicado por **y**, é dada pela lei:

$$y = 17x + 86$$

Nessa situação, o número de passagens vendidas, **x**, é a variável independente e o valor arrecadado, **y**, é a variável dependente. Podemos também escrever a lei dessa função como:

$$f(x) = 17x + 86$$

Lemos: **f** de **x** é igual a 17 vezes **x** mais 86.

Nessa representação, a função é indicada por **f**, o número de passagens vendidas é indicado por **x** e o valor arrecadado por f(x).

Para cada valor **x**, em que a função está definida, podemos calcular o valor f(x) aplicando a lei da função **f**. Veja os exemplos:

Se $x = 3$, temos:

$$f(3) = 17 \cdot 3 + 86 = 137$$

Do mesmo modo, para $x = 8$, temos:

$$f(8) = 17 \cdot 8 + 86 = 222$$

ATIVIDADES

1. O preço da passagem de ônibus urbano em certo município é R$ 2,40. Copie e complete em seu caderno uma tabela como a mostrada a seguir, considerando que todas as passagens foram pagas em dinheiro.

Número de passagens vendidas	0	1	2	5	18
Arrecadação (em R$)					

a) A tabela representa uma função? Por quê?

b) Qual é a variável independente? E a variável dependente?

c) Escreva a lei da função que relaciona a arrecadação **v** e o número **x** de passagens vendidas.

2. Uma função é expressa por meio da lei $y = 3x - 5$. Obtenha o valor da função para $x = 4$.

Resolução

Para determinar o valor da função quando $x = 4$, calculamos o valor de **y** substituindo **x** por 4 na expressão $y = 3x - 5$.
Portanto, $y = 3 \cdot 4 - 5 = 7$.

- Qual é o valor da função para $x = -2$?
- Qual é o valor de **x** para o qual $y = 10$?

3. Para produzir uma toalha de mesa utiliza-se tecido de algodão, ao preço de R$ 8,00 por metro quadrado, e renda, para colocar ao seu redor, ao preço de R$ 12,00 por metro.

a) Qual é o custo do material utilizado para produzir uma toalha de formato retangular cujos lados medem 2 m por 1,2 m?

b) O custo com a utilização de tecido de algodão depende de qual variável? E o custo da beirada de renda?

4. Uma empresa produtora de suco de laranja vende uma parte de seus produtos no mercado brasileiro e exporta outra parte da produção de acordo com os dados do quadro a seguir.

Produto	Preço unitário para o mercado interno (em R$)	Preço unitário para exportação (em R$)
Suco concentrado (1 litro)	10,00	8,00

a) Obtenha a lei da função que relaciona o valor obtido **y** com as vendas para o mercado interno e a quantidade **x** vendida.

b) Obtenha a lei da função que relaciona o valor obtido **z** com as vendas para exportação e a quantidade **x** vendida.

5. Atividade em grupo

Reúna-se com um colega. Invente uma lei por meio da qual você realizará um cálculo para cada número natural que seu colega anunciar. Seu colega não pode ver a lei que você inventou!

Por exemplo, você inventou a lei "triplicar o número anunciado e depois subtrair 2 unidades". Se seu colega anunciou o número 4, você calculará $3 \cdot (4) - 2 = 10$ e, portanto, responderá 10. Decidam a quantidade de tentativas que podem ser feitas até que um de vocês descubra qual é a lei da função inventada pelo outro.

6. Dê um exemplo de uma grandeza que varie em função de outra.

7. A medida **h** da altura de um retângulo cuja base mede 2 cm pode assumir diferentes valores positivos.

a) Copie o quadro a seguir em seu caderno e complete-o.

Medida da altura (em cm)	Área (em cm^2)
2	
	8
5,5	
	22

b) Obtenha a lei da função que relaciona a área **y** do retângulo e a medida **h** da altura.

8. Observe a imagem a seguir e responda:

a) O preço pago por determinada quantidade de mamão papaia depende de que grandeza em cada caso?

b) Em que condições comprar 1 unidade de mamão na banca à direita na ilustração é vantajoso em relação à outra?

Gráfico de uma função

O gráfico de uma função pode nos ajudar a analisar a variação das grandezas. Acompanhe nos exemplos abaixo como construir o gráfico de uma função no plano cartesiano.

a) Construir o gráfico da função definida pela lei $y = 2x + 3$, sendo **x** um número real.

Atribuímos alguns valores pertencentes ao conjunto dos números reais para a variável **x** e calculamos os respectivos valores da variável **y**, determinando o par ordenado (x, y).

x	$y = 2x + 3$	(x, y)
−2	$2 \cdot (-2) + 3 = -1$	(−2, −1)
−1	$2 \cdot (-1) + 3 = 1$	(−1, 1)
0	$2 \cdot (0) + 3 = 3$	(0, 3)
1	$2 \cdot (1) + 3 = 5$	(1, 5)
2	$2 \cdot (2) + 3 = 7$	(2, 7)

Localizamos os pontos correspondentes aos pares ordenados (x, y) no plano cartesiano. O gráfico dessa função é o conjunto de todos os pontos correspondentes aos pares ordenados (x, y), em que **x** é um número real e $y = 2x + 3$, o que resulta na reta da figura abaixo.

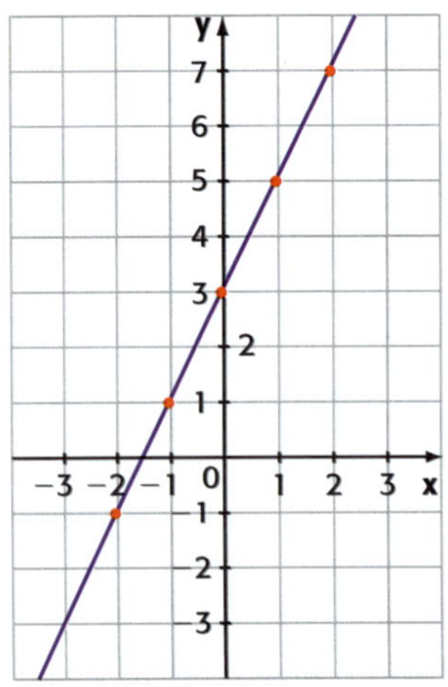

b) Construir o gráfico da função dada por $f(x) = x^2$, sendo **x** um número inteiro.

Atribuímos alguns valores pertencentes ao conjunto dos números inteiros para a variável **x** e calculamos os respectivos valores da variável **y**, determinando o par ordenado (x, y).

x	$y = x^2$	(x, y)
−3	9	(−3, 9)
−2	4	(−2, 4)
−1	1	(−1, 1)
0	0	(0, 0)
1	1	(1, 1)
2	4	(2, 4)
3	9	(3, 9)

Localizamos os pontos correspondentes aos pares ordenados (x, y) no plano cartesiano. O gráfico da função é o conjunto de todos os pontos correspondentes aos pares ordenados (x, y), em que **x** é um número inteiro e $y = x^2$.

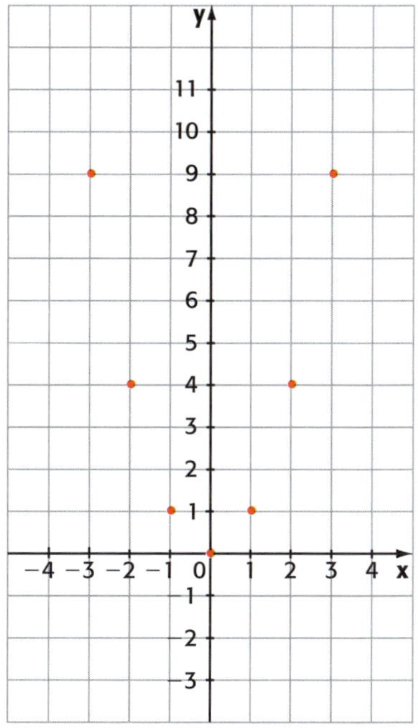

Caso **x** assumisse valores reais, o gráfico dessa função seria a curva da figura abaixo.

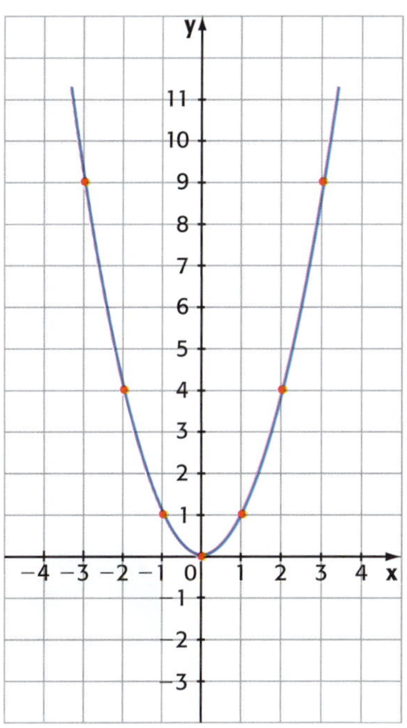

SHUTTERSTOCK

Reconhecendo se um gráfico é de uma função

Para saber se determinado gráfico representa uma função, precisamos verificar se, para cada valor que a variável **x** pode assumir, existe um único valor de **y** correspondente. Assim, se pelo menos um valor de **x** estiver associado a mais de um valor de **y**, o gráfico **não** representa uma função.

Observe os exemplos a seguir.

a)

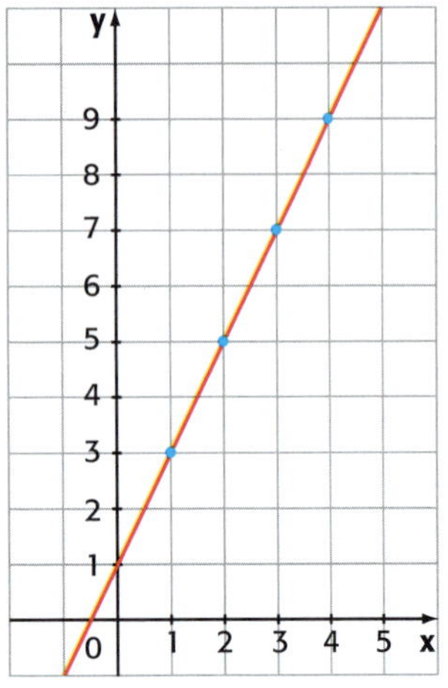

O gráfico é de uma função.

b)

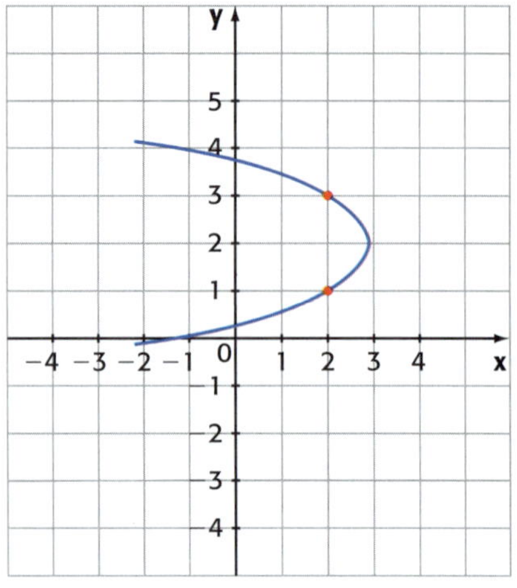

O gráfico não é de uma função, pois, por exemplo, para x = 2 estão associados os valores y = 1 e y = 3.

Zero de uma função

Leia a situação a seguir.

Um objeto foi submetido a aquecimento e verificou-se que a temperatura variou em função do tempo de acordo com a lei $y = 4x - 20$, em que **y** é a temperatura em grau Celsius e **x** é o tempo em minuto. Após quantos minutos decorridos do início do aquecimento a temperatura registrada era de 0 °C?

Podemos substituir **y** por 0 na lei da função e calcular o respectivo valor de **x**, resolvendo a equação:

$$4x - 20 = 0 \Rightarrow 4x = 20 \Rightarrow x = 5$$

Portanto, após 5 minutos a temperatura registrada era de 0 °C.

Dizemos que $x = 5$ é o **zero da função** definida por $y = 4x - 20$, pois corresponde à solução da equação $4x - 20 = 0$.

> **Zero de uma função** é todo valor da variável independente **x**, quando existir, para o qual o valor da variável dependente **y** é igual a zero.

Observe a seguir o gráfico da função definida por $y = 4x - 20$.

BIS

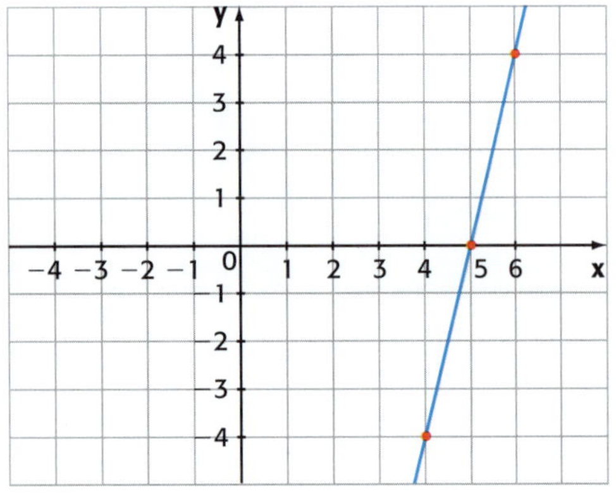

JOSE LUIS PELAEZ INC/ GETTY IMAGES

O zero da função, $x = 5$, corresponde à abscissa do ponto em que o gráfico da função corta o eixo **x**.

Pista 2

Leia novamente o Enigma e responda às questões a seguir.

- A letra G no código usado pela organização representa a letra N na escrita convencional. Quais outras letras usadas na escrita convencional são representadas pela letra G no código da organização criminosa?
- No sistema de codificação usado pela organização criminosa, qual letra representa a letra E usada na forma convencional de escrita? E as letras R e O?
- No sistema de codificação usado pela organização criminosa, qual letra representa a letra A usada na forma convencional de escrita? E a letra B?

Desvende o enigma

- Qual é a mensagem que Vitória decifrou?

ATIVIDADES

9. O volume de água em uma embalagem na forma de bloco retangular é função da altura da água em seu interior, dada por meio da lei $V = 5 + 2h$, em que **h** é a medida da altura, em centímetro, e **V** é o volume, em centímetro cúbico. Determine:

a) O volume de água se $h = 10$ cm.

b) A altura da água na embalagem quando $V = 19\text{ cm}^3$.

10. Considere que **x** pode assumir valores reais e construa o gráfico das funções definidas a seguir.

a) $y = -0{,}5x + 1$

b) $y = 3x$

c) $y = 2 + 2x$

d) $y = x + 7$

e) $y = -2x - 6$

11. Qual dos gráficos a seguir é o gráfico da função definida por $y = -x + 4$?

a) 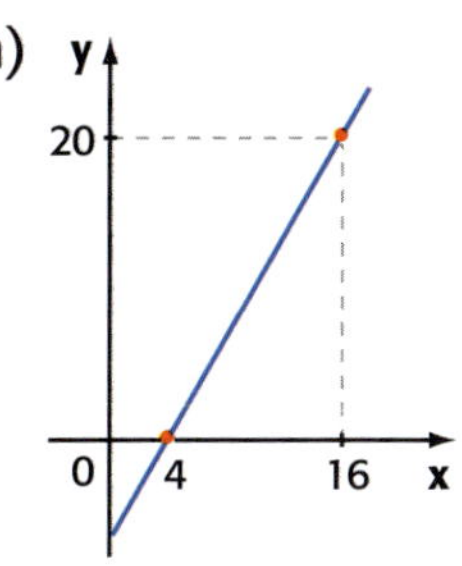

b) 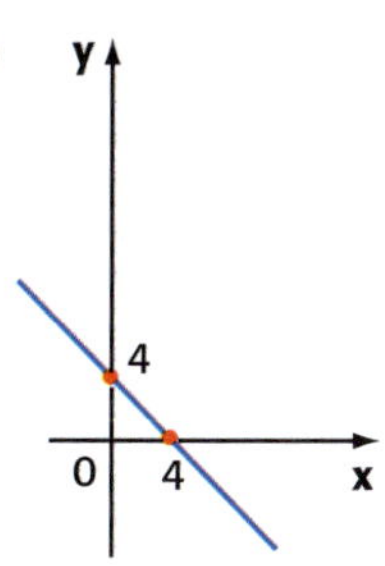

c) 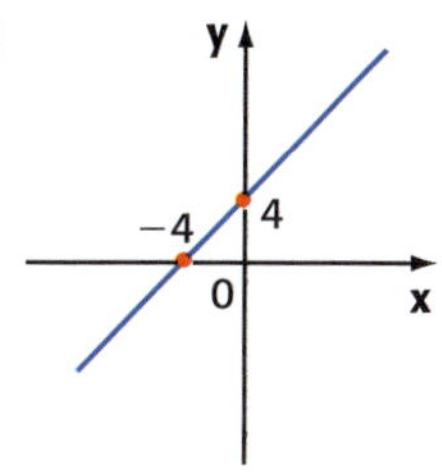

d) 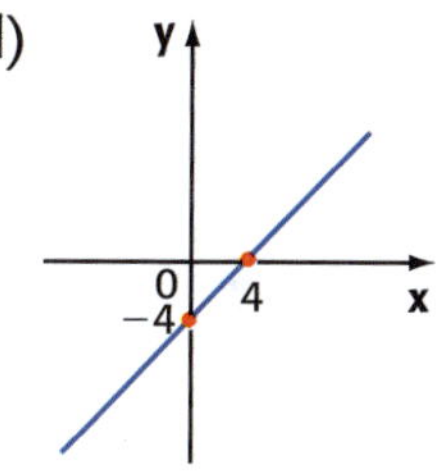

12. (Obmep) A tartaruga e o coelho disputaram uma corrida de 800 metros e o coelho ganhou. Os gráficos representam a relação entre a distância percorrida e o tempo para cada um deles.

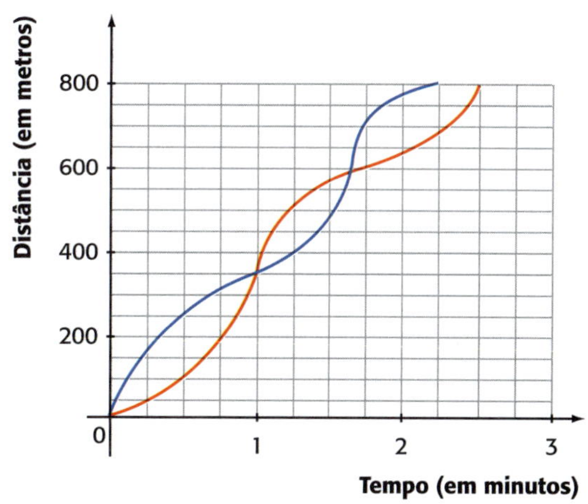

Pode-se afirmar que:

a) durante o primeiro minuto e meio, a tartaruga ficou sempre na frente do coelho.

b) a tartaruga ficou atrás do coelho por pelo menos dois minutos.

c) o coelho terminou a corrida em dois minutos e meio.

d) a tartaruga ficou à frente do coelho por pelo menos 30 segundos.

e) o coelho cruzou a linha de chegada 50 metros à frente da tartaruga.

13. Qual dos gráficos a seguir **não** é de uma função?

a)

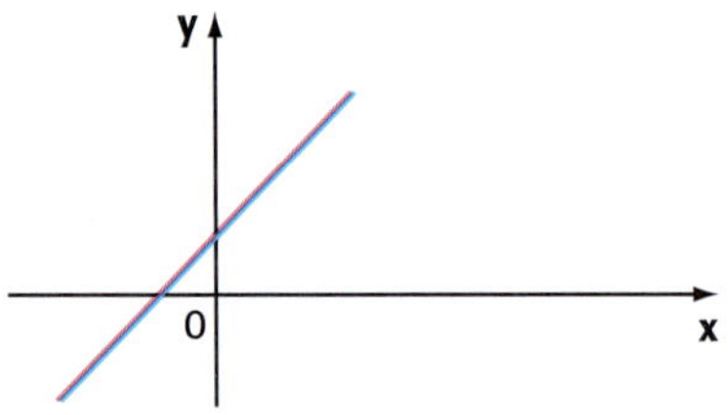

b)

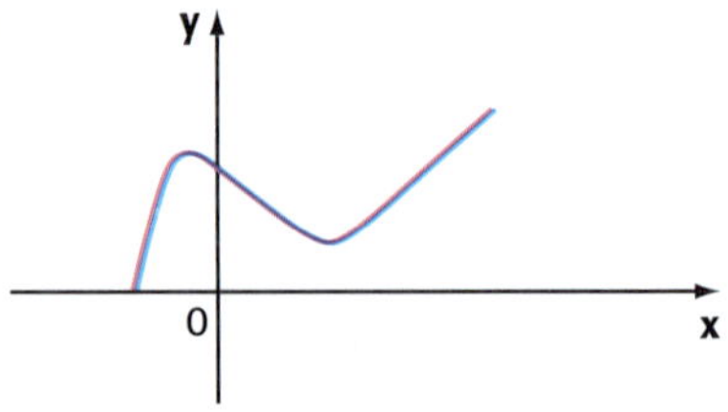

c)

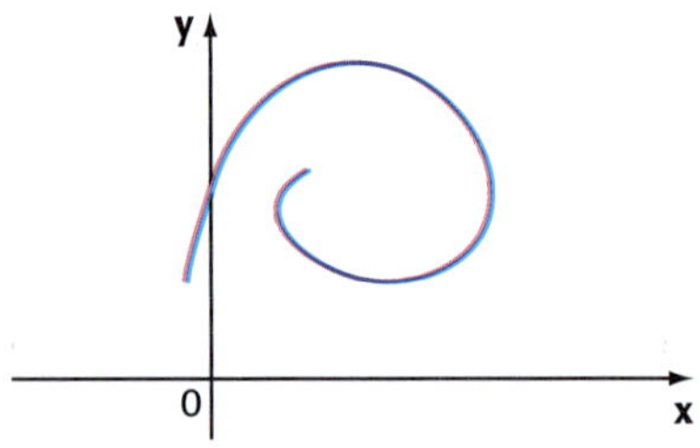

d)

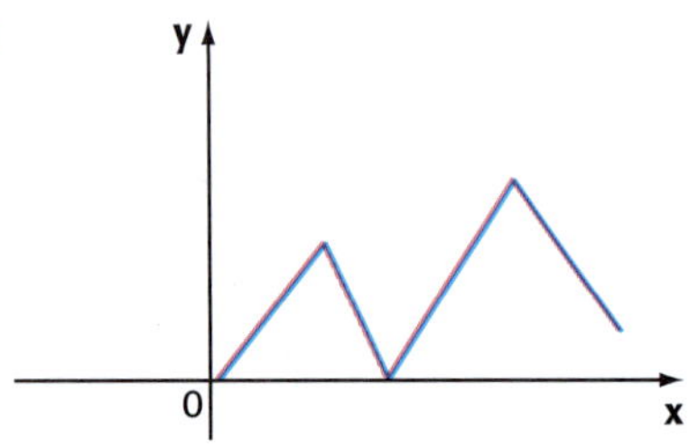

14. O valor x = −3 é zero de qual das funções definidas a seguir?

a) $y = -2x + 6$

b) $y = -x + 3$

c) $y = 4x + 12$

d) $y = x - 3$

15. Determine o valor de **m** para que o zero da função definida em cada item seja 4.

a) $y = mx + 12$

b) $y = -2x + m$

16. Um objeto estava à temperatura de −6 °C e foi aquecido à taxa de 1 °C a cada 5 minutos. Determine:

a) A lei da função que relaciona a temperatura **y**, em grau Celsius, em função do tempo **x**, em minuto.

b) Após quanto tempo a temperatura do objeto será igual a 0 °C?

17. Um automóvel desloca-se em uma estrada a 90 quilômetros por hora. Identifique qual dos gráficos a seguir poderia representar a distância percorrida, em quilômetro, por esse automóvel em função do tempo, em hora. Considere que esse automóvel mantenha essa velocidade durante todo o percurso.

a)

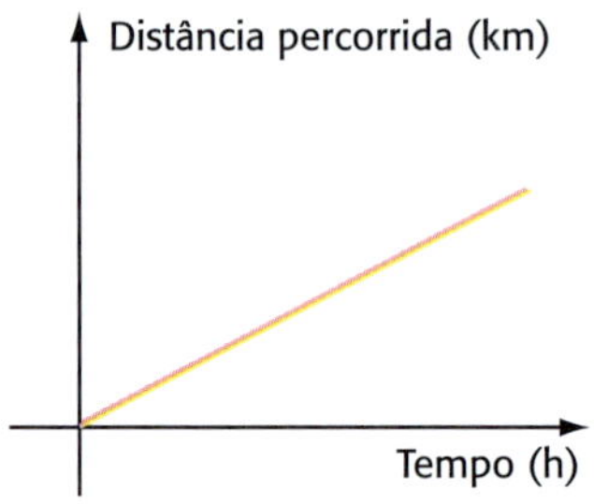

b)

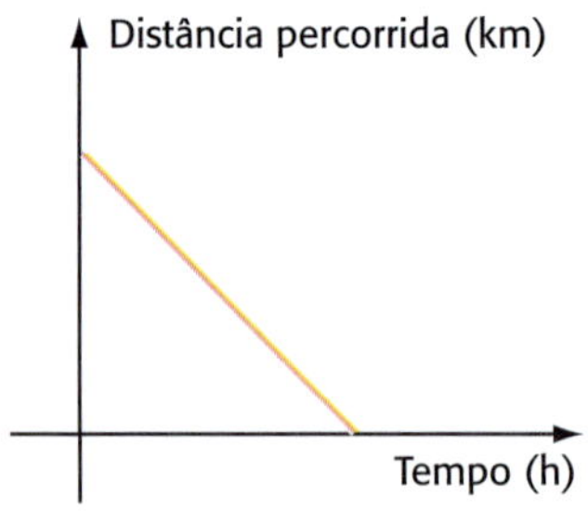

c)

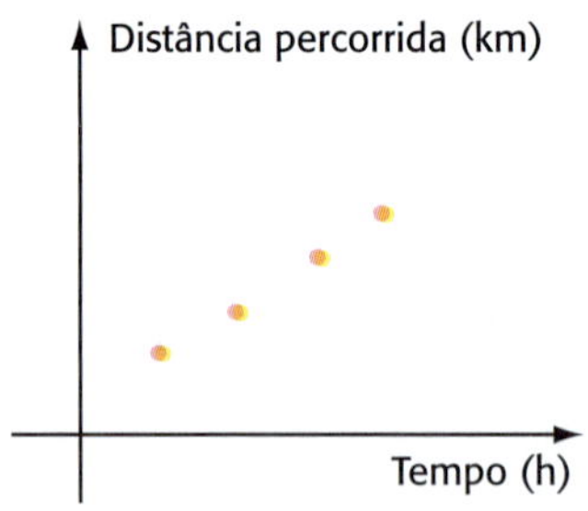

d)

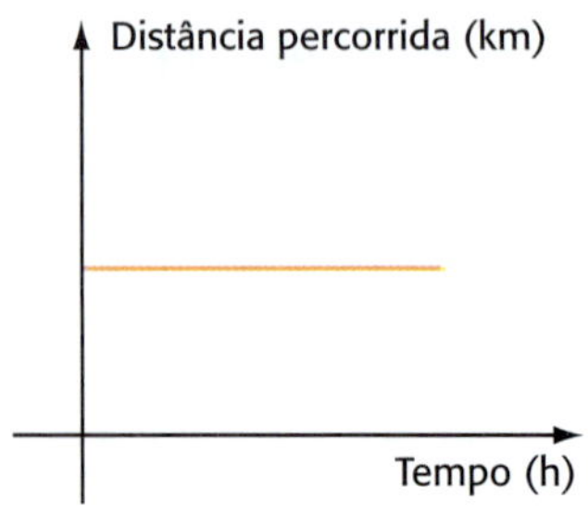

teia do saber

1. Leia a tirinha a seguir.

ESTÚDIO MIL

Identifique o gráfico que poderia representar essa situação sob o ponto de vista do comprador.

a) 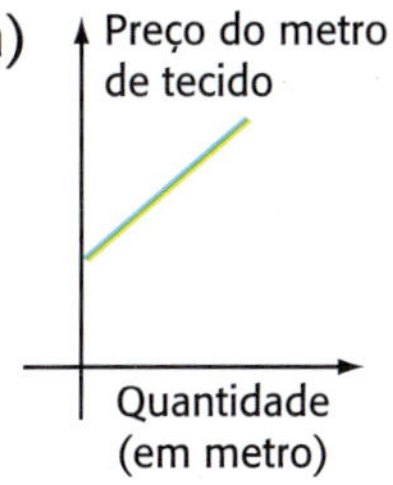

b) 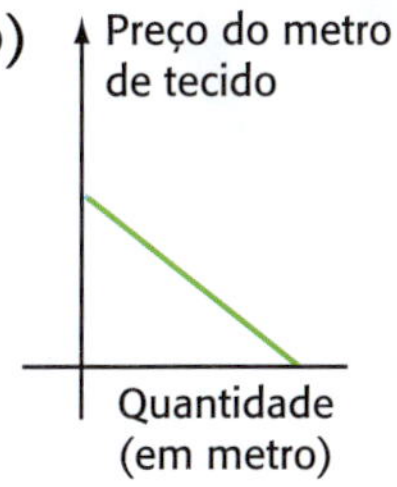

c) 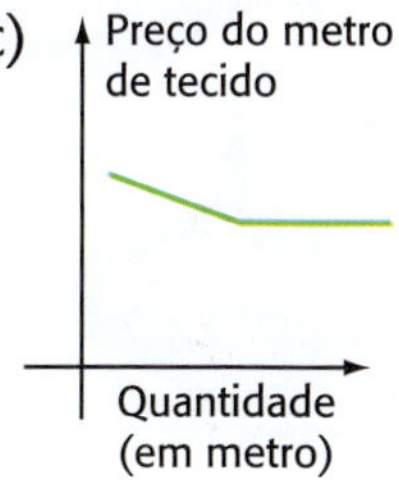

d) 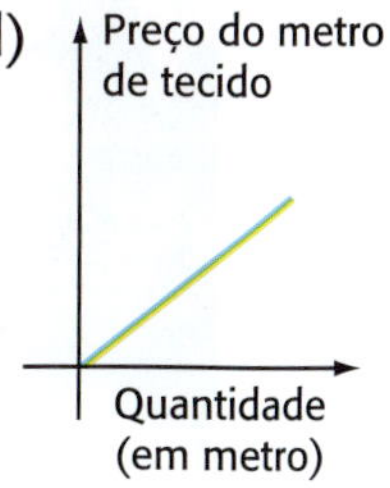

2. A conta de luz distribuída por uma empresa de energia elétrica é calculada da seguinte forma: se for consumido de zero a 20 kWh (quilowatt-hora), paga-se o valor fixo R$ 9,60; se o consumo for superior a 20 kWh, paga-se R$ 9,60 mais R$ 0,70 por cada quilowatt-hora que ultrapassar o limite de 20 kWh.

a) Quanto se pagará por um consumo de 21 kWh? E de 30 kWh?

b) Considere o consumo **x**, em kWh, e o valor pago **y**, em reais, e escreva uma expressão matemática que expresse a relação entre essas variáveis.

teia integrada

3. Na Tailândia (Ásia), existe uma antiga tradição das mulheres de certa etnia que consiste em colocar anéis metálicos de 8,5 mm de espessura no pescoço. Por volta dos 5 anos de idade, a menina recebe seu primeiro anel e ao longo dos anos são acrescentados outros, alongando o pescoço em até 30 cm.

W.G.ALLGOEWER/EASYPIX

Considerados atributos de beleza da mulher, não se sabe a origem da tradição de colocar anéis no pescoço. Acredita-se que eram utilizados antigamente para evitar que tigres, comuns na região, atacassem o pescoço das camponesas ou como proteção contra forças sobrenaturais.

Fonte de pesquisa: Ester Meister Freitag. *Um estudo dos artefatos cerâmicos no conceito de joia*. Disponível em: <http://www.pergamum.udesc.br/dados-bu/000000/000000000003/0000032F.pdf>. Acesso em: 22 maio 2015.

a) Suponha que a partir da colocação do primeiro anel, aos 5 anos de idade, um novo anel seja colocado a cada ano. Quantos milímetros de espessura terá a camada de anéis no pescoço aos 9 anos de idade? E aos 20?

b) Se, nessas condições, uma mulher tem anéis que totalizam uma camada de 76,5 mm, qual é sua idade?

c) A relação entre a medida da espessura total da camada de anéis e a idade, a partir dos 5 anos, das mulheres que os utilizam é uma função? Justifique.

d) Qual é a variável independente na relação mencionada no item anterior? E qual é a variável dependente?

2 Função afim

César alugou um carro escolhendo um plano de pagamento composto de duas partes:

- Uma parte fixa de valor R$ 40,00.
- Uma parte variável, em que é cobrado R$ 0,50 por cada quilômetro rodado.

VIACHESLAV IAKOBCHUK/ALAMY/LATINSTOCK

Assim, o preço do aluguel do carro é função do número de quilômetros rodados, e pode ser obtido por meio da expressão:

$$\text{Preço do aluguel} = 0{,}50 \cdot (\text{número de quilômetros rodados}) + 40$$

Considerando **y** o preço do aluguel e **x** o número de quilômetros rodados, obtém-se a seguinte lei da função:

$$y = 0{,}50 \cdot x + 40$$

Esse é um exemplo de função afim.

> Chamamos de **função afim** toda função cuja lei pode ser escrita na forma $y = ax + b$, em que **x** é a variável independente e **a** e **b** são números reais.

Os números **a** e **b** são chamados **coeficientes** da função afim.

No caso da função relacionada ao aluguel do carro, temos $a = 0{,}50$ e $b = 40$.

Observe outros exemplos:

- A função dada por $y = -4x$ é uma função afim, em que $a = -4$ e $b = 0$.
- A função cuja lei é $p = 0{,}6t - \sqrt{5}$ é uma função afim, em que $a = 0{,}6$ e $b = -\sqrt{5}$.
- A função dada por $z = \frac{1}{x}$ **não** é uma função afim, pois a lei dessa função não pode ser escrita na forma $y = ax + b$.
- A função definida por $y = \frac{x + 4}{3}$ é uma função afim, pois a lei dessa função pode ser reescrita como $y = \frac{x}{3} + \frac{4}{3}$, em que $a = \frac{1}{3}$ e $b = \frac{4}{3}$.
- A função dada por $y = 3x^2 - 2x$ **não** é uma função afim, pois a lei dessa função não pode ser escrita na forma $y = ax + b$.

Gráfico de uma função afim

Para construir o gráfico de uma função afim podemos seguir os mesmos procedimentos discutidos anteriormente.

Observe a tabela e o gráfico associados a cada uma das funções afim definidas a seguir:

a) $y = 3x + 1$

x	y = 3x + 1	(x, y)
−2	$3 \cdot (-2) + 1 = -5$	(−2, −5)
−1	$3 \cdot (-1) + 1 = -2$	(−1, −2)
0	$3 \cdot (0) + 1 = 1$	(0, 1)
1	$3 \cdot (1) + 1 = 4$	(1, 4)
2	$3 \cdot (2) + 1 = 7$	(2, 7)

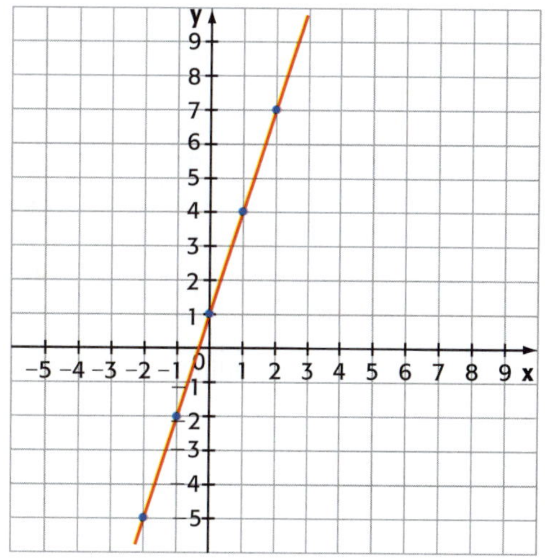

b) $y = -x + 4$

x	y = −x + 4	(x, y)
−2	$-(-2) + 4 = 6$	(−2, 6)
−1	$-(-1) + 4 = 5$	(−1, 5)
0	$-(0) + 4 = 4$	(0, 4)
1	$-(1) + 4 = 3$	(1, 3)
2	$-(2) + 4 = 2$	(2, 2)

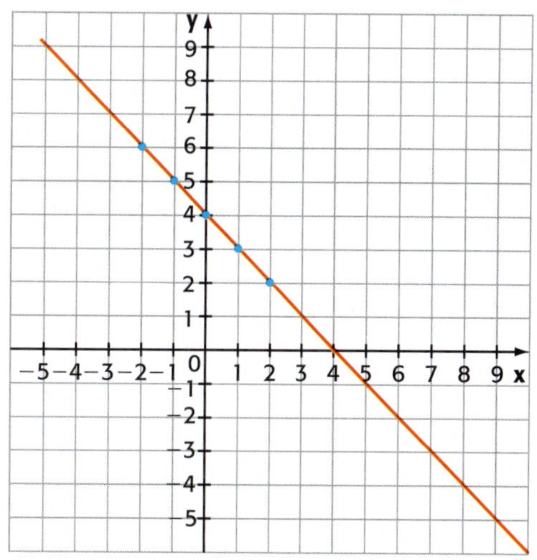

Observe que em cada caso os pontos estão alinhados, de modo que os gráficos dessas duas funções afim são retas não perpendiculares ao eixo **x**. É possível mostrar que isso sempre ocorre.

O gráfico de uma função afim, definida por $y = ax + b$, para todo **x** real, é uma reta não perpendicular ao eixo **x**.

Como dois pontos determinam uma reta, para traçar o gráfico de uma função afim basta obter dois de seus pontos.

Exemplo:

- Para traçar o gráfico da função dada por y = 3x + 3, construímos uma tabela para a qual escolhemos dois valores de **x** e calculamos os valores correspondentes de **y** conforme indicado a seguir.

x	y = 3x + 3	(x, y)
−1	$3 \cdot (-1) + 3 = 0$	(−1, 0)
1	$3 \cdot (1) + 3 = 6$	(1, 6)

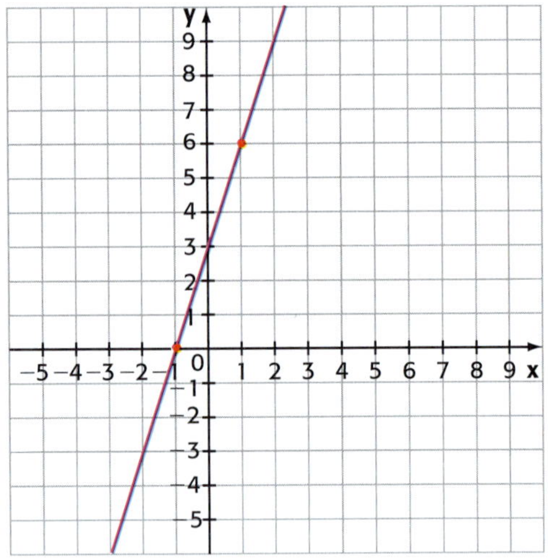

- Verifique, por meio da lei da função representada no gráfico ao lado, que o ponto de cooordendas (−2, −3) pertence ao gráfico dessa função. Depois, observe o gráfico e veja que a reta passa por esse ponto.

O coeficiente b

Leia a situação a seguir.

Um tanque contém 3 litros de água e uma torneira passou a despejar 2 litros de água por minuto em seu interior. A relação entre o volume **V**, em litro, do tanque e o tempo **t**, em minuto, é uma função afim expressa pela lei:

$$V = 2 \cdot t + 3, \text{ em que } t \geqslant 0$$

Vamos estudar o significado do coeficiente **b** da lei dessa função afim.

O volume inicial do tanque é igual a 3 litros e corresponde ao tempo zero minuto; assim, quando t = 0, o volume é V = 3, ou seja, temos o ponto de coordenadas (0, 3), o qual indica que o gráfico intersecta o eixo vertical na ordenada 3.

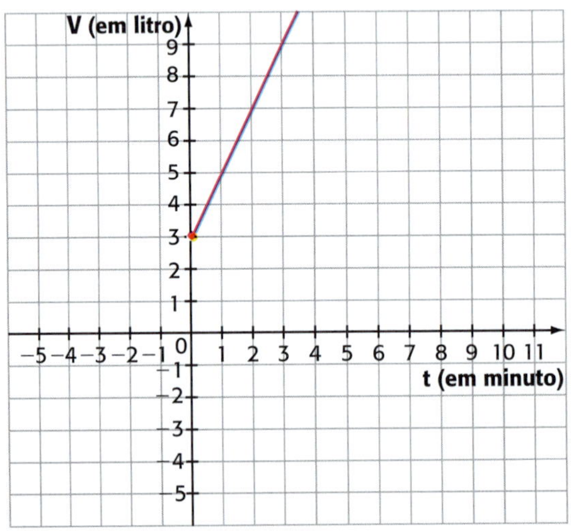

Podemos chegar à mesma conclusão substituindo t = 0 na lei da função:

$$V = 2 \cdot 0 + 3 = 3$$

O coeficiente **b** representa a ordenada do ponto em que o gráfico da função afim corta o eixo vertical.

Regularidades no gráfico de uma função afim

Considere a função definida pela lei $y = 3x + 1$ e seu gráfico representado a seguir.

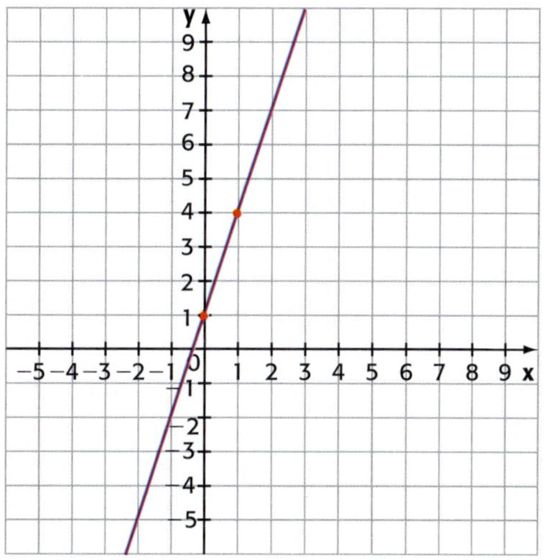

Note que, quando os valores de **x** aumentam, os valores correspondentes de **y** também aumentam. Nesse caso, dizemos que a função afim é **crescente**.

> Uma função afim é **crescente** quando o coeficiente **a** é positivo ($a > 0$).

Considere agora a função definida pela lei $y = -2x + 4$ e seu gráfico representado a seguir.

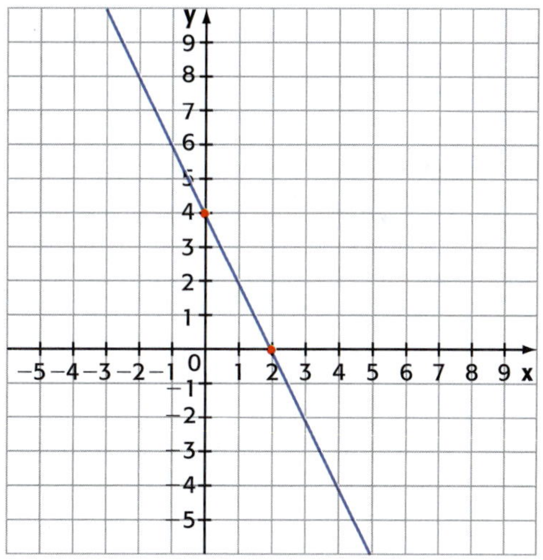

Note que, quando os valores de **x** aumentam, os valores correspondentes de **y** diminuem. Nesse caso, dizemos que a função afim é **decrescente**.

> Uma função afim é **decrescente** quando o coeficiente **a** é negativo ($a < 0$).

Considere a função definida por $y = -3$. Como a variável **x** não aparece na lei da função, para qualquer valor de **x** o valor correspondente de **y** é igual a -3.

Nesse caso, dizemos que a função afim é **constante**.

Uma função afim é **constante** quando o coeficiente **a** é igual a zero ($a = 0$).

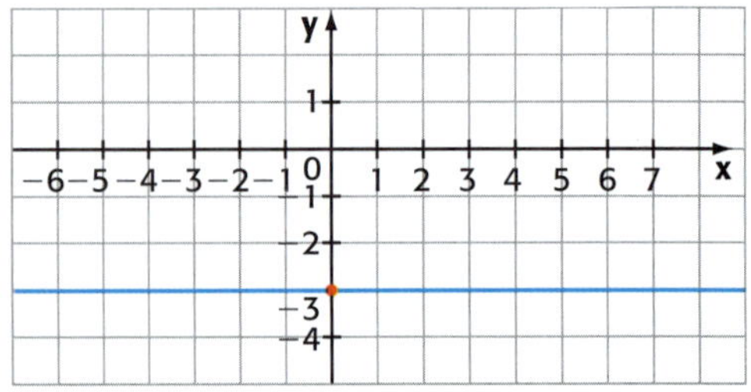

O gráfico de uma função afim constante é uma reta paralela ao eixo **x** que passa pelo ponto $(0, b)$.

Observe ao lado o gráfico da função afim constante dada por $y = -3$.

Zero de uma função afim

Para determinar o zero de uma função afim, temos de obter o valor de **x** para o qual **y** é igual a zero.

Exemplo:

Calcular o zero da função afim dada por $y = 2x + 4$.

Substituímos o valor de **y** por zero e resolvemos a equação obtida:

$$2x + 4 = 0$$
$$2x = -4$$
$$x = -2$$

O zero da função é $x = -2$ e corresponde à abscissa do ponto em que a reta corta o eixo **x**, como mostra o gráfico a seguir.

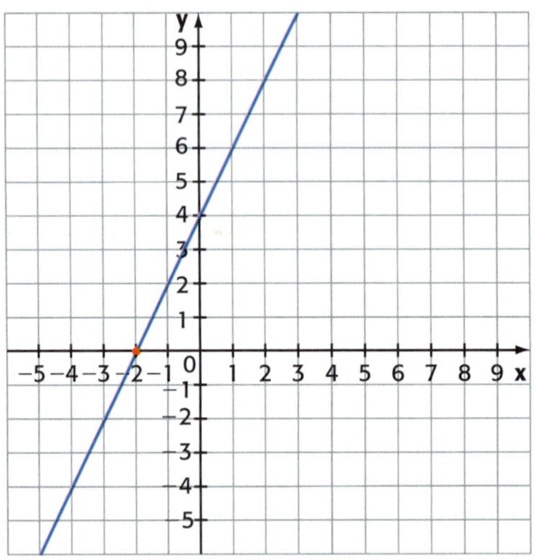

ATIVIDADES

18. Identifique os itens em que estão definidas funções afim.

a) $y = -\frac{x}{3} + 2$

b) $y = -x$

c) $y = \frac{1}{x} - 3$

d) $y = \sqrt{x} + 1$

e) $y = -7$

f) $y = 4 - x$

19. Construa o gráfico da função afim definida em cada caso:

a) $y = x + 2$

b) $y = 3 - x$

c) $y = \frac{x}{2} - 2$

d) $y = 2x - 3$

e) $y = 3x + 3$

f) $y = 3 - \frac{x}{3}$

20. Considerando o gráfico a seguir, obtenha:

a) A lei da função afim correspondente ao gráfico.

b) O zero da função.

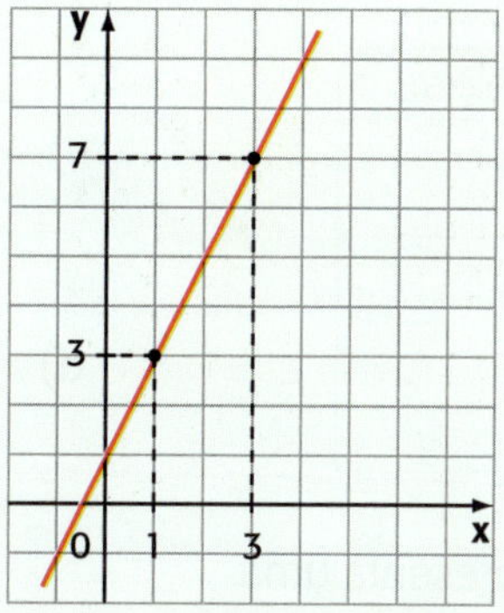

Resolução

a) Um modo de resolver o problema é substituir as coordenadas dos pontos A e B em $y = ax + b$ e, em seguida, resolver o sistema de equações.

Para A(1, 3), temos:

$$3 = a \cdot (1) + b \Rightarrow a + b = 3 \text{ (equação I)}$$

Para B(3, 7), temos:

$$7 = a \cdot (3) + b \Rightarrow 3a + b = 7 \text{ (equação II)}$$

Resolvendo o sistema de equações formado pelas equações I e II, obtemos $a = 2$ e $b = 1$.

Portanto, a lei da função é $y = 2x + 1$.

b) O zero da função é o valor da abscissa **x** para a qual **y** é igual a 0.

Assim, fazendo $y = 0$ na função definida por $y = 2x + 1$, obtém-se:

$$2x + 1 = 0 \Rightarrow x = -\frac{1}{2}$$

Portanto, o zero da função é $x = -\frac{1}{2}$.

21. A tabela a seguir apresenta alguns valores de uma função afim definida por $y = ax + b$. Copie a tabela em seu caderno e complete-a.

x	2	3	5	8	▨
y	5	3	▨	−7	−11

22. Identifique qual é a alternativa que apresenta a lei da função cujo gráfico é representado a seguir.

a) $y = 3x + 3$

b) $y = 3 - 3x$

c) $y = 3 - x$

d) $y = 3x$

e) $y = -3x$

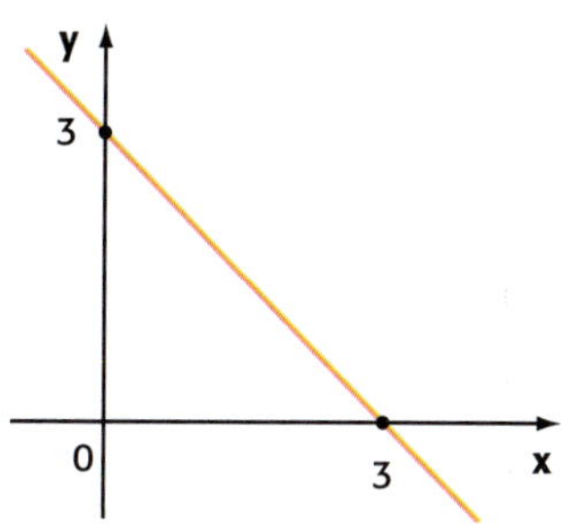

23. O ponto de coordenadas (−2, 3) pertence ao gráfico da função afim definida por $y = 3x + b$. Obtenha o valor do coeficiente **b**.

24. Uma função afim tem coeficiente $a = -2$ e coeficiente $b = 1$.

a) Construa o gráfico dessa função.

b) Obtenha o valor da função para $x = -4$.

25. Sandra trabalha como vendedora e recebe um salário composto de uma parte fixa de R$ 1 200,00 e uma parte variável correspondente a 2% do total de vendas efetuadas no mês. Determine:

a) A lei da função que relaciona o salário **y** e o valor total de vendas **x**.

b) Essa função é crescente ou decrescente?

26. Obtenha uma função afim definida por $y = ax + b$, em que **x** representa o número de triângulos formados com palitos e **y** representa o número de palitos usados na construção, como mostra o quadro a seguir:

x	y	Construção com os palitos
1	3	
2	5	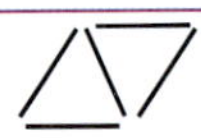
3	7	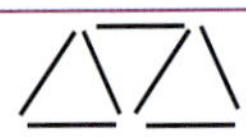

27. Observe a seguir a tabela que representa uma função afim definida pela lei $y = ax + b$.

x	y
−2	6
−1	5
0	4
1	3
2	2

a) Qual é o valor do coeficiente **a**?

b) E do coeficiente **b**?

c) Qual é o valor de **y** para $x = 4$?

28. Obtenha a lei da função afim cujo gráfico é dado em cada caso.

a)

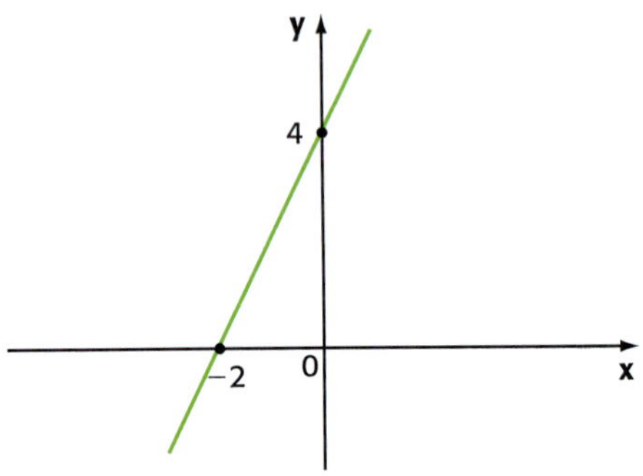

b)

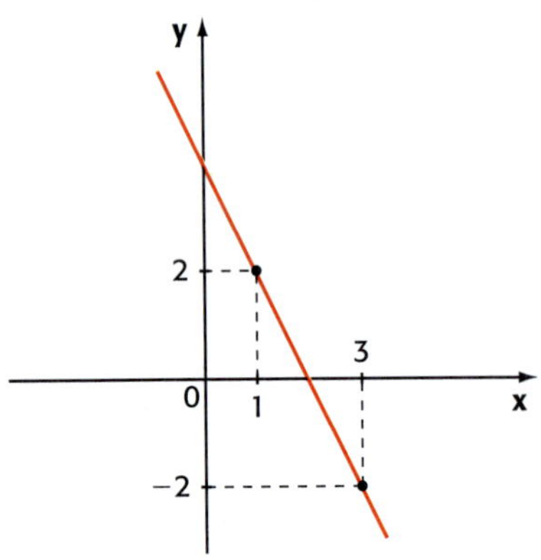

c)

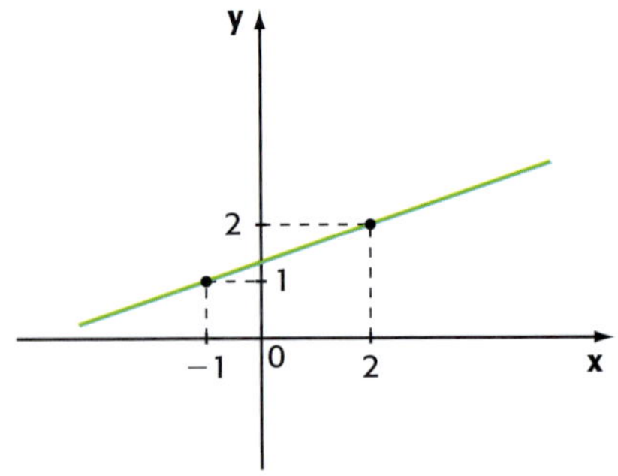

d)

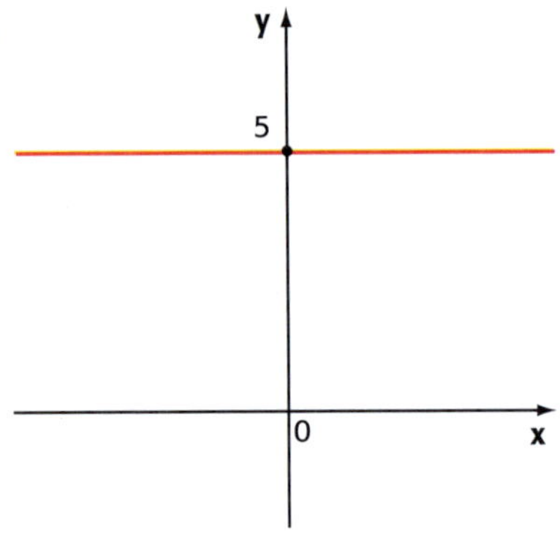

29. Classifique cada função afim definida abaixo como crescente, decrescente ou constante.

a) $y = -4x + 1$

b) $y = \frac{x}{3} - 6$

c) $y = 6x$

d) $y = 4{,}2$

30. O gráfico de uma função afim passa pelos pontos B(2, 7) e C(5, 2). Essa função é crescente ou decrescente?

31. Uma pessoa foi a um restaurante e pagou um valor fixo de R$ 18,00 pela refeição, com direito a comer a quantidade que desejasse. A função que relaciona o valor pago com a quantidade consumida, nesse caso, é crescente, decrescente ou constante?

32. Classifique cada afirmação a seguir como verdadeira ou falsa.

I. Os gráficos de duas funções afim constantes distintas não apresentam ponto de interseção.

II. Os gráficos de duas funções afim crescentes distintas sempre têm um ponto de interseção.

Jogo das funções

Neste jogo, você e os colegas devem reunir quatro diferentes informações sobre uma mesma função afim: lei da função, gráfico, tabela e zero da função.

Jogadores

- 4 jogadores.

Material

- Cartolina.
- Tesoura.
- Régua.
- Lápis e canetas coloridas.

Como fazer as cartas

Recorte a cartolina e forme 10 conjuntos de 4 cartas, todas de mesmo tamanho.

Escolha 10 funções afim diferentes e, para cada uma delas, preencha uma carta com um tipo de informação sobre a função: lei da função, tabela, gráfico e zero da função. Veja um exemplo de um conjunto de 4 cartas contendo as informações sobre uma função escolhida:

Lei da função

$y = 2x + 6$

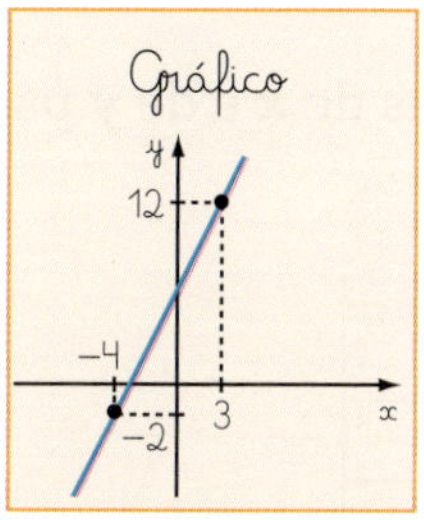

Tabela

x	y
−1	4
0	6
1	8
2	10

Zero da função

$x = -3$

Regras

- Os jogadores devem separar as cartas em 4 montes de acordo com o tipo de informação – lei da função, tabela, gráfico e zero da função. As cartas dos montes devem estar viradas para baixo.
- Ao iniciar o jogo, cada jogador deve receber 1 carta de cada monte.
- Na sua vez, um jogador deve escolher um monte e retirar uma carta. Esse jogador pode trocá-la pela carta do mesmo tipo que está em sua mão ou descartá-la no centro da mesa, com a face que mostra seu conteúdo voltada para cima.
- Na jogada seguinte, o próximo jogador pode trocar a carta que está no centro da mesa pela carta de mesmo tipo em sua mão ou retirar uma carta de um dos montes, podendo descartá-la ou trocá-la pela carta de sua mão.
- Quando as cartas de um dos montes acabar, um jogador pode, na sua jogada, exigir a troca de sua carta (do mesmo tipo das que estavam no monte que acabou) pela carta correspondente de qualquer um dos outros jogadores.
- Vence o jogo aquele que primeiro obtiver as 4 cartas com as informações referentes à mesma função.

Função linear

Leia a situação a seguir.

Uma caixa-d'água com a forma de um bloco retangular está inicialmente vazia. Aberto o registro, ela começa a receber água a uma taxa constante de 5 litros por minuto. Como o volume de água é função do tempo, podemos escrever a lei dessa função do seguinte modo:

$$\text{Volume} = 5 \cdot (\text{tempo decorrido})$$

Substituindo o volume por **y** e o tempo decorrido por **x**, temos a lei $y = 5 \cdot x$, em que $x \geqslant 0$.

Veja que essa função pode ser escrita como uma função afim, $y = 5x + 0$, em que o coeficiente **b** é igual a zero. Quando, em uma função afim, o coeficiente **b** é igual a zero, essa função é chamada **função linear**.

Chamamos de **função linear** toda função afim cuja lei pode ser escrita na forma $y = ax$, em que **x** é a variável independente e **a** é um número real diferente de zero.

Observe a tabela com alguns valores de **x** e de **y** para a função dada por $y = 5 \cdot x$, em que $x \geqslant 0$:

Tempo x (em minuto)	Volume y (em litro)
0	0
1	5
2	10
3	15
4	20

Veja que:

- para $x = 1$, temos $y = 5$.
- para $x = 2$, temos $y = 10$.

Note que, ao dobrar o valor da variável **x**, o valor correspondente da variável **y** também foi multiplicado por 2. Essa regularidade é característica da proporcionalidade direta. Observe outros pares de valores correspondentes da tabela para os quais podemos verificar proporcionalidade direta.

- para $x = 1$, temos $y = 5$.
- para $x = 4$, temos $y = 20$.

Nesse caso, ao multiplicar o valor da variável **x** por 4, o valor correspondente da variável **y** também foi multiplicado por 4.

Observe o gráfico da função $y = 5x$ do exemplo anterior:

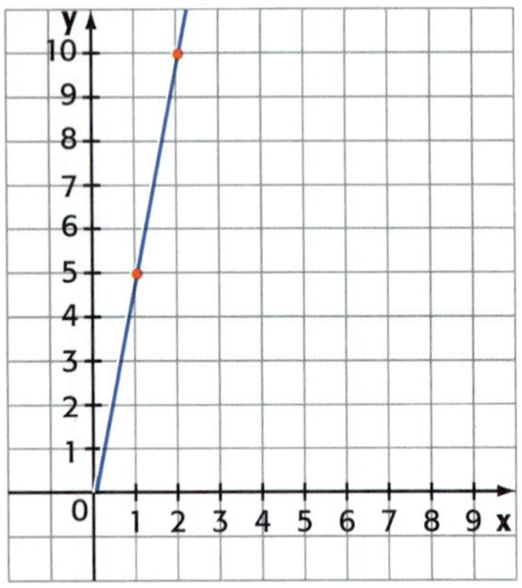

O gráfico de uma função linear dada pela lei $y = ax$ é uma reta não perpendicular ao eixo horizontal e que passa pelo ponto de coordenadas (0, 0).

ATIVIDADES

33. Construa o gráfico da função linear definida em cada caso.

a) $y = 3x$ c) $y = 0{,}2x$

b) $y = -5x$ d) $y = -\frac{x}{4}$

34. Obtenha a lei de uma função linear cujo gráfico passe pelo ponto indicado em cada caso:

a) $(2, 9)$ c) $(-1, 6)$

b) $(-3, 3)$ d) $\left(\frac{1}{2}, 4\right)$

35. Responda à questão de acordo com a representação gráfica de cada item.

a) Qual é a lei da função linear correspondente ao gráfico?

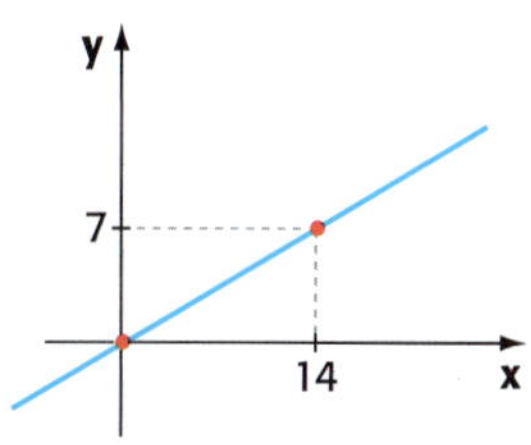

b) Qual é o valor de **q** sabendo que $y = 3x$?

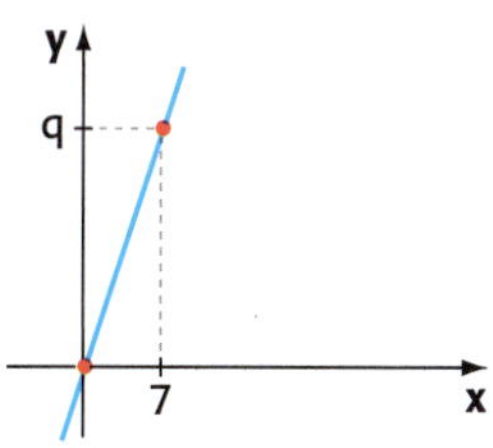

c) Qual é o valor de **m** sabendo que $y = 1{,}5x$?

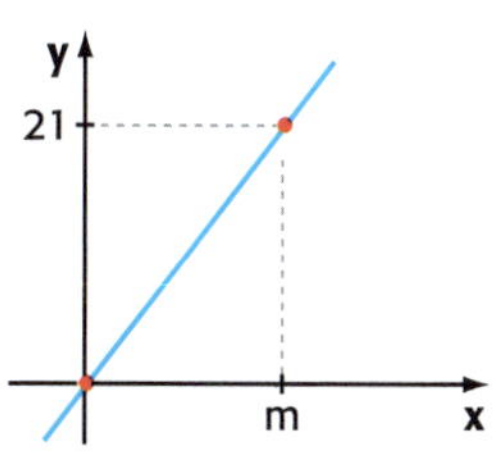

36. Considere um círculo e seu centro O. Observe as figuras que mostram o número de partes iguais em que o círculo ficou dividido de acordo com o número de diâmetros distintos traçados:

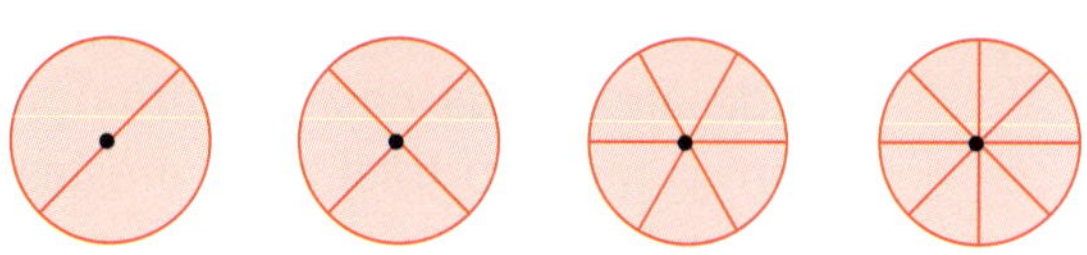

a) Considere **n** o número de diâmetros traçados e **m** o número de partes obtidas e determine a lei da função que relaciona **m** e **n**.

b) Nessa função, os valores que **n** pode assumir pertencem a qual conjunto numérico?

c) Quantos diâmetros distintos devemos traçar para dividir esse círculo em 24 partes?

37. O alongamento **y** de uma mola a partir da posição de equilíbrio, em metro, depende da massa **M** de um objeto preso em sua extremidade, como mostrado a seguir.

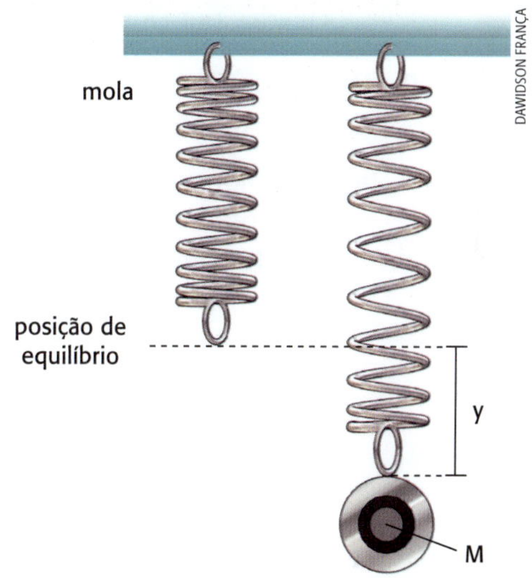

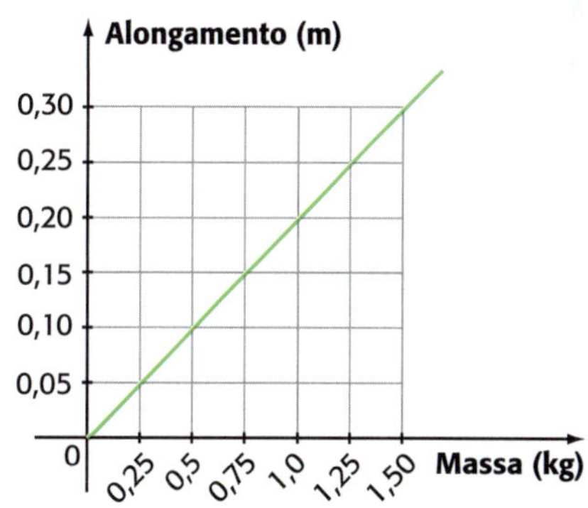

Sabendo que a relação mostrada no gráfico é válida para um alongamento de até 0,70 metros, responda:

a) Quantos centímetros de alongamento sofrerá essa mola para uma massa de 2 kg presa em sua extremidade?

b) Qual é a medida da massa de um objeto que provoca 50 cm de alongamento nessa mola?

teia do saber

1. Calculadora

Douglas usou uma calculadora para obter os valores da ordenada **y** correspondentes a alguns valores de **x** de uma função afim, apertando as teclas indicadas a seguir:

a) Quais são os valores assumidos por **x** nos cálculos efetuados por Douglas?

b) Qual é a lei da função afim cujas ordenadas de alguns pontos foram calculadas por Douglas?

2. Rodrigo desceu do alto de um escorregador da praça de seu bairro.

a) Identifique o gráfico que melhor representa a velocidade de Rodrigo de acordo com o tempo.

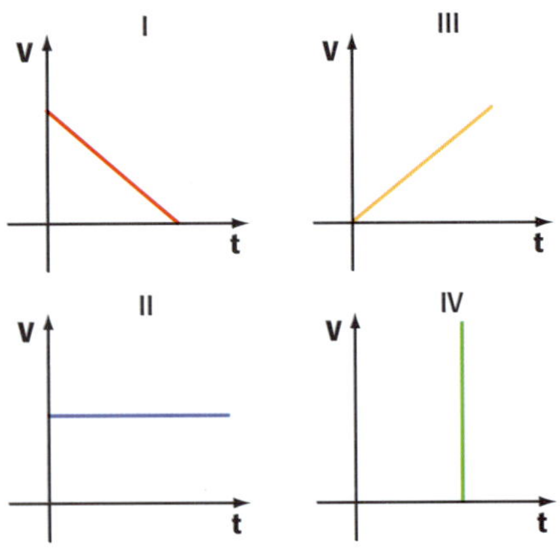

b) A função correspondente à velocidade de Rodrigo em função do tempo é crescente ou decrescente?

3. Uma operadora de telefonia celular oferece a seus clientes um plano de pagamento em que se paga R$ 30,00 para falar 120 minutos em ligações locais para telefones fixos ou móveis. Se o cliente ultrapassar esse tempo, ele paga R$ 0,80 por minuto para qualquer ligação.

a) Quantos reais o cliente paga por minuto se falar no máximo 120 minutos?

b) Quantos reais um cliente pagará se falou por 147 minutos?

c) Obtenha a lei da função que relaciona o valor pago **y**, em reais, ao tempo **t** que ultrapassa 120 minutos (por exemplo, $t = 0$ indica que o cliente falou por 120 minutos, $t = 1$ indica que ele falou por 121 minutos, e assim por diante).

4. O gráfico a seguir representa uma função descrita por meio da lei:

$$y = -x + 2$$

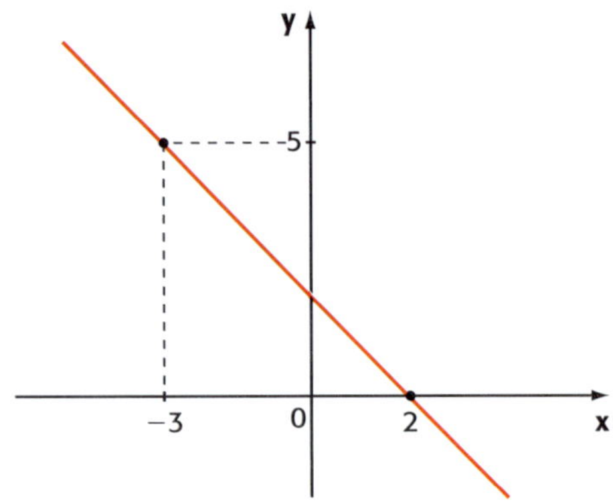

a) Qual é o valor da função para $x = 3$?

b) Determine o valor de **x** para o qual $y = 9$.

5. Augusto trabalha em uma empresa que realiza pesquisas de opinião. Seus vencimentos dependem apenas do número de entrevistas completas que ele consegue fazer com os consumidores, ganhando R$ 15,00 por cada entrevista concluída. Em todos os 22 dias em que ele trabalhará nesse mês, gastará diariamente R$ 15,00 com transporte e alimentação.

a) Em cinco dias de trabalho, Augusto teve um vencimento líquido de R$ 375,00, ou seja, esse valor resulta da quantia recebida pelas entrevistas que ele fez nesse período menos os gastos com transporte e alimentação. Quantas entrevistas Augusto fez nesse período?

b) Qual é o número mínimo de entrevistas que Augusto deve realizar por mês para que não gaste mais do que recebe? Considere que ele realiza o mesmo número de entrevistas por dia.

6. Considere a função que relaciona o número **a** de arestas da base de uma pirâmide com o número total **n** de arestas dessa pirâmide.

Considerando que **a** assume apenas valores pertencentes ao conjunto dos números naturais maiores do que 2, obtenha a lei dessa função.

7. Obtenha a lei da função afim correspondente a cada gráfico.

a) 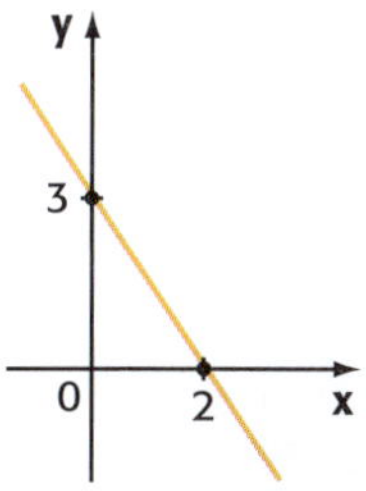

b) 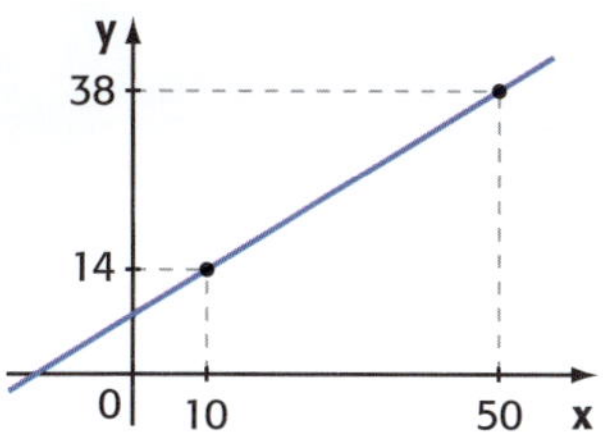

8. Um caminhão-pipa transporta 15 000 litros de água e será esvaziado por meio de uma mangueira conectada a uma bomba-d'água, a uma taxa constante de 400 litros por minuto.

a) Quantos litros de água restarão no caminhão após 18 minutos?

b) Quanto tempo será necessário para esvaziar completamente o caminhão?

c) Obtenha a lei da função que relaciona o tempo **t** (em minuto) com o volume de água **V** (em litro) no reservatório do caminhão-pipa.

9. Um motorista começa sua viagem no quilômetro 19 de uma rodovia a uma velocidade que pode ser considerada constante. Depois de 45 minutos, ele passa pelo quilômetro 79 e prossegue sua viagem por mais 45 minutos pela rodovia, quando para em um restaurante para almoçar.

a) Qual era a velocidade do veículo nessa viagem?

b) Em qual quilômetro da rodovia encontra-se o restaurante?

teia integrada

10. Leia o texto a seguir.

Qual é a velocidade de crescimento do cabelo?

[...] o cabelo humano parece crescer em um ritmo constante de cerca de meio milímetro por dia, ou cerca de 1,3 centímetro por mês. [...] Ele pode crescer mais rápido ou mais lento, dependendo de sua idade, genética e estado hormonal (a gravidez parece afetar os cabelos), mas meio milímetro por dia é uma boa média.

O que isso significa é que a taxa máxima de crescimento para o cabelo é de cerca de 16 centímetros por ano. Se você tem cabelo curto e está pensando em como seria legal ver seus cabelos chegando até a cintura, prepare-se para quatro anos de espera!

Disponível em: <http://www.hsw.uol.com.br/questao251.htm>. Acesso em: 3 maio 2015.

Os fios de cabelo de Mariana crescem 1,3 cm por mês, até atingirem 30 cm de comprimento, quando a taxa de crescimento diminui para 1 cm por mês.

a) Pesquise sobre como se dá a formação do cabelo humano e conte aos colegas.

b) Se um fio de cabelo de Mariana tem atualmente 17 cm de comprimento, considerando que ele não caia antes, após quanto tempo ele alcançará 30 cm de comprimento?

c) E 40 cm?

URBAN ZONE/ALAMY/LATINSTOCK

A taxa de crescimento dos fios de cabelo depende da idade e da medida de seu comprimento, entre outros fatores.

3 Função quadrática

No século XVII, o cientista italiano Galileu Galilei (1564-1642) realizou experimentos com bolinhas que partiam do repouso e deslizavam sobre rampas inclinadas. Nesses experimentos, Galileu observou que as distâncias percorridas pelas bolinhas, em intervalos de tempo iguais e sucessivos, são múltiplos dos números ímpares. Por exemplo, a bolinha percorre 1 unidade de comprimento no primeiro intervalo de tempo, 3 unidades de comprimento no segundo intervalo, 5 unidades de comprimento no terceiro intervalo, 7 unidades de comprimento no quarto intervalo, e assim por diante.

AUTOR DESCONHECIDO. PLANO INCLINADO DE GALILEU, SÉCULO XIX.

Plano inclinado de Galileu, século XIX.

Acompanhe como podemos analisar essa situação e obter a lei da função que relaciona a distância percorrida pela bolinha em função do tempo. O esquema a seguir mostra a posição da bolinha a cada instante de tempo.

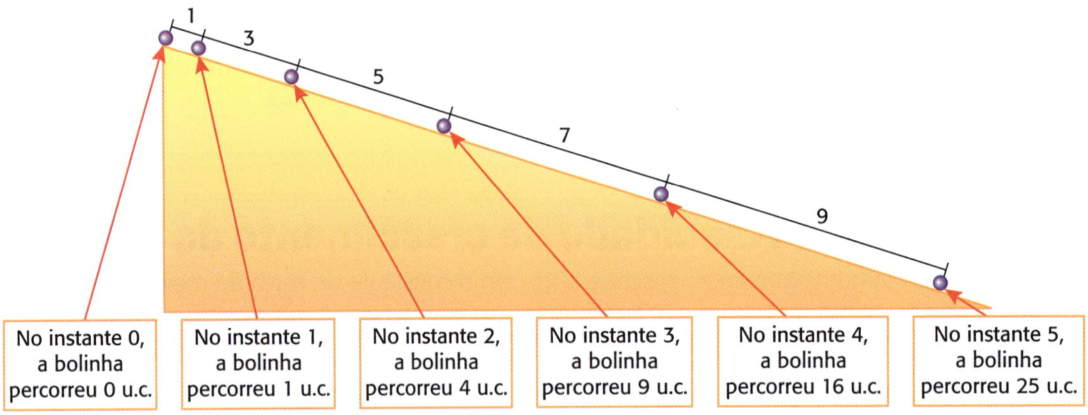

Podemos organizar as informações em uma tabela:

Instante	0	1	2	3	4	5
Distância percorrida	0	1	4	9	16	25

A distância **y** percorrida pela bolinha pode ser expressa em função do tempo **t** por meio da lei da função:

$$y = t^2$$

Esse é um exemplo de **função quadrática** ou função polinomial de 2º grau.

Chamamos de função **quadrática** toda função cuja lei pode ser escrita na forma $y = ax^2 + bx + c$, em que **x** é a variável independente e **a**, **b** e **c** são números reais, com **a** diferente de zero.

Os números **a**, **b** e **c** são chamados coeficientes da função quadrática. Exemplos:

- A função dada por $y = 0{,}5x^2 - 2x + 1$ é uma função quadrática, em que $a = 0{,}5$, $b = -2$ e $c = 1$.
- A função dada por $y = -2x^2 + 3x$ é uma função quadrática, em que $a = -2$, $b = 3$ e $c = 0$.
- A função dada por $y = \frac{6}{x^2} + x$ **não** é uma função quadrática, pois a lei dessa função não pode ser escrita na forma $y = ax^2 + bx + c$.

Gráfico de uma função quadrática

O gráfico da função quadrática é uma curva chamada **parábola**.

Para construir o gráfico de uma função quadrática, seguimos os mesmos procedimentos discutidos anteriormente:

- Construímos uma tabela com alguns valores da variável independente **x** e o correspondente valor da variável dependente **y**.
- Associamos um ponto do plano cartesiano em correspondência a cada par ordenado (x, y) da tabela.

Observe estes exemplos:

a) Construir o gráfico da função definida por $y = x^2$.

x	$y = x^2$	(x, y)
−3	$(-3)^2 = 9$	(−3, 9)
−2	$(-2)^2 = 4$	(−2, 4)
−1	$(-1)^2 = 1$	(−1, 1)
0	$(0)^2 = 0$	(0, 0)
1	$(1)^2 = 1$	(1, 1)
2	$(2)^2 = 4$	(2, 4)
3	$(3)^2 = 9$	(3, 9)

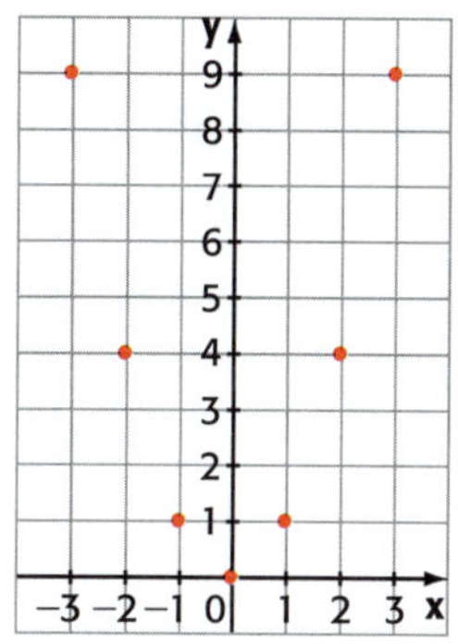

Note que os pontos do gráfico não estão alinhados.

Assim, o gráfico da função definida por $y = x^2$ é representado do seguinte modo:

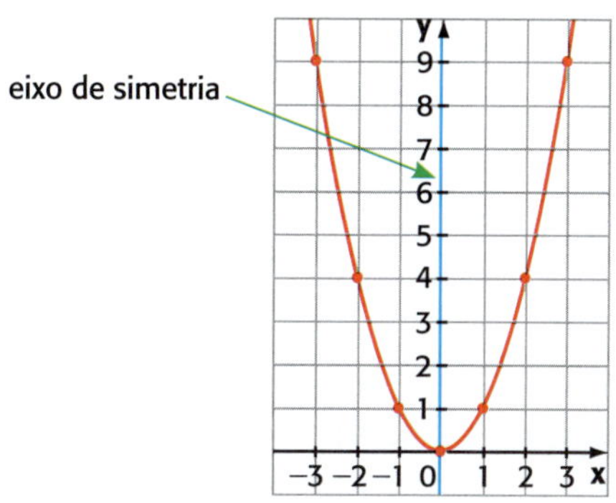

b) Construir o gráfico da função definida por: $y = x^2 + 1$.

x	$y = x^2 + 1$	(x, y)
−3	$(-3)^2 + 1 = 10$	(−3, 10)
−2	$(-2)^2 + 1 = 5$	(−2, 5)
−1	$(-1)^2 + 1 = 2$	(−1, 2)
0	$(0)^2 + 1 = 1$	(0, 1)
1	$(1)^2 + 1 = 2$	(1, 2)
2	$(2)^2 + 1 = 5$	(2, 5)
3	$(3)^2 + 1 = 10$	(3, 10)

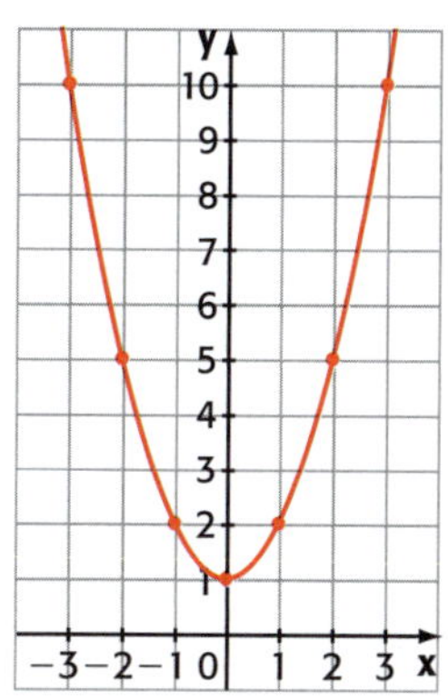

c) Construir o gráfico da função definida por $y = -x^2 - 2x$.

x	$y = -x^2 - 2x$	(x, y)
-3	$-(-3)^2 - 2 \cdot (-3) = -3$	$(-3, -3)$
-2	$-(-2)^2 - 2 \cdot (-2) = 0$	$(-2, 0)$
-1	$-(-1)^2 - 2 \cdot (-1) = 1$	$(-1, 1)$
0	$-(0)^2 - 2 \cdot (0) = 0$	$(0, 0)$
1	$-(1)^2 - 2 \cdot (1) = -3$	$(1, -3)$

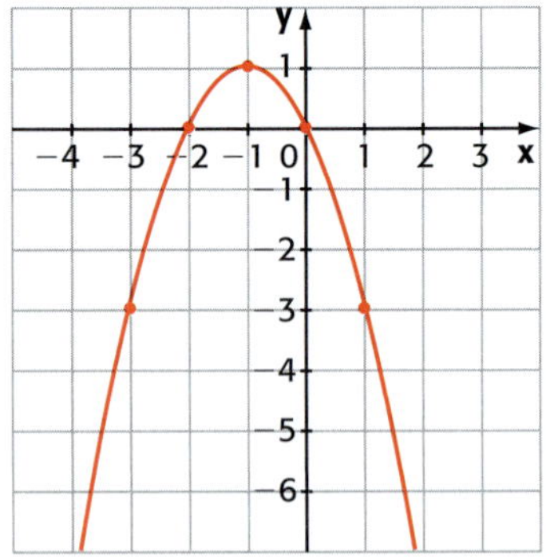

Regularidades no gráfico de uma função quadrática

• Concavidade da parábola

A concavidade de uma parábola que representa uma função quadrática dada por $y = ax^2 + bx + c$ está relacionada ao coeficiente **a** da seguinte forma:

- Se $a > 0$, a concavidade da parábola é voltada para cima.

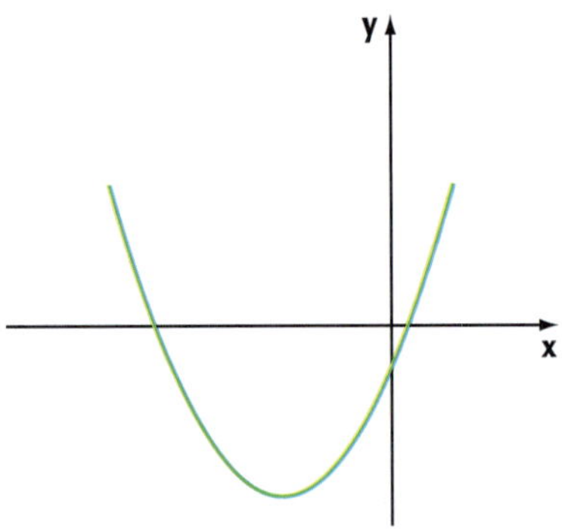

- Se $a < 0$, a concavidade da parábola é voltada para baixo.

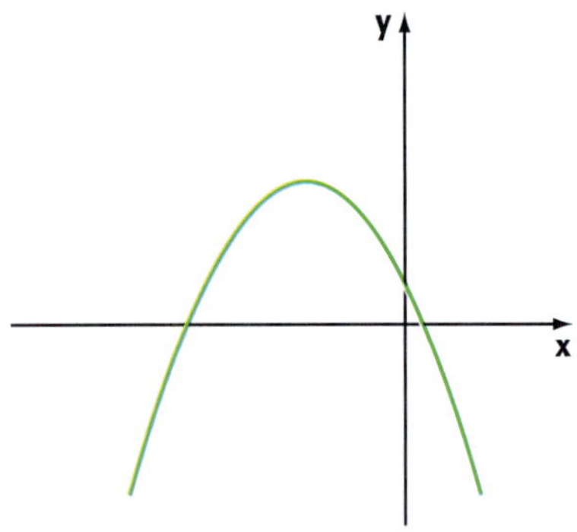

Além disso, quanto maior o valor absoluto de **a**, menor será a "abertura" da parábola.

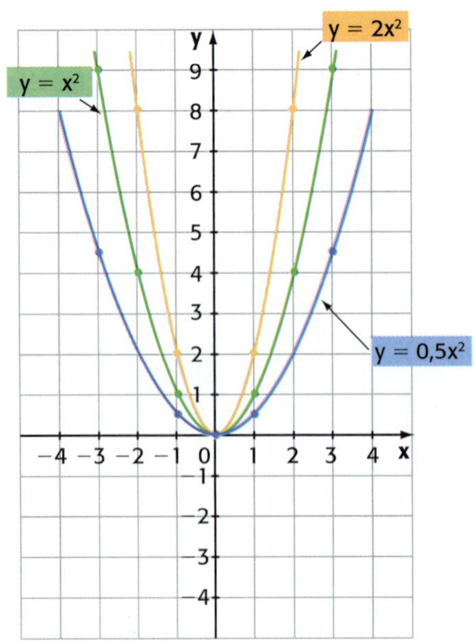

- **Interseção com o eixo x**

Todos os pontos pertencentes ao eixo **x** têm coordenadas (x, 0). Para determinar os pontos de interseção do gráfico da função quadrática dada por $y = ax^2 + bx + c$ com o eixo **x**, se existirem, temos de obter os valores de **x** para os quais $y = 0$, ou seja, obter os **zeros da função quadrática**. Assim, temos de resolver a equação $ax^2 + bx + c = 0$.

Acompanhe, nos exemplos a seguir, como determinar os pontos de interseção do gráfico da função quadrática com o eixo **x**:

a) $y = x^2 - 3x - 4$

Fazemos $x^2 - 3x - 4 = 0$ e resolvemos a equação do 2º grau por meio da fórmula de resolução de equações do 2º grau.

Calculando o discriminante $\Delta = b^2 - 4ac$, temos:

$$\Delta = (-3)^2 - 4 \cdot 1 \cdot (-4) = 25$$

Como $\Delta > 0$, a equação do 2º grau tem duas soluções distintas e, portanto, o gráfico da função quadrática intersecta o eixo **x** em dois pontos distintos. Vamos determiná-los.

$$x = \frac{-b \pm \sqrt{\Delta}}{2a} = \frac{-(-3) \pm \sqrt{25}}{2 \cdot 1} = \frac{3 \pm 5}{2}$$

$$x' = \frac{3 + 5}{2} = 4$$

$$x'' = \frac{3 - 5}{2} = -1$$

Assim, a função tem dois zeros distintos: -1 e 4, e a parábola intersecta o eixo **x** nos pontos $(-1, 0)$ e $(4, 0)$. Como $a > 0$, a concavidade da parábola é voltada para cima. Podemos esboçar o gráfico do seguinte modo:

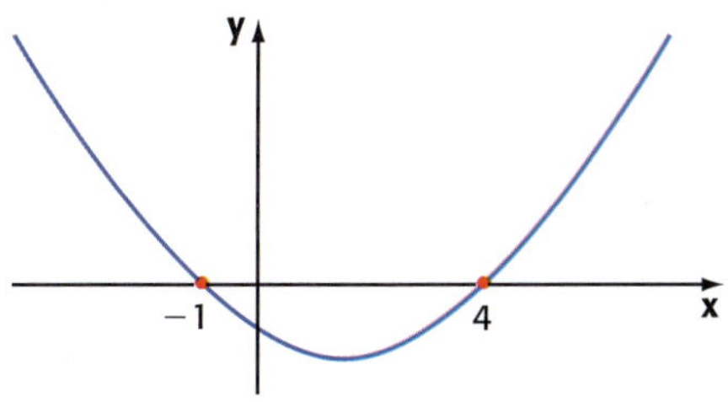

b) $y = -x^2 + 2x - 1$

Fazemos $-x^2 + 2x - 1 = 0$ e resolvemos a equação do 2º grau por meio da fórmula de resolução de equações do 2º grau.

Calculando o discriminante $\Delta = b^2 - 4ac$, temos:

$$\Delta = (+2)^2 - 4 \cdot (-1) \cdot (-1) = 0$$

Como $\Delta = 0$, a equação do 2º grau tem duas soluções iguais e, portanto, o gráfico da função quadrática intersecta o eixo **x** em um único ponto. Vamos determiná-lo.

$$x = \frac{-b \pm \sqrt{\Delta}}{2a} = \frac{-(+2) \pm \sqrt{0}}{2 \cdot (-1)} = \frac{-2 \pm 0}{-2}$$

$$x' = x'' = \frac{-2 + 0}{-2} = 1$$

Assim, a função tem dois zeros iguais a 1, e a parábola intersecta o eixo **x** no ponto (1, 0). Como $a < 0$, a concavidade da parábola é voltada para baixo. Podemos esboçar o gráfico do seguinte modo:

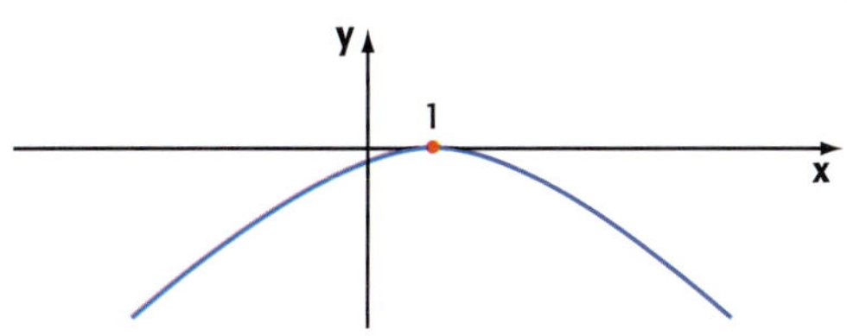

c) $y = 3x^2 + 4$

Fazemos $3x^2 + 4 = 0$ e resolvemos a equação do 2º grau por meio da fórmula de resolução de equações do 2º grau.

Calculando o discriminante $\Delta = b^2 - 4ac$, temos:

$$\Delta = (0)^2 - 4 \cdot (3) \cdot (4) = -248$$

Como $\Delta < 0$, a equação do 2º grau não tem solução real e, portanto, a função não tem zeros reais e seu gráfico não intersecta o eixo **x**. Como $a > 0$, a concavidade da parábola é voltada para cima. Podemos esboçar o gráfico do seguinte modo:

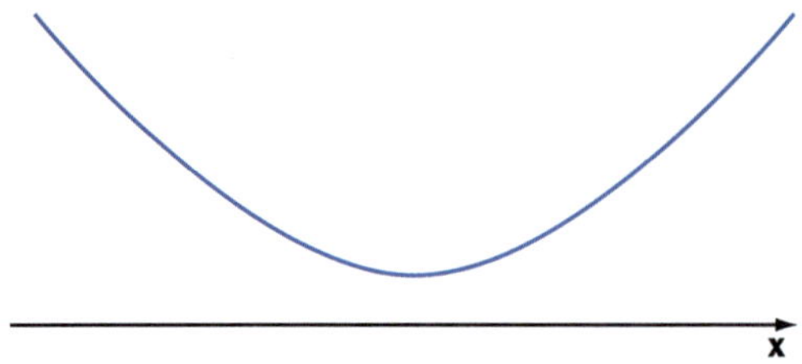

- **Interseção com o eixo y**

Todos os pontos pertencentes ao eixo **y** têm coordenadas (0, y). Para determinar o ponto de interseção do gráfico da função quadrática dada por $y = ax^2 + bx + c$ com o eixo **y**, podemos substituir $x = 0$ em $y = ax^2 + bx + c$ e obter o valor de **y**, como indicado a seguir.

$$y = a \cdot (0)^2 + b \cdot (0) + c$$
$$y = c$$

Portanto, o ponto de interseção do gráfico da função dada por $y = ax^2 + bx + c$ com o eixo **y** tem coordenadas (0, c).

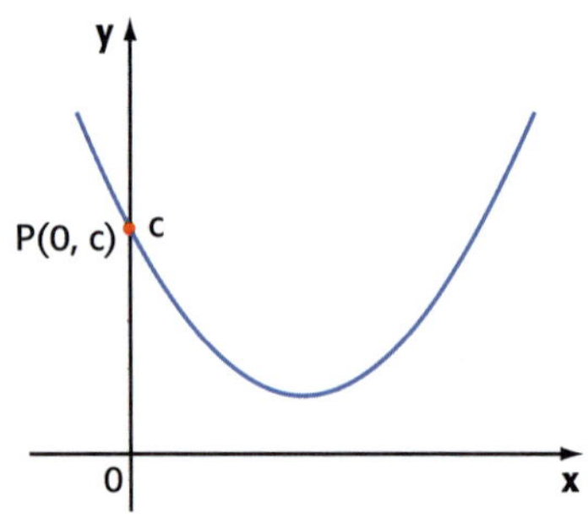

Veja alguns exemplos:

a) $y = x^2 - 2x - 3$

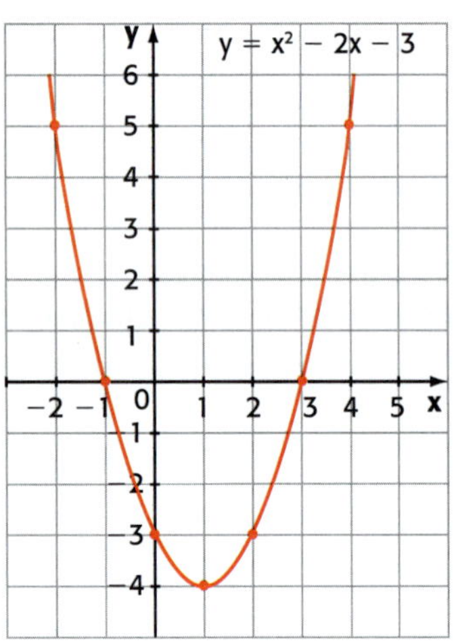

b) $y = x^2 + 5x + 6$

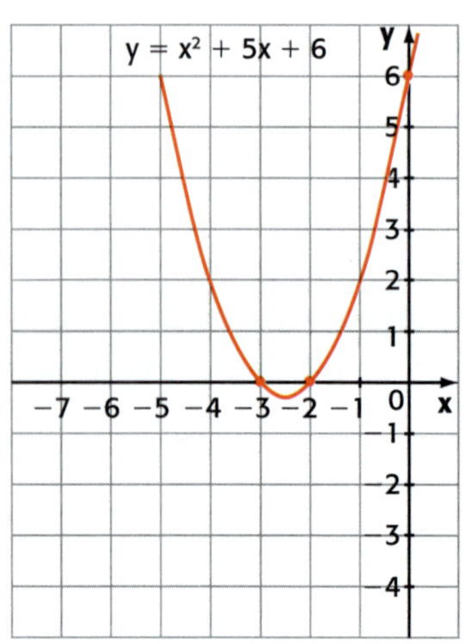

- **Vértice da parábola**

O eixo de simetria do gráfico da função quadrática é uma reta perpendicular ao eixo **x**. O ponto de interseção do eixo de simetria com a parábola é o **vértice**.

Considere uma função quadrática que apresenta dois zeros distintos, x' e x". Nesse caso, os pontos de interseção da parábola com o eixo **x** são equidistantes do eixo de simetria, e a abscissa x_V do vértice corresponde à média aritmética das abscissas desses pontos.

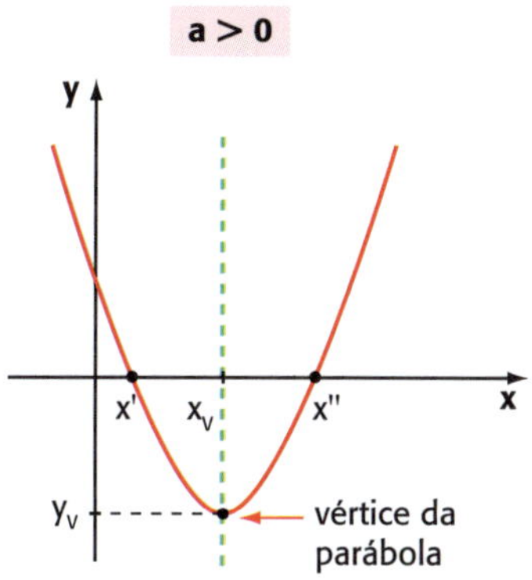

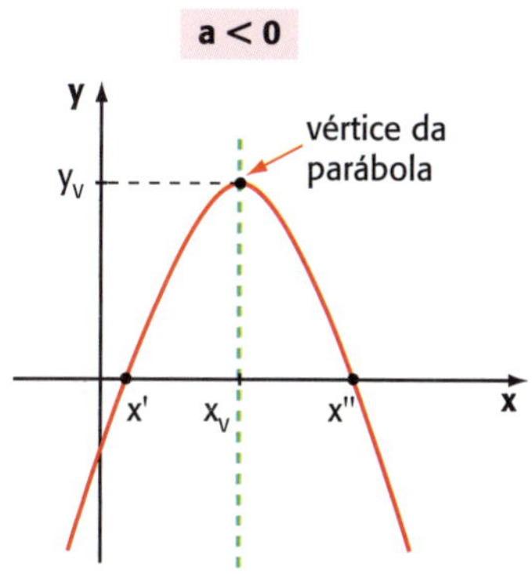

Vamos obter a abscissa x_V do vértice calculando a média aritmética de $x' = \dfrac{-b + \sqrt{\Delta}}{2a}$ e $x'' = \dfrac{-b - \sqrt{\Delta}}{2a}$.

$$x_V = \frac{\left(\dfrac{-b + \sqrt{\Delta}}{2a}\right) + \left(\dfrac{-b - \sqrt{\Delta}}{2a}\right)}{2}$$

$$x_V = \frac{\dfrac{-2b}{2a}}{2}$$

$$x_V = -\frac{b}{2a}$$

É possível mostrar que a coordenada x_V, nos casos em que a função quadrática tem dois zeros iguais ou nenhum zero real, também é dada por $x_V = -\dfrac{b}{2a}$.

SHUTTERSTOCK

Substituindo $x_V = -\dfrac{b}{2a}$ na variável **x** da expressão $y = ax^2 + bx + c$, obtemos o valor da ordenada y_V do vértice:

$$y_V = a \cdot \left(-\frac{b}{2a}\right)^2 + b \cdot \left(-\frac{b}{2a}\right) + c$$

Realizando as simplificações da expressão anterior, obtém-se:

$$y_V = -\frac{\Delta}{4a}$$

Portanto, as coordenadas do vértice são $\left(-\dfrac{b}{2a}, -\dfrac{\Delta}{4a}\right)$.

Exemplo:

Obter as coordenadas do vértice do gráfico da função definida por $y = x^2 - 7x + 12$.

Temos:

$$x_V = -\frac{b}{2a} = -\frac{(-7)}{2 \cdot 1} = \frac{7}{2}$$

$$y_V = -\frac{b^2 - 4ac}{4a} = -\frac{(-7)^2 - 4 \cdot 1 \cdot 12}{4 \cdot 1} = -\frac{1}{4}$$

O vértice tem coordenadas $\left(\dfrac{7}{2}, -\dfrac{1}{4}\right)$.

ATIVIDADES

38. Identifique se a função definida em cada item é uma função quadrática. Se sim, indique o valor dos coeficientes.

a) $y = -x^2 + 1$

b) $y = x(x - 2)$

c) $y = x + 2x^2 - x(2x + 1)$

d) $y = t\sqrt{t} - 9$

39. Faça uma tabela com os valores de **t** e de $y = t^2 + 3t$, com **t** assumindo valores inteiros de -3 a 3.

40. Dada a função definida por $y = x^2 - 2x + 1$, obtenha o valor de **y** quando:

a) $x = -2$

b) $x = -1$

c) $x = 4$

d) $x = 8$

e) $x = 0$

41. Para quais valores de **x** a função quadrática dada por $y = x^2 - 5x - 6$ assume o valor:

a) $y = 0$

b) $y = -12$

42. Um torneio de futebol é disputado por equipes que jogam entre si duas vezes (turno e returno do torneio). Observe como Ronaldo raciocinou para calcular o número de partidas entre as equipes:

Se um torneio tem **n** equipes, cada uma dessas **n** equipes jogará com todas as outras equipes, ou seja, com as $(n - 1)$ equipes restantes.

a) Se o torneio for disputado por 3 equipes, quantos jogos serão disputados? E se forem 4 equipes? E 5 equipes?

b) Com base no raciocínio de Ronaldo, escreva a lei da função em que **y** indica o número de partidas realizadas por **n** equipes nesse torneio.

43. Construa o gráfico da função definida em cada caso:

a) $y = -2x^2 + 1$

b) $y = 3x^2 + 4x$

c) $y = x^2 - 3x + 2$

d) $y = -x^2 - 5x$

44. Para cada função quadrática definida a seguir, verifique se a concavidade da parábola correspondente ao seu gráfico é voltada para cima ou para baixo:

a) $y = x^2 - 4x$

b) $y = -3x^2 + 2x - 1$

c) $y = \dfrac{x^2}{9} - 6$

d) $y = -0{,}5x^2 + x + 2$

45. Em cada caso, calcule para que valores reais de **m** a função do 2º grau definida por:

a) $y = (m - 1)x^2 - 2x + 3$ tem concavidade voltada para cima.

b) $y = (m + 4)x^2 - 9$ tem concavidade voltada para baixo.

46. Dê três exemplos de leis de funções quadráticas cujo gráfico apresente:

a) Concavidade voltada para cima.

b) Concavidade voltada para baixo.

47. Determine a ordenada do ponto de interseção do gráfico da função com o eixo **y** em cada caso:

a) $y = x^2 - 6x - 5$

b) $y = -2x^2 - 8x + 10$

c) $y = -x^2 + 7$

d) $y = 3x^2 - 9x$

48. Obtenha, se existir, os zeros das funções quadráticas definidas a seguir:

a) $y = x^2 - 7x + 12$

b) $y = 2x^2 - 8x$

c) $y = -x^2 + 4x - 3$

d) $y = x^2 - 25$

e) $y = \dfrac{x^2}{2} - 3x + 4$

f) $y = x^2 - 10x + 25$

49. Considere a função quadrática dada por $y = x^2 - 2x + m$, em que **m** é um número real. Determine os possíveis valores de **m** para os quais:

a) A função tem dois zeros reais.

b) A função não tem zeros reais.

50. O número **D** de diagonais de um polígono convexo é dado em função do número **n** de lados por $D = \frac{n \cdot (n - 3)}{2}$. Determine o número de lados do polígono que tem 65 diagonais.

51. Obtenha as coordenadas do vértice do gráfico de cada função quadrática definida a seguir:

a) $y = x^2 + 7x + 12$

b) $y = x^2 - 5x - 6$

c) $y = -x^2 - 4x$

d) $y = -2x^2 + 4$

e) $y = x^2 - 6x - 6$

f) $y = 0{,}25x^2 - 2x$

52. Cálculo mental

Determine a abscissa do ponto (x, y) pelo qual passa o eixo de simetria do gráfico da função definida por $y = -2x^2 + 5x - 7$.

53. Obtenha o valor do coeficiente **c** de modo que o gráfico da função definida por $y = -x^2 + 4x + c$ tenha ordenada do vértice igual a 25.

54. Esboce o gráfico da função definida por $y = x^2 - 8x + 16$.

Resolução

Vamos esboçar o gráfico obtendo os zeros da função, as coordenadas do vértice e o ponto de interseção com o eixo **y**.

Como a = 1, a concavidade da parábola é voltada para cima.

Para calcular as coordenadas do vértice, fazemos:

$$x_V = -\frac{b}{2a} = -\frac{(-8)}{2 \cdot 1} = 4$$

$$y_V = -\frac{\Delta}{4a} = -\frac{(b^2 - 4ac)}{4a} =$$

$$= -\frac{[(-8)^2 - 4 \cdot 1 \cdot 16]}{4 \cdot 1} = -\frac{64 - 64}{4} = 0$$

Portanto, as coordenadas do vértice são (4, 0).

Como a ordenada do vértice é igual a zero, significa que o vértice é um ponto do eixo **x**.

Para determinar os zeros da função, resolvemos a equação do 2º grau $x^2 - 8x + 16 = 0$. Entretanto, como o vértice da parábola é um ponto do eixo **x**, os zeros da função são iguais à abscissa do vértice.

O ponto de interseção do gráfico com o eixo vertical é o ponto (0, c), ou seja, (0, 16).

Com esses pontos, podemos esboçar o gráfico dessa função:

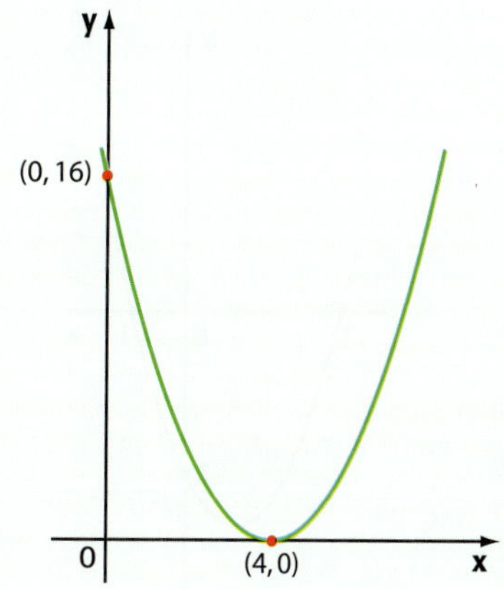

55. Em seu caderno, esboce o gráfico da função definida em cada caso:

a) $y = x^2 - 9x + 8$

b) $y = -x^2 - x + 6$

c) $y = 4x^2 - 8x + 4$

d) $y = x^2 - 5x + 7$

56. O retângulo representado a seguir tem perímetro igual a 20 cm.

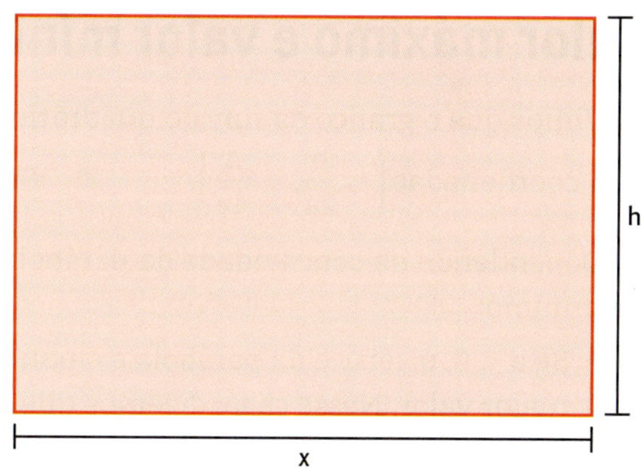

a) Qual é o valor de x + h?

b) Escreva **h** em função de **x**.

c) Obtenha a lei que relaciona a área do retângulo em função da medida **x**, com **x** maior do que zero e menor do que 10.

d) Construa o gráfico dessa função para valores reais de **x** maiores do que zero e menores do que 10.

57. Obtenha a lei da função quadrática cujo gráfico é mostrado a seguir.

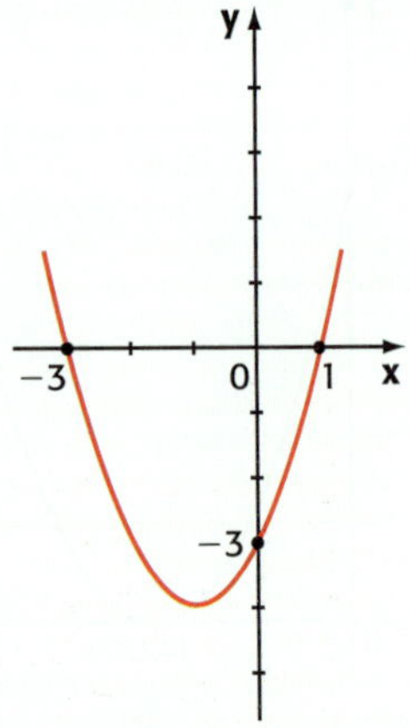

Resolução

O coeficiente **c** é a ordenada do ponto de interseção do gráfico com o eixo **y**, portanto, $c = -3$.

Substituindo as coordenadas dos pontos $(-3, 0)$ e $(1, 0)$ em $y = ax^2 + bx - 3$, temos:

$a \cdot (-3)^2 + b \cdot (-3) - 3 = 0 \Rightarrow 9a - 3b = 3$ (Equação I)

$a \cdot (1)^2 + b \cdot (1) - 3 = 0 \Rightarrow a + b = 3$ (Equação II)

Multiplicando a equação II por 3 e adicionando o resultado à equação I, temos:

$$\begin{array}{rl} 3a + 3b &= 9 \\ +\ \ 9a - 3b &= 3 \\ \hline 12a \qquad &= 12 \Rightarrow \mathbf{a = 1} \end{array}$$

Substituindo $a = 1$ em uma das equações, obtemos o valor de **b**.

$a + b = 3$

$1 + b = 3$

$\mathbf{b = 2}$

A lei da função quadrática representada por esse gráfico é $y = x^2 + 2x - 3$.

58. Obtenha a lei da função quadrática cujo gráfico é representado a seguir.

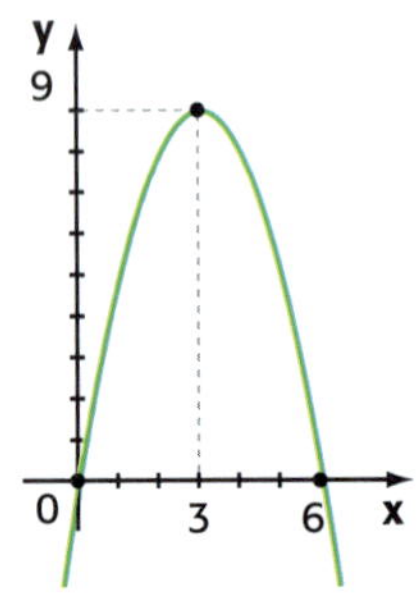

Valor máximo e valor mínimo de uma função quadrática

Vimos que o gráfico da função quadrática dada por $y = ax^2 + bx + c$ é uma parábola cujo vértice tem coordenadas $\left(-\dfrac{b}{2a}, -\dfrac{\Delta}{4a}\right)$.

Dependendo da concavidade da parábola, o vértice pode ser um ponto de máximo ou um ponto de mínimo.

- Se $a < 0$, o vértice da parábola é o ponto do gráfico da função quadrática que tem ordenada de maior valor. Nesse caso, dizemos que o vértice é o **ponto de máximo** e a ordenada do vértice, dada por $y_V = -\dfrac{\Delta}{4a}$, é o **valor máximo** da função.

a < 0

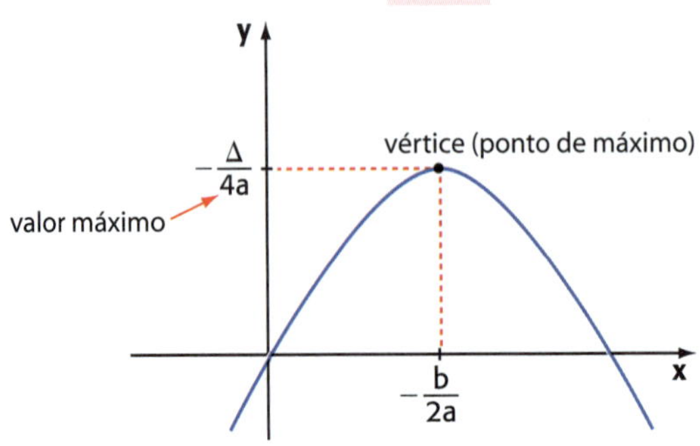

- Se $a > 0$, o vértice da parábola é o ponto do gráfico da função quadrática que tem ordenada de menor valor. Nesse caso, dizemos que o vértice é o **ponto de mínimo** e a ordenada do vértice, dada por $y_V = -\frac{\Delta}{4a}$, é o **valor mínimo** da função.

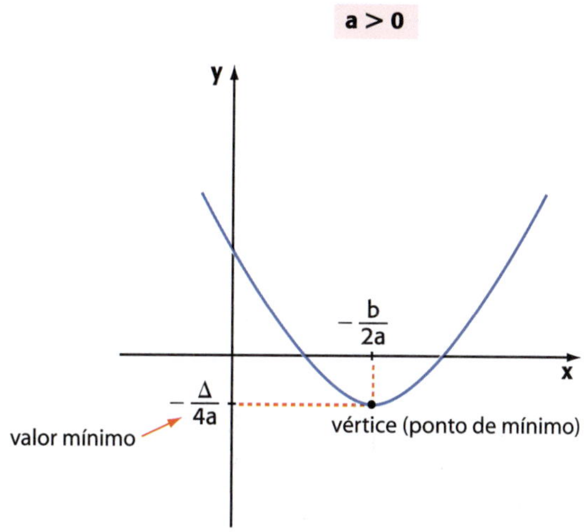

Vamos aplicar esses conceitos na resolução do problema a seguir.

Um fazendeiro tem 80 m de tela para construir um galinheiro de formato retangular. Qual é a maior área retangular que pode ser cercada com essa tela? E qual é a medida dos lados desse galinheiro?

O galinheiro tem formato retangular e perímetro de 80 m. Assim, a soma da medida de dois de seus lados adjacentes é 40 m. Admitindo que um lado tem medida **x**, o lado adjacente mede $40 - x$.

A relação entre a área **y** do retângulo e a medida **x** é dada pela expressão:

$$y = x \cdot (40 - x)$$
$$y = -x^2 + 40x$$

A função quadrática definida pela lei $y = -x^2 + 40x$ tem coeficiente **a** negativo, portanto, a área **y** admite valor máximo, que corresponde à ordenada $y_V = -\frac{\Delta}{4a}$ do vértice da parábola que representa essa função.

$$y_V = -\frac{\Delta}{4a} = -\frac{40^2}{-4} = 400$$

Portanto, a maior área retangular que pode ser cercada com 80 m de tela é 400 m².

A medida **x** corresponde à abscissa do vértice x_V.

$$x_V = -\frac{b}{2a} = -\frac{40}{-2} = 20$$

Assim, um lado do galinheiro mede 20 m e o outro lado mede 20 m (pois $40 - 20 = 20$).

ATIVIDADES

59. Indique se o gráfico da função definida em cada item tem ponto de máximo ou ponto de mínimo, indicando suas coordenadas.

a) $y = -x^2 + 4$

b) $y = x^2 - 6x$

c) $y = -4x^2$

d) $y = -x^2 + 2x + 7$

60. Entre todos os retângulos de perímetro 60 cm, qual é o de maior área?

61. Obtenha:

a) Dois pares de números naturais cuja soma é 36.

b) Dois números naturais cuja soma é 36 e o produto máximo.

62. Um ônibus de 40 lugares foi alugado para um grupo de amigos viajarem em um fim de semana. Se todos os assentos forem ocupados, cada pessoa pagará o valor de R$ 30,00. Caso contrário, para cada assento vago, será acrescentado R$ 1,00 ao preço de cada passagem. Considere o número de lugares vagos no ônibus por **x** e faça o que se pede:

a) Escreva uma expressão para o número de assentos ocupados.

b) Determine o preço pago por pessoa de acordo com a quantidade **x**.

c) Sabendo que a arrecadação **y** é dada pelo produto do número de assentos ocupados pelo valor pago por pessoa, escreva uma expressão para essa arrecadação.

d) Para qual número de assentos vagos a arrecadação é máxima?

e) Qual é a arrecadação máxima em reais?

ATIVANDO HABILIDADES

(Obmep) O semicírculo da figura tem centro O e diâmetro $\overline{PQ} = 2$ cm. O raio $\overline{OR}$ é perpendicular a $\overline{PQ}$. Por um ponto qualquer M de $\overline{OR}$ traça-se a corda $\overline{AB}$ perpendicular a $\overline{OR}$. Sejam **x** o comprimento de $\overline{RM}$, em cm, e **y** a área do quadrado de lado $\overline{AB}$, em cm². Qual dos gráficos abaixo expressa a relação entre **x** e **y**?

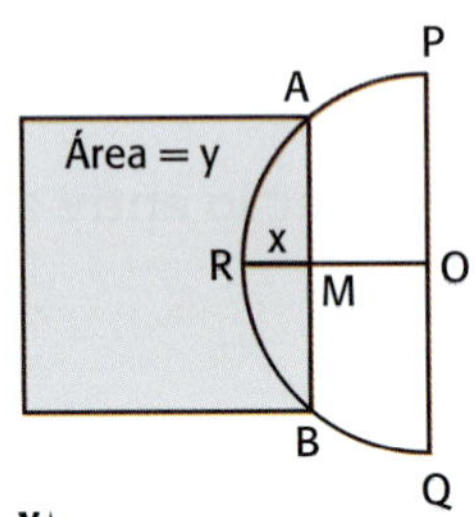

a)
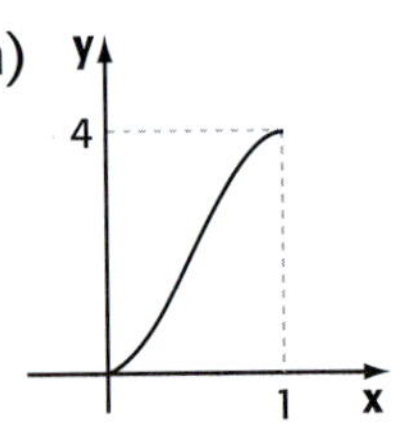

b)
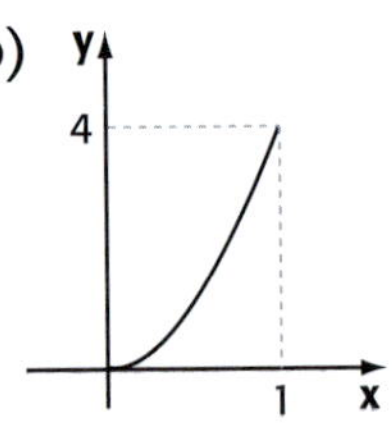

c)
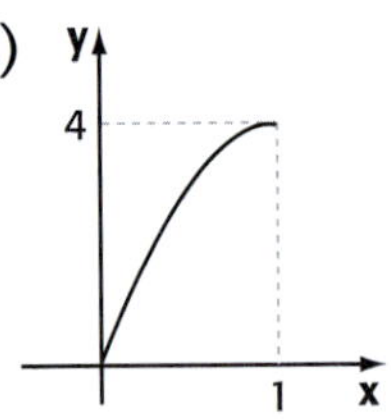

d)
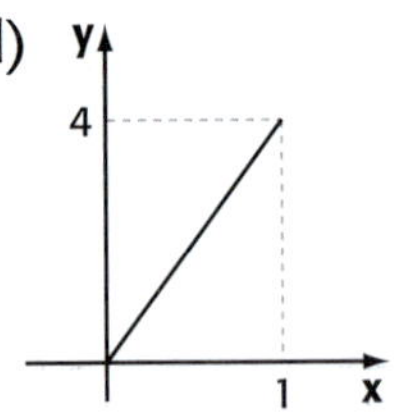

e)
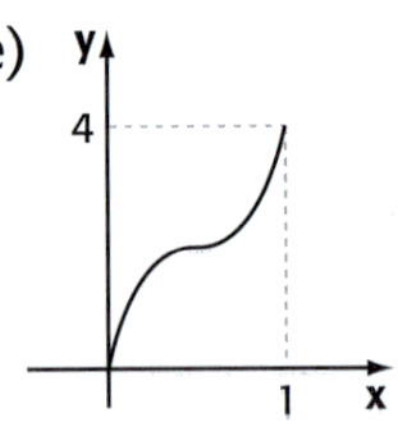

Entendimento do problema

O problema apresenta um quadrado cujo lado é uma corda de um semicírculo, obtida de maneira aleatória a partir do ponto M de $\overline{OR}$, raio do semicírculo, e pede que determinemos a relação existente entre a medida x = RM e a área **y** desse quadrado.

Elaboração de uma estratégia

Um modo de solucionar o problema é obter uma expressão matemática que relacione a medida **x** e a área **y** do quadrado, e identificar o gráfico que representa essa expressão.

Execução da estratégia

Como o diâmetro do semicírculo é 2 cm, o raio é 1 cm. Aplicando o teorema de Pitágoras ao triângulo OMA, obtemos:

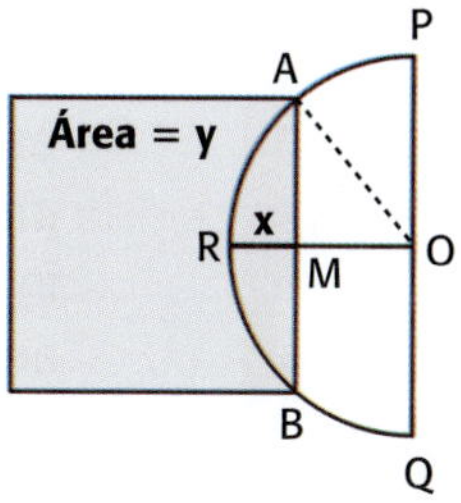

$$MA^2 + MO^2 = OA^2$$

$\overline{OA}$ é o raio do semicírculo e, portanto, vale 1 cm e $MO = 1 - x$. Assim,

$$MA^2 = OA^2 - MO^2$$
$$MA^2 = 1^2 - (1 - x)^2$$
$$MA^2 = 2x - x^2$$

A expressão $MA^2 = 2x - x^2$ corresponde à área do quadrado de lado $\overline{MA}$.

Como $MA = \frac{AB}{2}$, temos:

$$MA^2 = \left(\frac{AB}{2}\right)^2 \Rightarrow AB^2 = 4MA^2$$

A expressão $AB^2 = 4AM^2$ corresponde à área do quadrado de lado $\overline{AB}$ e, portanto:

$$y = 4 \cdot (2x - x^2) = 8x - 4x^2$$

O gráfico de $y = 8x - 4x^2$ é uma parábola com concavidade para baixo, pois o coeficiente de x^2 é menor do que zero. Este gráfico está representado na alternativa **c**.

Análise da solução

A área **y** é dada pela função quadrática cuja lei é $y = 8x - 4x^2$, portanto o gráfico deve ser uma parábola. As alternativas **b** e **c** apresentam uma parábola para **x** variando de 0 a 1. Mas, substituindo $x = 0$ e $x = 1$ na expressão $y = 8x - 4x^2$ temos que $y = 0$ e $y = 4$, respectivamente. Portanto, somente o gráfico da alternativa **c** satisfaz essas condições.

Resposta: alternativa **c**.

É a sua vez!

(Obmep) No Brasil, usa-se a escala Celsius para medir temperaturas e, em outros países, usa-se a escala Fahrenheit. Para converter uma temperatura da escala Fahrenheit para a Celsius, subtrai-se 32 do valor da temperatura em graus Fahrenheit e multiplica-se o resultado por $\frac{5}{9}$. Qual dos gráficos representa a relação entre as medidas de uma mesma temperatura em graus Fahrenheit (indicados por °F) e em graus Celsius (indicados por °C)?

a) 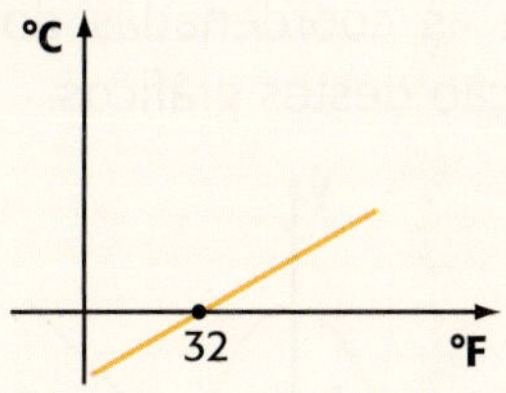

b) 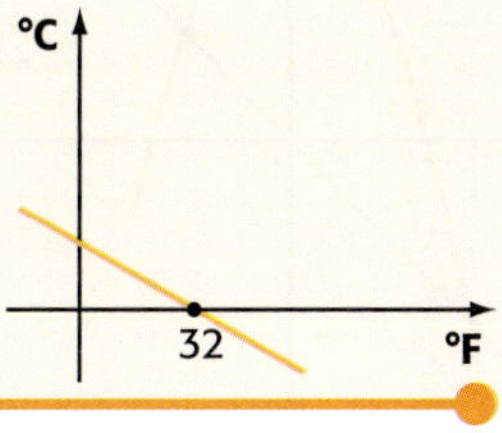

c) 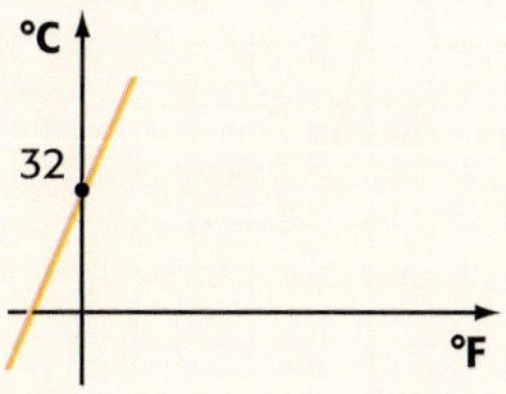

d) 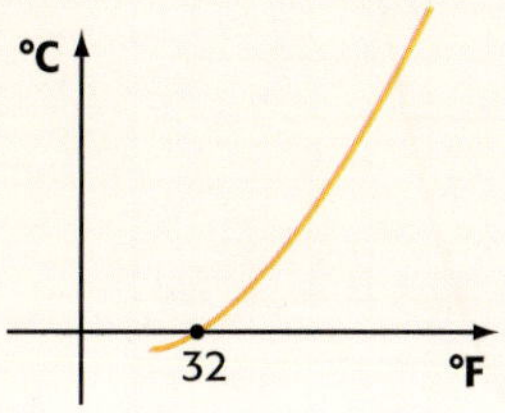

e) 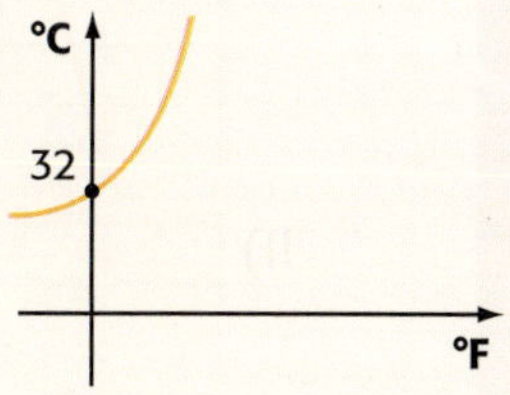

teia do saber

1. Uma empresa produtora de eventos artísticos realizou uma pesquisa sobre a influência do preço na compra de ingressos para espetáculos de música e os resultados indicaram que, ao preço de R\$ 50,00 o ingresso, em média 400 pessoas assistem aos espetáculos e que, para cada aumento de R\$ 1,00 no preço dos ingressos, o público diminui em 5 espectadores. Qual deve ser o preço para que a arrecadação de um espetáculo seja máxima?

2. (Enem) A temperatura T de um forno (em graus centígrados) é reduzida por um sistema a partir do instante de seu desligamento ($t = 0$) e varia de acordo com a expressão $T(t) = -\frac{t^2}{4} + 400$, com **t** em minutos. Por motivos de segurança, a trava do forno só é liberada para abertura quando o forno atinge a temperatura de 39 °C. Qual o tempo mínimo de espera, em minutos, após se desligar o forno, para que a porta possa ser aberta?

a) 19,0
b) 19,8
c) 20,0
d) 38,0
e) 39,0

3. As figuras a seguir mostram gráficos de funções quadráticas.

I)
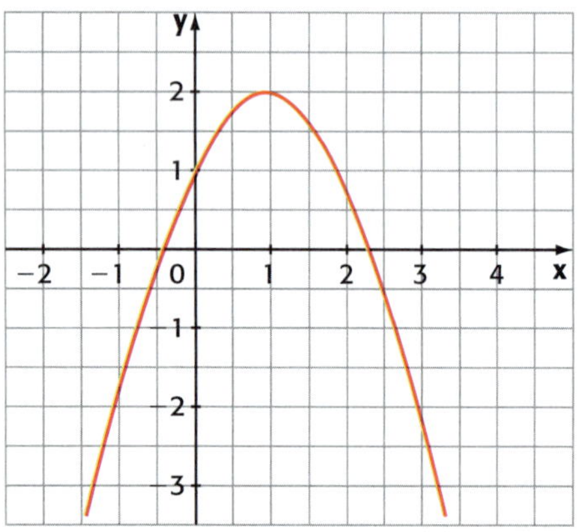

II)
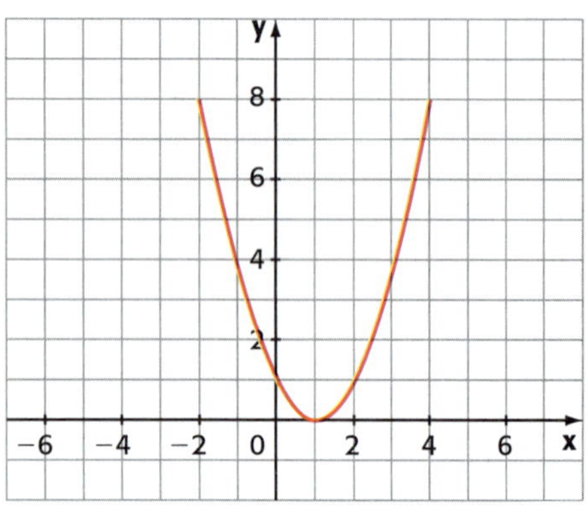

III)
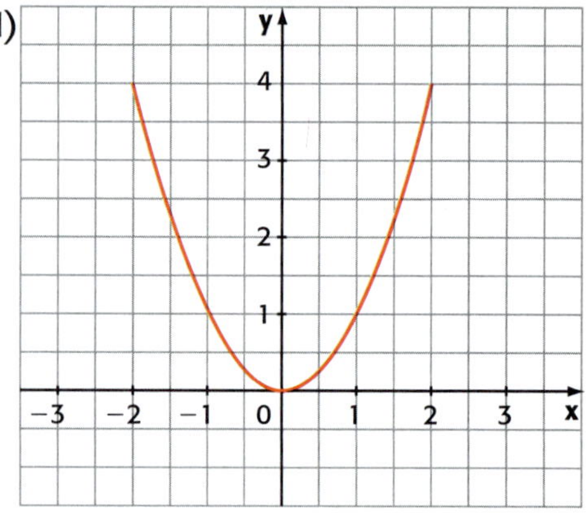

IV)
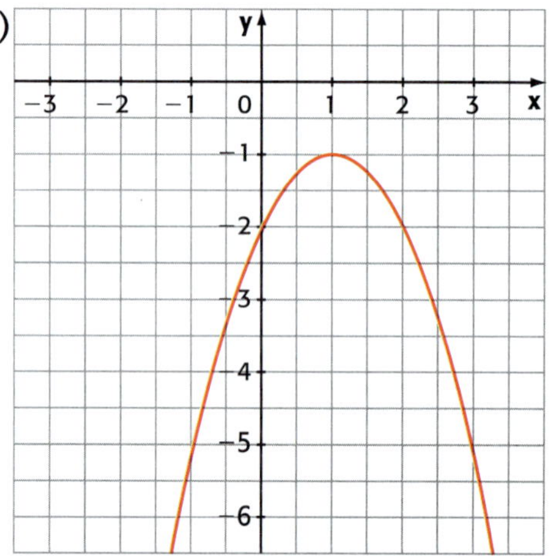

Em seu caderno, associe cada gráfico à lei que representa a função quadrática correspondente.

(A) $y = x^2$

(B) $y = x^2 - 2x + 1$

(C) $y = -x^2 + 2x - 2$

(D) $y = -x^2 + 2x + 1$

4. A figura a seguir mostra o gráfico da função afim definida por $y = x$ e da função quadrática definida por $y = -x^2 + 6$. Determine as coordenadas dos pontos de interseção destes gráficos.

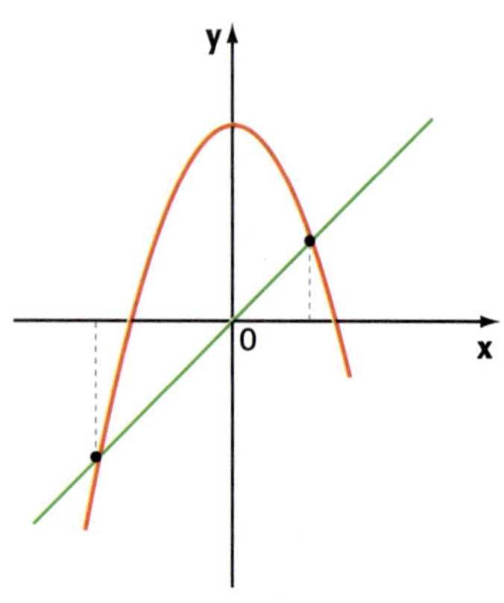

5. (FAAP-SP) A água que está esguichando de um bocal mantido horizontalmente a 4 metros acima do solo descreve uma curva parabólica com o vértice no bocal. Sabe-se que a corrente de água desce 1 metro medido na vertical nos primeiros 10 metros de movimento horizontal, conforme a figura a seguir.

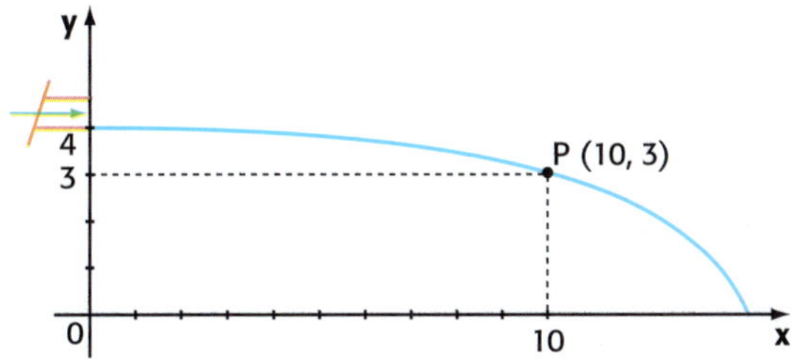

Podemos expressar **y** como função de **x**:

a) $y = -x^2 + 4x + 10$

b) $y = x^2 - 10x + 4$

c) $y = -\dfrac{x^2}{100} + 10$

d) $y = -\dfrac{x^2}{100} + 10x + 4$

e) $y = -\dfrac{x^2}{100} + 4$

teia integrada

6. O parque do Ibirapuera, que ocupa uma área de 1,5 milhão de metros quadrados, é um dos parques mais frequentados de São Paulo. Entre as diversas atrações, podemos citar as pistas de caminhada próximas ao lago, muito utilizadas para a prática de exercícios físicos. O lago conta ainda com uma fonte, inaugurada no dia 23 de janeiro de 2004 em homenagem aos 450 anos da cidade de São Paulo. Observe a foto da fonte do parque do Ibirapuera e verifique que a trajetória descrita pela água é uma parábola.

THINKSTOCK/GETTY IMAGES

Fonte do parque Ibirapuera, São Paulo (SP).

Osvaldo decidiu construir uma fonte como a do lago do Ibirapuera num lago próximo a sua casa. Sabendo que a trajetória descrita pela água era definida por uma função quadrática, ele fez um esboço do projeto e chegou à lei da função dada por $y = -x^2 + 4x$, em que **y** representa a altura que a água da fonte alcança, em metro, e **x** a distância horizontal, também em metro. Supondo que o jato de água não sofra variações em razão do vento ou de outros fatores, faça o que se pede:

a) Faça um esboço do gráfico dessa função para $0 \leqslant x \leqslant 4$.

b) A água atinge o lago novamente a quantos metros do lugar de onde ela é lançada?

c) Qual é a altura máxima atingida pela água da fonte?

Encerrando a unidade

Nesta unidade você estudou as características das funções afim e quadrática e as representações gráficas dessas funções. Reflita sobre o que você aprendeu e responda às questões a seguir.

a) Quais temas dessa unidade apresentaram maior dificuldade para a sua compreensão? O que você fez para superar essas dificuldades?

b) Faça um esquema para representar as principais características das funções afim e quadrática.

c) Que assuntos estudados nessa unidade você utilizou para resolver o Enigma?

d) Retome a abertura desta unidade e responda: em sua opinião, a ideia de função está presente nas situações apresentadas?

Conhecimento Interligado

Curvas de crescimento

No ano de 2007 a Organização Mundial da Saúde (OMS) divulgou as chamadas “curvas de crescimento” para meninos e meninas dos 5 aos 19 anos de idade. Essas curvas servem como referência para o acompanhamento do crescimento de crianças e adolescentes pelos profissionais da saúde.

Quando o crescimento é acompanhado ao longo do tempo, o médico pode analisar o desenvolvimento da criança ou do adolescente tomando como base uma das 5 curvas mostradas nos gráficos a seguir, podendo fazer previsões e propor ações que permitam à criança ou adolescente ter um desenvolvimento saudável.

Curva de padrão de crescimento (meninas) – 5 a 19 anos

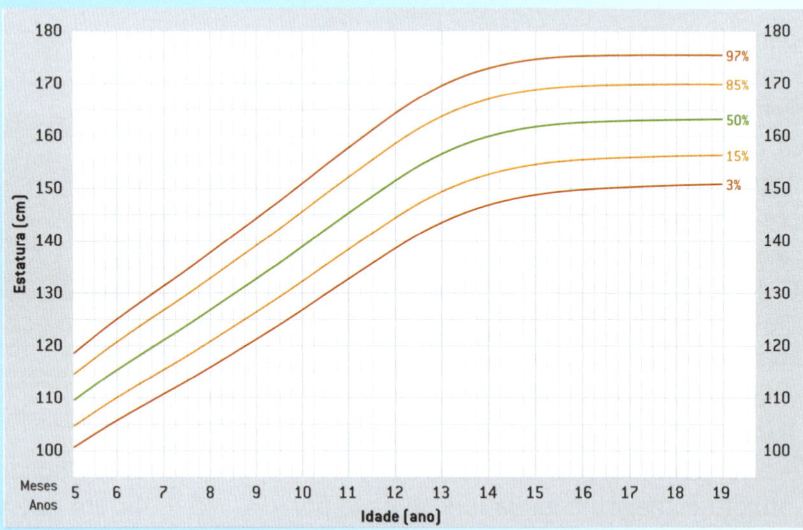

ROBSON MOURA

Fonte: OMS, 2007. Disponível em: <http://www.who.int/growthref/cht_hfa_girls_perc_5_19years.pdf?ua=1>. Acesso em: 22 maio 2015.

ARIEL SKELLEY/CORBIS/LATINSTOCK

Curva de padrão de crescimento (meninos) – 5 a 19 anos

ROBSON MOURA

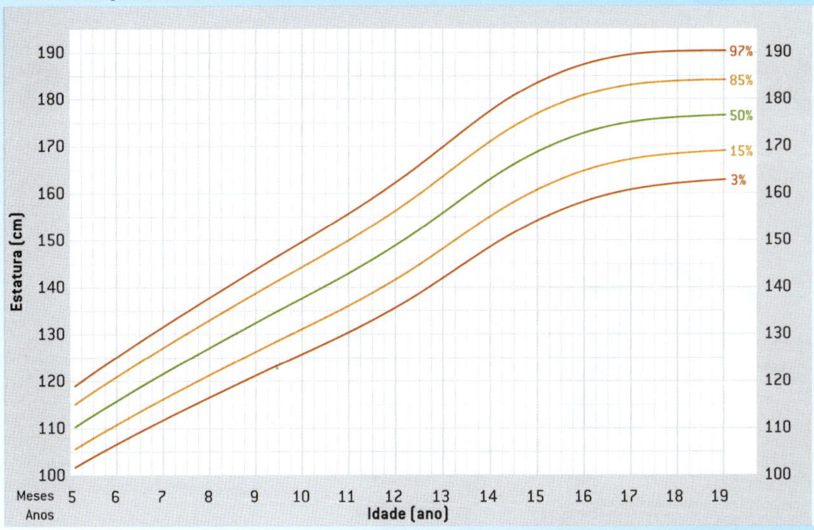

Fonte: OMS, 2007. Disponível em: <http://www.who.int/growthref/cht_hfa_boys_perc_5_19years.pdf?ua=1>. Acesso em: 22 maio 2015.

THINKSTOCK/GETTY IMAGES

Cada curva indica um percentual esperado para a população saudável. A curva verde, por exemplo, indica os valores que correspondem à média da população, isto é, em uma população saudável, espera-se encontrar 50% da população acima e 50% da população abaixo desse valor.

Fonte de pesquisa: <http://bvsms.saude.gov.br/bvs/publicacoes/orientacoes_coleta_analise_dados_antropometricos.pdf>. Acesso em: 4 maio 2015.

Para explorar

1. De acordo com o texto, para que servem as curvas de crescimento e qual é a sua importância?

2. Considere que o trecho da curva em verde de crescimento para meninas, no intervalo entre 6 e 11 anos de idade, é uma reta e determine quantos centímetros por ano é esperado que uma menina nessa idade cresça.

3. Adriana tem 6 anos de idade, e Paulo, 9 anos. O acompanhamento de crescimento de ambos revela que eles se enquadram na curva verde do gráfico correspondente ao seu gênero.
A estatura esperada para Adriana, por exemplo, aos 11 anos de idade, é de aproximadamente 145 cm; para Paulo, podemos inferir que a estatura será de aproximadamente 143 cm.
Qual é a estatura esperada para Adriana aos 14 anos de idade? E a estatura esperada para Paulo aos 17 anos?

UNIDADE 6

Introdução à trigonometria e polígonos regulares

Ao planejar uma obra, como a construção de uma rodovia ou até mesmo um empreendimento imobiliário, o construtor deve conhecer as características do terreno em questão, ou seja, uma descrição detalhada da superfície. Por exemplo, a área, as diferenças de altitude, a existência de rios ou córregos nas proximidades, a fim de planejar e prever possíveis problemas durante a execução da obra.

Essas informações são obtidas por profissionais habilitados por meio do uso de instrumentos adequados e técnicas que envolvem diversos cálculos. Um desses instrumentos é o teodolito, que serve para medir ângulos verticais e horizontais, além de ser usado para determinar grandes distâncias.

Nesta unidade você vai saber mais sobre...

- Razões trigonométricas no triângulo retângulo
- Polígonos regulares
- Polígonos inscritos e circunscritos

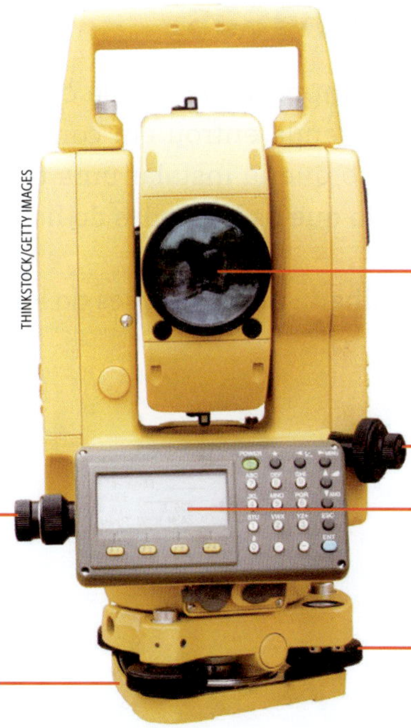

Teodolito ótico mecânico.

Para determinar a distância, por exemplo, do local onde está localizado o teodolito até uma estaca, basta posicioná-lo, de forma que a escala horizontal esteja direcionada, neste caso, para a estaca, e depois, direcionar a luneta para a estaca, conforme indicado no esquema a seguir.

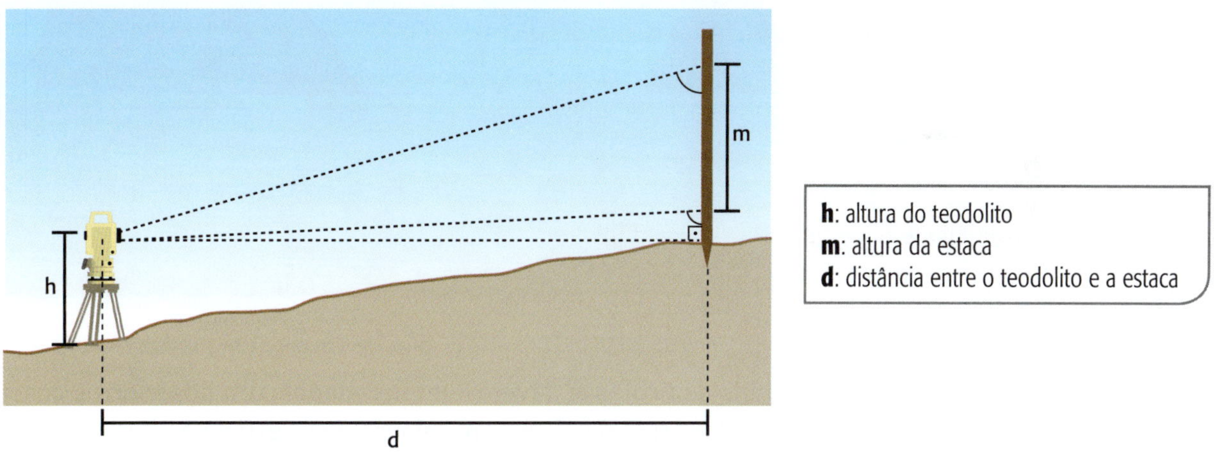

Fontes de pesquisa: Francisco A. M. Gomes. *Levantamento topográfico*. Disponível em: <http://www.ime.unicamp.br/~chico/ma092/ma092_topografia.pdf>; <http://www.csr.ufmg.br/geoprocessamento/publicacoes/Apostila%20Top1.pdf>. Acessos em: 25 abr. 2015.

TROCANDO IDEIAS

1. De acordo com o texto, para que serve o teodolito?
2. Que tipo de triângulo é possível identificar no esquema mostrado nesta página?
3. Pesquise quais profissionais utilizam o teodolito no dia a dia de trabalho. Depois, compartilhe as informações com os colegas e o professor.

FOTOGRAFIA DE FUNDO: THINKSTOCK/GETTY IMAGES

O enigma das tirolesas

Ivan trabalha em uma empresa que instala cabos para tirolesas em parques. Na última semana, um hotel fazenda entrou em contato e solicitou a instalação de cabos para duas tirolesas. O dono queria instalar uma tirolesa em cada um dos dois morros próximos ao lago, de modo que os hóspedes do hotel possam saltar do topo de um dos morros e cair na água.

Após uma análise detalhada das condições do local, fez um projeto para a instalação dos cabos.

ESTÚDIO LAB 307

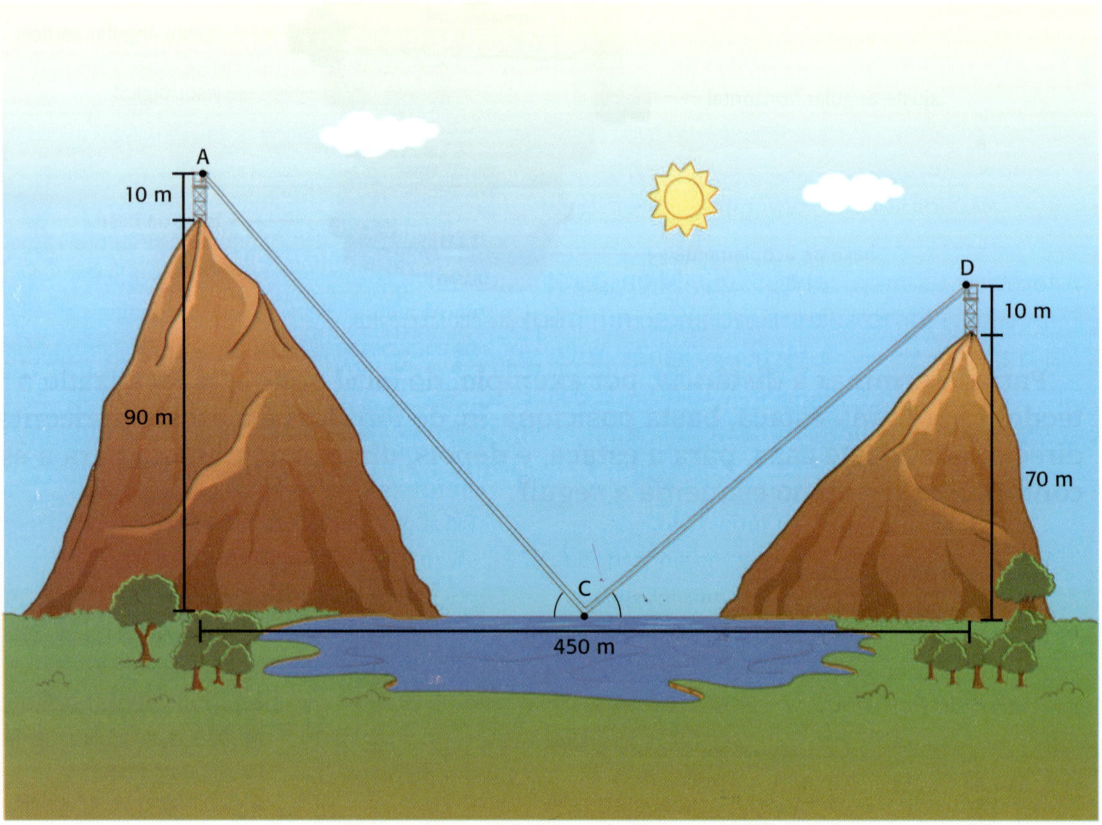

Elementos sem proporção entre si.

Ivan verificou o local onde as tirolesas deverão ser instaladas; um dos morros possui 90 metros e o outro possui 70 metros de altura em relação à superfície do lago. Em cada um dos morros, será usado um suporte de 10 m de altura para segurar os cabos, indicados no projeto pelos pontos A e D. O destino final dos dois cabos será um mesmo ponto, indicado por C. Além disso, os morros estão separados por uma distância de 450 m.

Por questões de segurança, os cabos da tirolesa devem ser fixados de modo que fiquem perfeitamente esticados e tensionados, e a inclinação de cada um dos cabos em relação à horizontal deverá ser a mesma e não poderá exceder 25°.

- Será possível atender a condições de segurança e instalar os cabos da tirolesa no parque? Quantos metros de cabo aproximadamente serão utilizados para a instalação das tirolesas?

No decorrer da unidade você encontrará pistas que podem auxiliá-lo a desvendar este enigma.

1 Razões trigonométricas no triângulo retângulo

A erosão do solo tem relação direta com a capacidade de drenagem da água e a declividade do terreno. Quanto maior a declividade, maior a intensidade de escoamento das águas. Quando isso ocorre, a água tem menos tempo para se infiltrar no solo e acaba arrastando a terra, o que pode ser prejudicial, principalmente para a agricultura.

Fonte de pesquisa: José Luiz Rodrigues Torres et al. Disponível em: <http://www.scielo.br/scielo.php?script=sci_arttext&pid=S0100-67622011000500018>. Acesso em: 23 abr. 2015.

DELFIM MARTINS/PULSAR IMAGENS

Erosão por chuva em canavial, Piracicaba (SP), 2004.

A declividade, expressa muitas vezes na forma percentual, é a razão entre a diferença de altura entre dois pontos e a distância medida horizontalmente entre eles.

Observe a figura abaixo:

QUANTA ESTÚDIO

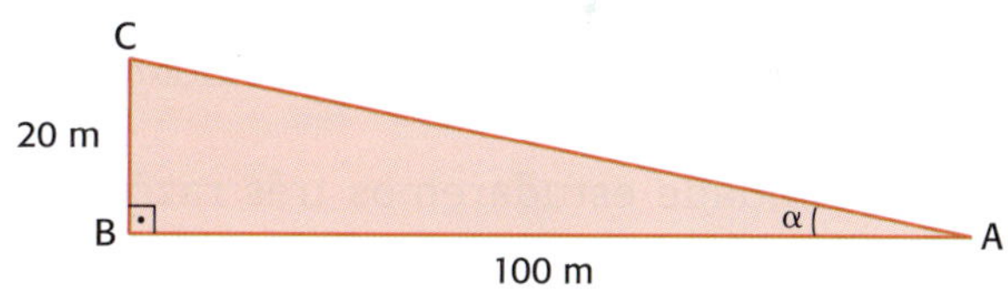

$$\text{Declividade} = \frac{BC}{AB} = \frac{20\text{ m}}{100\text{ m}} = \frac{20}{100} = 20\%$$

A declividade de 20% significa que descemos 20 metros a cada 100 metros deslocados horizontalmente, isto é, 20 m em cada 100 m. A declividade expressa a razão entre as medidas de dois lados de um triângulo retângulo.

Nesta unidade estudaremos sobre as razões entre as medidas dos lados de um triângulo retângulo, chamadas de **razões trigonométricas**.

- Em que outra situação do cotidiano a declividade pode ser um fator relevante a ser considerado?

Trigonometria é uma palavra de origem grega que significa "medida dos triângulos".

THINKSTOCK/GETTY IMAGES

Elementos do triângulo retângulo

Ao estudar a unidade 4, vimos que os lados de um triângulo retângulo recebem nomes especiais:

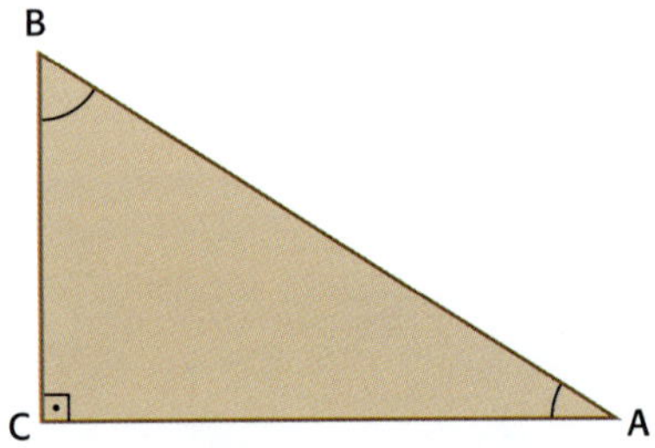

- A **hipotenusa** $\overline{AB}$ é o maior lado, e é oposta ao ângulo reto.
- Os **catetos** $\overline{AC}$ e $\overline{BC}$ são os lados que formam o ângulo reto.

Em nosso estudo sobre trigonometria levamos em consideração os ângulos agudos do triângulo retângulo e, de acordo com o ângulo agudo considerado, os catetos recebem designações diferentes:

Cateto adjacente ao ângulo: é o cateto que tem o vértice do ângulo como uma de suas extremidades.

Cateto oposto ao ângulo: é o cateto que não tem o vértice do ângulo como um de seus pontos.

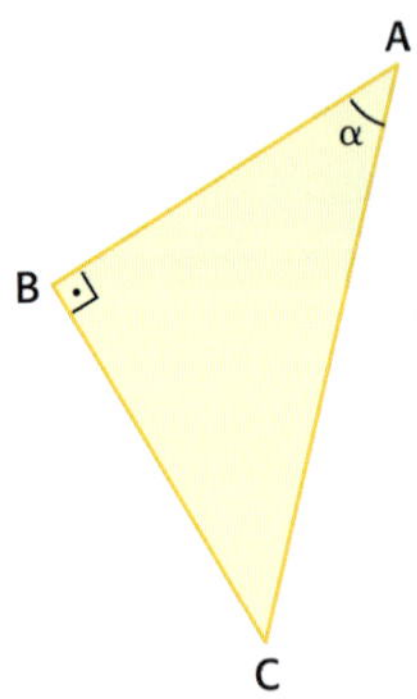

$\overline{AB}$ é cateto adjacente ao ângulo de medida α.
$\overline{BC}$ é cateto oposto ao ângulo de medida α.

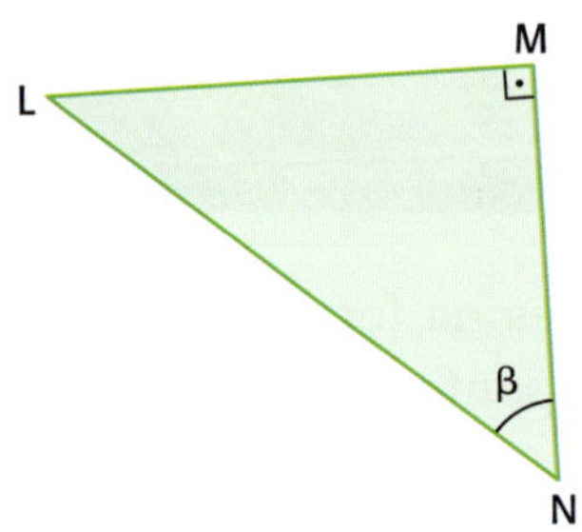

$\overline{MN}$ é cateto adjacente ao ângulo de medida β.
$\overline{LM}$ é cateto oposto ao ângulo de medida β.

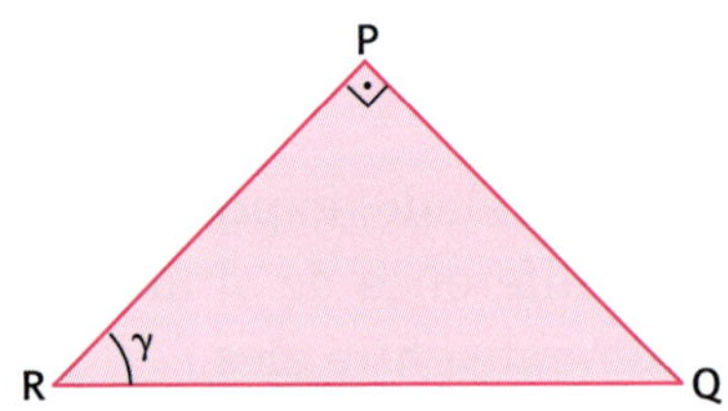

$\overline{PR}$ é cateto adjacente ao ângulo de medida γ.
$\overline{PQ}$ é cateto oposto ao ângulo de medida γ.

Nesta unidade estudaremos três razões trigonométricas: seno, cosseno e tangente. Vamos conhecê-las.

Seno de um ângulo agudo

Considere o triângulo ABC, retângulo em C, a seguir.

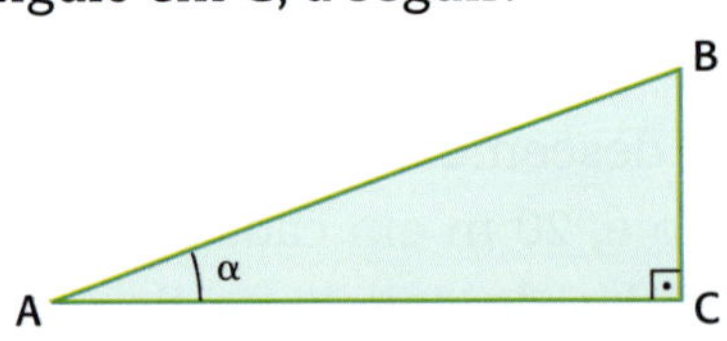

Podemos construir triângulos semelhantes a ele do seguinte modo: traçamos as semirretas $\overrightarrow{AB}$ e $\overrightarrow{AC}$, marcamos os pontos P, Q e R sobre $\overrightarrow{AB}$ e, em seguida, traçamos retas perpendiculares a $\overrightarrow{AC}$ passando cada qual pelos pontos P, Q e R, determinando sobre $\overrightarrow{AC}$, respectivamente, os pontos F, G e H. Veja a figura ao lado.

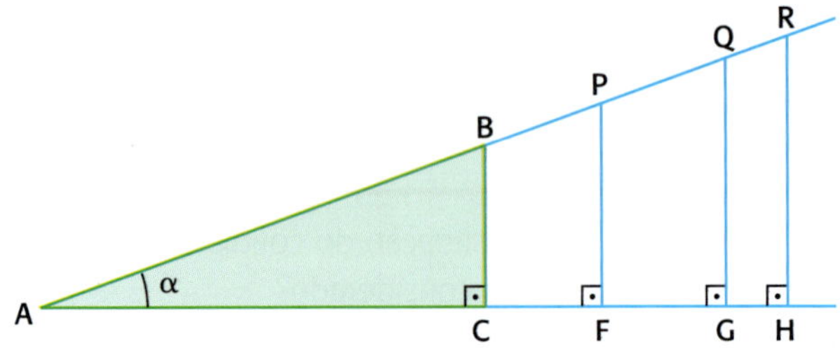

Os triângulos ABC, APF, AQG e ARH são semelhantes pelo caso AA de semelhança de triângulos, pois eles têm o ângulo comum Â e um ângulo reto.

Como os lados correspondentes dos triângulos semelhantes são proporcionais, podemos escrever:

$$\frac{BC}{AB} = \frac{PF}{AP} = \frac{QG}{AQ} = \frac{RH}{AR}$$

Podemos construir infinitos triângulos semelhantes a ABC, todos retângulos e com ângulo agudo de medida α, de modo que a razão entre as medidas do cateto oposto ao ângulo de medida α e da hipotenusa sejam constantes. Chamamos essa razão trigonométrica de **seno do ângulo α**, que indicaremos por **sen α**.

THINKSTOCK/GETTY IMAGES

$$\text{sen } \alpha = \frac{\text{medida do cateto oposto ao ângulo } \alpha}{\text{medida da hipotenusa}}, \text{ com } 0 < \alpha < 90°.$$

Para cada medida α de um ângulo agudo está associado um único valor de seno e vice-versa. Vamos calcular o sen α e o sen β no triângulo retângulo a seguir.

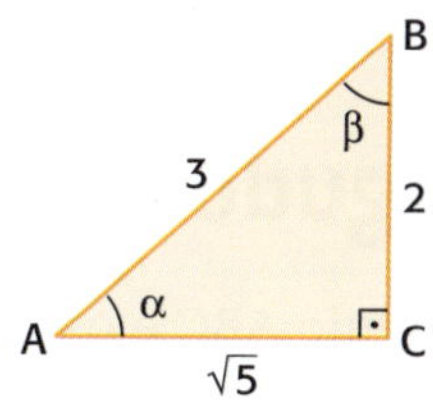

$$\text{sen } \alpha = \frac{\text{medida do cateto oposto ao ângulo } \alpha}{\text{medida da hipotenusa}} = \frac{2}{3}$$

$$\text{sen } \beta = \frac{\text{medida do cateto oposto ao ângulo } \beta}{\text{medida da hipotenusa}} = \frac{\sqrt{5}}{3}$$

Cosseno de um ângulo agudo

Considere novamente o triângulo retângulo ABC e os triângulos semelhantes a ele.

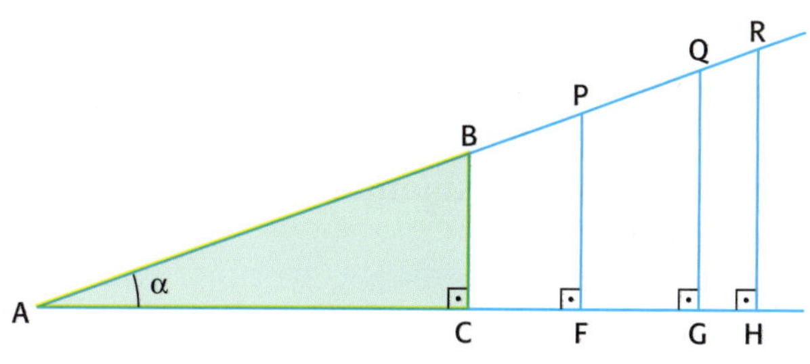

Como os lados correspondentes dos triângulos semelhantes são proporcionais, podemos escrever:

$$\frac{AC}{AB} = \frac{AF}{AP} = \frac{AG}{AQ} = \frac{AH}{AR}$$

Podemos construir infinitos triângulos semelhantes a ABC, todos retângulos e com ângulo agudo de medida α, de modo que a razão entre as medidas do cateto adjacente ao ângulo α e da hipotenusa sejam constantes. Chamamos essa razão trigonométrica de **cosseno do ângulo α**, que indicaremos por **cos α**.

$$\cos \alpha = \frac{\text{medida do cateto adjacente ao ângulo } \alpha}{\text{medida da hipotenusa}}, \text{ com } 0 < \alpha < 90°.$$

Para cada medida α de um ângulo agudo está associado um único valor de cosseno e vice-versa. Vamos calcular o cos α e o cos β no triângulo retângulo a seguir.

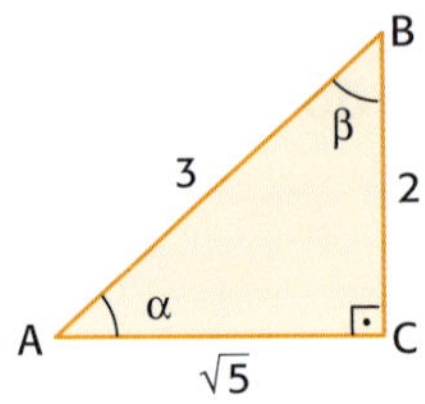

$$\cos \alpha = \frac{\text{medida do cateto adjacente ao ângulo } \alpha}{\text{medida da hipotenusa}} = \frac{\sqrt{5}}{3}$$

$$\cos \beta = \frac{\text{medida do cateto adjacente ao ângulo } \beta}{\text{medida da hipotenusa}} = \frac{2}{3}$$

- Comparando os resultados de cos α e de cos β com os resultados de sen α e de sen β na página anterior, o que se pode observar?

Tangente de um ângulo agudo

Considere novamente o triângulo retângulo ABC e os triângulos semelhantes a ele.

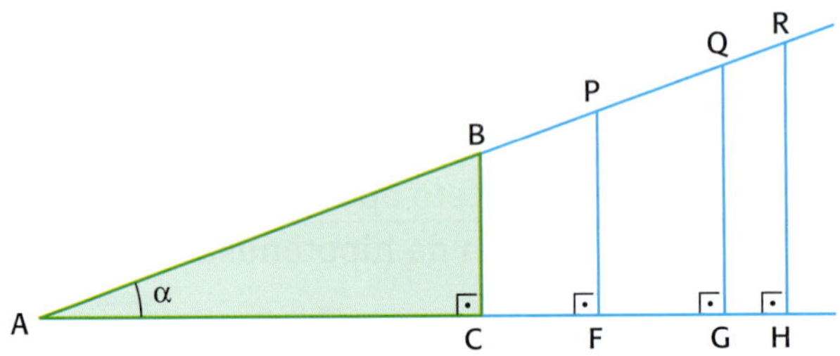

Como os lados correspondentes dos triângulos semelhantes são proporcionais, podemos escrever:

$$\frac{BC}{AC} = \frac{PF}{AF} = \frac{QG}{AG} = \frac{RH}{AH}$$

Podemos construir infinitos triângulos semelhantes a ABC, todos retângulos e com ângulo agudo de medida α, de modo que a razão entre as medidas do cateto oposto ao ângulo α e do cateto adjacente ao ângulo α sejam constantes. Chamamos essa razão trigonométrica de **tangente do ângulo α**, que indicaremos por **tg α**.

$$\text{tg } \alpha = \frac{\text{medida do cateto oposto ao ângulo } \alpha}{\text{medida do cateto adjacente ao ângulo } \alpha}, \text{ com } 0 < \alpha < 90°.$$

A cada medida α de um ângulo agudo está associado um único valor de tangente e vice-versa.

Veja como obtemos tg α e tg β no triângulo a seguir. Considere que as medidas estão indicadas em centímetro.

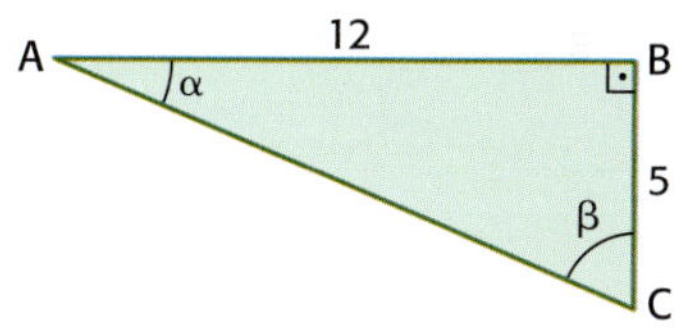

$$\text{tg } \alpha = \frac{\text{medida do cateto oposto ao ângulo } \alpha}{\text{medida do cateto adjacente ao ângulo } \alpha} = \frac{5}{12}$$

$$\text{tg } \beta = \frac{\text{medida do cateto oposto ao ângulo } \beta}{\text{medida do cateto adjacente ao ângulo } \beta} = \frac{12}{5}$$

- Comparando os resultados de tg α e tg β ao lado, o que se pode observar?

A declividade citada anteriormente na situação inicial expressa a razão entre as medidas de dois lados de um triângulo retângulo: a medida do cateto oposto ao ângulo α e a medida do cateto adjacente ao ângulo α, ou seja, a tangente de α.

Pista 1

Analise novamente o projeto elaborado por Ivan. Vamos indicar por **x** a medida do segmento $\overline{BC}$.

- Escreva a medida do segmento CE em função de x.
- Que razão trigonométrica relaciona o cateto oposto e o cateto adjacente a um ângulo?
- Com base nessas informações, determine a medida do segmento $\overline{BC}$ e $\overline{CE}$.

ATIVIDADES

1. Calcule sen α, cos α e tg α em cada figura a seguir.

a)

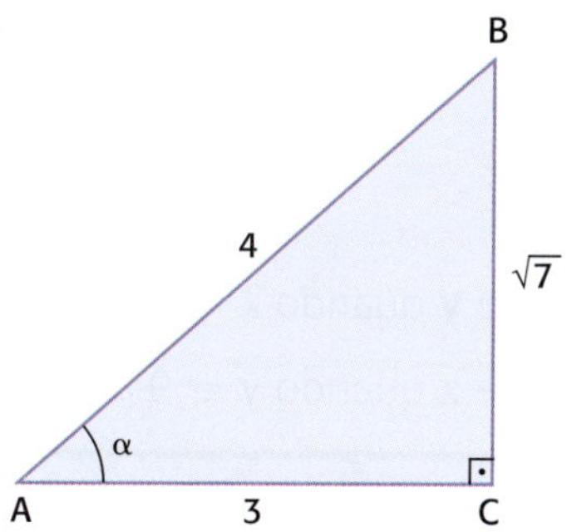

b)

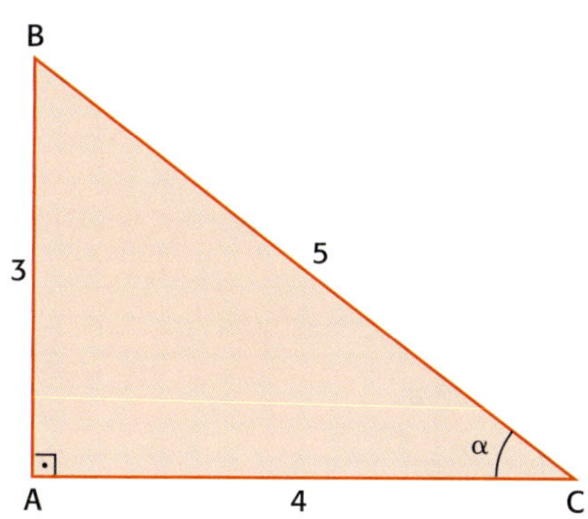

2. Obtenha o valor de sen β, cos β e tg β em cada caso:

a)

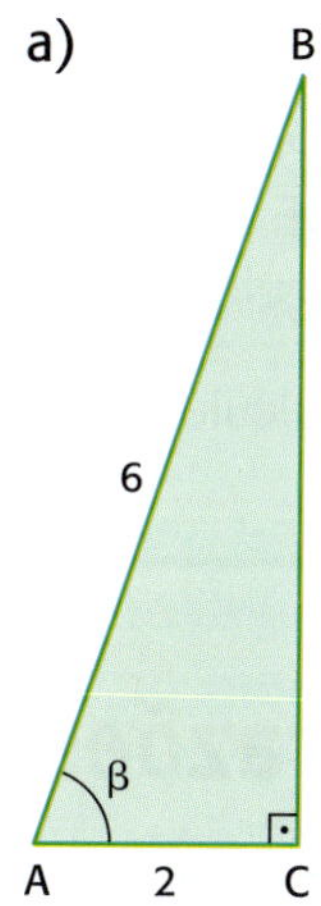

b)

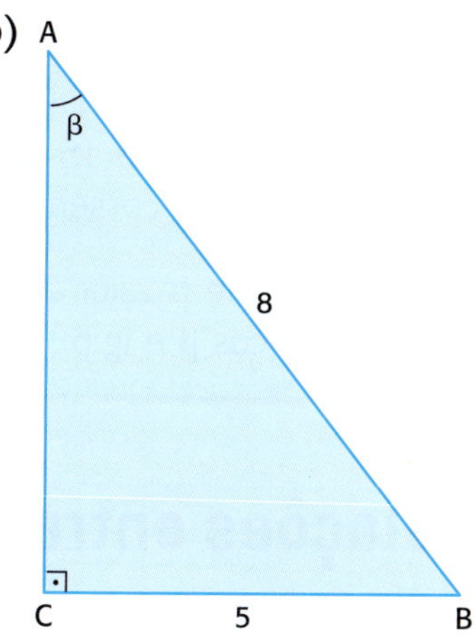

c)

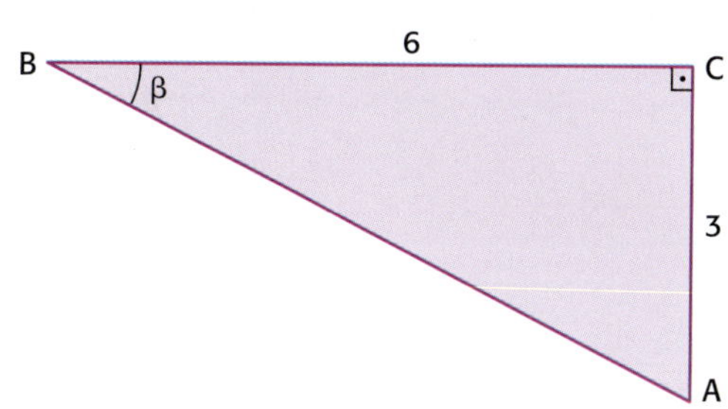

3. Determine o valor de **x** em cada caso sabendo que:

a) sen $\alpha = \frac{2}{5}$

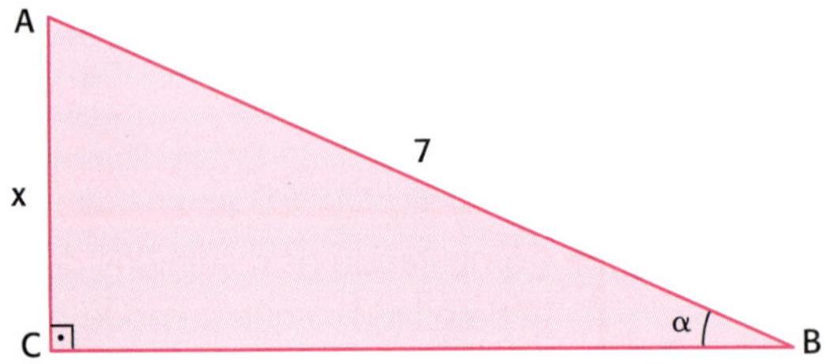

b) cos $\alpha = \frac{1}{3}$

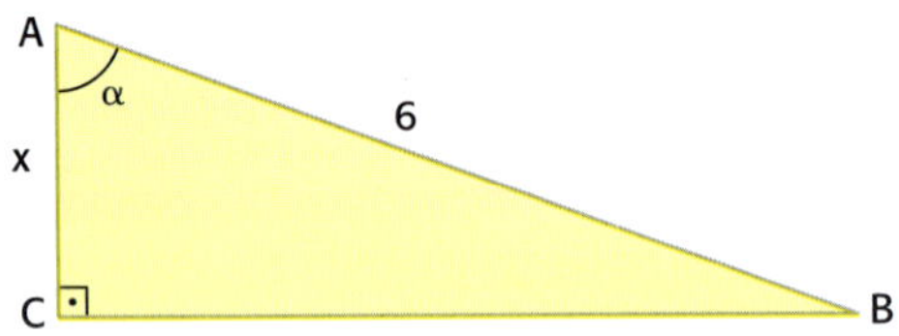

c) tg $\alpha = \frac{2}{3}$

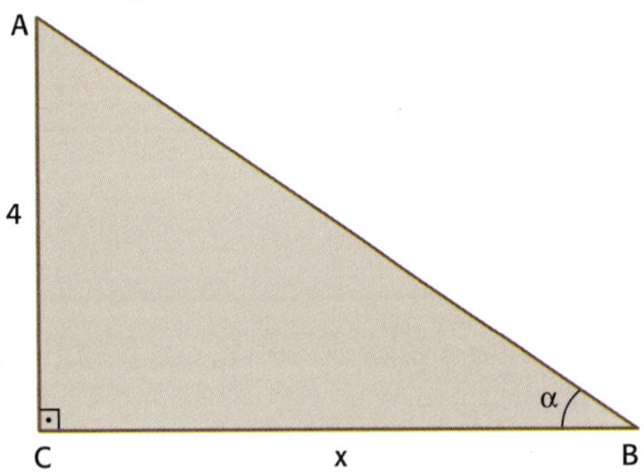

4. Em um triângulo DEF retângulo em E, a hipotenusa mede 15 cm e $\overline{DE}$ mede 12 cm. Determine o cosseno do ângulo $D\hat{F}E$.

5. Determine o valor de **x** e calcule o valor de sen β, cos β e tg β.

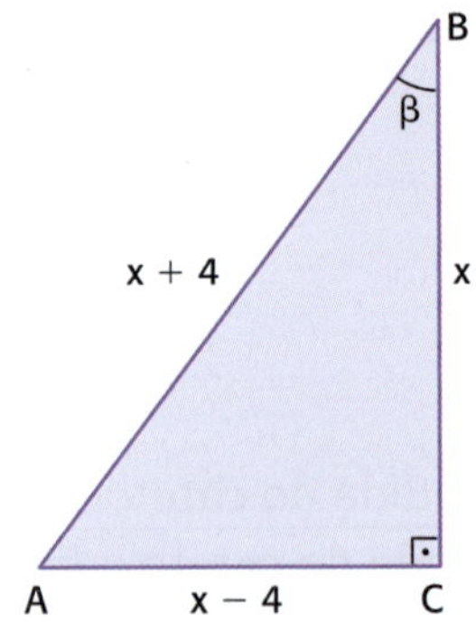

6. A figura a seguir mostra um retângulo ABCD e a diagonal $\overline{AC}$. Sabendo que tg $\alpha = \frac{1}{4}$, determine a área desse retângulo.

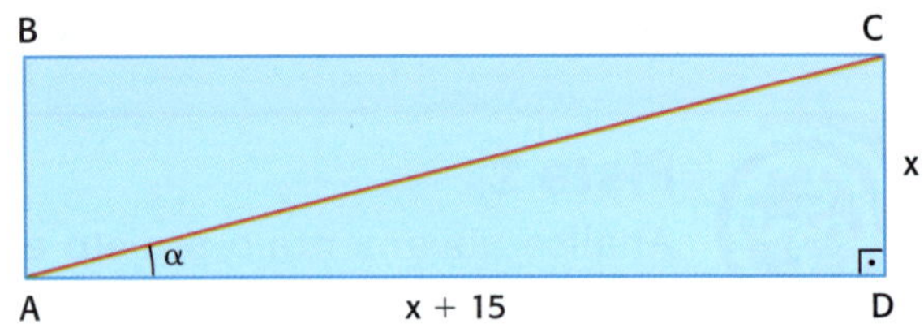

7. A partir da observação da figura a seguir, obtenha:

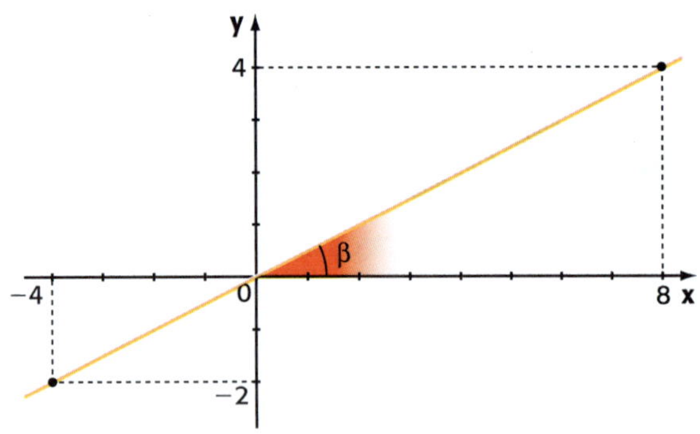

a) tg β

b) O valor de **y** quando x = 12.

c) O valor de **x** quando y = 9.

Relações entre as razões trigonométricas

Vamos conhecer duas importantes relações entre as razões trigonométricas. Considere o triângulo retângulo ABC a seguir.

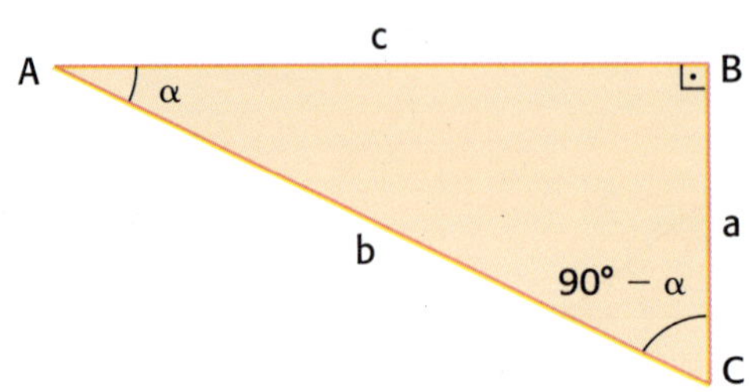

Calculando os valores de seno e de cosseno dos ângulos agudos, temos:

$$\begin{cases} \cos \alpha = \dfrac{c}{b} \\ \cos(90° - \alpha) = \dfrac{a}{b} \end{cases} \quad \text{e} \quad \begin{cases} \text{sen } \alpha = \dfrac{a}{b} \\ \text{sen}(90° - \alpha) = \dfrac{c}{b} \end{cases}$$

Concluímos que, em todo triângulo retângulo, o seno de um ângulo agudo é igual ao cosseno do ângulo complementar e o cosseno de um ângulo agudo é igual ao seno do ângulo complementar:

$$\cos \alpha = \text{sen } (90° - \alpha) \text{ e sen } \alpha = \cos (90° - \alpha), \text{ com } 0 < \alpha < 90°.$$

Observe o que ocorre ao realizarmos a divisão a seguir:

$$\frac{\text{sen } \alpha}{\cos \alpha} = \frac{\frac{a}{b}}{\frac{c}{b}} = \frac{a}{b} : \frac{c}{b} = \frac{a}{b} \cdot \frac{b}{c} = \frac{a}{c}$$

Como a razão $\frac{a}{c}$ é igual a tg α, concluímos que:

$$\text{tg } \alpha = \frac{\text{sen } \alpha}{\cos \alpha}, \text{ com } 0 < \alpha < 90°.$$

ATIVIDADES

8. Determine a medida de **x** sabendo que sen 30° = 0,50. Considere que as medidas estão indicadas na figura em centímetro.

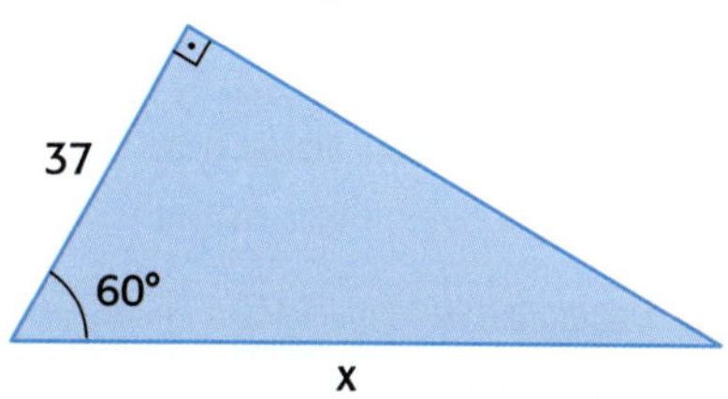

9. Determine o valor de tg α sabendo que sen $\alpha = \frac{8}{17}$ e cos $\alpha = \frac{15}{17}$.

10. Observe o triângulo retângulo ABC e o triângulo DEF semelhante a ABC obtido dividindo-se as medidas dos lados **a**, **b** e **c** por um mesmo número positivo **c**:

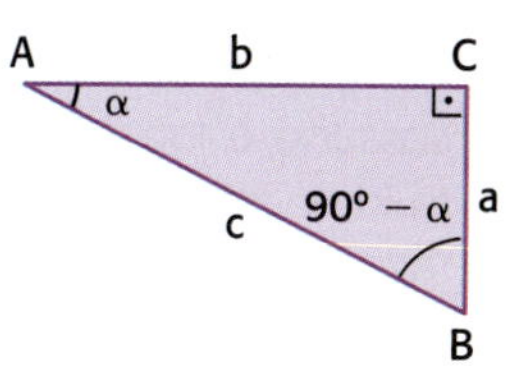

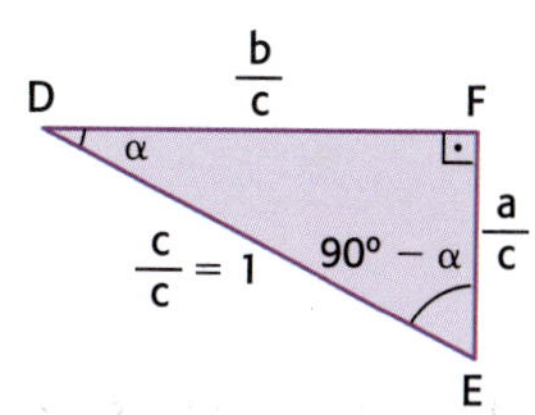

Responda:

a) A medida $\frac{b}{c}$ do cateto $\overline{DF}$ corresponde a qual razão trigonométrica considerando o ângulo de medida α no triângulo ABC?

b) A medida $\frac{a}{c}$ do cateto $\overline{EF}$ corresponde a qual razão trigonométrica considerando o ângulo de medida α no triângulo ABC?

c) Aplique o teorema de Pitágoras ao triângulo DEF substituindo $\frac{b}{c}$ e $\frac{a}{c}$ pelas razões obtidas nos itens anteriores. Escreva a expressão resultante.

Tabela de razões trigonométricas

Junte-se com outro colega e construa uma tabela com os valores aproximados das razões trigonométricas.

Material

- Papel milimetrado.
- Transferidor.
- Calculadora.
- Régua.
- Lápis.
- Borracha.

Procedimento

- Em uma folha de papel milimetrado, trace triângulos retângulos de modo que um dos catetos tenha uma medida constante e o ângulo agudo adjacente a este lado de medida variável α, começando com $\alpha = 5°$ e aumentando de $5°$ em $5°$.

  Veja na figura a seguir a construção de um triângulo retângulo cujo ângulo agudo mede 5°.

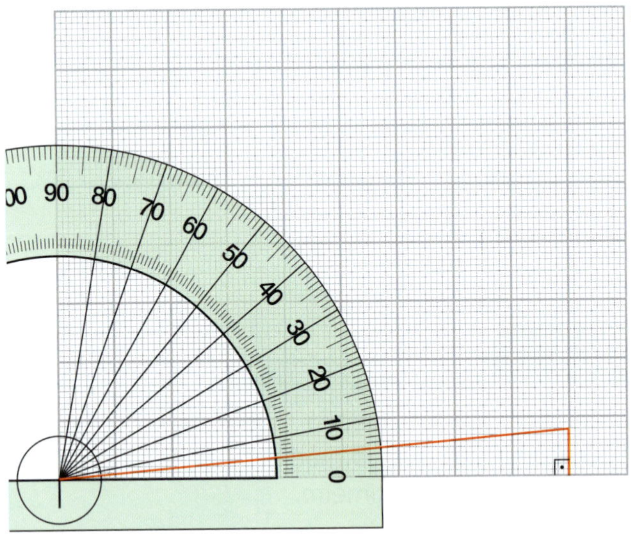

BIS

- Cada aluno da dupla deve reproduzir a tabela a seguir em seu caderno, acrescentando linhas para valores de α variando de 5° em 5°.

Medida de α	Medida do cateto adjacente a α	Medida do cateto oposto a α	Medida da hipotenusa	sen α	cos α	tg α
5°						
10°						
15°						
20°						
⋮						
85°						

- Meçam o comprimento dos lados de cada um dos triângulos e registrem os valores na tabela.
- Usem uma calculadora para obter os valores de seno, cosseno e tangente do ângulo α para cada valor de α, registrando na tabela.

Comparem os valores obtidos de seno, cosseno e tangente dos ângulos construídos nesta atividade com a tabela trigonométrica da página 193 e verifiquem se houve diferença entre eles.

Tabela trigonométrica

As razões trigonométricas podem ser aplicadas em diversos problemas, e muitas vezes é necessário conhecer o valor dessas razões, mesmo que aproximado. Para isso, podemos utilizar uma calculadora científica ou uma tabela trigonométrica.

Veja, a seguir, a tabela trigonométrica com os valores das razões seno, cosseno e tangente para ângulos inteiros de 1° a 89°, aproximados de três casas decimais.

Tabela trigonométrica

Ângulo	sen	cos	tg	Ângulo	sen	cos	tg	Ângulo	sen	cos	tg
1°	0,017	0,999	0,017	31°	0,515	0,857	0,601	61°	0,875	0,485	1,804
2°	0,035	0,999	0,035	32°	0,530	0,848	0,625	62°	0,883	0,469	1,881
3°	0,052	0,998	0,052	33°	0,545	0,839	0,649	63°	0,891	0,454	1,963
4°	0,070	0,998	0,070	34°	0,560	0,829	0,675	64°	0,899	0,438	2,050
5°	0,087	0,996	0,087	35°	0,574	0,819	0,700	65°	0,906	0,423	2,145
6°	0,105	0,995	0,105	36°	0,588	0,809	0,727	66°	0,914	0,407	2,246
7°	0,122	0,993	0,123	37°	0,602	0,799	0,754	67°	0,921	0,391	2,356
8°	0,139	0,990	0,141	38°	0,616	0,788	0,781	68°	0,927	0,375	2,475
9°	0,156	0,988	0,158	39°	0,629	0,777	0,810	69°	0,934	0,358	2,605
10°	0,174	0,985	0,176	40°	0,643	0,766	0,839	70°	0,940	0,342	2,747
11°	0,191	0,982	0,194	41°	0,656	0,755	0,869	71°	0,946	0,326	2,904
12°	0,208	0,978	0,213	42°	0,669	0,743	0,900	72°	0,951	0,309	3,078
13°	0,225	0,974	0,231	43°	0,682	0,731	0,933	73°	0,956	0,292	3,271
14°	0,242	0,970	0,249	44°	0,695	0,719	0,967	74°	0,961	0,276	3,487
15°	0,259	0,966	0,268	45°	0,707	0,707	1	75°	0,966	0,259	3,732
16°	0,276	0,961	0,287	46°	0,719	0,695	1,036	76°	0,970	0,242	4,011
17°	0,292	0,956	0,306	47°	0,731	0,682	1,072	77°	0,974	0,225	4,331
18°	0,309	0,951	0,325	48°	0,743	0,669	1,111	78°	0,978	0,208	4,705
19°	0,326	0,946	0,344	49°	0,755	0,656	1,150	79°	0,982	0,191	5,145
20°	0,342	0,940	0,364	50°	0,766	0,643	1,192	80°	0,985	0,174	5,671
21°	0,358	0,934	0,384	51°	0,777	0,629	1,235	81°	0,988	0,156	6,314
22°	0,375	0,927	0,404	52°	0,788	0,616	1,280	82°	0,990	0,139	7,115
23°	0,391	0,921	0,424	53°	0,799	0,602	1,327	83°	0,993	0,122	8,144
24°	0,407	0,914	0,445	54°	0,809	0,588	1,376	84°	0,995	0,105	9,514
25°	0,423	0,906	0,466	55°	0,819	0,574	1,428	85°	0,996	0,087	11,430
26°	0,438	0,899	0,488	56°	0,829	0,560	1,483	86°	0,998	0,070	14,301
27°	0,454	0,891	0,510	57°	0,839	0,545	1,540	87°	0,998	0,052	19,081
28°	0,469	0,883	0,532	58°	0,848	0,530	1,600	88°	0,999	0,035	28,636
29°	0,485	0,875	0,554	59°	0,857	0,515	1,664	89°	0,999	0,017	57,290
30°	0,5	0,866	0,577	60°	0,866	0,5	1,732				

Pista 2

De acordo com a pista anterior, Ivan pôde descobrir as medidas dos segmentos $\overline{BC}$ e $\overline{CE}$ em seu projeto. Com base nessas medidas, responda às questões.

- Qual é o valor da tangente do ângulo agudo α?
- Com o auxílio de uma tabela trigonométrica, determine o valor aproximado do ângulo α.
- A inclinação dos cabos da tirolesa estão de acordo com as especificações de segurança?

ATIVIDADES

Sempre que necessário consulte a tabela trigonométrica da página 193.

11. Indique o valor de:

a) sen 28°

b) cos 81°

c) tg 31°

d) sen 14°

e) cos 56°

f) tg 47°

12. Indique o valor aproximado do ângulo α em cada item.

a) sen α = 0,122

b) cos α = 0,292

c) tg α = 0,933

d) sen α = 0,996

13. Milena soltou uma pipa que está presa ao solo por uma linha esticada, como mostra a figura. Para saber a que altura está sua pipa em relação ao solo, ela marcara previamente com tinta o ponto da linha no carretel correspondente a 80 metros de comprimento de seu início, onde se prende a pipa. Quando chegou a esse ponto, ela o prendeu ao solo. Com auxílio de um transferidor, ela mediu o ângulo BÂC e obteve 37°.

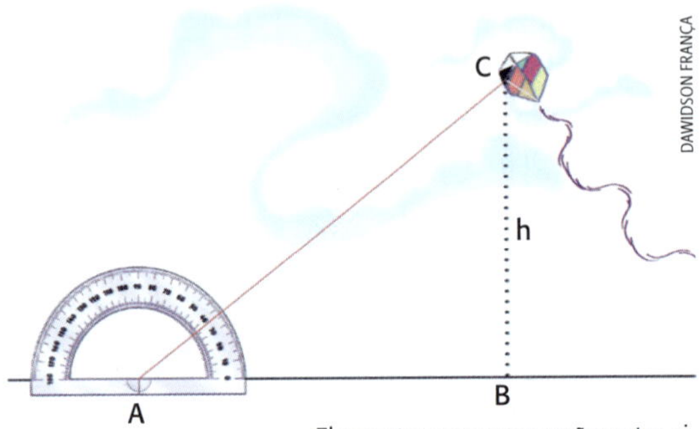

Elementos sem proporção entre si.

Qual é a medida **h** da altura da pipa em relação ao solo?

14. Fábio quer apoiar uma escada de 3 metros de comprimento em um ponto da parede a 2 metros do solo.

a) A que distância da parede ela estará apoiada?

b) Qual é a medida do ângulo de inclinação da escada com o solo?

15. Um avião decola de um aeroporto e mantém uma "razão de subida" igual a 2 000 pés por minuto e após 5 minutos já percorreu a trajetória mostrada na figura a seguir.

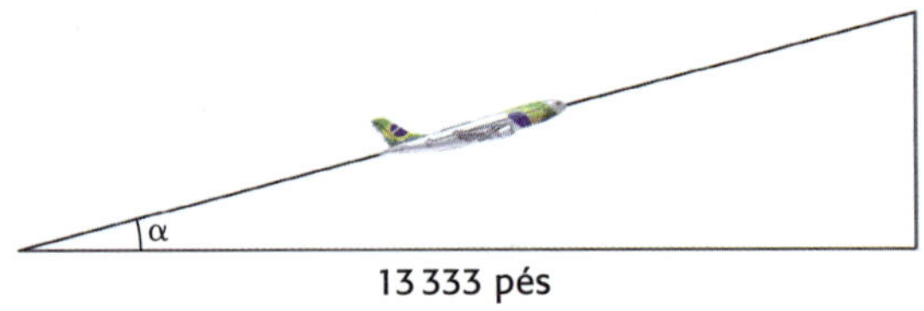

Elementos sem proporção entre si.

a) Qual é a medida da altura desse avião em relação ao solo, após 5 minutos, supondo que ele manteve uma trajetória como indicada na figura?

b) Qual é a medida α do ângulo que a trajetória do avião faz em relação ao solo?

16. Obtenha as medidas **x** e **y** que estão faltando no desenho de uma peça industrial mostrada a seguir. Considere que as medidas estão indicadas em centímetro.

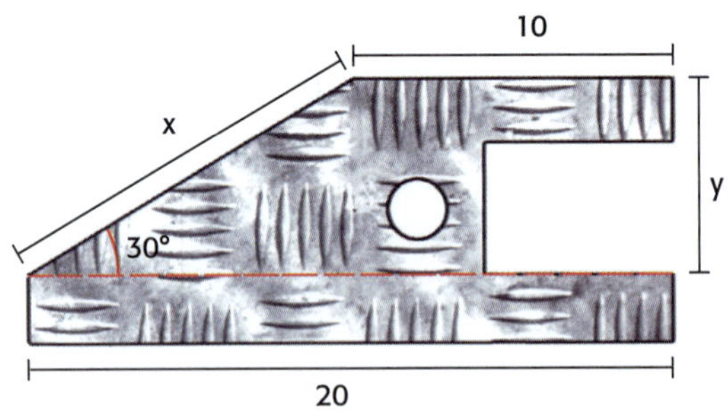

17. O sonar de um barco detecta um tesouro no fundo do mar sob um ângulo de 18°. O comandante envia um mergulhador para resgatar o tesouro que está a 40 metros de profundidade. O mergulhador desce verticalmente. Qual é a distância **d**, em metro, que ele deverá caminhar até chegar ao tesouro?

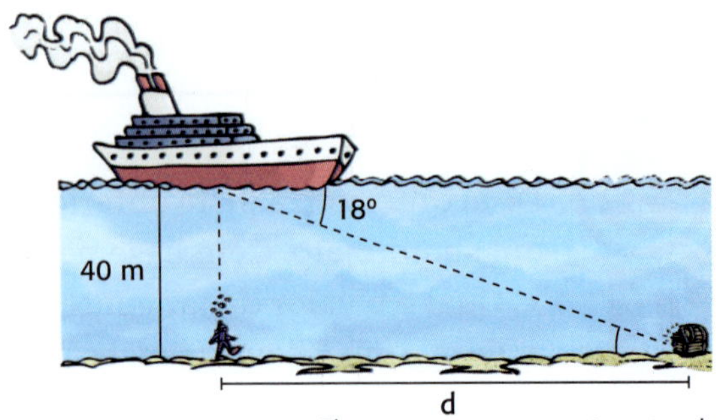

Elementos sem proporção entre si.

18. Um observador, cujos olhos estão a 1,5 m do solo, vê o topo de um pequeno edifício sob um ângulo de 50°, como mostra a figura. Sabendo que essa pessoa está a 15 m de distância do prédio, qual é a medida da altura desse edifício?

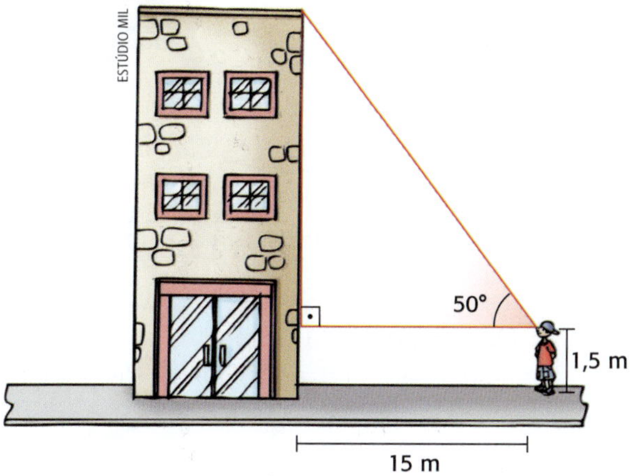

Elementos sem proporção entre si.

19. Um guincho abaixou a rampa hidráulica para, em seguida, elevar um veículo até sua carroceria. Se o ponto mais alto da rampa está a 1,6 m de altura em relação ao solo, e o afastamento horizontal entre o início e o final da rampa é de 3,40 m, qual é a medida do ângulo de inclinação da rampa em relação ao solo?

20. Quando o ângulo que os raios de Sol fazem com o solo é igual a 60°, a medida da sombra de um poste é igual a 2,7 m.
Obtenha:

a) A medida da altura desse poste.

b) A medida de comprimento da sombra desse poste quando a medida do ângulo diminui para 45°.

Razões trigonométricas para ângulos de 30°, 45° e 60°

Vejamos como obter os valores de seno, cosseno e tangente para ângulos de 30°, 45° e 60°.

Seno, cosseno e tangente do ângulo de 45°

Considere o quadrado ABCD no qual foi traçada sua diagonal $\overline{AC}$. Como o triângulo ABC é isósceles, os ângulos da base $\overline{AC}$ são congruentes. Portanto, os ângulos $B\hat{A}C$ e $B\hat{C}A$ medem, cada um, 45°.

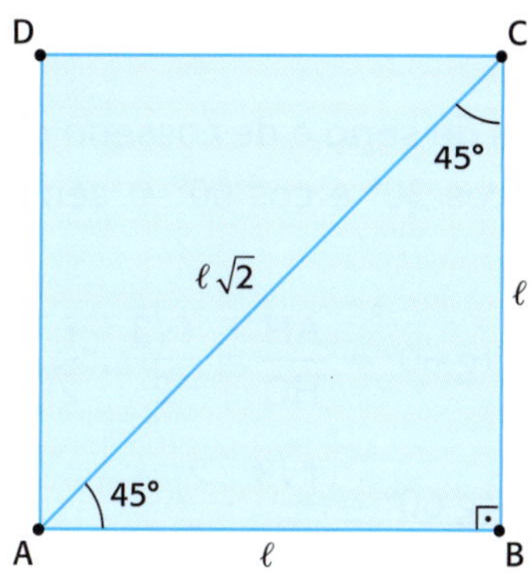

Considere o ângulo $B\hat{A}C$ de medida 45°. Veja as razões trigonométricas que podemos obter com essas medidas de ângulos e de lados:

$$\cos 45° = \frac{AB}{AC} = \frac{\ell}{\ell\sqrt{2}}$$

$$\cos 45° = \frac{1}{\sqrt{2}} \cdot \frac{\sqrt{2}}{\sqrt{2}}$$

$$\cos 45° = \frac{\sqrt{2}}{2}$$

$$\text{sen } 45° = \frac{BC}{AC} = \frac{\ell}{\ell\sqrt{2}}$$

$$\text{sen } 45° = \frac{1}{\sqrt{2}} \cdot \frac{\sqrt{2}}{\sqrt{2}}$$

$$\text{sen } 45° = \frac{\sqrt{2}}{2}$$

$$\text{tg } 45° = \frac{BC}{AB} = \frac{\ell}{\ell}$$

$$\text{tg } 45° = 1$$

Seno, cosseno e tangente dos ângulos de 30° e de 60°

Considere o triângulo equilátero no qual traçamos a altura relativa a um de seus lados. Como os ângulos internos de um triângulo equilátero medem 60°, concluímos que $\hat{C}$ mede 60° e $C\hat{A}H$ mede 30°.

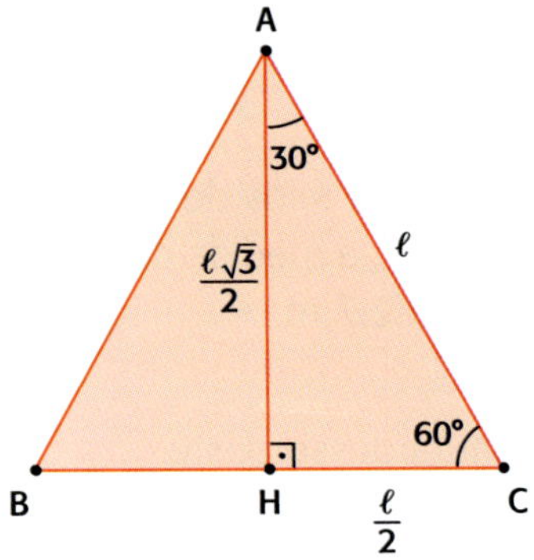

Lembre-se de que a medida da altura de um triângulo equilátero de lado de medida ℓ é dada por $\frac{\ell\sqrt{3}}{2}$.

SHUTTERSTOCK

Veja as razões trigonométricas que podemos construir com essas medidas de ângulos e lados.

$$\cos 30° = \frac{AH}{AC} = \frac{\ell\sqrt{3}}{2} : \ell$$

$$\cos 30° = \frac{\ell\sqrt{3}}{2} \cdot \frac{1}{\ell}$$

$$\cos 30° = \frac{\sqrt{3}}{2}$$

$$\text{sen } 30° = \frac{HC}{AC} = \frac{\ell}{2} : \ell$$

$$\text{sen } 30° = \frac{\ell}{2} \cdot \frac{1}{\ell}$$

$$\text{sen } 30° = \frac{1}{2}$$

$$\text{tg } 30° = \frac{HC}{AH} = \frac{\ell}{2} : \frac{\ell\sqrt{3}}{2}$$

$$\text{tg } 30° = \frac{\ell}{2} \cdot \frac{2}{\ell\sqrt{3}}$$

$$\text{tg } 30° = \frac{1}{\sqrt{3}} \cdot \frac{\sqrt{3}}{\sqrt{3}}$$

$$\text{tg } 30° = \frac{\sqrt{3}}{3}$$

Não precisamos calcular os valores de seno e de cosseno de 60°, pois 30° e 60° são ângulos complementares, e, portanto, sen 60° = cos 30° e cos 60° = sen 30°. Assim, basta calcular o valor da tangente de 60°:

$$\text{tg } 60° = \frac{AH}{HC} = \frac{\ell\sqrt{3}}{2} : \frac{\ell}{2}$$

$$\text{tg } 60° = \frac{\ell\sqrt{3}}{2} \cdot \frac{2}{\ell}$$

$$\text{tg } 60° = \sqrt{3}$$

Podemos organizar esses valores em um quadro, como mostrado a seguir.

	30°	45°	60°
Seno	$\frac{1}{2}$	$\frac{\sqrt{2}}{2}$	$\frac{\sqrt{3}}{2}$
Cosseno	$\frac{\sqrt{3}}{2}$	$\frac{\sqrt{2}}{2}$	$\frac{1}{2}$
Tangente	$\frac{\sqrt{3}}{3}$	1	$\sqrt{3}$

SAIBA MAIS

Perspectiva cavaleira

Em desenho técnico, um dos tipos de desenho em perspectiva é a chamada perspectiva cavaleira. Nesse tipo de perspectiva, a face frontal da figura não sofre deformação, mas a profundidade fica reduzida dependendo do ângulo da projeção, como mostra-se a seguir.

Tipo	Coeficientes de redução das escalas dos eixos		
	L	A	P
Cavaleira 30°	1	1	$\frac{2}{3}$
Cavaleira 45°	1	1	$\frac{1}{2}$
Cavaleira 60°	1	1	$\frac{1}{3}$

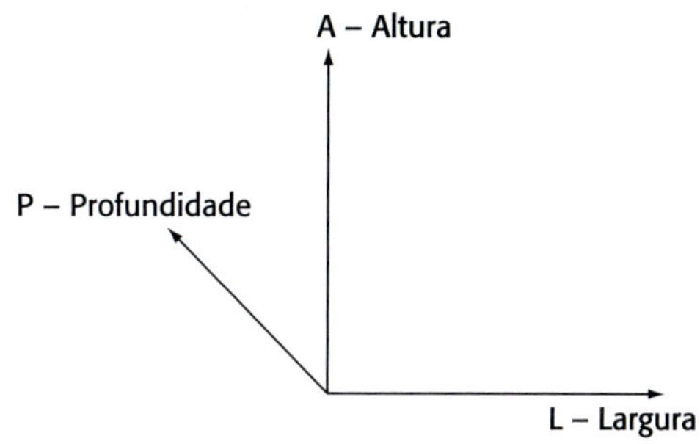

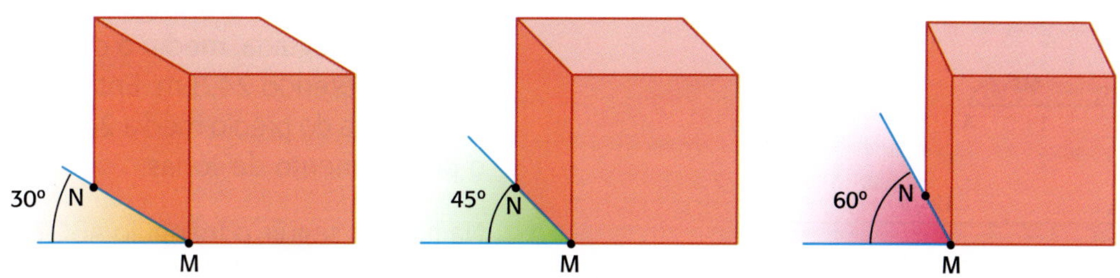

Se o cubo tiver arestas de medida 2 cm, a aresta $\overline{MN}$ medirá:

- No desenho em perspectiva com ângulo de 30°, o valor $\frac{2}{3} \cdot 2 \text{ cm} = \frac{4}{3}$ cm.
- No desenho em perspectiva com ângulo de 45°, o valor $\frac{1}{2} \cdot 2 \text{ cm} = 1$ cm.
- No desenho em perspectiva com ângulo de 60°, o valor $\frac{1}{3} \cdot 2 \text{ cm} = \frac{2}{3}$ cm.

Para explorar

- Calcule as medidas com as quais um bloco retangular com 10 cm de largura, 9 cm de profundidade e altura medindo 5 cm será desenhado nos três casos de perspectiva cavaleira.

ATIVIDADES

21. Calcule as medidas desconhecidas em cada caso:

a)

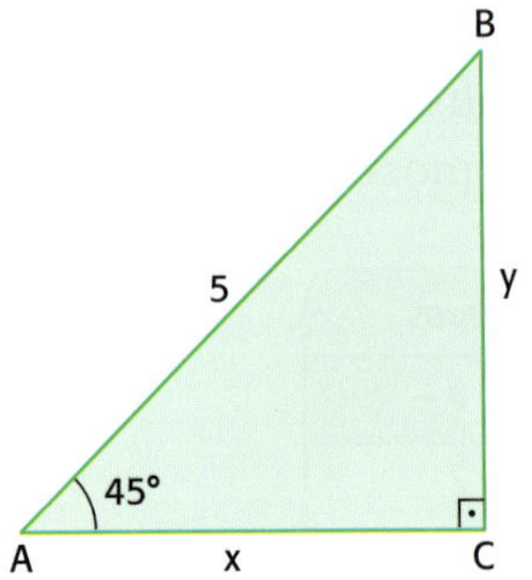

b)

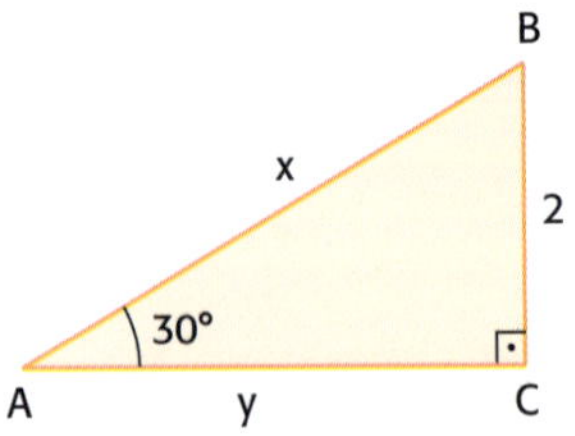

c)

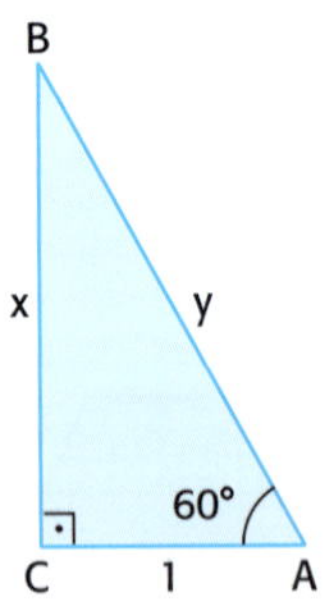

d)

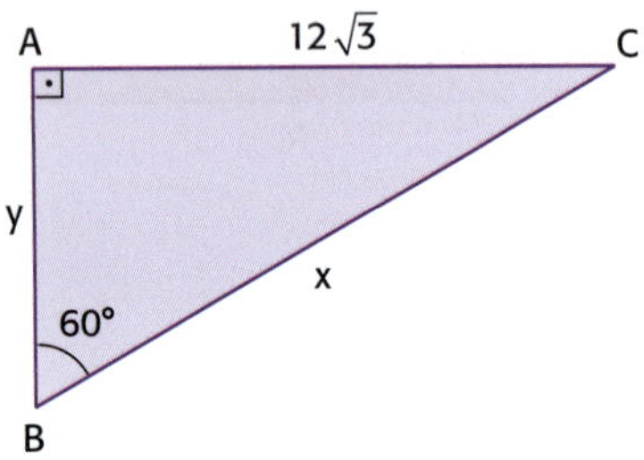

e)

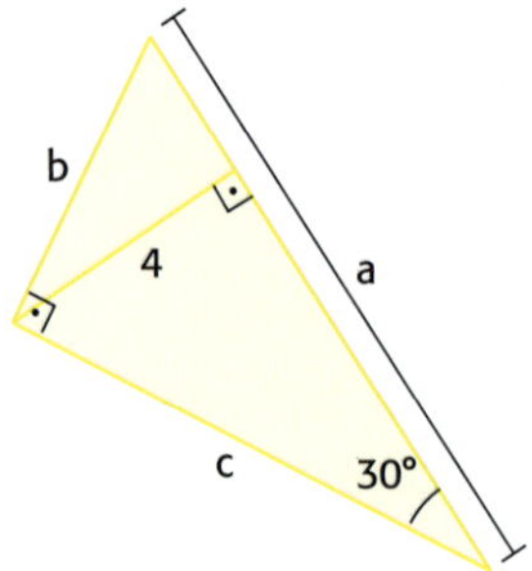

22. (UFRS) Um barco parte de A para atravessar o rio. A direção de seu deslocamento forma um ângulo de 120° com a margem do rio.

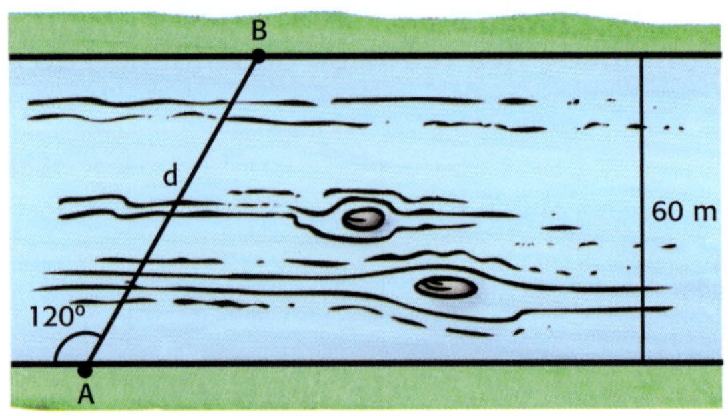

ESTÚDIO MIL

Sendo a largura do rio 60 m, a distância, em metro, percorrida pelo barco foi de:

a) $40\sqrt{2}$

b) $40\sqrt{3}$

c) $45\sqrt{3}$

d) $50\sqrt{3}$

e) $60\sqrt{2}$

23. Para calcular a medida da altura de um prédio, Jonas aguardou o momento em que os raios de Sol formavam um ângulo de 45° com o solo e, em seguida, mediu o comprimento da sombra, obtendo 24,8 m. Então, ele concluiu que a altura do prédio media 24,8 m. Justifique o procedimento de Jonas.

24. Na figura a seguir, o triângulo ABC está inscrito na circunferência de raio r = 3 cm.

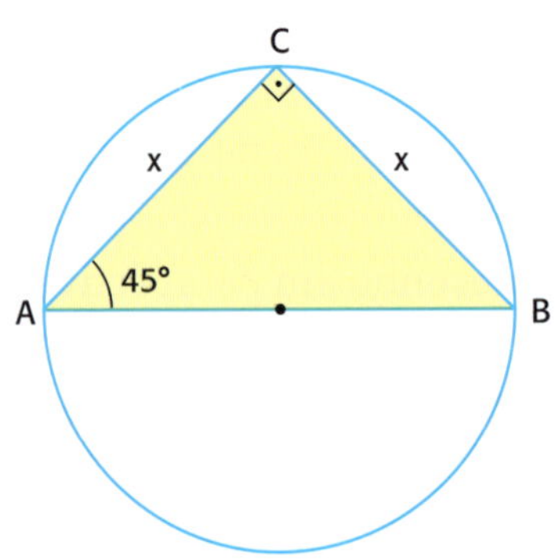

Obtenha:

a) O valor de **x**.

b) O perímetro do triângulo ABC.

Pista 3

Leia novamente as pistas anteriores e faça o que se pede a seguir.

- Determine a medida dos segmentos $\overline{AC}$ e $\overline{CD}$ na figura.

Desvende o enigma

- Será possível atender a condições de segurança e instalar os cabos da tirolesa no parque? Quantos metros de cabo aproximadamente serão utilizados para a instalação das tirolesas?

ATIVANDO HABILIDADES

(UERJ) Observe a bicicleta e a tabela trigonométrica.

Ângulo	Seno	Cosseno	Tangente
10°	0,174	0,985	0,176
11°	0,191	0,982	0,194
12°	0,208	0,978	0,213
13°	0,225	0,974	0,231
14°	0,242	0,970	0,249

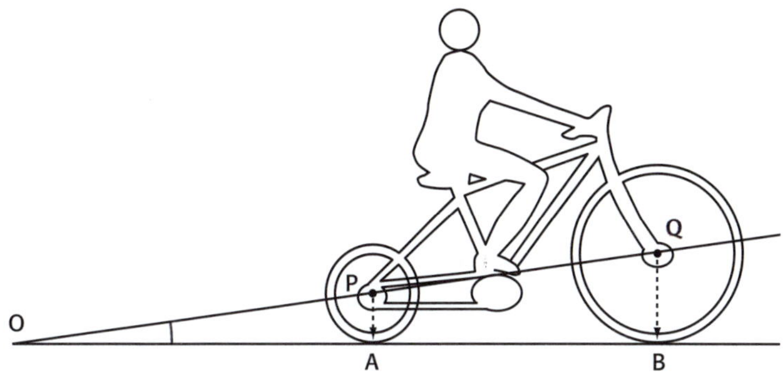

Os centros das rodas estão a uma distância PQ igual a 120 cm e os raios $\overline{PA}$ e $\overline{QB}$ medem respectivamente 25 cm e 52 cm. De acordo com a tabela, o ângulo AÔP tem o seguinte valor:

a) 10° b) 12° c) 13° d) 14°

Entendimento do problema

Observe que o triângulo BOQ mostrado na figura, assim como o triângulo AOP, é retângulo, pois os segmentos $\overline{PA}$ e $\overline{QB}$ são os raios da roda. Além disso, sabemos a medida dos respectivos raios e do segmento $\overline{PQ}$.

Elaboração de uma estratégia

Um modo de obter a medida do ângulo AÔP é determinar o valor do seno do ângulo AÔP. Para isso devemos obter a medida do segmento $\overline{OA}$ usando semelhança de triângulos, depois, calcular o seno do ângulo AÔP e, por fim, verificar na tabela trigonométrica o ângulo cujo seno é igual ao valor obtido.

Execução da estratégia

Considere os triângulos BOQ e AOP representados a seguir.

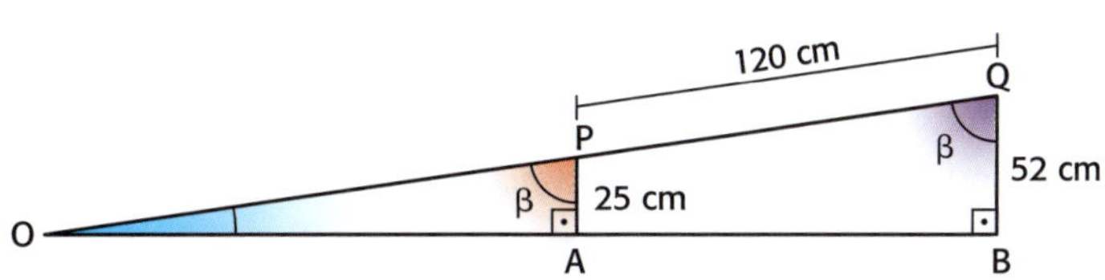

Elementos sem proporção entre si.

Como os triângulos BOQ e AOP têm o ângulo comum AÔP e um ângulo reto (OÂP e AB̂Q), eles são semelhantes pelo caso AA de semelhança de triângulos. Sendo assim, OP̂A ≡ OQ̂B.

Considerando **x** a medida do segmento $\overline{OP}$, obtemos a seguinte relação:

$$\frac{25}{x} = \frac{52}{(120 + x)} \Rightarrow x \cong 111,1$$

Usando a razão trigonométrica que relaciona as medidas do cateto oposto ao ângulo AÔP e da hipotenusa do triângulo AOP, obtemos o seguinte:

$$\text{sen } A\hat{O}P = \frac{25}{111,1} \cong 0,225$$

Assim, de acordo com a tabela trigonométrica, o ângulo cujo seno mais se aproxima de 0,225 é o de 13°.

Análise da solução

Considere **x** e **y** a medida dos segmentos $\overline{OP}$ e $\overline{OQ}$, respectivamente.

Vamos verificar que $y - x = 120$ cm.

Temos que:

$$\text{sen } 13° = \frac{25}{x} \Rightarrow 0,225 = \frac{25}{x} \Rightarrow x = 111,1$$

$$\text{sen } 13° = \frac{52}{y} \Rightarrow 0,225 = \frac{52}{y} \Rightarrow y = 231,1$$

A distância entre os pontos P e Q é:

$$PQ = y - x = 231,1 - 111,1 = 120$$

Sendo assim, a medida aproximada do ângulo AÔP é 13°.

Resposta: alternativa **c**.

É a sua vez!

(Enem) Um balão atmosférico, lançado em Bauru (343 quilômetros a Noroeste de São Paulo), na noite do último domingo, caiu nesta segunda-feira em Cuiabá Paulista, na região de Presidente Prudente, assustando agricultores da região. O artefato faz parte do programa Projeto Hibiscus, desenvolvido por Brasil, França, Argentina, Inglaterra e Itália, para a medição do comportamento da camada de ozônio, e sua descida se deu após o cumprimento do tempo previsto de medição.

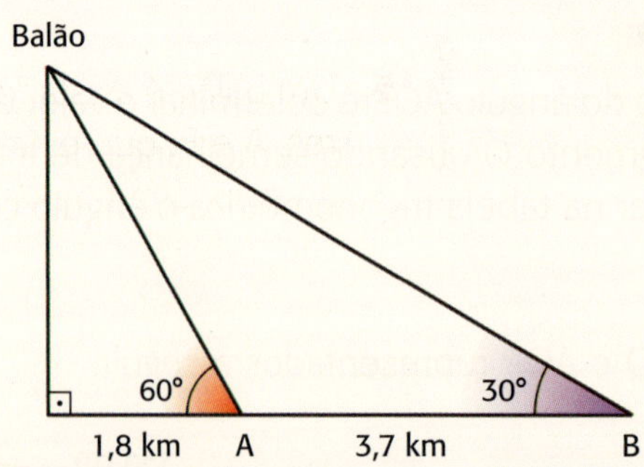

Na data do acontecido, duas pessoas avistaram o balão. Uma estava a 1,8 km da posição vertical do balão e o avistou sob um ângulo de 60°; a outra estava a 5,5 km da posição vertical do balão, alinhada com a primeira, e no mesmo sentido, conforme se vê na figura, e o avistou sob um ângulo de 30°.

Qual a altura aproximada em que se encontrava o balão?

a) 1,8 km **b)** 1,9 km **c)** 3,1 km **d)** 3,7 km **e)** 5,5 km

Sempre que necessário consulte a tabela trigonométrica da página 193.

1. Considerando que o cosseno de um ângulo agudo α é a razão entre a medida do cateto adjacente ao ângulo e a medida da hipotenusa, responda, justificando sua resposta:

a) Por que $\cos \alpha < 1$?

b) Por que $\operatorname{sen} \alpha < 1$?

2. Calculadora

Para resolver um problema matemático, Amanda precisou da medida de um dos lados do triângulo abaixo.

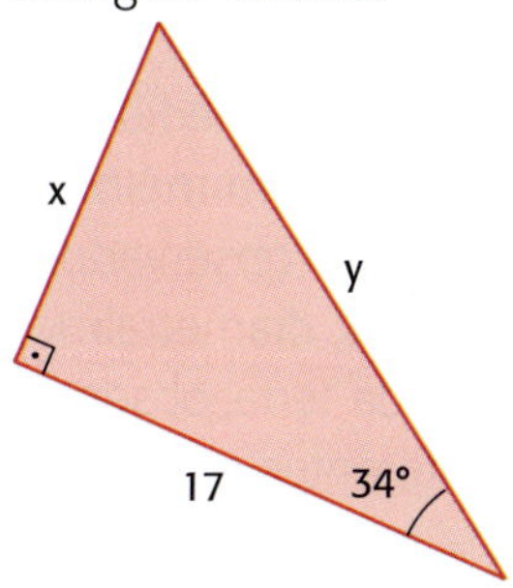

Para obter uma das medidas, ela apertou as teclas a seguir:

[3] [4] [tan] [·] [1] [7] [=]

Ao apertar a tecla [tan], apresenta-se o valor da tangente do ângulo digitado anteriormente.

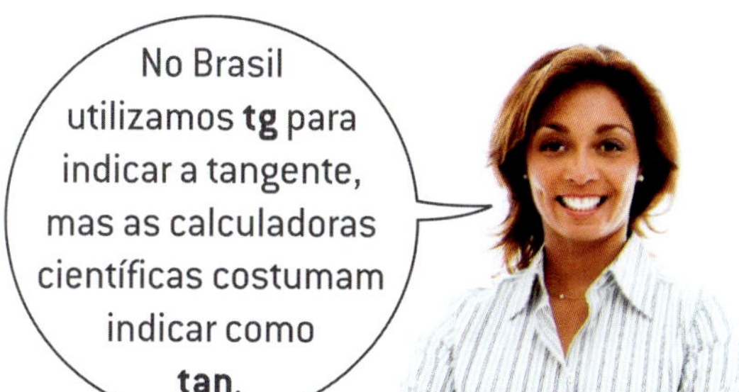

Procedendo dessa maneira, Amanda calculou o valor de **x** ou de **y**? Justifique sua resposta.

3. Igor é topógrafo e deseja calcular a medida da altura de uma elevação, como mostra a figura a seguir. Entretanto, não era possível obter a medida do segmento $\overline{AC}$, devido às características do terreno. Assim, ele mediu o ângulo sob o qual avista-se o topo da elevação (ponto D), caminhou 50 metros, aproximando-se da elevação, e mediu novamente o ângulo de avistamento do topo. As duas medidas do ângulo foram feitas a uma altura de 1,3 m do solo.

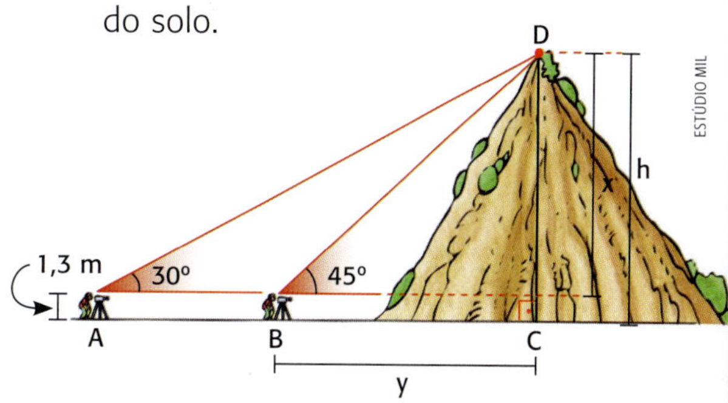

Elementos sem proporção entre si.

a) Escreva uma igualdade envolvendo as medidas disponíveis do triângulo BCD.

b) Escreva outra igualdade envolvendo as medidas disponíveis do triângulo ACD.

c) Resolva o sistema de duas equações obtido nos itens anteriores e calcule a medida **h** da altura da elevação.

4. Calcule a razão $\frac{EF}{FG}$ na figura a seguir, em que ABCD é um retângulo.

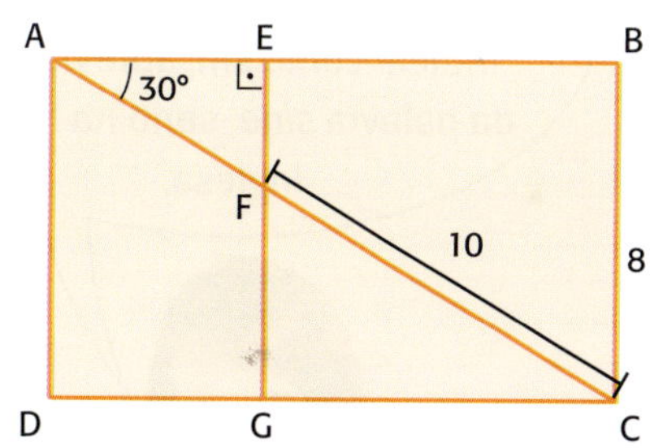

5. Um balão é avistado por dois observadores, A e B, que estabelecem, em relação ao solo, ângulos de 30° e 40°, respectivamente, como mostra a figura. Sabendo que a distância entre A e B é de 100 m, calcule a que altura encontra-se o balão.

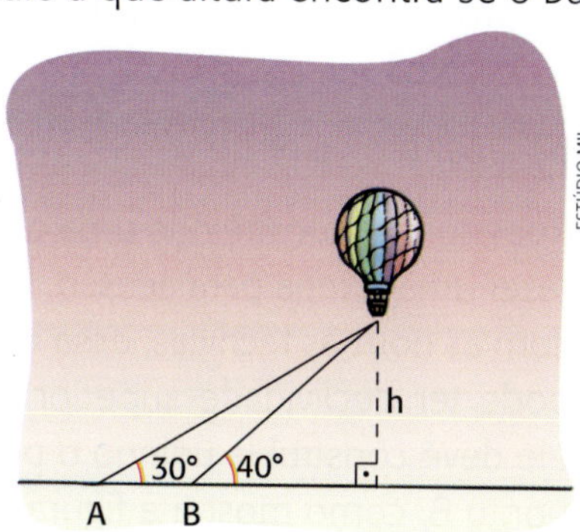

teia do saber

6. Calculadora

Com auxílio de uma calculadora científica, Denílson calculou a medida de um cateto do triângulo retângulo a seguir, apertando as seguintes teclas, das quais duas estão apagadas.

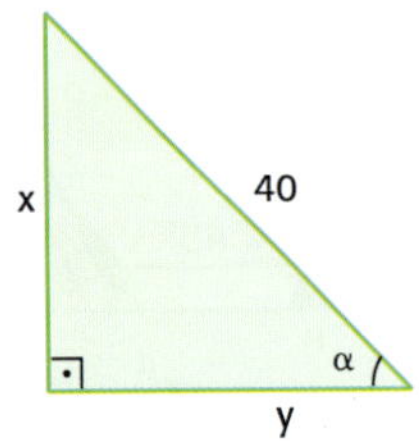

Ao apertar a tecla sin, apresenta-se o valor do seno do ângulo digitado anteriormente.

a) Denílson calculou, por meio desse procedimento, a medida de qual cateto?

b) Qual é o valor de α?

7. Roberto está construindo uma casa e quer fazer uma rampa para acesso. De acordo com as normas técnicas, essa rampa não pode ter declividade superior a 20% e ele deve construí-la unindo o ponto A ao ponto B, como mostra a figura a seguir.

a) O terreno permite que Roberto construa a rampa nessas condições?

b) Qual é a medida do ângulo de inclinação de uma rampa unindo os pontos A e B de seu terreno?

8. Um modo de calcular a distância da Terra à Lua, sabendo a medida do raio da Terra, é por meio de um método conhecido por paralaxe. Dois observadores situados em pontos A e B, diametralmente opostos na superfície da Terra, observam a Lua em posições diferentes em relação a uma estrela distante, como mostra a figura a seguir.

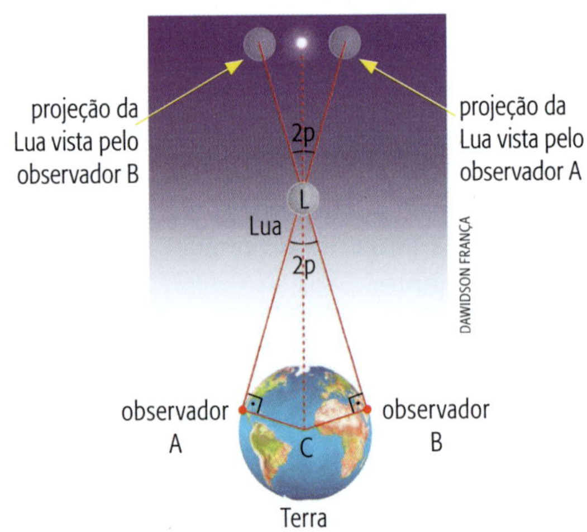

Elementos sem proporção ente si. Uso de cores fantasia.

Responda com base no que estudamos:

a) No triângulo retângulo CLB, o raio da Terra $\overline{CB}$ corresponde ao cateto oposto ou ao cateto adjacente ao ângulo de medida **p**?

b) A distância de C a L corresponde a qual lado do triângulo retângulo CLB?

c) Sabendo que p = 0,95°, calcule a distância aproximada do centro da Terra ao centro da Lua. Para esse cálculo, considere que a medida do raio da Terra é 6 400 km. Dados: sen 0,95° = 0,0166 e cos 0,95° = 0,9998.

9. A acessibilidade é um direito fundamental dos cidadãos, que devem ter as condições necessárias à sua livre locomoção asseguradas. Um dos elementos que garantem a acessibilidade são as rampas, que, para cumprir devidamente sua função, devem apresentar inclinação adequada.

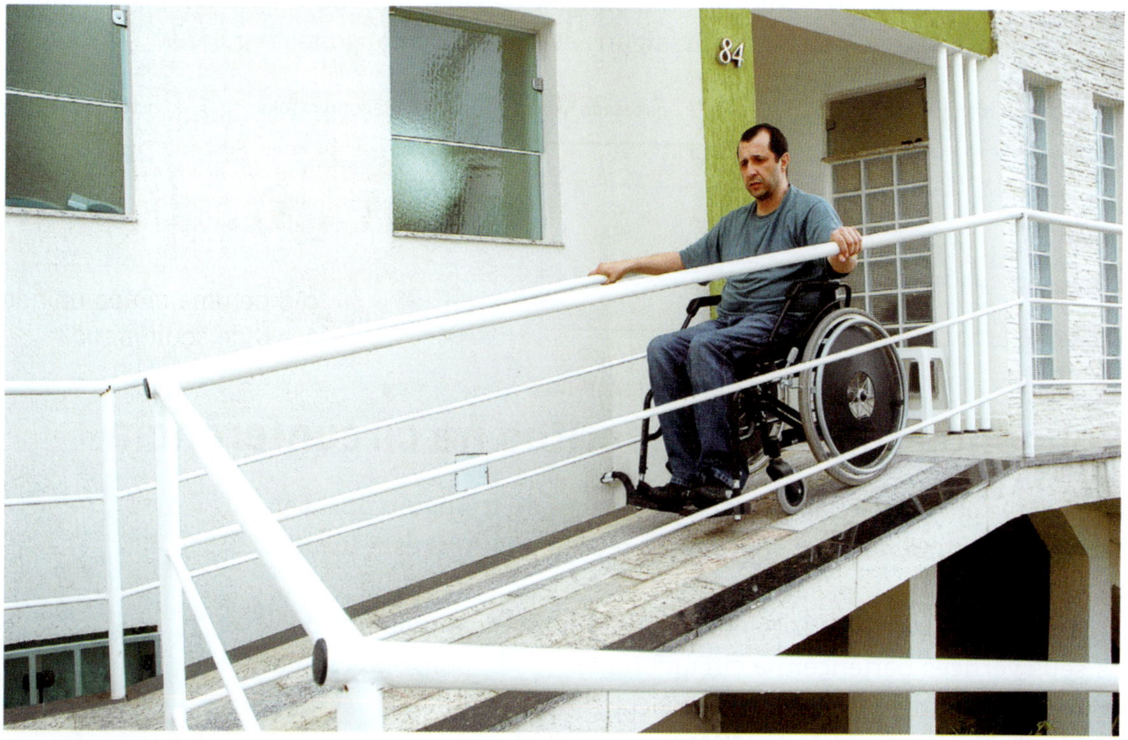

FERNANDO FAVORETTO/CRIAR IMAGEM

Inclinação de rampas de acessibilidade.

Inclinação admissível em cada segmento de rampa (i)	Desníveis máximos de cada segmento de rampa
$i \leq 5\%$	1,5 m
$5\% < i \leq 6{,}25\%$	1 m
$6{,}25\% < i \leq 8{,}33\%$	0,8 m

Fonte: <http://www.mpsp.mp.br/portal/page/portal/Cartilhas/GuiaPraticoDeAcessibilidade.pdf>. Acesso em: 25 abr. 2015.

a) Felipe precisa construir uma rampa de acesso na entrada de uma escola. Sabendo que o desnível entre calçada e o *hall* de entrada é de 0,8 m, determine o **ângulo máximo** que a rampa de acesso deve formar com o chão, conforme indicado na figura.

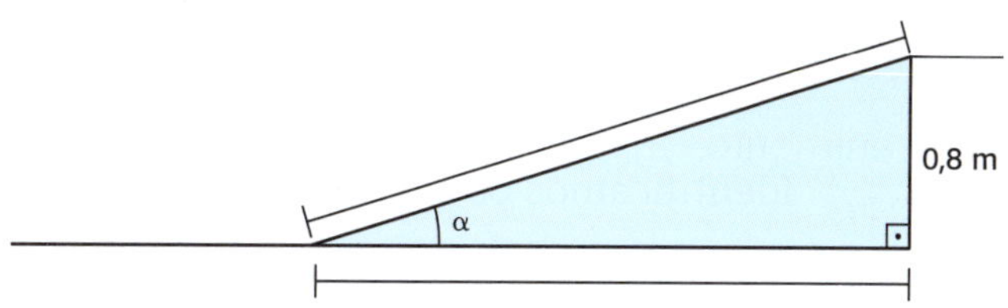

BIS

b) Para que as rampas de acessibilidade sejam seguras para seus usuários, outros requisitos devem ser atendidos. Pesquise sobre esses requisitos e liste-os em seu caderno.

c) Em sua cidade existem rampas de acessibilidade nos prédios e em outros lugares públicos? Elas atendem às normas?

2 Polígonos regulares

Vimos, no volume do 7º ano, que um polígono regular tem todos os lados congruentes e todos os ângulos congruentes. Veja, a seguir, alguns exemplos de polígonos regulares:

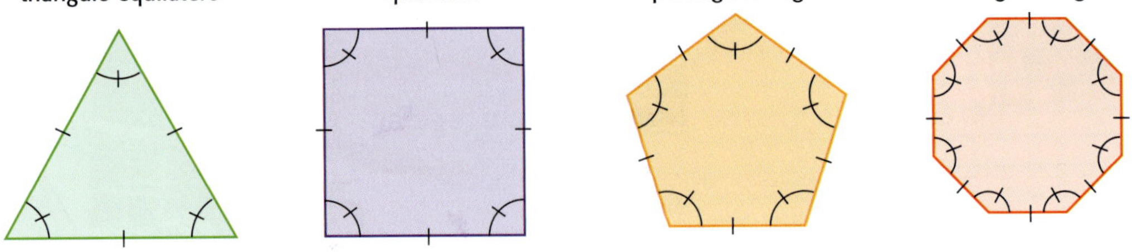

Polígonos regulares inscritos na circunferência

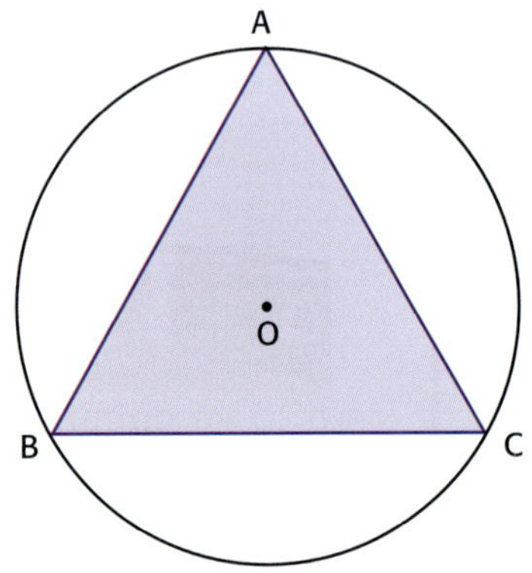

Observe a figura ao lado. Todos os vértices do triângulo ABC pertencem à circunferência. Dizemos que o triângulo ABC está **inscrito** na circunferência.

Um polígono está inscrito em uma circunferência quando todos os seus vértices pertencem à circunferência. Todo polígono regular pode ser inscrito em uma circunferência.

Observe as figuras a seguir. Note que há polígonos que não podem ser inscritos em uma circunferência e outros que, apesar de serem polígonos inscritíveis, não são regulares.

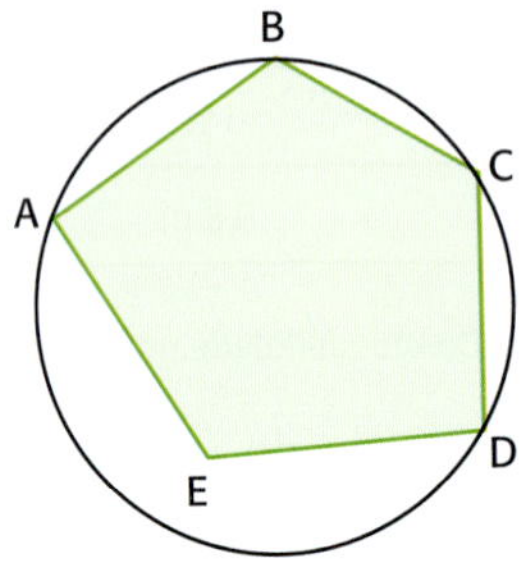

Polígono não inscritível na circunferência.

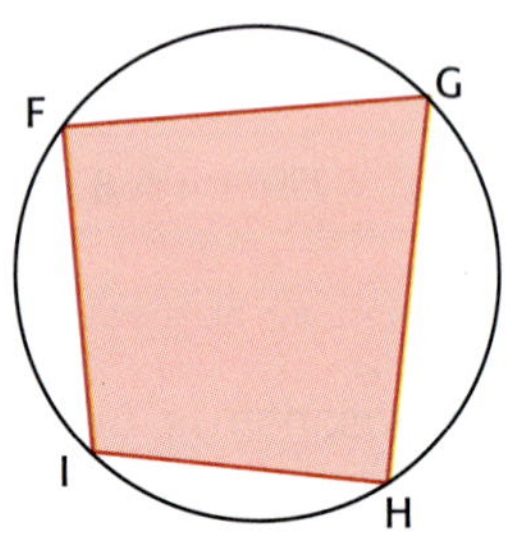

Polígono não regular inscrito na circunferência.

Vamos conhecer os elementos e algumas características de um polígono regular inscrito na circunferência.

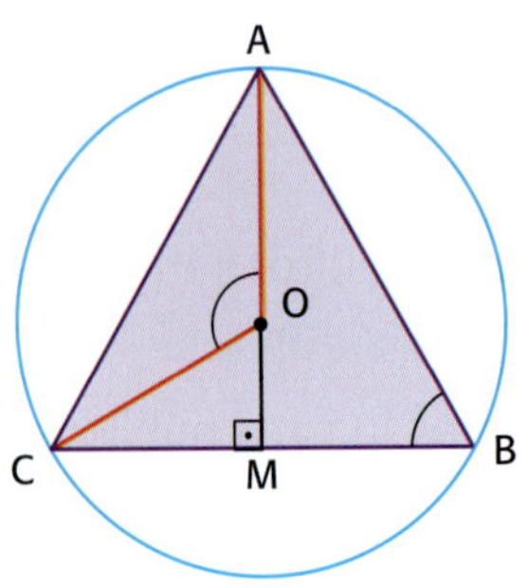

Identificamos os seguintes elementos na figura ao lado.

O segmento $\overline{OC}$ é um raio da circunferência.

O segmento $\overline{OM}$ perpendicular a $\overline{CB}$ com extremidades no centro da circunferência e no ponto médio M do lado $\overline{BC}$ é um **apótema** do triângulo equilátero.

O ângulo $A\hat{O}C$, cujos lados passam por dois vértices consecutivos do triângulo equilátero, é um **ângulo central**.

O ângulo $C\hat{B}A$ é um **ângulo interno** do triângulo equilátero.

- **Cálculo da medida do ângulo central de um polígono regular**

Para obter a medida do ângulo central de um polígono regular com **n** lados, calculamos 360° : n.

Exemplo:

Considerando o triângulo equilátero, fazemos:

$$360° : 3 = 120°$$

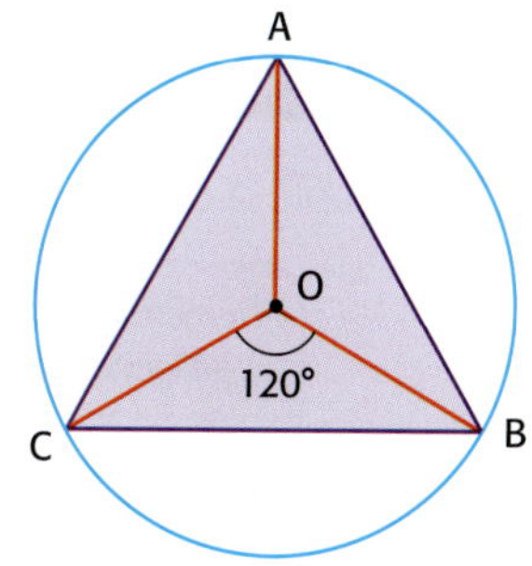

- **Cálculo da medida do ângulo interno de um polígono regular**

Para obter a medida de cada ângulo interno de um polígono regular de **n** lados, podemos utilizar a fórmula $a_i = \frac{(n - 2) \cdot 180°}{n}$.

Em nosso exemplo, **n** é igual a 3. Assim:

$$a_i = \frac{(3 - 2) \cdot 180°}{3} = 60°$$

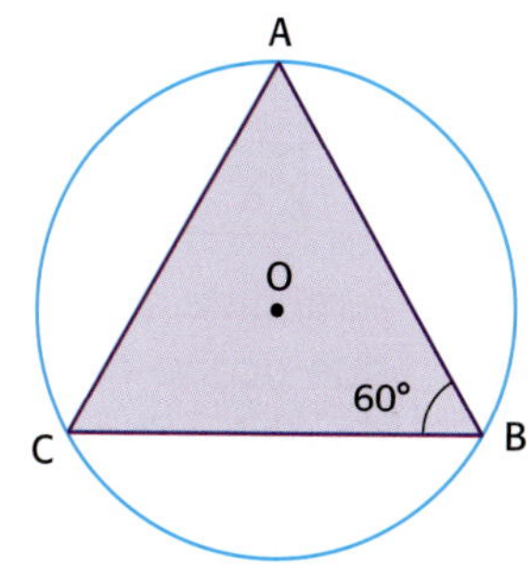

- **Cálculo da medida do apótema de um polígono regular**

Para calcular o apótema de alguns polígonos regulares podemos utilizar o que aprendemos sobre razões trigonométricas e expressar a medida do apótema em função da medida do raio.

Veja como podemos calcular o lado e o apótema de um triângulo equilátero inscrito na circunferência (indicado por a_3). Considere a figura ao lado:

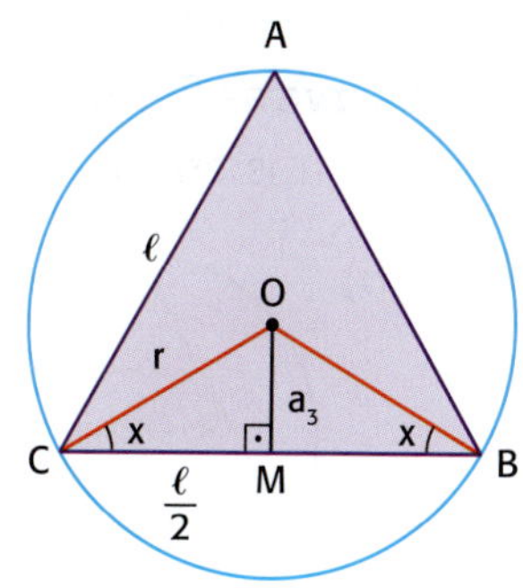

O ângulo central CÔB mede 120°. O triângulo COB é isósceles, pois os lados $\overline{OC}$ e $\overline{OB}$ são raios da circunferência, e como os ângulos opostos aos lados de mesma medida de um triângulo isósceles são congruentes, concluímos que:

$$x + x + 120° = 180°$$
$$x = 30°$$

No triângulo COM temos:

$$\text{sen } 30° = \frac{a_3}{r} \Rightarrow \frac{1}{2} = \frac{a_3}{r} \Rightarrow \mathbf{a_3 = \frac{r}{2}}$$

- **Cálculo da medida do lado de um polígono regular**

Para calcular a medida do lado do triângulo equilátero ABC inscrito na circunferência, consideramos o triângulo COM e usamos o que estudamos sobre razões trigonométricas para expressar essa medida em função da medida do raio.

$$\cos 30° = \frac{\ell}{2} : r \Rightarrow \frac{\sqrt{3}}{2} = \frac{\ell}{2} \cdot \frac{1}{r} \Rightarrow \frac{\sqrt{3}}{2} = \frac{\ell}{2r} \Rightarrow \boldsymbol{\ell = r\sqrt{3}}$$

Para outros polígonos regulares inscritos em uma circunferência, como o quadrado e o hexágono regular, é possível obter relações simples como essas envolvendo a medida do apótema e do lado a partir da medida do raio da circunferência e as razões métricas e trigonométricas no triângulo retângulo.

ATIVIDADES

25. Copie o quadro em seu caderno e complete-o:

Número de lados do polígono regular	Medida do ângulo interno
3	60°
6	120°
10	
18	
20	
96	

À medida que o número de lados aumenta, o que ocorre com a medida do ângulo interno do polígono regular?

26. Calcule a medida desconhecida do polígono regular inscrito na circunferência em cada caso:

a) 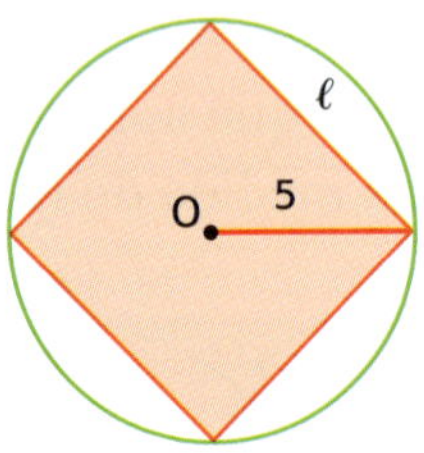

c) 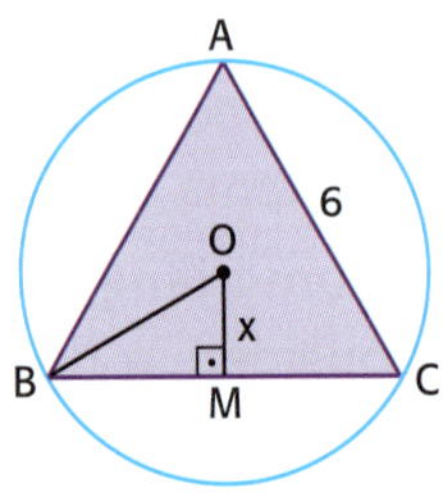

b) 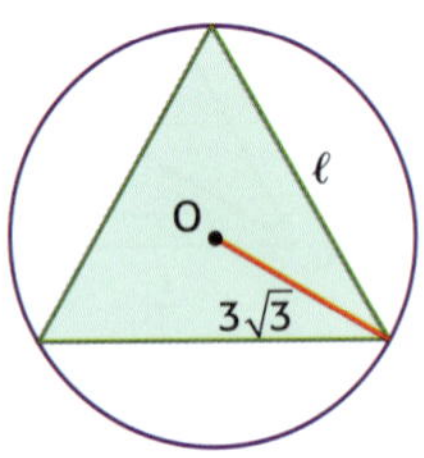

d) 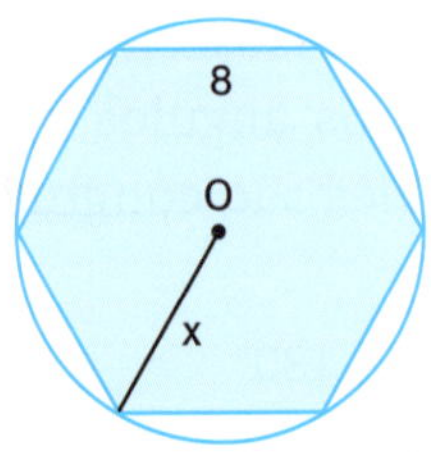

27. A distância entre dois lados paralelos de um hexágono regular é igual a $18\sqrt{3}$ cm.

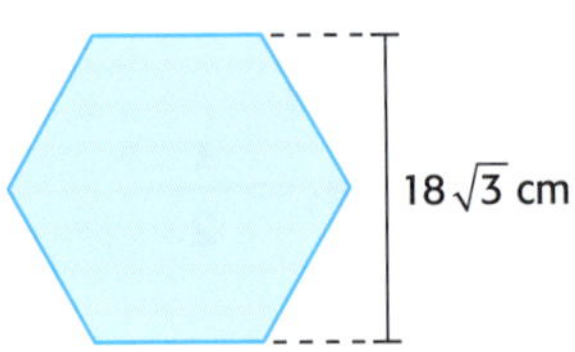

Obtenha:

a) A medida do lado desse hexágono regular.

b) O perímetro do hexágono regular.

28. Observe o hexágono regular ao lado.

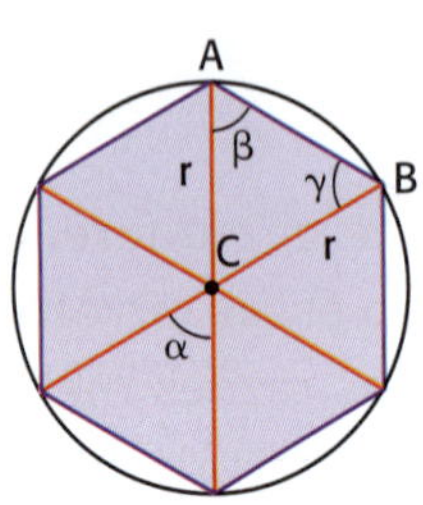

a) Qual é a medida do ângulo central α?

b) Sabendo que o triângulo ABC é isósceles, mostre que $\beta = \gamma = 60°$ e, portanto, ABC é equilátero.

c) Que relação existe entre a medida do lado do hexágono regular e a do raio da circunferência?

d) Obtenha uma expressão para as medidas do apótema do hexágono regular inscrito na circunferência em função do raio.

e) Com base no item **c**, descreva um método para construir um hexágono regular com régua e compasso.

29. Observe o quadrado inscrito na circunferência:

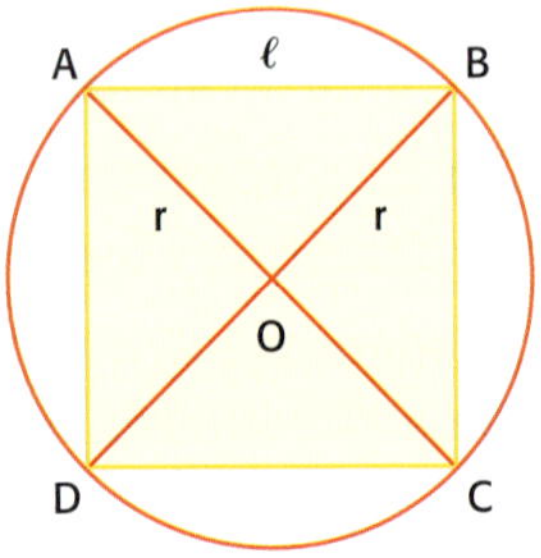

a) Qual é a medida do ângulo central AÔB?

b) Considerando o triângulo AOB, calcule a medida do lado ℓ em função do raio **r**.

c) Qual é a medida do apótema do quadrado em função do raio **r**?

30. Observe, na figura 1, a estrela de seis pontas obtida por meio de dois triângulos equiláteros. Repare que se forma em seu interior um hexágono regular cujo lado mede 3 unidades.

figura 1

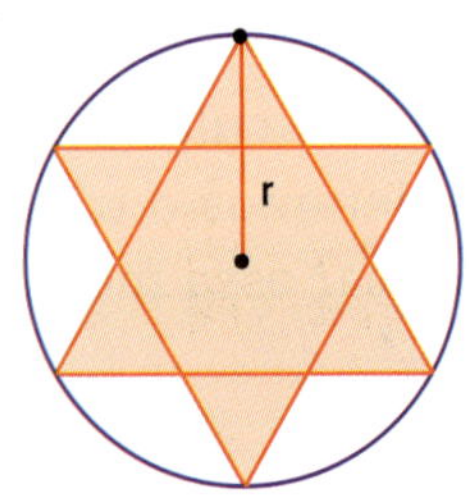

figura 2

a) Qual é o perímetro da estrela?

b) Qual é a medida do raio da circunferência destacada na figura 2?

Polígonos regulares circunscritos à circunferência

Quando uma circunferência é tangente aos lados de um polígono, dizemos que o polígono está **circunscrito** à circunferência. Todo polígono regular é circunscritível a uma circunferência.

A figura a seguir mostra o octógno regular ABCDEFGH circunscrito a uma circunferência.

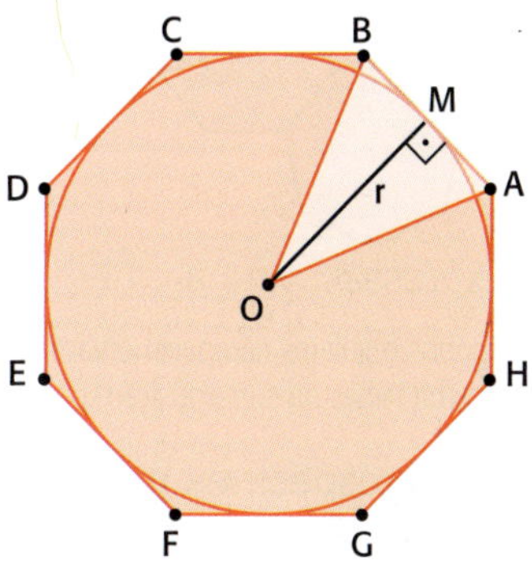

Temos que:

- A circunferência é tangente ao lado $\overline{AB}$ em M.
- O raio $\overline{OM}$ é perpendicular ao lado no ponto de tangência M e intersecta $\overline{AB}$ em seu ponto médio.

Dado um polígono regular de **n** lados circunscrito a uma circunferência, é possível obter a medida do lado a partir da medida do raio da circunferência. Acompanhe o exemplo para o caso do triângulo equilátero.

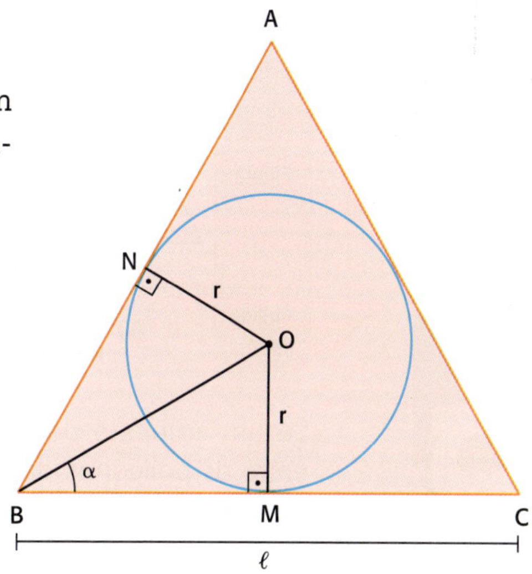

- Como M é ponto médio de $\overline{BC}$, conclui-se que $BM = \frac{\ell}{2}$.
- O ponto O é equidistante dos lados $\overline{AB}$ e $\overline{BC}$ que formam o ângulo $A\hat{B}C$ e, portanto, pertence à bissetriz deste ângulo. Como $A\hat{B}C = 60°$, temos que $\alpha = 60° : 2 = 30°$.

Considerando o triângulo OBM, temos:

$$\text{tg } 30° = r : \frac{\ell}{2}$$

$$\text{tg } 30° = \frac{r}{1} \cdot \frac{2}{\ell}$$

$$\frac{\sqrt{3}}{3} = \frac{2r}{\ell}$$

$$\ell = \frac{6r}{\sqrt{3}}$$

$$\ell = \frac{6r}{\sqrt{3}} \cdot \frac{\sqrt{3}}{\sqrt{3}}$$

$$\boldsymbol{\ell = 2\sqrt{3}r}$$

ATIVIDADES

31. Observe o hexágono regular circunscrito a uma circunferência de raio 8 cm.

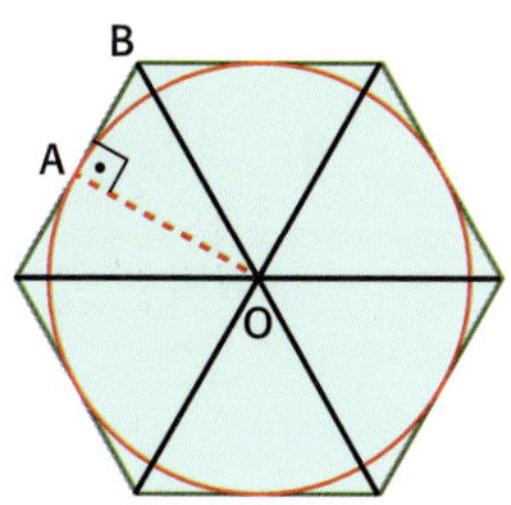

a) Qual é a medida do segmento $\overline{AB}$?

b) Qual é a medida do lado desse hexágono regular?

32. Determine a medida do raio de uma circunferência, sabendo que o perímetro do quadrado circunscrito a ela é igual a 64 cm.

33. Obtenha o perímetro do triângulo equilátero circunscrito à circunferência cujo raio mede 6 cm.

34. Um polígono regular inscrito em uma circunferência de raio 5 cm tem ângulos internos de medida igual a 120°. Determine a medida do raio do círculo inscrito no polígono.

1. (Enem) Na construção civil, é muito comum a utilização de ladrilhos ou azulejos com a forma de polígonos para o revestimento de pisos ou paredes. Entretanto não são todas as combinações de polígonos que se prestam a pavimentar uma superfície plana sem que haja falhas ou superposições de ladrilhos, como ilustram as figuras:

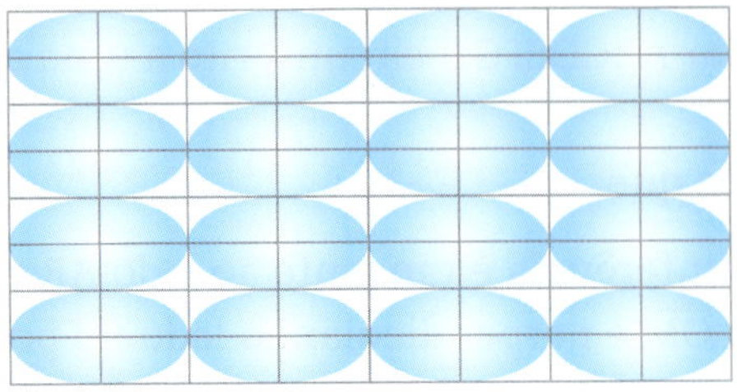

Figura 1:
Ladrilhos retangulares pavimentando o plano.

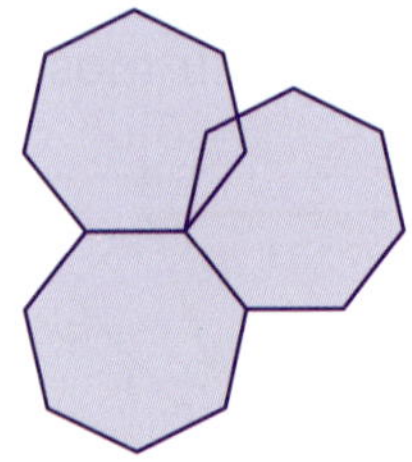

Figura 2:
Heptágonos regulares não pavimentam o plano (há falhas ou superposição).

A tabela traz uma relação de alguns polígonos regulares, com as respectivas medidas de seus ângulos internos.

Nome	Triângulo	Quadrado	Pentágono	Hexágono	Octógono	Eneágono
Figura						
Ângulo interno	60°	90°	108°	120°	135°	140°

Se um arquiteto deseja utilizar uma combinação de dois tipos diferentes de ladrilhos entre os polígonos da tabela, sendo um deles octogonal, o outro tipo escolhido deverá ter a forma de um:

a) Triângulo.
b) Quadrado.
c) Pentágono.
d) Hexágono.
e) Eneágono.

2. (Unifesp) Pentágonos regulares congruentes podem ser conectados, lado a lado, formando uma estrela de cinco pontas, conforme destacado na figura.

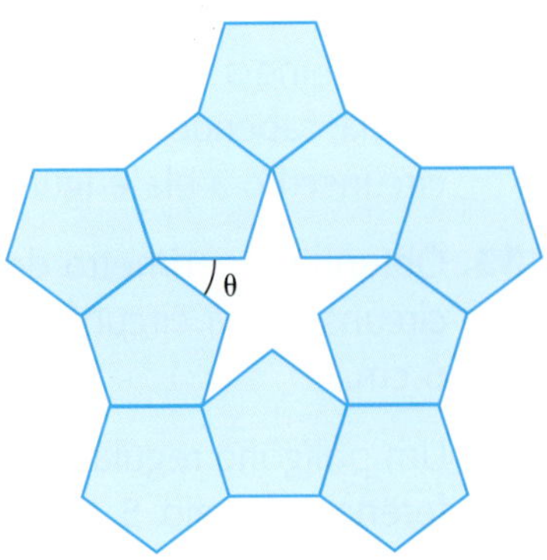

Nestas condições, o ângulo θ mede:

a) 108°
b) 72°
c) 54°
d) 36°
e) 18°

3. Existe um polígono regular cujo ângulo interno é igual a 155°? Justifique sua resposta.

4. Obtenha a medida da diagonal $\overline{AE}$.

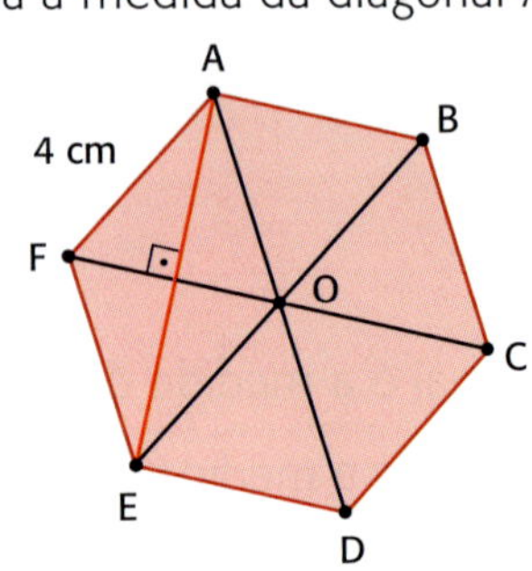

5. Determine o perímetro do triângulo equilátero inscrito em uma circunferência sabendo que seu apótema mede $8\sqrt{3}$ cm.

6. A medida do apótema de um quadrado inscrito em uma circunferência é 15 cm. Calcule o raio da circunferência.

7. O apótema de um hexágono regular inscrito em uma circunferência mede 15 cm. Determine a medida do seu lado.

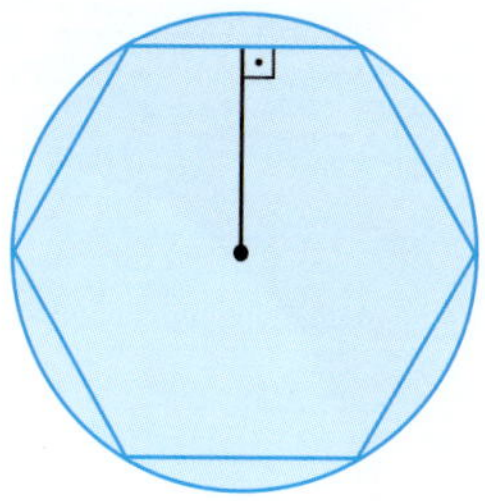

8. Determine a medida do lado do hexágono regular inscrito em uma circunferência, sabendo que a diagonal do quadrado circunscrito a ela mede 8 cm.

9. Obtenha as coordenadas dos vértices do quadrado representado abaixo, sabendo que a medida do segmento $\overline{OM}$ é igual a $3\sqrt{2}$.

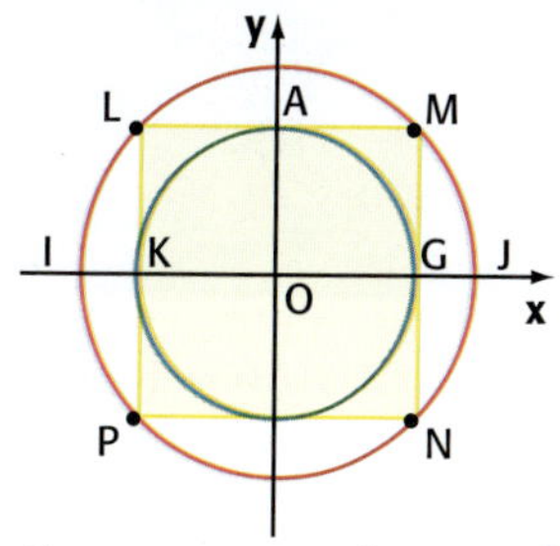

10. Qual é a razão entre o perímetro do quadrado circunscrito e o perímetro do quadrado inscrito na mesma circunferência?

teia integrada

11. O Banco Central do Brasil é responsável pela emissão e saneamento de cédulas e moedas. A primeira família de moedas do real, lançada em 1994, era toda de aço inoxidável. As moedas tinham valor de 1 real, 50 centavos, 25 centavos, 10 centavos, 5 centavos e 1 centavo.

MUSEU DE VALORES/ BANCO CENTRAL DO BRASIL

Note que a moeda de 25 centavos é diferente das demais. Ela mostra um polígono em sua face.

Fonte de pesquisa: Banco Central do Brasil. <http://www.bcb.gov.br/?MOEDAFAM1>. Acesso em: 27 abr. 2015.

a) Qual é o polígono que aparece na moeda de 25 centavos?

b) Este polígono está inscrito ou circunscrito na moeda?

c) Sabendo que o diâmetro da moeda de 25 centavos mede 23,5 mm, determine a medida aproximada do apótema do poliedro que aparece na face da moeda.

Encerrando a unidade

Chegamos ao final de mais uma unidade, na qual você pôde conhecer diversos temas relacionados aos triângulos retângulos. Considerando o que você aprendeu sobre esse tema:

a) Apresente um exemplo de problema que pode ser resolvido por meio de razões trigonométricas, mas que não pode ser resolvido utilizando-se apenas os conhecimentos sobre semelhança de triângulos.

b) Imagine que você precisa calcular a medida da altura de um prédio no qual não seja possível subir. Qual conceito ou procedimento estudado nesta unidade você poderia utilizar para realizar o cálculo?

c) Retome a abertura desta unidade. Pesquise sobre profissões e profissionais que utilizam conhecimentos de trigonometria no desempenho de suas atividades.

d) Que assuntos estudados nessa unidade você utilizou para resolver o Enigma?

Medição da distância da Terra ao Sol

Aristarco (cerca de 310 a.C.-230 a.C.) nasceu em Samos, atual Grécia, e viveu muitos anos em Alexandria, atual Egito. Segundo historiadores, Aristarco foi um dos primeiros pensadores a propor a teoria Heliocêntrica, na qual a Terra e os demais planetas se moviam em torno do Sol. Contudo, esse modelo não teve muitos adeptos na época – pois dominava a teoria Geocêntrica. Aristarco determinou o tamanho aproximado do Sol, da Lua e da Terra. Ele também foi um dos primeiros estudiosos a calcular a distância da Terra ao Sol e à Lua.

THINKSTOCK/GETTY IMAGES

Com base em observações, Aristarco concluiu que quando a Lua estava em quarto crescente ou quarto minguante, o ângulo $S\hat{L}T$ representado no esquema a seguir era reto e o ângulo $L\hat{T}S$ media 87°.

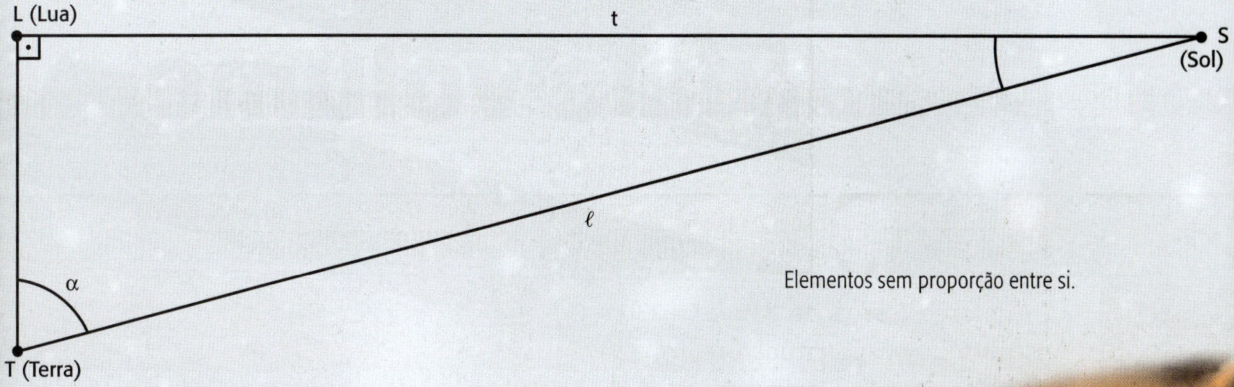

Elementos sem proporção entre si.

Porém, atualmente, sabemos que a medida de $L\hat{T}S$ é de 89,8°. Essa diferença se deu pois Aristarco não tinha na época o conhecimento do momento exato das mudanças de fase da Lua.

Com o valor obtido, Aristarco pôde calcular a razão entre a distância Terra-Sol e a distância Terra-Lua, e concluiu que o Sol estaria 20 vezes mais distante da Terra do que da Lua.

Fonte de pesquisa: Andressa Cristina Silva Ferreira. *Como se media a distância até o Sol.* Disponível em: <http://www.ifi.unicamp.br/~lunazzi/F530_F590_F690_F809_F895/F809/F809_sem2_2008/AndressaC-CarolaRama_RF1.pdf>. Acesso em: 25 abr. 2015.

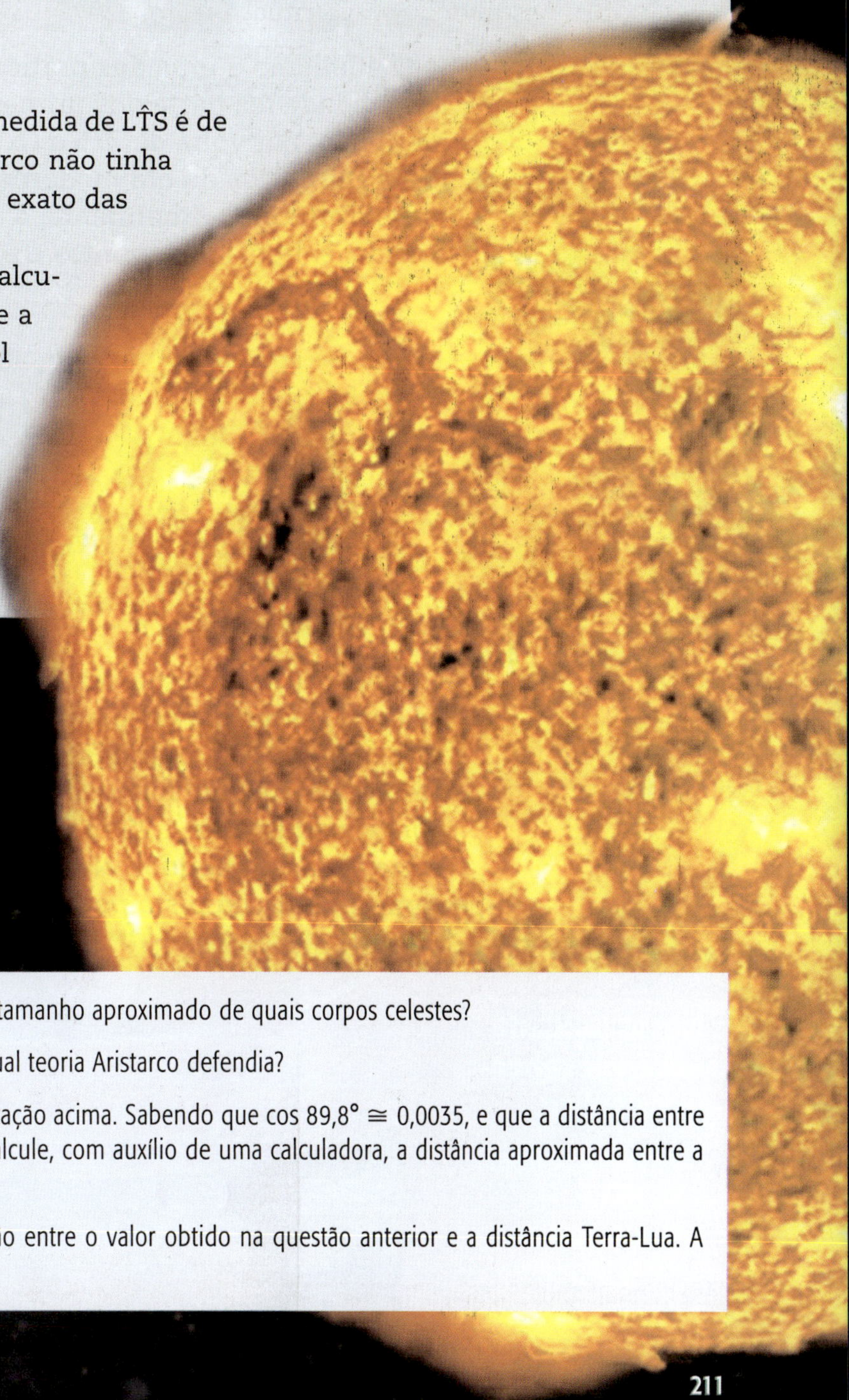

Para explorar

1. De acordo com o texto, Aristarco calculou o tamanho aproximado de quais corpos celestes?

2. Em relação à ordenação do Sistema Solar, qual teoria Aristarco defendia?

3. Considere o triângulo retângulo na representação acima. Sabendo que $\cos 89{,}8° \cong 0{,}0035$, e que a distância entre a Terra e a Lua é de cerca de 393 499 km, calcule, com auxílio de uma calculadora, a distância aproximada entre a Terra e o Sol.

4. Use uma calculadora para determinar a razão entre o valor obtido na questão anterior e a distância Terra-Lua. A razão obtida é igual à obtida por Aristarco?

UNIDADE

7 Perímetro, área e volume

O atletismo é uma das práticas esportivas mais antigas. Essa modalidade fez parte dos primeiros Jogos Olímpicos de Atenas, na Grécia, por volta de 776 a.C., e desde a primeira edição dos Jogos Olímpicos da era moderna, em 1896, passou por algumas transformações. Atualmente, o atletismo consiste basicamente de corrida, saltos, lançamentos e provas combinadas.

Largada dos 100 metros rasos nos Jogos Olímpicos de Atenas (Grécia), em 1896.

As corridas, por sua vez, podem ser subdivididas em: corridas de curta distância, de longa distância, com obstáculos, com revezamento e maratonas. As provas de corrida são realizadas em uma pista com formato oval, dividida em oito raias de aproximadamente 1,22 m de largura, que delimitam o espaço entre cada competidor. Nas provas de curta distância, a medida de comprimento da pista pode variar entre 100, 200 e até 400 metros.

Nesta unidade você vai saber mais sobre...

- Perímetro de figuras planas
- Área de polígonos e área do círculo
- Volume

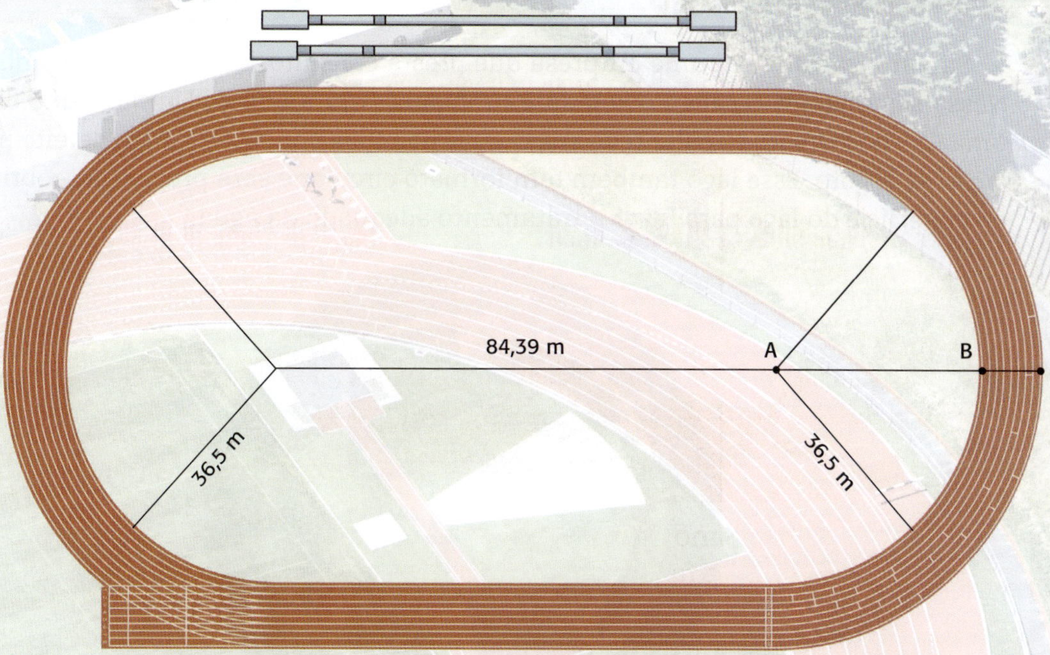

QUANTA ESTÚDIO

Representação de uma pista de atletismo.

As pistas de corrida também evoluíram ao longo dos anos; na década de 50, elas eram cobertas de carvão e exigiam grande esforço dos atletas durante a corrida; nos anos 90, eram feitas de resina de poliuretano e partículas de borracha. Atualmente, as pistas são feitas de piso sintético, que deve ter certificado de aprovação pela IAAF, sigla em inglês para Associação Internacional de Federações de Atletismo.

BUDA MENDES/LATINCONTENT/GETTY IMAGES

Atleta brasileiro Alan Fonteles. Medalhista de ouro no Mundial de Atletismo Paralímpico de 2013. Obteve o recorde mundial na prova de 200 m da T43 (biamputados).

Fontes de pesquisa: Sara Quenzer Matthiesem. *Atletismo na escola*. Disponível em: <https://www.lume.ufrgs.br/bitstream/handle/10183/94636/000916393.pdf?sequence=1>; Confederação Brasileira de Atletismo. Disponível em: <http://www.cbat.org.br/default.asp>. Acessos em: 2 maio 2015.

TROCANDO IDEIAS

1. Em que ano ocorreu a primeira edição dos Jogos Olímpicos da era moderna?
2. Atualmente, quais tipos de prova compõem a modalidade esportiva conhecida como atletismo?
3. As marcas das raias na pista representada na figura I têm partes retilíneas e partes com forma de semicircunferências. Sabendo que a distância de A até B na figura é igual a 36,5 m e que a largura de cada raia é de aproximadamente 1,22 m, qual é a distância de A até C?

O enigma do lago

Samara trabalha em uma empresa que presta consultoria em questões ambientais. Nessa semana, ela recebeu o seguinte problema para analisar: Um lago que contorna uma ilha de formato circular teve suas águas poluídas por causa de um defeito na tubulação de esgoto. Esse lago também tem formato circular e será preciso descobrir a área da superfície do lago para fazer o tratamento adequado da água.

ESTÚDIO LAB 307

Samara estudou a situação e, como não dispunha das medidas da ilha e do lago, entrou em contato com o cliente, para que ele lhe fornecesse mais informações. Ela recebeu por *e-mail* um esboço da ilha e do lago que a contorna com algumas medidas indicadas.

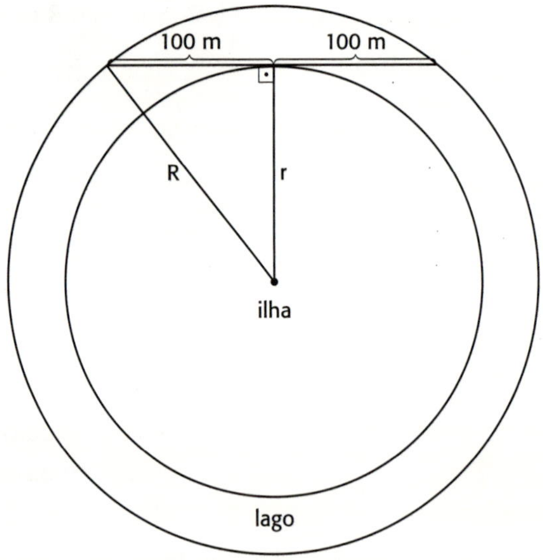

Samara teve também acesso às informações quanto ao valor do produto a ser aplicado no lago. Ela descobriu que o litro desse produto custava R$ 450,00, e que a cada 100 m^2 de superfície do lago deveria ser aplicado um litro do produto.

- Dos valores que Samara deverá discriminar no relatório de recuperação ambiental do lago, quanto será gasto apenas com o produto a ser aplicado na água?

No decorrer da unidade você encontrará pistas que podem auxiliá-lo a desvendar este enigma.

1 Perímetro e área de figuras planas

Perímetro de figuras planas

Vamos retomar o conceito de perímetro.

Perímetro é a medida do comprimento do contorno de uma figura plana.

Perímetro de um polígono

Se a figura plana for um polígono, o perímetro é a soma das medidas dos lados.

Exemplos:

a) Calcular o perímetro **p** de um quadrado de lado de 5,2 cm.

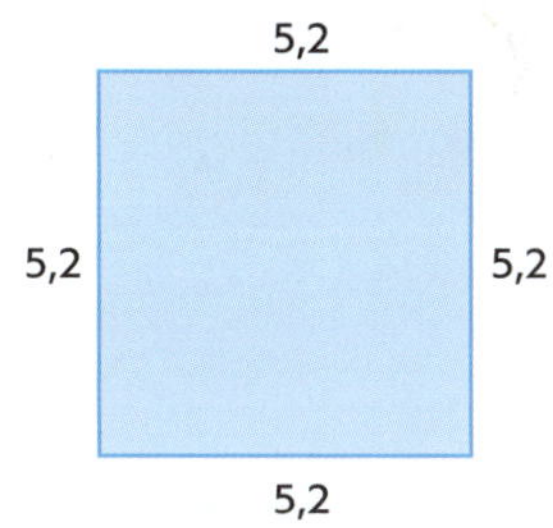

SHUTTERSTOCK

O perímetro do quadrado é igual à soma das medidas dos 4 lados congruentes:

$$p = 4 \cdot 5{,}2 \text{ cm} = \mathbf{20{,}8 \text{ cm}}$$

b) Obter o perímetro do trapézio isósceles ABCD a seguir.

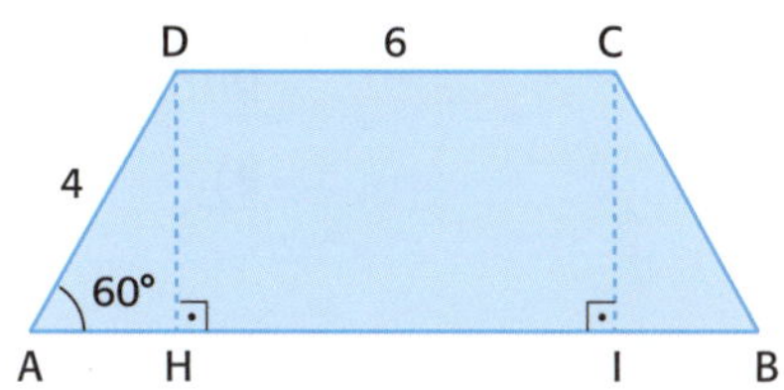

Para determinar o perímetro desse polígono é necessário calcular a soma das medidas dos lados do trapézio.

Sabemos que AD = 4 cm e DC = 6 cm, e, como o trapézio ABCD é isósceles, CB = AD = 4 cm. A medida AB é igual à soma das medidas AH, HI e IB. Vamos encontrar o valor de cada uma dessas medidas.

Como DCIH é um retângulo, HI = DC = 6 cm.

Note que ADH é um triângulo retângulo de hipotenusa de 4 cm e AH é o cateto adjacente ao ângulo de 60° nesse triângulo. Podemos usar o cosseno desse ângulo para obter AH:

$$\cos 60° = \frac{AH}{4}$$

$$\frac{1}{2} = \frac{AH}{4}$$

$$AH = 2$$

O triângulo BCI é congruente ao triângulo ADH, logo, BI = AH = 2 cm.
Portanto, o perímetro do trapézio é:

$$p = 4\text{ cm} + 6\text{ cm} + 4\text{ cm} + 2\text{ cm} + 6\text{ cm} + 2\text{ cm} = \mathbf{24\text{ cm}}$$

ATIVIDADES

1. Obtenha o perímetro de cada polígono a seguir. Considere que as medidas estão indicadas em centímetro.

a)

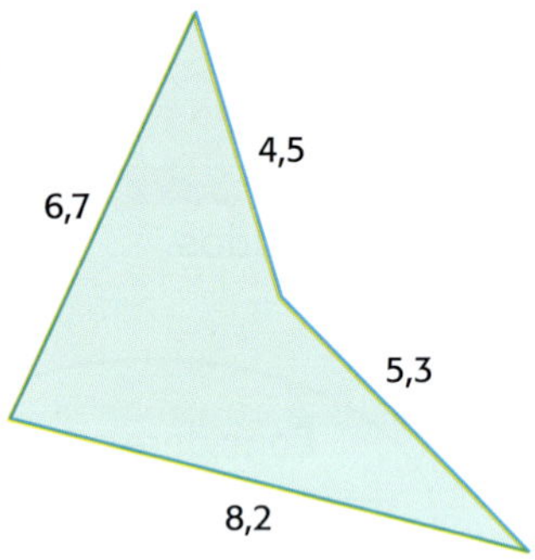

b)

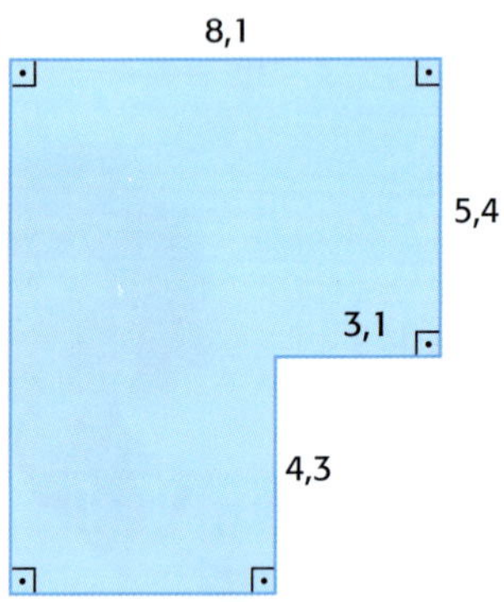

c)

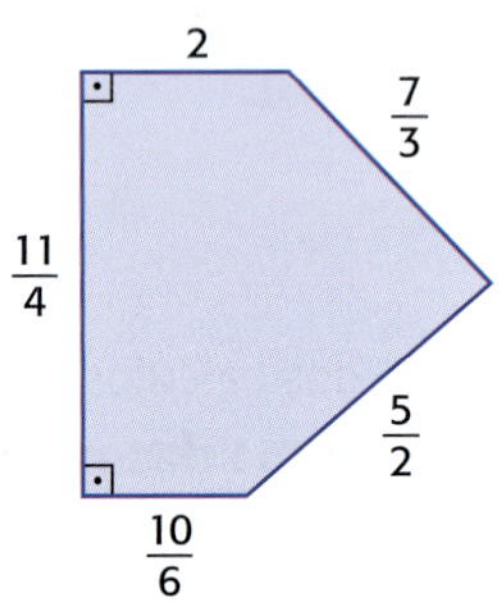

2. Obtenha o perímetro do triângulo da figura considerando que o lado do quadradinho da malha mede 1 cm.

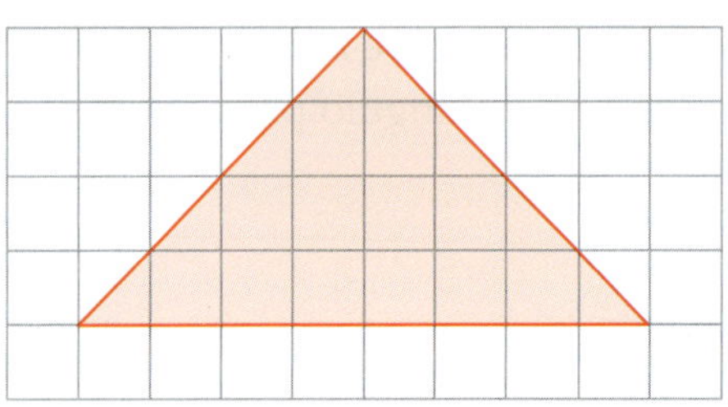

3. Na malha quadriculada a seguir, o lado de cada quadradinho mede 1 unidade de comprimento. Obtenha o perímetro do polígono da figura.

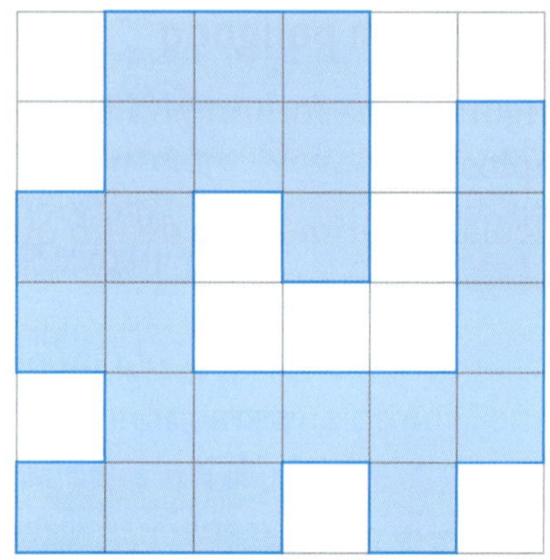

4. Calcule o perímetro de cada polígono:

a) Um losango de lado de 3,7 cm.

b) Um pentágono regular de lado de 2,3 cm.

5. Determine o perímetro de cada triângulo retângulo. Considere que as medidas de comprimento estão indicadas em centímetro.

a)

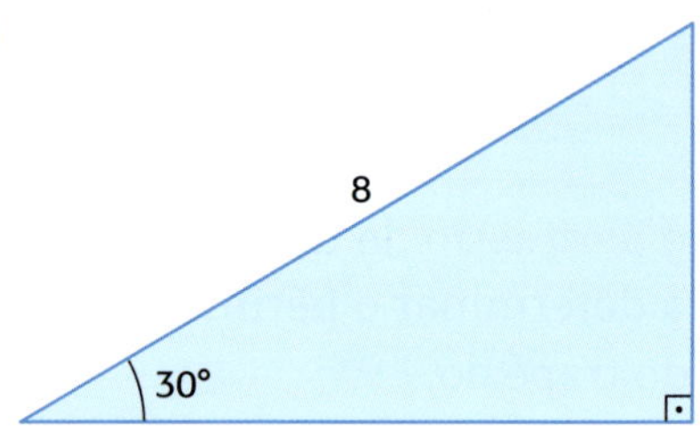

b)

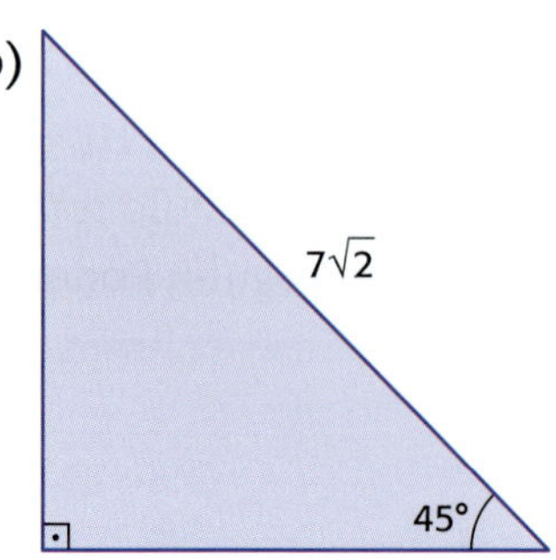

Perímetro de um círculo

O perímetro de um círculo é igual à medida do comprimento de sua circunferência.

SHUTTERSTOCK

Estudamos no volume do 8º ano que, em qualquer circunferência, o quociente $\frac{C}{d}$ entre a medida C do comprimento da circunferência e a medida **d** do seu diâmetro é o **número irracional** π:

$$\frac{C}{d} = \pi$$

Podemos escrever essa igualdade de outra forma:

$$C = \pi \cdot d$$

Como a medida **d** do diâmetro de uma circunferência é o dobro da medida **r** do seu raio, podemos determinar a medida do comprimento dessa circunferência do seguinte modo:

$$C = 2 \cdot \pi \cdot r$$

O **perímetro** de um círculo é dado pelo dobro do produto do número π pela medida de seu raio.

Exemplo:

Calcular o perímetro de um círculo de raio de medida 1,5 cm.

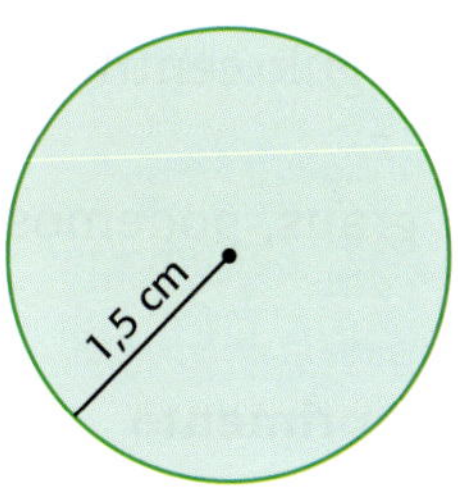

$$C = 2 \cdot \pi \cdot r$$
$$C = 2 \cdot 3{,}14 \cdot 1{,}5$$
$$C = 9{,}42$$

THINKSTOCK/GETTY IMAGES

O perímetro do círculo é **9,42 cm**.

- **Medida do comprimento de um arco de circunferência**

Nas estradas é comum a existência de trechos curvos, que possibilitam aos motoristas uma mudança de direção mais suave. Esses trechos curvos são compostos de arcos de circunferência:

THINKSTOCK/GETTY IMAGES

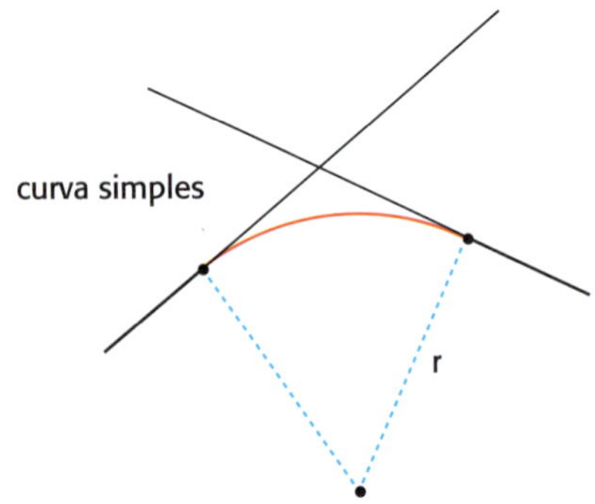

Estudamos, no volume do 8º ano, que a todo arco de circunferência está associado um ângulo central e que a medida angular do arco é igual à medida do ângulo central correspondente.

Observe:

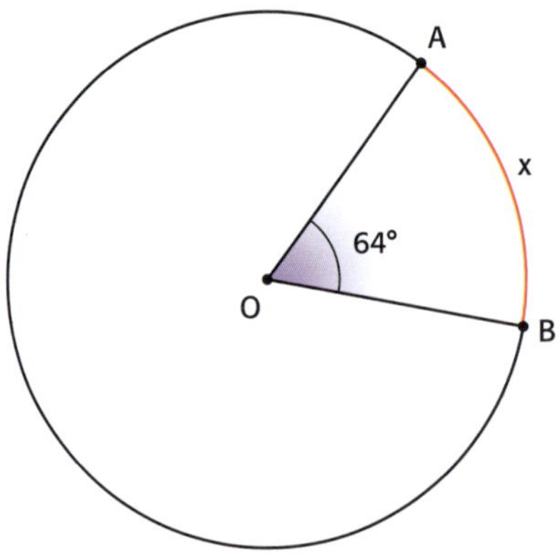

O arco $\widehat{AB}$ tem medida angular igual a 64°, pois o ângulo central correspondente mede 64°. Já a medida de comprimento **x** desse arco depende da medida do raio da circunferência.

Veja como podemos calcular a medida de comprimento de um arco, de uma circunferência de raio **r**, cuja medida angular é α.

A medida de comprimento de um arco é diretamente proporcional à medida do ângulo central α. Assim, um arco de medida angular 360° tem medida de comprimento igual a $2 \cdot \pi \cdot r$.

Para obter a medida de comprimento de um arco de medida angular α, em graus, podemos fazer:

Razão entre as medidas angulares dos arcos		**Razão entre as medidas de comprimento dos arcos**
$\frac{360°}{\alpha}$	=	$\frac{2 \cdot \pi \cdot r}{x}$

$$x = \frac{\alpha}{360°} \cdot 2 \cdot \pi \cdot r$$

Assim, um arco de medida angular α, em graus, tem medida de comprimento igual a:

$$\left(\frac{\alpha}{360°}\right) \cdot 2 \cdot \pi \cdot r$$

Exemplo:

Suponha que um automóvel percorreu o trecho curvo da estrada mostrada na fotografia anterior e que esse trecho seja um arco de circunferência de raio de 10 metros cuja medida angular é 90°. Quantos metros esse automóvel percorreu?

Aplicando a proporcionalidade, obtemos:

$$x = \frac{90°}{360°} \cdot 2 \cdot \pi \cdot 10 \text{ m}$$

$$x = 5\pi \text{ m}$$

Usando a aproximação $\pi = 3{,}14$, obtemos:

$$x = (5 \cdot 3{,}14) \text{ m}$$

$$\mathbf{x = 15{,}7\ m}$$

Pista 1

Sabendo que o contorno da ilha e o contorno externo do lago têm a forma de circunferências concêntricas, faça o que se pede a seguir.

- Determine o valor de $R^2 - r^2$, considerando **r** a medida do raio da circunferência que delimita a ilha e **R**, a do raio da circunferência que delimita externamente o lago. Dica: Use o teorema de Pitágoras.

ATIVIDADES

6. Calcule o perímetro de um círculo de:

a) Raio de 4 cm.

b) Raio de 2,6 cm.

c) Diâmetro de 10 cm.

d) Diâmetro de 4,2 cm.

7. Obtenha:

a) O perímetro de uma circunferência de raio 8 cm.

b) O raio de uma circunferência de perímetro 12π cm.

8. Obtenha o perímetro das duas circunferências da figura a seguir.

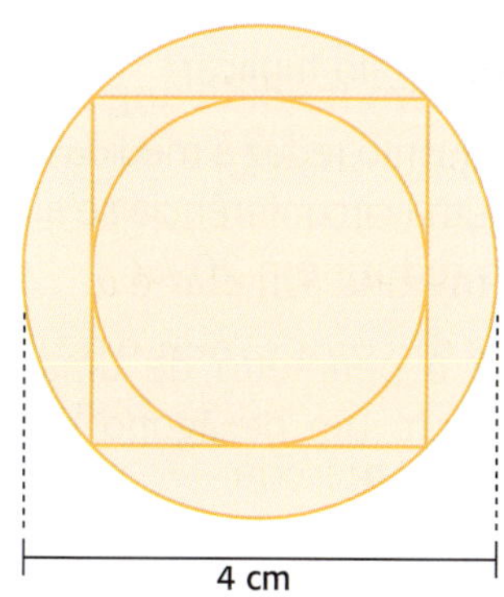

9. Uma pessoa está em uma roda gigante cujo diâmetro mede 8 metros. Quantos metros, aproximadamente, essa pessoa percorrerá em sua trajetória circular após a roda gigante completar 5 voltas?

10. Obtenha o perímetro da circunferência a seguir.

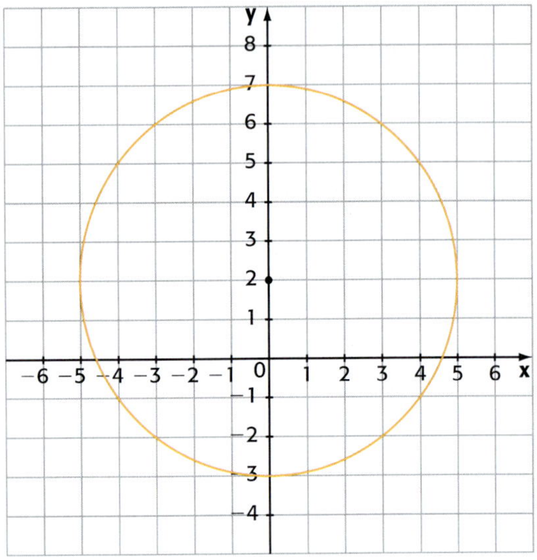

11. O lado de um quadrado inscrito em uma circunferência mede $8\sqrt{2}$ cm. Obtenha o perímetro dessa circunferência.

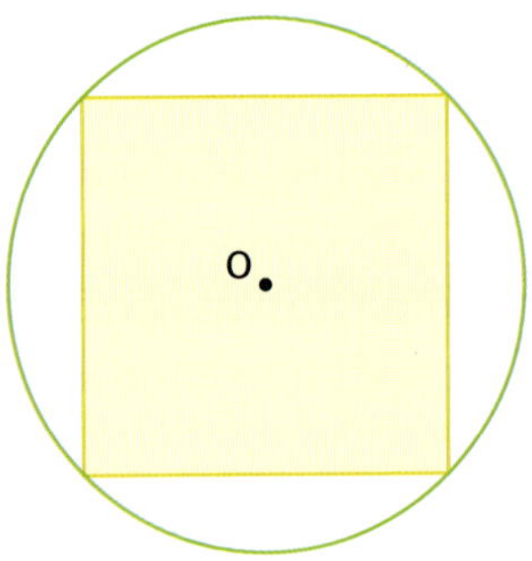

12. Pense e responda:

a) O que ocorre com a medida do comprimento de uma circunferência se a medida de seu raio triplicar?

b) De quanto reduz a medida do comprimento de uma circunferência se a medida do seu raio reduzir em 20%?

13. Qual é o perímetro de uma circunferência inscrita em um hexágono regular cujo lado mede 8 cm?

14. Produção textual

Observe as teclas que Jorge apertou em sua calculadora:

1 × π = ÷ 2 =

Crie um problema cuja resolução corresponda à execução dos cálculos de Jorge.

15. Calcule a medida aproximada de comprimento do arco $\widehat{AB}$ do filtro de papel ilustrado a seguir. Considere OA = 12 cm.

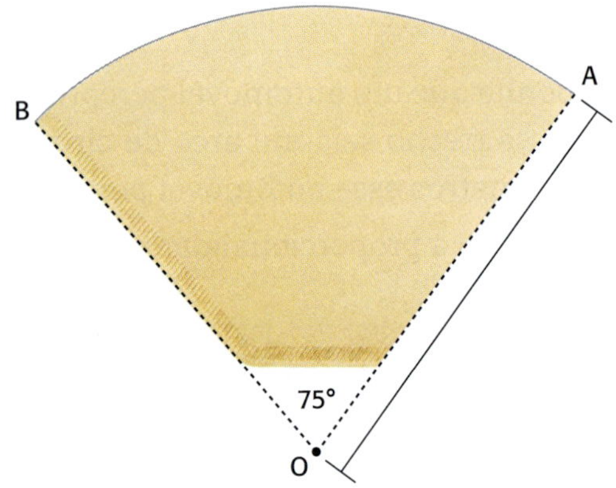

16. Um pêndulo de 70 cm de comprimento entre o ponto fixo O e o centro da esfera oscila formando um ângulo AÔB de medida 5°. Quantos centímetros, aproximadamente, a esfera percorre para sair do ponto A, ir até o ponto B e voltar novamente a A?

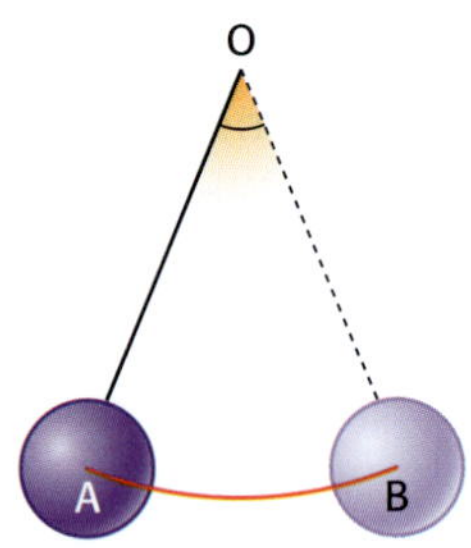

17. Edilene afirmou que a medida de comprimento do contorno da figura A é igual à da figura B. Ela tem razão? Justifique sua resposta. Considere que as medidas estão indicadas em centímetro.

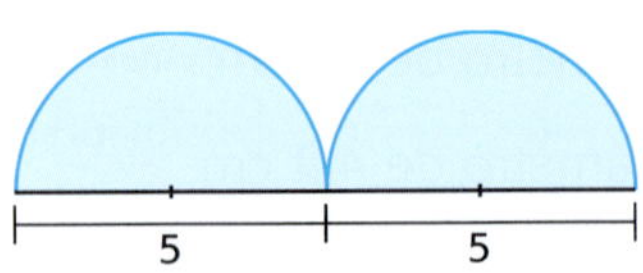

figura A

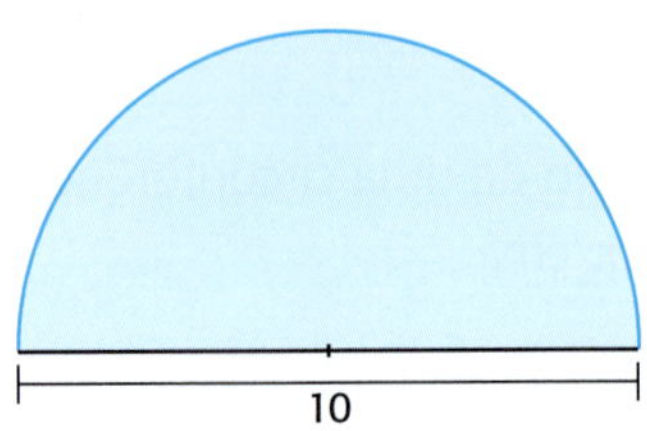

figura B

18. Calcule o perímetro do setor circular a seguir, sabendo que $O\hat{A}B$ e $O\hat{B}A$ medem 45°, e que OA = 60 cm.

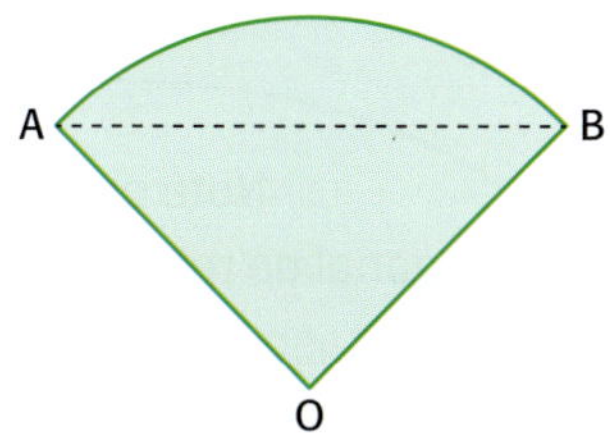

19. Uma figura foi construída a partir de dois arcos concêntricos de circunferência, como mostrado abaixo. Obtenha o perímetro dessa figura. Considere que as medidas de comprimento estão indicadas em centímetro.

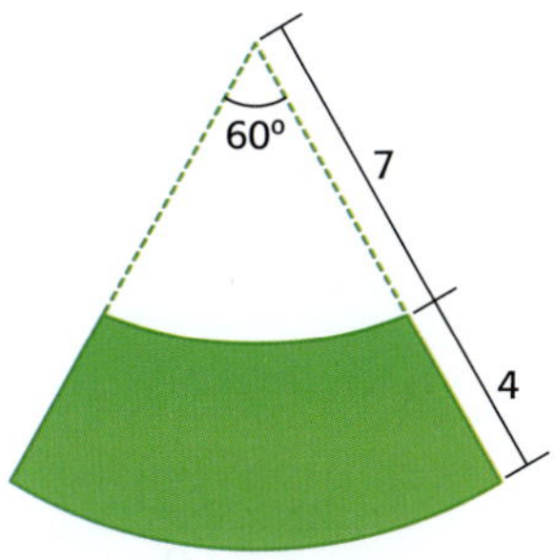

20. Uma circunferência A tem raio de medida igual a 4 cm. Quanto deve medir o raio de uma circunferência B para que a medida do comprimento de um arco cujo ângulo central é igual a 90° seja igual ao perímetro da circunferência A?

21. (Obmep) Na figura os quatro círculos são tangentes e seus centros são vértices de um quadrado de lado 4 cm. Qual é o comprimento, em centímetros, da linha destacada em vermelho?

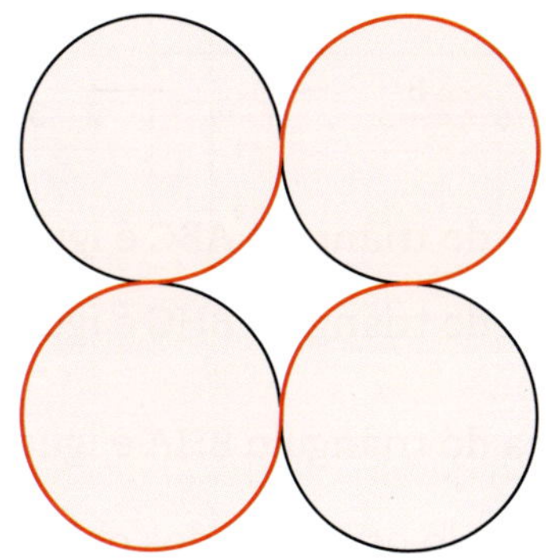

a) 2π
b) 4π
c) 6π
d) 8π
e) 10π

Área de alguns polígonos conhecidos

Sabemos que a área é a medida da superfície de uma figura plana. Vamos retomar o cálculo da área de alguns polígonos.

Área de um retângulo

Vamos retomar o cálculo da área de um retângulo. Considere o retângulo ABCD da figura de base de medida **b** e altura de medida **h**.

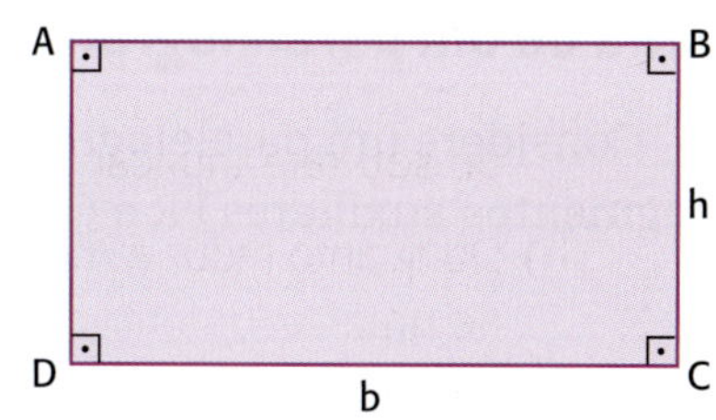

A área de um retângulo é igual ao produto da medida da base pela medida da altura.

$$A_{\text{retângulo}} = b \cdot h$$

- **Área de um quadrado**

Sabemos que o quadrado é um retângulo cujos lados são congruentes, e, portanto, a sua área pode ser obtida por meio da multiplicação das medidas de seus lados.

$$A_{\text{quadrado}} = \ell \cdot \ell = \ell^2$$

A área de um quadrado é igual ao quadrado da medida do lado.

$$A_{\text{quadrado}} = \ell^2$$

Área de um triângulo

Vamos retomar o cálculo da área de um triângulo. Considere o triângulo ABC da figura, na qual foi desenhado o retângulo auxiliar AMNC e a altura $\overline{BH}$ do triângulo ABC.

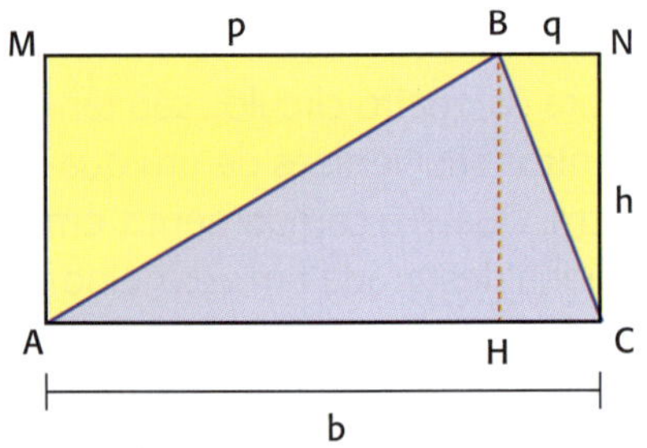

THINKSTOCK/GETTY IMAGES

- A área do triângulo ABC é igual à soma das áreas dos triângulos BHC e BHA.
- A área do triângulo BHC é igual à metade da área do retângulo CNBH, ou seja, $\frac{q \cdot h}{2}$.
- A área do triângulo BHA é igual à metade da área do retângulo AMBH, ou seja, $\frac{p \cdot h}{2}$.

Adicionando os resultados obtidos, temos:

$$A_{\text{triângulo}} = \frac{q \cdot h}{2} + \frac{p \cdot h}{2} = \frac{(p + q) \cdot h}{2}$$

Como $p + q = b$, obtemos:

$$A_{\text{triângulo}} = \frac{b \cdot h}{2}$$

A área de um triângulo é igual à metade do produto da medida da base pela medida da altura relativa a essa base.

$$A_{\text{triângulo}} = \frac{b \cdot h}{2}$$

Área de um paralelogramo

Considere um paralelogramo MNPQ qualquer. Para obter sua área, vamos traçar a altura $\overline{NH}$ e os segmentos auxiliares $\overline{PR}$ e $\overline{QR}$, com $\overline{PR}$ perpendicular à reta $\overleftrightarrow{MQ}$, como mostra a figura.

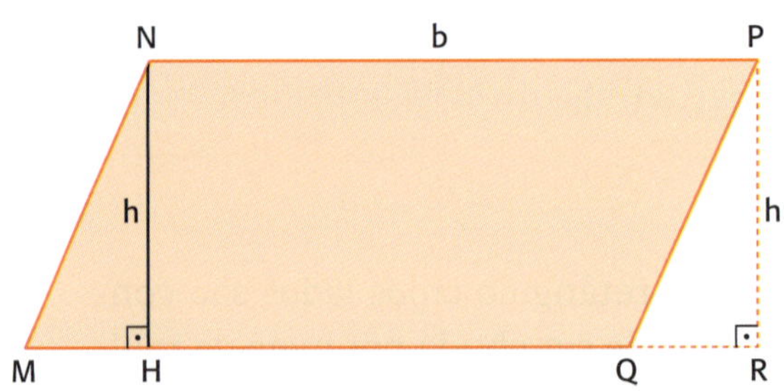

Considerando os triângulos MNH e QPR, temos:

- $N\hat{M}H$ e $P\hat{Q}R$ são ângulos correspondentes em relação às retas paralelas $\overleftrightarrow{MN}$ e $\overleftrightarrow{PQ}$ e a transversal $\overleftrightarrow{MR}$, portanto $N\hat{M}H \equiv P\hat{Q}R$;
- $N\hat{H}M$ e $P\hat{R}Q$ são ângulos retos por construção;
- os lados $\overline{MN}$ e $\overline{QP}$ do paralelogramo têm a mesma medida de comprimento.

Pelo caso LAA_o de congruência de triângulos, concluímos que os triângulos MNH e QPR são congruentes. Portanto, a área do paralelogramo MNPQ é igual à do retângulo HNPR, cujos lados medem **b** e **h**. Logo,

$$A_{paralelogramo} = b \cdot h$$

A área de um paralelogramo pode ser obtida pelo produto da medida da base pela medida da altura.

$$A_{paralelogramo} = b \cdot h$$

• Losango

Dado que todo losango é um paralelogramo cujos lados têm a mesma medida, a área de um losango pode ser obtida multiplicando-se a medida **b** de sua base pela medida **h** de sua altura.

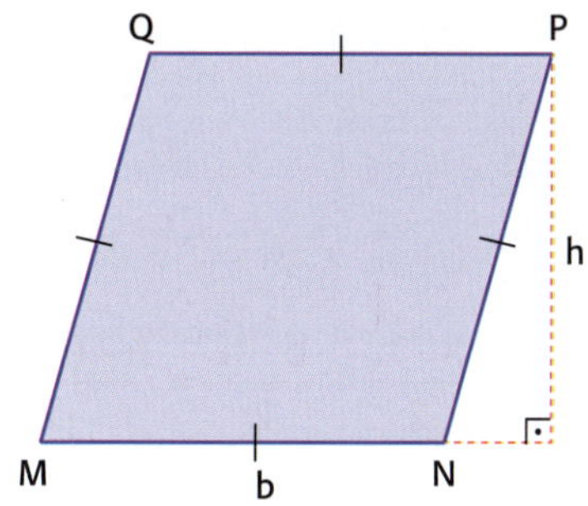

Entretanto, podemos também obter a área de um losango por meio das medidas de suas diagonais. Vamos indicar a medida da diagonal maior por D e a medida da diagonal menor por **d**. Acompanhe:

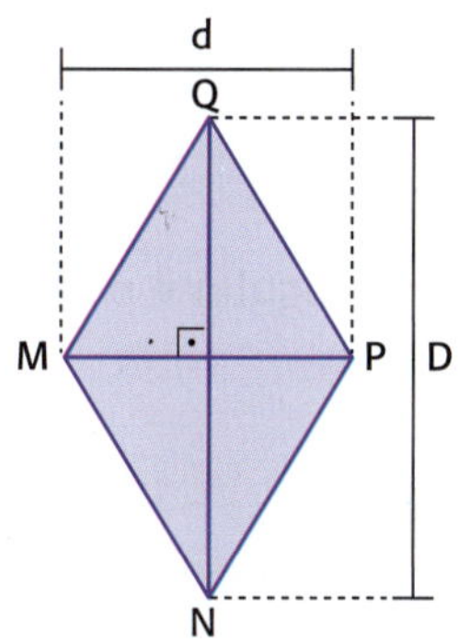

Sabemos, do estudo dos quadriláteros, que as diagonais de um losango se cruzam perpendicularmente no ponto médio de ambas.

A área do losango pode ser obtida adicionando as áreas dos triângulos MPQ e MPN, ambos de base de medida **d** e altura de medida $\frac{D}{2}$.

$$A_{losango} = \left(d \cdot \frac{D}{2}\right) : 2 + \left(d \cdot \frac{D}{2}\right) : 2 = \frac{d \cdot D}{4} + \frac{d \cdot D}{4} = \frac{d \cdot D}{2}$$

A área de um losango é igual à metade do produto das medidas das diagonais.

$$A_{losango} = \frac{d \cdot D}{2}$$

Trapézio

Para obter a área de um trapézio, vamos recorrer ao esquema mostrado a seguir:

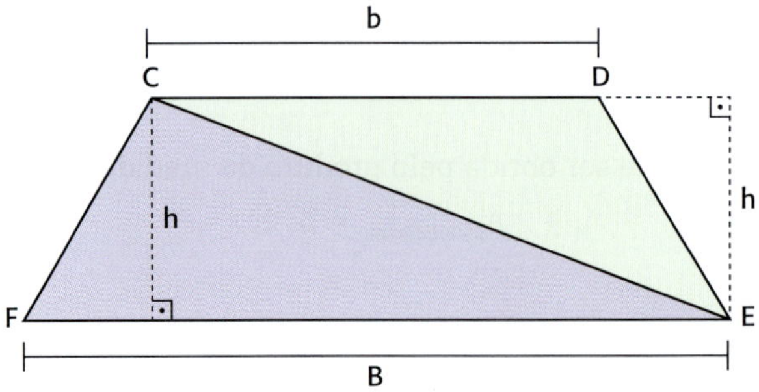

Observe que, ao traçarmos a diagonal $\overline{CE}$, o trapézio é decomposto em dois triângulos, cuja soma das áreas é igual à área do trapézio:

- Área do triângulo CEF: $A_{CEF} = \dfrac{B \cdot h}{2}$
- Área do triângulo CDE: $A_{CDE} = \dfrac{b \cdot h}{2}$

Portanto:

$$A_{trapézio} = \frac{B \cdot h}{2} + \frac{b \cdot h}{2} = \frac{h \cdot (B + b)}{2}$$

A área de um trapézio é igual à metade do produto da medida da altura pela soma das medidas das bases.

$$A_{trapézio} = \frac{h \cdot (B + b)}{2}$$

Área de um polígono regular

Um modo de obter a área de um polígono regular é por meio de sua decomposição em triângulos congruentes. Por exemplo:

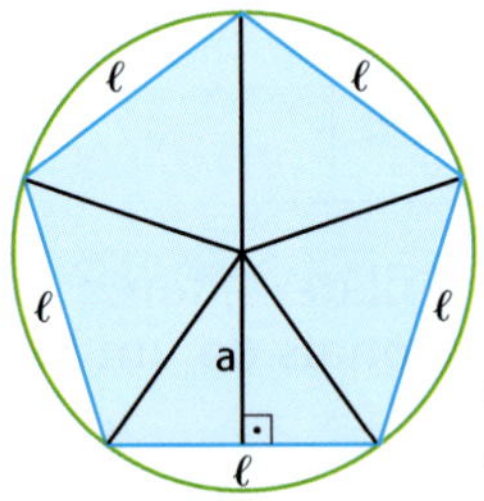

O pentágono regular pode ser decomposto em 5 triângulos.

Um polígono regular com um número **n** qualquer de lados pode ser decomposto em **n** triângulos congruentes. Observe a figura a seguir.

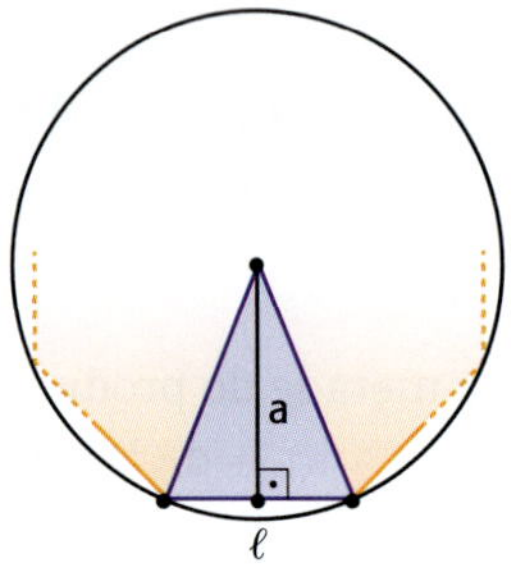

A altura de cada um dos triângulos corresponde ao apótema do polígono regular inscrito na circunferência. Portanto, a área de cada um dos **n** triângulos é dada por:

$$A_{\text{triângulo}} = \frac{\ell \cdot a}{2}$$

Assim, a área total do polígono regular é:

$$A_{\text{polígono regular}} = n \cdot \frac{\ell \cdot a}{2}$$

$$A_{\text{polígono regular}} = \frac{n \cdot \ell}{2} \cdot a$$

Como **n** vezes a metade da medida do lado do polígono regular corresponde à metade do perímetro (ou semiperímetro), indicada pela letra **p**, obtemos:

$$A_{\text{polígono regular}} = p \cdot a$$

A área de um polígono regular é igual ao produto do semiperímetro pela medida do apótema.

$$A_{\text{polígono regular}} = p \cdot a$$

Exemplo:

Obter a área de um hexágono regular inscrito em uma circunferência de raio de 8 cm.

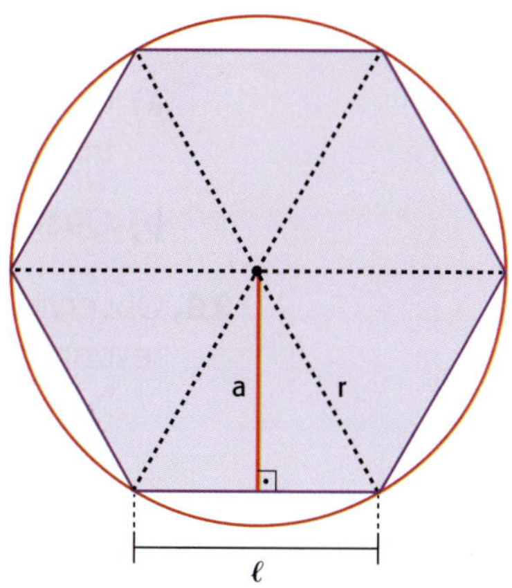

Nesse caso, como cada triângulo é um triângulo equilátero, temos $\ell = r = 8$ cm.

Como a medida da altura de um triângulo equilátero de lado de medida ℓ é dada por $a = \frac{\ell \cdot \sqrt{3}}{2}$, obtemos:

$$a = \frac{8 \cdot \sqrt{3}}{2} = 4\sqrt{3}$$

Calculando o semiperímetro do hexágono regular, obtemos:

$$p = \frac{6 \cdot \ell}{2} = 3\ell = 3 \cdot 8 = 24$$

$$A_{\text{polígono regular}} = p \cdot a = 24 \cdot 4\sqrt{3} = 96\sqrt{3}$$

Portanto, a área do hexágono regular é $\mathbf{96\sqrt{3}}$ **cm²**.

ATIVIDADES

22. Determine a área aproximada de cada retângulo a seguir, cujas medidas de comprimento estão indicadas em centímetro. Considere: sen 40° = = 0,643; cos 40° = 0,766 e tg 40° = 0,839.

a)

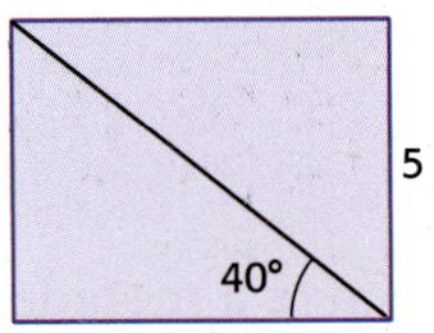

b)

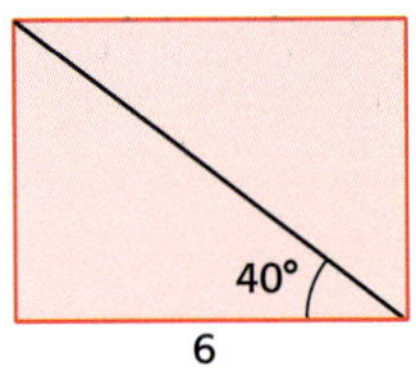

23. Desenhe em uma malha quadriculada todos os retângulos de perímetro igual a 12, cujas medidas dos lados é um número inteiro. Esses polígonos têm a mesma área?

24. Determine a área de cada polígono, cujas medidas estão indicadas em centímetro.

a)

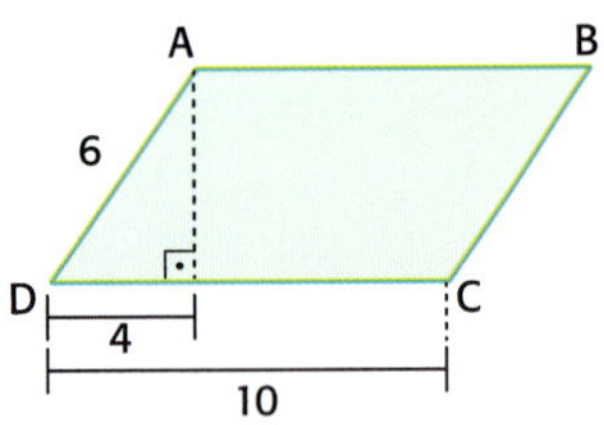

b)

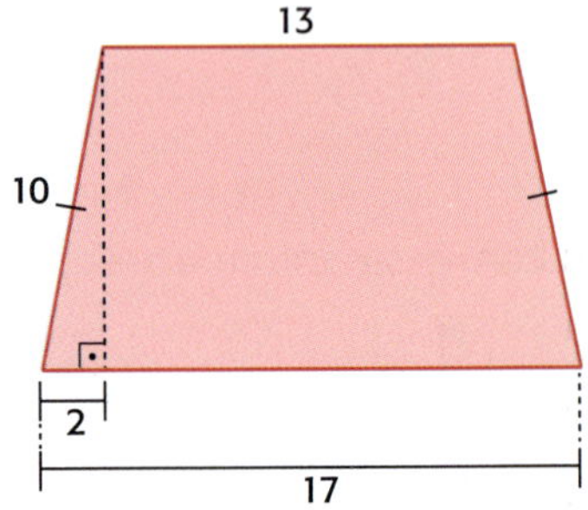

25. Na figura a seguir, os triângulos ABD e BDC são retângulos isósceles congruentes. Com base nessa informação, determine o perímetro e a área do paralelogramo ABCD.

Considere que as medidas de comprimento estão indicadas em centímetro.

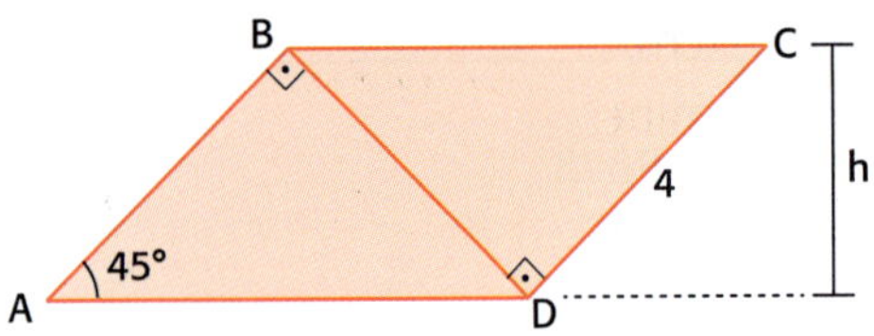

26. Obtenha a área do paralelogramo ABCD:

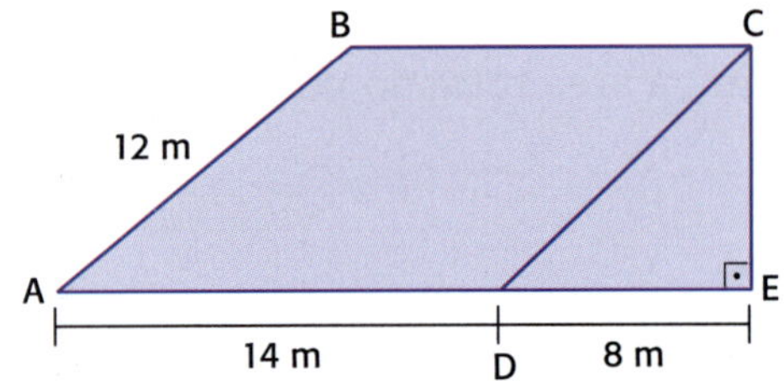

27. Determine a área do trapézio isósceles a seguir. Considere tg 70° = 2,74.

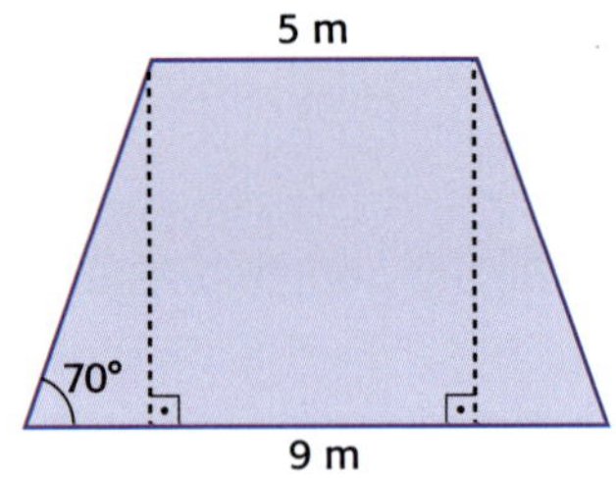

28. Observe o padrão geométrico a seguir, formado por triângulos retângulos isósceles.

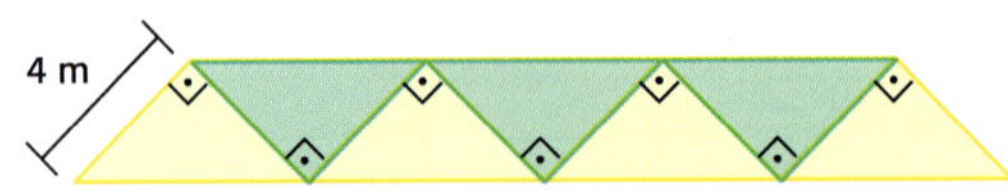

a) Qual é a medida da hipotenusa de cada triângulo retângulo?

b) Qual é a área total dessa figura?

29. Observe o triângulo abaixo e, em seguida, responda às questões.

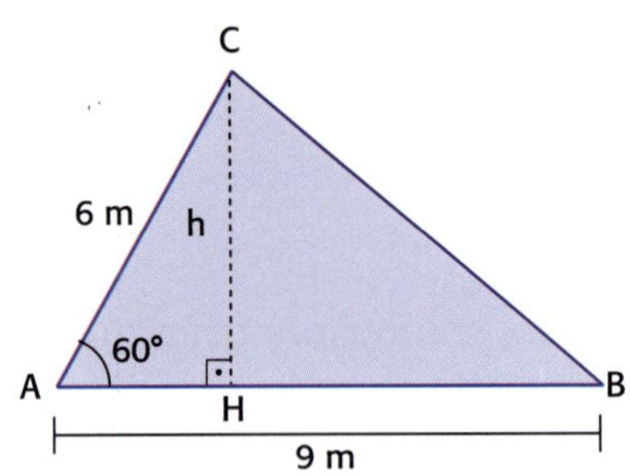

a) Qual é o valor de **h**?

b) Qual é a área aproximada do triângulo ABC?

30. Determine a área do paralelogramo destacado em azul.

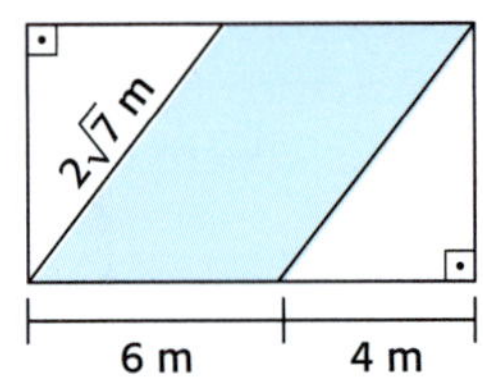

31. Determine o perímetro e a área do trapézio ABCD representado a seguir.

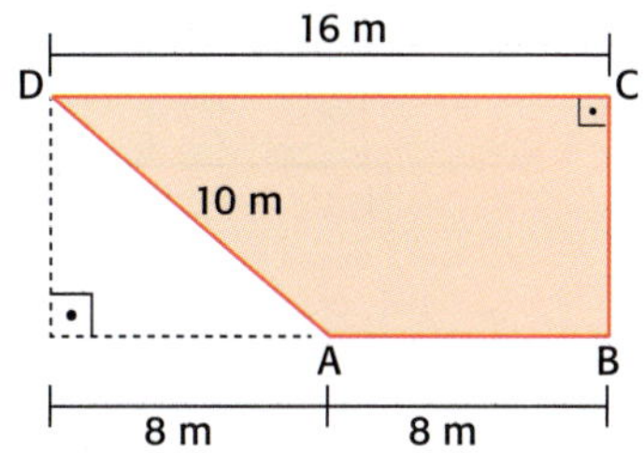

32. Observe o trapézio representado na malha quadriculada a seguir.

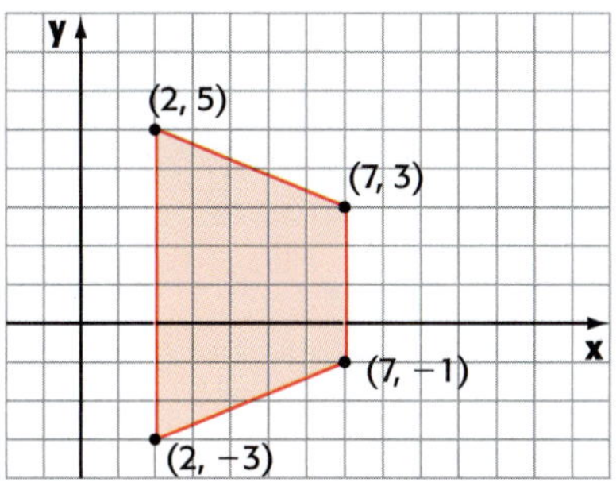

Qual é a área desse trapézio?

33. Considerando a área da quadrícula da malha quadriculada como unidade, obtenha a área de cada uma das peças do *tangram*.

34. O mosaico a seguir é formado por triângulos equiláteros e hexágonos regulares.

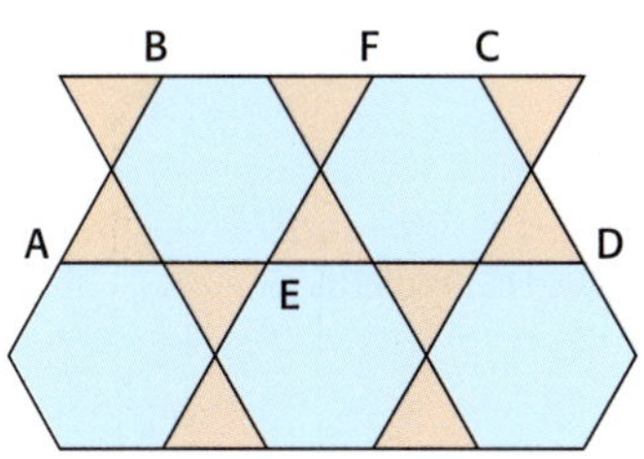

Sabendo que os lados do hexágono medem 4 cm, determine a área do:

a) Losango ABFE.

b) Trapézio ABCD.

35. Calcule a área de cada figura a seguir, cujas medidas estão indicadas em centímetro. As figuras foram obtidas retirando-se uma parte da região interna de um retângulo.

a)

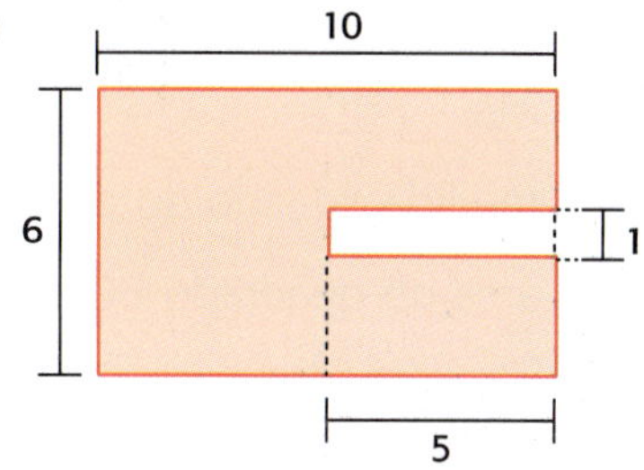

b)

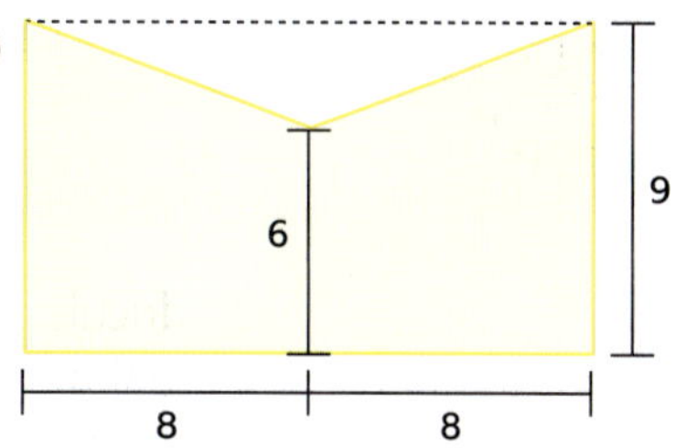

36. Ricardo desenhou a figura a seguir para determinar a área de um hexágono regular, cujo lado mede 4 cm.

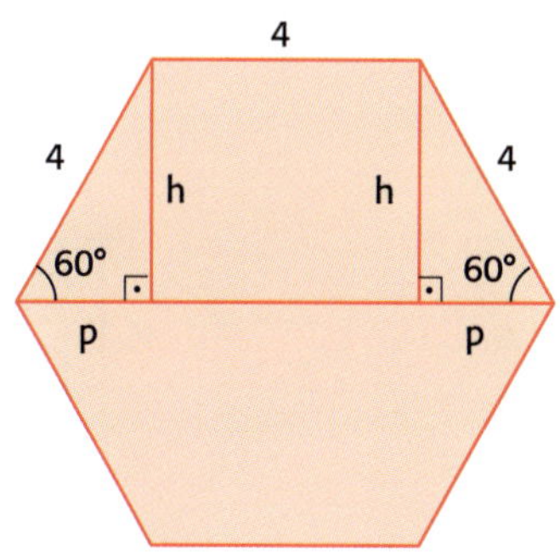

De acordo com essas informações, faça o que se pede a seguir.

a) Determine o valor de **p**.

b) Determine o valor de **h**.

c) Qual é a área do hexágono desenhado por Ricardo?

37. Sabe-se que a medida de comprimento de um dos lados de um retângulo mede 3 cm a mais que o outro, e sua diagonal mede $\sqrt{117}$ cm. De acordo com essas informações, determine:

a) As medidas dos lados desse retângulo.

b) A área do retângulo.

38. Observe a figura ao lado.

Sabendo que o segmento $\overline{AD}$ mede 24 cm e a área do quadrado DFGH é igual a 64 cm², responda:

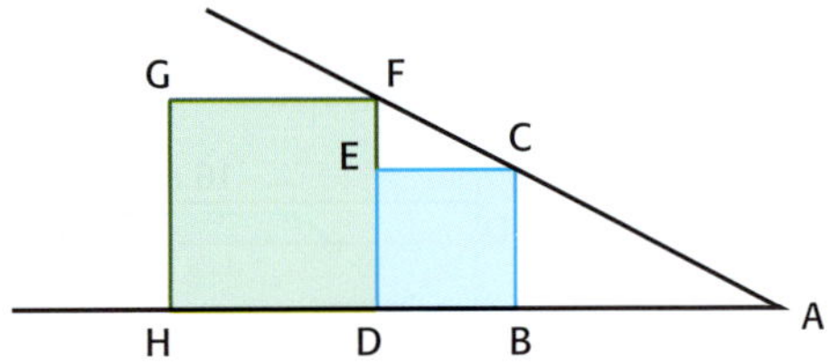

a) Qual é a medida do segmento $\overline{DF}$?

b) Os triângulos AFD e ACB são semelhantes? Justifique sua resposta.

c) Qual é a medida do lado do quadrado BCED?

d) Qual é a área do quadrado BCED?

39. Determine a área total da superfície do bloco retangular da figura a seguir, cujas medidas estão indicadas em centímetro.

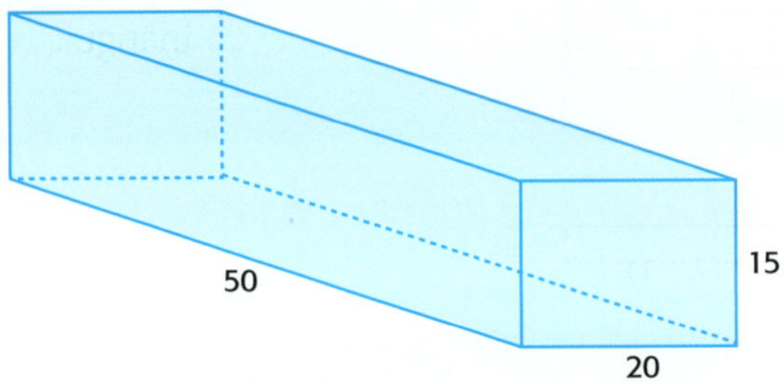

Resolução

A superfície de um paralelepípedo é composta por 6 faces retangulares.

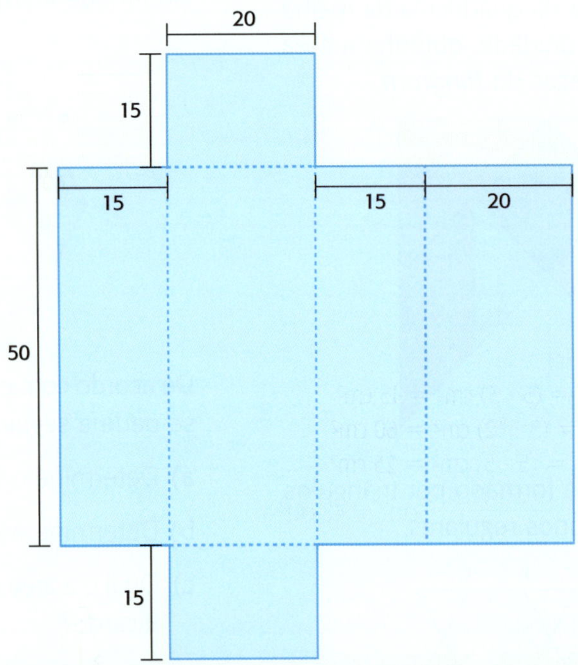

A área total pode ser obtida adicionando-se a área de cada uma das 6 faces retangulares:

Retângulo de lados 20 cm e 15 cm: $A_I = (20 \cdot 15)$ cm² $= 300$ cm²

Retângulo de lados 50 cm e 15 cm: $A_{II} = (50 \cdot 15)$ cm² $= 750$ cm²

Retângulo de lados 50 cm e 20 cm: $A_{III} = (50 \cdot 20)$ cm² $= 1\,000$ cm²

Como há duas faces de cada tipo, a área total é igual a:

$$A_{total} = (2 \cdot 300) + (2 \cdot 750) + (2 \cdot 1\,000) = 4\,100$$

A área total da superfície do paralelepípedo é 4 100 cm².

40. Uma embalagem com a forma de um bloco retangular tem arestas de medida 5 cm, 6 cm e 8 cm. Obtenha a área total de suas faces.

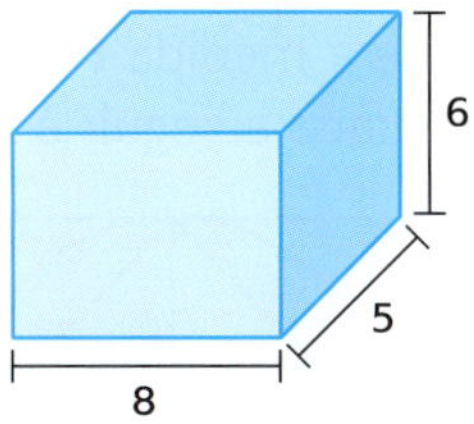

41. Na figura a seguir, cuja medida de comprimento está indicada em centímetro, o triângulo CDE tem área igual a 10 cm² e o triângulo BCE tem área igual a 18 cm².

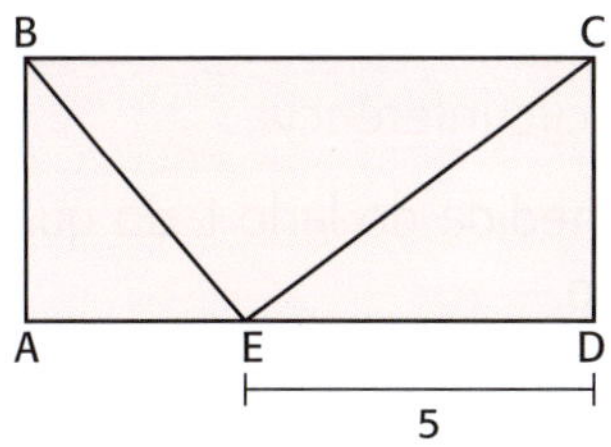

Responda:

a) Qual é a área do triângulo ABE?

b) Qual é área do retângulo ABCD?

42. Determine:

a) A área de um triângulo equilátero cujo perímetro é igual a 24 cm.

b) A medida da altura de um triângulo isósceles de base 12 cm, cujos lados congruentes medem 10 cm.

43. Sabendo que a medida de $\overline{AD}$ é igual a $\frac{1}{3}$ da medida de $\overline{AB}$, determine a razão entre a área do triângulo ADC e a do triângulo ABC.

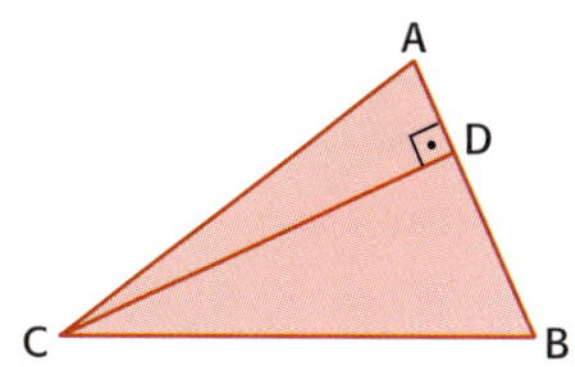

44. Uma peça metálica tem as medidas indicadas em centímetro na figura a seguir. Calcule a área total da superfície dessa peça, sabendo que BFGC, AEFB, AEHD e DHGC são retângulos, e ABCD, EFGH são trapézios.

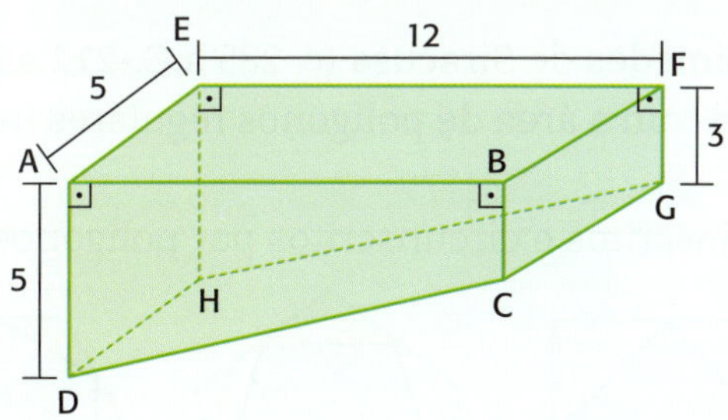

Resolução

Vamos calcular a área de cada face:

- Retângulo BFGC: $A_{BFGC} = (5 \cdot 3)\ cm^2 = 15\ cm^2$
- Retângulo AEFB: $A_{AEFB} = (5 \cdot 12)\ cm^2 = 60\ cm^2$
- Retângulo AEHD: $A_{AEHD} = (5 \cdot 5)\ cm^2 = 25\ cm^2$
- Trapézio ABCD: $A_{ABCD} = \frac{(5 + 3) \cdot 12}{2}\ cm^2 = 48\ cm^2$
- Trapézio EFGH: $A_{EFGH} = \frac{(5 + 3) \cdot 12}{2}\ cm^2 = 48\ cm^2$

Para calcular a área do retângulo DHGC, temos de obter primeiro a medida DC. Para isso, considere o triângulo DCC′, em que $\overline{DC}$ é a hipotenusa:

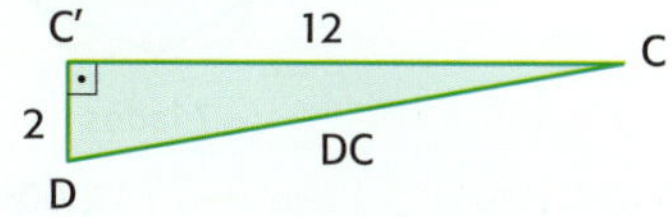

$(DC)^2 = 12^2 + 2^2$

$(DC)^2 = 148$

$DC = 2\sqrt{37}$

- Retângulo DHGC: $A_{DHGC} = 5 \cdot 2\sqrt{37}\ cm^2 = 10\sqrt{37}\ cm^2$

$A_{total} = (15 + 60 + 25 + 48 + 48 + 10\sqrt{37})\ cm^2 = (196 + 10\sqrt{37})\ cm^2$

A área total da superfície dessa peça é $(196 + 10\sqrt{37})\ cm^2$.

45. As figuras a seguir mostram um poliedro e suas faces, quadrados e hexágonos regulares, em uma mesma superfície plana.

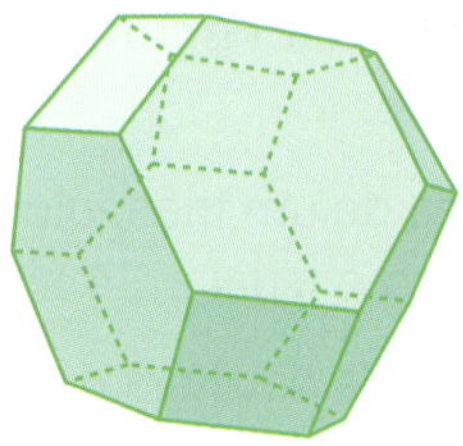

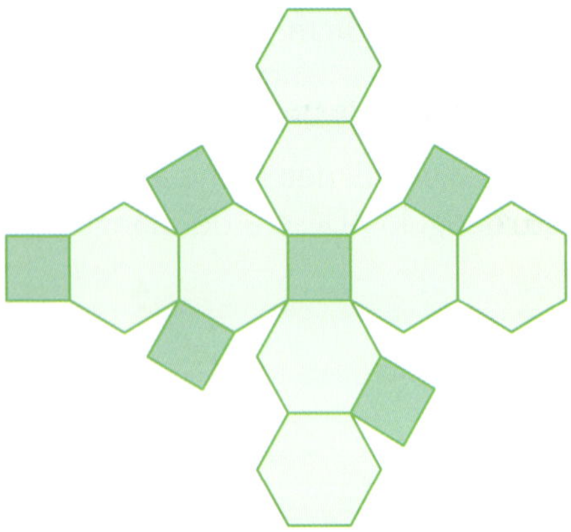

Sabendo que a medida do lado de cada um dos polígonos regulares é igual a 5 cm, obtenha a área total desses polígonos regulares.

46. Sabe-se que a medida **r** do raio da circunferência mostrada a seguir é igual a 1 cm.

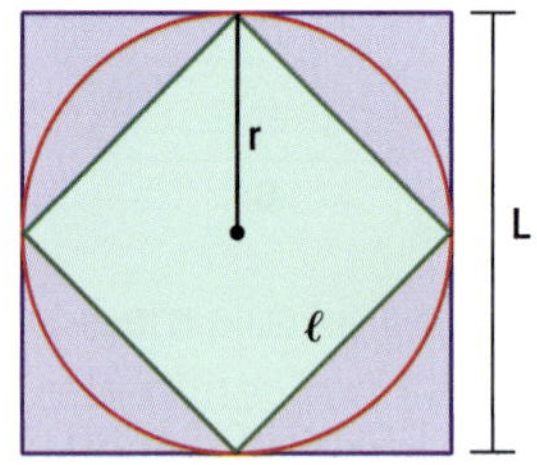

De acordo com essa informação, determine:

a) A medida do lado ℓ do quadrado inscrito na circunferência.

b) A medida do lado L do quadrado circunscrito.

c) A área do quadrado que está circunscrito à circunferência.

Área de um círculo

O matemático grego Arquimedes de Siracusa (c. 285 a.C.-212 a.C.) calculou a área de um círculo comparando a área do círculo com a área de polígonos regulares inscritos e circunscritos na circunferência deste círculo.

Observe a seguir círculos inscritos e circunscritos por polígonos regulares.

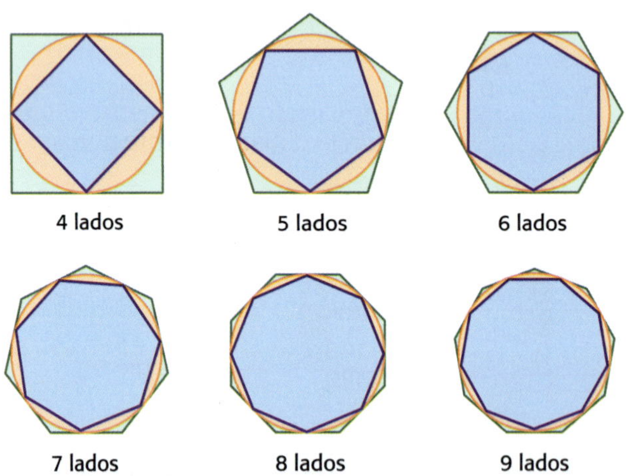

Em cada figura, a área do círculo é maior do que a área do polígono regular inscrito e menor do que a área do polígono regular circunscrito de mesmo número de lados:

área do polígono inscrito $<$ área do círculo $<$ área do polígono circunscrito

Quanto maior o número de lados do polígono regular, menor é a diferença entre a área do círculo e de cada um dos polígonos. Desse modo, a área desses polígonos tende a se aproximar da área do círculo.

Conforme o número de lados do polígono regular aumenta:

- a medida do apótema do polígono regular se aproxima da medida do raio do círculo, ou seja, **a** se aproxima de **r**;
- o perímetro do polígono regular se aproxima do perímetro da circunferência, ou seja, **p** se aproxima de πr.

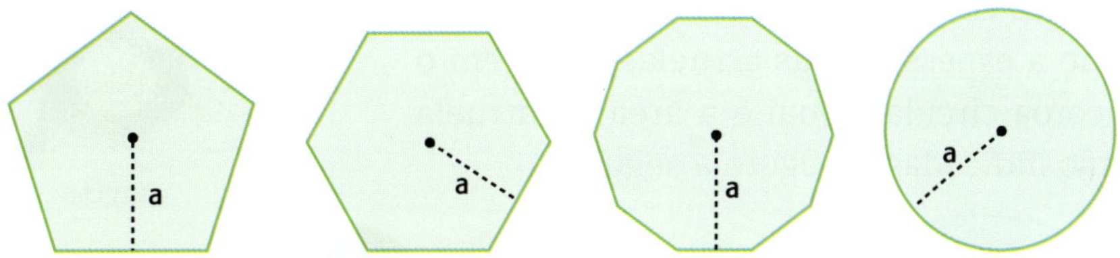

Desse modo, podemos usar a fórmula da área de um polígono, $A_{polígono} = p \cdot a$, substituindo **p** por πr e **a** por **r**, e calcular a área do círculo:

$$A_{círculo} = \pi \cdot r \cdot r = \pi r^2$$

A área de um círculo de raio de medida **r** é igual a $\pi \cdot r^2$.

$$A_{círculo} = \pi r^2$$

Exemplo:

Calcular a área de um círculo de raio de 7 cm.

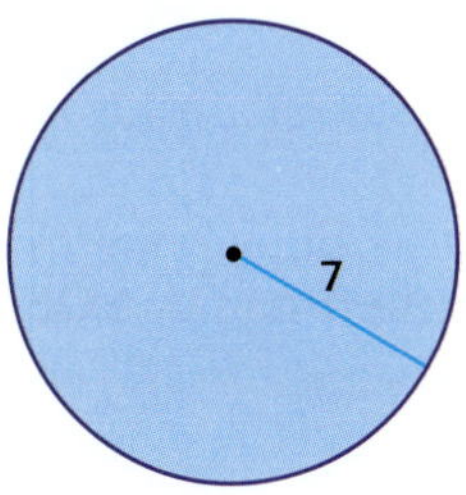

$A_{círculo} = \pi 7^2$

$A_{círculo} = 49\pi$

Logo, a área do círculo é **49π cm²**, ou, aproximadamente, 153,86 cm².

Vamos conhecer a seguir duas importantes regiões de um círculo.

- **Área de uma coroa circular**

A **coroa circular** é a região compreendida entre duas circunferências concêntricas.

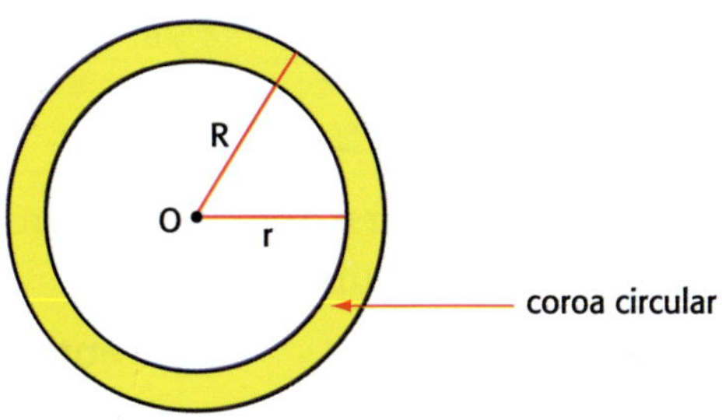

Para obter a área de uma coroa circular, é necessário subtrair a área do círculo menor da área do círculo maior.

$$A_{coroa\ circular} = \pi \cdot R^2 - \pi \cdot r^2 = \pi \cdot (R^2 - r^2)$$

A área de uma coroa circular é dada por:

$$A_{coroa\ circular} = \pi \cdot (R^2 - r^2)$$

Exemplo:

As arruelas são peças importantes para auxiliar a fixação de parafusos e porcas, evitando seu desprendimento. O processo de produção de peças como as arruelas é chamado de estampagem, envolvendo operações de corte e furação de chapas metálicas em uma máquina chamada prensa.

Desconsiderando a espessura das arruelas, elas têm o formato de uma coroa circular. Qual é a área da arruela cujas medidas estão indicadas na figura a seguir?

Arruelas.

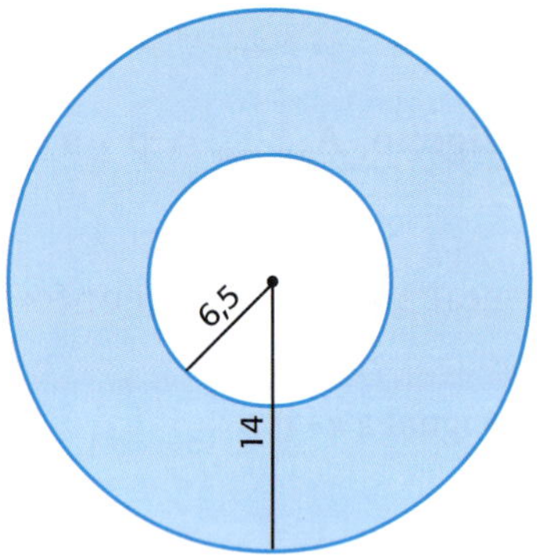

$A_{\text{coroa circular}} = \pi \cdot (14^2 - 6{,}5^2)$

$A_{\text{coroa circular}} = \pi \cdot (196 - 42{,}25)$

$A_{\text{coroa circular}} = 153{,}75\pi$

Usando $\pi = 3{,}14$, a área da arruela é **482,775 mm²**.

- **Área de um setor circular**

Na figura a seguir, a parte do círculo indicada em azul, delimitada pelos segmentos $\overline{OA}$ e $\overline{OB}$ e o arco $\widehat{AB}$, é um **setor circular** associado ao ângulo central de medida α.

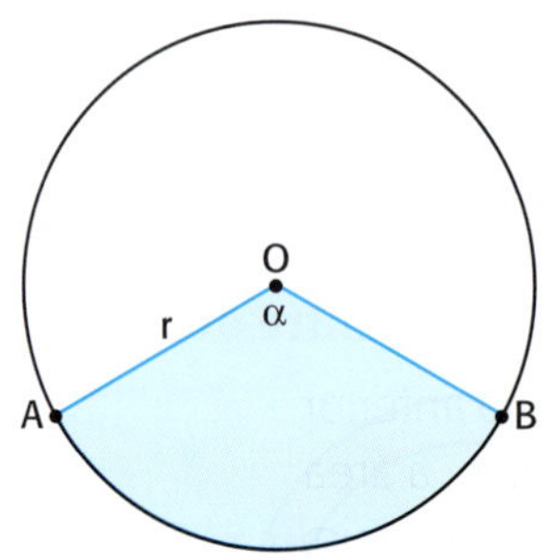

A área de um setor circular de raio de medida **r** é diretamente proporcional à medida α do ângulo central correspondente, e pode ser obtida do seguinte modo:

Razão entre as medidas dos ângulos centrais		Razão entre as áreas
$\frac{360°}{\alpha}$	=	$\frac{\pi r^2}{x}$

$$x = \frac{\alpha}{360°} \cdot \pi r^2$$

Assim, a área de um setor circular cujo ângulo central mede α é:

$$A_{\text{setor circular}} = \frac{\alpha}{360°} \cdot \pi r^2$$

Exemplo:

Calcular a área de um setor circular de raio de 4 cm cujo ângulo central mede 60°.

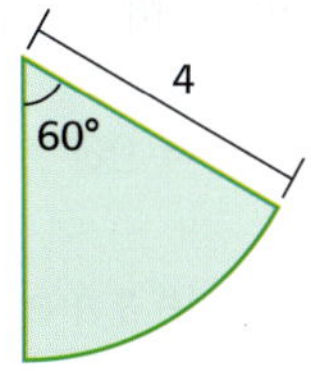

$$A_{\text{setor circular}} = \frac{60°}{360°} \cdot \pi 4^2$$

$$A_{\text{setor circular}} = \frac{1}{6} \cdot \pi \cdot 16$$

$$A_{\text{setor circular}} = \frac{8\pi}{3}$$

Logo, a área do setor circular é $\mathbf{\frac{8\pi}{3}}$ **cm²**.

Pista 2

Samara verificou que a superfície do lago é delimitada por duas circunferências concêntricas e tem a forma de uma coroa circular.

Leia novamente a pista anterior e responda às questões a seguir.

- Qual é a área da coroa circular correspondente à superfície do lago? Considere $\pi = 3{,}14$.
- Quantos litros de produto serão aplicados no lago?

Desvende o enigma

- Dos valores que Samara deverá discriminar no relatório de recuperação ambiental do lago, quanto será gasto apenas com o produto a ser aplicado na água?

ATIVIDADES

47. Calcule a área de um círculo cujo raio mede:

a) 3 cm

b) 6 cm

c) 9 cm

d) 1,5 cm

48. Observe os valores obtidos na questão anterior e responda: Ao dobrar a medida do raio, a área também dobrou? E ao triplicar a medida do raio, a área triplicou? E ao reduzir a medida do raio à metade, o que ocorreu com a área do círculo?

49. Calcule a área do círculo inscrito e a área do círculo circunscrito ao quadrado de 6 cm de lado.

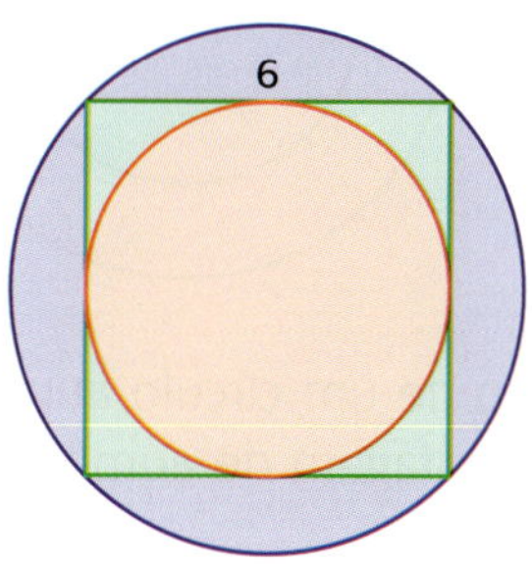

50. Obtenha a área da parte colorida de cada figura. As medidas estão indicadas em centímetro.

a)

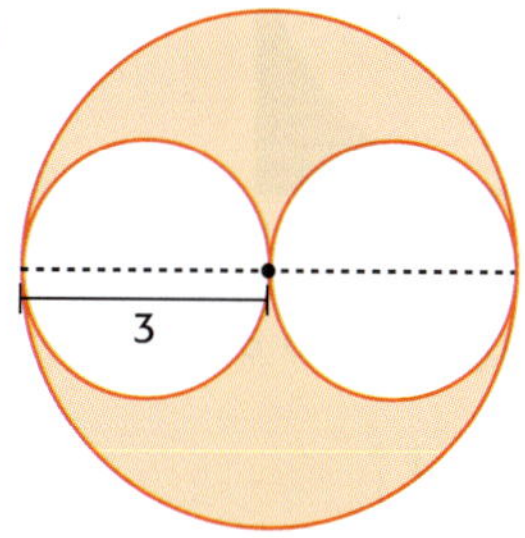

b)

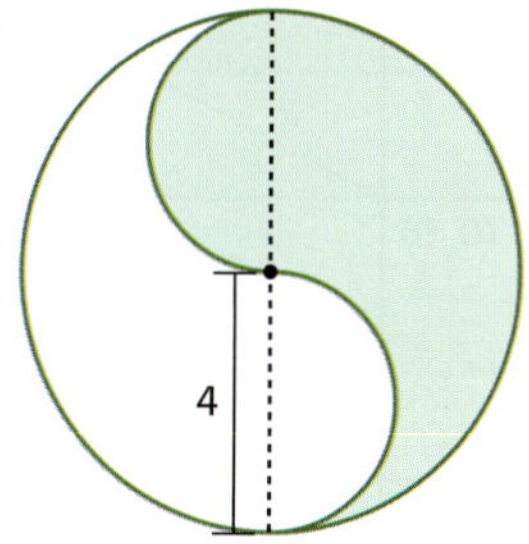

51. Obtenha a área da região colorida da figura em cada caso. As medidas de comprimento estão indicadas em centímetro.

a)

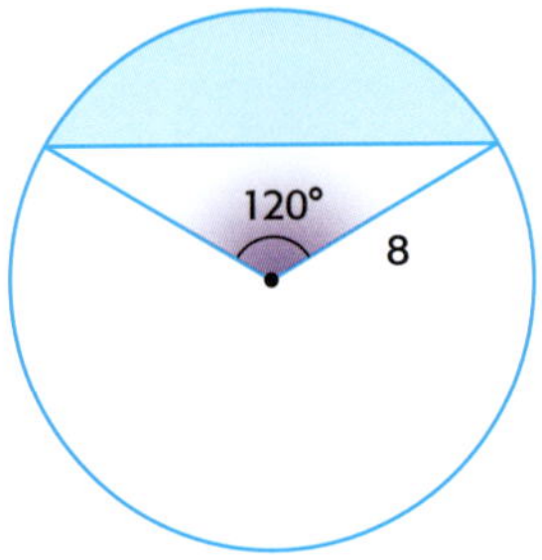

b)

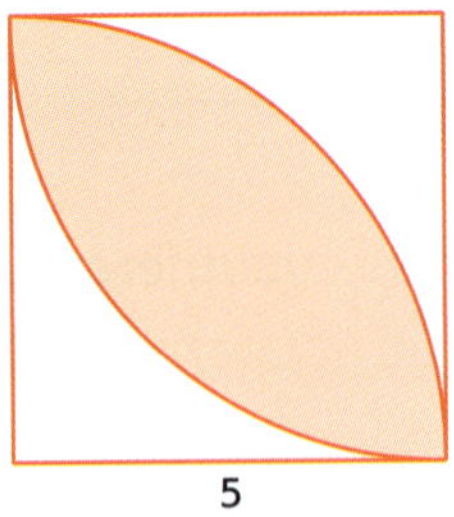

c)

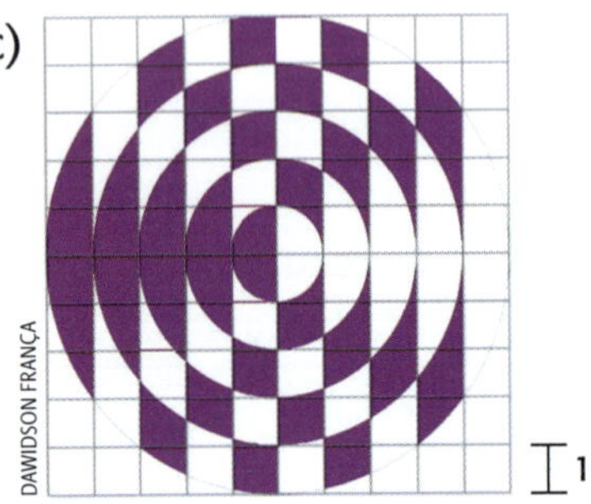

d)

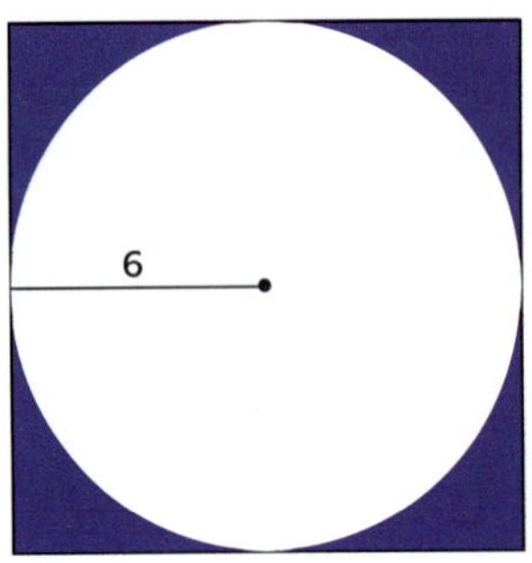

52. Obtenha a área do círculo a seguir.

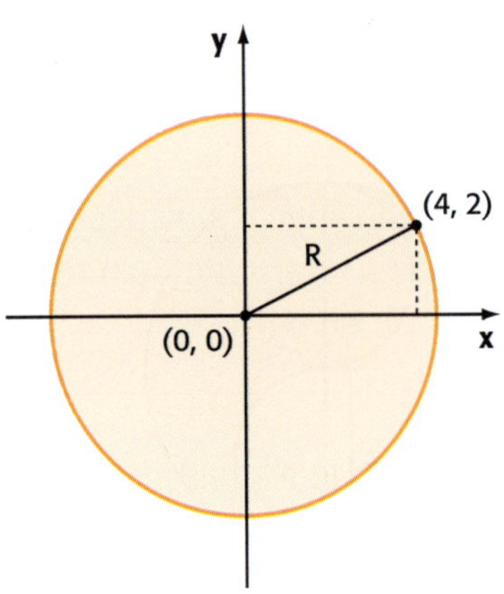

53. Obtenha a área do setor circular para cada medida do ângulo central e do raio:

a) $\alpha = 45°$; $r = 4$ cm.

b) $\alpha = 120°$; $r = 3$ cm.

c) $\alpha = 90°$; $r = 11$ cm.

54. Calcule a área da coroa circular a seguir. Considere que as medidas estão indicadas em centímetro.

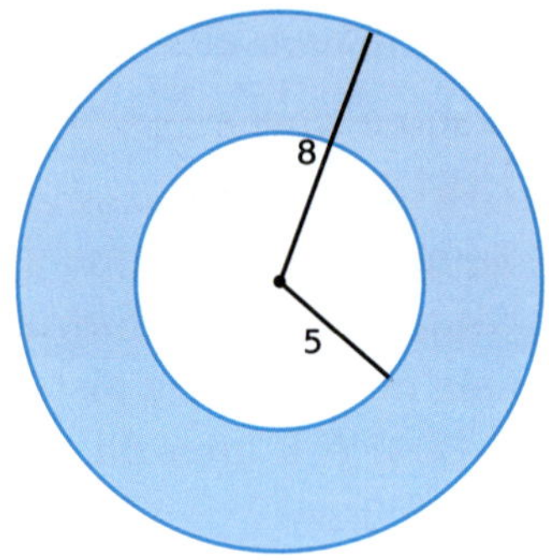

55. Em uma coroa circular com 40π cm^2 de área e raio maior medindo 7 cm, determine a medida do raio menor.

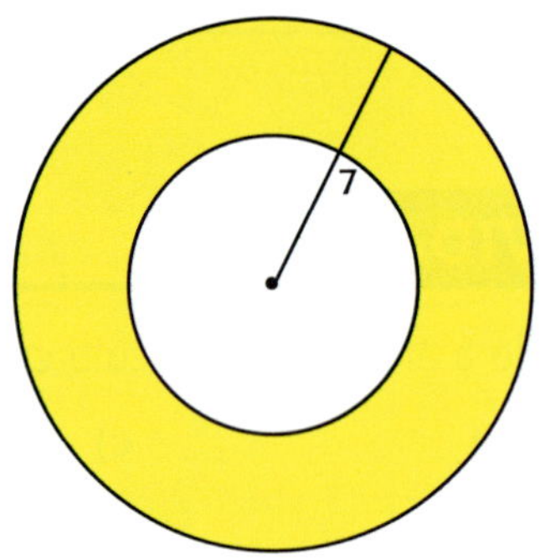

56. Qual é a área da região colorida da figura, sabendo que o raio da circunferência menor mede 3 cm e o da maior, 5 cm?

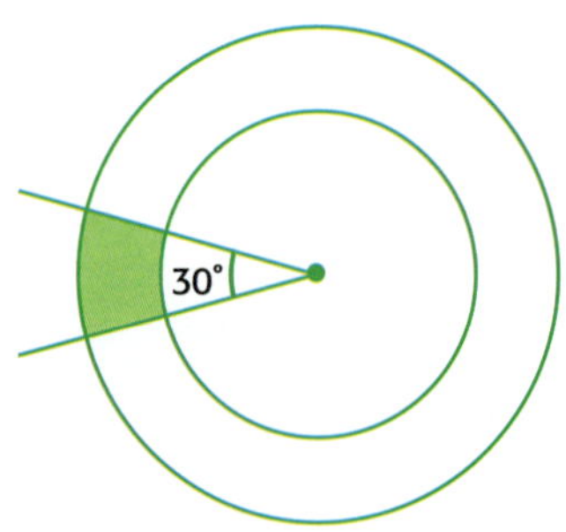

57. Se o raio de um círculo aumenta 40%, qual é a porcentagem de aumento da área desse círculo?

58. Calcule e identifique a alternativa correta referente ao quadrado inscrito na circunferência a seguir:

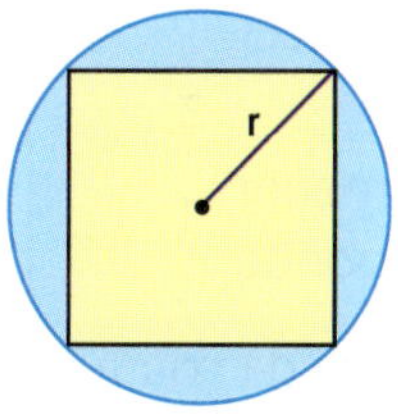

a) A razão entre a área do círculo e a do quadrado é igual a 2.

b) A razão entre a área do círculo e a do quadrado é igual a $\frac{\pi}{2}$.

c) A razão entre a área do círculo e a do quadrado é igual a 1.

d) A razão entre a área do círculo e a do quadrado é igual a 2π.

59. Uma empresa produz peças circulares a partir de placas metálicas retangulares, como mostra a figura. Que porcentagem da placa **não** é aproveitada na produção das peças circulares?

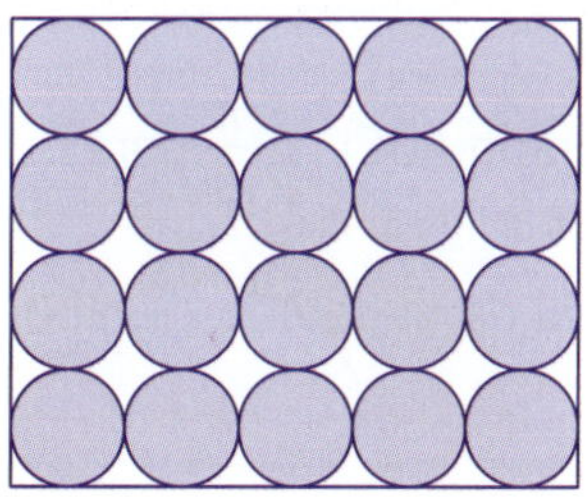

60. Uma lata cilíndrica tem as medidas indicadas em centímetro na figura a seguir. Determine quantos centímetros quadrados de papel serão necessários para revestir a superfície dessa lata.

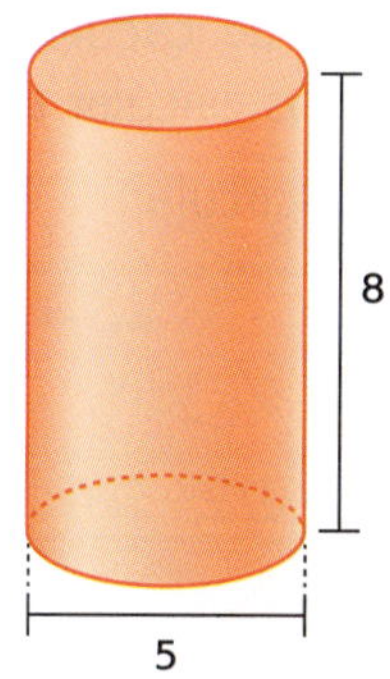

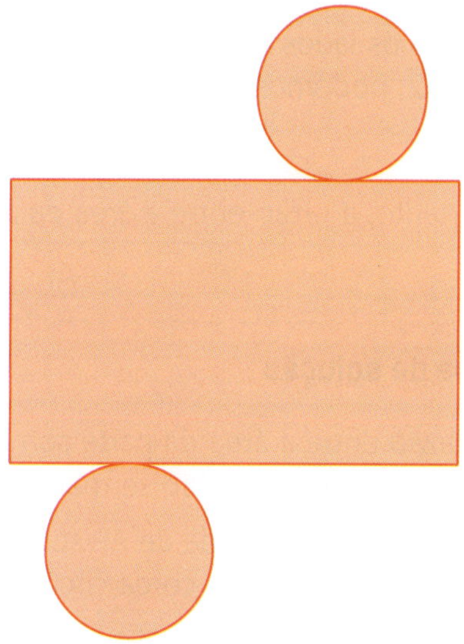

ATIVANDO HABILIDADES

(Obmep) Na figura, ABCD e AMPN são quadrados, e $\widehat{BD}$ e $\widehat{MN}$ são arcos de círculos de centro A. Qual é a razão entre a área sombreada e a área do quadrado ABCD?

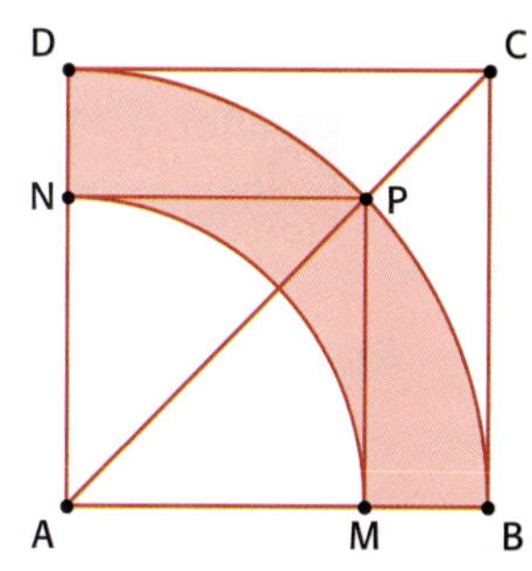

a) $\frac{\pi}{4}$

b) $\frac{\pi}{5}$

c) $\frac{\pi}{6}$

d) $\frac{\pi}{7}$

e) $\frac{\pi}{8}$

Entendimento do problema

O problema apresenta a parte de uma coroa circular e pede a razão entre a área dessa parte da coroa circular e um quadrado. Observe que a área sombreada corresponde a uma parte de uma coroa circular. Além disso, a medida do lado do quadrado ABCD é igual à medida da diagonal do quadrado AMPN.

Elaboração de uma estratégia

Um modo de abordar o problema é obter os raios dos círculos que formam a parte da coroa circular em função da medida do lado do quadrado menor e, em seguida, fazer o mesmo com relação à medida do lado do quadrado maior.

Execução da estratégia

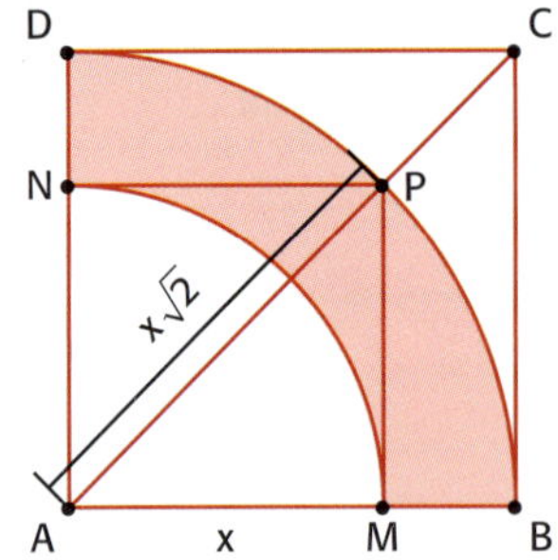

Chamando de **x** a medida do lado do quadrado AMPN, o segmento $\overline{AP}$ (raio do círculo maior) corresponde à medida da diagonal desse quadrado. Portanto, $AP = x\sqrt{2}$.

Como o raio do círculo maior mede $x\sqrt{2}$ e o raio do círculo menor mede **x**, podemos calcular a área da parte sombreada, que corresponde a $\frac{1}{4}$ de um setor circular:

$$A_1 = \frac{1}{4} \cdot \pi \cdot \left[(x\sqrt{2})^2 - x^2\right]$$

$$A_1 = \frac{1}{4} \cdot \pi \cdot \left[2x^2 - x^2\right]$$

$$A_1 = \frac{\pi x^2}{4}$$

Como os lados do quadrado ABCD têm a mesma medida de comprimento que o raio do círculo maior, $x\sqrt{2}$, podemos obter sua área A_2 fazendo:

$$A_2 = (x\sqrt{2})^2 = 2x^2$$

Portanto, a razão entre a área da parte sombreada e a área do quadrado ABCD é:

$$\frac{A_1}{A_2} = \frac{\pi x^2}{4} : 2x^2 = \frac{\pi x^2}{4} \cdot \frac{1}{2x^2} = \frac{\pi}{8}$$

Análise da solução

A razão entre a área da parte sombreada e a área do quadrado ABCD é $\frac{\pi}{8}$ para qualquer valor **x**. Vamos verificar que a razão se mantém, por exemplo, quando **x** é igual a 1.

Nesse caso, a medida de $\overline{AP}$ será igual à medida da diagonal do quadrado de lado 1, ou seja, $\sqrt{2}$. Logo, a área da parte da coroa circular será:

$$A_1 = \frac{1}{4}\pi \left[(\sqrt{2})^2 - 1^2\right] = \frac{1}{4}\pi$$

E a área do quadrado ABCD será:

$$A_2 = (\sqrt{2})^2 = 2$$

Calculando a razão entre a área da parte sombreada e a área do quadrado ABCD, temos:

$$\frac{A_1}{A_2} = \frac{1}{4}\pi : 2 = \frac{\pi}{8}$$

Resposta: alternativa **e**.

É a sua vez!

(Obmep) Na figura ao lado os pontos destacados sobre a reta estão igualmente espaçados. Os arcos que ligam esses pontos são semicircunferências e a região preta tem área igual a 1. Qual é a área da região cinza?

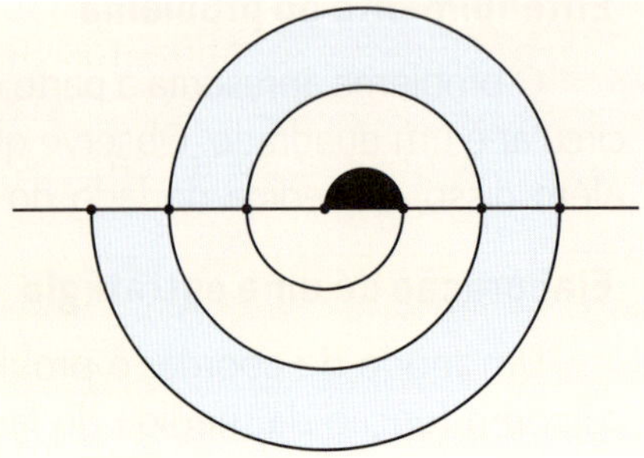

a) 15

b) 18

c) 25

d) 30

e) 36

1. (Obmep) Na malha retangular a seguir, o perímetro da figura A é 156 cm, e o da figura B é 144 cm. Qual é o perímetro da figura C?

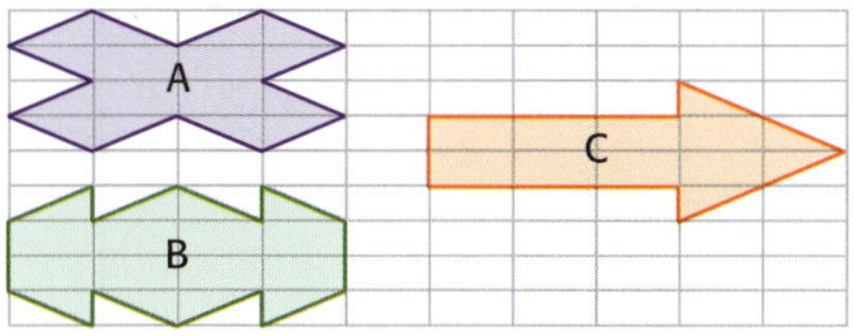

a) 125 cm
b) 144 cm
c) 160 cm
d) 172 cm
e) 175 cm

2. Duas polias são acopladas por meio de uma correia de transmissão em uma máquina, como mostra-se a seguir. O raio da polia maior mede 10 cm, enquanto o da menor mede 5 cm.

RJH COMMON/ALAMY/LATINSTOCK

Duas polias unidas por uma correia em um motor elétrico.

a) Se a polia maior der uma volta completa, quantas voltas a polia menor deve dar?

b) Quantos centímetros um ponto na superfície da correia percorre para cada volta completa da polia maior?

3. Imagine que possamos esticar uma corda ao longo da Linha do Equador, dando uma volta completa em torno da Terra, e que ela forme uma circunferência perfeita. Em seguida, aumentamos essa corda em 1 metro, de modo que, ao tentar colocá-la novamente no mesmo lugar, surge uma folga de medida **x** entre o barbante e a superfície da Terra. Considerando $C = 2\pi r$, em que **r** é a medida do raio da Terra, responda às questões a seguir.

FOTOSEARCH/EASYPIX

O raio da Terra é aproximadamente igual a 6 371 km.

a) Sem realizar cálculos, em sua opinião, a folga na corda seria maior ou menor do que 15 cm (imaginando a corda como uma circunferência concêntrica com a Linha do Equador)?

b) A medida C do comprimento da circunferência passou a ser C + 1, enquanto o raio passou a ser igual a r + x, de modo que $C + 1 =$ $= 2\pi \cdot (r + x)$. Resolva essa equação e obtenha o valor de **x**.

4. Calculadora

Qual é a área aproximada da sala da casa representada em verde na planta a seguir?

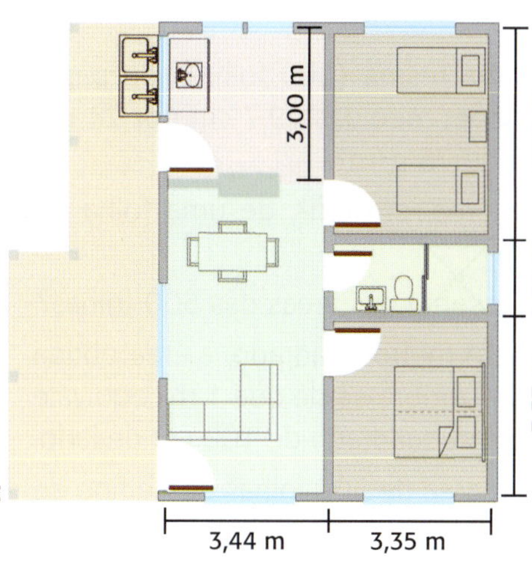

BIS

5. Calcule a área do retângulo a seguir.

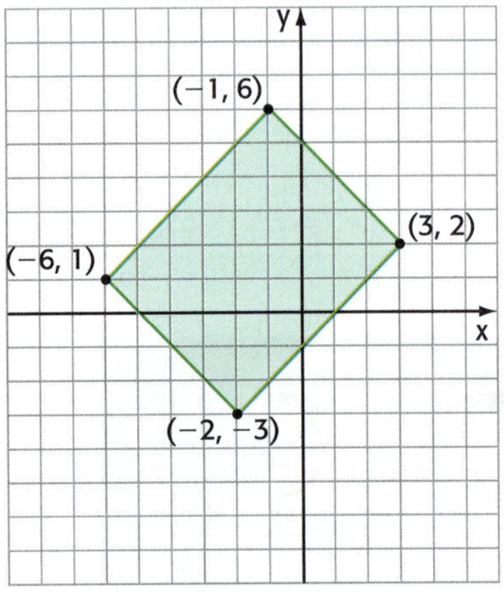

6. (Obmep – Banco de questões) A figura a seguir mostra uma grade formada por quadrados de 1 cm de lado. Qual a razão entre a área sombreada e a não sombreada?

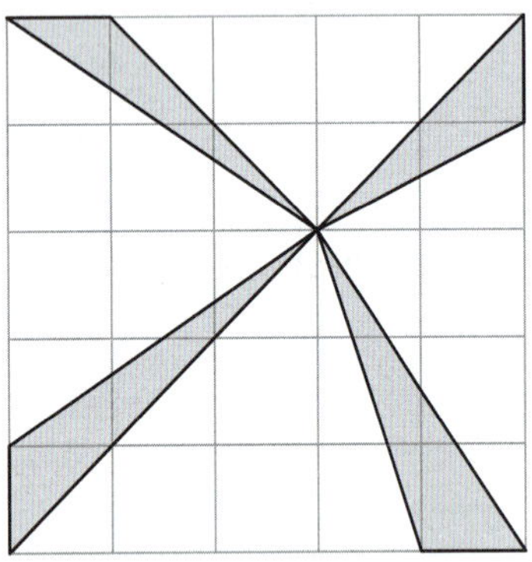

a) $\frac{1}{4}$

b) $\frac{1}{5}$

c) $\frac{1}{6}$

d) $\frac{2}{5}$

e) $\frac{2}{7}$

7. Considere uma resma (500 folhas) de papel modelo A4, com medidas 29,7 cm por 21 cm e gramatura de 75 g/m².

a) Qual é a área, em cm², de uma folha de papel A4?

b) E qual é a soma das áreas das 500 folhas?

c) Escreva, em metro quadrado, a área obtida no item **b**. Lembre-se de que 1 m² equivale à área de um quadrado de 100 cm de lado.

d) Qual é a massa de 500 folhas desse tipo de papel?

8. Uma calçada é pavimentada com ladrilhos decorados como o mostrado a seguir.

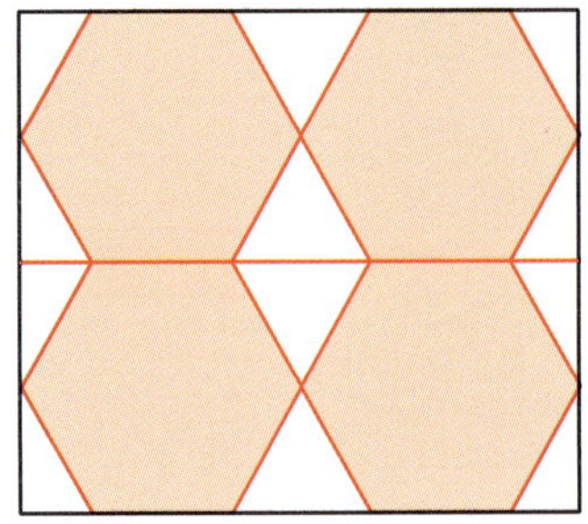

Sabendo que o ladrilho é formado por quatro hexágonos regulares de área igual a $12\sqrt{3}$ cm² cada, e por triângulos, determine a área do ladrilho.

9. Atualmente, existem superfícies para decoração de ambientes em que pontos distribuídos em placas de 1 m² cada uma criam efeito de estrelas no teto. Observe a representação de uma dessas placas a seguir e responda: Quantas "estrelas" haverá em um teto de formato retangular com medidas 3 m por 7 m?

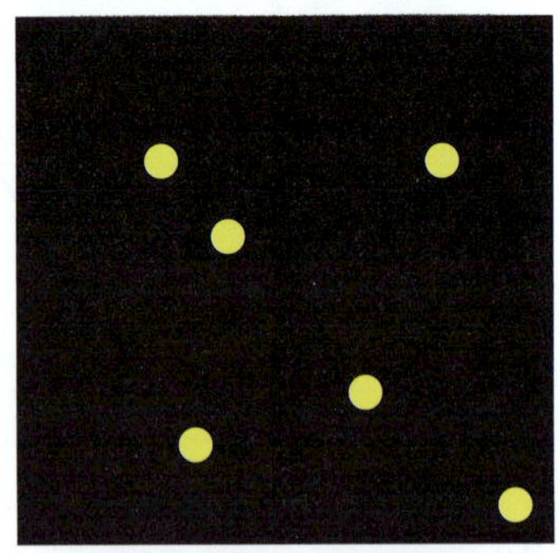

10. A prefeitura de Cangaíba construiu um coreto com formato de hexágono regular na praça da cidade. Sabendo que a região ocupada pelo coreto na praça pode ser representada pela figura a seguir, responda: Qual é a área da região ocupada pelo coreto?

Coreto: espécie de palanque construído ao ar livre em praças e jardins, para abrigar concertos musicais.

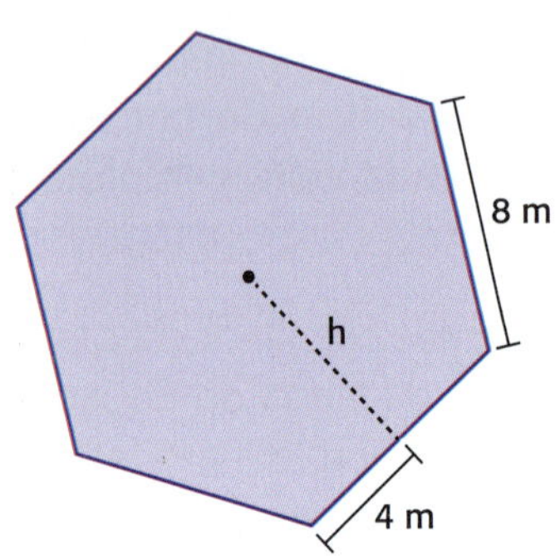

11. Observe a sequência de circunferências cujas medidas dos raios são mostradas em seu interior e seguem uma regularidade.

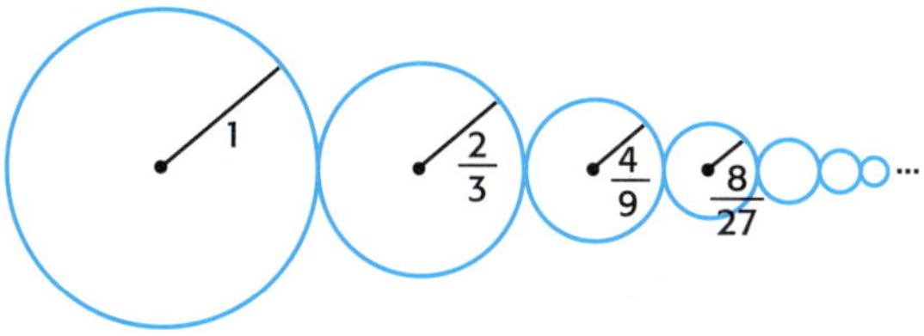

a) Qual é essa regularidade?

b) Calcule a medida do comprimento e a área da quinta circunferência dessa sequência.

12. Calcule a área de cada semicírculo da figura a seguir e verifique se a soma das áreas dos semicírculos cujos diâmetros são os catetos é igual à área do semicírculo construído sobre a hipotenusa.

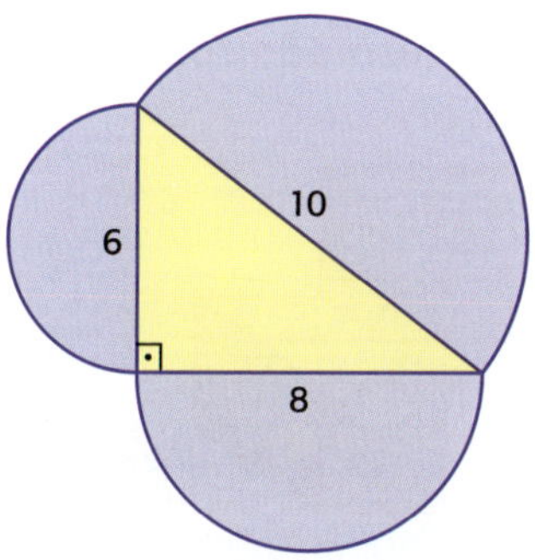

13. Uma das informações importantes para a análise da viabilidade da exploração comercial sustentável da madeira em certa região é a estimativa do número de árvores existentes nela.

DELFIM MARTINS/PULSAR IMAGENS

Equipe de trabalho medindo diâmetro de árvore. Paragominas (PA), 2014.

Um modo de avaliar o número de árvores em florestas é utilizar amostras de regiões florestais de formato retangular de medidas 20 m por 30 m e, com base na média de árvores em cada uma dessas áreas, estimar o número total de árvores de parte da floresta. Imagine que uma floresta apresenta, em média, 80 árvores em cada uma dessas regiões retangulares. Quantas árvores estima-se que haja em uma área de 6 km^2?

teia integrada

14. As bicicletas são uma boa opção de lazer para muitas pessoas, além de uma atividade física saudável e, ainda, um meio de transporte alternativo na zona rural e nas grandes cidades.

Um dos aspectos a ser considerado na compra de uma bicicleta é o "tamanho do aro" adequado à altura da pessoa. Os aros são identificados por meio de um número que indica a medida do diâmetro da roda em polegadas (cada polegada equivale a aproximadamente 2,54 cm). Por exemplo, a indicação "aro 28" significa que o diâmetro da roda é igual a $28 \cdot 2{,}54$ cm $= 71{,}12$ cm.

Observe na tabela ao lado o tamanho do aro adequado à idade aproximada de cada criança.

Aro adequado a cada idade

Idade	Aro indicado
2 anos – 3 anos e meio	Aro 12
3 anos e meio – 6 anos	Aro 16
6 anos – 9 anos	Aro 20
9 anos – 12 anos	Aro 24
A partir de 12 anos	A criança já pode usar bicicletas com aro 26 (adulto)

Fonte: <http://www.gigabike.com.br/escolher_melhor_bicicleta/>. Acesso em: 4 maio 2015.

Responda:

a) Uma criança de 10 anos adquiriu uma bicicleta com aro indicado à sua idade. Quantos metros são percorridos a cada volta completa da roda dessa bicicleta?

b) Um ciclista percorreu 415 m após dar 200 voltas completas na roda de sua bicicleta. Qual é o aro dessa bicicleta?

c) Andar de bicicleta é uma forma de lazer que você aprecia?

2 Volume

Estudamos no livro do 7º ano que o volume de um corpo é a medida do espaço ocupado por ele. Vimos também que a unidade padronizada de volume é o **metro cúbico**, que indicamos por **m³**.

THINKSTOCK/GETTY IMAGES

O múltiplo mais usado do metro cúbico é o **quilômetro cúbico** (km³). Os submúltiplos mais usados do metro cúbico são o **decímetro cúbico** (dm³) e o **centímetro cúbico** (cm³). Temos as seguintes equivalências:

- 1 km³ = 1 000 000 000 m³
- 1 m³ = 1 000 dm³
- 1 dm³ = 1 000 cm³

Veja abaixo um cubo de 1 cm³ de volume e o empilhamento formado com cubos iguais a ele.

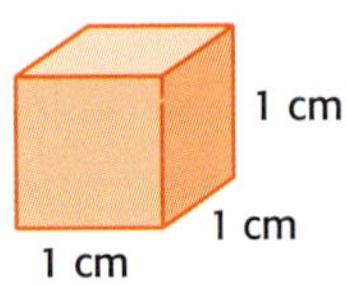

figura I

figura II

- Qual é, em centímetro cúbico, o volume do empilhamento da figura II?

Estudamos também no livro do 7º ano a relação entre as grandezas volume e capacidade.

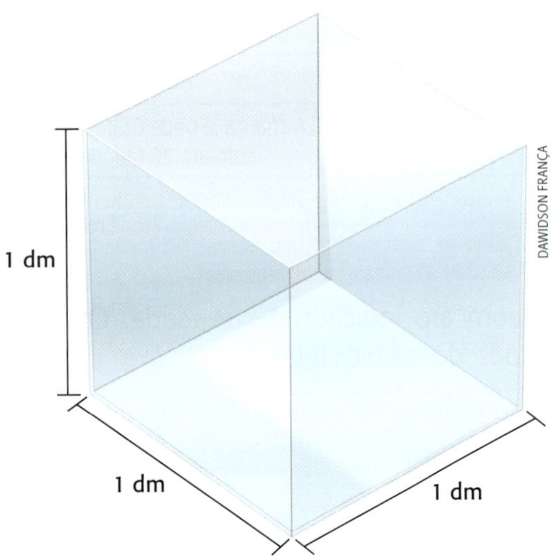

DAWIDSON FRANÇA

Um recipiente de formato cúbico, cujas arestas medem 1 dm, tem capacidade para armazenar 1 litro de água.

1 dm³ equivale a 1 L

Vimos também que **1 cm³** equivale a **1 mL** e que **1 m³** equivale a **1 000 L**.

Volume de um prisma

No livro do 7º ano, estudamos como calcular o volume de um bloco retangular e de um cubo com base nas medidas de comprimento de suas arestas.

Vamos agora ampliar essa ideia para determinar também o volume de outros prismas conhecidos.

Volume de um bloco retangular

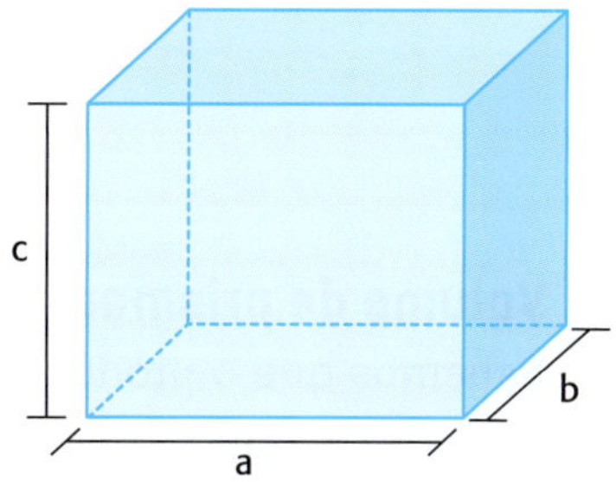

O volume de um bloco retangular de arestas de medidas **a**, **b** e **c**, expressas na mesma unidade de medida, pode ser calculado por $V = a \cdot b \cdot c$.

Note que a área da base desse bloco retangular pode ser calculada por meio do produto $\mathbf{a \cdot b}$, e **c** representa a medida da altura dessa figura, que usualmente representamos por **h**.

O volume de um bloco retangular pode ser calculado por meio do produto da **área da base** (A_b) pela medida da **altura** (h).

$$V = A_b \cdot h$$

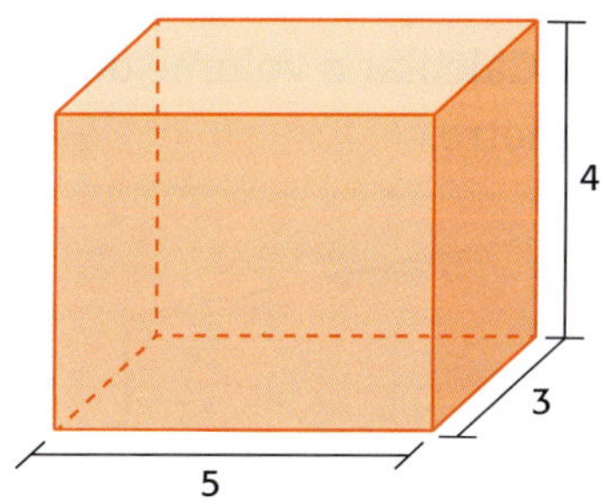

Observe o cálculo do volume do bloco retangular ao lado, cujas medidas estão indicadas em centímetro.

A base desse bloco retangular é um retângulo.

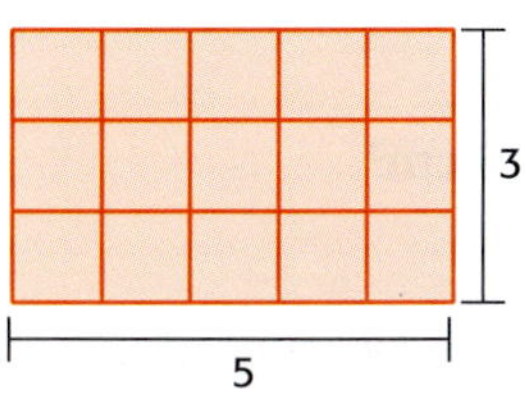

A área da base desse bloco retangular é dada por:

$$A_b = 5 \cdot 3 = 15$$

Logo, $\mathbf{A_b = 15\ cm^2}$.

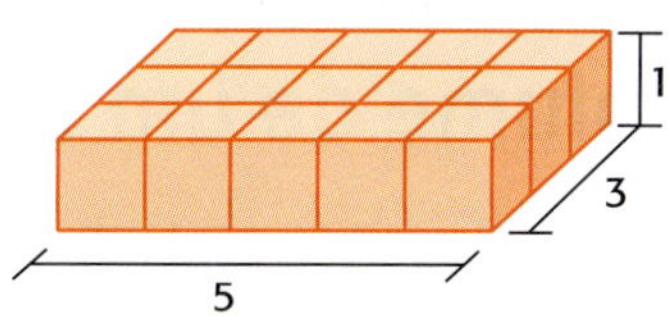

Podemos compor um empilhamento de 15 cubinhos de 1 cm^3 sobre uma área retangular de 15 cm^2, conforme indicado ao lado.

Esse empilhamento tem 15 cm^3 de volume.

São necessários 4 empilhamentos iguais ao anterior, de 15 cm^3 de volume, para compor o bloco retangular representado anteriormente. Compare as representações a seguir.

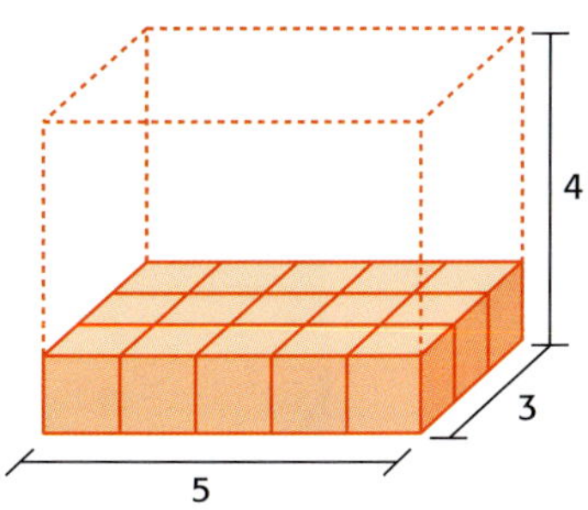

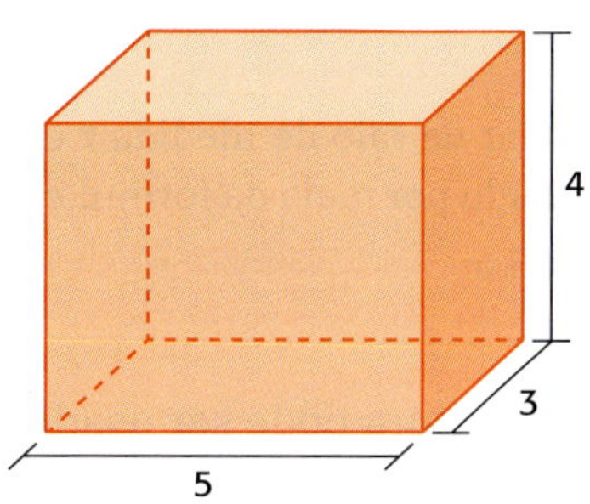

O volume desse bloco retangular é dado por:

$$V = 4 \cdot 15 = 60$$

Portanto, o volume desse bloco retangular é igual a **60 cm^3**.

Note, no exemplo da página anterior, que o produto da área da base desse bloco retangular pela medida da altura também resulta em 60 cm^3.

Volume de prismas de bases não retangulares

Sabemos que o produto da área da base pela medida da altura pode ser usado para calcular o volume de qualquer prisma. Esse assunto será retomado e aprofundado no Ensino Médio.

O volume de um prisma pode ser calculado por meio do produto da **área da base** (A_b), pela medida da **altura** (h) desse prisma.

$$V = A_b \cdot h$$

Exemplo:

Calcular o volume do prisma de base triangular a seguir, cujas medidas estão indicadas em centímetro.

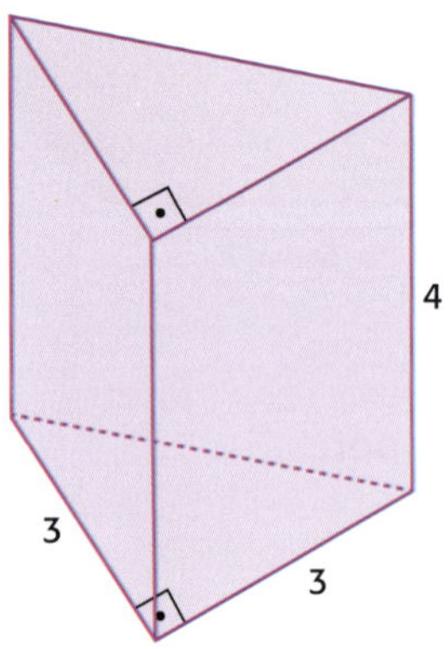

O volume desse prisma pode ser calculado pela fórmula $V = A_b \cdot h$, em que A_b é a área da base e **h** é a medida da altura do prisma.

$$A_b = \frac{3 \cdot 3}{2} = \frac{9}{2}$$

$$V = \frac{9}{2} \cdot 4 = 18$$

Portanto, o volume desse prisma é igual a **18 cm³**.

Volume de um cilindro circular

Diversos objetos do dia a dia têm a forma parecida com a de um cilindro circular.

Em algumas situações pode ser importante saber calcular o volume do cilindro.

O volume de um cilindro circular de raio de medida **r** e altura de medida **h** pode ser calculado por meio da fórmula:

$$V = \pi \cdot r^2 \cdot h$$

O produto da área da base pela medida da altura pode ser usado para calcular o volume de qualquer cilindro circular.

Vamos agora aproveitar o que foi estudado em relação ao volume de um prisma para compreender a fórmula apresentada na página anterior, que pode ser usada no cálculo do volume de um cilindro circular.

Considere um cilindro circular e um bloco retangular que tenham a mesma altura e bases de mesma área, conforme representado a seguir.

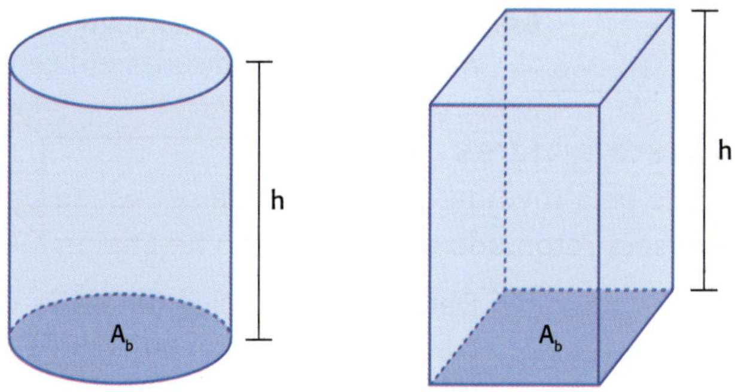

Imagine agora que sejam usadas placas bem finas de mesma altura e de mesmo volume **V'** para compor esses sólidos geométricos.

Observe a seguir parte do cilindro e do bloco retangular montada a partir do empilhamento de placas como essas.

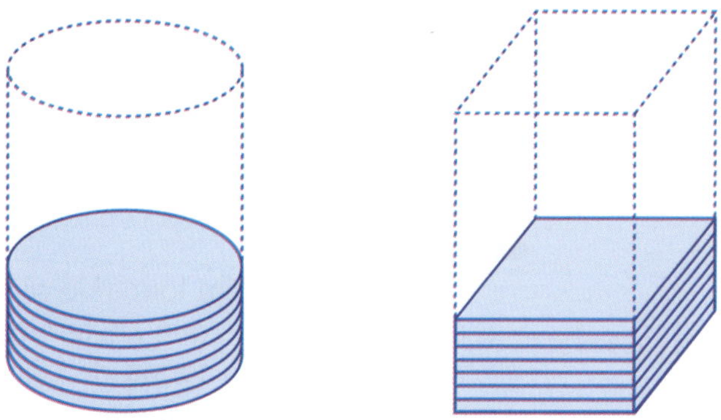

O cilindro e o bloco retangular de mesma altura obtidos por meio do empilhamento dessas placas terão o mesmo volume. Desse modo, assim como no bloco retangular, esse volume pode ser calculado por meio do produto da área da base pela medida da altura, **h**.

Como a base desse cilindro é circular, sua área é dada por $\pi \cdot r^2$, em que **r** é a medida do raio dessa base. Assim, temos a seguinte fórmula para o cálculo do volume desse cilindro:

$$V = \pi \cdot r^2 \cdot h$$

ATIVIDADES

61. Calcule o volume de cada prisma representado a seguir, cujas medidas estão indicadas em centímetro.

a)

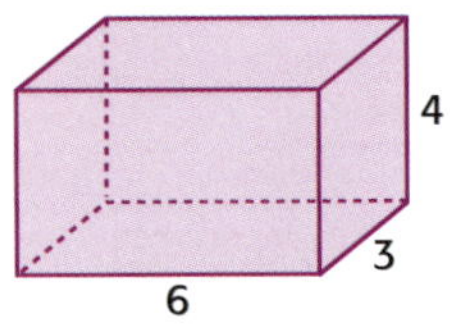

b)

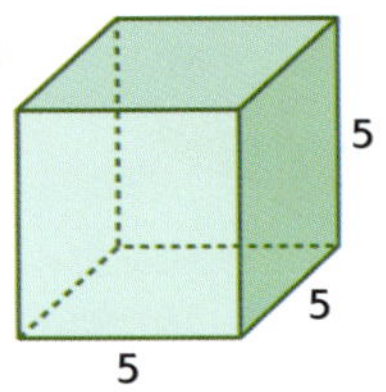

c)

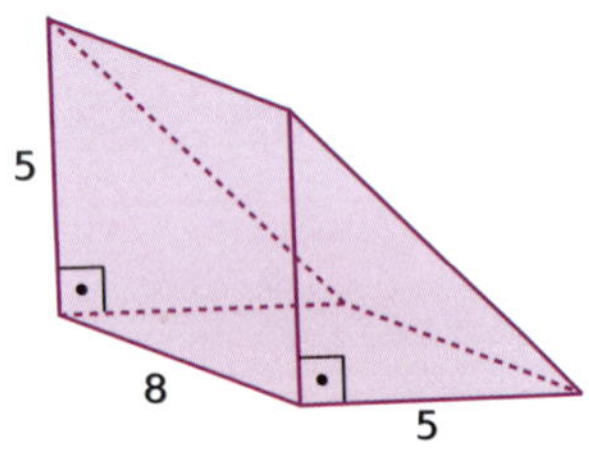

d)

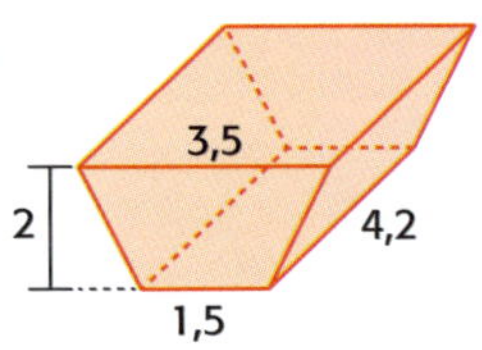

62. Em cada caso a seguir, determine o volume do cilindro, cujas medidas estão indicadas em centímetro.

a)

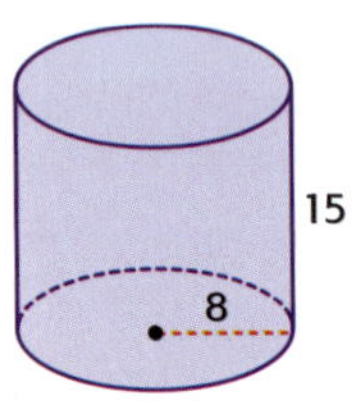

b)

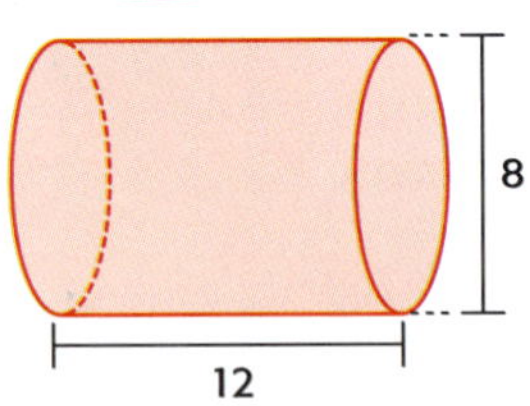

63. Observe o aquário representado a seguir, cujas medidas estão indicadas em centímetro.

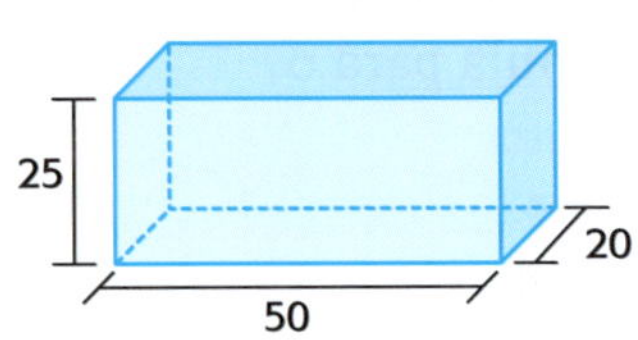

Sabendo que uma torneira despeja 5 litros de água a cada minuto, responda: Quanto tempo essa torneira leva para encher completamente esse aquário?

Lembre-se: 1 litro equivale a 1 000 cm^3.

64. Considere o bloco retangular abaixo, cujas medidas estão indicadas em centímetro.

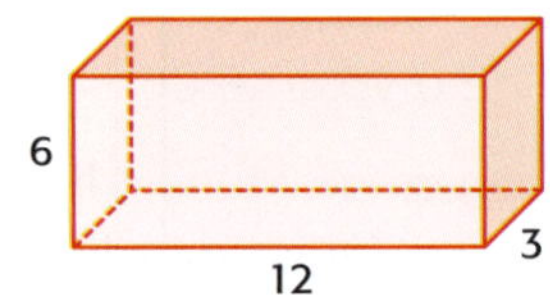

Determine a medida da aresta de um cubo cujo volume é igual ao volume desse bloco retangular.

65. Considere um cubo e um cilindro circular de mesma altura. Além disso, considere que o diâmetro da base do cilindro tem o mesmo comprimento das arestas desse cubo. Observe a representação a seguir, cujas medidas estão indicadas em centímetro.

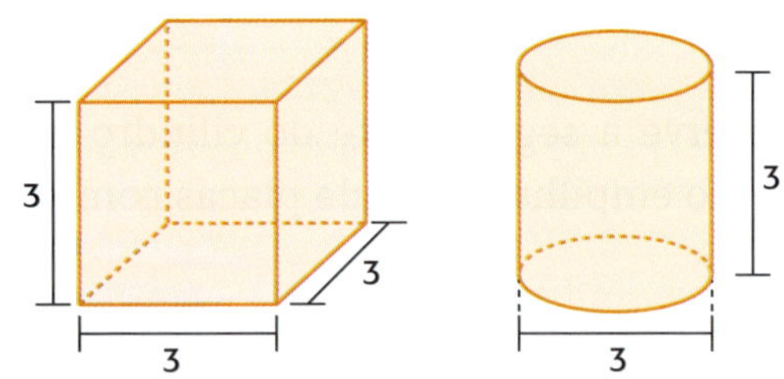

Qual é a diferença aproximada entre os volumes desses sólidos geométricos? Considere $\pi = 3{,}14$.

66. Calculadora

Um recipiente com forma de cilindro circular é vazado e o furo que ele tem na parte central também tem forma de cilindro circular, conforme indicado na representação abaixo.

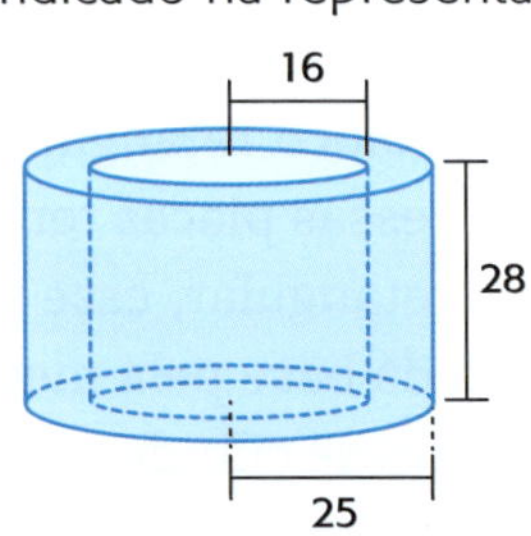

Sabendo que as medidas estão indicadas em centímetro, calcule quantos litros cabem nesse recipiente.

Considere $\pi = 3{,}14$.

1. A peça metálica representada a seguir tem a forma de um prisma.

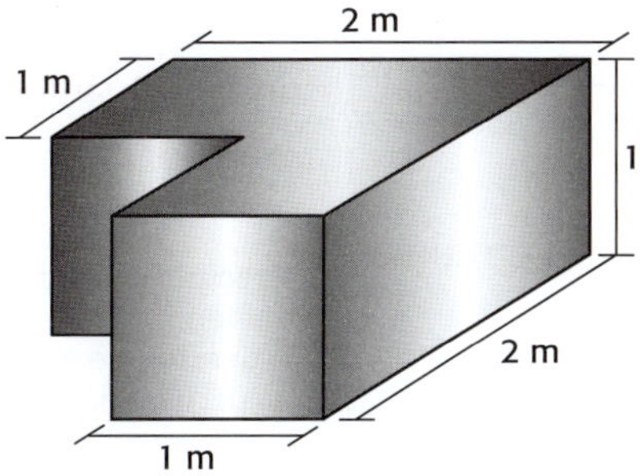

Determine o volume dessa peça.

2. Calculadora

Um barril em forma de cilindro circular recebeu água até atingir a marca que corresponde ao diâmetro da base, conforme indicado na figura a seguir.

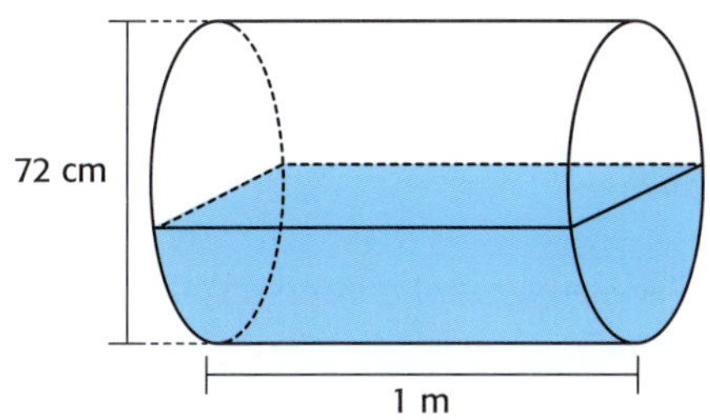

Quantos litros de água, aproximadamente, foram colocados nesse barril? Considere $\pi = 3,14$.

3. Calculadora

Um torneiro mecânico encomendou uma peça com a forma de cilindro circular para montar a engrenagem de uma máquina. Essa peça tem um furo, também em forma de cilindro circular, na parte central, conforme representação a seguir. Considere que as medidas estão indicadas em centímetro.

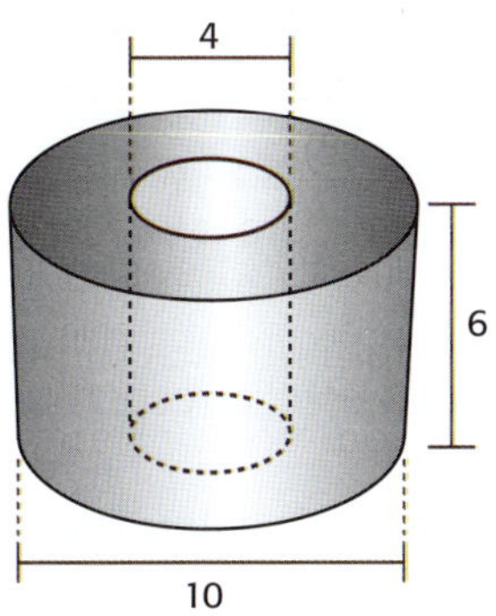

Quantos centímetros cúbicos de liga metálica, aproximadamente, serão usados na fabricação dessa peça? Considere $\pi = 3,14$.

4. O compartimento de cargas de um caminhão-baú tem a forma de um bloco retangular de arestas medindo $2\text{ m} \times 2\text{ m} \times 4\text{ m}$.

Sabendo que as caixas que serão transportadas nesse caminhão possuem arestas medindo 25 cm, responda:

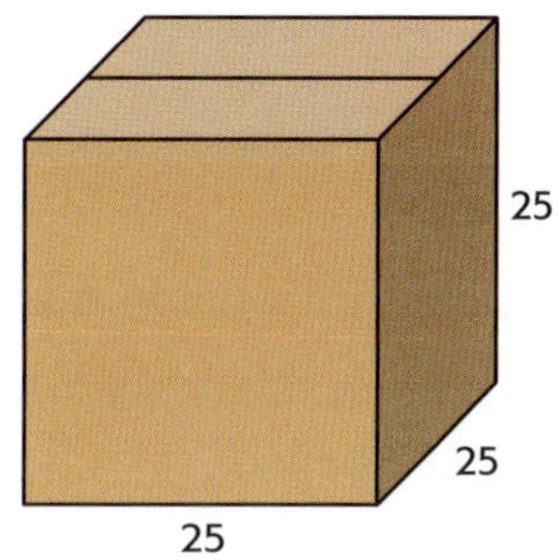

Qual é o número máximo de caixas que podem ser transportadas no compartimento de cargas desse caminhão em uma única viagem?

5. Observe o molde de uma embalagem de alimentos que tem formato de bloco retangular. Considere que as medidas estão indicadas em centímetro.

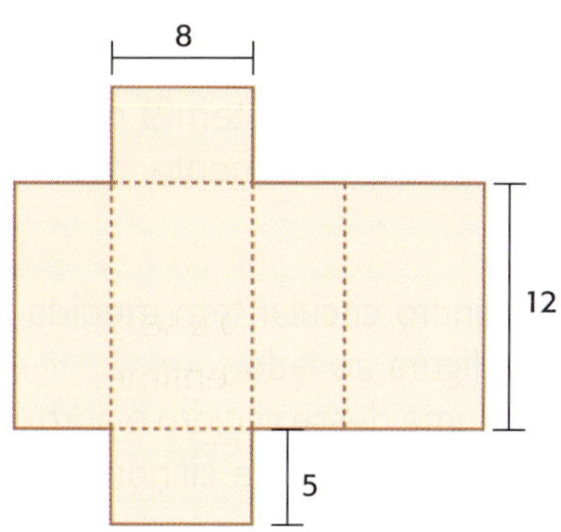

Qual é, em centímetro cúbico, o volume máximo que cabe nessa embalagem?

6. A peça representada ao lado é formada por 7 blocos em forma de cubo, cujas arestas medem 2 cm.

Sabendo que serão colados nessa peça outros blocos iguais a esses para que a peça toda tenha a forma de um cubo de arestas medindo 6 cm, responda: Quantos centímetros cúbicos de volume serão acrescentados a essa peça?

7. Em uma tarde chuvosa foram registrados 8 mm de precipitação em uma região.

Quantos litros de água da chuva poderiam ser recolhidos em uma área de 1 m^2 nessa região?

Precipitação: em meteorologia, refere-se à descida de água para a superfície da Terra, sob forma de chuva, neve, gelo ou granizo.

8. Maurício construiu um banco de madeira, em forma de cubo, de 40 cm de altura.

THINKSTOCK/GETTY IMAGES

Responda às questões:

a) Qual é o volume desse banco de madeira?

b) Sabendo que cada metro cúbico da madeira utilizada para construir esse banco tem 200 kg de massa, qual é a massa desse banco?

9. Determine o volume do prisma representado a seguir.

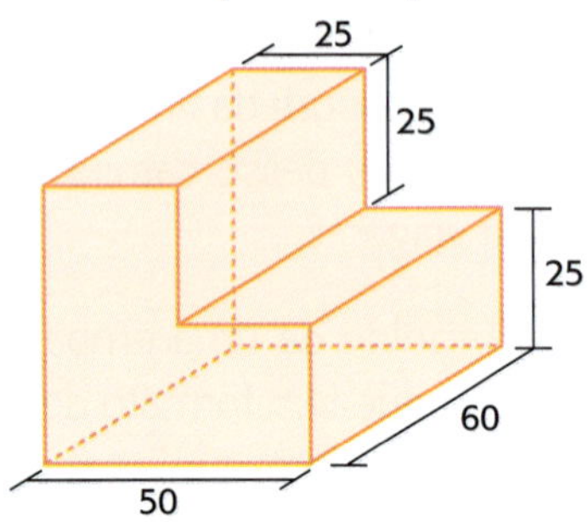

SHUTTERSTOCK

10. Uma empresa fabricante de suco lançou no mercado uma embalagem de alumínio em forma de cilindro circular.

Sabendo que essa embalagem tem 9 cm de altura e que o diâmetro da base mede 6 cm, responda: Quantos mililitros, aproximadamente, cabem nessa embalagem? Considere $\pi = 3,14$.

11. Calculadora

A altura de um cilindro circular tem medida igual à do diâmetro da base correspondente. Observe a figura ao lado.

Sabendo que o volume desse cilindro é aproximadamente igual a 50,24 m^3, determine a medida do raio da base desse cilindro. Considere $\pi = 3,14$.

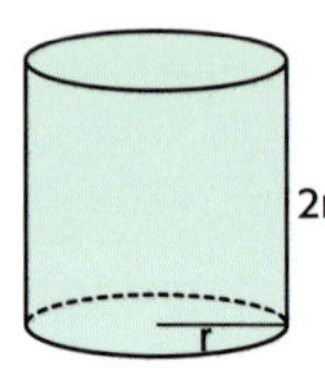

12. Para construir, em cartolina, o molde de um cilindro de 10 cm de altura e com capacidade para armazenar 785 cm^3 de volume, Patrícia utilizou 471 cm^2 de cartolina.

Qual é a medida do raio da base desse cilindro? Considere $\pi = 3,14$.

teia integrada

13. Leia o texto a seguir.

Armazenar água da chuva em cisternas é um hábito cada vez mais comum no semiárido brasileiro. Já foram estocados 22 bilhões de litros de água.

Em um dos lugares do Brasil onde menos chove, a pouca água que cai do céu vai para o lugar certo. [...] A primeira chuva lava o telhado e, por causa das impurezas, não é aproveitada. O que vem depois passa por uma filtragem simples e transforma a vida das pessoas.

[...]

ROGÉRIO REIS/PULSAR IMAGENS

Casa com cisterna no sertão do Pageú, Flores (PE), 2013.

Armazenar água da chuva em cisternas é um hábito cada vez mais comum no semiárido brasileiro, que inclui os nove estados do Nordeste e o Norte de Minas Gerais. Em pouco mais de dez anos, mais de um milhão de cisternas foram instaladas. São 22 bilhões de litros de água estocados para os mais diversos usos. Quantidade suficiente para abastecer, durante dois meses, a capital da Bahia, Salvador, onde vivem quase 3 milhões de pessoas.

[...]

Disponível em: <http://g1.globo.com/jornal-nacional/noticia/2014/11/nordeste-da-exemplos-de-convivencia-com-escassez-de-agua.html>. Acesso em: 2 maio 2015.

Com base no texto anterior e em informações que você possa ter sobre a escassez de água em algumas regiões do Brasil, responda às questões.

a) Que medida os habitantes das regiões onde menos chove no Brasil adotaram para estocar a água da chuva?

b) Em sua opinião, a escassez de água é um problema de apenas uma região do Brasil? Quais medidas podemos tomar no dia a dia para minimizar esse problema?

c) Imagine uma cisterna na forma de um cilindro circular que tenha 2 m de altura e 3 m de diâmetro. Quantos litros de água, aproximadamente, essa cisterna pode armazenar? Considere $\pi = 3,14$.

Encerrando a unidade

Nesta unidade você teve a oportunidade de retomar e ampliar o estudo sobre perímetro, área e volume.

Com base no que você estudou sobre esses assuntos, responda às questões a seguir.

a) **Em sua opinião, quais assuntos foram mais difíceis de compreender? Faça uma lista. Consulte a unidade para fazer uma síntese desses assuntos.**

b) **Qual é a diferença entre circunferência e círculo? Elabore uma lista de palavras relacionadas a essas figuras geométricas.**

c) **Observe novamente a pista de atletismo representada na abertura desta unidade. Qual é a medida aproximada de comprimento da linha que delimita externamente a última raia dessa pista? Considere $\pi = 3,14$.**

d) **Que assunto estudado nesta unidade você usou para resolver o Enigma?**

Hodômetro

O hodômetro é um instrumento usado para medir a extensão de um caminho percorrido. O primeiro hodômetro foi construído por Heron de Alexandria, que viveu no século I. Esse aparato consistia em um sistema de engrenagens combinadas para contar o número de voltas dadas por uma roda.

Os hodômetros são utilizados geralmente em automóveis, mas também são acoplados em motocicletas, bicicletas e até taxímetros.

Na imagem de fundo um operador empurra um hodômetro sobre uma distância no mapa.

TEE/AFP PHOTO

Modelo que reproduz o hodômetro de Heron.

THINKSTOCK/GETTY IMAGES

Visor de um hodômetro de veículo de passeio.

THINKSTOCK/GETTY IMAGES

Engrenagens de um hodômetro mecânico.

Hodômetros veiculares

Os hodômetros mecânicos atuais têm um princípio de funcionamento simples: um sistema de engrenagens faz com que, após determinado número de voltas das rodas, o instrumento acrescente 0,1 km (ou 100 m) no visor.

Atualmente, existem hodômetros computadorizados, que geralmente são instalados em uma roda, e a cada giro dela são transmitidas informações para o computador do veículo, que calcula a distância percorrida.

Com base na medida do diâmetro do conjunto formado pela roda mais o pneu, podemos calcular a distância percorrida por um veículo a cada volta desse conjunto.

Todo veículo tem o modelo de pneu adequado indicado pelo fabricante, identificado por meio de números e letras, conforme a representação a seguir.

A medida indicada acima relaciona a altura e a largura do pneu. Nesse caso, a altura do pneu corresponde a 55% de 195 mm, ou seja, 107,25 mm.

É importante que o proprietário de um veículo, ao realizar a troca de um pneu, respeite o modelo indicado pelo fabricante e procure sempre um profissional capacitado, pois usar um modelo diferente pode alterar as especificações originais do veículo. Em alguns casos, isso pode até mesmo influenciar as marcações do hodômetro do veículo, além de comprometer a segurança.

Fontes de pesquisa: <http://ecalculo.if.usp.br/historia/heron.htm>; <http://portaldoprofessor.mec.gov.br/fichaTecnicaAula.html?aula=56413>; <http://carros.hsw.uol.com.br/odometros.htm>. Acessos em: 2 maio 2015.

Para explorar

1. De acordo com o texto, o que é o hodômetro?

2. Considere o pneu apresentado no esquema acima.
Sabendo que o raio do conjunto formado pela roda e o pneu é dado pela soma da metade da medida do diâmetro interno do pneu com a medida da sua altura, responda: Qual é a medida do raio do conjunto formado pela roda e pelo pneu do esquema representado?
Considere 1 polegada = 2,54 cm.

3. Use a resposta da atividade anterior para determinar a distância aproximada percorrida por um veículo a cada volta do conjunto formado pela roda e pelo pneu do esquema representado anteriormente.
Considere $\pi = 3{,}14$.

4. Para percorrer 100 m, quantas voltas, aproximadamente, dará esse pneu?

UNIDADE

8

Estatística, contagem e probabilidade

FOTOGRAFIA DE FUNDO: SHUTTERSTOCK

Nesta unidade você vai saber mais sobre...

- Estatística
- Medidas de tendência central
- O princípio fundamental da contagem
- Probabilidade

Censo, a contagem da população

[...]

O Censo é a mais completa fonte de informação de que o país dispõe para conhecer as condições de vida da população nas áreas urbanas e rurais dos atuais 5 565 municípios brasileiros.

O primeiro Censo no Brasil foi realizado em 1872 e revelou que na época do Império éramos 10 112 061 habitantes. Iniciamos o século XX com 17 318 556 habitantes (1900) e encerramos o mesmo século com 169 799 170 habitantes (2000).

O Censo nada mais é do que um grande retrato em extensão e profundidade da população brasileira e das suas características socioeconômicas e, ao mesmo tempo, é a base sobre a qual deverá se assentar todo o planejamento público e privado da próxima década.

[...]

Orson Camargo. *Censo, a contagem da população*. Disponível em: <http://www.brasilescola.com/sociologia/censo-contagem-populacao.htm>. Acesso em: 29 abr. 2015.

ISMAR INGBER/PULSAR IMAGENS

Em 2010, os recenseadores [responsáveis por coletar informações] do IBGE utilizaram computadores de mão equipados com GPS, que gravavam as coordenadas de escolas e estabelecimentos de saúde para disponibilizar para outros órgãos.

Assentar-se: basear-se, fundar-se, firmar-se.

No Brasil, o Censo é realizado a cada dez anos pelo Instituto Brasileiro de Geografia e Estatística (IBGE). No Censo, os pesquisadores vão de casa em casa, ou seja, visitam todos os domicílios do país e aplicam um questionário, depois reúnem as informações coletadas e analisam.

O questionário aplicado é formulado a partir de debates e encontros promovidos pelo próprio Instituto com instituições de pesquisa, acadêmicos, governo e a população; por isso, a necessidade do intervalo de dez anos, devido à complexidade do processo. Dentre os dados levantados pelo Censo, constam: condições de habitação e acesso a serviços públicos de saneamento, água, luz, nível de saúde, educação, emprego e renda.

O gráfico a seguir mostra a taxa de analfabetismo de pessoas com 15 anos de idade ou mais no Brasil, do período de 1940 a 2010.

Taxa de analfabetismo de pessoas de 15 anos ou mais de idade

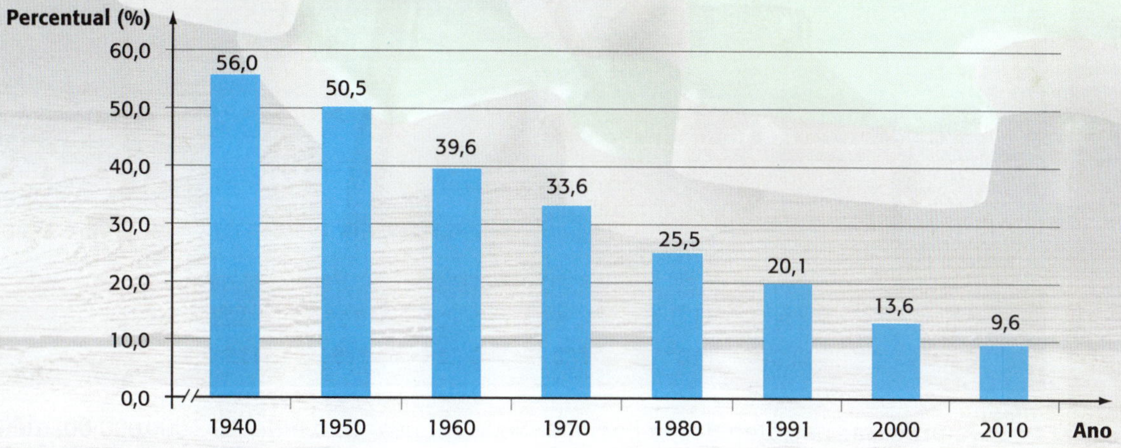

Fonte: IBGE. Censo Demográfico, 2010.

Fonte de pesquisa: <http://noticiasr7.com/brasil/noticias/saiba-como-e-feito-o-censo-demografico-20120427.html>. Acesso em: 29 abr. 2015.

TROCANDO IDEIAS

1. Você já recebeu algum recenseador do IBGE na sua casa ou presenciou algum membro da sua família respondendo ao Censo?
2. De acordo com o texto, os dados levantados pelo Censo são usados para qual finalidade?
3. De acordo a gráfico mostrado acima, a taxa de analfabetismo aumentou ou diminuiu ao longo dos anos?

O enigma dos poços de petróleo

Virgínia trabalha como analista de riscos em uma empresa que faz perfuração de poços de petróleo. Essa empresa recebeu uma proposta do governo de um país para procurar petróleo em uma bacia sedimentar localizada no subsolo, por meio da utilização de brocas de tungstênio e diamante.

Tungstênio: metal muito resistente de cor branco-acinzentado

Após a análise feita pelo departamento de engenharia da empresa, concluiu-se que, devido a condições climáticas na região, a chance de obter sucesso em cada perfuração é de 1 em 4 se as extrações forem realizadas nos meses de janeiro a abril, e de 3 em 8 nos demais meses do ano.

ESTÚDIO LAB 307

Para procurar petróleo nessa bacia, o custo mensal fixo é de R$ 3 000 000,00, além de R$ 1 000 000,00 por perfuração, limitada a uma por mês, por motivos técnicos e operacionais. O período previsto no contrato para realizar as perfurações é de 8 anos e 4 meses corridos, tendo início no mês de janeiro do ano subsequente. A cada perfuração bem-sucedida, estima-se uma renda de R$ 30 000 000,00 à empresa.

Virgínia contabilizou o número máximo de perfurações que a empresa poderia fazer e, supondo que a chance de obter sucesso na perfuração se concretizasse, calculou os custos de cada perfuração e o retorno esperado com o negócio.

- Segundo a análise de Virgínia, a empresa terá lucro ou prejuízo? De quanto?

No decorrer da unidade você encontrará pistas que podem auxiliá-lo a desvendar este enigma.

1 Noções de Estatística

O que é Estatística?

A área da Matemática que lida com a coleta, organização, apresentação, interpretação e análise de dados é chamada **Estatística**.

A origem da Estatística é bastante antiga. No Egito e no Império Romano, por exemplo, os governantes coletavam dados referentes a assuntos de Estado, como o número de nascimentos e mortes de seus habitantes. Essas informações eram importantes para a coleta de impostos e alistamento militar. A palavra Estatística deriva do latim *status*, que significa Estado.

PHOTOFUSION PICTURE LIBRARY/ALAMY/LATINSTOCK

Pesquisadora realizando coleta de dados.

Atualmente, a Estatística continua sendo uma ferramenta importante para empresas e governos. As empresas utilizam informações estatísticas para auxiliar em sua área de atuação. Elas podem, por exemplo, realizar pesquisas de mercado para saber a preferência dos consumidores sobre determinados produtos ou serviços ou conhecer o grau de satisfação de seus clientes e planejar ações futuras no mercado.

Já o poder público precisa da Estatística para conhecer a realidade socioeconômica dos estados e municípios das diversas regiões do Brasil e priorizar investimentos em áreas mais necessitadas. Por exemplo, ao saber que em seu município o percentual de natalidade está aumentando, os governantes podem direcionar esforços para a construção de creches que atendam o maior número de crianças. Ou ainda, ao observar que o consumo de energia elétrica pela população e empresas está aumentando, o governo pode destinar recursos para a construção de usinas produtoras de eletricidade.

Uma informação importante para os governantes, relacionada à economia do país, é a taxa de desemprego. O IBGE realiza mensalmente, desde 1980, a Pesquisa Mensal de Emprego (PME), que visa coletar dados sobre o mercado de trabalho em nosso país; jornada de trabalho, rendimento, formas de inserção, sexo etc. A pesquisa é realizada nas regiões metropolitanas de Recife, Salvador, Belo Horizonte, Rio de Janeiro, São Paulo e Porto Alegre.

MAURICIO SIMONETTI/PULSAR IMAGENS

Carteira de Trabalho e Previdência Social.

Em uma pesquisa estatística, chamamos o conjunto de todos os indivíduos ou objetos a respeito dos quais desejamos obter informações de **população** e as características investigadas, de **variáveis** da pesquisa.

Na PME, por exemplo, a população da pesquisa é formada por todos os habitantes das regiões metropolitanas mencionadas; e jornada de trabalho, rendimento, formas de inserção, sexo são variáveis da pesquisa.

As variáveis podem ser **quantitativas**, quando são expressas por meio de valores numéricos, como a jornada de trabalho ou o rendimento, ou **qualitativas**, quando consistem em atributos ou categorias, como no caso do sexo (feminino ou masculino) e da forma de inserção (setor privado, estatutário etc.).

Nem todos os habitantes de cada região metropolitana são entrevistados na PME. Devido a fatores como o tempo disponível para a pesquisa, o custo e a dificuldade em se obter os dados de toda a população, apenas parte dela é entrevistada. Chamamos essa parte da população de **amostra**.

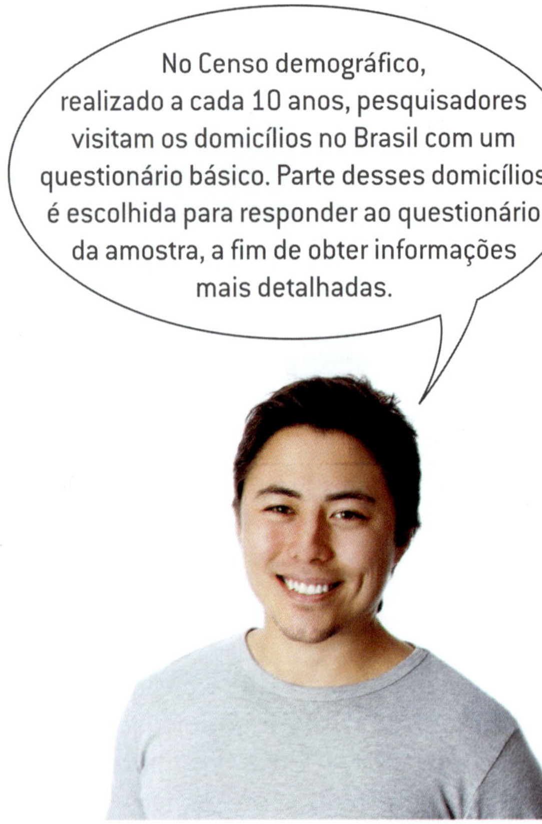

THINKSTOCK/GETTY IMAGES

Uma amostra deve representar as características da população que se quer estudar. A escolha de uma amostra que não represente a população pode conduzir a resultados tendenciosos. Existem diferentes técnicas para realizar a seleção de uma amostra adequada, dependendo da situação. Por exemplo, se em uma pesquisa realizada em determinada cidade for importante que a amostra tenha representantes de grupos com diferentes valores de renda familiar, pode-se dividir as residências pesquisadas em 3 grupos: um grupo de baixa renda, um grupo de renda média e outro grupo de renda alta e, em seguida, selecionar pessoas em cada um desses grupos para a pesquisa.

LUIZ FERNANDO RUBIO

grupo de renda alta | grupo de renda média | grupo de baixa renda

Nesse exemplo, se os moradores da cidade fossem divididos em grupos de acordo com a região em que residem (região Leste, Oeste, Norte ou Sul), os resultados poderiam não ser confiáveis, pois entre as pessoas selecionadas para responder à pesquisa poderia haver, por exemplo, maior concentração de moradores de alta renda, distorcendo os resultados obtidos.

A amostragem pode ser utilizada em outras situações. Por exemplo, em uma fábrica de garrafas plásticas, na qual o departamento de controle de qualidade é responsável por verificar se as garrafas produzidas estão saindo para o mercado com a qualidade desejada. Para isso, a cada 100 garrafas produzidas, uma é retirada para amostra e é avaliada no departamento de controle de qualidade quanto à espessura da camada de plástico, à massa em grama, à resistência a quedas etc.

MOODBOARD/ALAMY/LATINSTOCK

Profissional atuando no controle de qualidade de uma fábrica.

ATIVIDADES

1. Uma pesquisa realizada por um órgão de defesa dos direitos do consumidor, cujo objetivo era levantar o preço médio dos combustíveis no país, coletou dados sobre o preço dos combustíveis em um total de 200 postos de combustíveis distribuídos entre diversas regiões do Brasil. Essa pesquisa foi realizada com a população ou com uma amostra?

2. Identifique em cada caso se a variável em estudo é quantitativa ou qualitativa:

   a) A taxa de mortalidade infantil no Brasil.

   b) A opinião dos consumidores sobre a qualidade dos serviços de telefonia.

   c) Idade média dos trabalhadores de uma empresa.

   d) A cor dos cabelos dos alunos de uma escola.

   e) O grupo sanguíneo dos alunos de uma escola.

   f) A altura dos atletas da seleção brasileira de basquete.

Organização dos dados

Podemos organizar os dados de uma pesquisa em tabelas ou em gráficos, como no exemplo a seguir. Observe.

Fabiana é professora de Educação Física de uma escola. Todos os anos, no início do período letivo, ela realiza uma pesquisa com os alunos de suas turmas sobre a prática de esportes coletivos, a fim de planejar as suas aulas ao longo do ano. Nessa pesquisa, ela faz a coleta dos dados fornecendo aos alunos uma ficha com algumas perguntas a que eles devem responder. Veja, no quadro a seguir, as respostas dadas pelos alunos de uma de suas turmas de 9º ano, quando questionados sobre a idade, em anos completos.

QUANTA ESTÚDIO

13 – 14 – 13 – 15 – 13 – 13 – 14 – 13 – 15 – 14 – 13 – 13 – 14 – 14 – 15 – 15 – 13 – 14 – 14 – 15 – 13 – 13 – 14 – 13 – 13

Nessa pesquisa, a variável idade dos alunos teve três possíveis valores: 13 anos, 14 anos ou 15 anos. Construímos a tabela contando a frequência absoluta correspondente a cada um dos valores assumidos pela variável, e calculamos a frequência relativa, expressa em porcentagem, para cada um deles:

Idade dos alunos do 9º ano da professora Fabiana

Idade (em anos completos)	Frequência absoluta	Frequência relativa
13	12	$\frac{12}{25} = 0{,}48 = 48\%$
14	8	$\frac{8}{25} = 0{,}32 = 32\%$
15	5	$\frac{5}{25} = 0{,}20 = 20\%$
Total	**25**	**100%**

Dados elaborados pelo autor.

A partir de uma tabela com a frequência e a frequência relativa podemos construir um gráfico correspondente à situação. A seguir, vamos rever os tipos de gráficos mais comuns.

Gráfico de barras verticais e gráfico de barras horizontais

Nos gráficos de barras verticais, os dados são representados por retângulos, todos com mesma medida da base e altura diretamente proporcional aos valores obtidos na pesquisa, que podem indicar a frequência absoluta ou relativa.

Considere novamente a pesquisa realizada pela professora Fabiana. Podemos representar os dados da tabela na forma de um gráfico de barras verticais:

Idade dos alunos do 9º ano da professora Fabiana

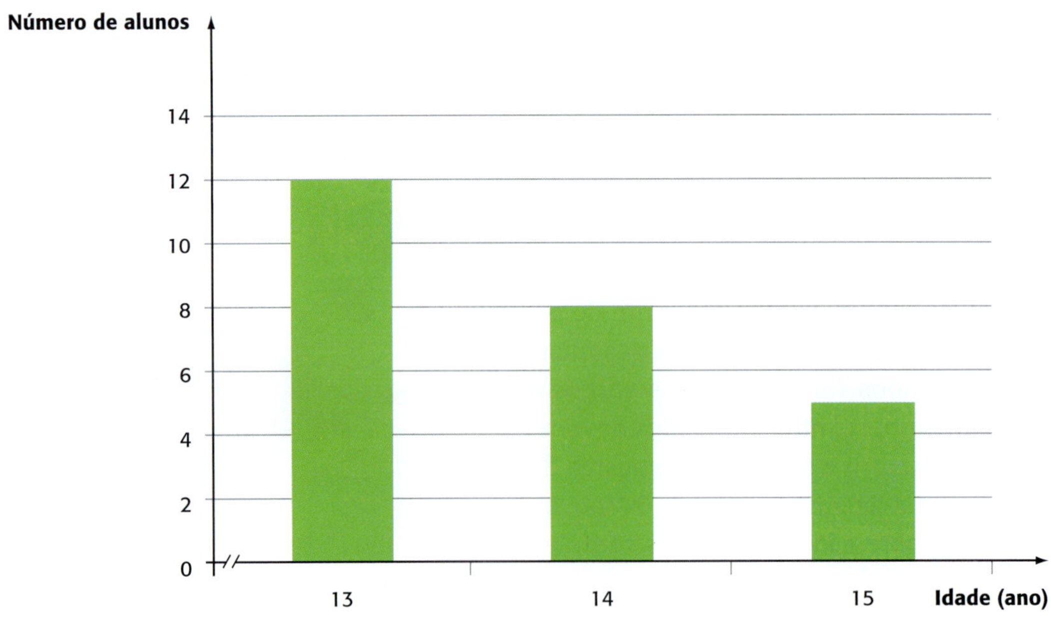

Dados elaborados pelo autor.

Observe a seguir outro gráfico de barras. Ele apresenta informações sobre o trabalho infantil nos anos de 2011 e 2012 por grande região do Brasil.

Trabalho infantil

Crianças ocupadas na faixa de 5 a 13 anos de idade (%)

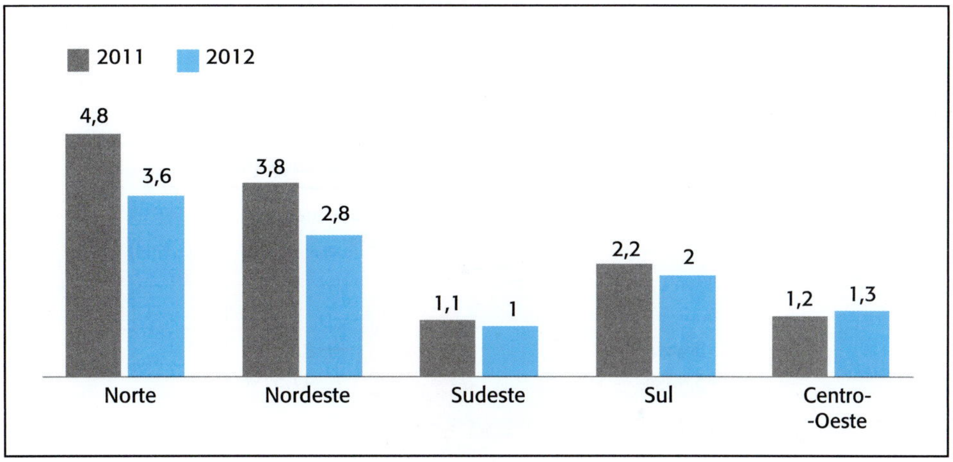

Fonte: IBGE. Diretoria de Pesquisas, Coordenação de Trabalho e Rendimento, Pesquisa Nacional por Amostra de Domicílios 2011-2012.

De acordo com os dados desse gráfico, o trabalho infantil teve uma diminuição em todas as regiões do Brasil entre os anos de 2011 e 2012, com exceção da região Centro-Oeste, que passou de 1,2% para 1,3%.

- Em qual região ocorreu a maior diminuição percentual do trabalho infantil no período considerado?

Nos gráficos de barras horizontais, os dados são representados por retângulos, assim como ocorre no gráfico de barras verticais, com a diferença de que os retângulos têm mesma altura e base diretamente proporcional aos valores obtidos na pesquisa.

Veja o gráfico de barras horizontais a seguir, que mostra o rendimento médio dos trabalhadores brasileiros em dezembro de 2014 por região metropolitana.

Rendimento médio real habitualmente recebido pela população ocupada, por região metropolitana em dezembro de 2014 (em real)

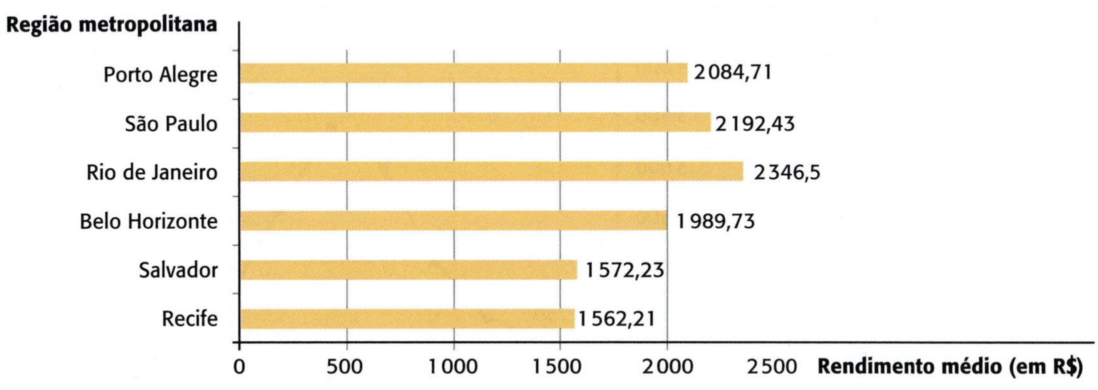

Fonte: IBGE. Diretoria de Pesquisas, Coordenação de Trabalho e Rendimento, Pesquisa Mensal de Emprego, 2014.

Considerando as regiões apresentadas no gráfico, podemos observar que a região metropolitana do Rio de Janeiro possui o maior rendimento médio, enquanto a região metropolitana do Recife apresenta o menor rendimento médio.

Gráfico de setores circulares

Os gráficos de setores circulares são muito utilizados quando apresentamos os dados na forma de porcentagens. A área de cada setor circular é diretamente proporcional aos dados obtidos na pesquisa.

Um gráfico de setores circulares permite comparar os dados entre os diferentes setores e também comparar visualmente a área de cada setor em relação ao total.

Observe, no gráfico a seguir, o percentual de brasileiros que declararam sua cor ou raça no Censo demográfico de 2010.

População brasileira segundo cor ou raça (%)

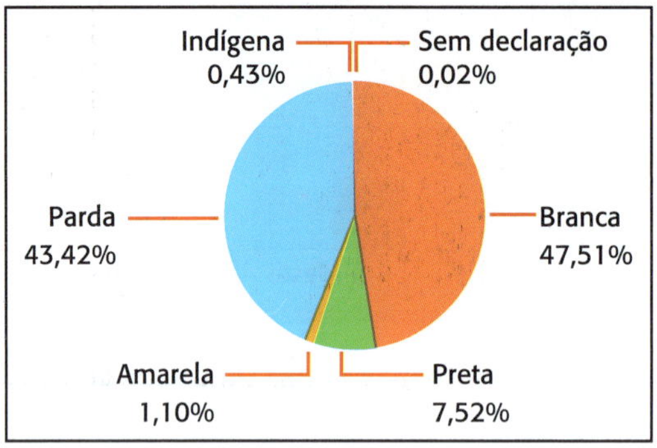

Fonte: IBGE. Censo 2010.

A maior parte da população se declarou parda ou branca. Considerando que a população brasileira à época do Censo de 2010 era de 190 755 799 de habitantes, vamos determinar a quantidade de pessoas em cada uma das categorias mostradas no gráfico:

- Indígena 0,43% de 190 755 799:
  $0{,}0043 \cdot 190\,755\,799 \cong 820\,250$
- Parda 43,42% de 190 755 799:
  $0{,}4342 \cdot 190\,755\,799 \cong 82\,826\,168$
- Amarela 1,10% de 190 755 799:
  $0{,}0110 \cdot 190\,755\,799 \cong 2\,098\,314$
- Preta 7,52% de 190 755 799:
  $0{,}0752 \cdot 190\,755\,799 \cong 14\,344\,836$
- Branca 47,51% de 190 755 799:
  $0{,}4751 \cdot 190\,755\,799 \cong 90\,628\,080$
- Sem declaração 0,02% de 190 755 799:
  $0{,}0002 \cdot 190\,755\,799 \cong 38\,151$

Gráfico de linhas

O gráfico de linhas é utilizado, principalmente, quando há interesse em evidenciar o comportamento ou a tendência dos dados ao longo do tempo.

Veja, no gráfico ao lado, o número de casos confirmados de dengue no estado do Ceará durante o ano de 2014.

Podemos observar que houve aumento no número de casos confirmados de dengue no período de janeiro a junho, atingindo 3 344 casos, e diminuiu nos meses seguintes, chegando a 502 casos.

Casos confirmados de dengue por mês no Ceará em 2014

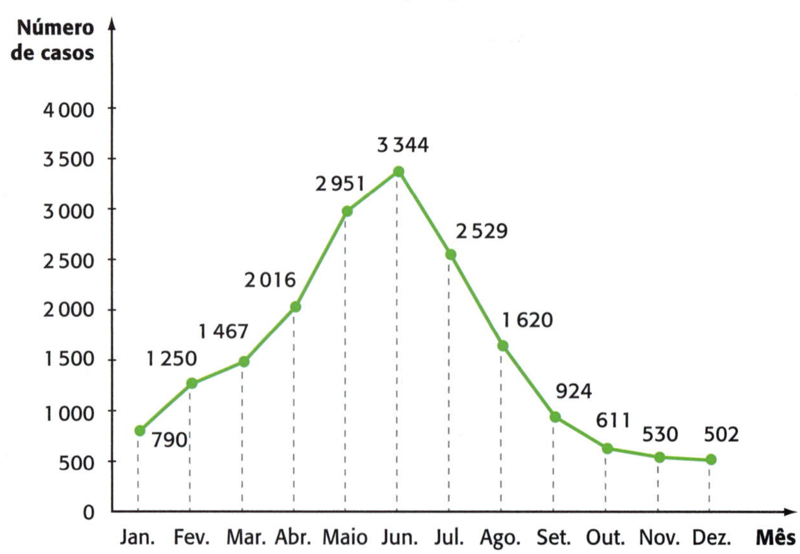

Fonte: Sinan *on-line*. Disponível em: <www.saude.ce.gov.br/index.php/boletins?download...da-dengue>. Acesso em: 29 abr. 2015.

ATIVIDADES

3. Observe os gráficos apresentados a seguir e responda às questões:

Cereais, leguminosas e oleaginosas – Participação das grandes regiões na produção – 2014 (%)

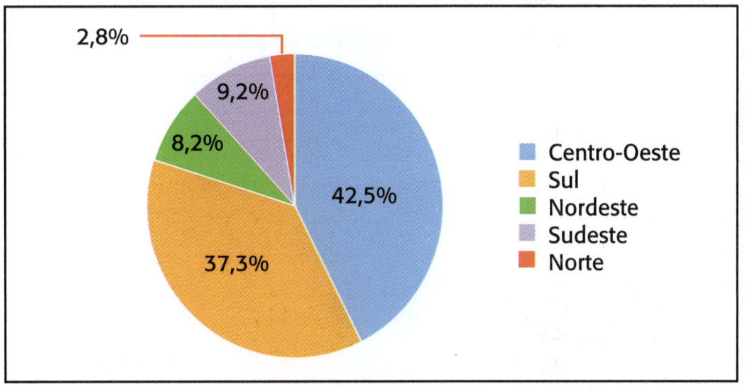

Cereais, leguminosas e oleaginosas – Participação das unidades da Federação na produção – 2014 (%)

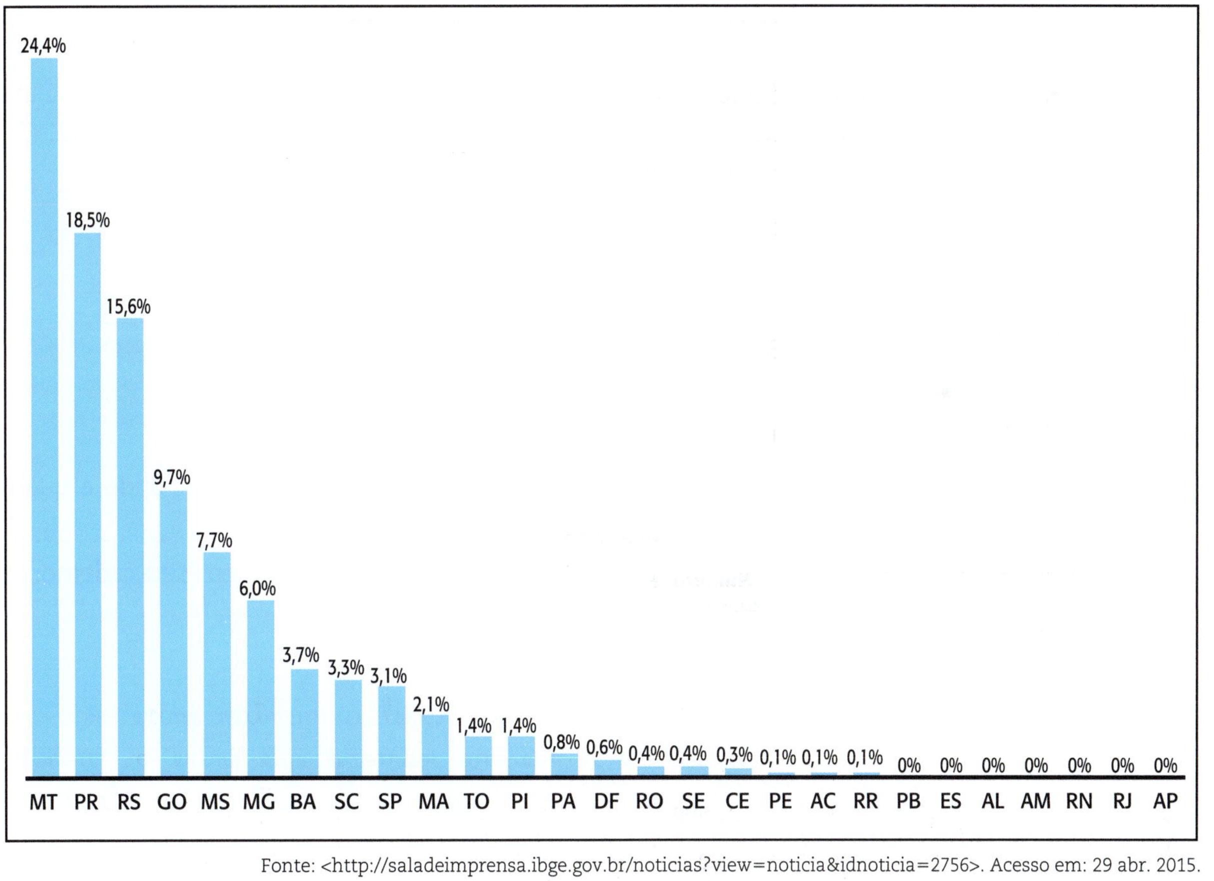

Fonte: <http://saladeimprensa.ibge.gov.br/noticias?view=noticia&idnoticia=2756>. Acesso em: 29 abr. 2015.

a) Qual é o estado que tem a maior participação na produção nacional de cereais, leguminosas e oleaginosas?

b) Quais estados **não** têm participação na produção nacional desses produtos?

c) O gráfico de setores, que mostra a produção por região, informa que a região Norte participa com 2,8% da produção nacional de cereais, leguminosas e oleaginosas. Como esse valor pode ser obtido a partir dos dados do gráfico de barras verticais?

4. No ano de 2010, o IBGE realizou o Censo – como você já estudou na abertura desta unidade, uma pesquisa em que foram entrevistados todos os domicílios de nosso país. Os dados obtidos nessa pesquisa abrangem o número de habitantes, renda familiar, educação, saúde etc. Observe o gráfico a seguir, que mostra a evolução do número de habitantes desde o ano de 1872.

Evolução da população residente no país

(em milhões de pessoas)

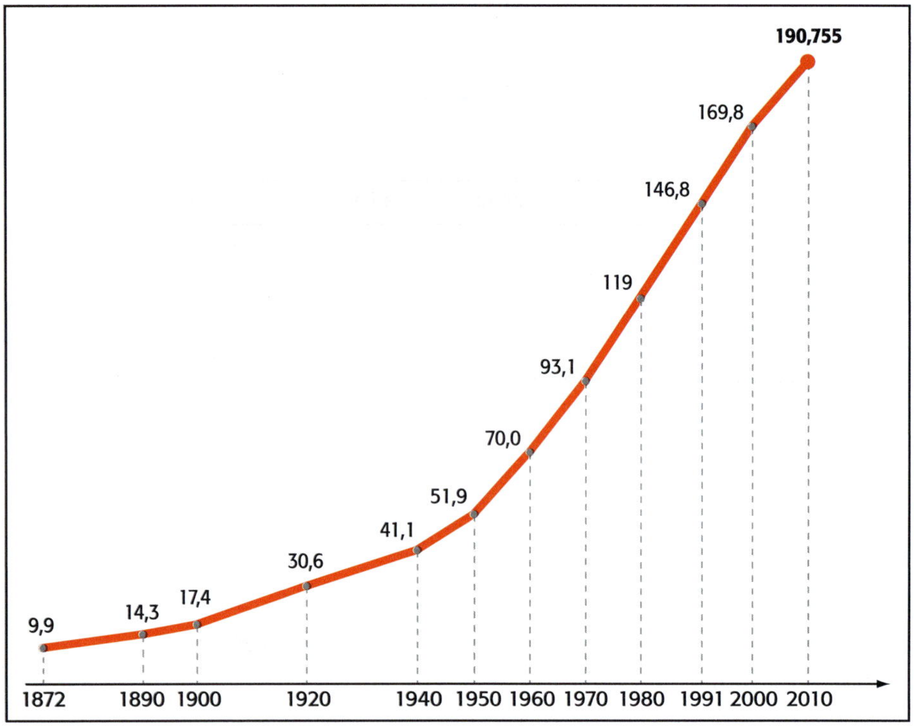

Fonte: IBGE. Censo 2010.

a) Qual foi a população considerada na pesquisa realizada no Censo 2010?

b) De acordo com o gráfico, o número de habitantes no ano de 2010 corresponde a quantas vezes, aproximadamente, o número de habitantes em 1872?

c) Tiago, ao observar esse gráfico, pensou em uma pergunta e escreveu em seu caderno. Leia abaixo e responda à pergunta que ele fez.

> Se o número de habitantes no Brasil aumentar entre os anos de 2010 a 2020 o mesmo número que entre os anos de 2000 a 2010, qual será, aproximadamente, a população esperada no ano de 2020?

BIS

5. O *site* do Senado Federal realiza pesquisas das quais qualquer cidadão pode participar dando a sua opinião. A pesquisa a seguir foi realizada no período de 1 a 15 de dezembro de 2014 sobre o tema: *Você é a favor ou contra o PLC 93/2010, que proíbe a venda de alimentos considerados não saudáveis, como alimentos gordurosos e refrigerantes, nas escolas públicas e privadas de Ensino Infantil e Fundamental?*

Internautas que votaram a favor ou contra o PLC 93/2010 (%)

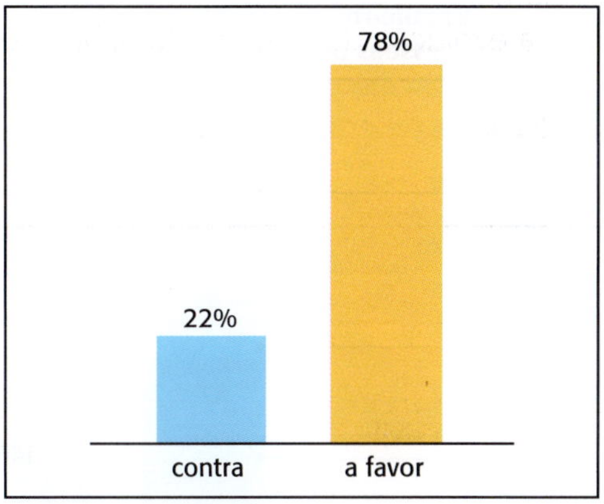

Fonte: <http://www.senado.gov.br/senado/datasenado/enquetes.asp?ano52014.>. Acesso em: 30 abr. 2015.

Observando o gráfico com os valores aproximados dos resultados dessa pesquisa, e sabendo que participaram dela 654 pessoas, responda:

a) Quantas pessoas votaram a favor da aprovação do PLC 93/2010?

b) E quantas pessoas votaram contra?

c) Você é a favor ou contra o PLC 93/2010?

6. O Produto Interno Bruto (PIB) é a soma de todos os bens e serviços produzidos por uma região em determinado período. O gráfico a seguir mostra a evolução anual da taxa de crescimento do PIB do Brasil no período de 2000 a 2014.

Evolução anual da taxa de crescimento do PIB do Brasil

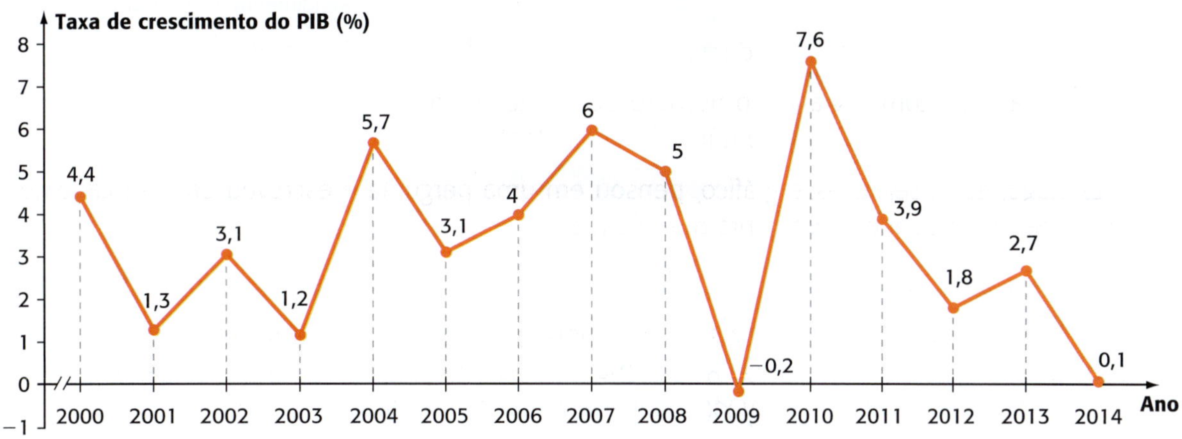

Fonte: IBGE. Censo 2010. Disponível em: <http://censo2010.ibge.gov.br/noticias-censo?view=noticia&id=1&idnoticia=2857&busca=1&t=2014-pib-varia-0-1-totaliza-r-5-52-trilhoes.>. Acesso em: 30 abr. 2015.

a) Qual foi a maior taxa de crescimento do PIB do Brasil nesse período? Em que ano isso aconteceu?

b) Dentre os anos apresentados no gráfico, em qual deles a taxa de crescimento do PIB foi inferior a 0,1%?

7. O gráfico a seguir apresenta o resultado de uma pesquisa feita em 2012 e 2013, com pessoas de diferentes regiões do Brasil, sobre o tipo de união estabelecida.

Brasileiros que vivem em união – pessoas de 15 anos ou mais (%)

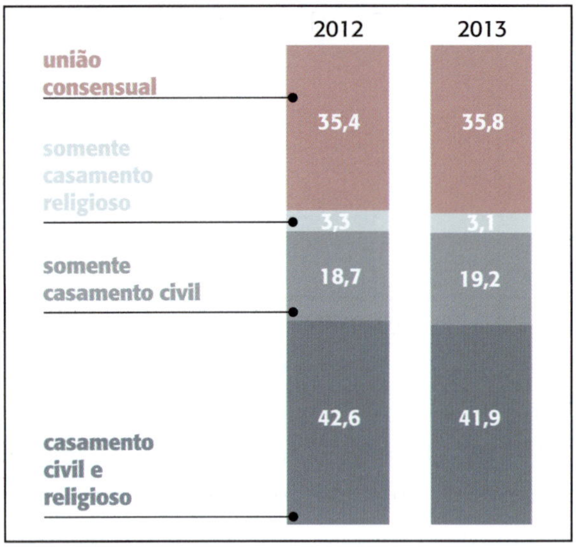

Fonte: IBGE, 2013.

Que tipo de união teve a maior queda percentual de 2012 para 2013?

8. O gráfico abaixo apresenta a distribuição das famílias brasileiras por renda mensal em relação ao salário mínimo (SM).

Famílias brasileiras residentes em domicílios particulares por classe de rendimento mensal familiar – 2013 (%)

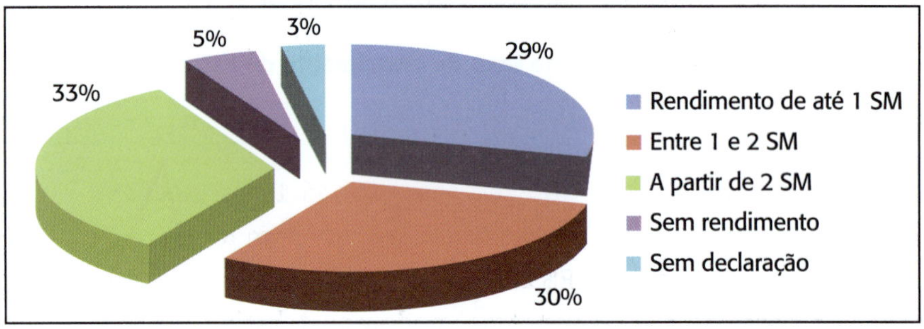

Fonte: IBGE-PNAD, 2014.

a) De acordo com o gráfico, em qual faixa de renda salarial estava a maior parte das famílias brasileiras no ano de 2013?

b) É correto afirmar que nesse ano a maioria das famílias brasileiras residentes em domicílios particulares recebeu menos de 2 salários mínimos mensais?

Pista 1

Leia novamente o enigma e responda às questões a seguir.

- Quantas perfurações devem ser feitas no período de 8 anos e 4 meses?
- Qual será o custo total dessa operação?

Medidas de tendência central

Leia o anúncio do jornal ao lado e, em seguida, observe o quadro abaixo no qual a empresa anunciante se baseou para apresentar a informação sobre o ganho médio dos seus vendedores.

Equipe de vendas	Número de vendedores	Ganho mensal por vendedor (em R$)
A	15	R$ 1 500,00
B	12	R$ 4 000,00
C	5	R$ 24 000,00

DAWIDSON FRANÇA

O valor indicado no classificado é a **média aritmética** aproximada dos ganhos mensais dos vendedores, uma medida de tendência central utilizada na Estatística. Essa e outras duas medidas de tendência central, a moda e a mediana, são valores que tem por objetivo resumir ou representar um conjunto de dados.

Média aritmética

A **média aritmética** de um conjunto de números é obtida adicionando-os e, em seguida, dividindo a soma pelo número de parcelas.

Vamos indicar a média aritmética por **Me**.

No caso dos ganhos mensais da situação anterior, há 15 vendedores que recebem R$ 1 500,00 por mês, 12 vendedores que recebem R$ 4 000,00 por mês e 5 vendedores que recebem R$ 24 000,00 por mês. Em vez de adicionarmos todas as parcelas que se repetem, podemos substituí-las por uma multiplicação. Por exemplo, a adição dos ganhos dos 15 vendedores que recebem R$ 1 500,00 pode ser substituída por 15 · R$ 1 500,00. Assim, temos:

$$Me = \frac{(15 \cdot 1500) + (12 \cdot 4000) + (5 \cdot 24000)}{15 + 12 + 5} = \frac{190500}{32} = 5953{,}125$$

Veja que podemos arredondar esse valor para R$ 6 000,00, o que mostra que a informação publicada no anúncio do jornal busca representar os dados do quadro.

Entretanto, note que, apesar de o ganho mensal médio ser de aproximadamente R$ 6 000,00, a maioria dos vendedores obtêm ganhos mensais menores do que esse valor, e apenas cinco deles obtêm ganhos muito superiores ao ganho mensal médio.

Moda

A **moda** de um conjunto de dados é seu valor mais frequente, ou seja, aquele que aparece o maior número de vezes.

Vamos indicar a moda por **Mo**.

Observando os dados do quadro de ganhos mensais, podemos verificar que a moda é de R$ 1 500,00. Portanto: Mo = R$ 1 500,00.

Se um conjunto de dados tiver dois valores que repetem o maior número de vezes, então o conjunto terá duas modas. Chamamos esse conjunto de bimodal.

É possível, ainda, que um conjunto de dados tenha duas ou mais modas, ou não tenha moda, quando nenhum dado se repetir.

Exemplos:

- O conjunto de dados 1, 2, 2, 4, 4 tem duas modas: 2 e 4.
- O conjunto de dados 1, 2, 3, 4, 5 não tem moda.

Mediana

A **mediana** de um conjunto de dados é obtida organizando-se os dados em ordem crescente ou decrescente de valores.

- Se a quantidade de dados for **ímpar**, a mediana será o valor correspondente à posição central.
- Se a quantidade de dados for **par**, a mediana será a média aritmética dos dois valores centrais.

Vamos indicar a mediana por **Md**.

Acompanhe estes exemplos:

- Número ímpar de dados: 1 – 3 – 3 – 5 – 9

  → 3 é a mediana do conjunto de dados (Md = 3)

- Número par de dados: 2 – 5 – 7 – 8 – 8 – 14

  → $\frac{7 + 8}{2} = 7{,}5$ é a mediana do conjunto de dados (Md = 7,5)

Retomando a situação inicial, vamos obter a mediana dos ganhos médios dos 32 vendedores. Como 32 é um número par, a mediana será a média aritmética do 16º e do 17º valores:

$$\underbrace{1500 - 1500 - \dots - 1500}_{15 \text{ valores}} - \underbrace{4000 - 4000}_{16^{\circ} \text{ e } 17^{\circ}} - \underbrace{4000 - \dots - 24000 - 24000}_{15 \text{ valores}}$$

$\text{Md} = \frac{4000 + 4000}{2} = 4000$ é a mediana do conjunto de dados.

Observe que obtivemos 3 diferentes medidas de tendência central: ao usar a média aritmética obtivemos o valor 5 953,125 reais; ao usar a moda, 1 500 reais e, ao usar a mediana, 4 000 reais. Cada uma delas apresenta vantagens e desvantagens.

Não há uma "escolha certa" quanto ao tipo de medida de tendência central a ser adotada em cada caso; essa escolha dependerá do critério utilizado por quem estiver trabalhando com tais dados.

ATIVIDADES

9. Uma equipe de futebol realizou 10 jogos, nos quais marcou a seguinte quantidade de gols:

2 – 1 – 0 – 0 – 4 – 2 – 2 – 3 – 3 – 3

a) Organize esses dados em uma tabela de frequências.

b) Qual foi a média de gols marcados nas 10 partidas?

10. Observe a tabela a seguir, que mostra o preço de um mesmo modelo de geladeira em cinco lojas diferentes:

Preço da geladeira em cada loja

Loja	Preço (em R$)
Baratão	870,00
Vem Cá	855,00
Do Povo	895,00
Compre Mais	825,00
Econômica	855,00

Dados elaborados pelo autor.

a) Obtenha a moda, a média e a mediana desses valores.

b) Se outra loja lançasse uma promoção na qual essa geladeira fosse vendida a R$ 650,00, qual seria o novo valor da moda, da média e da mediana dos preços dessas 6 lojas?

11. Cinco colegas mediram suas alturas e obtiveram a média de altura 1,56 m. Sabendo que dois deles mediam 1,54 m, um media 1,50 m e outro media 1,70 m, qual era a medida da altura do quinto colega?

12. Elabore uma lista de 4 valores numéricos distintos cuja média aritmética seja igual a 5.

13. Observe a tabela a seguir, que mostra o número de anos de escolaridade, a partir do 1º ano do Ensino Fundamental, de um grupo de 25 funcionários de uma empresa:

Quantidade de funcionários por anos de escolaridade

Anos de escolaridade	Frequência
9	7
13	14
15	3
16	1

Dados elaborados pelo autor.

a) Qual é a moda desse conjunto de dados?

b) E a média aritmética?

c) E a mediana?

14. Observe as notas, cujo valor máximo era 10, obtidas em uma avaliação realizada em cinco municípios sobre a qualidade de vida da população:

2,0 – 3,0 – 3,0 – 9,0 – 9,0

a) Calcule a média, a moda e a mediana correspondentes aos dados apresentados.

b) Suponha que tenha sido divulgado na imprensa que o município cuja nota foi 3,0 foi bem avaliado, pois ficou exatamente "no meio" entre a mais alta e a mais baixa das notas atribuídas aos municípios pesquisados. Qual é a sua opinião sobre essa afirmação?

15. Leia a seguir o que a garota diz.

SHUTTERSTOCK

a) Qual é o valor da soma de todas as notas obtidas pelos 20 alunos?

b) Se um aluno teve sua prova revisada e sua nota aumentou 2 pontos, qual será a nova média aritmética da turma?

1. O gráfico a seguir mostra a evolução da oferta de leitos em estabelecimentos de saúde do ano 1999 até 2009.

Leitos em estabelecimentos de saúde, por 1 000 habitantes, segundo as Grandes Regiões – 1999/2009

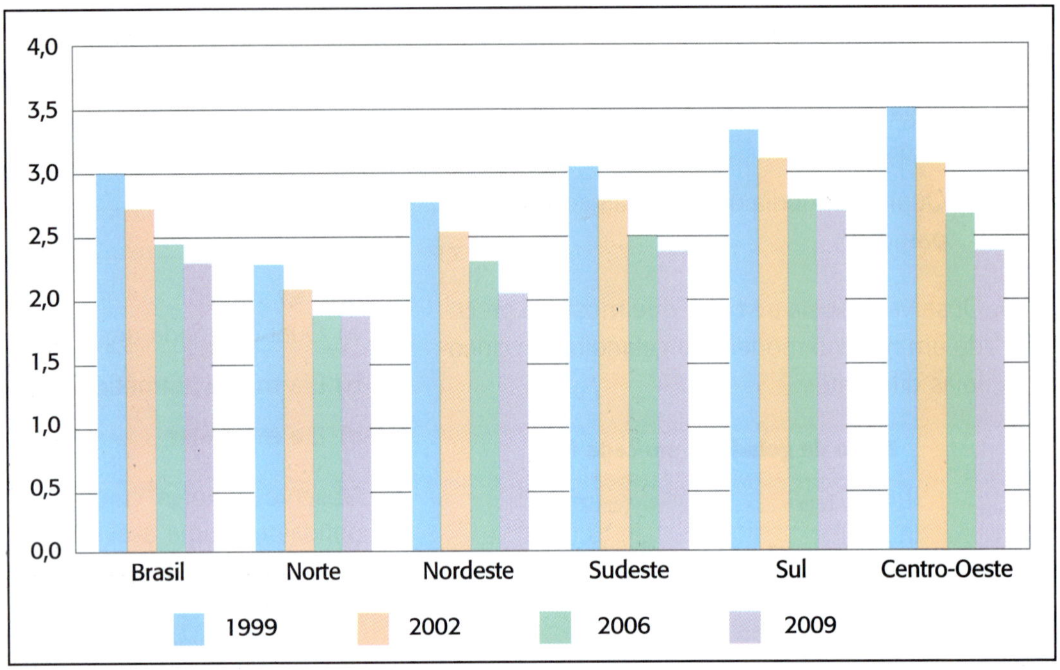

Fonte: IBGE. Diretoria de Pesquisas, Coordenação de População e Indicadores Sociais, Pesquisa de Assistência Médico-Sanitária 1999/2009.

a) Qual é a variável investigada nessa pesquisa estatística?

b) Essa variável é quantitativa ou qualitativa?

c) Em quais anos foram coletados os dados representados no gráfico?

d) Analise os dados de 2009. Em qual região há a maior quantidade de leitos para cada mil habitantes? E a menor?

2. Observe no gráfico a seguir um dos resultados da Pesquisa Nacional por Amostra de Domicílios (PNAD) do IBGE feita em 2013 com 362 555 pessoas em 1100 municípios.

Pessoas com 10 anos ou mais que têm acesso à internet por regiões (em porcentagem)

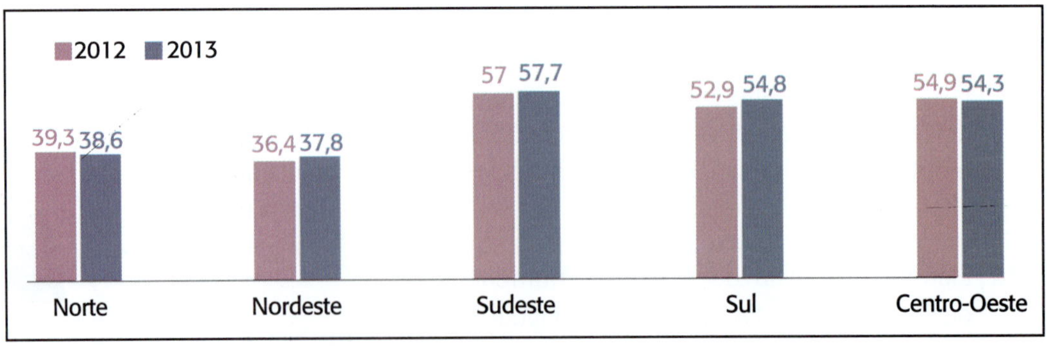

Fonte: IBGE, 2013.

a) Qual é o assunto do gráfico?

b) Segundo o gráfico, qual das regiões do Brasil teve o maior aumento percentual no acesso à internet em 2013 em comparação a 2012?

c) Em 2013, qual região teve a menor porcentagem de pessoas com acesso à internet?

3. O gráfico a seguir mostra o percentual de desempregados nas regiões metropolitanas de São Paulo, Rio de Janeiro, Belo Horizonte, Salvador, Recife e Porto Alegre no período de outubro de 2002 a outubro de 2014.

Taxa média de desemprego por região metropolitana

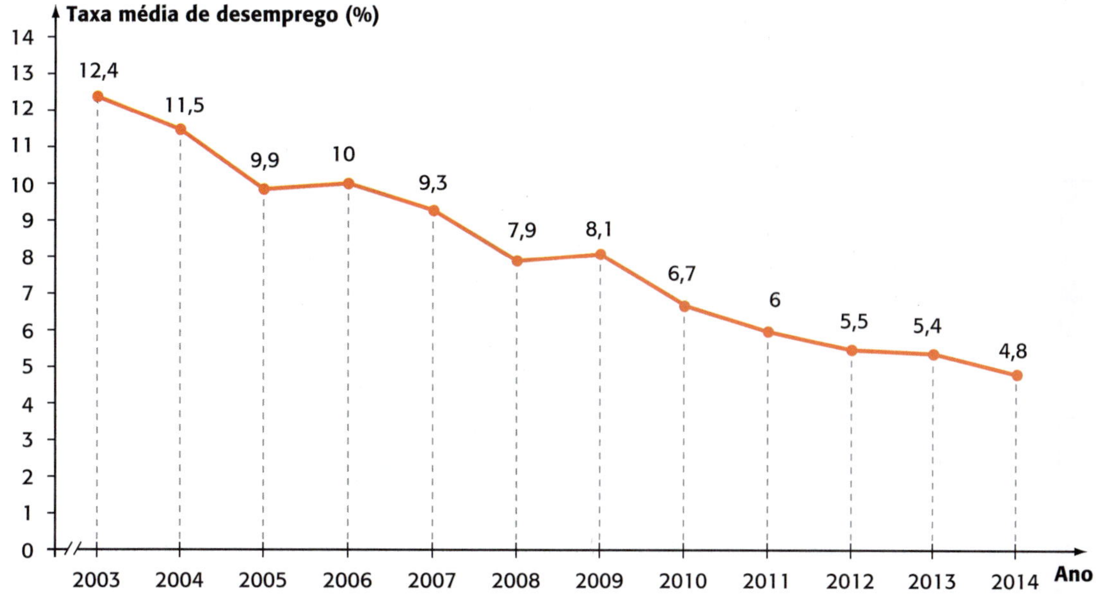

Fonte: IBGE, 2014.

a) A taxa média de desemprego dessas regiões aumentou ou diminuiu no período entre 2008 e 2009?

b) Em quais anos a taxa média de desemprego foi superior a 9,9%?

c) Em qual ano foi registrada a maior taxa média de desemprego no período entre 2008 e 2014? Qual foi o percentual registrado nesse ano?

4. Um restaurante oferece a seus clientes 3 tipos diferentes de pratos para o almoço: pratos feitos, ao preço de R$ 9,00; pratos executivos, ao preço de R$ 14,00; e pratos de cardápio, ao preço de R$ 20,00. Observe o gráfico a seguir, que mostra os pratos consumidos pelos últimos 50 clientes.

Consumo dos diferentes tipos de pratos (%)

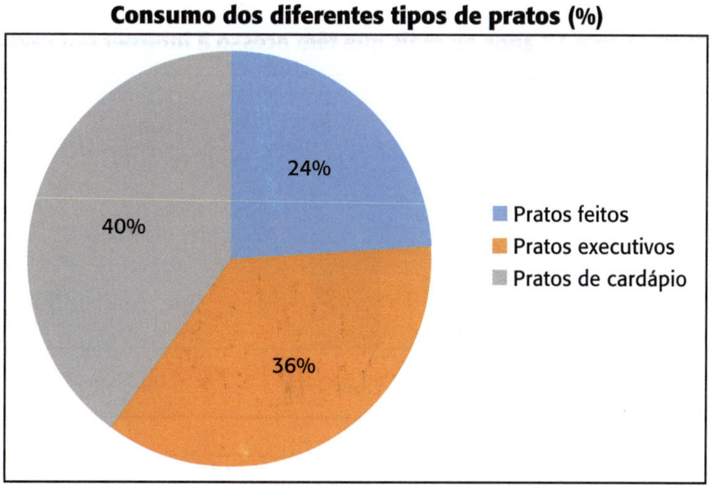

Dados elaborados pelo autor.

Com relação ao preço dos pratos consumidos, responda:

a) Qual é sua moda?

b) Qual é sua média aritmética?

c) Qual é sua mediana?

5. (Obmep) O gráfico mostra o resultado da venda de celulares pela empresa BARATOCEL no ano de 2010. Qual foi o preço médio, em reais, dos celulares vendidos nesse ano?

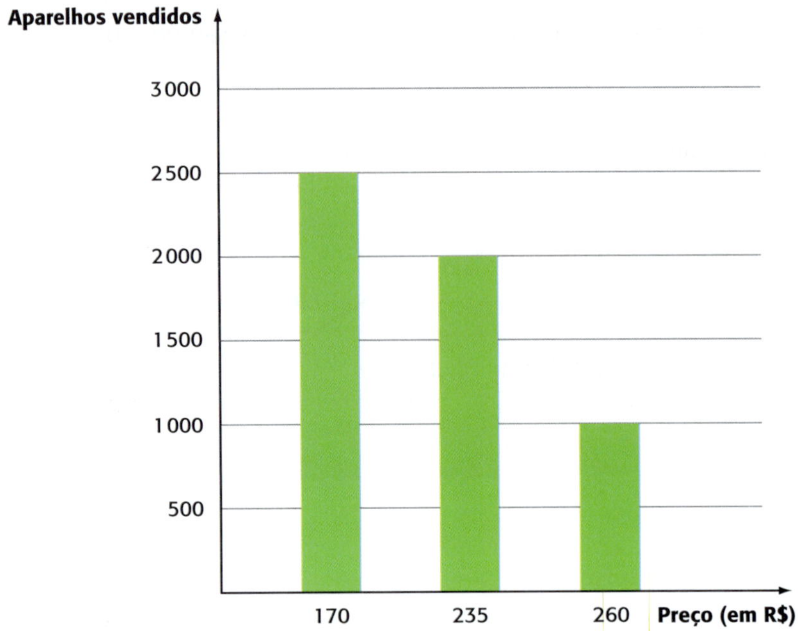

6. Em uma loja de calçados, o gerente é responsável por fazer a compra, junto aos distribuidores, dos modelos e das numerações que são mais vendidos. Imagine que ele fará o pedido de apenas um modelo de calçado que está tendo enorme procura devido a uma campanha publicitária bem-sucedida. Nesse caso, o gerente estará usando a informação correspondente a qual medida de tendência central: média, moda ou mediana?

7. Uma pesquisa foi realizada com 250 pessoas de uma cidade. Elas tiveram de responder quantas vezes haviam ido ao cinema no ano anterior. Observe o gráfico representado a seguir.

Quantidade de idas ao cinema no ano anterior (%)

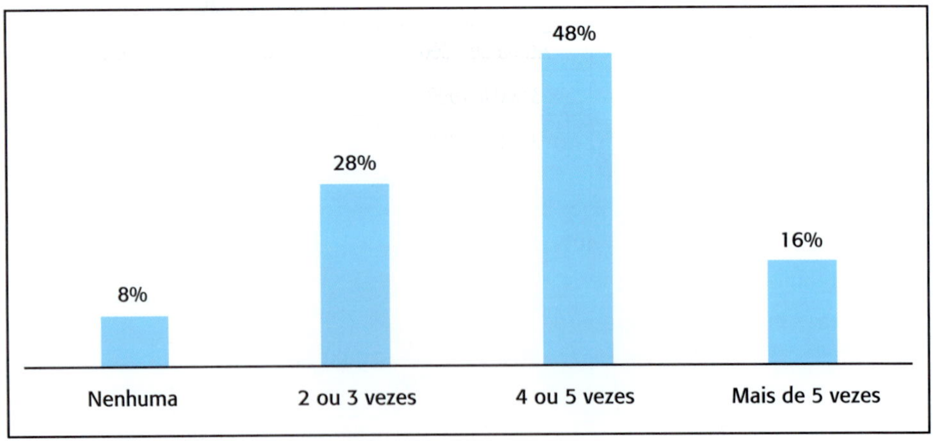

Dados elaborados pelo autor.

a) Quantas pessoas que participaram dessa pesquisa foram 4 ou 5 vezes ao cinema no ano anterior?

b) Qual é a moda desse grupo de dados?

8. Leia o texto a seguir.

Os pneus são um grave problema ambiental mundial

A geração e acumulação de resíduos de pneus são um dos problemas ambientais mais sérios no âmbito mundial. A grande quantidade de pneus gerada anualmente e as dificuldades apresentadas pela coleta, o armazenamento e a destinação ambiental adequada dos mesmos, [...] impõem ao Brasil a adoção de instrumentos eficazes para a administração responsável no plano nacional.

Além do enorme problema ambiental, pelo risco de contaminação do ar, do solo e do lençol freático, o acúmulo de pneus no ambiente constitui também grave ameaça à saúde pública devido à sua relação direta com a propagação de doenças. [...]

Disponível em: <http://www.eco21.com.br/textos/textos.asp?ID=1407>. Acesso em: 30 abr. 2015.

A reforma de pneus é uma opção econômica e sustentável que tem se consolidado em diversos países. Porém, essa técnica precisa ser realizada por empresas habilitadas, de acordo com as normas de segurança do Inmetro.

RIA NOVOSTI/SCIENCE PHOTO LIBRARY/LATINSTOCK

Pneu sendo preparado para a reforma.

Veja, na tabela a seguir, a quantidade de empresas brasileiras que reformaram certa quantidade de pneus, em 2012.

Quantidade de empresas em relação ao número de pneus reformados em 2012

Pneu/mês	Nº de empresas	%
Acima de 4 000	6	0,5
3 000 a 3 999	10	0,8
2 000 a 2 999	48	3,8
1 500 a 1 999	53	4,2
1 000 a 1 499	173	13,8
500 a 999	439	34,9
1 a 499	528	42,0
Total	**1 257**	**100,0**

Fonte: <http://www.abr.org.br/dados.html>. Acesso em: 30 abr. 2015.

a) Quais são os riscos do acúmulo de pneus provocados no meio ambiente e na saúde pública?

b) Construa o gráfico de setores circulares com base nos dados da tabela apresentada.

c) Pesquise quais doenças podem ser propagadas a partir do acúmulo de pneus.

2 Contagem e probabilidade

O princípio fundamental da contagem

Considere as situações a seguir:

- **Situação 1**

Júlia foi a uma lanchonete na qual o cliente pode "montar" seu sanduíche escolhendo um tipo de pão (francês ou integral) e um tipo de frios (mortadela, presunto ou peito de peru). De quantos modos diferentes Júlia pode montar seu lanche?

Para obter o número de lanches diferentes, podemos recorrer a um diagrama conhecido como **árvore de possibilidades**, mostrado a seguir:

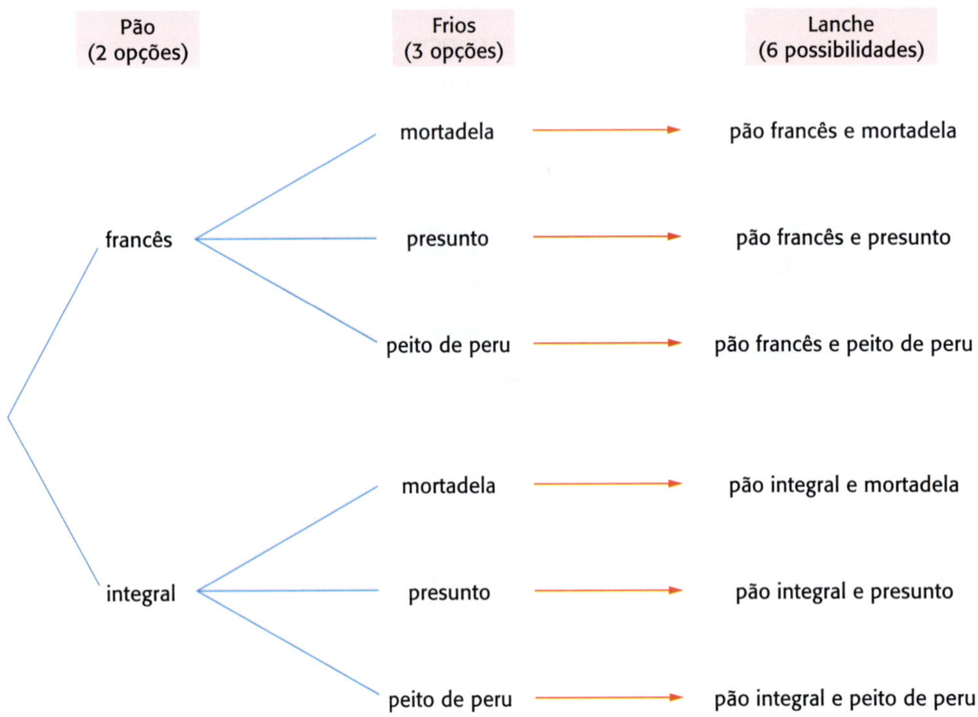

A quantidade de diferentes lanches que Júlia pode montar pode ser obtida pela multiplicação do número de opções de pães pelo número de opções de frios:

$$2 \cdot 3 = 6$$

número de opções de pães — número de opções de frios

- **Situação 2**

Uma loja dispõe de 4 vagas para os clientes estacionarem seus carros. Se dois clientes chegarem sucessivamente e escolherem uma vaga, de quantos diferentes modos eles podem ocupar o estacionamento?

Vamos analisar o número de modos distintos como cada carro pode ocupar uma das vagas disponíveis. O primeiro carro pode escolher qualquer uma das 4 vagas para estacionar; portanto, ele tem 4 escolhas possíveis.

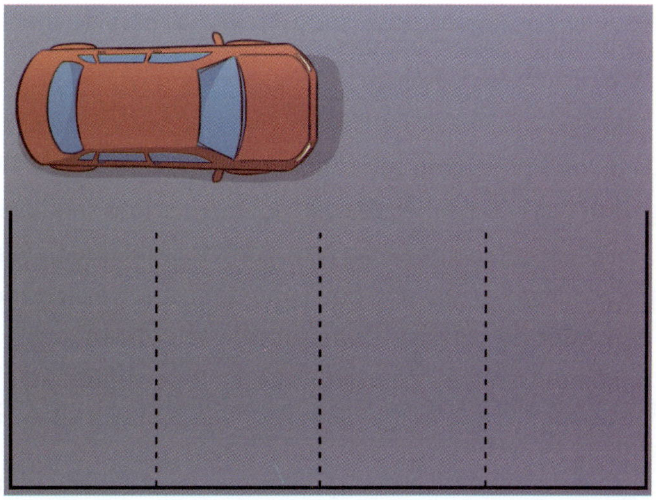

ESTÚDIO LAB 307

O segundo carro terá 3 vagas à disposição, pois uma estará ocupada pelo carro que chegou antes dele. Assim, ele terá 3 possibilidades de escolha. Veja a seguir todos os diferentes modos de eles estacionarem seus carros:

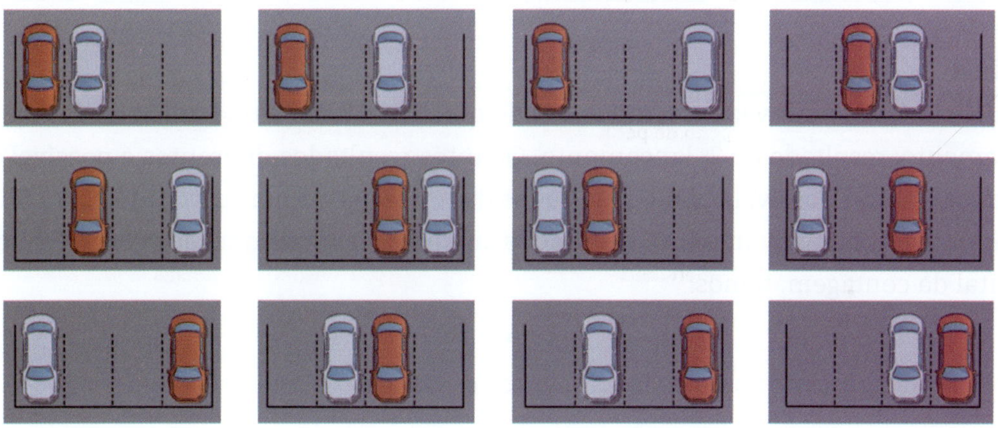

ESTÚDIO LAB 307

O número total de modos como os carros podem ocupar as vagas do estacionamento pode ser obtido multiplicando o número de opções de vagas do primeiro carro pelo número de opções de vaga do segundo carro:

$$4 \cdot 3 = 12$$

número de opções de vagas para o primeiro carro (4) — número de opções de vagas para o segundo carro (3)

Há 12 modos diferentes de os dois carros estacionarem nas vagas.

Nos cálculos relacionados a essas situações empregamos o chamado **princípio fundamental da contagem**:

> Se uma decisão **D** pode ser tomada de **m** modos e, qualquer que seja esta escolha, a decisão **d** pode ser tomada de **n** modos, então o número de maneiras distintas de se tomarem seguidamente as decisões **D** e **d** é igual a m · n.

O princípio fundamental da contagem pode ser aplicado a mais de duas decisões, como mostra a situação a seguir.

- **Situação 3**

Em uma corrida de 400 m, os 3 primeiros colocados formam o pódio e recebem suas medalhas. André, Bernardo e Caio chegaram nas três primeiras colocações, mas não sabemos a ordem em que chegaram. De quantos modos distintos o pódio pode ser formado sabendo que todos completaram a corrida?

A primeira posição pode ser ocupada por qualquer um dos três corredores, de modo que há 3 possibilidades para o vencedor da corrida. Como um deles venceu a corrida, um dos outros dois competidores chegou em segundo lugar, de modo que há 2 possibilidades para ocupar a segunda posição, ou seja, há $3 \cdot 2$ possibilidades distintas para o vencedor e segundo colocado na corrida. Uma vez que o terceiro colocado só poderá ser o competidor restante, há 6 possibilidades distintas de pódio (pois $3 \cdot 2 \cdot 1 = 6$).

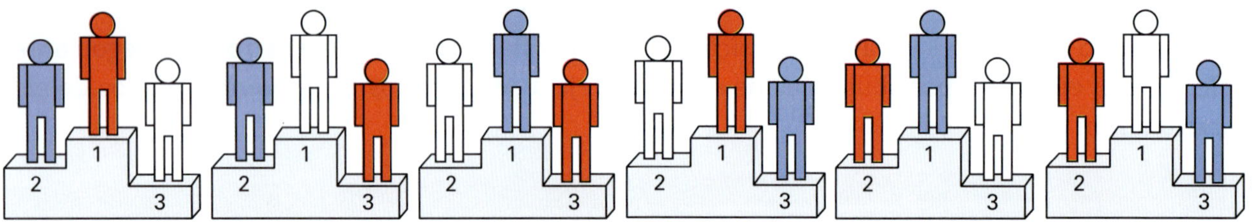

- **Situação 4**

Um dado é lançado duas vezes seguidas, sendo que o resultado é registrado na forma: resultado do 1º lançamento; resultado do 2º lançamento. Quantos resultados diferentes é possível obter?

No 1º lançamento é possível obter 6 resultados distintos (os números 1, 2, 3, 4, 5, ou 6). No 2º lançamento é possível obter novamente 6 resultados distintos, de modo que, de acordo com o princípio fundamental da contagem, temos:

$$6 \cdot 6 = 36$$

Há 36 resultados distintos para os lançamentos do dado.

- **Situação 5**

Duas equipes, A e B, disputam o título de um torneio de vôlei em, no máximo, 3 partidas: a equipe que vencer 2 partidas é declarada campeã. De quantos modos distintos o torneio pode ser decidido?

Se aplicarmos o princípio fundamental da contagem para determinar o número de partidas, teremos:

A 1ª partida pode ser vencida pela equipe A ou B, então temos 2 escolhas possíveis.

A 2ª partida pode novamente ser vencida pela equipe A ou B, e temos 2 escolhas possíveis novamente. Portanto, temos 4 resultados possíveis ($2 \cdot 2 = 4$) para as duas primeiras partidas:

- A equipe A vence as 2 partidas e é campeã.
- A equipe B vence as 2 partidas e é campeã.
- A equipe A vence a 1ª partida e a equipe B vence a 2ª partida, e será necessária a realização de uma 3ª partida.
- A equipe B vence a 1ª partida e a equipe A vence a 2ª partida, e será necessária a realização de uma 3ª partida.

Observe que a aplicação do princípio fundamental da contagem considerando uma 3ª partida nos levaria a 8 partidas ($2 \cdot 2 \cdot 2 = 8$), o que não é correto, pois nos casos em que uma das equipes vence as duas primeiras partidas não é necessário realizar uma 3ª partida. Em situações como essa, podemos resolver o problema utilizando a árvore de possibilidades:

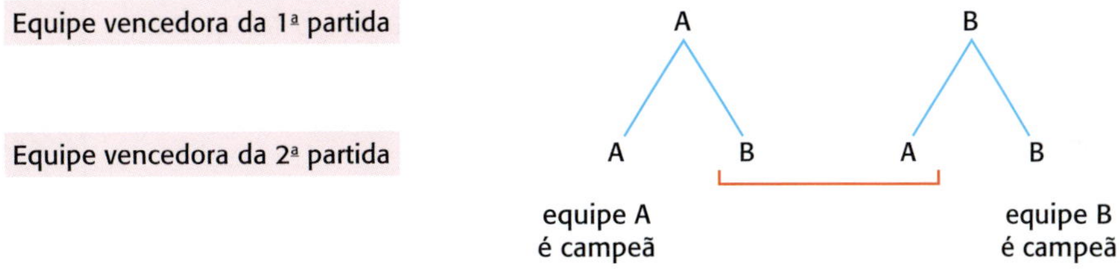

Prosseguindo com a árvore de possibilidades para os casos em que é necessário realizar a 3ª partida, temos:

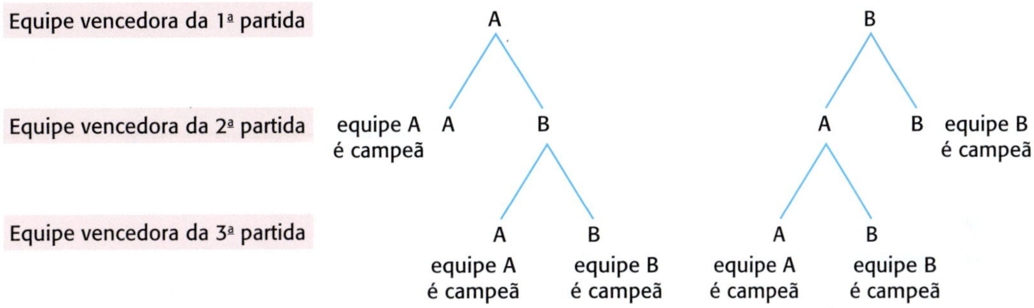

Assim, o torneio pode ser decidido de 6 modos distintos.

ATIVIDADES

16. Em uma sorveteria estão disponíveis 8 sabores diferentes e 5 tipos diferentes de cobertura. De quantos modos diferentes pode ser formado um sorvete com um sabor e um tipo de cobertura?

17. Na década de 1970, os números de telefones nas cidades do interior do estado de São Paulo tinham apenas cinco algarismos. Supondo que sejam válidas todas as possibilidades de formação de números (com todos os algarismos zero, por exemplo), obtenha a quantidade de diferentes números de telefone com 5 algarismos.

CHRIS HERMANN/FIONLINE/GLOW IMAGES

Telefone feito com a resina chamada baquelite.

18. Por dois pontos no plano passa uma única reta. Copie a figura a seguir em seu caderno e responda: Quantas retas distintas ficam determinadas passando por dois pontos como os dispostos na figura a seguir?

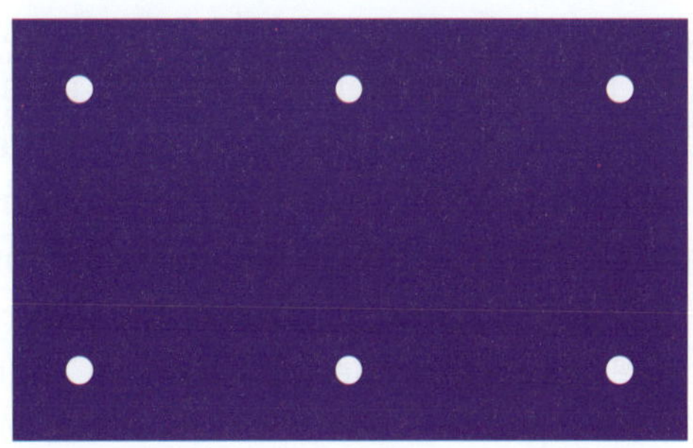

19. Quantos são os números de dois algarismos em que ambos são distintos?

20. Um galpão tem 5 portas que podem ser utilizadas para entrar ou sair dele. De quantos modos distintos uma pessoa pode entrar por uma porta e sair por outra porta diferente da porta por onde entrou?

21. Elsa tem quatro vasos de flores em sua janela: um azul, um amarelo, um branco e outro vermelho. Todo dia ela muda a posição dos vasos, mas sempre deixando-os lado a lado. De quantos modos diferentes Elsa pode posicionar os vasos?

THINKSTOCK/GETTY IMAGES

22. A senha de acesso aos serviços de uma empresa na internet é composta de 6 algarismos. Quantas senhas distintas podem ser criadas?

23. Uma bandeira é formada por 3 faixas horizontais, como mostra a figura ao lado.

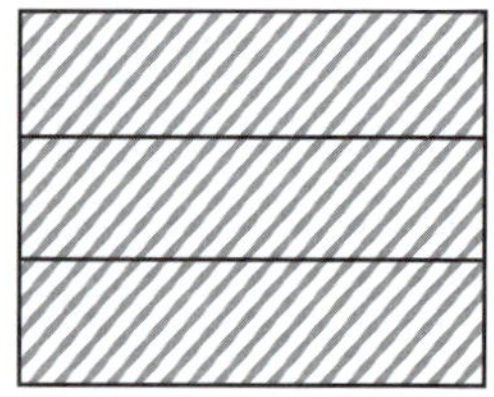

Utilizando as cores vermelho, azul e amarelo, de quantos modos diferentes podemos pintar essa bandeira:

a) sem repetir cores?

b) podendo repetir cores, desde que as faixas não estejam lado a lado?

SAIBA MAIS

Movimentos do cavalo

Há pelo menos 1500 anos o *chaturanga* é praticado na Índia. O jogo, disputado entre 4 pessoas, possui 5 tipos de peças que representam parte do exército indiano: 1 ministro (corresponde à dama), 1 elefante (corresponde ao bispo), 1 navio (corresponde à torre), 4 soldados (peões) e 1 cavalo.

O *chaturanga* foi o antecessor do xadrez. Talvez, você conheça a lenda difundida pelo professor Júlio César de Mello e Souza (Malba Tahan), que narra a invenção do xadrez.

No jogo de xadrez, o cavalo pode, por exemplo, movimentar-se da seguinte forma: a partir de sua posição, avança uma casa em linha reta (para a frente, para trás, para a direita ou para a esquerda) e, em seguida, gira 90° e avança mais duas casas.

Na Idade Média e durante o Renascimento, o xadrez era usado para ensinar estratégia de guerra e ficou conhecido como "jogo do rei". O selo ao lado, impresso em 1984, no Laos, em comemoração ao 60º aniversário de fundação da Federação Mundial de Xadrez, mostra jogadores de xadrez da Idade Média.

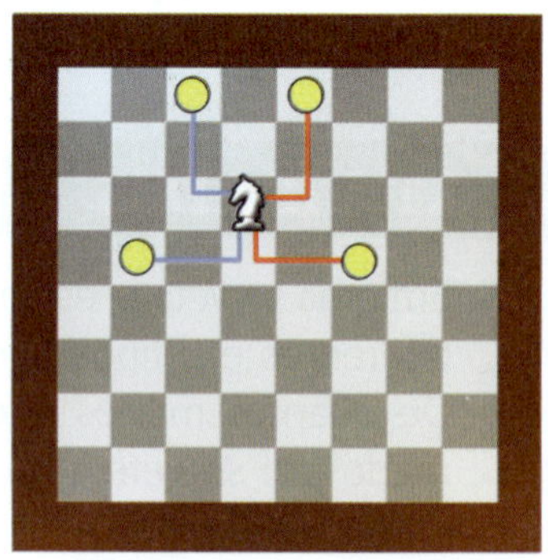
DAWIDSON FRANÇA

SHUTTERSTOCK

Fonte de pesquisa: Paulo Giusti. *História ilustrada do xadrez*. São Paulo: Annablume, 2002.

Para explorar

- Se o cavalo ocupar a posição indicada no tabuleiro anterior, quantas casas distintas ele poderá ocupar após realizar 1 movimento? E após 2 movimentos?

Probabilidade

SHUTTERSTOCK

Vimos, no volume do 7º ano, que **experimentos aleatórios** são aqueles que, repetidos em idênticas condições, podem produzir resultados diferentes. Nesses experimentos não é possível identificar o resultado que será obtido.

O lançamento de um dado comum não viciado, por exemplo, é um experimento aleatório, pois não é possível saber exatamente qual dos seis números do dado aparecerá na face voltada para cima após o lançamento. Considerando um dado não viciado, é igualmente provável sair qualquer uma das faces voltadas para cima.

A probabilidade de ocorrência de um evento aleatório, considerando um conjunto **finito** de resultados **igualmente prováveis**, é dada por:

$$\text{Probabilidade de ocorrência de um evento} = \frac{\text{número de casos favoráveis}}{\text{número total de casos}}$$

O número de casos favoráveis é, no mínimo, igual a zero e, no máximo, igual ao número total de casos. Desse modo, a probabilidade é um número que pode variar de zero a 1, e pode ser expressa por meio de porcentagens de 0% a 100%.

Quando a probabilidade de um evento ocorrer é igual a 100%, dizemos que se trata de um **evento certo**. Por exemplo, considere uma gaveta que tem, em seu interior, apenas 4 camisetas brancas idênticas. A probabilidade de retirar ao acaso uma camiseta dessa gaveta e ela ser branca é igual a 1, ou seja, 100%; nessas condições, "retirar uma camiseta branca da gaveta" é um evento certo.

THINKSTOCK/GETTY IMAGES

Quando a probabilidade de um evento ocorrer é igual a zero, dizemos que se trata de um **evento impossível**. A probabilidade de sair o número 7 no lançamento de um dado comum é igual a 0, pois não há nenhuma face com esse valor em um dado comum. Nessa situação, "sair o número 7" é um evento impossível.

Acompanhe as situações a seguir.

- **Situação 1**

Uma urna tem, em seu interior, 5 bolas de mesma massa e tamanho, sendo 2 brancas e as restantes, azuis. Retirando uma bola ao acaso, qual é a probabilidade de ela ser azul?

Temos um total de 5 bolas, e entre elas, 3 azuis. Assim, a probabilidade de retirar uma bola azul de seu interior é igual a:

$$P = \frac{\text{número de bolas azuis}}{\text{total de bolas na urna}} = \frac{3}{5} = 0{,}60 \text{ ou } 60\%$$

A probabilidade de retirar uma bola azul da urna é igual a 60%.

- Qual é a probabilidade de retirar uma bola branca dessa urna?

- **Situação 2**

No lançamento de dois dados comuns, qual é a probabilidade de que a soma dos números obtidos seja igual a 7? E igual a 10?

No lançamento do 1º dado temos 6 resultados possíveis. O mesmo ocorre no lançamento do 2º dado. Pelo princípio fundamental da contagem, há 36 resultados possíveis ($6 \cdot 6 = 36$) no lançamento de dois dados.

O quadro a seguir mostra as 36 somas possíveis obtidas por meio da adição do número do dado da fileira horizontal com o número do dado da fileira vertical em cada caso.

	2	3	4	5	6	7
	3	4	5	6	7	8
	4	5	6	7	8	9
	5	6	7	8	9	10
	6	7	8	9	10	11
	7	8	9	10	11	12

BIS

A probabilidade de se obter a soma dos números igual a 7 é igual a:

$$P = \frac{\text{número de ocorrências da soma 7}}{\text{número total de somas}} = \frac{6}{36} = \frac{1}{6}$$

A probabilidade de se obter a soma dos números igual a 10 é igual a:

$$P = \frac{\text{número de ocorrências da soma 10}}{\text{número total de somas}} = \frac{3}{36} = \frac{1}{12}$$

A probabilidade de se obter soma igual a 7 no lançamento de dois dados é o dobro da probabilidade de se obter soma igual a 10.

- **Situação 3**

No lançamento de uma moeda podemos obter cara ou coroa. João lançou uma moeda três vezes seguidas. Qual é a probabilidade de João obter a mesma face nos três lançamentos?

De acordo com o princípio fundamental da contagem, temos:

1º lançamento (cara ou coroa)		2º lançamento (cara ou coroa)		3º lançamento (cara ou coroa)	
2	·	2	·	2	= 8

THINKSTOCK/GETTY IMAGES

Acompanhe no quadro a seguir as 8 possibilidades obtidas nas quais destacamos os casos em que as faces são todas iguais:

1º lançamento	2º lançamento	3º lançamento
Cara	Cara	Cara
Cara	Cara	Coroa
Cara	Coroa	Cara
Cara	Coroa	Coroa
Coroa	Cara	Cara
Coroa	Cara	Coroa
Coroa	Coroa	Cara
Coroa	Coroa	Coroa

De um total de 8 diferentes possibilidades no lançamento, apenas 2 delas têm todas as faces iguais. A probabilidade é dada por:

$$P = \frac{2}{8} = \frac{1}{4} = 0{,}25 \text{ ou } 25\%$$

Portanto, a probabilidade de obter três faces iguais é $\frac{1}{4}$ ou 25%.

- **Situação 4**

Guilherme e Agnes brincavam com um jogo de percorrer trilhas: quem vencia na escolha do lançamento de uma moeda não viciada ("cara" ou "coroa"), avançava 1 casa da trilha. Guilherme avançava uma casa sempre que saía "coroa" e Agnes, sempre que saía "cara". Quando faltavam apenas 1 casa para Guilherme vencer o jogo e, 2 casas para Agnes, o jogo foi interrompido. Qual era a probabilidade de cada um deles vencer o jogo?

Vamos adotar um esquema em que um quadrado representa o total de possibilidades. A cada lançamento, vamos indicar a probabilidade de cada resultado como uma parte desse quadrado. Acompanhe:

No primeiro lançamento, há 2 resultados possíveis: "cara" ou "coroa", ou seja, a probabilidade de que Guilherme vença (obtendo coroa) é igual a $\frac{1}{2}$ ou 50%:

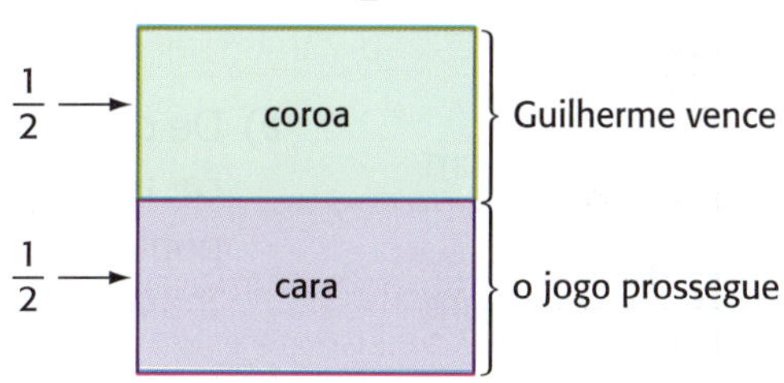

Assim, a parte verde indica a vitória de Guilherme, enquanto a parte lilás indica que Agnes andou uma casa e ainda pode vencer.

No segundo lançamento, a probabilidade de que Guilherme vença Agnes é novamente igual a $\frac{1}{2}$ ou 50%, de modo que metade da parte lilás indica a vitória de Guilherme, e a outra metade, a vitória de Agnes:

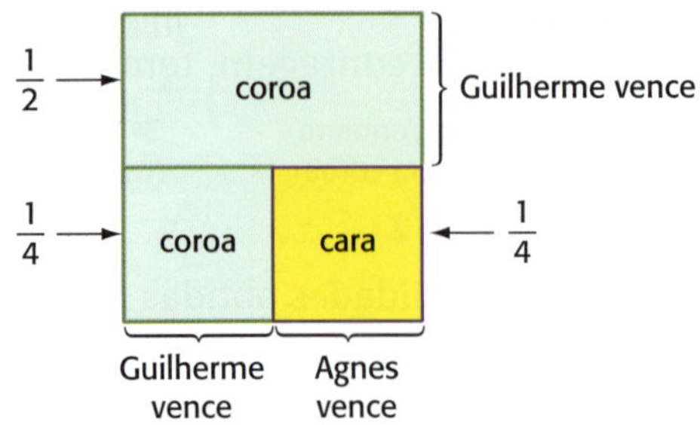

A probabilidade de Guilherme vencer é, portanto, igual a

$$\frac{1}{2} + \frac{1}{4} = \frac{2}{4} + \frac{1}{4} = \frac{3}{4} = 75\%$$

A probabilidade de Agnes vencer é igual a $\frac{1}{4}$ ou 25%.

Pista 2

De acordo com o departamento de engenharia da empresa, as chances de obtenção de sucesso nas perfurações dependem do período do ano em que elas serão realizadas, devido a condições climáticas.

- Qual é a probabilidade, em porcentagem, de sucesso das perfurações nos meses de janeiro a abril?
- Qual é a probabilidade, em porcentagem, de sucesso das perfurações nos meses de maio a dezembro?
- Considerando as probabilidades envolvidas, no período de janeiro a dezembro de um mesmo ano, são esperadas quantas perfurações bem-sucedidas?
- Quantas perfurações bem-sucedidas são esperadas durante o período de 8 anos completos e os 4 primeiros meses do ano?

ATIVIDADES

24. A chave do departamento de estoques de uma pequena empresa está em um chaveiro com três chaves parecidas. Qual é a probabilidade de, escolhendo uma chave ao acaso, ela abrir a porta desse departamento?

25. Determine a probabilidade de:

a) No lançamento de duas moedas, obtermos duas faces caras.

b) No lançamento de um dado, obtermos um número primo.

c) No lançamento de um dado, obtermos um número primo par.

d) No lançamento de dois dados, a soma das faces ser um número par.

26. Observe o paralelepípedo e responda:

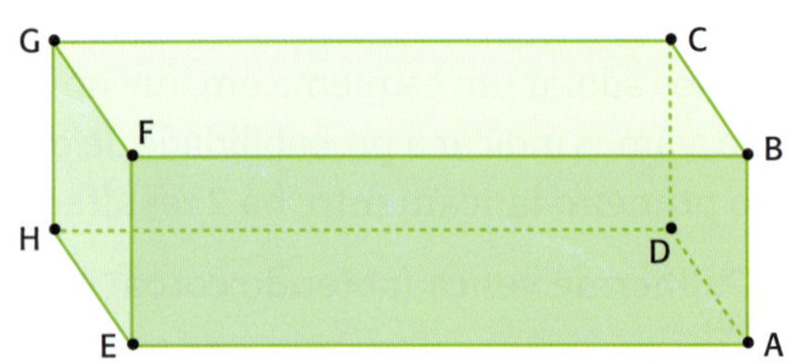

a) De quantos modos distintos é possível traçar um caminho com um lápis partindo do ponto A e chegar ao ponto G passando por 3 arestas do paralelepípedo?

b) Escolhendo aleatoriamente um desses caminhos, qual é a probabilidade de ele conter a aresta $\overline{AE}$?

27. A tabela a seguir mostra a distribuição das idades dos alunos, em anos completos, de uma sala de aula.

Distribuição de idades segundo sexo

Idade	Meninos	Meninas
12	2	1
13	13	15
14	2	3

Dados elaborados pelo autor.

a) Qual é a probabilidade de um aluno escolhido ao acaso ter 13 anos de idade?

b) Qual é a probabilidade de um aluno escolhido ao acaso ser menina?

c) Qual é a probabilidade de um aluno de 14 anos de idade escolhido ao acaso ser um menino?

28. Leia o que Marcos diz.

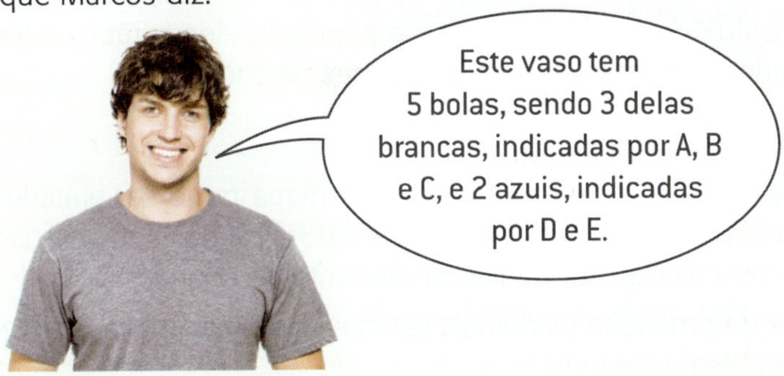

FOTOGRAFIAS: SHUTTERSTOCK

Se sortearmos ao acaso duas bolas desse vaso, qual é a probabilidade de saírem duas bolas de mesma cor?

Resolução

Ao retirarmos duas bolas do vaso, a ordem em que registramos as letras correspondentes a cada uma delas não importa, pois, por exemplo, o par de bolas indicado por AB e o par indicado por BA representam as mesmas duas bolas. Vamos listar todas as possibilidades de retirada de duas bolas e contar quantas vezes ambas têm a mesma cor.

AB	BC	CD	DE
AC	BD	CE	
AD	BE		
AE			

Assim, dos 10 resultados possíveis, temos 4 casos em que as bolas retiradas são da mesma cor. Logo, a probabilidade é igual a $\frac{4}{10} = \frac{2}{5} = 0{,}40$ ou 40%.

29. (Obmep – Banco de questões) Uma caixa contém cinco bolas numeradas de 1 a 5. Dela são retiradas ao acaso duas bolas. Qual a probabilidade de que o maior número assim escolhido seja o 4?

a) $\frac{1}{20}$ b) $\frac{1}{5}$ c) $\frac{3}{10}$ d) $\frac{2}{5}$ e) $\frac{1}{2}$

Pista 3

Sabendo que a cada perfuração bem-sucedida na base de petróleo estima-se um retorno de R$ 30 000 000,00, responda:

- Caso a empresa aceite a proposta, qual será o seu retorno financeiro estimado?

Desvende o enigma

- Segundo a análise de Virgínia, a empresa terá lucro ou prejuízo? De quanto?

ATIVANDO HABILIDADES

(Obmep – Banco de questões) A figura mostra o mapa de um país (imaginário) constituído por cinco estados. Deseja-se colorir esse mapa com as cores verde, azul e amarelo, de modo que dois estados vizinhos não possuam a mesma cor. De quantas maneiras diferentes o mapa pode ser pintado?

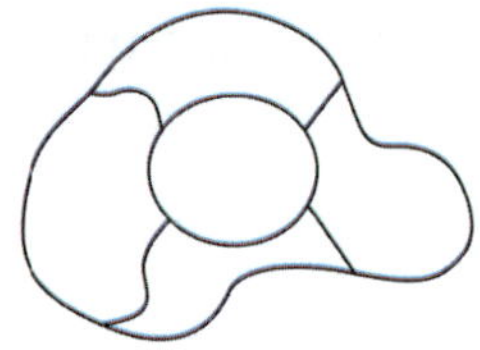

ILUSTRAÇÕES: DAWIDSON FRANÇA

a) 12
b) 6
c) 10
d) 24
e) 120

Entendimento do problema

Observe que o mapa é constituído por cinco estados e para colori-los serão usadas três cores distintas, de modo que dois estados vizinhos não possuam a mesma cor.

Elaboração de uma estratégia

Um modo de determinar de quantas maneiras diferentes o mapa pode ser pintado é observar que, como os estados devem ser pintados de modo que dois estados vizinhos não possuam a mesma cor, então o estado central deve ser colorido com uma cor diferente dos demais.

Depois, devemos analisar de que maneira os demais estados devem ser coloridos de forma que não haja estados vizinhos com a mesma cor.

Execução da estratégia

Suponha que a região correspondente ao estado central seja pintada de amarelo. Assim, sobram apenas duas cores, verde e azul, para colorir os demais estados. Logo, podemos colorir o mapa de dois modos distintos:

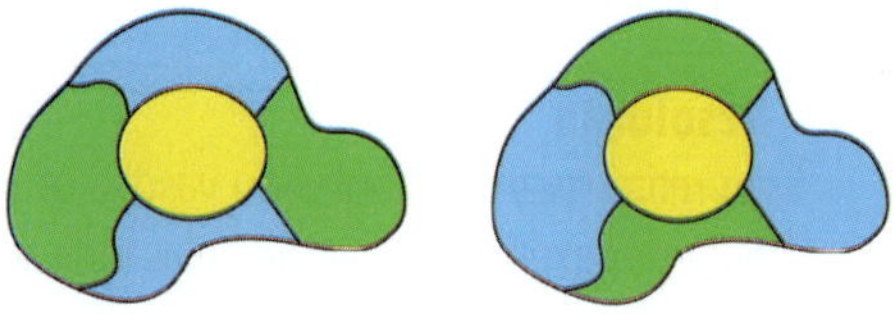

Então, para cada escolha de cor da região central, temos dois modos de colorir o restante do mapa. Como deseja-se colorir esse mapa usando três cores, há 3 modos distintos de colorir a região central. Portanto, temos ao todo $3 \cdot 2 = 6$, ou seja, 6 maneiras diferentes de colorir o mapa.

Análise da solução

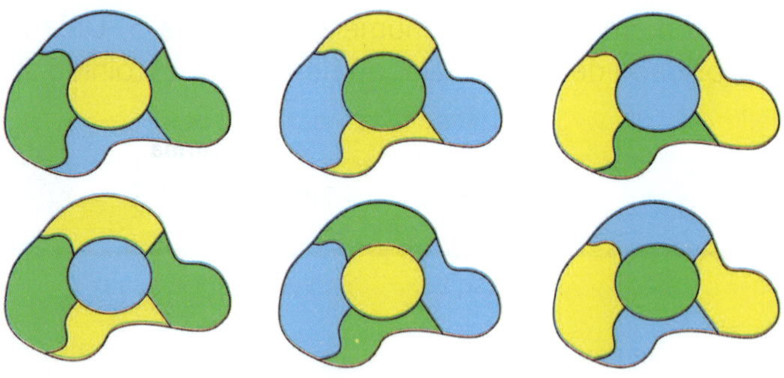

Podemos pintar o mapa de modo a satisfazer as condições do problema e verificar que existem apenas 6 modos distintos de fazê-lo.

Resposta: alternativa **b**.

É a sua vez!

(Obmep – Banco de questões) Em um mesmo lado de uma rua serão construídas seis casas vizinhas. As casas podem ser de alvenaria ou de madeira, mas como medida de segurança contra incêndio, duas casas de madeira não podem ser vizinhas. De quantas maneiras se pode planejar a construção dessas casas?

1. As marchas de uma bicicleta são obtidas associando as engrenagens da coroa, que fica na roda dianteira, com as engrenagens que ficam na roda traseira. Cada tipo de engrenagem dianteira associada com um tipo de engrenagem traseira corresponde a uma marcha. Quantas marchas tem uma bicicleta com 6 engrenagens dianteiras e 3 traseiras?

2. Existem três rodovias interligando a cidade A à cidade B, e duas rodovias interligando a cidade B à cidade C.

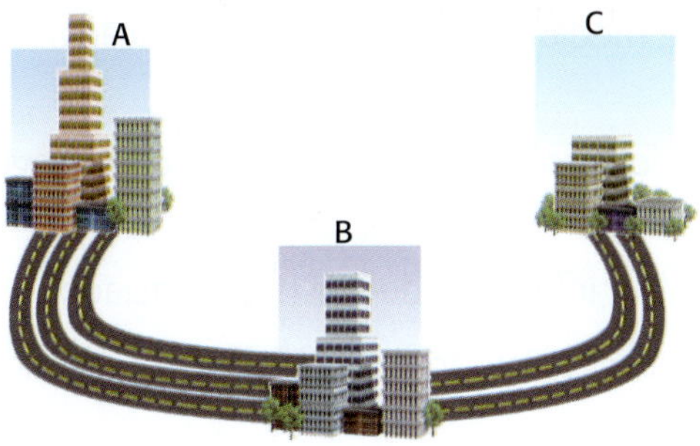

DAWIDSON FRANÇA

De quantos modos distintos é possível:

a) ir de A até C passando por B?

b) ir de A até B e voltar sem utilizar a mesma rodovia?

3. Em informática, o termo *byte* indica um agrupamento formado por 8 algarismos binários, que podem ser apenas zero ou um. Por exemplo, o agrupamento 10100011 é um exemplo de um *byte*. Quantos *bytes* distintos podem ser formados?

4. Quantos são os números de três algarismos cujo produto de seus algarismos é igual a 15?

5. Carlos comprou, para sua bicicleta, um cadeado que permite diferentes senhas formadas por quatro algarismos de zero a 9 cada. Quantas senhas diferentes podem ser formadas para esse cadeado?

THINKSTOCK/GETTY IMAGES

Cadeado para bicicleta. Ao girar os aros com os algarismos, formam-se números. Apenas um desses números abre o cadeado.

6. Copie a figura a seguir em seu caderno e responda: Quantos quadriláteros distintos podem ser formados com vértices nos pontos da circunferência?

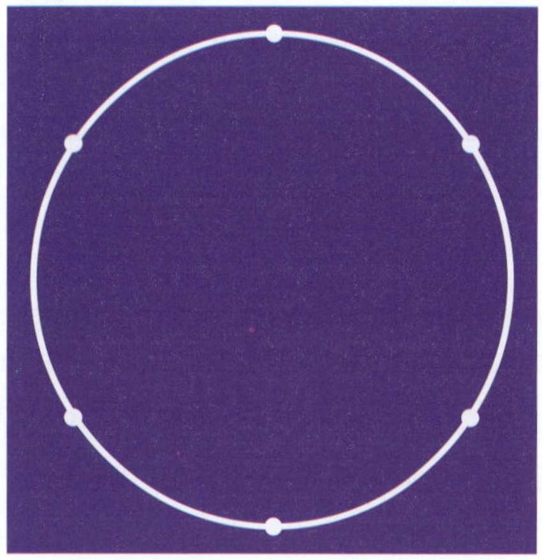

7. Em uma escola há duas turmas de alunos de 9º ano: 9º A e 9º B. Um aluno dentre essas duas turmas será sorteado para fazer um discurso de agradecimento aos pais na cerimônia de formatura ao final do ano letivo. O gráfico a seguir mostra a distribuição dos alunos dessas turmas:

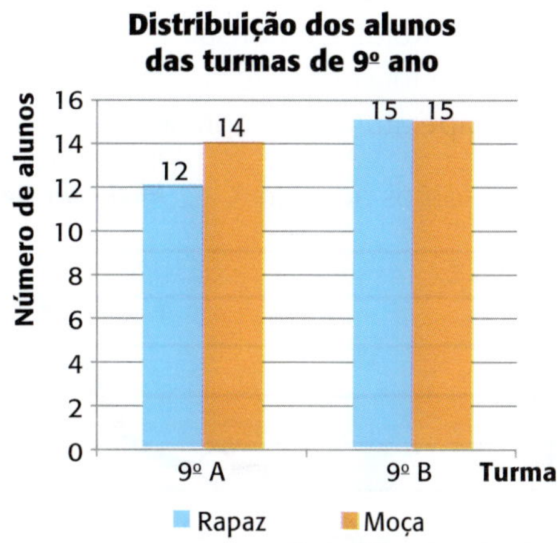

Dados elaborados pelo autor.

Qual é a probabilidade de sortear:

a) um rapaz?

b) um aluno da turma 9º A?

c) uma moça da turma 9º B?

8. Dois amigos jogavam dois dados e calculavam o produto dos números obtidos: se o resultado fosse par, um deles vencia e, se fosse ímpar, o outro era o vencedor da rodada. A probabilidade de cada um deles vencer é igual a 50%? Justifique.

9. (Enem) A queima de cana aumenta a concentração de dióxido de carbono e de material particulado na atmosfera, causa alteração do clima e contribui para o aumento de doenças respiratórias. A tabela abaixo apresenta números relativos a pacientes internados em um hospital no período da queima da cana.

Pacientes	Problemas respiratórios causados pelas queimadas	Problemas respiratórios resultantes de outras causas	Outras doenças	Total
Idosos	50	150	60	260
Crianças	150	210	90	450

Escolhendo-se aleatoriamente um paciente internado nesse hospital por problemas respiratórios causados pelas queimadas, a probabilidade de que ele seja uma criança é igual a:

a) 0,26, o que sugere a necessidade de implementação de medidas que reforcem a atenção ao idoso internado com problemas respiratórios.

b) 0,50, o que comprova ser de grau médio a gravidade dos problemas respiratórios que atingem a população nas regiões das queimadas.

c) 0,63, o que mostra que nenhum aspecto relativo à saúde infantil pode ser negligenciado.

d) 0,67, o que indica a necessidade de campanhas de conscientização que objetivem a eliminação das queimadas.

e) 0,75, o que sugere a necessidade de que, em áreas atingidas pelos efeitos das queimadas, o atendimento hospitalar no setor de pediatria seja reforçado.

10. (Enem) Rafael mora no Centro de uma cidade e decidiu se mudar, por recomendações médicas, para uma das regiões: Rural, Comercial, Residencial Urbano ou Residencial Suburbano. A principal recomendação médica foi com as temperaturas das "ilhas de calor" da região, que deveriam ser inferiores a 31°C. Tais temperaturas são apresentadas no gráfico:

Perfil da ilha de calor urbana

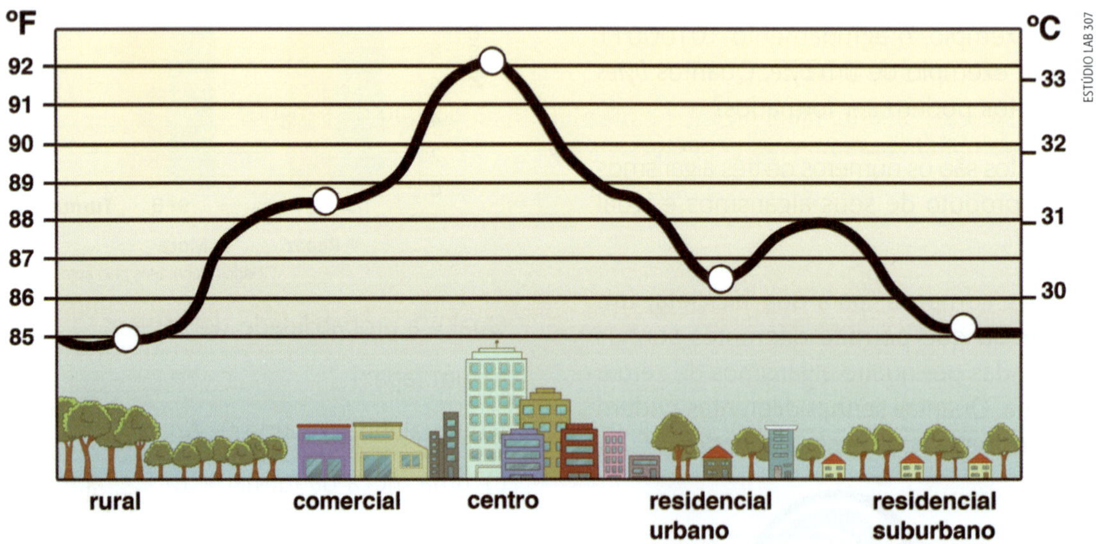

Fonte: EPA.

Escolhendo, aleatoriamente, uma das outras regiões para morar, a probabilidade de ele escolher uma região que seja adequada às recomendações médicas é:

a) $\frac{1}{5}$ b) $\frac{1}{4}$ c) $\frac{2}{5}$ d) $\frac{3}{5}$ e) $\frac{3}{4}$

teia integrada

11. Em 1902, o médico austríaco Karl Landsteiner, juntamente com alguns cientistas, conseguiu classificar o sangue humano em quatro tipos: A, B, AB e O. Eles descobriram que havia substâncias presentes no plasma sanguíneo e nas hemácias (células do sangue) que causavam reação imunológica. Essa descoberta foi importante, pois muitos problemas já foram causados a pacientes que receberam transfusão sanguínea de um tipo de sangue incompatível com o deles. Atualmente, sabemos que pessoas com o tipo sanguíneo O podem doar sangue para pessoas com o tipo O, A, B ou AB; porém, só podem receber sangue do tipo O. Veja no quadro a seguir os demais tipos.

Grupo sanguíneo	Recebe de	Doa para
A	A e O	A e AB
B	B e O	B e AB
AB	A, AB, B e O	AB

Os genes sanguíneos são condicionados por um gene que possui três alelos: I^A, I^B e i.

No quadro a seguir estão apresentados os genótipos dos tipos sanguíneos.

Grupo sanguíneo	Genótipo
A	I^AI^A ou I^Ai
B	I^BI^B ou I^Bi
AB	I^AI^B
O	ii

Alelo: cada uma das formas de um gene.
Genótipo: refere-se à constituição genética do indivíduo.

Fontes de pesquisa: Krukemberghe Fonseca. *Sistema ABO*. Disponível em: <http://www.brasilescola.com/biologia/sistema-abo.htm>; Paula Louredo. *Sistema ABO e fator RH*. Disponível em: <http://www.brasilescola.com/biologia/genetica-problema.htm>. Acessos em: 30 abr. 2015.

Suponha que um casal tenha genótipos I^Bi e I^AI^B. Há quatro possíveis genótipos para os filhos desse casal, conforme indicado no quadro ao lado.

	I^B	i
I^A	I^AI^B	I^Ai
I^B	I^BI^B	I^Bi

a) Qual é a probabilidade de o filho desse casal ter sangue do tipo AB?

b) E do tipo A?

c) E do tipo B?

d) E do tipo O?

e) Em sua opinião, qual é a importância da doação de sangue?

Encerrando a unidade

Chegamos ao final de mais uma unidade, na qual você entrou em contato com algumas noções da Estatística, pôde conhecer técnicas de contagem e estudar problemas relacionados à probabilidade. Considerando o que você estudou sobre esse tema:

a) Descreva quais tipos de problemas você aprendeu a resolver com os conhecimentos adquiridos na unidade. Todos esses problemas são de natureza apenas matemática ou permitem ser aplicados a problemas práticos? Se permitem, a quais?

b) Qual tema estudado nesta unidade você considerou mais difícil de compreender? Por quê?

c) Ao final do estudo dessa unidade você considera que já superou as dificuldades mencionadas no item anterior? Se sim, o que foi feito para que isso ocorresse?

d) Retome a abertura desta unidade. Em sua opinião, qual é a importância das informações estatísticas para os cidadãos?

e) Que assuntos estudados nesta unidade você utilizou para resolver o Enigma?

A dengue

A dengue é transmitida pela picada da fêmea do mosquito *Aedes aegypti* ou *Aedes albopictus* (ambos da família dos pernilongos) infectados com o vírus transmissor da doença.

A transmissão nos mosquitos ocorre quando ele suga o sangue de uma pessoa já infectada com o vírus da dengue. Após um período de incubação, que inicia logo depois do contato do pernilongo com o vírus e dura entre 8 e 12 dias, o mosquito está apto a transmitir a doença.

Nos seres humanos, o vírus permanece em incubação durante um período que pode durar de 3 a 15 dias. Só após esta etapa, é que os sintomas da dengue podem ser percebidos.

É importante destacar que não há transmissão através do contato direto de um doente ou de suas secreções com uma pessoa sadia. O vírus também não é transmitido através da água ou alimento.

[...]

Disponível em: <http://www.combateadengue.com.br/modo-de-transmissao/#ixzz3c9ftikYC>. Acesso em: 4 jun. 2015.

TELEMEDICINA/DEPARTAMENTO DE PATOLOGIA/FACULDADE DE MEDICINA DA UNIVERSIDADE DE SÃO PAULO

Disponível em: <http://www.telessaudesp.org.br/programa/dengue>. Acesso em: 4 jun. 2015.

Veja a seguir algumas medidas simples e que evitam a proliferação do mosquito da dengue.

ILUSTRAÇÕES: QUANTA ESTÚDIO

1. Retirar a água de vasos (colocar areia no pratinho).
2. Manter baldes e garrafas com a boca virada para baixo.
3. Não acumular lixo em local aberto.
4. Tapar os tonéis e depósitos de água.
5. Fechar e tampar as caixas de água.
6. Desentupir as calhas.
7. Retirar a água das lajes.
8. Colocar os pneus velhos em local coberto.
9. Colocar areia em cacos de vidro de muros.

Disponível em: <http://www.cpt.com.br/dengue/prevencao-da-dengue>. Acesso em: 4 jun. 2015.

Observe no gráfico a seguir a quantidade de casos de dengue registrados no Brasil nos anos de 2013 e de 2014.

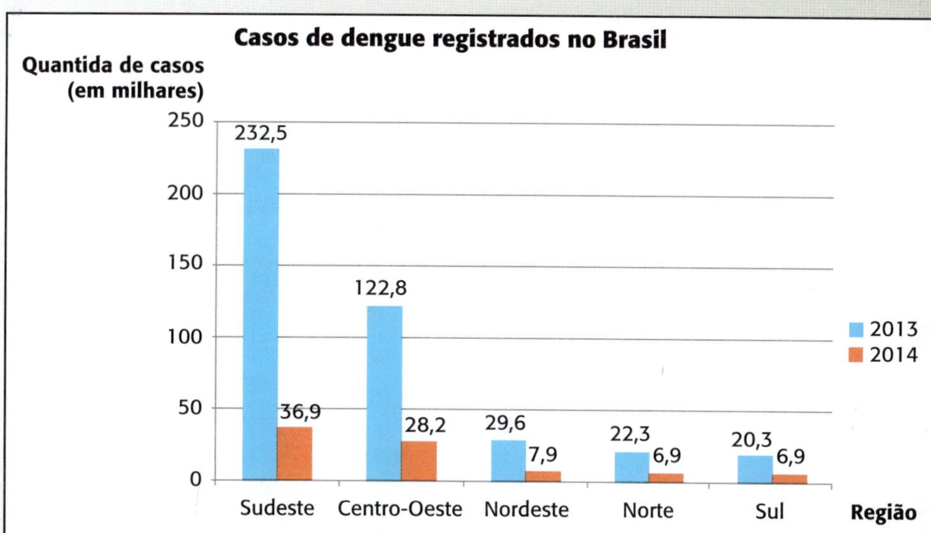

Fonte: <http://www.brasil.gov.br/saude/2014/03/casos-de-dengue-caem-80-no-primeiro-bimestre-de-2014>. Acesso em: 4 jun. 2015.

Para explorar

1. Descreva em seu caderno o ciclo de transmissão da dengue.

2. Quais são os principais sintomas dessa doença?

3. De acordo com o gráfico mostrado acima, o número de casos de dengue aumentou ou diminuiu do ano de 2013 para o de 2014? Qual região registrou o maior número de casos em 2014?

4. Com o auxílio dos colegas e do professor, confeccione cartazes para serem fixados na sala de aula ou na escola com as principais informações a respeito da dengue, como transmissão, sintomas e prevenção da doença.

Unidade 1 – Potências e raízes

Atividades (p. 17)

1. a) 81 b) 81 c) $\frac{1}{81}$ d) $\frac{1}{81}$ e) -64 f) $-\frac{1}{64}$ g) $\frac{1}{64}$ h) $-\frac{1}{27}$

2. a) 0 b) 1,111

3. a) $\frac{37}{4}$ b) 0 c) $-\frac{123}{50}$ d) $\frac{41}{4}$

4. a) $1,2 \cdot 10^3$ b) $4,58 \cdot 10^5$ c) $7,2 \cdot 10^{13}$ d) $6 \cdot 10^{-3}$ e) $7,5 \cdot 10^{-7}$ f) $1 \cdot 10^{-15}$

6. a) 2^{23} b) 3^{2n-1} c) 2^{-9} d) 3^{-6}

Teia do saber (p. 19)

1. a) São potências de base 2. b) 128 *bits*.

2. a) 1 280 cm b) Ao final do 6º dia.

3. a) 10 000 b) 2 c) $\frac{1}{3}$

4. 2^{3+4}; $(2^3)^4$; 2^{34}; 2^{3^4}

5. Alternativas **c** e **d**.

6. Alternativa **c**.

7. 250 000 000

8. a) $2^{20} + 2^{24}$ b) $2^{19} + 2^{23}$

9. a) $2^{20} = (2^{10})^2 \cong (10^3)^2 = 10^6 = 1\,000\,000$
b) $2^{21} = (2^{10})^2 \cdot 2 \cong (10^3)^2 \cdot 2 = 10^6 \cdot 2 = 2\,000\,000$
c) $2^{30} = (2^{10})^3 \cong (10^3)^3 = 10^9 = 1\,000\,000\,000$
d) $2^{39} = \frac{(2^{10})^4}{2} \cong \frac{(10^3)^4}{2} = \frac{10^{12}}{2} = 500\,000\,000\,000$

10. a) $\frac{(x+y)^2}{xy}$ b) $\frac{1}{xy}$

11. a) 100 segundos ou 1 min 40 s.
b) 1 000 segundos ou 16 min 40 s.
c) 1 000 000 segundos ou 11 dias, 13 h, 46 min 40 s.

12. a) O corpo humano tem aproximadamente $2 \cdot 10^{11}$ células.
b) Nosso organismo tem aproximadamente $9,7 \cdot 10^7$ metros de artérias, veias e vasos capilares.
c) A área da Terra é de aproximadamente $5,1 \cdot 10^8$ km².
d) O volume de água na Terra é estimado em $1,59 \cdot 10^9$ km³.

13. a) Terra ao Sol: $1,5 \cdot 10^8$ km; Terra à Lua: $4,0 \cdot 10^5$ km
b) 375 vezes.

14. a) $6^x = 3$ b) $\frac{1}{3}$

15. Alternativa **c**.

16. a) 2^1 b) 2^3 c) 2^5 d) 2^7

17. a) 50 000 000 bactérias.
b) Resposta pessoal.

Atividades (p. 22)

7. a) 20 b) 30 c) 13 d) 18 e) Não existe. f) Não existe. g) 21 h) 24

8. a) Exata. b) Exata. c) Não exata. d) Exata. e) Não exata. f) Exata.

9. a) 48 cm b) 92 cm c) $\frac{52}{17}$ cm d) 2 cm

10. a) 26 e 27 b) 20 e 21 c) 31 e 32 d) 24 e 25

11. O algarismo das unidades de $1\,549^2$ deve ser 1, pois $9 \cdot 9 = 81$, contrariando o resultado 2 393 209, cujo algarismo das unidades é 9.

12. Observe o quadro a seguir, onde **n** é número natural.

Número	Quadrado
n	n^2
2n	$4n^2$

De acordo com o quadro, verificamos que a afirmação é falsa.

13.

x	y	$\sqrt{x} + \sqrt{y}$	$\sqrt{x+y}$
1	4	3	$\sqrt{5}$
9	16	7	5
4	25	7	$\sqrt{29}$
36	49	13	$\sqrt{85}$

O resultado de $\sqrt{x} + \sqrt{y}$ é diferente do resultado de $\sqrt{x+y}$.

14. a) -30 b) 4 c) 3 d) -2

15. a) 5 s b) 45 m

16. Alternativas **b**, **c** e **e**.

Atividades (p. 25)

17. 3 cm

18. a) -1 b) $\frac{5}{7}$ c) $\frac{3}{10}$ d) 0,2

19. a) $x = -8$ b) $x = 2\,401$ c) $x = -4$ d) $x = 3$

20. a) $\sqrt[3]{25}$ b) -1 c) $\sqrt[3]{3}$ d) $\sqrt[3]{2}$

21.

n	n^3	Algarismo das unidades de n^3
1	$1^3 = 1$	1
2	$2^3 = 8$	8
3	$3^3 = 27$	7
4	$4^3 = 64$	4
5	$5^3 = 125$	5
6	$6^3 = 216$	6
7	$7^3 = 343$	3
8	$8^3 = 512$	2
9	$9^3 = 729$	9
10	$10^3 = 1\,000$	0
11	$11^3 = 1\,331$	1
12	$12^3 = 1\,728$	8

a) É igual ao número inicial.
b) Esse número, somado ao inicial, completa 10.

22. a) 4 b) 4 c) -1 d) 2

23. a) 2,1 b) 2,9 c) 4,3 d) 4,6

24. 1

25. 2 m

26. a) Racional. b) Irracional. c) Racional. d) Racional.

Atividades (p. 27)

27. a) 18 b) $\frac{1}{25}$ c) 35 d) $\frac{3}{20}$

28. a) $\sqrt[3]{9}$ b) $\sqrt[4]{125}$

29. a) 216 b) $2\sqrt[3]{2}$ c) 1 024 d) $\sqrt[3]{25}$

Atividades (p. 29)

30. a) $4\sqrt[3]{10}$ b) $2\sqrt[4]{7}$ c) 33 d) 36 e) 11 f) 9

31. a) 4,23 b) 6,69 c) 11,28 d) 7,7158

32. a) $\sqrt{28}$ b) $\sqrt{75}$ c) $\sqrt[3]{72}$ d) $\sqrt[4]{162}$ e) $\sqrt{500}$ f) $\sqrt[5]{15\,625}$

33. a) $3\sqrt{5}$ b) $\sqrt[4]{200}$ c) $\sqrt[4]{24}$ d) $\sqrt[15]{4\,000}$

34. $\sqrt{20} > \sqrt[3]{24} > \sqrt[4]{30} > \sqrt[6]{48}$

35. a) $\frac{6 + 3\sqrt{2}}{2}$ b) $-2 + \sqrt{2}$ c) $\frac{5 - \sqrt{15}}{3}$ d) $\frac{-4 + 3\sqrt{3}}{6}$

36. a) 5 b) 5 c) 16 d) 2

37. Apertando duas vezes a tecla de raiz quadrada.

38. 90 cm

Atividades (p. 31)

39. a) $3\sqrt{5}$ b) $5\sqrt{6} + \sqrt{30}$ c) $5\sqrt{3}$ d) $14\sqrt{6} - 5$

40. a) $6\sqrt{3}$ cm b) $8\sqrt{5}$ m c) $6\sqrt[3]{2}$ cm

41. a) $6\sqrt{5}$ b) $12\sqrt{3}$

42. a) $\sqrt{7}$ (B) b) $\sqrt{2}$ (A) c) $4\sqrt{3}$ (D) d) $3\sqrt{2}$ (C)

43. a) 144,95 b) 26,76

Atividades (p. 32)

44. a) $2\sqrt{6}$ b) $-3\sqrt[4]{2}$ c) 18 d) $5\sqrt[4]{5}$

45. a) $-\sqrt{5}$ b) $\sqrt[3]{\frac{7}{2}}$ c) 2 d) 5

47. a) $4\sqrt[6]{2}$ b) $8\sqrt[6]{32}$ c) $\sqrt[6]{24}$ d) $3\sqrt[6]{3}$

48. a) Perímetro: $(4 + 4\sqrt{3})$ cm; área: $(3 + 2\sqrt{3})$ cm².
b) Perímetro: $4\sqrt{2}$ cm; área: 1 cm².

49. a) 10 b) $6\sqrt{2} - 2\sqrt{6} + 7$

50. $4\sqrt{3}$ cm²

51. a) 3 cm b) 18 cm² c) $3\sqrt{2}$ cm d) $12\sqrt{2}$ cm

52. a) $7\sqrt{7}$ b) 5 c) $12 + 6\sqrt{3}$ d) 8 e) 44 f) 81 g) $\frac{1}{18}$ h) $8 + 2\sqrt{15}$

53. a) 18 b) 20 c) 10

54. $3\sqrt{3}$ cm³

55. a) $\sqrt[4]{12}$ b) $\sqrt[8]{256} = 2$ c) $\sqrt[4]{8}$ d) $\sqrt[6]{54}$ e) $\sqrt[4]{16} = 2$ f) $\sqrt[6]{9}$ g) $\sqrt[8]{600}$ h) $\sqrt[10]{12}$

56. a) $3\sqrt[3]{3}$
b) 400 (número inteiro)
c) $\frac{1}{6}$
d) 216 (número inteiro)

Atividades (p. 34)

57. a) $\frac{\sqrt{5}}{5}$ b) $\frac{\sqrt{21}}{7}$ c) $\frac{\sqrt[3]{2}}{2}$ d) $\sqrt[6]{2}$

58. a) $\sqrt{3} - \sqrt{2}$ b) $4\sqrt{2} - 4$ c) $\frac{3\sqrt{6} - 3\sqrt{2}}{2}$ d) $3 + 2\sqrt{2}$

59. 18,48

Ativando habilidades (p. 34)

- $2^{19} \cdot 2 = 2^{20}$

Teia do saber (p. 36)

1. $3\sqrt{2}$ m

2. a) $4 + 2\sqrt{3}$
b) -2
c) 2
d) 3

3. a) Resposta pessoal.
b) Resposta pessoal.
c) $(n + 1)^2 = n^2 + 2n + 1$
$\sqrt{n^2 + 2n + 1} = n + 1$
O resultado obtido é igual ao número natural positivo inicial acrescido de 1 unidade.

4. a) $4\sqrt{3}$
b) $20\sqrt{2}$
c) $3\sqrt[3]{6}$
d) $2\sqrt[4]{5}$
e) $4\sqrt[3]{10}$
f) $\sqrt[5]{360}$

5. a) 4
b) 25
c) $\frac{1}{3}$
d) $343\sqrt{7}$

6. a) $\sqrt[5]{2^9} < 4$
b) $10^{0,6} > \sqrt{10}$
c) $5^{0,25} = \sqrt[4]{5}$

7. a) $\sqrt{80}$
b) $\sqrt{27}$
c) $\sqrt[3]{32}$
d) $\sqrt[6]{128}$

8. a) $\sqrt[12]{36}$
b) $\sqrt[8]{8}$
c) $\sqrt[8]{729}$
d) $\sqrt[6]{32}$

9. Alternativa **a**.

10. Alternativa **a**.

11. a) 10
b) -25
c) 8
d) $4\sqrt[3]{4}$
e) $60\sqrt{2}$
f) $9\sqrt[4]{3}$

12. a) 2
b) 3
c) $\sqrt[6]{2}$
d) $-\sqrt[12]{\frac{125}{24}}$
e) $\sqrt{2}$
f) 2

13. a) $\sqrt{2}$
b) $\sqrt{11}$
c) $\sqrt[4]{27}$
d) $\sqrt[4]{12}$
e) $\sqrt{5} + \sqrt{2}$
f) $-\frac{\sqrt{2} + 6}{34}$

14. a) Resposta pessoal.
b) Aproximadamente 1 396,5 m.

Unidade 2 – Equações do 2º grau

Atividades (p. 46)

1. Itens **b**; **c**; **d**; **h**; **i**.

2. a) $-2x^2 + 3x + 7 = 0$
b) $x^2 - x + 2 = 0$
c) $3x^2 - 9 = 0$
d) $-x^2 + 3x = 0$

3. a) Será do 1º grau.
b) Será do 2º grau.

4. a) $2x^2 - 4x - 3 = 0$
b) $x^2 - 3x + 9 = 0$
c) $x^2 + 3x + 4 = 0$
d) $5x^2 - 6x - 5 = 0$

5. a) Completa.
b) Incompleta.
c) Incompleta.
d) Completa.

6. a) Possível resposta: $4x - 2 = 18$.
b) Possível resposta: $x^2 - x - 20 = 0$.
c) A equação do item **b**. $a = 1$; $b = -1$; $c = -20$

7. A equação do item **b**.

8. I-D, II-A, III-B, IV-C

9. Possível resposta: $x^2 - 5x = 0$

10. a) Verdadeira.
b) Falsa.
c) Verdadeira.
d) Verdadeira.

11. 2

12. a) $x = 0$ e $x = \frac{3}{2}$
b) $x = -9$ e $x = 9$
c) $x = -6\sqrt{2}$ e $x = 6\sqrt{2}$
d) $x = 0$ e $x = 3$
e) $x = 0$ e $x = 8$
f) $x = 0$ e $x = \frac{1}{2}$
g) $x = 0$ e $x = -7$
h) $x = 0$ e $x = \frac{8}{15}$

13. 0 ou -2.

14. Base: $27\sqrt{2}$ cm; altura: $9\sqrt{2}$ cm

Atividades (p. 50)

15. a) $x = 4$ ou $x = -1$
b) $x = 6$ ou $x = 2$
c) $x = -5$ ou $x = -1$
d) $x = \frac{3}{2}$
e) $x = -3$
f) $x = 3$ ou $x = -4$
g) Não existem raízes em $\mathbb{R}$.
h) $x = 1 + \sqrt{3}$ ou $x = 1 - \sqrt{3}$

16. a) $x' = -1$ e $x'' = 4$
b) $x' = -1$ e $x'' = 4$
c) Iguais.
d) Porque uma igualdade não se altera ao multiplicarmos ambos os membros por um mesmo número real diferente de zero, no caso, -1.

17. a) $x = 7$ ou $x = -5$
b) Dividiu toda a equação por 3; $x = 7$ ou $x = -5$
c) Sim.
d) Resposta pessoal.

18. a) $x' = -18$ e $x'' = 18$
b) $x' = -9$ e $x'' = 9$
c) $x' = 0$ e $x'' = -4$
d) $x' = -\frac{7}{5}$ e $x'' = 0$
e) $x' = 0$ e $x'' = \frac{1}{4}$
f) $x' = -1$ e $x'' = \frac{1}{2}$

19. 3

20. a) $x^2 - 5x - 6 = 0$ $x' = -1$ e $x'' = 6$
b) $3x^2 - 9x = 0$ $x' = 0$ e $x'' = 3$
c) $x^2 + 8x = 0$ $x' = -8$ e $x'' = 0$
d) $x^2 - 6x + 5 = 0$ $x' = 1$ e $x'' = 5$
e) $6x^2 - x - 1 = 0$ $x' = -\frac{1}{3}$ e $x'' = \frac{1}{2}$

21. 6

Atividades (p. 52)

22. a) Duas raízes reais e iguais.
b) Não apresenta raízes reais.
c) Duas raízes reais e distintas.
d) Duas raízes reais e distintas.
e) Não apresenta raízes reais.
f) Não apresenta raízes reais.

24. a) $m > 1$ b) $m < 2$

Atividades (p. 58)

25. 22

26. 2 m, 7 m.

27. 6 m

28. 7 fileiras.

29. a)

Número de pessoas	Esquema dos cumprimentos	Número de cumprimentos
2	A-B	1
3	A-B / A-C / B-C	3
4	A-B / A-C / A-D / B-C / B-D / C-D	6
5	A-B / A-C / A-D / A-E / B-C / B-D / B-E / C-D / C-E / D-E	10

b) Expressão I.
c) 19 pessoas.

30. 10, 11, 12, 13 e 14.

31. a) $x^2 + 6x - 720 = 0$
b) 24 m e 30 m.
c) 108 m

32. a) Márcia: $15 - x$; Regina: $45 - x$
b) 9

33. a) $x = 7$ ou $x = -2$
b) $x = -6$
c) $x = -7$ ou $x = 6$
d) $x = 2$
e) $x = -8$ ou $x = 6$
f) $x = 1$ ou $x = 2$

34. a) $x^2 - 3x + 4 = 0$
b) $x^2 + 5x - 6 = 0$
c) $x^2 - 8x + 16 = 0$
d) $x^2 - \frac{3}{2}x + \frac{1}{2} = 0$

35. a) $(x - 5) \cdot (x + 8) = 0$
b) $3\left(x - \frac{4}{3}\right) \cdot (x + 3) = 0$
c) $-1(x - 1) \cdot (x - 1) = 0$
d) $(x - 3) \cdot (x - 3) = 0$
e) $2\left(x - \frac{3}{2}\right) \cdot (x + 1) = 0$
f) $-5\left(x - \frac{2}{5}\right) \cdot (x + 2) = 0$

36. $-3x^2 + 6x + 45$

37. Possíveis respostas:
a) $x^2 - 2x - 8 = 0$
b) $x^2 - 10x + 21 = 0$
c) $x^2 + x = 0$
d) $x^2 + 4x + 4 = 0$
e) $x^2 = 0$
f) $x^2 - 4 = 0$

38. a) $m = 2$ b) $m = -7$ c) $m = -3$

39. a) $y' = -6$ e $y'' = 3$
b) $x' = -1$ e $x'' = \frac{1}{2}$

40. $x^2 - 2x - 2 = 0$

Atividades (p. 63)

41. a) 81
b) 21
c) 3
d) 1
e) 1 e 2
f) 31
g) 0 e 1
h) -1

42. 2 ou 1.

43. a) 5 cm b) 25 cm^2

44. O número era 16.

45. Possível resposta: $\sqrt{x + 17} = x - 3$

46. a) $x = -3$ ou $x = 3$
b) $x = -2$ ou $x = 0$ ou $x = 2$
c) $x = -\sqrt{3}$ ou $x = \sqrt{3}$
d) $x = -\sqrt{2}$ ou $x = \sqrt{2}$

Teia do saber (p. 64)

1. a) $x \cdot (x + 7)$
b) $x^2 + 7x - 330 = 0$
c) $a = 1$; $b = 7$; $c = -330$
d) Completa.
e) 15 m e 22 m

2. a) $x^2 - 6x - 55 = 0$
b) Não.
c) $y = -8$ ou $y = 8$
d) $x = -5$ ou $x = 11$

3. 27

4. a) $1,21x = 48,4$
b) Custava R$ 40,00.

5. Possíveis respostas:
a) $x^2 + 6 = 0$
b) $x^2 - 3x + 2,25 = 0$
c) $x^2 + 3x + 2 = 0$

6. a) $25 - x^2 = 0$
b) 5 cm
c) Resposta pessoal.

Atividades (p. 66)

47. a) $(4, -1)$ ou $(1, -4)$
b) $\left(\frac{13}{5}, -\frac{16}{5}\right)$ ou $(-1, 4)$
c) $\left(3, -\frac{1}{2}\right)$
d) $(5, 16)$ ou $(-2, -5)$

Ativando habilidades (p. 67)

- Alternativa **e**.

Teia do saber (p. 68)

1. 7 e 21

2. 6 cm e 15 cm

3. $x = 6$ e $y = 9$

4. Possível resposta: $2x^2 + 4x = 0$

5. 23 e 25

6. Alternativa **a**.

7. a) 4 cm
b) 64 cm³

8. $6\sqrt{2}$ cm

9. 23 e 24

10. 4 m e 7,5 m.

11. Alternativa **a**.

12. Deve ficar a uma distância de 5 m.

13. a) 8 cúbitos e 6 cúbitos.
b) Resposta pessoal.

Unidade 3 – Proporcionalidade e semelhança

Atividades (p. 77)

1. a) $\frac{2}{3}$
b) $\frac{2}{5}$
c) $\frac{5}{3}$
d) $\frac{3}{2}$

2. a) $x = 15$
b) $y = 2$

3. $\frac{1}{2}$

4. a) $\frac{3}{7}$
b) $\frac{1}{4}$
c) $\frac{\sqrt{2}}{2}$
d) $\frac{\sqrt{2}}{3}$

6. 48 cm²

7.

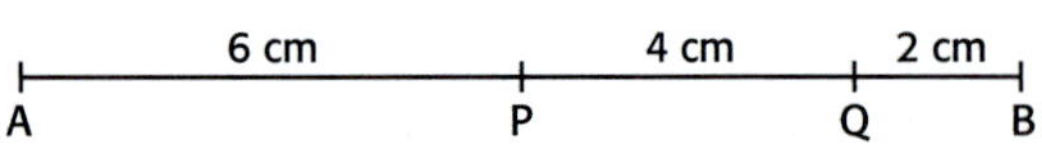

8. Isósceles.

9. a) 6 cm
b) 21,6 cm
c) 28,8 cm²

10. a) 14 cm
b) 35 cm

11. a) $x = 3$
b) $y = 12$
c) $z = 21$
d) $w = 16$

12. CD = 14 cm e DE = 21 cm

Atividades (p. 82)

13. a) $x = 10,5$
b) $x = 2$
c) $x = 14,4$
d) $x = 10$

14. a) BC
b) BC
c) MN
d) BC

Atividades (p. 86)

15. a) $x = 70$, $y = 56$
b) $x = 28$; $y = 35$; $z = 15$

16. Possível resposta:

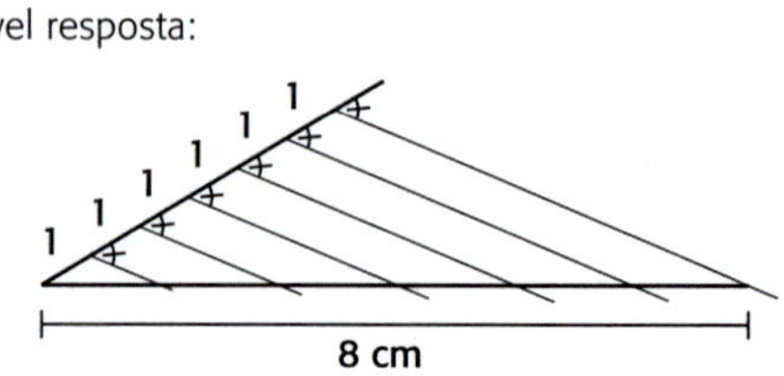

17. a) $x = 11,5$
b) $x = 10,8$ e $y = 7,2$

18. a) PQ = 6; RQ = 9
b) PQ = 4,2; RQ = 6,6

Teia do saber (p. 87)

1. a) $\frac{1\,303}{845} \cong 1{,}54$
b) $\frac{845}{586} \cong 1{,}44$

2. Alternativa **b**.

3. a) 1 : 51 200 000
b) 256 km

4. $x = 8$

5. Alternativa **d**.

6. a) Não. Pois aplicando o teorema de Tales, obtemos a seguinte relação: $\frac{x}{4} = \frac{1}{2x}$
b) $x = \sqrt{2}$

7. $x = 9$ e $y = 12$

8. $x = 45$ m, $y = 40$ m e $z = 35$ m.

9. a) Esses segmentos, nessa ordem, são proporcionais.
b) Essas medidas são iguais.

10. a) $\Phi \cong 1{,}618$
b) $\frac{1\,829}{1\,130} \cong 1{,}619$
c) Resposta pessoal.

Atividades (p. 95)

19. a) B e D. b) 2 ou 0,5.

20. a) São semelhantes.
b) Não são semelhantes.

21. a) Falsa. Para que dois polígonos sejam congruentes, a razão de semelhança entre eles precisa ser igual a 1.
b) Verdadeira. Se a razão de semelhança entre dois polígonos semelhantes é igual a 1, os lados correspondentes desses polígonos são congruentes.
c) Falsa. Todos os polígonos congruentes são semelhantes.
d) Verdadeira. Se a razão de semelhança entre dois polígonos semelhantes é diferente de 1, esses polígonos não são congruentes.

22. a) $x = 5{,}5$ b) $x = 1$

23. 1,4

24. Possível resposta:

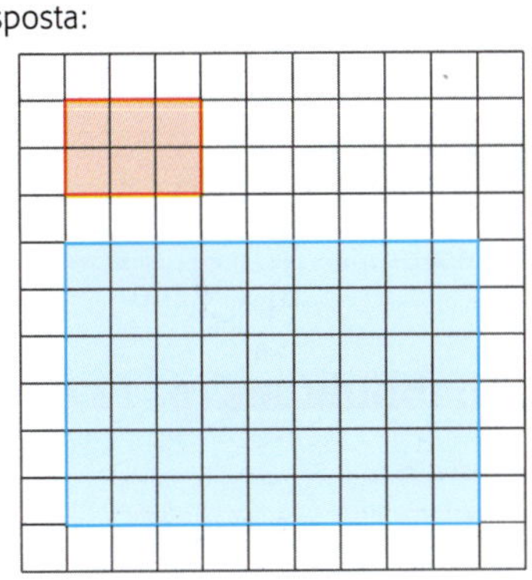

25. a) Sim.
b) Não.
c) Não.

26. a) (5, 6)
b) 0,5
c) 2; 4

27. a) 2,25
b) 1,5
c) 6 cm e 10,5 cm

28. $z = \frac{1}{2}$; $x = 7$; $y = 4{,}5$

29. a) 48 cm b) 108 cm²

30. 125%

Atividades (p. 99)

31. $x = 8$ e $y = 5$

32. a) $x = 2$
b) $x = \frac{32}{3}$ e $y = 16{,}5$

33. a) Falsa. Podemos usar um contraexemplo para justificar: um triângulo retângulo cujos lados medem 3, 4 e 5 tem perímetro igual a 12. Se considerarmos um triângulo equilátero de lado medindo 4, ele também tem perímetro igual a 12. Entretanto, esses triângulos não são semelhantes.
b) Verdadeira. Um triângulo equilátero tem todos os ângulos internos congruentes (60°). Dois triângulos equiláteros terão sempre os ângulos correspondentes congruentes e os lados correspondentes proporcionais.
c) Verdadeira. Os ângulos da base oposta ao ângulo de 90° de um triângulo retângulo isósceles são congruentes. Portanto, os ângulos correspondentes de dois triângulos retângulos isósceles são congruentes e, além disso, os lados correspondentes são proporcionais.

34. $x = \frac{120}{7}$ e $y = \frac{105}{4}$

35. 8 cm

36. 7

Atividades (p. 103)

37. a) São semelhantes. Caso AA.
b) São semelhantes. Caso LLL.
c) Não são semelhantes.
d) São semelhantes. Caso LAL.

38. a) $x = 9{,}6$
b) $x = 4$
c) $x = 22{,}5$

39. a) Sim, pelo caso de semelhança ângulo-ângulo.
b) $\overline{AC}$
c) $\overline{AB}$
d) $x = 6$

40. 18 cm

41. a) Sim, pois têm dois ângulos internos correspondentes congruentes.
b) $DC = 8 - BD$ e $AF = 6 - BD$ (pois $BF = BD$)
c) $\frac{24}{7}$ cm

42. a) 9,6 b) 18

43. 4 m

Ativando habilidades (p. 105)

- Como $\frac{FL}{FU} = \frac{FI}{FE}$ e $\frac{FN}{FR} = \frac{FI}{FE}$, temos que $\frac{FN \cdot FU}{FR \cdot FL} = \frac{FI}{FE} \cdot \frac{FE}{FI} = 1$.

Teia do saber (p. 107)

1. Área real = 14 m^2
2. a) $x = 12$
   b) $x = 17,5$
3. 7,2 m
4. Altura: 36 cm; base 18 cm
5. 56 cm e 16 cm
6. $\frac{c}{\ell} = \sqrt{2}$
7. Altura: 2,5 m; comprimento: 15 m
8. $z = 0,5$
9. 15 m
10. $x = 1,2$
11. Alternativa **d**.
12. 3,6 m
13. $\frac{9}{49}$
14. Alternativa **e**.
15. a) 181,25 m
    b) Resposta pessoal.

Unidade 4 – Relações métricas no triângulo retângulo e na circunferência

Atividades (p. 117)

1. a) $x = 13$ m
   b) $x = 6$ m
   c) $x = 7,5$ m
   d) $x = 10$ m
   e) $x = 5$ m
   f) $x = 15$ m
3. $4\sqrt{10}$ m
4. a) 4 unidades.
   b) 4 unidades.
   c) $4\sqrt{2}$ unidades.
5. $x = \sqrt{17}$ m $\cong 4,12$ m
6. a) $3 - x$
   b) $QB = \frac{4}{3}$ cm; $PQ = \frac{5}{3}$ cm; $BP = 1$ cm

Atividades (p. 121)

8. a) $a = 3$
   b) $c = 2\sqrt{3}$
   c) $c = 3,6$; $m = 6,4$
   d) $h = 2\sqrt{2}$; $a = 6$; $c = 2\sqrt{3}$; $b = 2\sqrt{6}$
9. $BC = 3\sqrt{13}$
10. a) $x = 1$
    b) $x = 8$
    c) $x = 12$
    d) $x = 12$
11. a) $b^2 + c^2 = a \cdot m + a \cdot n$
    b) $b^2 + c^2 = a \cdot (m + n) \Rightarrow b^2 + c^2 = a^2$
12. Não, pois $8^2 \neq 4 \cdot 12$.

Teia do saber (p. 126)

1. 8 u^2
2. a) $a^2 + b^2$
   b) c^2
   c) $a^2 + b^2 = c^2$
   d) A soma dos quadrados das medidas dos catetos é igual ao quadrado da medida da hipotenusa.
3. $\sqrt{13}$ km
4. a) $AB = \sqrt{13}$ cm; $BC = \sqrt{5}$ cm; $AC = 2\sqrt{5}$ cm
   b) $A_{ABC} = 4$ cm^2
5. O televisor não caberá.
6. $m = 5\sqrt{3}$
7. a) 90°
   b) 6 m
8. a) 12 cm
   b) 6 cm
9. Alternativa **d**.
10. 74 m

Atividades (p. 128)

14. a) $x = 12$ ou $x = 8$
    b) $a = \frac{9}{2}$
    c) $x = 2,5$
    d) $x = 6\sqrt{2}$
15. a) $\sqrt{10}$
    b) Resposta pessoal.

Atividades (p. 130)

17. a) $x = 4$
    b) $x = 3$
    c) $x = 3$
18. $\frac{11}{4}$

Atividades (p. 131)

20. a) 16
    b) 16
21. a) $x = 6$
    b) $x = 2\sqrt{6}$
    c) $x = 6$

Ativando habilidades (p. 132)

- Alternativa **e**.

Teia do saber (p. 134)

1. a) $8\sqrt{3}$ unidades.
   b) 8 unidades.
   c) $32\sqrt{3}$ unidades de área.

2. 2 cm **3.** $\frac{55}{6}$ **4.** $15\sqrt{5}$ cm **5.** $x^2 + y^2 = 9$

6.

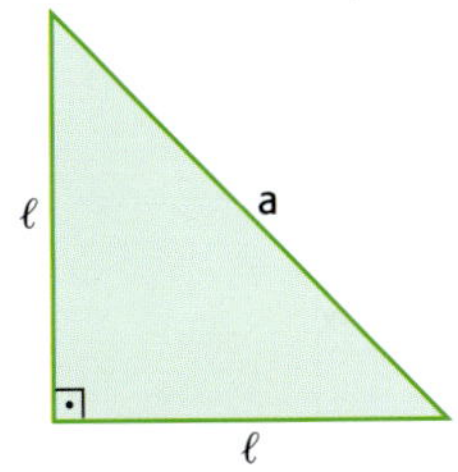

$a^2 = 2\ell^2 \Rightarrow a = \ell\sqrt{2}$

7. a) $a = \sqrt{2}$; $b = \sqrt{3}$; $c = 2$; $d = \sqrt{5}$; $e = \sqrt{6}$

b)

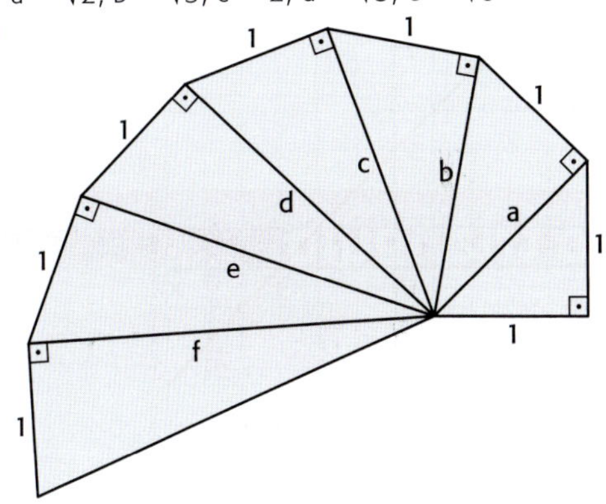

8. 8 cm

9. a) OB = $2\sqrt{2}$ cm, AO = $2\sqrt{2}$ cm e AB = 4 cm.

b) CF = 2 cm, CE = 2 cm e EF = $2\sqrt{2}$ cm.

c) DE = 2 cm, DN = $\sqrt{2}$ cm e EN = $\sqrt{2}$ cm.

10. 4 dm **11.** 105 m **12.** 36 cm²

13. $6\sqrt{5}$ m

14. $36\sqrt{3}$ cm²

15. a) I – hipotenusa; II e IV – catetos; III – altura relativa à hipotenusa.

b) m = 7,2; n = 12,8

16. $y = 12$; $x = 4\sqrt{3}$; $z = 8\sqrt{3}$

17. Área do triângulo equilátero cujo lado mede 5 unidades:

$A_1 = \frac{5^2\sqrt{3}}{4} = \frac{25\sqrt{3}}{4}$ (I)

Área do triângulo equilátero cujo lado mede 4 unidades (A_2) mais área do triângulo equilátero cujo lado mede 3 unidades (A_3):

$A_2 + A_3 = \frac{4^2\sqrt{3}}{4} + \frac{3^2\sqrt{3}}{4} = \frac{16\sqrt{3}}{4} + \frac{9\sqrt{3}}{4} = \frac{25\sqrt{3}}{4}$ (II)

Por meio das igualdades I e II verificamos que $A_1 = A_2 + A_3$.

18. 48 **19.** 5,25 m

20. a) Resposta pessoal. b) Aproximadamente 25 590 km.

Unidade 5 – Estudo das funções

Atividades (p. 146)

1.

Número de passagens vendidas	0	1	2	5	18
Arrecadação (em R$)	0	2,40	4,80	12,00	43,20

a) Sim. Porque relaciona duas grandezas de modo que o número de passagens vendidas se relaciona com um único valor de arrecadação.

b) Variável independente: número de passagens vendidas; variável dependente: arrecadação.

c) V = 2,40x

2. • y = –11 • x = 5

3. a) 96 reais.

b) Da área da toalha. Do perímetro da toalha.

4. a) y = 10x b) z = 8x

5. Resposta pessoal.

6. Possível resposta: O valor da refeição em um restaurante com comida "por quilo" em função da massa de comida consumida.

7. a)

Medida h da altura (em cm)	Área (em cm²)
2	4
4	8
5,5	11
11	22

b) y = 2h

8. a) Da massa (kg) na banca da esquerda e da quantidade (unidade) na da direita.

b) No caso de o mamão (unidade) pesar mais de 1,111... kg.

Atividades (p. 151)

9. a) 25 cm³ b) 7 cm

10. a)

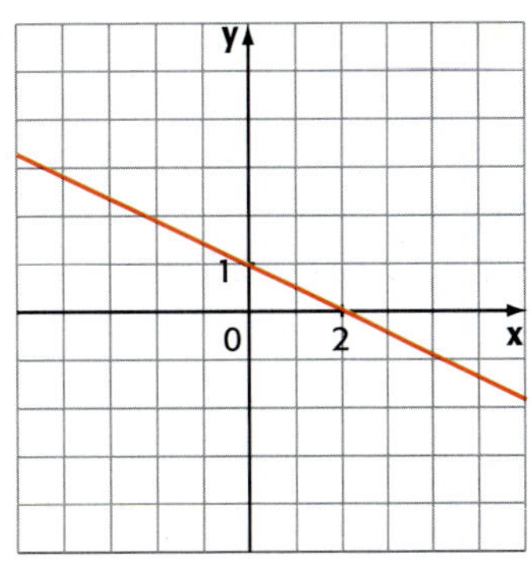

b)

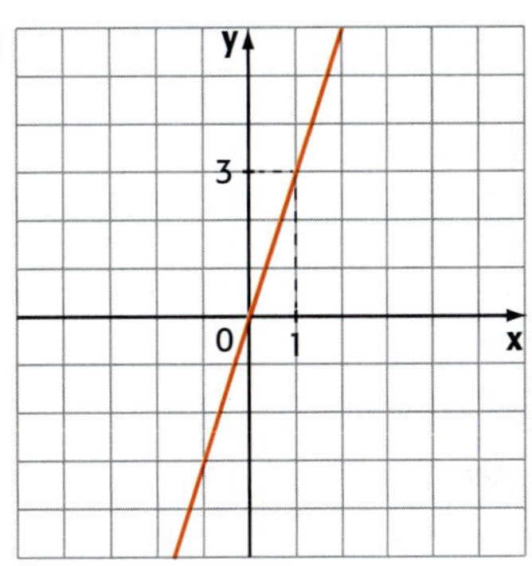

c)

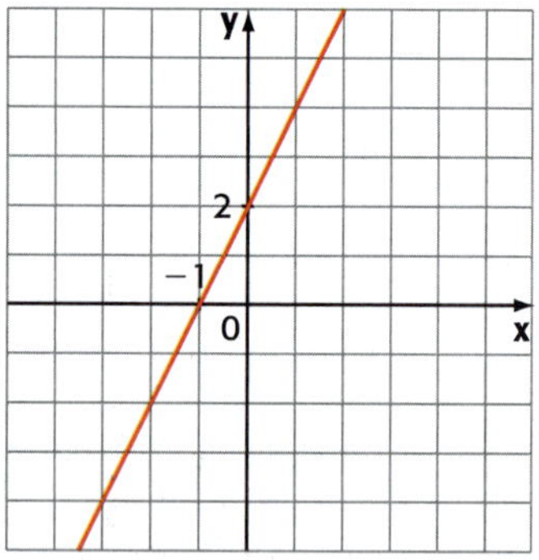

d)

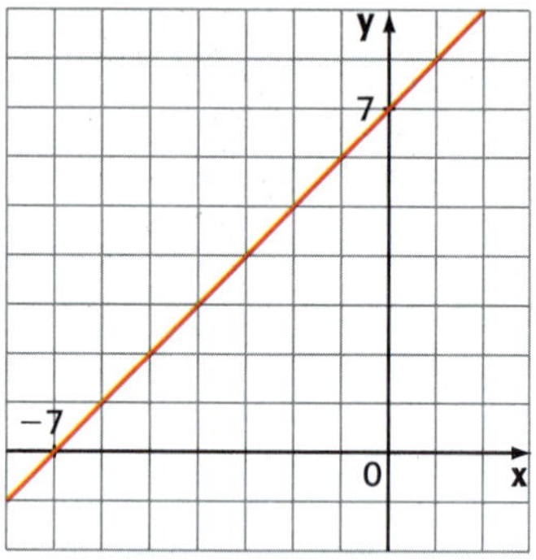

e)

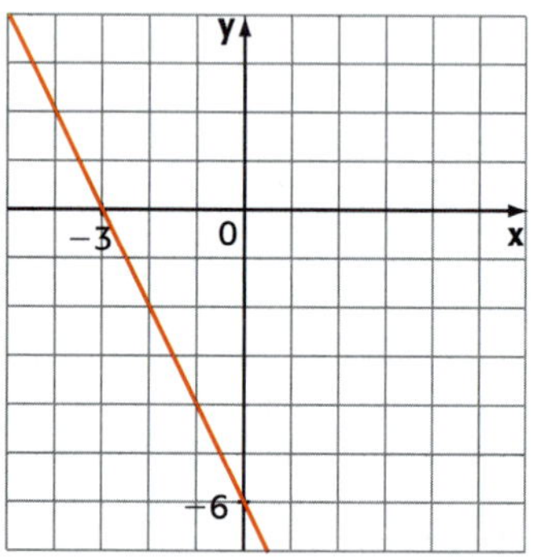

11. Alternativa **b**.

12. Alternativa **d**.

13. Alternativa **c**.

14. Alternativa **c**.

15. a) $m = -3$ b) $m = 8$

16. a) $y = -6 + \frac{x}{5}$ b) 30 minutos.

17. Alternativa **a**.

Teia do saber (p. 153)

1. Alternativa **b**.

2. a) Por 21 kWh: R$ 10,30; por 30 kWh: R$ 16,60.
b) • $y = 9{,}6$, para $0 \leq x \leq 20$
• $y = 9{,}6 + (x - 20) \cdot 0{,}7$, para $x > 20$

3. a) Aos 9 anos: 42,5 mm; aos 20 anos: 136 mm.
b) 13 anos.
c) Sim. Porque, a partir dos 5 anos, cada ano se relaciona com uma única espessura.
d) Variável independente: idade; variável dependente: espessura da camada de anéis.

Atividades (p. 158)

18. Itens **a**, **b**, **e** e **f**.

19. a)

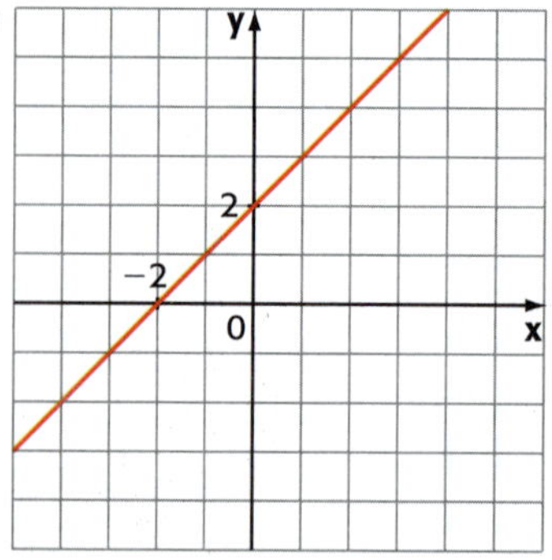

b)

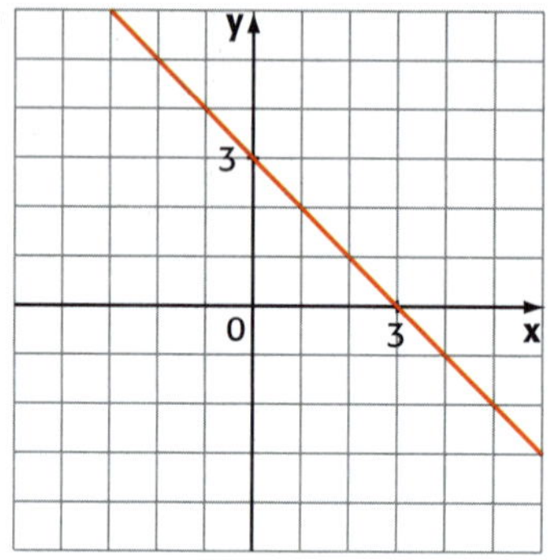

c)

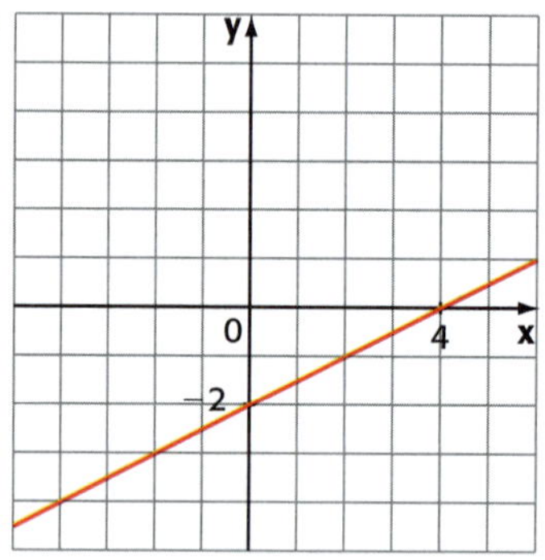

d)

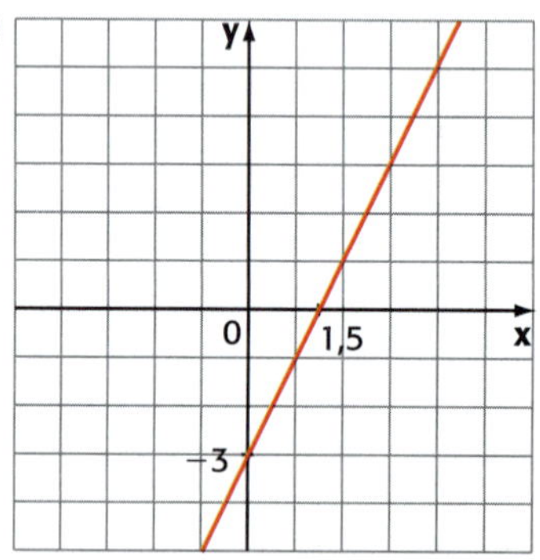

e)

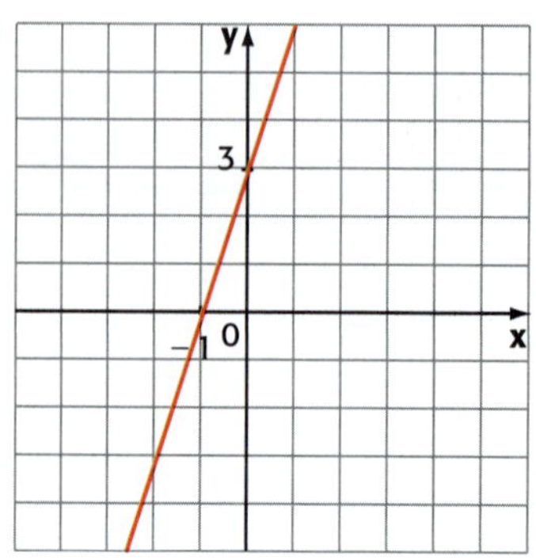

f)

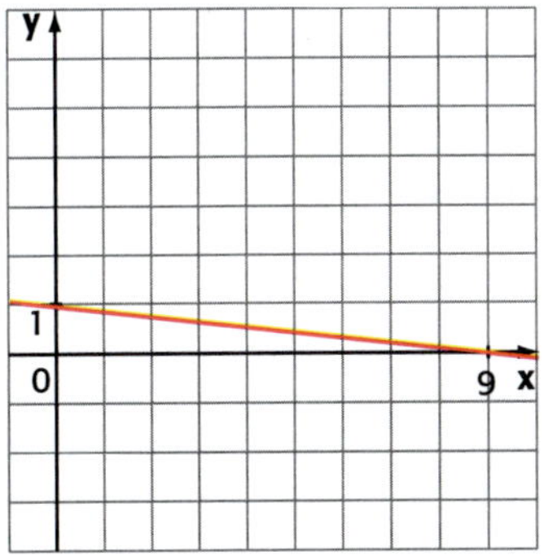

21.

x	2	3	5	8	10
y	5	3	−1	−7	−11

22. Alternativa **c**.

23. 9

24. a)

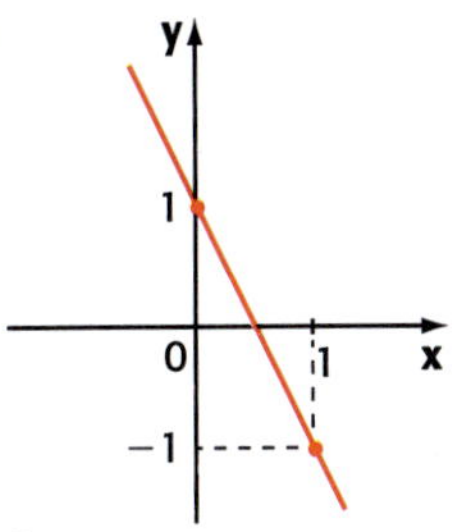

b) 9

25. a) $y = 1200 + 0{,}02x$ b) Crescente.

26. $y = 2x + 1$

27. a) −1
b) 4
c) 0

28. a) $y = 2x + 4$
b) $y = -2x + 4$
c) $y = \frac{x}{3} + \frac{4}{3}$
d) $y = 5$

29. a) Decrescente.
b) Crescente.
c) Crescente.
d) Constante.

30. Decrescente.

31. Constante.

32. I – Verdadeira. II – Falsa.

Atividades (p. 163)

33. a)

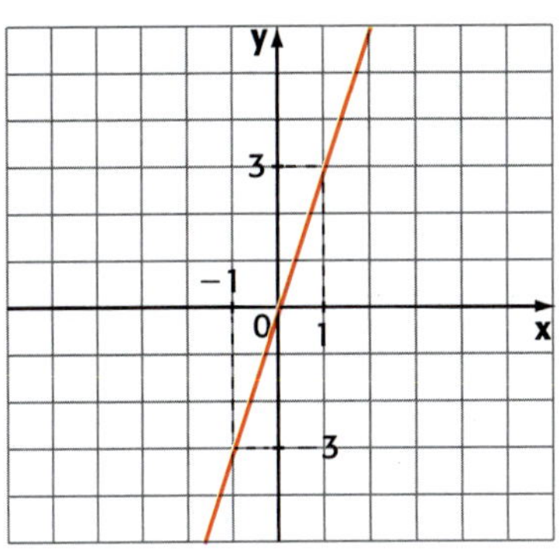

b)

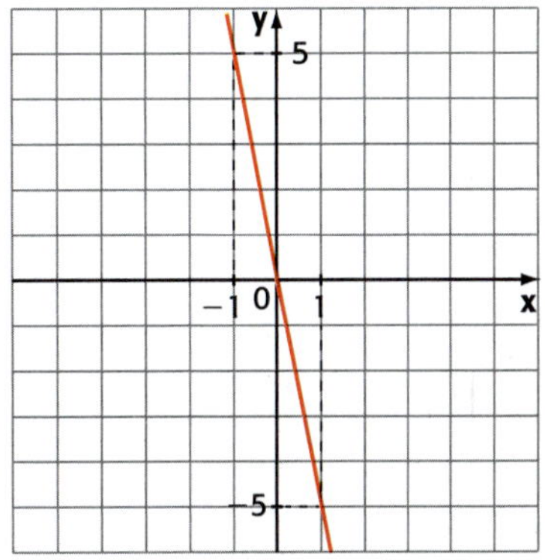

c)

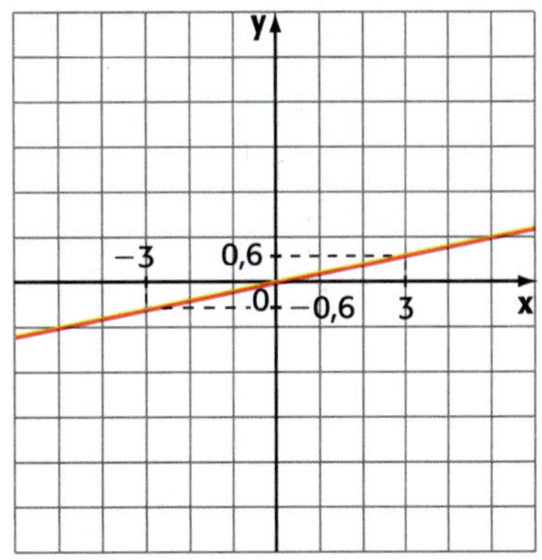

d)

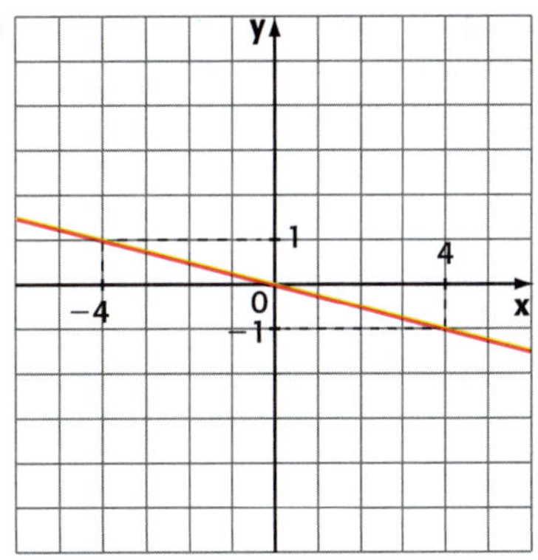

34. Possíveis respostas:
a) $y = 4{,}5x$
b) $y = -x$
c) $y = -6x$
d) $y = 8x$

35. a) $y = \frac{x}{2}$
b) 21
c) 14

36. a) $m = 2n$
b) Conjunto dos números naturais.
c) 12 diâmetros.

37. a) 40 cm
b) 2,5 kg

Teia do saber (p. 164)

1. a) 1, 5 e 8.
b) $y = -3x + 2$

2. a) O gráfico III.
b) Crescente.

3. a) R$ 0,25 por minuto
b) R$ 51,60
c) y = 30,00 + 0,8t

4. a) −1
b) −7

5. a) 30 entrevistas.
b) Deve fazer 22 entrevistas.

6. n = 2a

7. a) $y = -\frac{3}{2}x + 3$
b) y = 0,6x + 8

8. a) 7 800 L
b) 37,5 min
c) V = 15 000 − 400t

9. a) 80 km/h
b) No quilômetro 139.

10. a) Resposta pessoal.
b) 10 meses.
c) 20 meses.

Atividades (p. 172)

38. a) a = −1; b = 0; c = 1.
b) a = 1; b = −2; c = 0.
c) Não é quadrática.
d) Não é quadrática.

39.

t	−3	−2	−1	0	1	2	3
y	0	−2	−2	0	4	10	18

40. a) 9
b) 4
c) 9
d) 49
e) 1

41. a) x = 6 ou x = −1.
b) x = 2 ou x = 3.

42. a) 6 jogos; 12 jogos; 20 jogos.
b) y = n(n − 1) ou $y = n^2 - n$.

43. a)

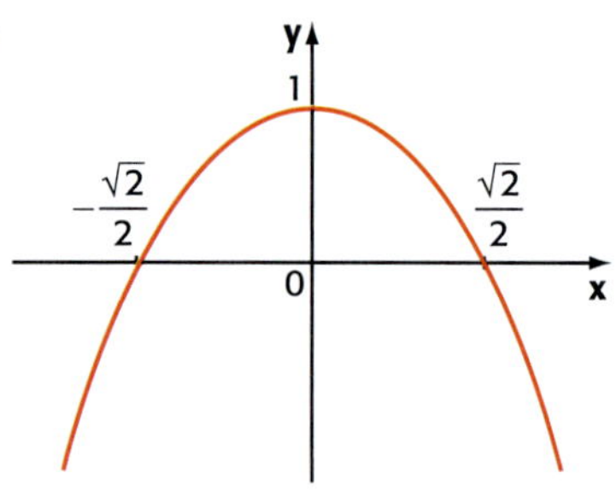

b)

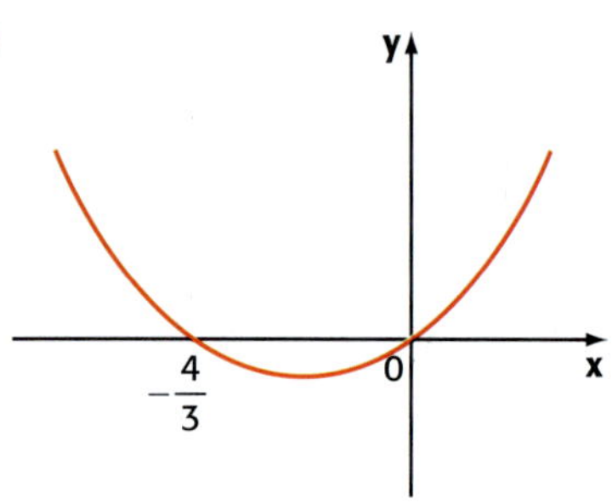

c)

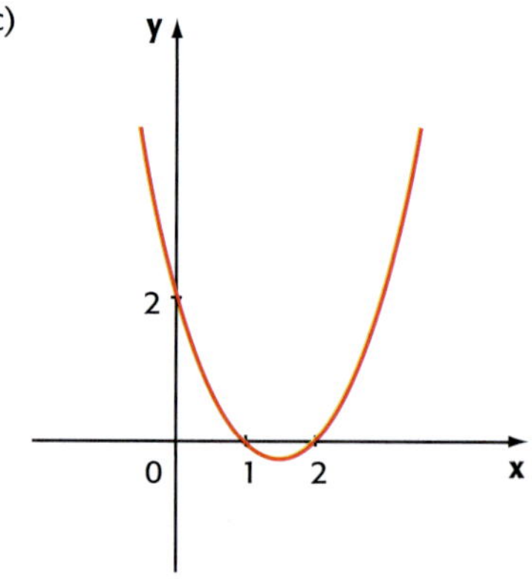

d)

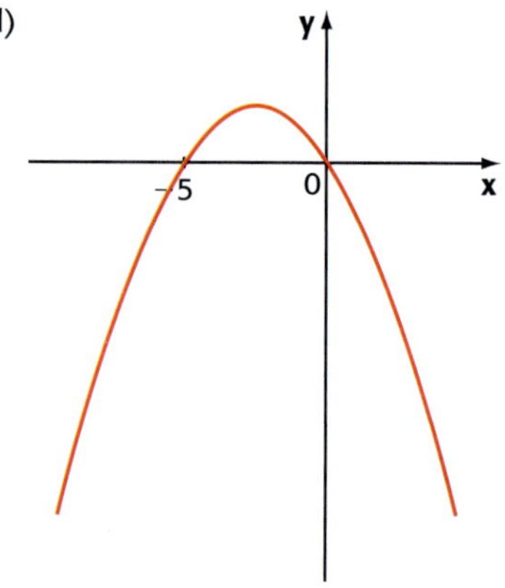

44. a) Voltada para cima.
b) Voltada para baixo.
c) Voltada para cima.
d) Voltada para baixo.

45. a) m > 1
b) m < −4

46. a) Possível resposta: $y = x^2$; $y = 3x^2$; $y = 14x^2 + 7$.
b) Possível resposta: $y = -x^2$; $y = -3x^2$; $y = -14x^2 + 7$.

47. a) y = −5
b) y = 10
c) y = 7
d) y = 0

48. a) $x_1 = 3$; $x_2 = 4$.
b) $x_1 = 0$; $x_2 = 4$.
c) $x_1 = 1$; $x_2 = 3$.
d) $x_1 = -5$; $x_2 = 5$.
e) $x_1 = 2$; $x_2 = 4$.
f) $x_1 = x_2 = 5$.

49. a) m < 1
b) m > 1

50. 13 lados.

51. a) $x_V = -\frac{7}{2}$; $y_V = -\frac{1}{4}$.
b) $x_V = \frac{5}{2}$; $y_V = -\frac{49}{4}$.
c) $x_V = -2$; $y_V = 4$.
d) $x_V = 0$; $y_V = 4$.
e) $x_V = 3$; $y_V = -15$.
f) $x_V = 4$; $y_V = -4$.

52. $x = \frac{5}{4}$

53. $c = 21$

55. a)

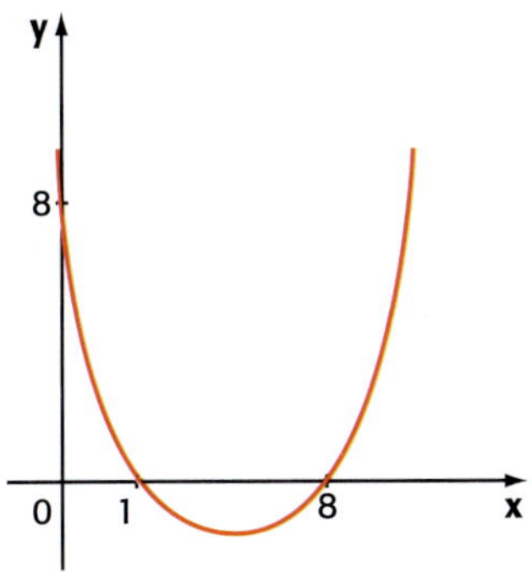

b)

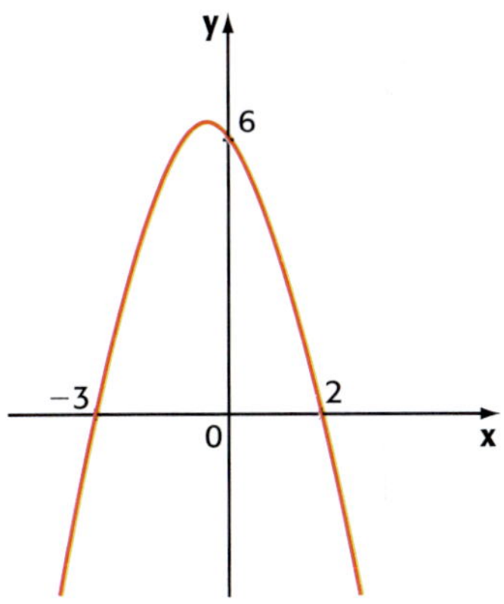

c)

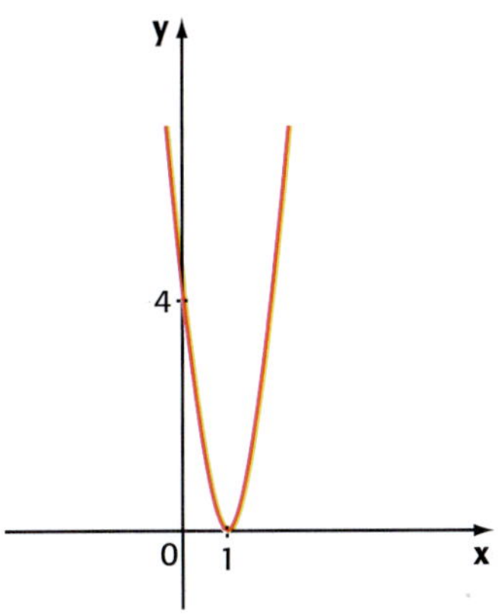

d)

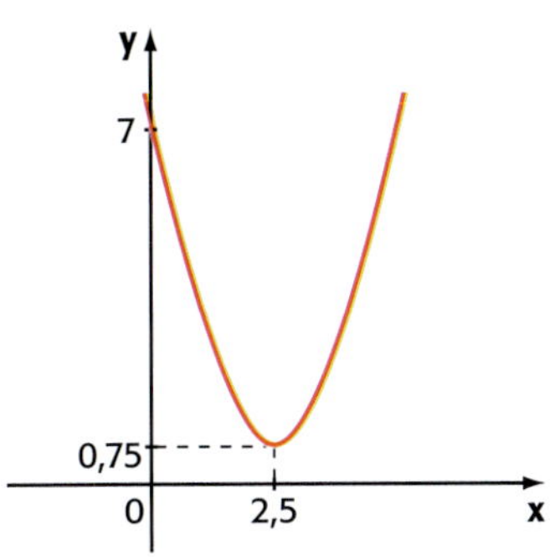

56. a) 10 cm
b) $h = 10 - x$
c) $A = x(10 - x)$ ou $A = -x^2 + 10x$

d)

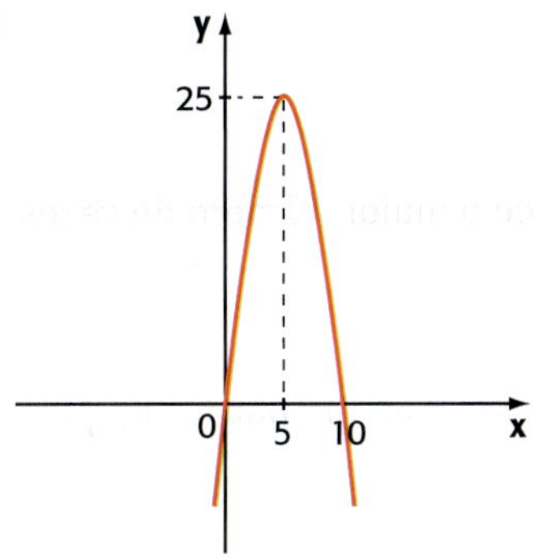

58. $y = -x^2 + 6x$

Atividades (p. 176)

59. a) Máximo: (0, 4).
b) Mínimo: (3, −9).
c) Máximo: (0, 0).
d) Máximo: (1, 8).

60. O quadrado de lado 15 cm.

61. a) Resposta possível: 12 e 24; 20 e 16.
b) 18 e 18.

62. a) $40 - x$
b) $30 + x$
c) $y = (40 - x)(30 + x)$
d) 5
e) 1 225 reais

Ativando habilidades (p. 176)

- Alternativa **a**.

Teia do saber (p. 178)

1. R$ 65,00

2. Alternativa **d**.

3. I – D; II – B; III – A; IV – C.

4. (−3, −3) e (2, 2).

5. Alternativa **e**.

6. a)

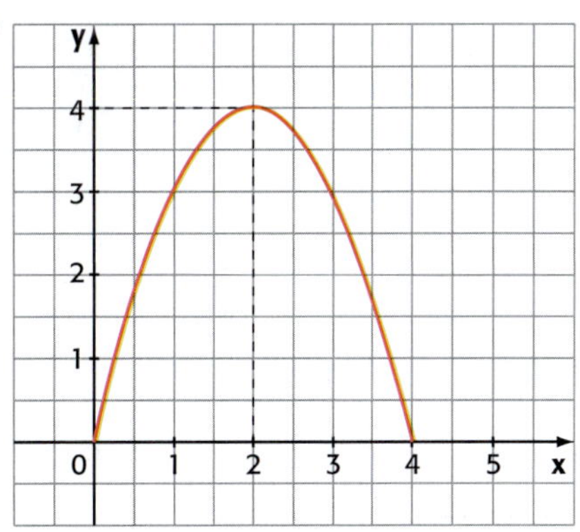

b) 4 metros.
c) 4 metros.

Unidade 6 – Introdução à trigonometria e polígonos regulares

Atividades (p. 189)

1. a) sen $\alpha = \frac{\sqrt{7}}{4}$; cos $\alpha = \frac{3}{4} = 0{,}75$; tg $\alpha = \frac{\sqrt{7}}{4}$.

b) sen $\alpha = \frac{3}{5} = 0{,}6$; cos $\alpha = \frac{4}{5} = 0{,}8$; tg $\alpha = \frac{3}{4} = 0{,}75$.

2. a) sen $\beta = \frac{2\sqrt{2}}{3}$; cos $\beta = \frac{1}{3}$; tg $\beta = 2\sqrt{2}$.

b) sen $\beta = \frac{5}{8} = 0{,}625$; cos $\beta = \frac{\sqrt{39}}{8}$; tg $\beta = \frac{5\sqrt{39}}{39}$.

c) sen $\beta = \frac{\sqrt{5}}{5}$; cos $\beta = \frac{2\sqrt{5}}{5}$; tg $\beta = \frac{1}{2}$.

3. a) $x = \frac{14}{5}$
b) $x = 2$
c) $x = 6$

4. cos $\alpha = \frac{3}{5}$

5. $x = 16$; sen $\beta = \frac{3}{5} = 0{,}6$; cos $\beta = \frac{4}{5} = 0{,}8$; tg $\beta = \frac{3}{4} = 0{,}75$.

6. Área = 100 unidades de área.

7. a) tg $\beta = \frac{1}{2}$
b) $y = 6$
c) $x = 18$

Atividades (p. 191)

8. 74 cm

9. tg $\alpha = \frac{8}{15}$

10. a) Cosseno.
b) Seno.
c) $\text{sen}^2\,\alpha + \cos^2\alpha = 1$

Atividades (p. 194)

11. a) 0,469
b) 0,156
c) 0,601
d) 0,242
e) 0,560
f) 1,072

12. a) 7°
b) 73°
c) 43°
d) 85°

13. h = 48,16 m

14. a) $\sqrt{5}$ m
b) 42°

15. a) 10 000 pés.
b) Aproximadamente 37°.

16. $y \cong 5{,}77$ cm; $x \cong 11{,}55$ cm.

17. $d \cong 123$ m

18. 19,38 m.

19. Aproximadamente 25°.

20. a) h = 4,6764 m
b) 4,6764 m

Atividades (p. 198)

21. a) $x = \frac{5\sqrt{2}}{2}$; $y = \frac{5\sqrt{2}}{2}$
b) $x = 4$; $y = 2\sqrt{3}$
c) $x = \sqrt{3}$; $y = 2$
d) $y = 12$; $x = 24$
e) $c = 8$; $b = \frac{8\sqrt{3}}{3}$; $a = \frac{16\sqrt{3}}{3}$

22. Alternativa **b**.

23. Todo triângulo retângulo, com ângulos de 45°, é isósceles.

24. a) $x = 3\sqrt{2}$
b) $6 + 6\sqrt{2}$ cm

Ativando habilidades (p. 199)

- Alternativa **c**.

Teia do saber (p. 201)

1. a) Porque o cateto é sempre menor do que a hipotenusa (e maior do que zero).
b) Porque o cateto é sempre menor do que a hipotenusa (e maior do que zero).

2. O valor de **x**, pois, ao apertar a tecla "tan", ela obteve a razão $\frac{x}{17}$, a qual multiplicada por 17 fornece o valor de **x**.

3. a) tg 45° $= \frac{x}{y} \Rightarrow x = y$
b) tg 30° $= \frac{x}{50 + y}$
c) $x \cong 68{,}20$ m; $h \cong 69{,}5$ m.

4. $\frac{3}{5}$

5. $h \cong 184{,}8$ m

6. a) Cateto de medida **x**.
b) 45°

7. a) Sim, pois $\frac{1{,}2}{8} = 0{,}15 = 15\%$.
b) Aproximadamente 9°.

8. a) Cateto oposto.
b) Hipotenusa.
c) CL ≅ 385 542,17 km

9. a) Ângulo máximo de aproximadamente 5°.
b) Possível resposta: Piso antiderrapante, largura mínima de 1,20 metro, corrimãos duplos nos dois lados da rampa, patamares no início e no final de cada segmento.
c) Resposta pessoal.

Atividades (p. 206)

25.

Número de lados do polígono regular	Medida do ângulo interno
3	60°
6	120°
10	144°
18	160°
20	162°
96	176,25°

Aumenta, aproximando-se de 180°.

26. a) $\ell = 5\sqrt{2}$
b) $\ell = 9$
c) $x = \sqrt{3}$
d) $x = 8$

27. a) 18 cm
b) 108 cm

28. a) 60°
b) Sabemos que $\alpha = 60°$; além disso, como o triângulo ABC é isósceles, temos que $\beta = \gamma$.
Assim, a soma das medidas dos ângulos internos desse triângulo é igual a:
$\alpha + \beta + \gamma = 180°$
$60° + \beta + \gamma = 180°$
$\beta + \gamma = 120°$
Logo, como $\beta = \gamma$, então $\beta = \gamma = 60°$.
c) São iguais.
d) $\frac{r\sqrt{3}}{2}$
e) Possível resposta:
I. Construa, com um compasso, uma circunferência de centro O e raio qualquer.
II. Marque um ponto na circunferência e nomeie-o de A.
III. Com a ponta-seca em A e com abertura correspondente ao raio $\overline{OA}$, marque o ponto B na circunferência.
IV. Para obter os pontos C, D, E e F, a construção é análoga à do passo III.
V. Ligue, com o auxílio de uma régua, os pontos A, B, C, D, E e F para obter um hexágono regular.

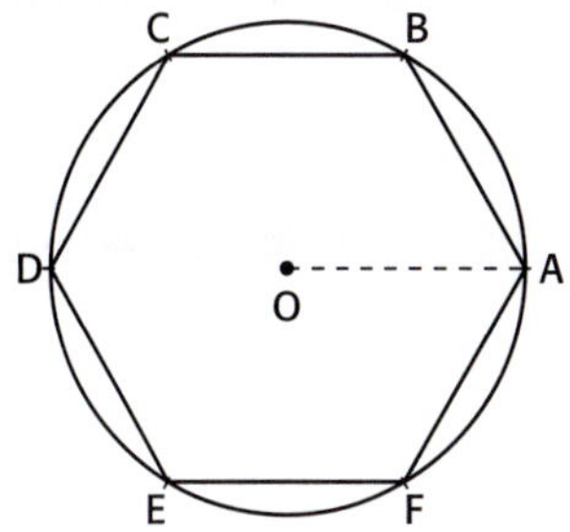

29. a) 90° b) $\ell = r\sqrt{2}$ c) $a = \frac{r\sqrt{2}}{2}$

30. a) 36 unidades b) $3\sqrt{3}$ unidades

Atividades (p. 207)

31. a) $\frac{8\sqrt{3}}{3}$ cm b) $\frac{16\sqrt{3}}{3}$ cm

32. 8 cm

33. $36\sqrt{3}$ cm

34. $\frac{5\sqrt{3}}{2}$ cm

Teia do saber (p. 208)

1. Alternativa **b**.

2. Alternativa **d**.

3. Não existe, pois $\frac{(n - 2) \cdot 180°}{n} = 155°$ não tem solução inteira.

4. $4\sqrt{3}$ cm

5. 144 cm

6. $15\sqrt{2}$ cm

7. $10\sqrt{3}$ cm

8. $2\sqrt{2}$ cm

9. M(3, 3), L(−3, 3), P(−3, −3) e N(3, −3).

10. 2

11. a) Heptágono.
b) Inscrito.
c) Aproximadamente 10,6 mm.

Unidade 7 – Perímetro, área e volume

Atividades (p. 216)

1. a) 24,7 m b) 35,6 cm c) $\frac{45}{4}$ cm

2. $(8 + 8\sqrt{2})$ cm

3. 40 unidades de comprimento.

4. a) 14,8 cm
b) 11,5 cm

5. a) $(12 + 4\sqrt{3})$ cm
b) $(14 + 7\sqrt{2})$ cm

Atividades (p. 219)

6. a) 25,12 cm
b) 16,328 cm
c) 31,4 cm
d) 13,188 cm

7. a) 50,24 cm b) 6 cm

8. Circunferência maior: 4π cm; circunferência menor: $2\sqrt{2}\pi$ cm.

9. 125,6 m

10. r = 5 u.c.; C = 10π u.c.

11. 16π cm

12. a) Também triplicará. b) Também reduzirá 20%.

13. $8\pi\sqrt{3}$ cm

14. Possível resposta: Qual é o perímetro de uma semicircunferência de 1 metro de diâmetro?

15. 15,7 cm

16. 6,1 cm

17. Edilene estava correta. O contorno da figura A mede $(10 + 5\pi)$ cm e o da figura B também.

18. $(120 + 15\pi)$ cm

19. $2(3\pi + 4)$ cm

20. 16 cm

21. Alternativa **d**.

Atividades (p. 226)

22. a) 29,8 cm² b) 30,2 cm²

23.

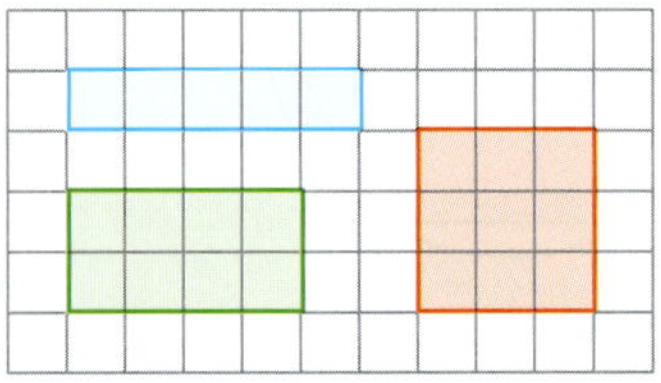

Não.

24. a) $20\sqrt{5}$ cm² b) $60\sqrt{6}$ cm²

25. Perímetro = $(8 + 8\sqrt{2})$ cm; Área = 16 cm²

26. $56\sqrt{5}$ m²

27. 38,36 m²

28. a) $4\sqrt{2}$ m b) 56 m²

29. a) $h = 3\sqrt{3}$ m b) 23,38 m²

30. $12\sqrt{3}$ m²

31. Perímetro = 40 cm; área = 72 cm².

32. 30 u.a.

33. Triângulos grandes: 9 u.a.

Triângulo médio: $\frac{9}{2}$ u.a.

Triângulos pequenos: $\frac{9}{4}$ u.a.

Quadrado: $\frac{9}{2}$ u.a.

Paralelogramo: $\frac{9}{2}$ u.a.

34. a) $32\sqrt{3}$ cm²
b) $64\sqrt{3}$ cm²

35. a) A = 55 cm²
b) A = 120 cm²

36. a) p = 2 cm
b) $h = 2\sqrt{3}$ cm
c) $24\sqrt{3}$ cm²

37. a) 6 cm e 9 cm
b) 54 cm²

38. a) DF = 8 cm
b) Sim, pelo teorema fundamental da semelhança os triângulos AFD e ACB são semelhantes.
c) 6 cm
d) 36 cm²

40. 236 cm²

41. a) 8 cm² b) 36 cm²

42. a) $16\sqrt{3}$ cm² b) 8 cm

43. $\frac{1}{3}$

45. $A_T = 150(1 + 2\sqrt{3})$ cm²

46. a) $\sqrt{2}$ cm
b) 2 cm
c) 4 cm²

Atividades (p. 233)

47. a) 9π cm²
b) 36π cm²
c) 81π cm²
d) $2{,}25\pi$ cm²

48. Não. Ao dobrar a medida do raio, a área passou a ser 4 vezes maior do que a área original; ao triplicar a medida do raio, a área passou a ser 9 vezes maior do que a área original; ao reduzir a medida do raio à metade, a área passou a ser 4 vezes menor do que a área original.

49. $A_i = 9\pi$ cm²; $A_c = 18\pi$ cm².

50. a) $4{,}5\pi$ cm² b) 8π cm²

51. a) $16 \cdot \left(\frac{4\pi}{3} - \sqrt{3}\right)$ cm² c) $\frac{25\pi}{2}$ cm²
b) $\left(\frac{25\pi}{2} - 25\right)$ cm² d) $(144 - 36\pi)$ cm²

52. 20π u.a.

53. a) 2π cm² b) 3π cm² c) $30{,}25\pi$ cm²

54. 39π cm²

55. 3 cm

56. $\frac{4\pi}{3}$ cm²

57. 96% de aumento.

58. Alternativa **b**.

59. Aproximadamente 21,5%.

60. 164,85 cm²

Ativando habilidades (p. 235)

- Alternativa **e**.

Teia do saber (p. 237)

1. Alternativa **b**.

2. a) 2 voltas. b) 62,8 cm

3. a) Resposta pessoal. b) $\frac{1}{2\pi}$ m ou aproximadamente 16 cm

4. Aproximadamente 21,57 m²

5. 40 unidades de área.

6. Alternativa **a**.

7. a) 623,7 cm²
b) 311 850 cm²
c) 31,185 m²
d) 2 338,875 g

8. $A = 64\sqrt{3}$ cm²

9. 126 estrelas.

10. $96\sqrt{3}$ m²

11. a) A medida do raio de cada circunferência, a partir da segunda, é igual a $\frac{2}{3}$ da medida do raio da circunferência imediatamente à esquerda.
b) $C = \frac{32\pi}{81}$ unidades de comprimento;
$A = \frac{256\pi}{6\,561}$ unidades de área.

12.

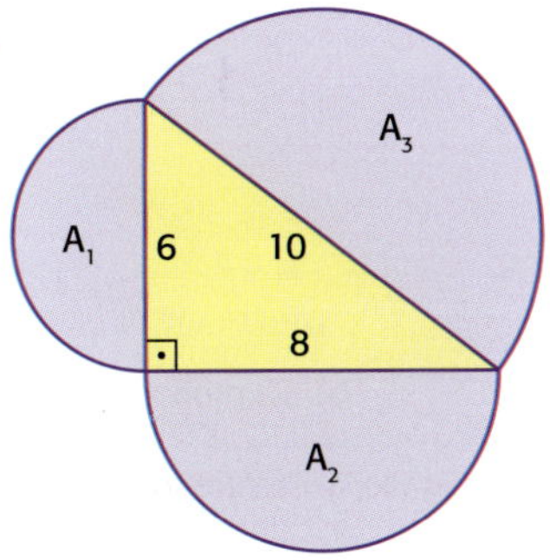

$R_1 = \frac{D_1}{2} = \frac{6}{2} = 3$

$A_1 = \frac{180°}{360°}\pi R_1^2 = \frac{1}{2}\pi 3^2 = \frac{9}{2}\pi$

$R_2 = \frac{D_2}{2} = \frac{8}{2} = 4$

$A_2 = \frac{180°}{360°}\pi R_2^2 = \frac{1}{2}\pi 4^2 = \frac{16}{2}\pi$

$R_3 = \frac{D_3}{2} = \frac{10}{2} = 5$

$A_3 = \frac{180°}{360°}\pi R_3^2 = \frac{1}{2}\pi 5^2 = \frac{25}{2}\pi$ (I)

$A_1 + A_2 = \frac{9}{2}\pi + \frac{16}{2}\pi = \frac{25}{2}\pi$ (II)

Por meio das igualdades I e II, verificamos que $A_3 = A_1 + A_2$

13. 800 000 árvores.

14. a) 1,91 m
b) Aro 26.
c) Resposta pessoal.

Atividades (p. 244)

61. a) 72 cm³
b) 125 cm³
c) 100 cm³
d) 21 cm³

62. a) 960π cm³
b) 192π cm³

63. 5 minutos.

64. 6 cm

65. 5,805 cm³

66. Aproximadamente 32,442 litros.

Teia do saber (p. 245)

1. 3 m³

2. Aproximadamente 203,5 litros.

3. 395,64 cm³

4. 1 024 caixas.

5. 480 cm³

6. 160 cm³

7. 8 L

8. a) 64 000 cm³
b) 12,8 kg

9. 112 500 cm³

10. 254,34 mL

11. 2 m

12. 5 m

13. a) A instalação de cisternas.
b) Resposta pessoal.
c) 14 130 litros.

Unidade 8 – Estatística, contagem e probabilidade

Atividades (p. 255)

1. Amostra.

2. a) Quantitativa.
b) Qualitativa.
c) Quantitativa.
d) Qualitativa.
e) Qualitativa.
f) Quantitativa.

Atividades (p. 259)

3. a) Mato Grosso.
b) Paraíba, Espírito Santo, Alagoas, Amazonas, Rio Grande do Norte, Rio de Janeiro e Amapá.
c) Adicionando a produção dos estados de Roraima, Amapá, Amazonas, Pará, Tocantins, Acre e Rondônia:
1,4% + 0,8% + 0,4% + 0,1% + 0,1% = 2,8%

4. a) Os domicílios do Brasil.
b) Aproximadamente 19 vezes.
c) 211,71 milhões de habitantes.

5. a) 510 pessoas.
b) 144 pessoas.
c) Resposta pessoal.

6. a) 7,6%. 2010.
b) 2009.

7. Casamento civil e religioso.

8. a) Mais de 2 salários mínimos.
b) Sim.

Atividades (p. 265)

9. a) **Gols realizados por uma equipe**

Nº de gols	Frequência absoluta	Frequência relativa
0	2	$\frac{2}{10}$ = 0,20 ou 20%
1	1	$\frac{1}{10}$ = 0,10 ou 10%
2	3	$\frac{3}{10}$ = 0,30 ou 30%
3	3	$\frac{3}{10}$ = 0,30 ou 30%
4	1	$\frac{1}{10}$ = 0,10 ou 10%

Dados elaborados pelo autor.

b) 2 gols.

10. a) Moda: R$ 855,00; média: R$ 860,00; mediana: R$ 855,00.
b) Moda: R$ 855,00; média: R$ 825,00; mediana: R$ 855,00.

11. 1,52 m

12. Possíveis respostas: 2, 3, 5, 10; 2, 5, 6, 7.

13. a) 13 anos. b) 12,24 anos. c) 13 anos.

14. a) Média: 5,2; moda: 9,0 e 3,0; mediana: 3,00.
b) Resposta pessoal.

15. a) 140 b) 7,1

Teia do saber (p. 266)

1. a) O número de leitos em estabelecimentos de saúde.
b) Quantitativa.
c) 1999, 2002, 2006 e 2009.
d) Sul. Norte.

2. a) Porcentagem de pessoas com 10 anos ou mais, por região, que tinham acesso à internet nos anos de 2012 e 2013.
b) Região Sul.
c) Região Nordeste.

3. a) Aumentou. b) 2003, 2004 e 2006. c) 2009; 8,1%.

4. a) R$ 20,00
b) R$ 15,20
c) R$ 14,00

5. R$ 210,00

6. Moda.

7. a) 120 pessoas. b) 4 ou 5 vezes.

8. a) Contaminação do ar, do solo, do lençol freático e ameaça à saúde pública devido à propagação de doenças.
b) **Quantidade de empresas em relação ao número de pneus reformados em 2012 (%)**

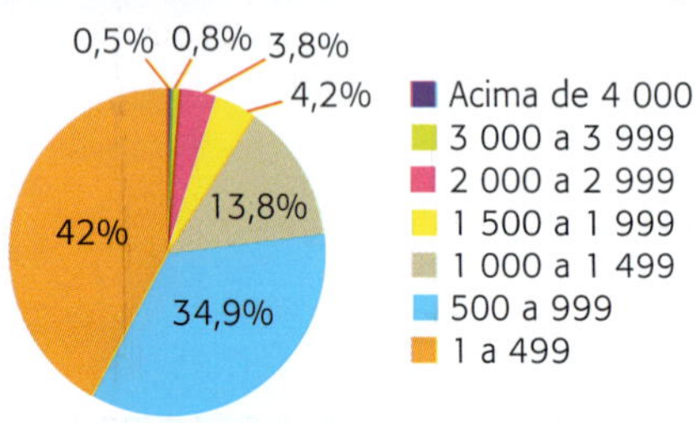

c) Possível resposta: Doenças como a dengue, a malária e a febre amarela, que são transmitidas por mosquitos que usam os pneus como criadouro; doenças derivadas da queima de pneus, como a deterioração das funções pulmonares e depressão do sistema nervoso e central.

Atividades (p. 273)

16. 40 modos.

17. 100 000 números diferentes.

18. São 11 retas.

19. 81 números.

20. 20 modos.

21. 24 modos.

22. 1 000 000 senhas.

23. a) 6 modos. b) 12 modos.

Atividades (p. 278)

24. $\frac{1}{3}$

25. a) $\frac{1}{4}$ b) $\frac{1}{2}$ c) $\frac{1}{6}$ d) $\frac{1}{2}$

26. a) 6 modos. b) $P = \frac{2}{6} = \frac{1}{3}$

27. a) $\frac{7}{9}$ b) $\frac{19}{36}$ c) $\frac{2}{5}$

29. Alternativa **c**.

Ativando habilidades (p. 280)

- Podemos dividir o problema em 5 casos distintos: caso as 6 casas sejam de alvenaria, teremos apenas 1 possibilidade. Se, das 6 casas, uma for de madeira, teremos 6 possibilidades. Para 2 casas de madeira, teremos 10 possibilidades. Para 3 casas de madeira, 4 possibilidades e, por fim, 4 casas ou mais, nenhuma possibilidade.
Portanto, pode-se planejar de 21 maneiras diferentes a construção dessas 6 casas.

Teia do saber (p. 281)

1. 18 marchas.

2. a) 6 modos. b) 6 modos.

3. 256 *bytes*.

4. 6 números.

5. 10 000 senhas.

6. 15 quadriláteros.

7. a) $\frac{27}{56}$ b) $\frac{26}{56}$ ou $\frac{13}{28}$ c) $\frac{15}{56}$

8. Não. A probabilidade de o produto dos dois números ser ímpar é 25%, e de ser par é 75%.

9. Alternativa **e**.

10. Alternativa **e**.

11. a) 25%
b) 25%
c) 50%
d) 0%
e) Resposta pessoal.

BOYER, Carl. *História da Matemática*. São Paulo: Blucher, 2010.

CAMPOS, C. R. et al. *Educação estatística* – teoria e prática em ambientes de modelagem matemática. Belo Horizonte: Autêntica, 2011.

CAVALCANTI, A. C. S. *Educação matemática e cidadania*: um olhar através da resolução de problemas. Tese de doutorado, UFPB, 2010. Disponível em: <http://bdtd.biblioteca.ufpb.br/tde_busca/arquivo.php?codArquivo=968>. Acesso em: 2 jun. 2015.

CAZORLA, I.; SANTANA, E. *Do tratamento da informação ao letramento estatístico*. Itabuna: Via Litterarum, 2010.

CHARNAY, R. Aprendendo com a resolução de problemas. In: PARRA, C.; SAIZ, I. *Didática da Matemática*. Porto Alegre: Artmed, 2009.

Coleção "Tópicos de história da Matemática para uso em sala de aula". São Paulo: Atual, 1992.

COXFORD, A. F.; SHULTE, A. P. *As ideias da Álgebra*. São Paulo: Atual, 1994.

CURY, H. N. *Análise de erros* – o que podemos aprender com as respostas dos alunos. Belo Horizonte: Autêntica, 2007.

FAZENDA, I. C. A. *Interpretação e interdisciplinaridade no ensino brasileiro*: efetividade ou ideologia. São Paulo: Loyola, 2011.

IFRAH, Georges. *Os números*. São Paulo: Globo, 1989.

KRULIK, S.; REYS, R. E. *A resolução de problemas na matemática escolar*. São Paulo: Atual, 2010.

LINDQUIST, Mary Montgomery; SHULTE, Albert P. (Orgs.). *Aprendendo e ensinando geometria*. São Paulo: Atual, 1994.

LOPES, C. A. E. *A probabilidade e a estatística no ensino fundamental*: uma análise curricular. Campinas: Editora da Unicamp, 1998.

LORENZATO, S. *Para aprender Matemática*. Campinas: Autores Associados, 2006.

MIGUEL, A.; MIORIN, M. A. *História na educação matemática* – propostas e desafios. Belo Horizonte: Autêntica, 2011.

Ministério da Educação. Secretaria de Educação Básica. Diretoria de Currículos e Educação Integral. Diretrizes Curriculares Nacionais da Educação Básica, Brasília: MEC/SEB/DICEI, 2013.

Ministério da Educação e do Desporto/Secretaria de Educação Fundamental. Parâmetros Curriculares Nacionais (PCN), Brasília, 1997.

ONUCHIC, L. R. Ensino-aprendizagem de Matemática através da resolução de problemas. In: BICUDO, M. A. V. (Org.). *Pesquisa em educação matemática*: concepções e perspectivas. São Paulo: Editora da Unesp, 1999. p. 199-218. (Seminários & Debates).

POLYA, G. *A arte de resolver problemas*. Rio de Janeiro: Interciência, 1995.

PONTE, J. P. et al. *Investigações matemáticas na sala de aula*. Belo Horizonte: Autêntica, 2005.

POZO, J. I. (Org.). *A solução de problemas* – aprender a resolver, resolver para aprender. Porto Alegre: Artmed, 1998.

SKOVSMOSE, O. *Towards a philosophy of critical mathematics education*. Dordrecht: Kluwer Academic Publishes, 1994.

SUGESTÕES DE LEITURA

BELOS, A. *Alex no país dos números*. São Paulo: Companhia das Letras, 2011.

Coleção "A descoberta da Matemática". São Paulo: Ática (14 títulos).

COUTINHO, L. *Matemática e mistério em Baker Street*. Rio de Janeiro: Ciência Moderna, 2003.

ENZENSBERGER, H. M. *O diabo dos números*. São Paulo: Companhia das Letras, 2006.

GUEDJ, D. O. *Teorema do papagaio*. São Paulo: Companhia das Letras, 1999.

IMENES, L. M. et al. Coleção "Pra que serve a Matemática". São Paulo: Atual (9 títulos).

POSKITT, K. *Matemática mortífera*. São Paulo: Melhoramentos, 2009.

SAMPAIO, F. A. *Matemágica* – história, aplicações e jogos matemáticos, v.1 e 2. Campinas: Papirus, 2011.

Série "Vivendo a Matemática", São Paulo: Scipione (13 títulos).

SMOOTHEY, M. *Série Investigação matemática*. São Paulo: Scipione (12 títulos).

SZPIRO, G. G. *A vida secreta dos números*: 50 deliciosas crônicas sobre como trabalham e pensam os matemáticos. Rio de Janeiro: DIFEL, 2011.

TAHAN, M. *Matemática divertida e curiosa*. Rio de Janeiro: Record, 2002.

TAHAN, M. *O homem que calculava*. Rio de Janeiro: Record, 2003.

VERMA, S. *Ideias geniais na Matemática*: maravilhas, curiosidades, enigmas e soluções brilhantes da mais fascinante das ciências. Belo Horizonte: Gutemberg, 2013.

Jornadas.mat

Caderno de Atividades 9

Matemática

Organizadora:
Editora Saraiva
Obra coletiva organizada e produzida pela Editora Saraiva

Editora responsável:
Viviane Carpegiani

Edição: Carlos Eduardo de Oliveira
Julio Cesar Augustus de Paula Santos
Luís Felipe Porto Mendes
Marcela Maris
Rani de Oliveira e Souza

Editora Saraiva

APRESENTAÇÃO

Caro aluno,

Você já experimentou a sensação de encontrar tantas informações sobre um assunto que mal consegue relacioná-las ou selecionar as mais relevantes?

Estamos sempre em contato com as mais diversas informações e pontos de vista, e tudo isso nos chega por diferentes meios – conversas com familiares e amigos, aulas, redes sociais na internet, programas de televisão ou rádio, filmes, jornais, revistas, livros etc.

Já se sabe, entretanto, que a facilidade de acessar as informações que nos interessam não é suficiente para nos tornar sujeitos ativos e autônomos na construção dos saberes que queremos.

Para possibilitar que você construa – individualmente ou em grupo – aprendizagens significativas, elaboramos este *Caderno de Atividades*. Aqui apresentamos um conjunto de atividades relacionadas aos conteúdos estudados nas suas aulas de Matemática. Essas atividades têm como principal objetivo ajudar você a desenvolver suas habilidades e competências para que possa atuar com liberdade e segurança na sociedade do conhecimento em que vivemos.

Seu *Caderno de Atividades* está dividido em unidades, acompanhando a organização do livro ***Jornadas Matemática***. Em cada unidade, você encontra as seções: *Reveja a jornada*, que tem o objetivo de ajudar você a retomar os principais assuntos da unidade; *Para praticar*, com atividades variadas sobre esses assuntos, entre elas questões desafiadoras de olimpíadas de Matemática; e *Leitura do mundo*, que aborda assuntos relacionados ao Tratamento da Informação por meio de temas presentes na sua vida de estudante e cidadão, como convívio social, tecnologia e cultura. Nessas três seções, você encontrará práticas de leitura e de interpretação de textos e imagens, pesquisas, uso do raciocínio lógico e expressão escrita, entre outros desafios. Caso tenha dúvidas, poderá contar com a mediação do professor para solucioná-las e esclarecê-las.

As práticas propostas neste *Caderno de Atividades*, adicionadas às do seu livro ***Jornadas Matemática***, vão ajudar você a construir seu próprio conhecimento sobre Matemática e sobre a utilização desse conhecimento na sociedade em que vive, ampliando sua compreensão sobre fenômenos que envolvem conceitos matemáticos.

Convidamos você a fazer conosco mais esta jornada!

Os editores

SUMÁRIO

UNIDADE 1

Potências e raízes

Reveja a jornada

Potenciação

- Quando a base de uma **potência** é um número real **a** e o expoente é um número inteiro **n**, com $n > 1$, temos:

$$\underset{\text{base}}{a}^{\overset{\text{expoente}}{n}} = \underbrace{a \cdot a \cdot a \cdot a \cdot \ldots \cdot a}_{\mathbf{n}\text{ fatores}}$$

  Para qualquer número real **a**, temos $a^1 = a$.
  Para qualquer número real não nulo **a**, temos $a^0 = 1$.

- A potência de um número real não nulo **a**, com expoente inteiro negativo **−m**, é dada por:

$$a^{-m} = \frac{1}{a^m}$$

Notação científica

Um número está escrito em **notação científica** quando representado de acordo com o produto $m \cdot 10^k$, em que:

- **m** é um número maior do que ou igual a ________ e menor do que ________ escrito na forma decimal;
- **k** é um número ______________ e não nulo.

Propriedades da potenciação

- Para **multiplicar** potências de mesma base, mantemos a base da potência e ________________ os expoentes.

$$a^m \cdot a^n = a^{m+n}, \text{ com } a \in \mathbb{R}^*, m \in \mathbb{Z} \text{ e } n \in \mathbb{Z}$$

- Para **dividir potências de mesma base**, mantemos a base da potência e ________________ os expoentes.

$$a^m : a^n = a^{m-n}, \text{ com } a \in \mathbb{R}^*, m \in \mathbb{Z} \text{ e } n \in \mathbb{Z}$$

- Para calcular a **potência de uma potência**, mantemos a base da potência e ________________ os expoentes.

$$(a^m)^n = a^{m \cdot n}, \text{ com } a \in \mathbb{R}^*, m \in \mathbb{Z} \text{ e } n \in \mathbb{Z}$$

- Para calcular a **potência de um produto**, elevamos cada um dos ______________ ao expoente.

$$(a \cdot b)^n = a^n \cdot b^n, \text{ com } a \in \mathbb{R}^*, b \in \mathbb{R}^* \text{ e } n \in \mathbb{Z}$$

- Para calcular a **potência de um quociente**, elevamos o dividendo e o divisor ao ______________.

$$(a : b)^n = a^n : b^n, \text{ com } a \in \mathbb{R}^*, b \in \mathbb{R}^* \text{ e } n \in \mathbb{Z}$$

Radiciação

- A **raiz quadrada** de um número real **a** é o número **b** não negativo que, quando elevado ao ______________________, resulta em **a**.

índice

$$\sqrt[2]{a} = b$$

radicando

- A **raiz cúbica** de um número real **a** é o número real **b** que, quando elevado ao ______________, resulta em **a**.
- A representação da **raiz enésima** de um número real **a**, sendo o índice um número natural $n \geqslant 2$, é feita da seguinte forma:

índice

$$\sqrt[n]{a} = b$$

radicando

Propriedades dos radicais

- Dados um número real **a**, tal que $a \geqslant 0$, e um número natural **n**, tal que $n \geqslant 2$, temos:

$$\sqrt[n]{a^n} = a, \text{ com } a \in \mathbb{R}_+, n \in \mathbb{N} \text{ e } n \geqslant 2$$

- Quando **dividimos ou multiplicamos o índice e o expoente** do radicando por um **mesmo número** natural diferente de zero, o valor do radical **não** se altera.

$$\sqrt[n]{a^m} = \sqrt[n:q]{a^{m:q}}, \text{ com } a \in \mathbb{R}_+, n \in \mathbb{N}, m \in \mathbb{N}, q \in \mathbb{N}^*, n \geqslant 2, m \geqslant 2 \text{ e } \mathbf{q} \text{ é divisor comum de } \mathbf{m} \text{ e } \mathbf{n}$$

$$\sqrt[n]{a^p} = \sqrt[n \cdot r]{a^{p \cdot r}}, \text{ com } a \in \mathbb{R}_+, n \in \mathbb{N}, p \in \mathbb{N}, r \in \mathbb{N}^*, n \geqslant 2 \text{ e } p \geqslant 2$$

- A raiz enésima do **produto de dois números reais** não negativos é igual ao ________________ das raízes enésimas de cada um desses números.

$$\sqrt[n]{a \cdot b} = \sqrt[n]{a} \cdot \sqrt[n]{b}, \text{ com } a \in \mathbb{R}_+, b \in \mathbb{R}_+, n \in \mathbb{N} \text{ e } n \geqslant 2$$

- A raiz enésima do **quociente de dois números reais**, em que o dividendo é não negativo e o divisor é positivo, é igual ao ______________________ das raízes enésimas de cada um desses números.

$$\sqrt[n]{\frac{a}{b}} = \frac{\sqrt[n]{a}}{\sqrt[n]{b}}, \text{ com } a \in \mathbb{R}_+, b \in \mathbb{R}_+^*, n \in \mathbb{N} \text{ e } n \geqslant 2$$

Relação entre potências e radicais

- Dados **a** um número real positivo e **m** e **n** números inteiros, com $n \geq 2$, definimos:

$$a^{\frac{m}{n}} = \sqrt[n]{a^m}, \text{ com } a \in \mathbb{R}_+^*, m \in \mathbb{Z}, n \in \mathbb{N} \text{ e } n \geq 2$$

Adição, multiplicação, potenciação e radiciação algébrica com radicais

- Os **radicais semelhantes** são aqueles que apresentam radicandos e índices ______________.
- No caso de haver termos com radicais semelhantes, realizamos a adição algébrica.

  Exemplo: $\sqrt[3]{4} + 3\sqrt[3]{3} - \sqrt{5} + \sqrt[3]{3} = \sqrt[3]{4} - \sqrt{5} + (3 + 1) \cdot \sqrt[3]{3} = \sqrt[3]{4} - \sqrt{5} + 4\sqrt[3]{3}$
- Se em uma **adição algébrica** não se observam termos com radicais semelhantes, podemos tentar simplificar o radical a fim de verificar se o resultado é um radical semelhante à outra parcela.

  Exemplo: $\sqrt{125} - \sqrt{25} - \sqrt{45} = \sqrt{5^3} - \sqrt{5^2} - \sqrt{3^2 \cdot 5} = 5\sqrt{5} - 5 - 3\sqrt{5} = 2\sqrt{5} - 5$
- Para realizar a **multiplicação e a divisão com radicais**, aplicamos as propriedades dos radicais.

  Exemplo: $\sqrt[3]{25} \cdot \sqrt[3]{40} = \sqrt[3]{25 \cdot 40} = \sqrt[3]{1000} = \sqrt[3]{10^3} = 10$
- Para a potenciação com radicais, temos a seguinte relação:

$$(\sqrt[n]{a})^m = \sqrt[n]{a^m}, \text{ com } a \in \mathbb{R}_+^*, m \in \mathbb{Z}, n \in \mathbb{N} \text{ e } n \geq 2$$

- Para os radicais com radicais, temos a relação:

$$\sqrt[n]{\sqrt[m]{a}} = \sqrt[n \cdot m]{a}, \text{ com } a \in \mathbb{R}_+, n \in \mathbb{N}, m \in \mathbb{N}, n \geq 2 \text{ e } m \geq 2$$

Racionalização de denominadores

- Uma fração cujo **denominador** é um número irracional pode ser escrita como uma fração equivalente com denominador racional. Esse procedimento é denominado ______________________ de denominadores.
- Para obter um número racional no denominador da fração, multiplicamos numerador e denominador por um valor que torne o denominador um número ____________________.

  Exemplos:

  a) $\frac{1}{\sqrt{3}} \cdot \frac{\sqrt{3}}{\sqrt{3}} = \frac{\sqrt{3}}{3}$

  b) $\frac{5}{\sqrt[3]{2}} \cdot \frac{\sqrt[3]{2^2}}{\sqrt[3]{2^2}} = \frac{5\sqrt[3]{2^2}}{2} = \frac{5\sqrt[3]{4}}{2}$

  c) $\frac{1}{(2 + \sqrt{3})} \cdot \frac{(2 - \sqrt{3})}{(2 - \sqrt{3})} = \frac{(2 - \sqrt{3})}{2^2 - (\sqrt{3})^2} = \frac{2 - \sqrt{3}}{4 - 3} = 2 - \sqrt{3}$

Para praticar

1. Potenciação

1. Qual é o valor da metade de 2^{222}?

a) 1^{222}

b) 2^{111}

c) 1^{111}

d) 2^{221}

e) 2^{222}

2. Calcule a terça parte de 81^4.

3. O número de algarismos do produto $5^{20} \cdot 2^{19}$ é igual a:

a) 18

b) 19

c) 20

d) 21

e) 22

4. Determine a diferença entre $27^{0,66666...}$ e $9^{0,5}$.

5. Calcule o valor da expressão $2^4 + 2^4 + 2^4 + 2^4 + 2^4 + 2^4 + 2^4 + 2^4$ em uma potência de base 2.

6. Qual é o menor número inteiro positivo que deve ser adicionado ao número 2 600 para que o resultado seja um número quadrado perfeito?

7. (Obmep) Qual é o valor de $2^6 + 2^6 + 2^6 + 2^6 - 4^4$?

a) 0

b) 2

c) 4

d) 4^2

e) 4^4

8. (Obmep) Qual é o valor da soma $9^{20} + 9^{20} + 9^{20}$?

a) 9^{20}

b) 3^{66}

c) 9^{23}

d) 3^{41}

e) 3^{23}

9. Observe a correspondência na tabela a seguir.

x	4^x
1	4
2	16
3	64
4	256
5	1 024

Qual é o algarismo das unidades da potência 4^{213}?

10. Observe a tabela:

x	9^x
1	9
2	81
3	729
4	6 561
5	59 049
6	531 441
7	4 782 969
8	43 046 721

Determine o algarismo das unidades da seguinte expressão: $9^{21} - 9^{12}$.

11. (OBM) Qual é o primeiro dígito não nulo após a vírgula na representação decimal da fração $\frac{1}{5^{12}}$?

a) 1

b) 2

c) 4

d) 5

e) 7

12. (Canguru de Matemática) Qual é o algarismo das unidades do número $2015^2 + 2015^0 + 2015^1 + 2015^5$?

a) 1

b) 5

c) 6

d) 7

e) 9

13. Reescreva o número $10\sqrt{\frac{2}{3}}$ na forma $\sqrt{\frac{a}{b}}$.

14. Por quanto devemos multiplicar a potência 5^5 para obter 15^5?

15. Por qual número devemos dividir a potência 32^{12} para obter 8^{12}?

16. O que é maior: 2^{3^4} ou $(2^3)^4$?

17. O número 2^{n+4} é quantas vezes maior do que 2^n?

18. (Enem) As exportações de soja do Brasil totalizam 4,129 milhões de toneladas no mês de julho de 2012, e registraram um aumento em relação ao mês de julho de 2011, embora tenha havido uma baixa em relação ao mês de maio de 2012.

Disponível em: www.noticiasagricolas.com.br. Acesso em: 2 ago. 2012.

A quantidade, em quilogramas, de soja exportada pelo Brasil no mês de julho de 2012 foi de

a) $4{,}129 \cdot 10^3$
b) $4{,}129 \cdot 10^6$
c) $4{,}129 \cdot 10^9$
d) $4{,}129 \cdot 10^{12}$
e) $4{,}129 \cdot 10^{15}$

19. (Enem) A Agência Espacial Norte-americana (NASA) informou que o asteroide YU55 cruzou o espaço entre a Terra e a Lua no mês de novembro de 2011. A ilustração a seguir sugere que o asteroide percorreu sua trajetória no mesmo plano que contém a órbita descrita pela Lua em torno da Terra. Na figura, está indicada a proximidade do asteroide em relação à Terra, ou seja, a menor distância que ele passou da superfície terrestre.

NASA/AFP

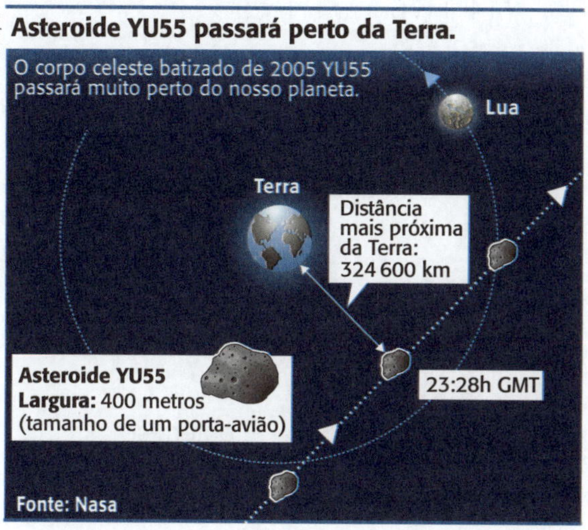

Com base nessas informações, a menor distância que o asteroide YU55 passou da superfície da Terra é igual a:

a) $3{,}25 \cdot 10^2$ km
b) $3{,}25 \cdot 10^3$ km
c) $3{,}25 \cdot 10^4$ km
d) $3{,}25 \cdot 10^5$ km
e) $3{,}25 \cdot 10^6$ km

20. (Obmep) Qual número é maior, 2^{300} ou 3^{200}? Bem, calcular explicitamente tais números é algo bem difícil, mesmo com a ajuda de uma calculadora ou de um computador. Entretanto, podemos descobrir sem calculá-los explicitamente! Observe:

$2^{300} = 2^{3 \cdot 100} = (2^3)^{100} = 8^{100}$, e observe também que $3^{200} = 3^{2 \cdot 100} = (3^2)^{100} = 9^{100}$.

Como $8^{100} < 9^{100}$, concluímos que $2^{300} < 3^{200}$.

a) Qual número é maior, 2^{40} ou 3^{28}?

b) Qual número é maior, 31^{11} ou 17^{14}?

2. Radiciação e operações

21. Calcule o perímetro do quadrado abaixo.

22. Calcule a área do retângulo abaixo.

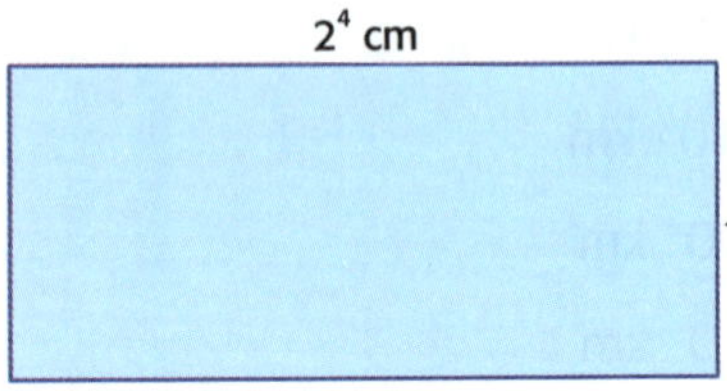

23. Juliano possui 40 placas quadradas. Quantas placas devem ser utilizadas para se formar o maior quadrado possível?

24. Determine o perímetro do triângulo a seguir.

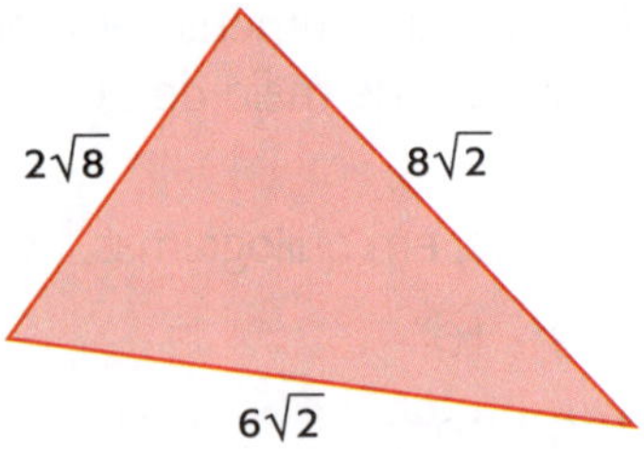

25. Calcule o valor da expressão:

$\sqrt{14 + \sqrt[3]{6 + \sqrt{1 + \sqrt{9}}}}$

26. Efetuando $(2^{\sqrt{3}+1})^{\sqrt{3}-1}$, obtém-se:

27. (Obmep) Escreva em ordem crescente os números $\sqrt{121}$, $\sqrt{3\,729}$, $\sqrt[4]{38\,416}$.

Leitura do mundo

Infográfico – Problemas ambientais

Apresentando a situação

Em novembro de 2015, ocorreu próximo à cidade de Mariana (MG) o rompimento da barragem do Fundão, provocando vazamento de rejeitos que destruiu o povoado de Bento Rodrigues. O texto a seguir descreve a extensão desse enorme desastre ambiental.

> [...]
>
> A barragem do Fundão se rompeu na tarde do último dia 5, vazando cerca de 50 milhões de metros cúbicos de lama formada por óxido de ferro e areia. O rejeito destruiu o distrito de Bento Rodrigues, em Mariana.
>
> [...]
>
> A lama desceu pelo Rio Doce e chegou ao mar, no litoral do Espírito Santo, causando um grave dano ambiental.
>
> Disponível em: <http://agenciabrasil.ebc.com.br/geral/noticia/2015-11/brasil-tem-663-barragens-de-rejeitos-de-mineracao-diz-especialista>. Acesso em: 5 jul. 2016.

A seguir podemos observar parte de um infográfico, publicado em 2015, que mostra o local do rompimento dessa barragem e seu entorno.

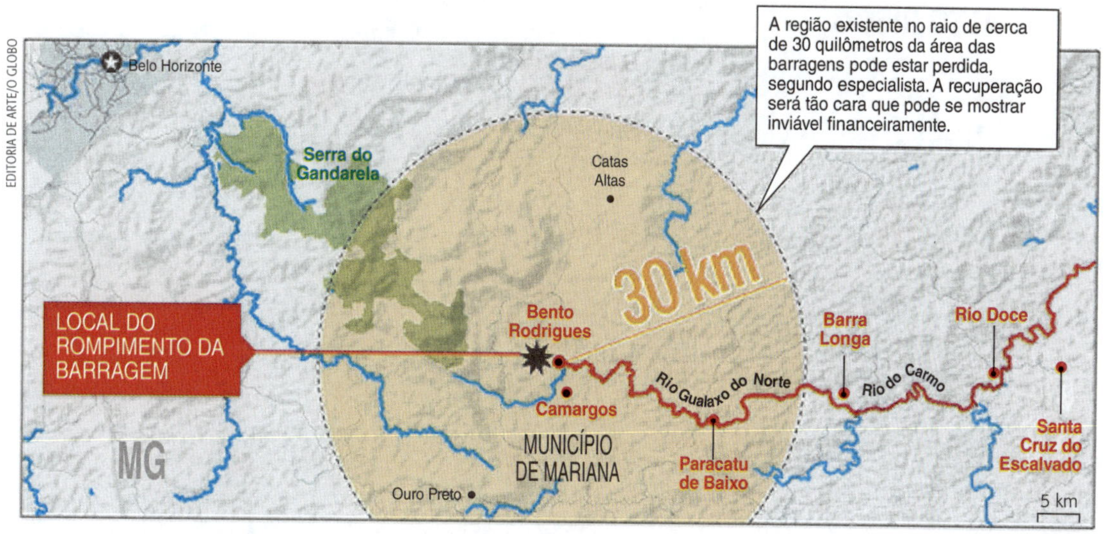

Adaptado de: <http://infograficos.oglobo.com/brasil/a-destruição-da-avalanche-de-lama.html>. Acesso em: 12 ago. 2016.

Barragens, como a do Fundão, são construídas para armazenar rejeitos de mineração. Para armazenar sobras de processos industriais, as mineradoras constroem barragens de contenção para depositar os rejeitos provenientes da extração de minério, já que não podem simplesmente descartá-los no meio ambiente devido à presença de substâncias que não se decompõem, como metais pesados, e que são prejudiciais à saúde.

Vários fatores podem influenciar o rompimento desse tipo de barragem, como o aumento de lançamento de rejeitos, a falta de manutenção, a forma de alteamento da barragem etc.

Analisando os dados

1. Com base no infográfico da página anterior, faça o que se pede a seguir.

a) Cite três localidades que, segundo especialista, pertencem à região cuja recuperação ambiental poderia se mostrar inviável financeiramente.

____

b) De acordo com a previsão do especialista, o município de Barra Longa está na área que poderia ser afetada devido ao rompimento da barragem?

____

c) Podemos afirmar que a previsão indicava que parte da Serra do Gandarela e do Rio Gualaxo do Norte seria afetada pelos rejeitos da barragem de Mariana?

____

Pratique mais

2. O Brasil apresenta outras barragens com risco de rompimento. A imagem abaixo foi retirada de um infográfico publicado em 2015 e mostra a localização das barragens no Brasil e o nível de risco de rompimento de cada uma delas.

- De acordo com o mapa, complete a lacuna com o nome dos estados do Brasil que apresentam barragens com alto risco de rompimento.

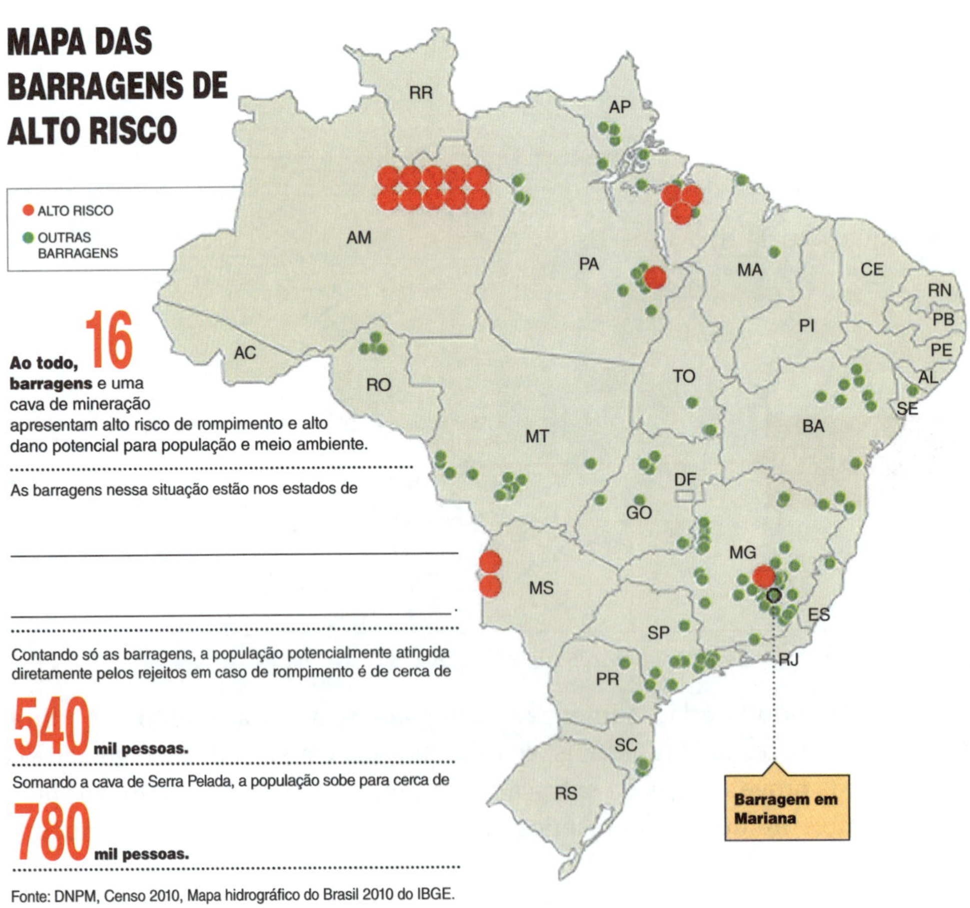

EDITORIA DE ARTE/O GLOBO

Adaptado de *O Globo*, publicado em 22 de novembro de 2015.

UNIDADE 2

Equações do 2º grau

Reveja a jornada

Equação do 2º grau com uma incógnita

Equação polinomial do 2º grau é toda equação com uma incógnita que pode ser escrita na forma $ax^2 + bx + c = 0$, em que **x** é incógnita e **a**, **b** e **c** são números __________, e $a \neq 0$.

$$ax^2 + bx + c = 0$$

(a, b, c: coeficientes da equação)

Raízes de uma equação do 2º grau com uma incógnita

A **raiz** ou **solução** de uma equação é o valor atribuído à incógnita que torna a igualdade __________.

Resolução de equações incompletas do 2º grau com uma incógnita

- 1º caso: Equações do tipo $ax^2 + c = 0$, em que $a \neq 0$

$$ax^2 + c = 0 \Rightarrow x^2 = -\frac{c}{a}$$

- 2º caso: Equações do tipo $ax^2 + bx = 0$, $a \neq 0$

$$ax^2 + bx = 0 \Rightarrow x\,(ax + b) = 0 \Rightarrow x = 0 \text{ ou } x = -\frac{b}{a}$$

Resolução de equações completas do 2º grau com uma incógnita

Para resolver equações do 2º grau na forma $ax^2 + bx + c = 0$, podemos utilizar a seguinte fórmula:

$$x = \frac{-b \pm \sqrt{\Delta}}{2a}, \text{ em que } \Delta = b^2 - 4ac$$

Δ (delta) é o __________ da equação do 2º grau.

Relação entre o discriminante e o número de raízes de uma equação do 2º grau

Podemos analisar as raízes de uma equação do 2º grau considerando o valor do discriminante:

- Se $\Delta > 0$, a equação terá duas raízes reais __________.
- Se $\Delta = 0$, a equação terá duas raízes reais __________.
- Se $\Delta < 0$, a equação não terá __________ reais.

Soma e produto das raízes de uma equação do 2º grau

Dada a equação do 2º grau na forma $ax^2 + bx + c = 0$, com $a \neq 0$, temos que:

- a ________________ das raízes é $-\frac{b}{a}$;
- o ________________ das raízes é $\frac{c}{a}$.

Existem duas importantes aplicações das relações envolvendo a soma **S** e o produto **P** das raízes. São elas:

- Obtenção da equação do 2º grau a partir de suas raízes:

> $x^2 + Sx + P = 0$, em que **S** é a soma e **P**, o produto das raízes da equação

- Fatoração de um trinômio do 2º grau:

> $a \cdot (x - x') \cdot (x - x'')$, em que **x'** e **x''** são as raízes da equação $ax^2 + bx + c = 0$

Equações que recaem em uma equação do 2º grau

- A **equação irracional** é toda equação que apresenta ________________ em um ou mais radicais.
  Exemplo: $\sqrt{x - 5} = 4$
- A **equação biquadrada** é toda equação da forma $ax^4 + bx^2 + c = 0$, em que **a**, **b** e **c** são números reais e $a \neq 0$.
  Exemplo: $2x^4 + 8x^2 + 8 = 0$

Sistemas de equações

Alguns problemas podem ser apresentados na forma de um sistema de equações com duas incógnitas cuja resolução recai em uma equação do 2º grau.

Exemplo: $\begin{cases} x + y = 8 \\ x \cdot y = -153 \end{cases}$

Para praticar

1. Equações do 2º grau com uma incógnita

1. Resolva as equações a seguir no conjunto dos números reais.

a) $3x^2 - 7x + 2 = 0$

b) $6x^2 + 3x + 1 = 0$

c) $x^2 - 8x - 2 = 0$

d) $x^2 + 2x - 15 = 0$

2. Complete cada igualdade a seguir de modo a torná-la verdadeira.

a) $x^2 + 16x +$ _____ $= (x +$ _____$)^2$

b) $x^2 - 6x +$ _____ $= (x - 2)\ (x -$ _____$)$

3. A medida da largura de uma piscina em formato de bloco retangular é o dobro da medida do comprimento. Se a área do fundo da piscina é 288 m^2, determine as medidas da largura e do comprimento dessa piscina.

4. (Canguru de Matemática) Tenho dois cubos, um de lado **a** dm e outro de lado a + 1 dm. O maior estava cheio de água e o menor estava vazio. Eu coloquei a água do cubo maior no cubo menor, até que este se encheu. Se ainda sobraram 217 litros de água no cubo maior, quantos litros foram colocados no cubo menor?

a) 125

b) 243

c) 512

d) 729

e) 1331

5. Determine a maior raiz da equação $(x - 12)(x + 7) = 0$.

6. Determine o número de raízes reais de cada equação a seguir.

a) $x^2 - 3x + 2 = 0$

____

b) $x^2 + 8x + 24 = 0$

____

7. (Olimpíada Campinense de Matemática) O valor de **a**, para que as raízes $\mathbf{x_1}$ e $\mathbf{x_2}$ da equação $2x^2 - ax - 1 = 0$ satisfaçam $x_1^2 + x_2^2 = 1$, é igual a:

a) 2

b) 1

c) 0

d) −1

e) 3

8. Determine a soma das raízes da equação $\frac{4}{x} + \frac{x}{2} - 3 = 0$, para $x \neq 0$.

9. Determine o produto das raízes da equação $x^4 - 4x^2 + 3 = 0$.

10. Determine a soma dos inversos das raízes da equação $(x - 3)(5x - 7) = 0$.

11. Determine a soma dos quadrados dos inversos das raízes de $\left(\frac{x}{4} + \frac{1}{3}\right)\left(\frac{x}{6} - \frac{1}{6}\right) = 0$.

12. (Canguru de Matemática) Se as duas raízes da equação $x^2 - 85x + c = 0$ são números primos, qual é o valor da soma dos algarismos de **c**?

a) 12
b) 13
c) 14
d) 15
e) 21

13. (Olimpíada Campinense de Matemática) Se 2 e $\frac{1}{2}$ são as raízes da equação $x^2 + bx + c = 0$, qual o valor de $c - 2b$?

a) 6
b) 5
c) $\frac{-5}{2}$
d) $\frac{-3}{2}$
e) 1

14. Sabe-se que **r** e **s** são as raízes da equação $(x - \sqrt{3})(2x + 1) = 0$. O número inteiro mais próximo de $r \cdot s$ é:

a) 2
b) 1
c) −1
d) −2

15. (Olimpíada Campinense de Matemática) Um pai tinha 28 anos quando seu filho nasceu. Se multiplicarmos as idades que possuem hoje, obtém-se um produto que é igual a cinco vezes o quadrado da idade do filho. Qual a soma das suas idades atuais?

a) 50
b) 40
c) 42
d) 45
e) 55

16. Determine **m** de modo que as equações, na incógnita **x**, satisfaçam à condição exigida em cada caso.

a) $mx^2 - 3x + 1 = 0$ tenha duas raízes reais distintas.

b) $-\frac{x^2}{2} + mx - 32 = 0$ tenha duas raízes reais iguais.

2. Sistemas de equações

17. Resolva os sistemas de equações a seguir no conjunto dos números reais.

a) $\begin{cases} x + y = -8 \\ x \cdot y = 12 \end{cases}$

b) $\begin{cases} x + y = -4 \\ x \cdot y = -5 \end{cases}$

c) $\begin{cases} -x + y = -2 \\ 2x \cdot y = -1 \end{cases}$

d) $\begin{cases} x + 2y = 2 \\ x^2 + y^2 = 25 \end{cases}$

18. A soma de dois números reais é igual a 5 e o produto, −14. Determine esses números.

19. Sabendo que o perímetro da figura abaixo é igual a 28 cm e a área é igual a 24 cm², obtenha as medidas **x** e **y**. Considere apenas os valores inteiros.

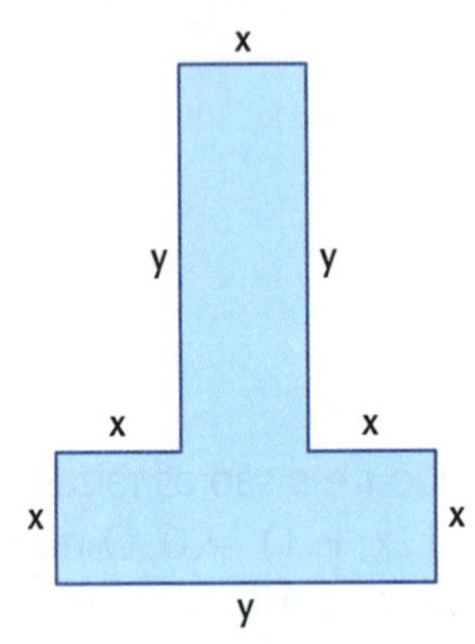

Leitura do mundo

Infográfico – Natação

Apresentando a situação

A natação é uma prática esportiva de alcance global presente em todas as realizações dos Jogos Olímpicos da Era Moderna. Leia o texto a seguir sobre a repercussão das provas desse esporte na história do evento.

> [...]
>
> Parte do programa olímpico desde a primeira edição, em 1896, a natação é um dos esportes mais nobres dos Jogos, normalmente figurando entre as três modalidades de maior audiência das transmissões de TV. Desde as Olimpíadas de Atlanta (1996), o programa olímpico é composto por 32 provas – 16 masculinas e 16 femininas –, que distribuem um total de 96 medalhas entre ouros, pratas e bronzes.

Disponível em: <http://globoesporte.globo.com/olimpiadas/noticia/2015/08/rio-2016-saiba-como-esta-corrida-olimpica-pelas-vagas-da-natacao.html>. Acesso em: 8 jul. 2016.

O texto apresenta informações sobre a evolução da natação como esporte olímpico. No entanto, a natação pode ser uma atividade física importante mesmo para aqueles que não são atletas, promovendo um estilo de vida mais saudável. São inúmeros os benefícios desse esporte, como a melhora da circulação sanguínea, da capacidade cardiorrespiratória, da flexibilidade, do equilíbrio etc. O infográfico abaixo ilustra alguns desses benefícios.

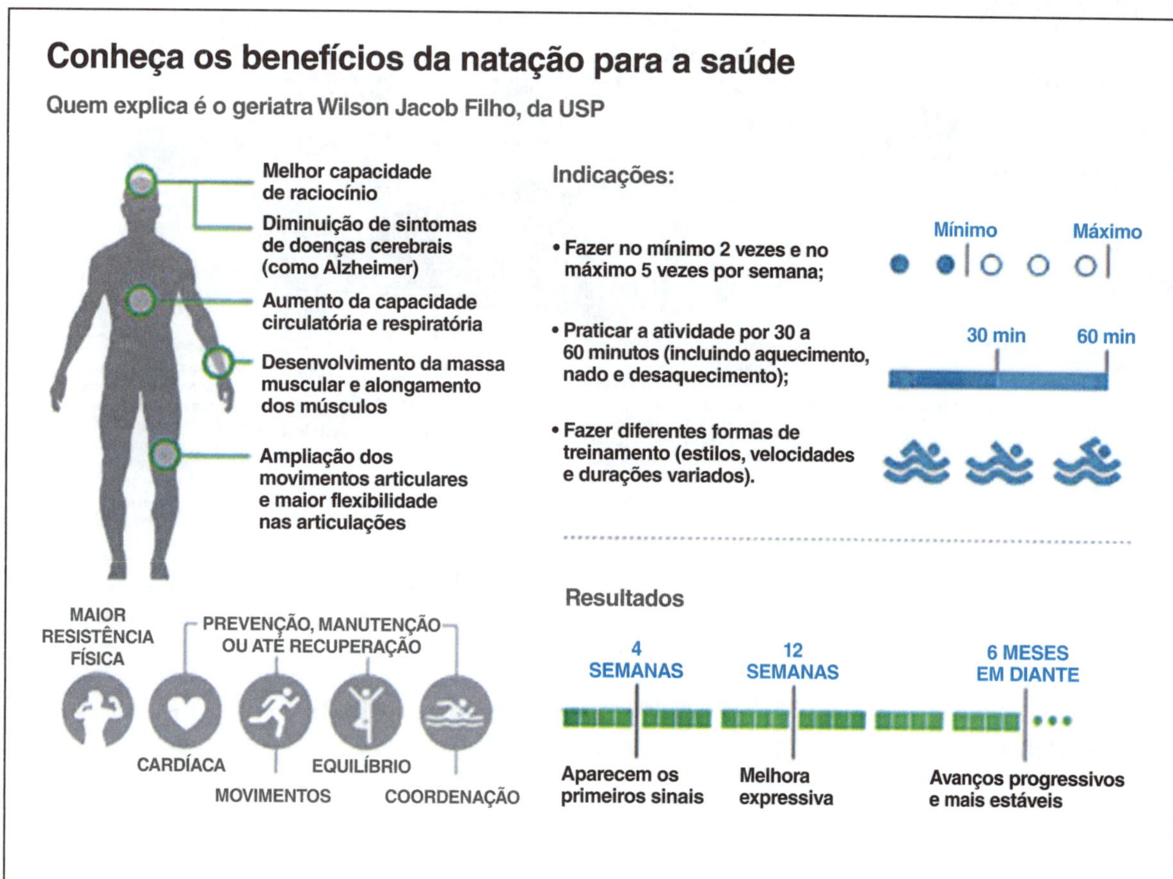

ARTE/G1

Disponível em: <http://g1.globo.com/bemestar/noticia/2011/03/os-beneficios-da-natacao-saude-sao-destaque-do-bem-estar-nesta-6-4.html>. Acesso em: 27 jul. 2016.

Analisando os dados

1. Com base no infográfico sobre os benefícios da natação, responda às questões.

a) Qual é a frequência semanal indicada para a prática desse esporte?

____

b) A partir de quanto tempo de prática é possível começar a observar melhora expressiva em relação aos resultados desse esporte?

____

c) Qual é a influência da prática da natação para os músculos?

____

d) De acordo com a imagem, é possível afirmar que a prática da natação está apenas associada a benefícios para o físico das pessoas?

____

____

Pratique mais

2. A imagem abaixo mostra algumas informações sobre atletas profissionais de natação.

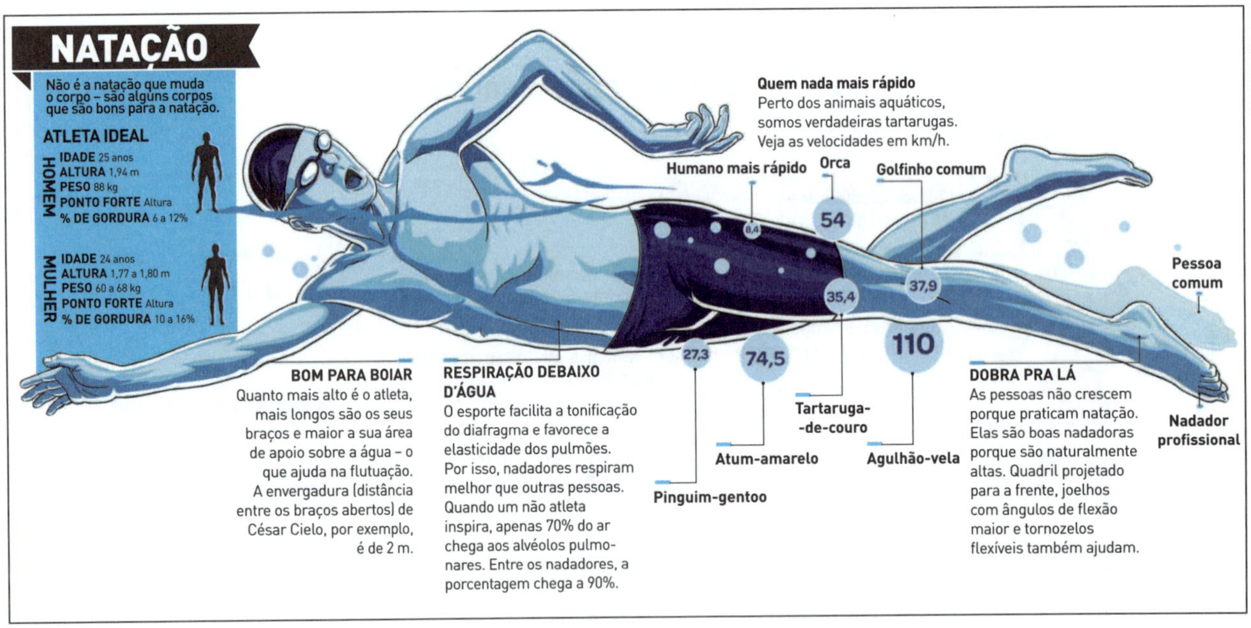

EDITORA ABRIL-ARTE

Disponível em: <http://super.abril.com.br/blogs/superlistas/o-melhor-do-ano-10-melhores-infograficos-de-2012/>. Acesso em: 27 jul. 2016.

- De acordo com o gráfico, que características físicas distintivas podem ser observadas em um nadador profissional quando comparado a uma pessoa que não seja atleta?

____

____

____

UNIDADE 3 Proporcionalidade e semelhança

Reveja a jornada

Razão e proporção

- A **razão** entre dois números **p** e **q**, com $q \neq 0$, nessa ordem, é o quociente $\frac{p}{q}$.
  Veja um exemplo de aplicação da ideia de razão à Geometria.
  Considere os segmentos de reta representados a seguir.

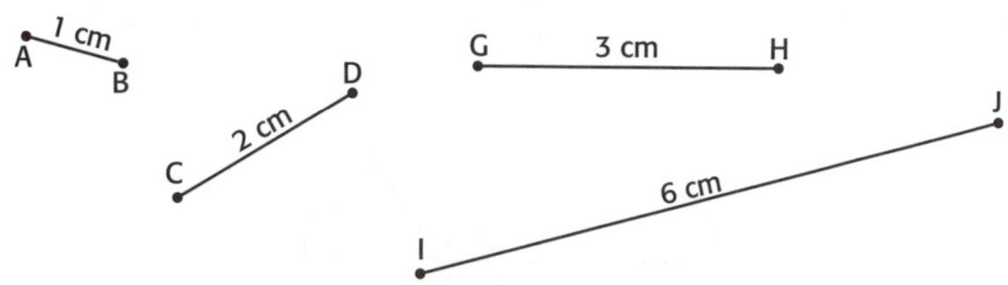

Para obter a razão entre o segmento $\overline{AB}$ e o segmento $\overline{CD}$, calculamos a razão entre as medidas correspondentes considerando a mesma unidade.

$$\frac{AB}{CD} = \frac{1}{2}$$

Podemos fazer do mesmo modo para calcular a razão entre os segmentos $\overline{GH}$ e $\overline{IJ}$.

$$\frac{GH}{IJ} = \frac{3}{6} = \frac{1}{2}$$

- Uma **proporção** é uma igualdade entre razões.
  No exemplo anterior, podemos dizer que os segmentos $\overline{AB}$, $\overline{CD}$, $\overline{GH}$ e $\overline{IJ}$, nessa ordem, são segmentos proporcionais, pois $\frac{AB}{CD} = \frac{GH}{IJ} = \frac{1}{2}$. Dizemos que $\frac{1}{2}$ é o coeficiente de
  __________________ dessa proporção.

- **Propriedade fundamental das proporções:** Em toda proporção, o produto dos meios é igual ao produto dos extremos. Em símbolos, temos:

$$\frac{a}{b} = \frac{c}{d} \Rightarrow a \cdot \_\_\_\_ = b \cdot \_\_\_\_$$

Feixe de retas paralelas e reta transversal

- Duas ou mais retas representadas em um mesmo plano formam um **feixe de retas paralelas** quando, tomadas duas a duas, são ____________________.

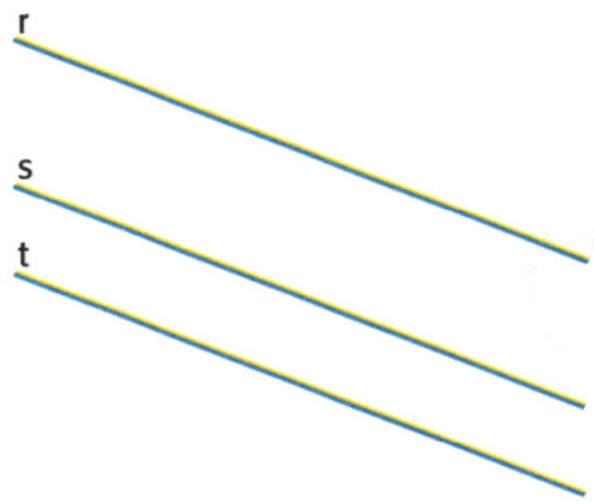

Na figura, r // s (lê-se "**r** paralela à **s**"), r // t e s // t.

- Se uma reta corta uma reta de um feixe de retas paralelas, então essa reta corta todas as retas que formam esse feixe. Essa reta é chamada ____________________ ao feixe de retas paralelas.

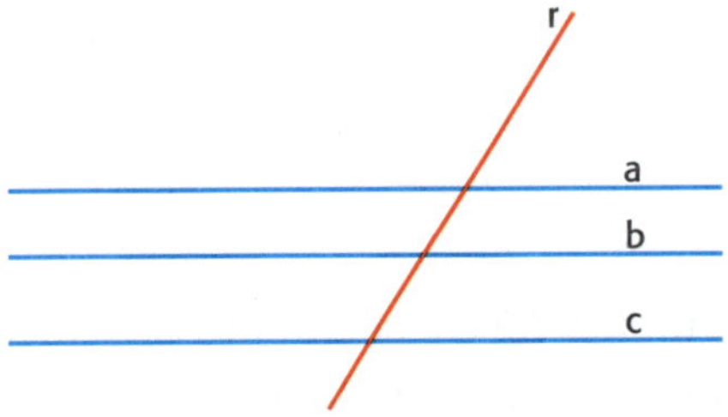

Na figura, a // b, a // c, b // c e a reta **r** é uma reta transversal ao feixe de retas paralelas.

- Se um feixe de retas paralelas determina segmentos congruentes sobre uma reta transversal, então esse feixe determina também segmentos ____________________ sobre qualquer outra reta transversal.

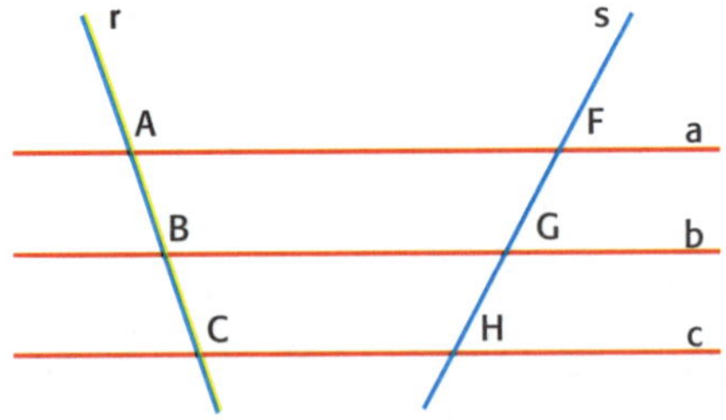

Na figura, a // b, a // c, b // c, as retas **r** e **s** são retas transversais ao feixe de retas paralelas, AB = BC e FG = GH.

Teorema de Tales

- Um feixe de retas paralelas determina, sobre duas retas transversais, segmentos proporcionais. Os matemáticos também já demonstraram que esse resultado é válido quando as medidas dos segmentos determinados pelo feixe de retas paralelas são números irracionais.

Veja um exemplo de aplicação do teorema de Tales.
Para calcular o valor de **x**, sabendo que **r**, **s** e **t** são paralelas:

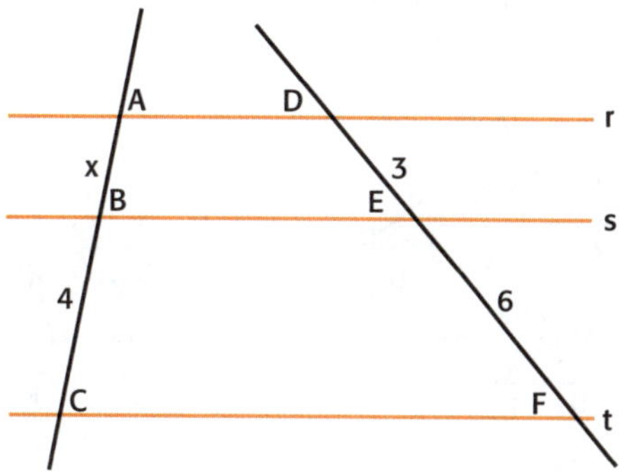

Aplicando o teorema de Tales, temos:

$$\frac{x}{4} = \frac{3}{6}$$
$$6 \cdot x = 3 \cdot 4$$
$$6x = 12$$
$$x = 2$$

Propriedades decorrentes do teorema de Tales

- Se uma reta paralela a um dos lados de um triângulo cruza os outros dois lados em pontos distintos, então essa reta divide os dois lados em ______________________.

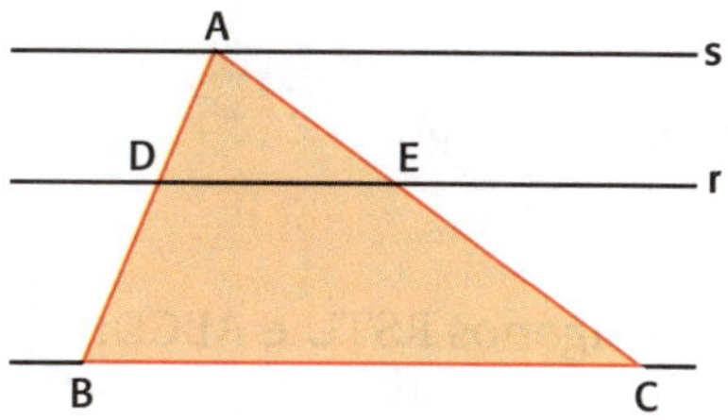

Na figura, s // r, s // $\overleftrightarrow{BC}$, r // $\overleftrightarrow{BC}$. Pelo teorema de Tales, temos que $\frac{AD}{DB} = \frac{AE}{EC}$.
Portanto, os segmentos $\overline{AD}$, $\overline{DB}$, $\overline{AE}$ e $\overline{EC}$, nessa ordem, são proporcionais.

- **Teorema da bissetriz interna**: Em um triângulo, a bissetriz de um ângulo interno divide o lado oposto a ele em ______________________ aos lados que formam esse ângulo.
Exemplo: no triângulo ABC representado abaixo, a bissetriz relativa ao ângulo BÂC, destacada em roxo na figura, divide o lado $\overline{BC}$ em segmentos proporcionais aos lados $\overline{AB}$ e $\overline{AC}$.

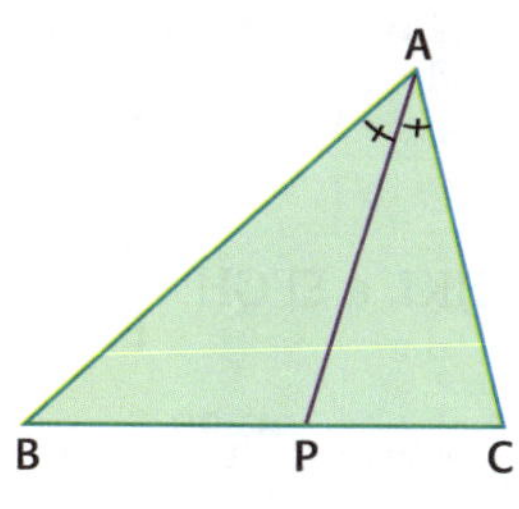

$$\frac{BP}{AB} = \frac{PC}{AC}$$

Semelhança de polígonos

- Dois **polígonos são semelhantes** quando os ângulos correspondentes são congruentes e os lados correspondentes são proporcionais.
Exemplo:

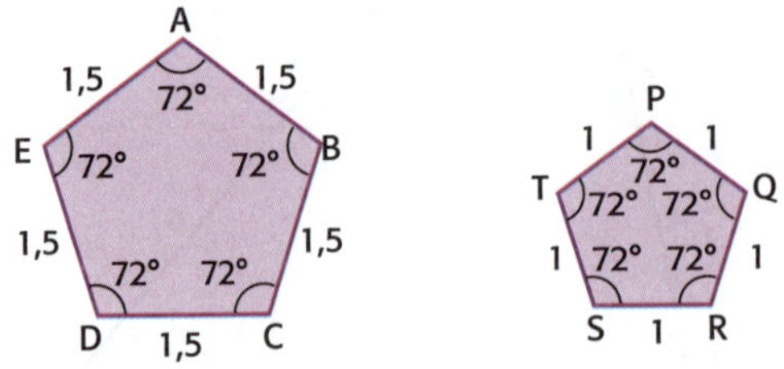

$$\frac{AB}{PQ} = \frac{BC}{QR} = \frac{CD}{RS} = \frac{DE}{ST} = \frac{EA}{TP} = 1{,}5$$ e os ângulos correspondentes são congruentes.

Dizemos que o polígono ABCDE é semelhante ao polígono PQRST.

- A razão entre as medidas dos lados correspondentes dos polígonos semelhantes é chamada **razão de semelhança**.

- Se dois polígonos são semelhantes, a razão entre seus perímetros é igual à ______________________ ______________________ desses polígonos.
Exemplo:

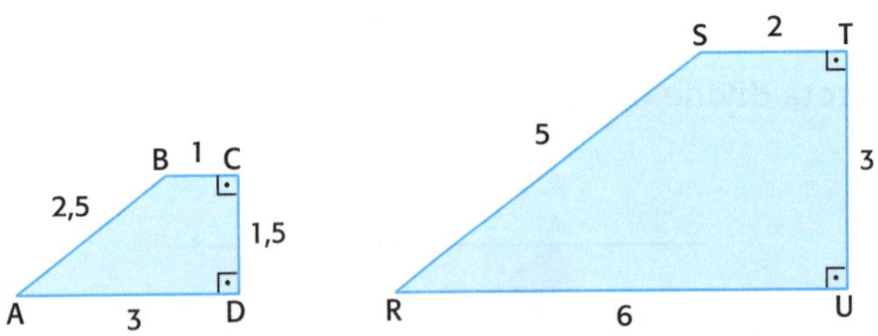

Razão de semelhança entre os polígonos RSTU e ABCD: $\frac{RS}{AB} = \frac{ST}{BC} = \frac{TU}{CD} = \frac{RU}{AD} = 2$

Razão entre os perímetros dos polígonos RSTU e ABCD: $\frac{16}{8} = 2$

- Se dois polígonos são semelhantes, a razão entre suas áreas é igual ao ______________________ da razão de semelhança desses polígonos.
Exemplo:

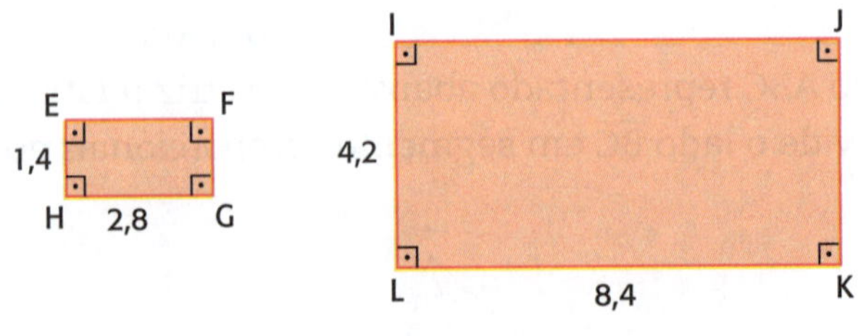

Razão de semelhança entre os polígonos IJKL e EFGH: $\frac{IJ}{EF} = \frac{JK}{FG} = \frac{KL}{GH} = \frac{LI}{EH} = 3$

Razão entre as áreas dos polígonos IJKL e EFGH: $\frac{35{,}28}{3{,}92} = 9$

Semelhança de triângulos

- Dois **triângulos são semelhantes** quando têm ângulos internos correspondentes ___________________________ e lados correspondentes ___________________________.

  Exemplo:

  Os triângulos ABC e DEF representados a seguir são triângulos semelhantes. Observe que $\hat{A} \equiv \hat{D}$, $\hat{B} \equiv \hat{E}$ e $\hat{C} \equiv \hat{F}$ e que $\frac{AB}{DE} = \frac{BC}{EF} = \frac{AC}{DF} = \frac{2}{3}$.

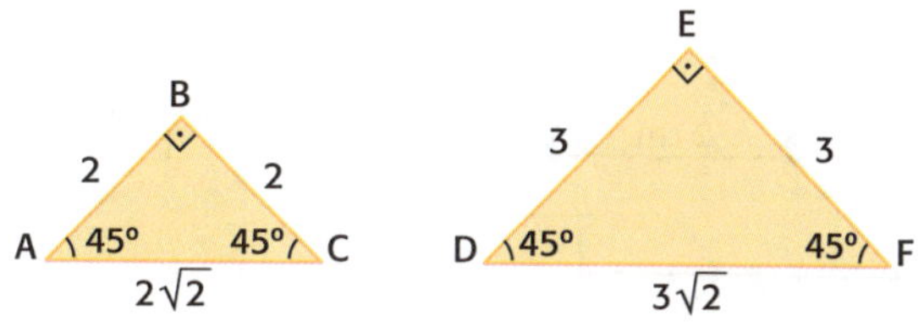

  Podemos indicar que os triângulos ABC e DEF são semelhantes assim: $\triangle ABC \sim \triangle DEF$.

- **Teorema fundamental da semelhança:** Toda reta paralela a um lado de um triângulo que cruza os outros dois lados em dois pontos distintos determina um triângulo semelhante ao primeiro.

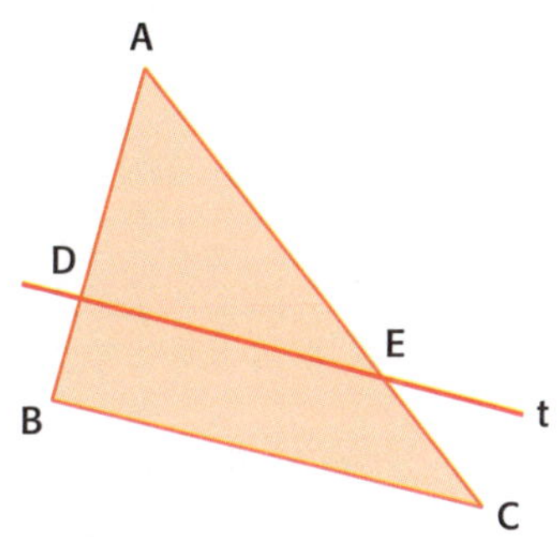

Na figura, $\overline{DE} \parallel \overline{BC}$ e, pelo teorema fundamental da semelhança, os triângulos ABC e ADE são **triângulos semelhantes**.

Casos de semelhança de triângulos

- **Caso ângulo-ângulo (AA):** Se dois triângulos têm dois ângulos correspondentes respectivamente congruentes, então esses triângulos são semelhantes.
- **Caso lado-ângulo-lado (LAL):** Se dois triângulos têm dois lados correspondentes proporcionais e os ângulos internos compreendidos por esses lados são congruentes, então esses triângulos são semelhantes.
- **Caso lado-lado-lado (LLL):** Se dois triângulos têm os três lados correspondentes proporcionais, então esses triângulos são semelhantes.

Para praticar

1. Razão e proporção

1. Observe os segmentos de reta representados abaixo e calcule as razões indicadas a seguir.

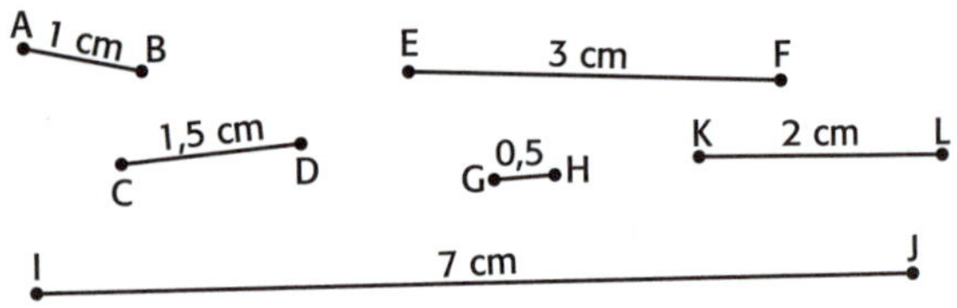

a) $\frac{CD}{AB}$ = ______ = ______

b) $\frac{EF}{KL}$ = ______ = ______

c) $\frac{CD}{GH}$ = ______ = ______

d) $\frac{EF}{AB}$ = ______ = ______

e) $\frac{IJ}{GH}$ = ______ = ______

f) $\frac{EF}{CD}$ = ______ = ______

g) $\frac{KL}{AB}$ = ______ = ______

- Agora, registre quais das razões obtidas nos itens de **a** a **g** formam uma proporção.

____

2. A expressão $\frac{2}{3} = \frac{72}{112}$ é uma proporção? Justifique.

3. Sabendo que as igualdades a seguir são proporções, determine, em cada caso, o valor desconhecido.

a) $\frac{a}{10} = \frac{1}{2}$

b) $\frac{3}{5} = \frac{6}{z}$

c) $\frac{35}{w + 2} = 1$

e) $\frac{8y}{7} = \frac{9}{11}$

d) $\frac{52}{k - 1} = \frac{2}{3}$

f) $\frac{-3 + 2p}{5p} = \frac{1}{5}$

4. A razão entre as idades de Marcos e de seu pai é de $\frac{7}{2}$. Se Marcos tem 12 anos, qual é a idade do seu pai?

5. Uma fábrica de doces consegue fazer 3 dúzias de doces em 4 horas de serviço. Essa fábrica recebeu uma encomenda de 60 dúzias de doces. De quantas horas ela precisará para fazê-los?

6. Para atender às condições sanitárias mínimas em um ambiente de trabalho, as empresas devem providenciar 60 litros de água, por dia, para cada trabalhador. Se uma empresa tiver 120 funcionários, quantos litros de água ela deve providenciar?

7. Nas figuras, as retas **a**, **b** e **c** são paralelas. Determine o valor de **x** em cada item.

a)

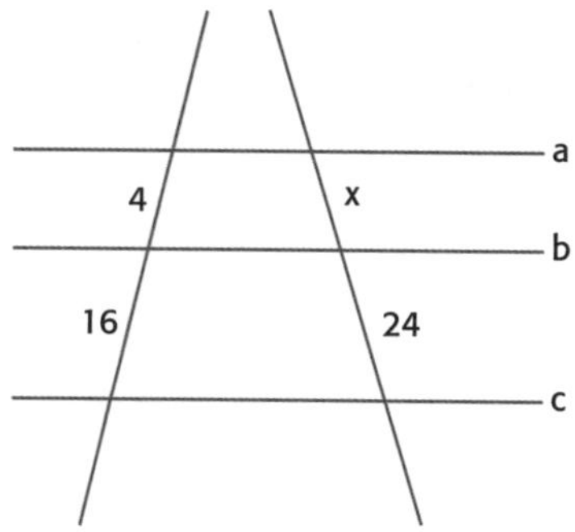

b)

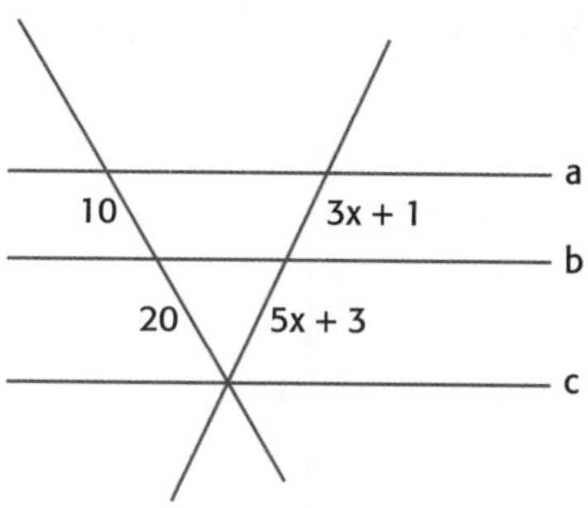

c)

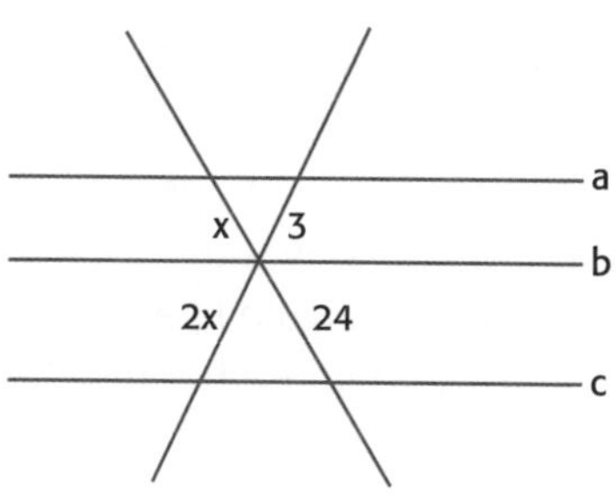

8. Na figura, as retas **r**, **s** e **t** são paralelas. Determine o valor de $x + y$.

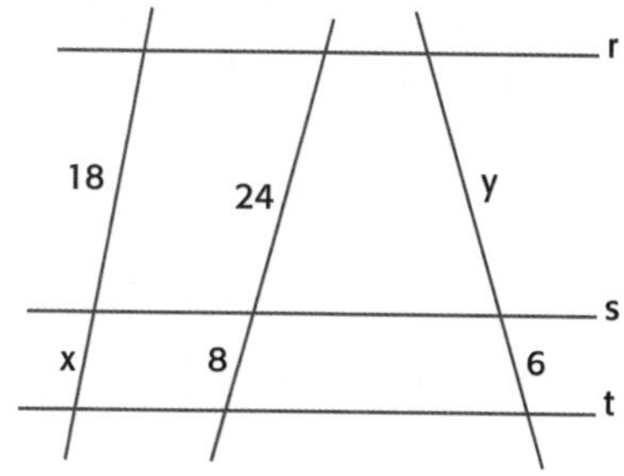

9. No triângulo ABC, $\overline{AD}$ é bissetriz do ângulo $\hat{A}$. Determine a medida do lado $\overline{BC}$.

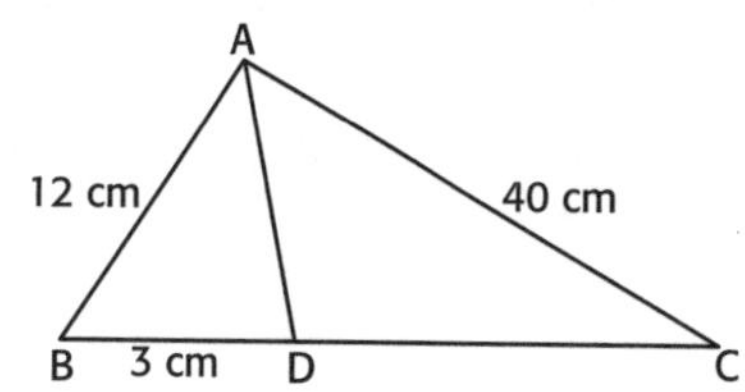

10. Três lotes de terrenos têm frente para a rua A e para a rua B, como na figura a seguir. As divisas laterais são perpendiculares à rua A. Qual é a medida de frente para a rua B do lote 2, sabendo que a soma das medidas de frente para a rua B dos três lotes é 360 m?

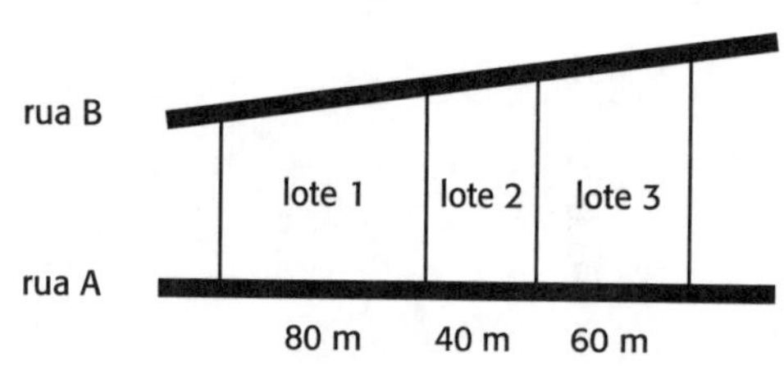

11. (Etec) Para melhorar a qualidade do solo, aumentando a produtividade do milho e da soja, em uma fazenda é feito o rodízio entre essas culturas e a área destinada ao pasto. Com essa finalidade, a área produtiva da fazenda foi dividida em três partes conforme a figura.

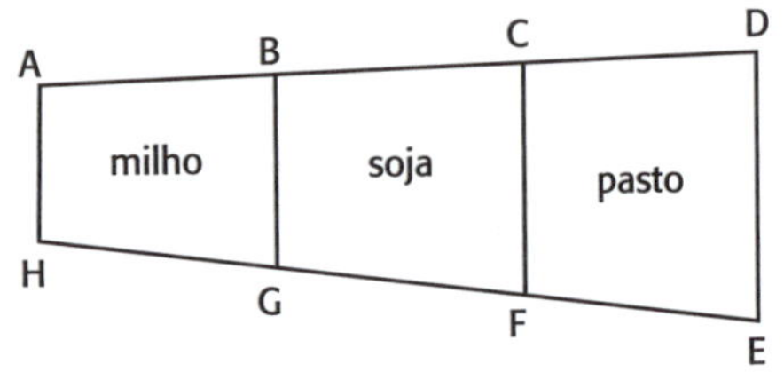

Considere que

- os pontos A, B, C e D estão alinhados;
- os pontos H, G, F e E estão alinhados;
- os segmentos $\overline{AH}$, $\overline{BG}$, $\overline{CF}$ e $\overline{DE}$ são, dois a dois, paralelos entre si;
- AB = 500 m, BC = 600 m, CD = 700 m e HE = 1 980 m.

Nessas condições, a medida do segmento $\overline{GF}$ é, em metros,

a) 665.
b) 660.
c) 655.
d) 650.
e) 645.

12. (Enem) Um pesquisador, ao explorar uma floresta, fotografou uma caneta de 16,8 cm de comprimento ao lado de uma pegada. O comprimento da caneta (**c**), a largura (L) e o comprimento (**c**) da pegada, na fotografia, estão indicados no esquema a seguir.

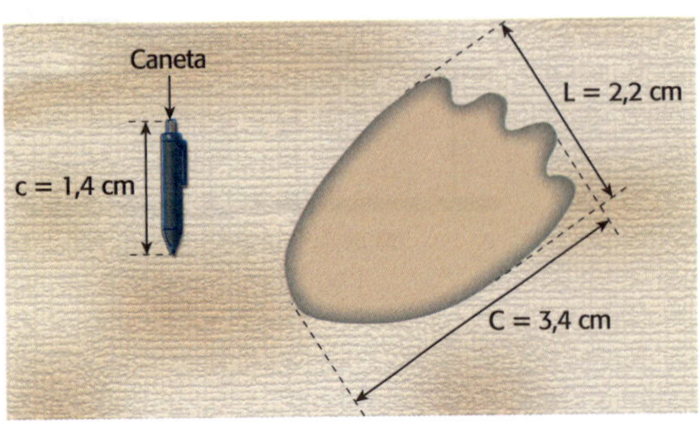

A largura e o comprimento reais da pegada, em centímetros, são, respectivamente, iguais a

a) 4,9 e 7,6
b) 8,6 e 9,8
c) 14,2 e 15,4
d) 26,4 e 40,8
e) 27,5 e 42,5

2. A ideia de semelhança

13. Observe os retângulos representados a seguir.

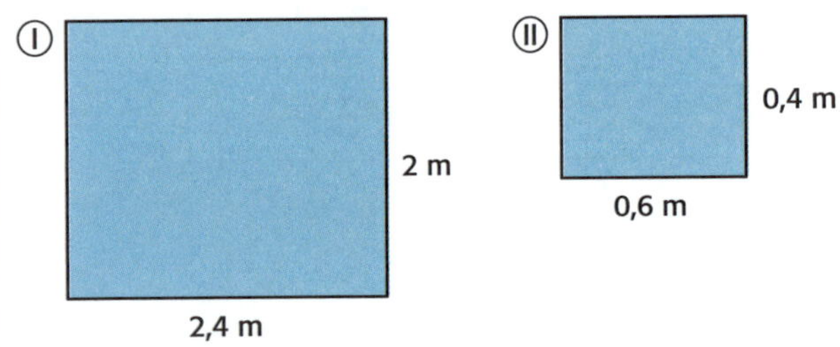

a) Qual é a razão entre os perímetros do retângulo I e do retângulo II?

b) Os retângulos I e II são semelhantes? Se sim, qual é a razão de semelhança entre eles? Se não, justifique sua resposta e determine qual deveria ser a medida do lado menor do retângulo I para que os retângulos I e II fossem semelhantes.

14. No triângulo ABC representado abaixo, os segmentos $\overline{DE}$ e $\overline{BC}$ são paralelos. Determine a medida **x**.

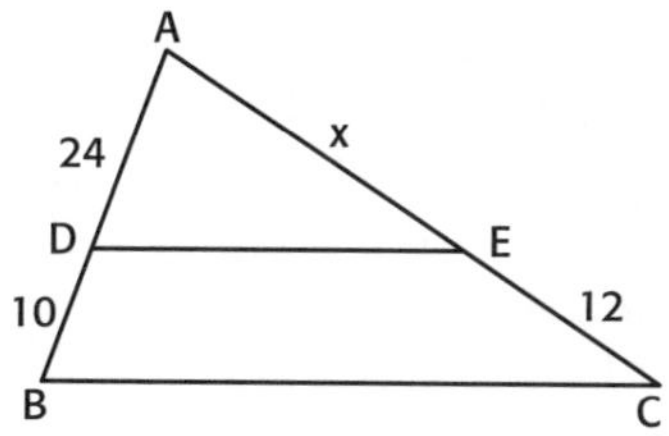

15. Na figura a seguir, os segmentos $\overline{AB}$ e $\overline{DE}$ são paralelos. Sabendo que o segmento $\overline{BD}$ mede 21 cm, determine a medida do segmento $\overline{CD}$.

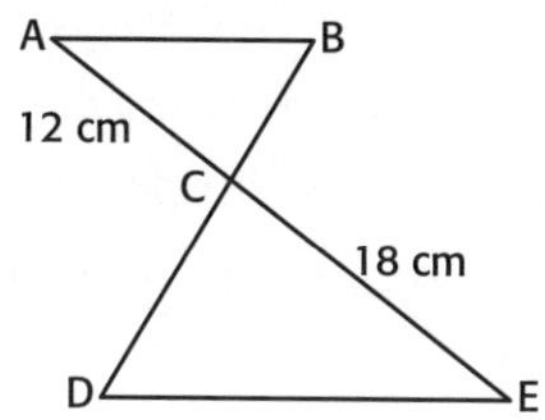

16. Na figura abaixo, CE = 10 cm. Determine a medida do segmento $\overline{DE}$.

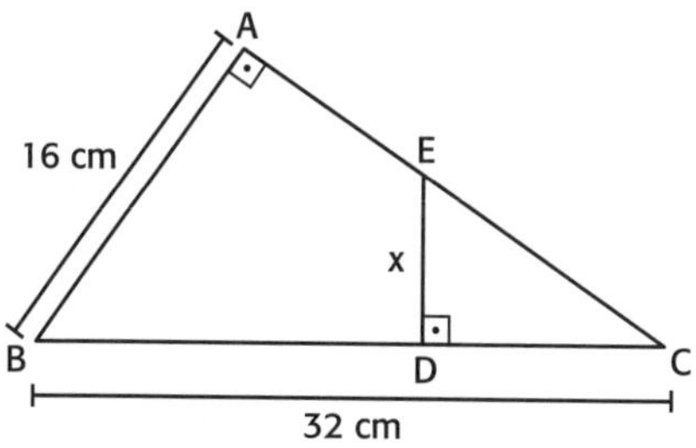

17. Considere a figura a seguir e determine o valor de x + y.

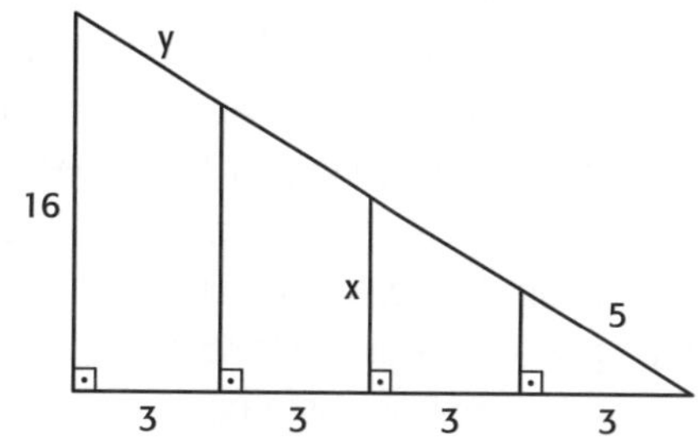

18. (OBM) Na figura abaixo, as retas $\overleftrightarrow{CD}$ e $\overleftrightarrow{AB}$ são paralelas. Se ABC é um triângulo equilátero, DG = GF = FE e AB = 12, determine o comprimento de $\overline{GC}$.

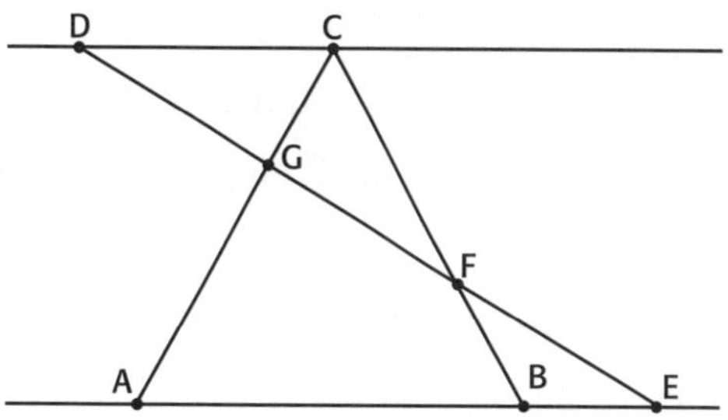

a) 4
b) 3
c) 8
d) 5
e) 2

19. (Enem) Em canteiros de obras de construção civil é comum perceber trabalhadores realizando medidas de comprimentos e de ângulos e fazendo demarcações por onde a obra deve começar ou se erguer. Em um desses canteiros foram feitas algumas marcas no chão plano. Foi possível perceber que, das seis estacas colocadas, três eram vértices de um triângulo retângulo e as outras três eram os pontos médios dos lados desse triângulo, conforme pode ser visto na figura, em que as estacas foram indicadas por letras.

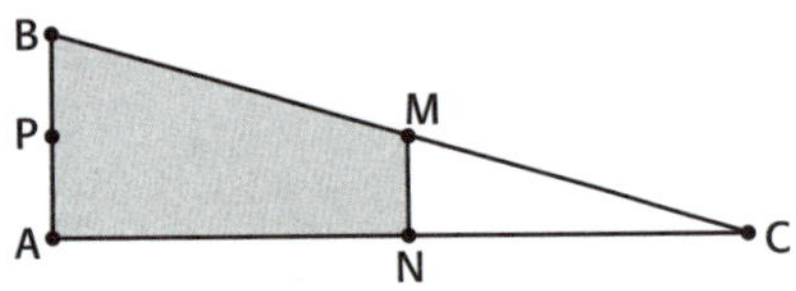

A região demarcada pelas estacas A, B, M e N deveria ser calçada com concreto.

Nessas condições, a área a ser calçada corresponde

a) à mesma área do triângulo AMC.

b) à mesma área do triângulo BNC.

c) à metade da área formada pelo triângulo ABC.

d) ao dobro da área do triângulo MNC.

e) ao triplo da área do triângulo MNC.

20. (Etec) Um técnico em móveis projetou uma estante conforme a figura 1.

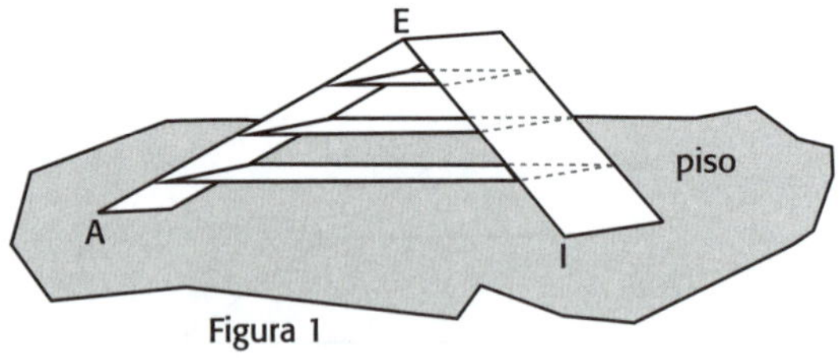

Figura 1

A figura 2 apresenta o esquema da parte frontal da estante.

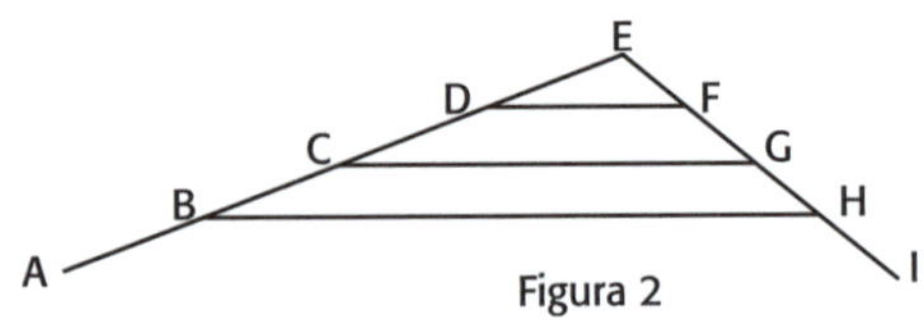

Figura 2

No esquema da figura 2, tem-se que:

- D é o ponto médio do segmento $\overline{CE}$;
- C é o ponto médio do segmento $\overline{AE}$;
- B é o ponto médio do segmento $\overline{AC}$;
- F é o ponto médio do segmento $\overline{EG}$;
- G é o ponto médio do segmento $\overline{EI}$;
- H é o ponto médio do segmento $\overline{GI}$; e
- a medida do ângulo $E\hat{I}A$ é de 60°.

Se, na figura 2, a distância entre os pontos A e I for de 1,80 m, então a medida do segmento $\overline{DF}$ será, em metro,

a) 0,55.

b) 0,45.

c) 0,35.

d) 0,25.

e) 0,15.

21. (Canguru de Matemática) Na figura, que percentual da área do triângulo está escurecida?

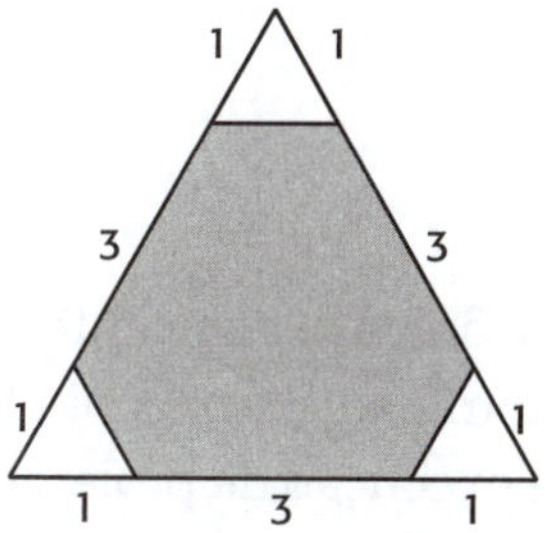

a) 80%

b) 85%

c) 88%

d) 90%

e) impossível determinar

22. (OBM) No triângulo ABC, m(BÂC) = 140º. Sendo M o ponto médio de $\overline{BC}$, N o ponto médio de $\overline{AB}$ e P o ponto sobre o lado $\overline{AC}$ tal que $\overline{MP}$ é perpendicular a $\overline{AC}$, qual é a medida do ângulo N$\hat{M}$P?

a) 40º

b) 50º

c) 70º

d) 90º

e) 100º

23. (Canguru de Matemática) No triângulo ABC, podemos traçar as paralelas à base $\overline{AC}$, pelos pontos X e Y, tais que as áreas das regiões cinzentas sejam iguais. Se a razão BX : XA é igual a 4 : 1, então qual é a razão BY : YA?

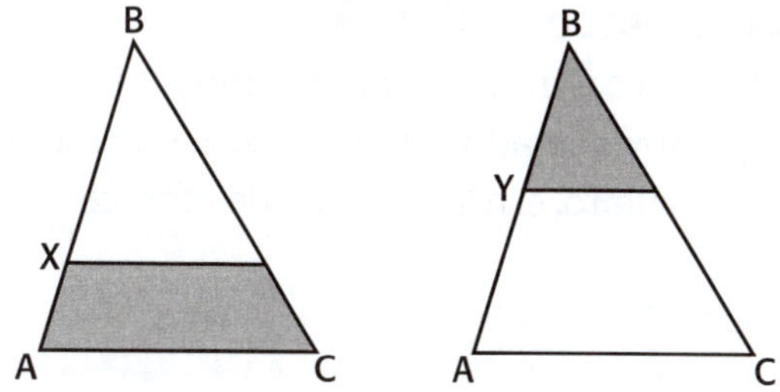

a) 1 : 1

b) 2 : 1

c) 3 : 1

d) 3 : 2

e) 4 : 3

Leitura do mundo

Pesquisa – Amazônia Legal

Apresentando a situação

O texto a seguir trata da Amazônia Legal, região da Floresta Amazônica pertencente ao Brasil e que abrange nove estados brasileiros. Essa região foi delimitada e denominada Amazônia Legal pelo governo brasileiro, em 1953, a fim de oferecer melhor planejamento e execução de projetos econômicos.

> [...]
>
> A Amazônia Legal é uma área que corresponde a 59% do território brasileiro e engloba a totalidade de oito estados (Acre, Amapá, Amazonas, Mato Grosso, Pará, Rondônia, Roraima e Tocantins) e parte do Estado do Maranhão (a oeste do meridiano de 44°W), perfazendo 5,0 milhões de km². Nela residem 56% da população indígena brasileira.
>
> Disponível em: <www.ipea.gov.br/desafios/index.php?option=com_content&id=2154:catid=28&Itemid=23>. Acesso em: 9 jul. 2016.

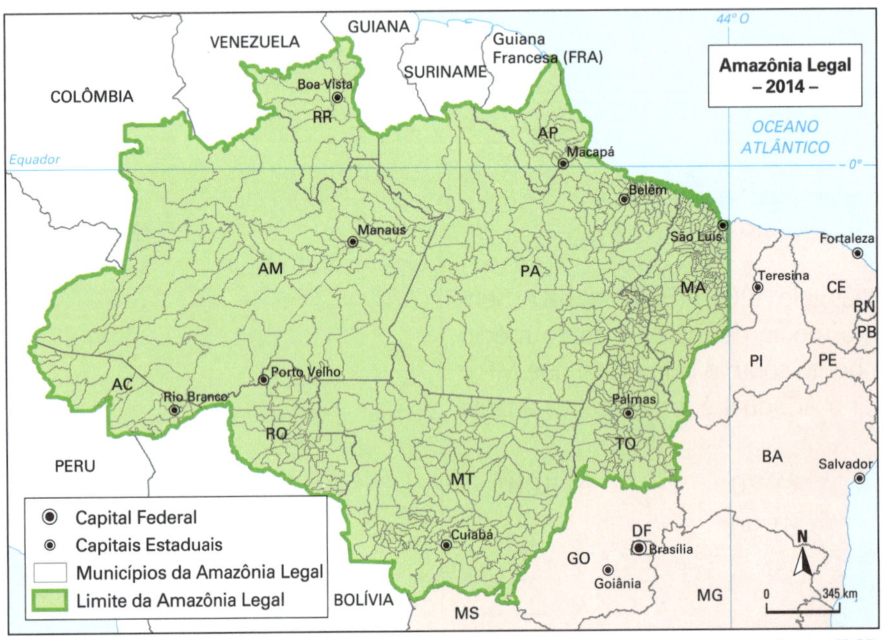

Fonte: IBGE.

Uma das principais atividades econômicas na Amazônia Legal é o extrativismo vegetal e, por isso, ela é de interesse de grandes empresas, nacionais e internacionais, que utilizam as matérias-primas provenientes dessa região. Com isso, é necessário atenção e planejamento para preservar e combater o desmatamento ilegal e/ou desregulado da Amazônia Legal.

RICARDO AZOURY/PULSAR IMAGENS

Analisando os dados

1. Escolha um aspecto da Amazônia Legal, como o índice de desmatamento, distribuição da população, distribuição territorial etc., e realize uma pesquisa a respeito dele. Colete os dados necessários sobre o tema escolhido em fontes confiáveis e construa uma tabela para organizá-los.

2. Utilize uma planilha eletrônica (por exemplo, o LibreOffice Calc) para construir um gráfico a partir da tabela que você criou na atividade 1.

UNIDADE 4 Relações métricas no triângulo retângulo e na circunferência

Reveja a jornada

Teorema de Pitágoras

- Em todo triângulo retângulo, a soma dos quadrados das medidas dos ________________ é igual ao quadrado da medida da hipotenusa.

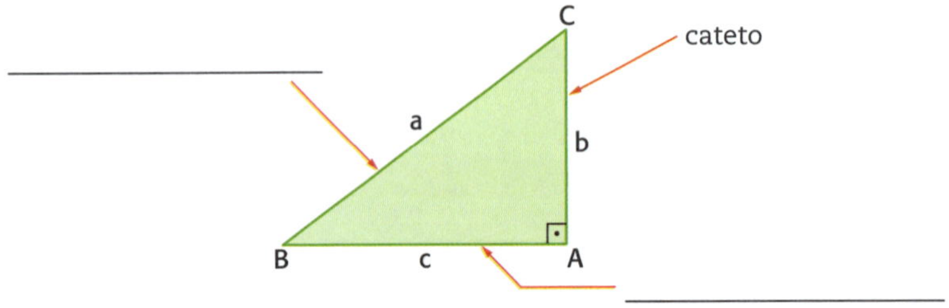

$$a^2 = b^2 + c^2$$

Outras relações métricas no triângulo retângulo

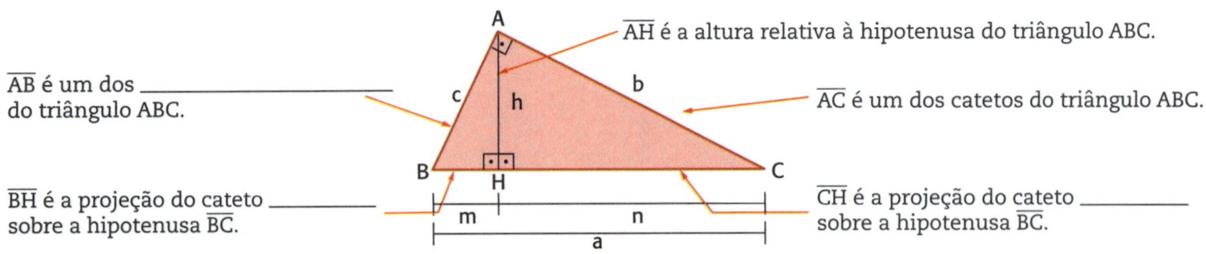

- Em todo triângulo retângulo, o quadrado da medida de um cateto é igual ao produto da medida da hipotenusa pela medida da projeção desse cateto sobre a ________________.

$$c^2 = a \cdot m \quad e \quad b^2 = a \cdot n$$

- Em todo triângulo retângulo, o produto das medidas dos catetos é igual ao produto da medida da hipotenusa pela medida da ________________ relativa à hipotenusa.

$$b \cdot c = a \cdot h$$

- Em todo triângulo retângulo, o quadrado da medida da altura relativa à hipotenusa é igual ao produto das medidas das projeções dos ________________ sobre a hipotenusa.

$$h^2 = m \cdot n$$

Algumas aplicações das relações métricas no triângulo retângulo

- Medida da diagonal de um quadrado:

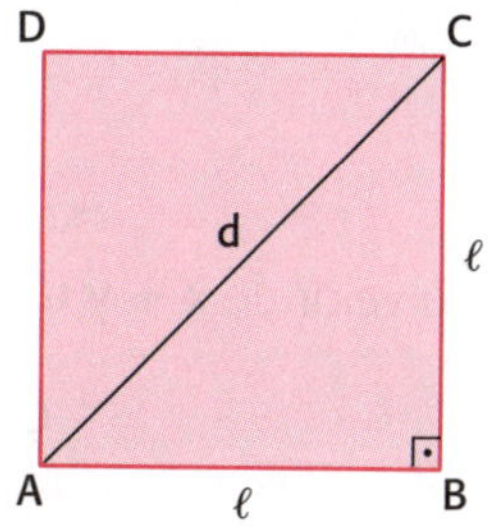

$d = \ell\sqrt{2}$, em que ℓ é a medida do ________________ do quadrado

- Medida da altura de um triângulo equilátero:

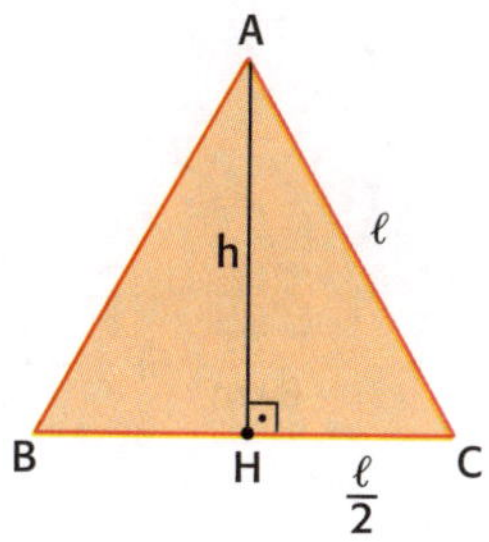

$h = \dfrac{\ell\sqrt{3}}{2}$, em que ℓ é a medida do ________________ do triângulo equilátero

Relações métricas na circunferência

- Relação entre duas cordas de uma circunferência:

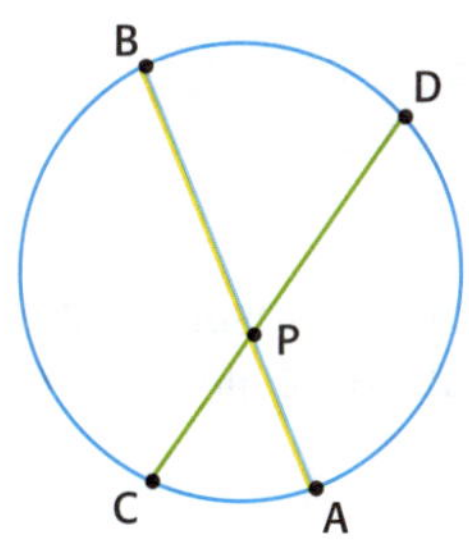

$PA \cdot PB = PC \cdot$ ________

- Relação entre dois segmentos secantes a uma circunferência:

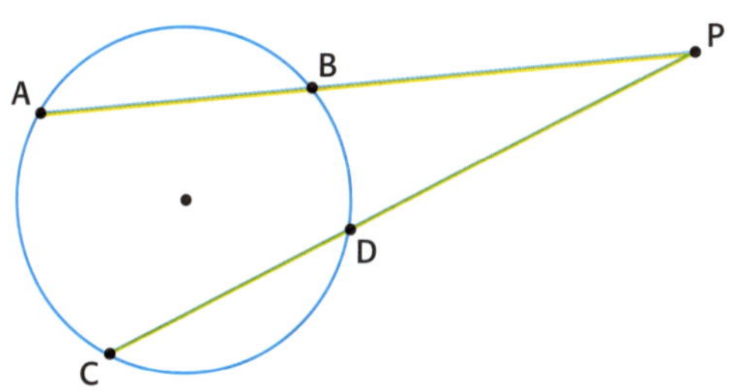

$PA \cdot$ ________ $= PC \cdot PD$

- Relação entre um segmento secante e um segmento tangente a uma circunferência:

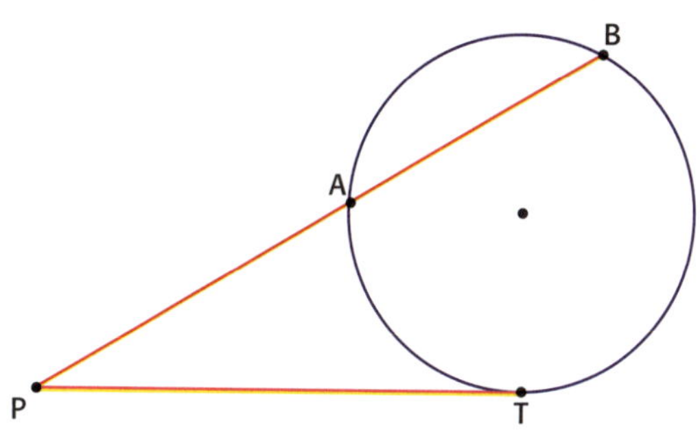

$PA \cdot PB =$ ________

Para praticar

1. Relações métricas no triângulo retângulo

1. Em um triângulo retângulo, é possível que os lados meçam 16 cm, 30 cm e 34 cm? Justifique.

____

____

2. Em um triângulo retângulo, a hipotenusa mede 14 cm e um dos catetos mede 7 cm. Determine a medida do outro cateto.

3. Determine o perímetro e a área do triângulo representado a seguir. Considere que as medidas estão indicadas em centímetro.

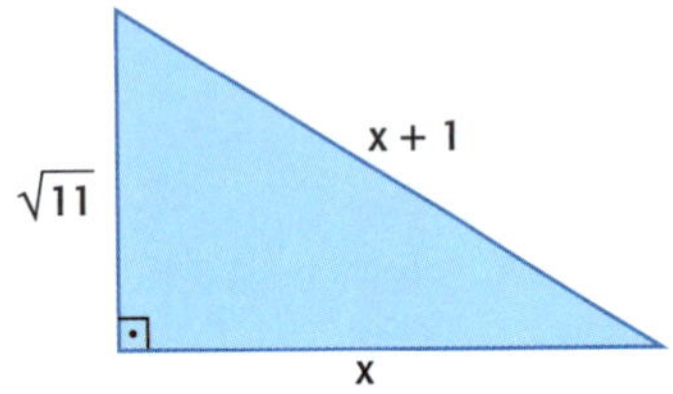

4. Obtenha o valor de x + y na figura representada a seguir.

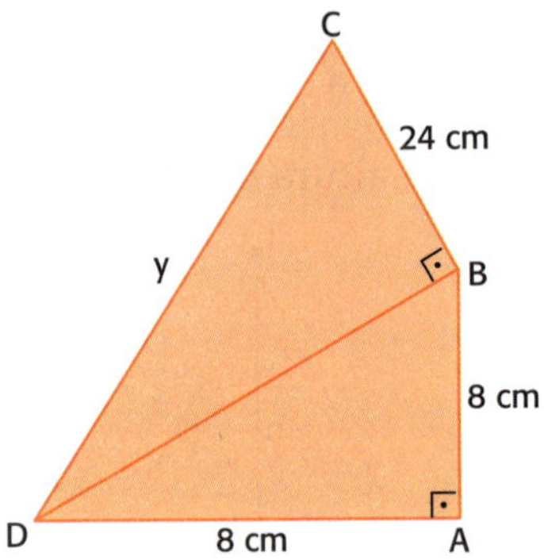

5. Em um losango, as diagonais medem 70 cm e 24 cm. Calcule o seu perímetro.

6. Calcule a área do trapézio ABCD representado a seguir.

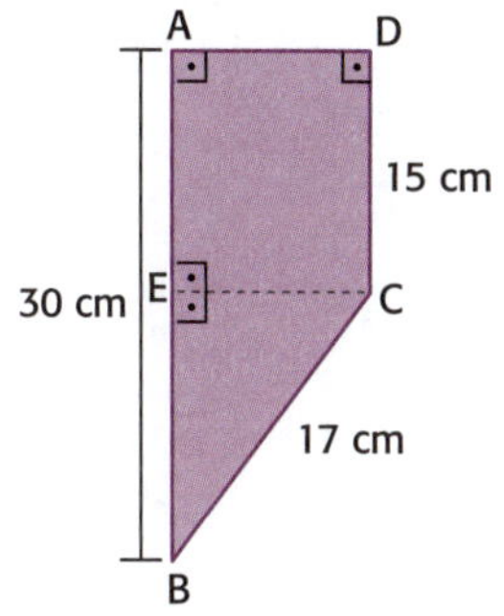

7. Calcule a área do quadrado EFGH representado abaixo. Considere que as medidas estão indicadas em centímetro.

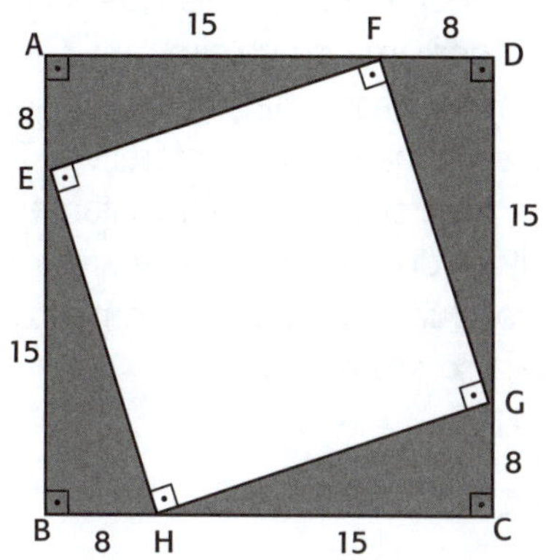

8. (OBM) Seja ABC um triângulo retângulo em A. Seja D o ponto médio de $\overline{AC}$. Sabendo que BD = 3DC e que AC = 2, a hipotenusa do triângulo é:

a) $\sqrt{7}$

b) $2\sqrt{2}$

c) 3

d) $\sqrt{10}$

e) $2\sqrt{3}$

9. (OBM) Na figura abaixo, os retângulos ABCD e EFGH têm os lados paralelos. Sabendo que AE = 3, BF = 4 e DH = 5, qual a medida de CG?

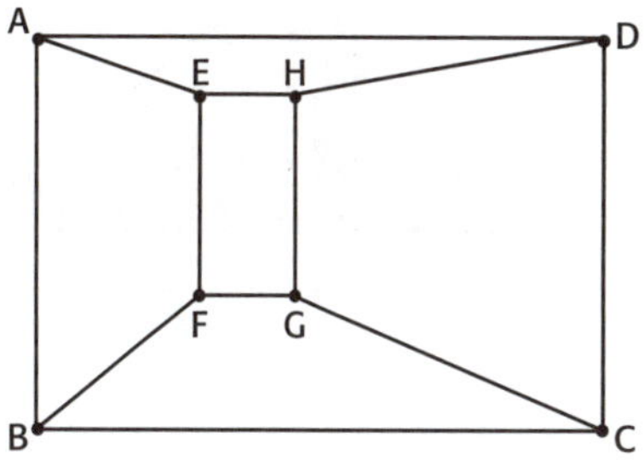

a) 6

b) $\sqrt{32}$

c) 7

d) $\sqrt{40}$

e) $\sqrt{60}$

10. Obtenha o valor de x + y na figura representada abaixo.

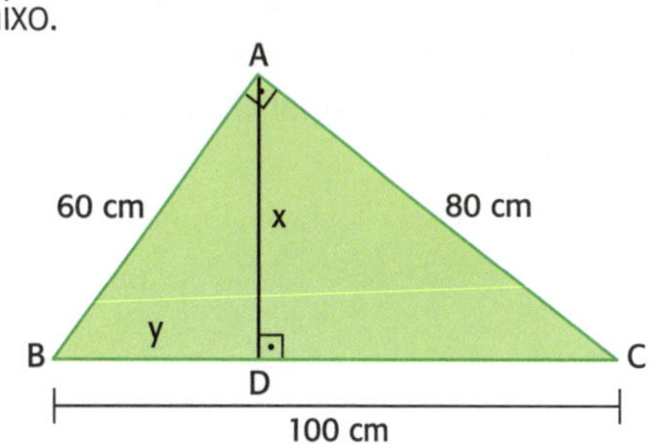

11. Obtenha as medidas dos catetos $\overline{AB}$ e $\overline{AC}$ do triângulo retângulo a seguir.

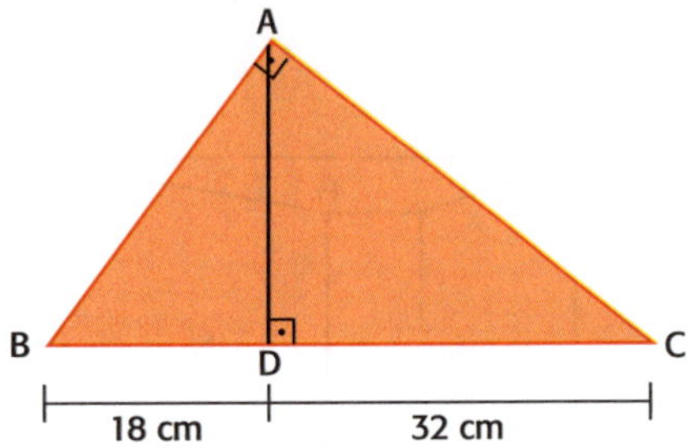

12. Em um triângulo retângulo, os catetos medem 9 cm e 40 cm. Determine a medida da altura relativa à hipotenusa desse triângulo.

13. Em um triângulo retângulo, as projeções dos catetos sobre a hipotenusa medem 3 cm e 12 cm. Determine a altura relativa à hipotenusa desse triângulo.

14. Determine a medida das projeções dos catetos sobre a hipotenusa de um triângulo retângulo cuja hipotenusa mede 24 cm e um dos catetos 8 cm.

15. (OBM) O grande artilheiro Tornado está prestes a fazer o gol mais bonito de sua carreira. Ele está de frente para o gol e apenas o goleiro está entre ele e a trave. Ele está a **x** metros do goleiro que, por sua vez, se encontra a 2 metros da linha do gol, onde Tornado deseja que a bola caia após passar por cima do goleiro.
Em um gol dessa magnitude, a trajetória da bola deve ser uma semicircunferência. Tornado sabe que a bola deve passar a exatamente 3 metros de altura do solo quando ela estiver acima do goleiro. Qual a distância de Tornado até o goleiro, ou seja, **x**, em metros?

a) 3

b) 3,5

c) 4

d) 4,5

e) 5

16. (Etec) O Teorema de Pitágoras, provavelmente a relação mais conhecida da Matemática, afirma que, em todo triângulo retângulo, o quadrado da hipotenusa é igual à soma dos quadrados dos catetos. Atribui-se a Pitágoras, matemático grego do século VI a.C., a primeira demonstração desse teorema, embora essa relação já fosse aplicada pelo menos mil anos antes.

Pensando nisso, analise a seguinte situação: um helicóptero, para sobrevoar uma região, parte do ponto A do solo e sobe verticalmente 250 m; em seguida, voa horizontalmente 160 m para o leste; finalmente, desce verticalmente 130 m até o ponto B. Nessas condições, a distância entre os pontos A e B é, em metros,

a) 120.

b) 180.

c) 200.

d) 260.

e) 280.

17. (Obmep) Na figura abaixo, o triângulo ABC é retângulo em C e tanto BCDE quanto CAFG são quadrados. Se o produto das áreas dos triângulos EAB e BFA é 64, determine a área do triângulo ABC.

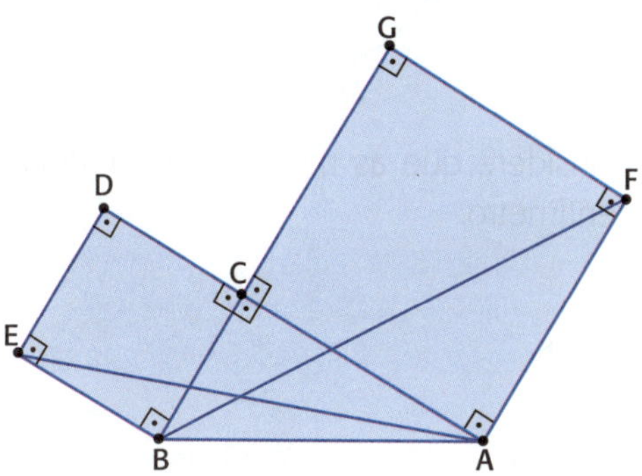

18. (Etec) Um grande círculo azul-escuro no meio do mar turquesa do Caribe atrai mergulhadores e turistas do mundo todo para Belize, na América Central. O Great Blue Hole (Grande Buraco Azul) é uma caverna submersa com estalactites cercadas de animais marinhos de várias espécies, como arraias, peixes-papagaios e peixes-borboletas. Localizado no atol de recifes Lighthouse, a cerca de 50 milhas a leste de Belize, o buraco é um círculo quase perfeito de cerca de 300 metros de diâmetro e 125 metros de profundidade, podendo ser visto inclusive do espaço.

(<g1.globo.com/turismo-e-viagem/noticia/2012/12/grande-buraco-azul-no-meio-do-mar-e-paraiso-do-mergulhono-caribe.html>. Acesso em: 23.08.2013. Adaptado.)

YANN ARTHUS-BERTRAN/GETTY IMAGES

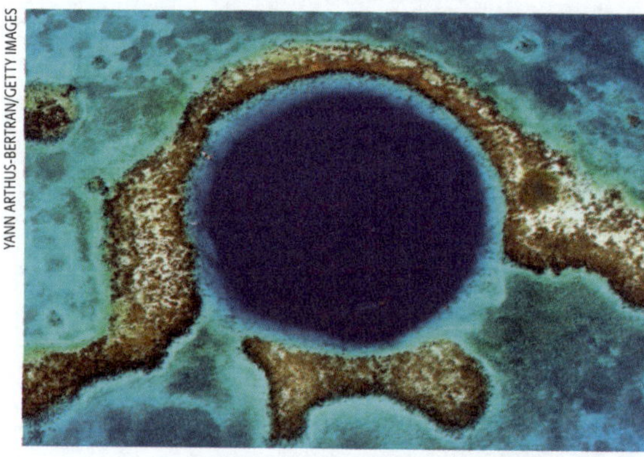

(Foto: U.S. Geological Survey Original colorido)

A circunferência da figura é uma representação esquemática do Grande Buraco Azul em que:

- o ponto O é o centro da circunferência;
- o segmento $\overline{AB}$ é um diâmetro da circunferência;
- os pontos C e D pertencem à circunferência;
- as retas $\overleftrightarrow{AB}$ e $\overleftrightarrow{CD}$ são paralelas;
- o ponto E pertence à corda $\overline{CD}$; e
- as retas $\overleftrightarrow{AB}$ e $\overleftrightarrow{OE}$ são perpendiculares.

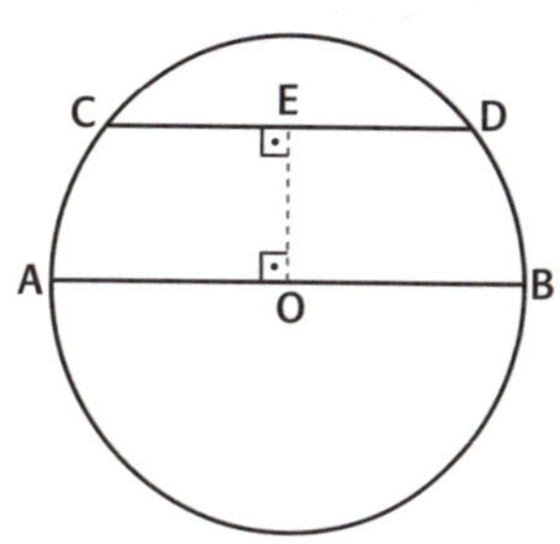

Figura fora de escala.

Nessas condições, admitindo-se que a medida da corda seja 240 m, então a medida do segmento será, em metros,

a) 93.
b) 90.
c) 87.
d) 84.
e) 81.

2. Relações métricas na circunferência

19. Determine a medida de $\overline{PD}$ na figura abaixo.

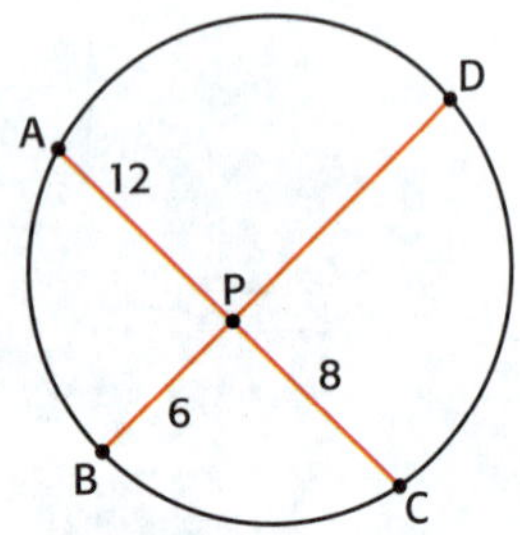

20. Na figura a seguir, $\overline{AF}$ é tangente à circunferência em F. Obtenha o valor de **x** e **y**.

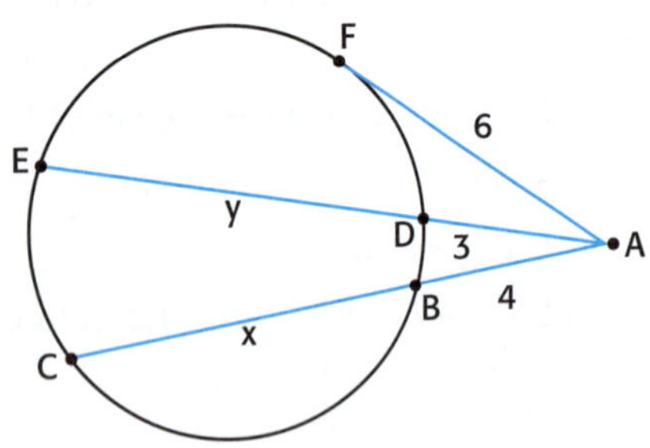

21. Na figura abaixo, os pontos A, B, C, D e F pertencem à circunferência. Determine a medida do segmento $\overline{GF}$.

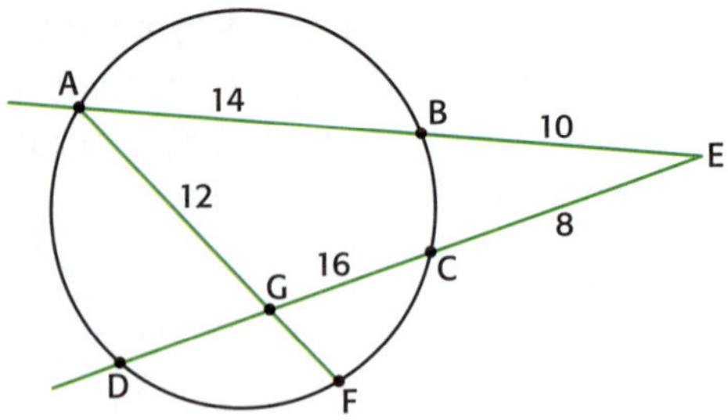

22. Na figura abaixo, os pontos A e B pertencem à circunferência de centro O. Obtenha a medida do raio dessa circunferência.

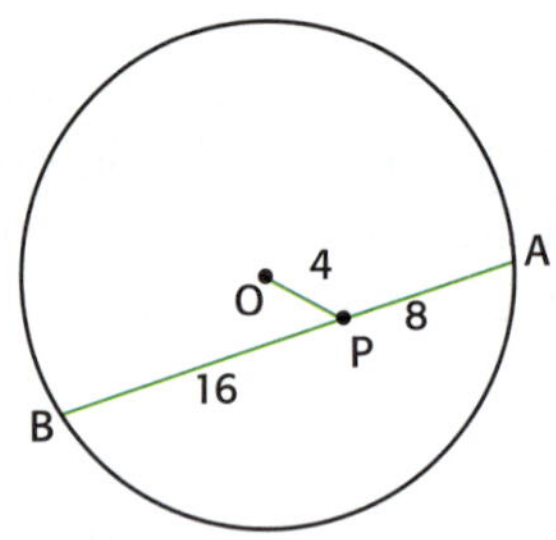

Considere que as medidas estão indicadas em centímetro.

Leitura do mundo

Pesquisa – Aplicativos para *smartphones*

Apresentando a situação

Atualmente, há inúmeros aplicativos para dispositivos móveis, com as mais variadas finalidades, dependendo da necessidade do usuário e do modo como são utilizados. Você costuma utilizar aplicativos no celular? Ao utilizar esses aplicativos, você já se deparou com alguma solicitação de acesso a informações ou a funções de seu celular?

> [...]
>
> Os aplicativos que instalamos em nossos celulares muitas vezes requisitam o acesso a informações pessoais disponíveis nos aparelhos, como localização, chamadas, lista de contato e até o microfone e a câmera. De acordo com um estudo da Faculdade de Economia, Administração e Contabilidade (FEA) da USP, as funcionalidades oferecidas por esses aplicativos (ou seja, o que ele pode fazer) e a boa reputação das empresas desenvolvedoras são alguns dos fatores que influenciam os usuários a aceitarem as permissões de acesso.
>
> Disponível em: <http://www5.usp.br/107922/estudo-avalia-fatores-que-influenciam-a-instalacao-de-aplicativos-no-celular/>. Acesso em: 10 jul. 2016.

ANTONIO GUILLEM/SHUTTERSTOCK.COM

Os motivos que levam uma pessoa a instalar esse tipo de *software* em seu aparelho celular podem ser os mais diversos, e a eficiência dos aplicativos para dispositivos móveis pode ser medida pelas avaliações publicadas pelos usuários nas lojas oficiais dos sistemas operacionais.

Organizando os dados

1. Realize uma pesquisa com colegas e familiares sobre os aplicativos para *smartphones*.

a) Liste abaixo cinco tipos de aplicativo (por exemplo, de jogos, de notícias, de redes sociais etc.) para apresentar às pessoas entrevistadas.

____

____

b) Pergunte para pelo menos 10 pessoas qual tipo de aplicativo, entre os 5 listados, elas usam com mais frequência. Dica: Você pode utilizar um aplicativo de mensagens instantâneas para perguntar para mais pessoas e colher as respostas rapidamente.

____

____

c) Após o levantamento dos dados, organize-os em uma tabela.

Que tipo de aplicativo você mais utiliza?

Tipo de aplicativo	Número de respostas

d) Em seguida, construa um gráfico de barras para representar os dados obtidos.

Pratique mais

2. Agora, faça uma pesquisa sobre algum assunto ligado a tecnologia. Organize os dados em uma tabela e represente os valores em um gráfico de sua escolha. Não se esqueça de definir antes qual pergunta você fará para os entrevistados e quais opções de resposta você oferecerá para que eles escolham.

UNIDADE 5

Estudo das funções

Reveja a jornada

A ideia de função

Uma função de um conjunto A em um conjunto B é uma relação de correspondência que associa a cada elemento do conjunto A um ______________ elemento do conjunto B.

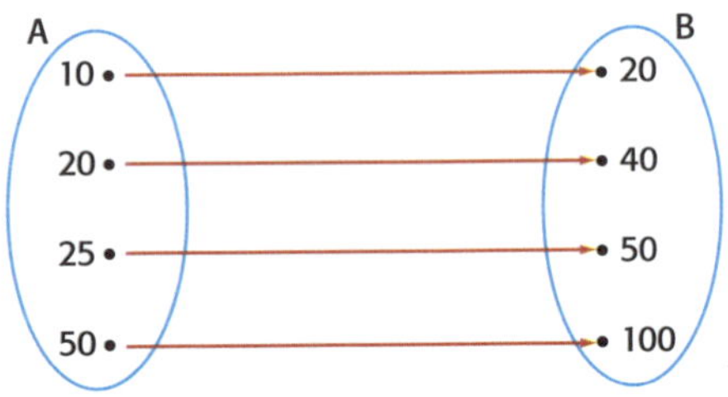

A relação apresentada no diagrama é uma função.

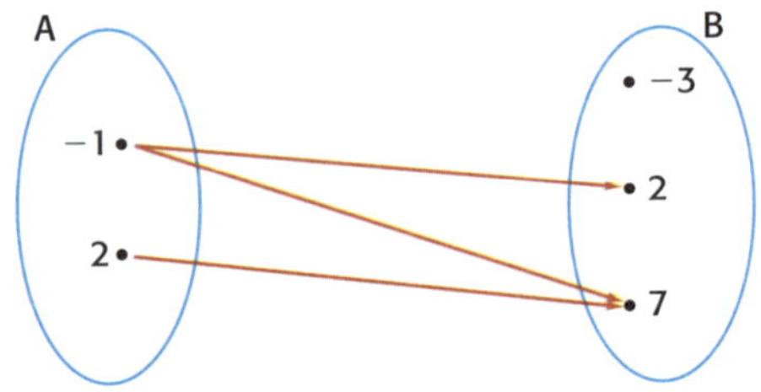

A relação apresentada no diagrama não é uma função.

Lei da função

A fórmula que expressa a relação entre duas grandezas é denominada **lei da função**.

$$y = 17x + 86 \quad \text{ou} \quad f(x) = 17x + 86$$

variável dependente (y) — variável independente (x)

Gráfico de uma função

Para construir o gráfico de uma função em que **x** é a variável independente e **y** é a variável dependente, atribuímos alguns valores para **x** e calculamos os respectivos valores de **y**, determinando o **par ordenado** (x, y).

Exemplo: construir gráfico da função dada por $y = x^2$, sendo **x** um número real.

x	$y = x^2$	(x, y)
−3	9	(−3, 9)
−2	4	(−2, 4)
−1	1	(−1, 1)
0	0	(0, 0)
1	1	(1, 1)
2	4	(2, 4)
3	9	(3, 9)

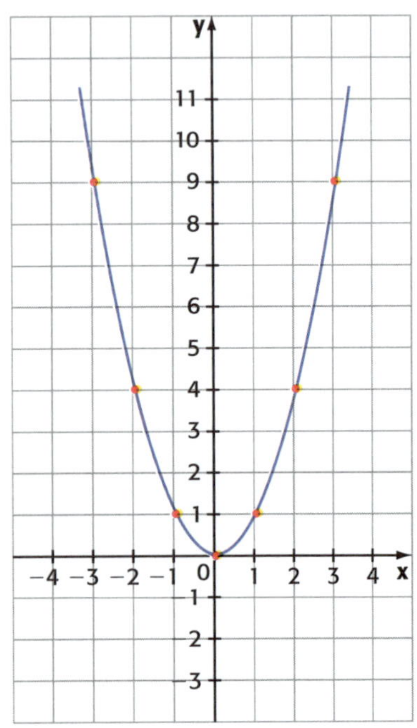

Zero de uma função

O **zero de uma função** é todo valor da variável independente **x**, quando existir, para o qual o valor da variável dependente **y** é igual a ____________.

Exemplo: $6x - 18 = 0 \Rightarrow 6x = 18 \Rightarrow x = 3$

Logo, $x = 3$ é o zero da função definida por $f(x) = 6x - 18$.

Função afim

- A **função afim** é toda função cuja lei pode ser escrita na forma $y = ax + b$, em que **x** é a variável independente e **a** e **b** são números reais.

$$y = ax + b$$

coeficientes da função afim

- O **gráfico de uma função afim**, definida por $y = ax + b$, para todo **x** real, é uma reta não ____________________ ao eixo **x**.
- O **coeficiente b** representa a ____________________ do ponto em que o gráfico da função afim corta o eixo vertical.
- Análise do gráfico de uma função afim:

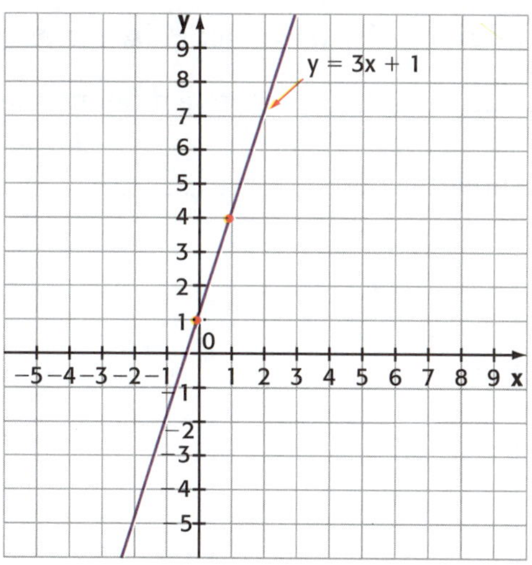

Uma função afim é **crescente** quando o coeficiente **a** é ______________ (a _______ 0).

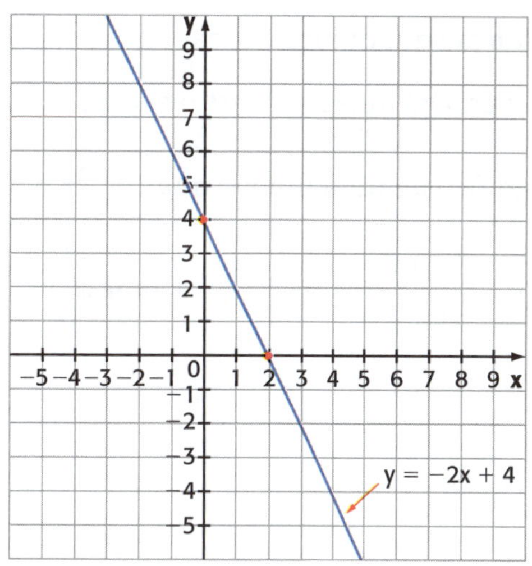

Uma função afim é **decrescente** quando o coeficiente **a** é ______________ (a _______ 0).

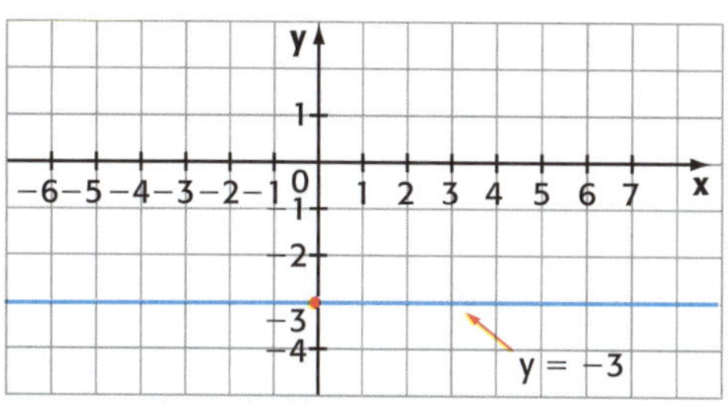

Uma função afim é **constante** quando o coeficiente **a** é igual a zero ($a = 0$).

- O **zero de uma função afim** dada por $y = ax + b$ é todo valor da variável independente **x** para o qual o valor da variável ______________________________ **y** é igual a zero.

Função linear

- A **função linear** é toda função afim cuja lei pode ser escrita na forma y = ax, em que **x** é a variável independente e **a** é um número real diferente de ____________.
- O **gráfico de uma função linear** dada pela lei y = ax é uma reta não perpendicular ao eixo horizontal e que passa pelo ponto de coordenadas __________.

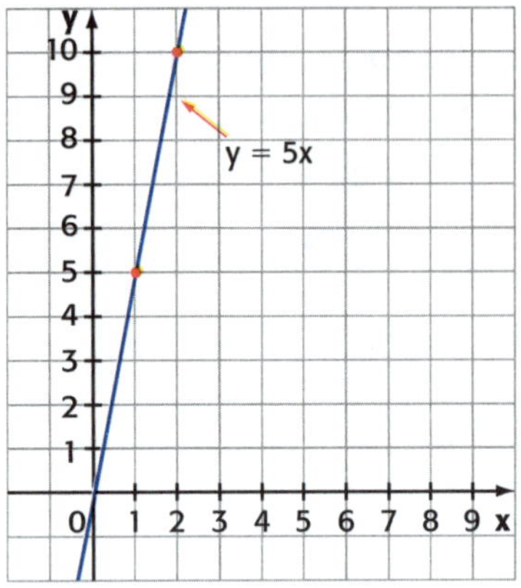

Função quadrática

- A **função quadrática** é toda função cuja lei pode ser escrita na forma $y = ax^2 + bx + c$, em que **x** é a variável independente e **a**, **b** e **c** são números ________________, com **a** diferente de zero.
- O **gráfico de uma função quadrática** é uma curva chamada ____________________________.

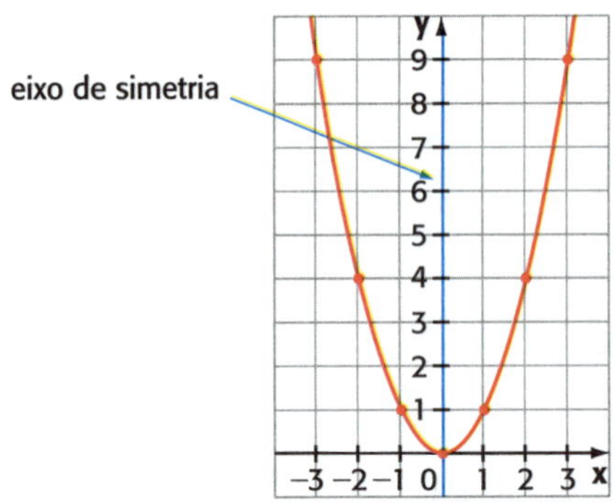

- Concavidade da parábola:

Se a > 0, a concavidade da parábola é voltada para _______________.

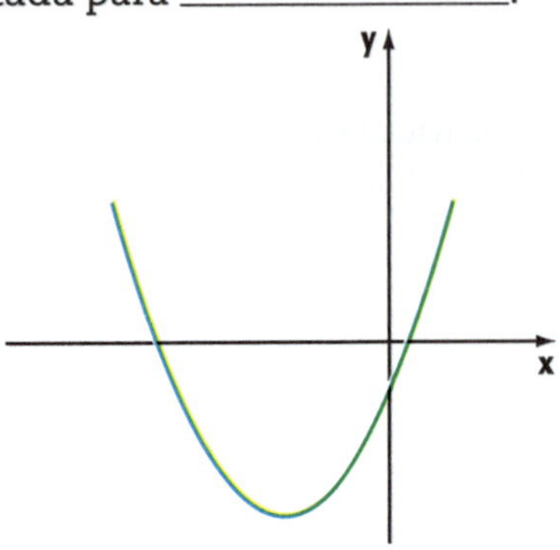

Se a < 0, a concavidade da parábola é voltada para _______________.

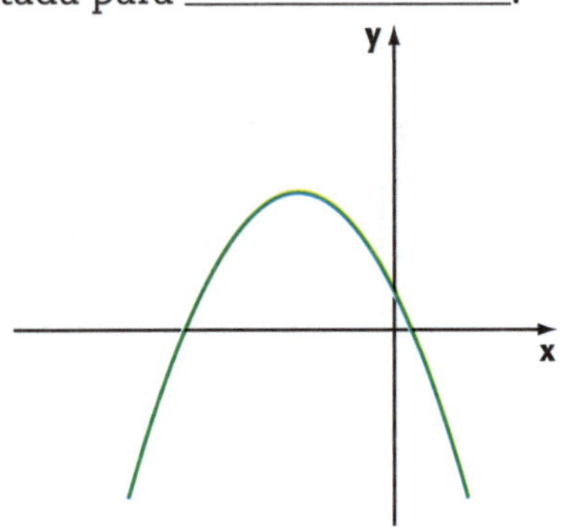

- O ponto de interseção do gráfico da função dada por $y = ax^2 + bx + c$ com o eixo **y** tem coordenadas (0, c).
- Para obter os pontos de interseção do gráfico da função quadrática com o eixo **x**, se existirem, precisamos determinar os valores de **x** para os quais $y = 0$, ou seja, obter os **zeros da função quadrática**.
- O **vértice da parábola** é o ponto de interseção do eixo de simetria do gráfico da função quadrática correspondente com a ______________________.

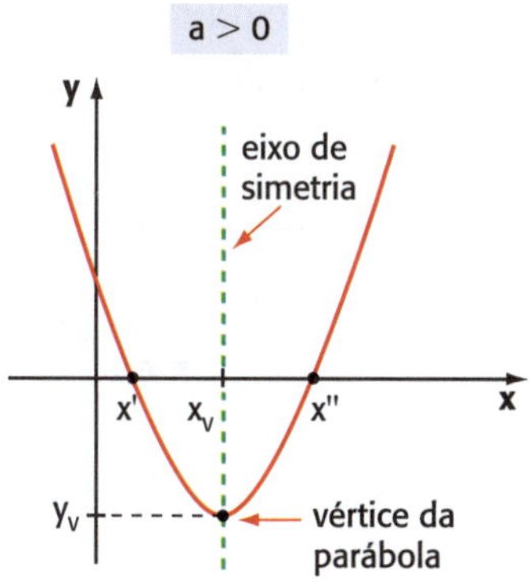

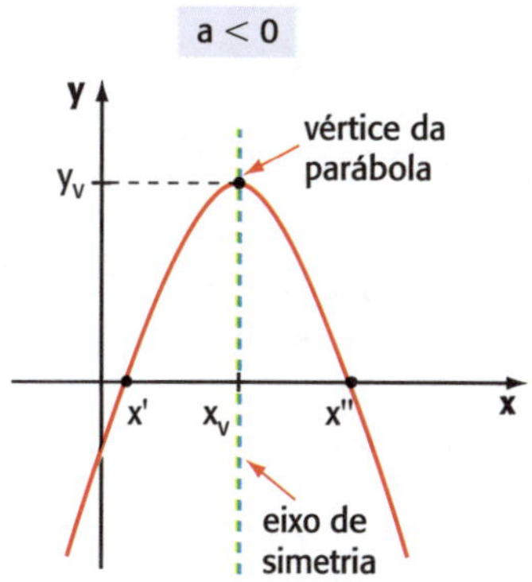

A abscissa do vértice da parábola é $x_V = -\frac{b}{2a}$, e a ordenada do vértice é $y_V = -\frac{\Delta}{4a}$. Assim, as coordenadas do vértice são $\left(-\frac{b}{2a}, -\frac{\Delta}{4a}\right)$.

- Dependendo da concavidade da parábola, o vértice pode ser um ponto de **máximo** ou de **mínimo**.

Se a ________ 0, o vértice é o **ponto de máximo** e a ordenada do vértice, $y_V = -\frac{\Delta}{4a}$, é o **valor máximo** da função.

Se a ________ 0, o vértice é o **ponto de mínimo** e a ordenada do vértice, $y_V = -\frac{\Delta}{4a}$, é o **valor mínimo** da função.

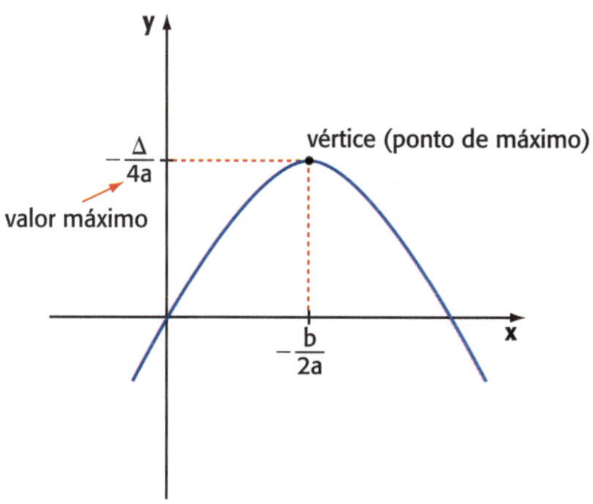

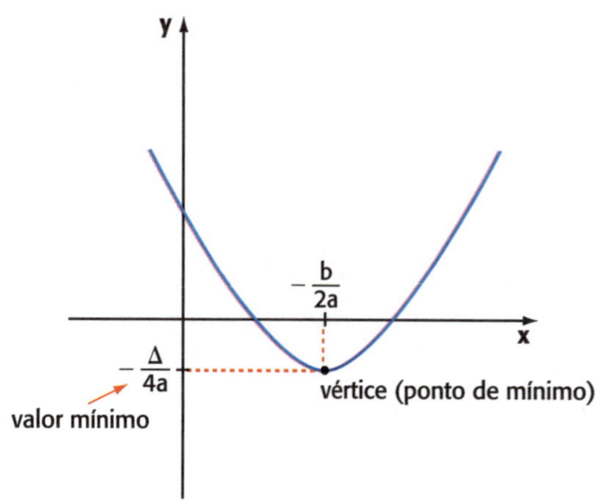

Para praticar

1. A ideia de função

1. O diagrama abaixo representa uma função **f** de um conjunto A em um conjunto B.

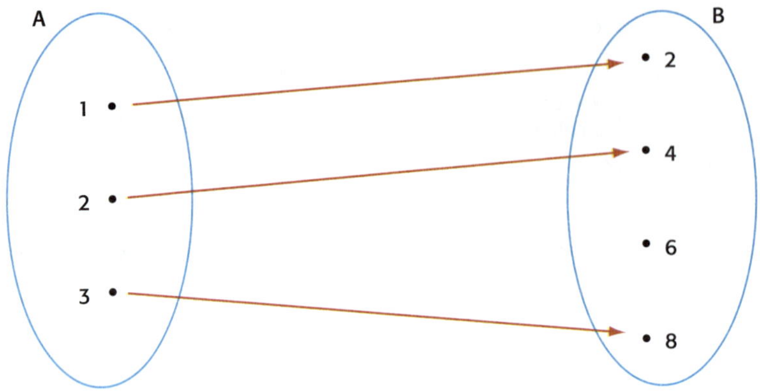

Pode-se afirmar que f(2) é igual a:

2. Esboce, no espaço abaixo, o gráfico da função dada pela lei $f(x) = 4x - 7$.

3. (IFSP) Determinada operadora de telefonia móvel cobra de seus clientes, na conta mensal, os serviços referentes à utilização do período, de acordo com a seguinte tabela:

Composição da conta mensal de telefonia móvel	
Item	**Valor (R$)**
Tarifa fixa e obrigatória	23,00
Tarifa cobrada por minuto utilizado	0,78

Considere:

V – valor da conta mensal

m – quantidade de minutos utilizados

De acordo com a tabela apresentada, a função matemática que expressa a composição da conta mensal é:

a) $V = 0{,}78 \cdot m$

b) $V = 23 \cdot 0{,}78 \cdot m$

c) $V = 23 + 0{,}78 \cdot m$

d) $V = 23 - 0{,}78 \cdot m$

e) $V = 23 \cdot m$

4. Qual dos seguintes diagramas **não** representa uma função?

a) 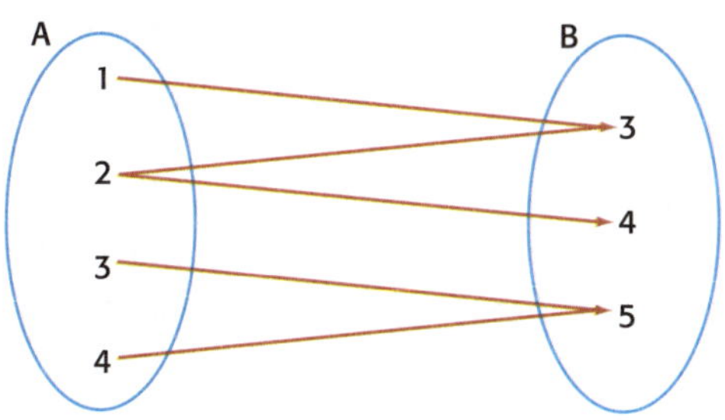

b) 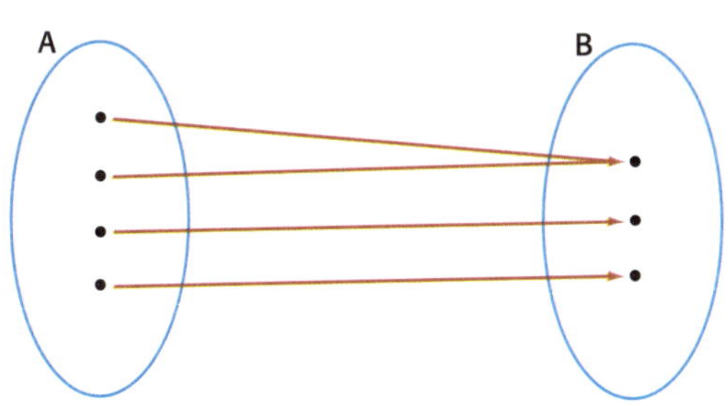

c) 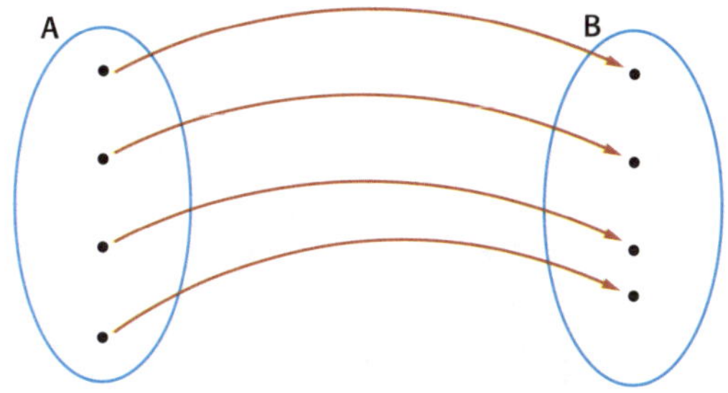

d) 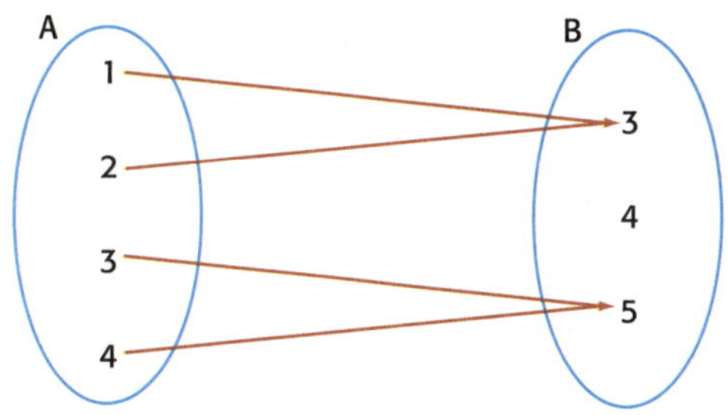

e) 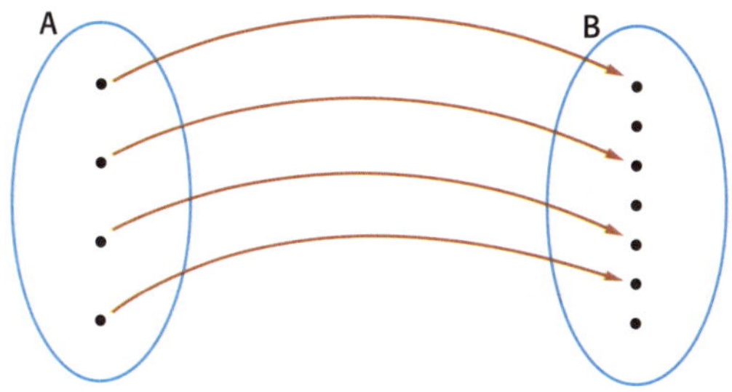

5. Considere uma função de A em B ($\mathbb{R}$ em $\mathbb{R}$) dada por $f(x) = x^2 + 1$. Estabeleça relações entre elementos do conjunto A com elementos do conjunto B no diagrama de flechas abaixo.

6. Quais dos gráficos abaixo **não** representam uma função?

a) 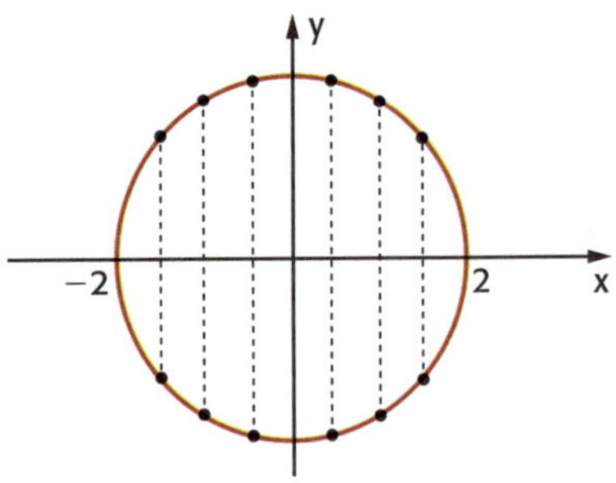

b) 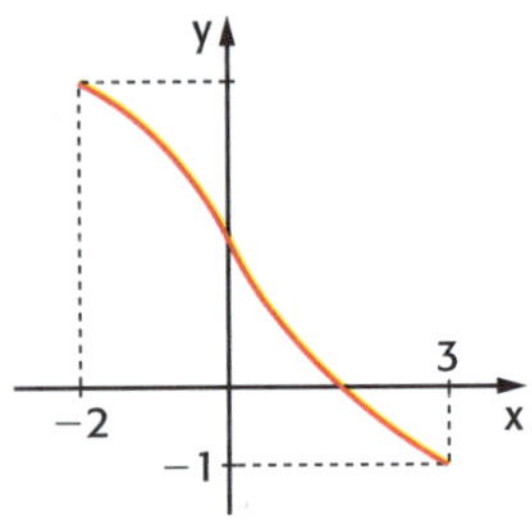

c) 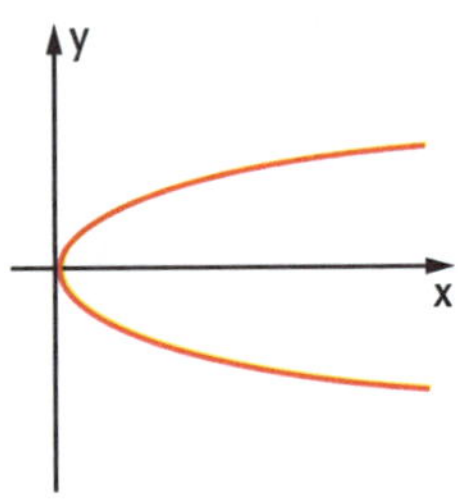

d) 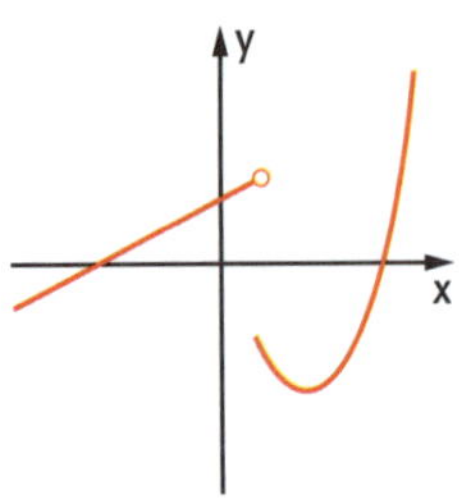

e) 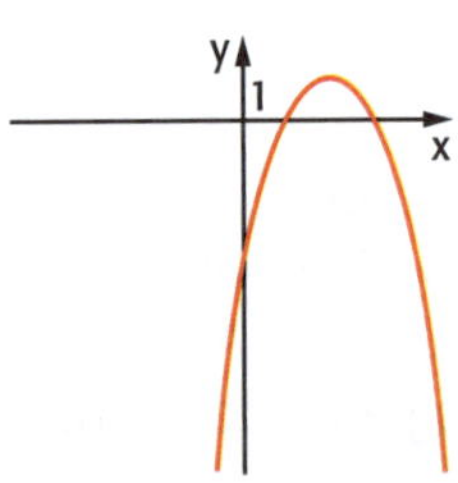

f) 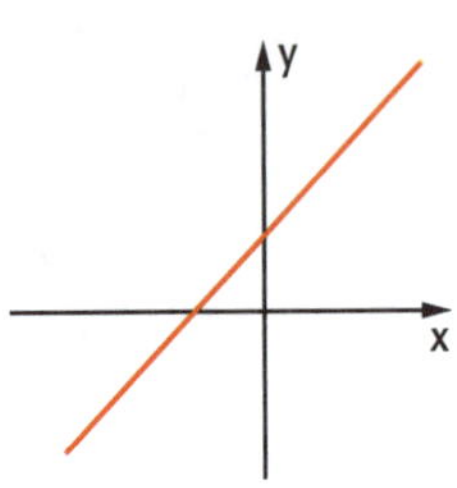

2. Função afim

7. Se uma função do primeiro grau é da forma $f(x) = ax + b$, tal que $f(0) = -5$ e $f(3) = 7$, obtenha o valor da constante **a**.

8. Uma função **f** é definida por $f(x) = ax + b$. Se $f(-1) = 5$ e $f(1) = 9$, qual é o valor de $f(3)$?

9. Dada uma função afim **f**, tal que $f(1) = 15$ e $f(-1) = 5$, determine o zero dessa função.

10. Uma doceira verificou que para produzir 200 doces de um mesmo tipo o custo é de R$ 58,00, e que para produzir 300 doces desse mesmo tipo o custo é de R$ 73,00. Admitindo que o custo **C** pode ser modelado por uma função afim e que varia em função do número **n** de doces, escreva a lei dessa função.

11. O gráfico abaixo representa uma função de $\mathbb{R}$ em $\mathbb{R}$ dada por $f(x) = ax + b$.

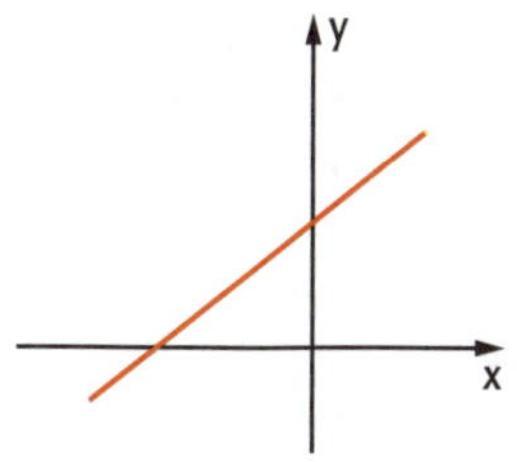

De acordo com o gráfico, conclui-se que:

a) $a < 0$ e $b > 0$
b) $a < 0$ e $b < 0$
c) $a > 0$ e $b > 0$
d) $a > 0$ e $b < 0$
e) $a > 0$ e $b = 0$

12. Para ser aprovado em uma disciplina, um aluno precisa ter média igual a 6 ou maior do que esse valor. A média será calculada em relação a três notas, sendo as duas primeiras de peso 1 e a última de peso 2. Se Jorge teve notas 4 e 6 nas duas primeiras provas, quanto ele precisará tirar na última, para ser aprovado?

13. Seja uma função de $\mathbb{R}$ em $\mathbb{R}$, dada pela lei $f(x) = ax + b$, representada pelo gráfico abaixo.

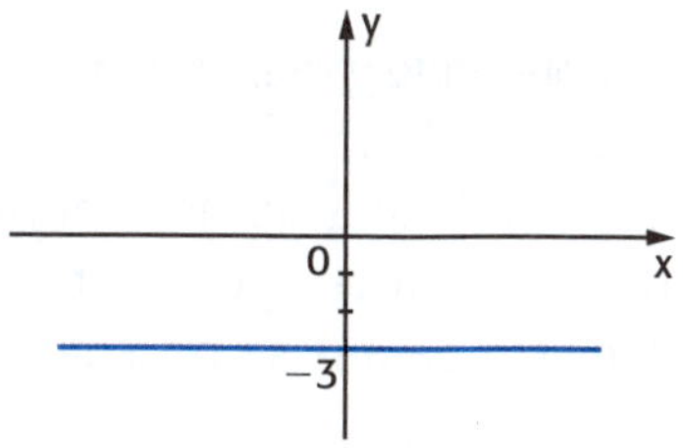

Determine os valores dos coeficientes **a** e **b** dessa função.

14. Seja uma função de $\mathbb{R}$ em $\mathbb{R}$, dada pela lei $f(x) = ax + b$, representada pelo gráfico abaixo.

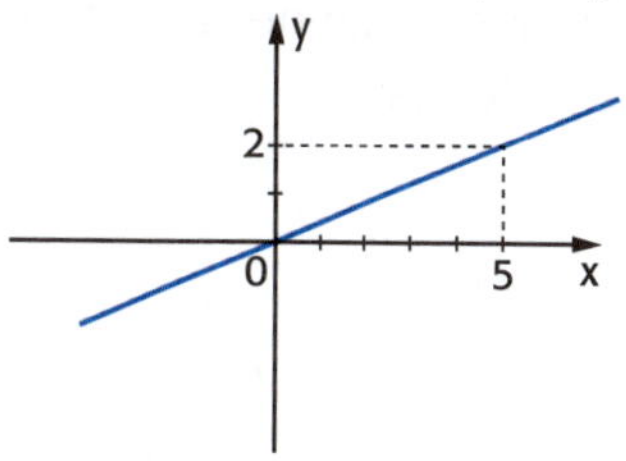

Determine os valores dos coeficientes **a** e **b** dessa função.

15. O gráfico abaixo expressa a temperatura em graus Fahrenheit em função da temperatura em graus Celsius.

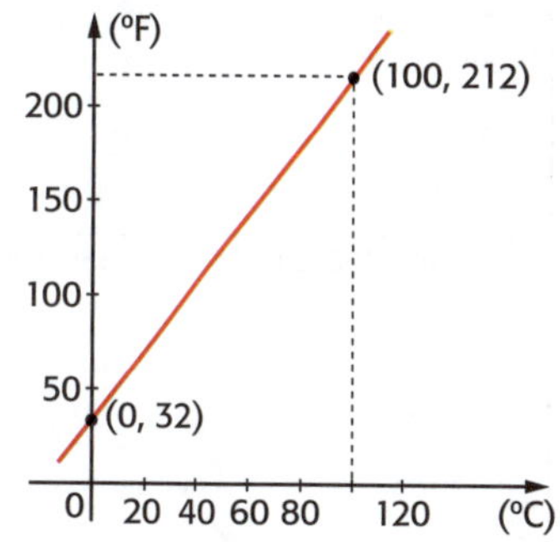

Determine o valor correspondente a 80 °C.

16. (Enem) Após realizar uma pesquisa de mercado, uma operadora de telefonia celular ofereceu aos clientes que utilizavam até 500 ligações ao mês o seguinte plano mensal: um valor fixo de R$ 12,00 para os clientes que fazem até 100 ligações ao mês. Caso o cliente faça mais de 100 ligações, será cobrado um valor adicional de R$ 0,10 por ligação, a partir da 101ª até a 300ª; e caso realize entre 300 e 500 ligações, será cobrado um valor fixo mensal de R$ 32,00.

Com base nos elementos apresentados, o gráfico que melhor apresenta a relação entre o valor mensal pago nesse plano e o número de ligações feitas é:

a) 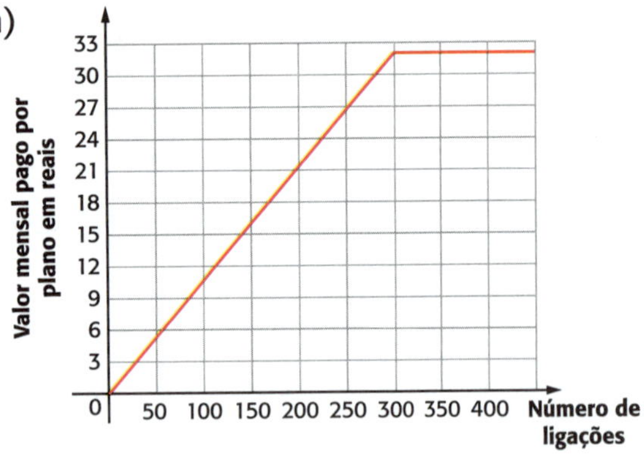

b) 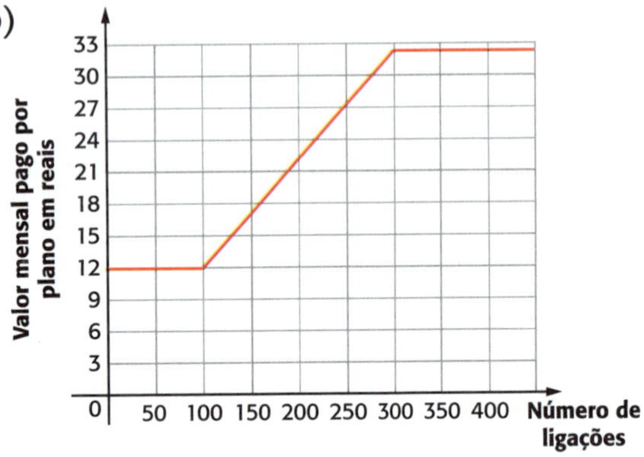

c) 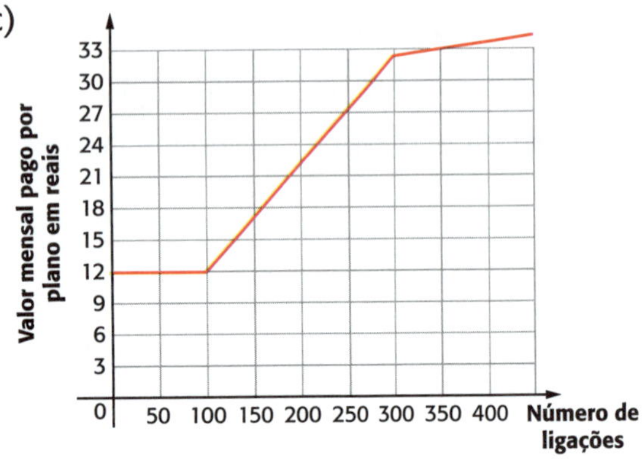

d) 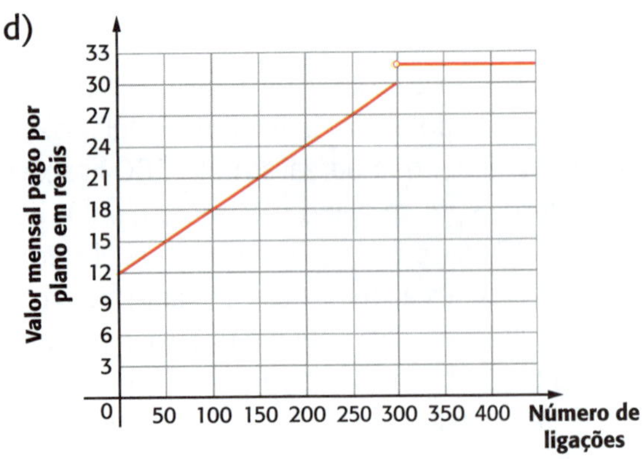

e) 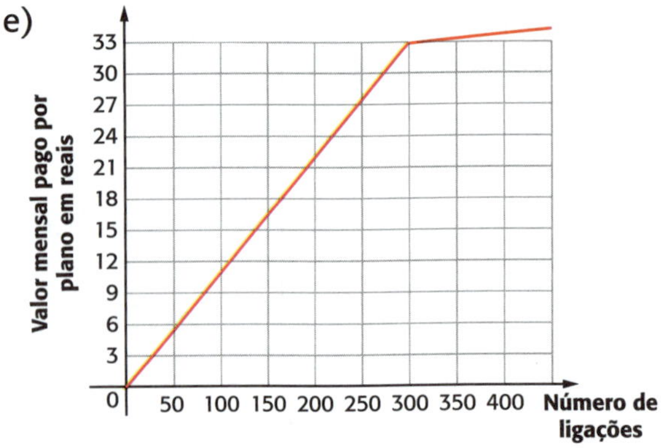

17. (Enem) No Brasil, há várias operadoras e planos de telefonia celular. Uma pessoa recebeu 5 propostas (A, B, C, D e E) de planos telefônicos. O valor mensal de cada plano está em função do tempo mensal das chamadas, conforme o gráfico.

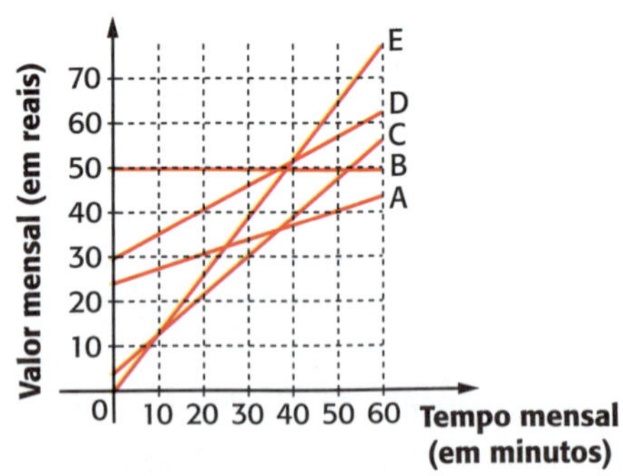

Essa pessoa pretende gastar exatamente R$ 30,00 por mês com telefone.

Dos planos telefônicos apresentados, qual é o mais vantajoso, em tempo de chamada, para o gasto previsto para essa pessoa?

a) A

b) B

c) C

d) D

e) E

18. (IFSP) Um tanque na forma de um paralelepípedo reto retângulo tem 6 m de comprimento, 5 m de largura, 4 m de altura e está vazio. Em determinado instante, uma torneira é aberta e vai enchendo o tanque de água a uma taxa de 4 m^3 por hora até completar a capacidade do tanque. A função h(t) da altura da água, em metros, t horas após a abertura da torneira é:

a) $h(t) = 4 + 4t,\ t \in [0; 30]$

b) $h(t) = 4 - 4t,\ t \in [0; 120]$

c) $h(t) = \frac{2}{15}t,\ t \in [0; 30]$

d) $h(t) = \frac{2}{15}t,\ t \in [0; 120]$

e) $h(t) = 4t,\ t \in [0; 60]$

3. Função quadrática

19. Uma função do 1º grau e uma função do 2º grau têm como representações gráficas, respectivamente:

a) uma reta e uma elipse.

b) uma curva e uma reta.

c) uma reta e uma parábola.

d) uma reta e uma hipérbole.

e) uma parábola e uma reta.

20. Observe o gráfico de uma função quadrática:

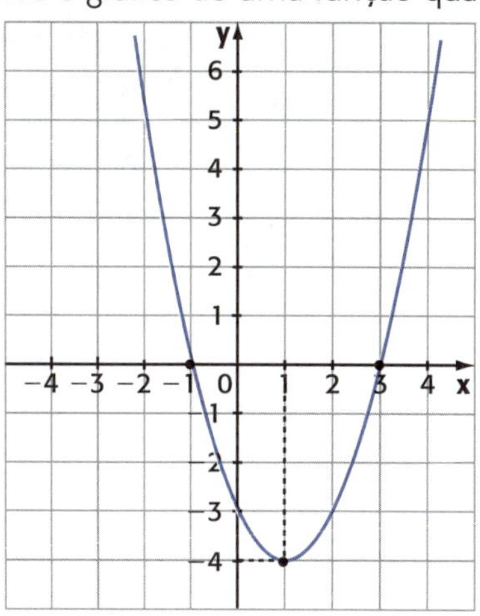

Responda:

a) Quais são os zeros dessa função?

____

b) A concavidade dessa parábola é para cima ou para baixo?

____

c) O vértice dessa parábola tem quais coordenadas?

____

21. Considere a parábola representada abaixo. Qual das retas representa o eixo de simetria dessa parábola?

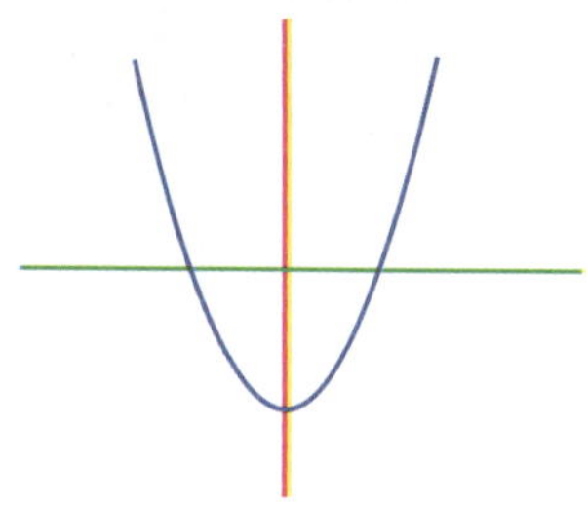

22. Considere uma função quadrática do tipo $f(x) = ax^2 + bx + c,\ a \neq 0$, cujo gráfico é mostrado abaixo.

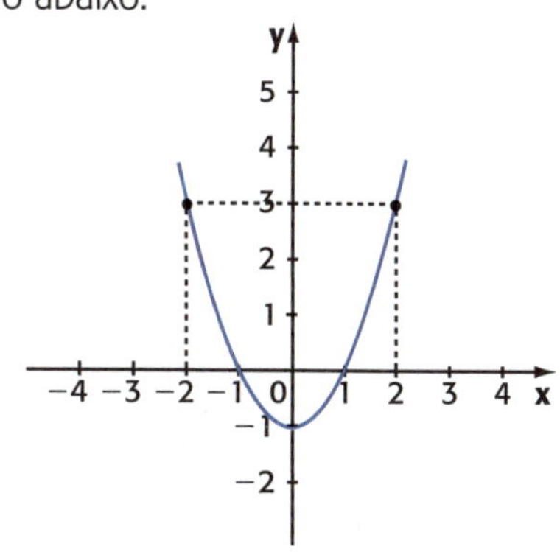

Determine os coeficientes de f(x).

23. Observe os gráficos das funções h(x), f(x), g(x), t(x) e p(x) mostrados abaixo.

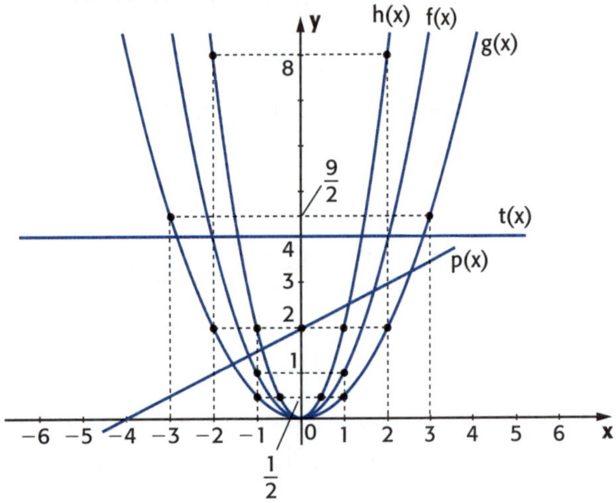

Determine os coeficientes dessas funções.

24. (Enem) Um professor, depois de corrigir as provas de sua turma, percebeu que várias questões estavam muito difíceis. Para compensar, decidiu utilizar uma função polinomial **f**, de grau menor que 3, para alterar as notas **x** da prova para notas y = f(x), da seguinte maneira:

- A nota zero permanece zero
- A nota 10 permanece 10
- A nota 5 passa a ser 6

A expressão da função y = f(x) a ser utilizada pelo professor é

a) $y = -\frac{1}{25}x^2 + \frac{7}{5}x$

b) $y = -\frac{1}{10}x^2 + 2x$

c) $y = \frac{1}{24}x^2 + \frac{7}{12}x$

d) $y = \frac{4}{5}x + 2$

e) $y = x$

25. (IFSP) Um empregador pretende construir um campo de futebol para seus funcionários. A figura a seguir representa esse campo de futebol, de dimensões **x** e **y**, com perímetro 360 m.

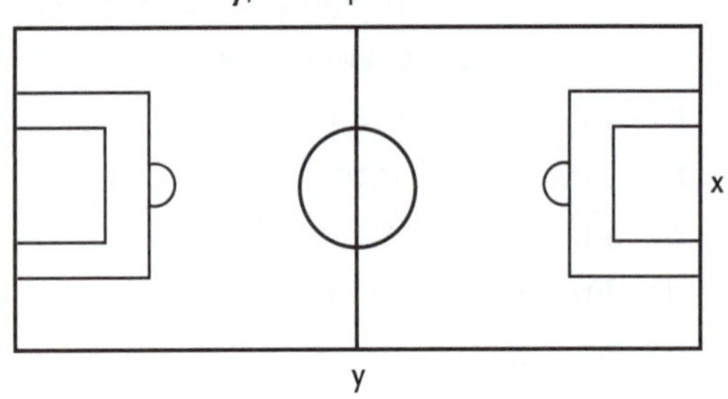

A área desse campo pode ser representada, em função da menor dimensão **x**, por

a) $A(x) = -x^2 + 360x$

b) $A(x) = 180x - x^2$

c) $A(x) = 2x^2 - 180x$

d) $A(x) = -180x + x^2$

e) $A(x) = x^2 - 360x$

26. Considere a função quadrática $f(x) = -2x^2 + 7x + 4$. Determine os zeros dessa função.

27. O número de diagonais D de um polígono de **n** lados, é dado pela seguinte expressão: $D = \frac{n(n-3)}{2}$. Qual é o polígono cujo número de diagonais é o dobro do número de lados?

28. (IFSP) Numa partida de futebol, um jogador chutou a bola, que se encontrava parada no gramado plano, para o alto em direção ao campo adversário. A trajetória da bola pode ser descrita pela função $h = -2d^2 + 20d$, em que **h** (em metros) refere-se à altura atingida pela bola e **d** (em metros) ao seu deslocamento horizontal.

Neste caso, a distância horizontal percorrida pela bola quando ela tocou o solo, em metros, foi

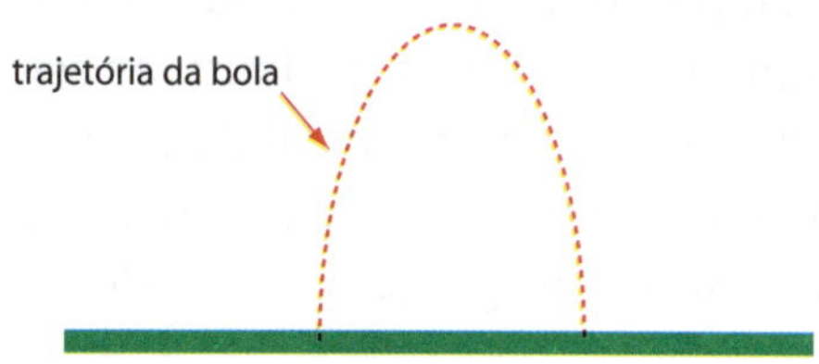

a) 10.

b) 20.

c) 30.

d) 40.

e) 50.

29. Para construir um galinheiro retangular, um fazendeiro comprou 400 m de tela de alambrado para utilizar na cerca. Para que a área do galinheiro seja a maior possível, quais devem ser as dimensões do terreno a ser cercado com tela?

30. (Canguru de Matemática) Um carro parte de um ponto e caminha por uma estrada com velocidade constante de 50 km/h. A cada hora posterior, parte do mesmo ponto e pela mesma estrada um carro com velocidade constante, mas com 1 km/h a mais que o carro anterior. O último carro partiu 50 horas depois do primeiro (portanto, a 100 km/h).

Qual será a velocidade do carro que estará à frente da caravana de carros, quando fizer 100 horas que o primeiro carro saiu?

a) 50 km/h

b) 66 km/h

c) 75 km/h

d) 84 km/h

e) 100 km/h

Leitura do mundo

Gráfico de linhas

Apresentando a situação

O desenvolvimento científico e tecnológico de uma nação está vinculado diretamente a cursos superiores de pós-graduação, como mestrado e doutorado. O texto a seguir comenta a importância de profissionais com título de doutorado para a sociedade.

[...]

Apesar de os doutores constituírem uma parcela muito pequena da população total de qualquer país, sua importância é estratégica. Os doutores constituem não só os indivíduos que receberam o mais elevado nível de qualificação educacional possível, como também compõem a parcela dos recursos humanos que foi treinada especificamente para realizar pesquisa e desenvolvimento.

[...]

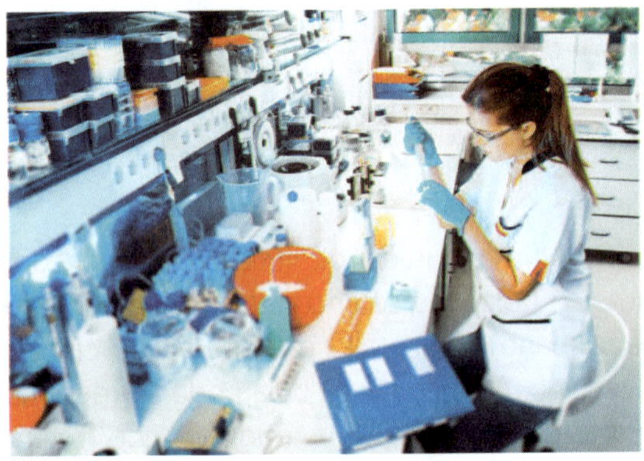
ANYAIVANOVA/SHUTTERSTOCK.COM

Disponível em: <www.cgee.org.br/documents/10195/734063/Doutores2010_demografiaII_02052012_7842.pdf>. Acesso em: 11 jul. 2016.

O título de doutor é atribuído a pessoas que concluíram o programa de doutorado de uma instituição de ensino superior em determinada área do conhecimento. Portanto, os doutores estão altamente capacitados a conduzir pesquisas científicas de acordo com sua especialidade, auxiliando, por exemplo, no desenvolvimento de tecnologias, medicamentos, modelos socioeconômicos etc.

A tabela abaixo apresenta o número de títulos de doutorado outorgados no período de 2010 a 2014 pela Universidade de São Paulo.

Títulos de doutorado outorgados pela Universidade de São Paulo, de 2010 a 2014

Ano	Número de doutores
2010	2 341
2011	2 230
2012	2 480
2013	2 440
2014	2 704

Fonte: <https://uspdigital.usp.br/anuario/AnuarioControle#>. Acesso em: 28 jul. 2016.

Organizando os dados

Representar as informações em um gráfico de linhas favorece a visualização da variação dos dados em um intervalo de tempo. Vamos construir um gráfico de linhas para representar o número de títulos de doutorado outorgados pela Universidade de São Paulo, de 2010 a 2014.

Primeiramente, marcamos os anos no eixo horizontal, igualmente espaçados. Em seguida, representamos os valores no eixo vertical. Note que, no nosso exemplo, os valores variam de 2230 a 2704. Assim, vamos optar por representar, no eixo vertical, valores de 300 em 300, em um intervalo de 0 a 3000.

Depois, marcamos os pontos de acordo com os dados da tabela e ligamos cada ponto com o próximo, a partir de um segmento de reta. Por fim, nomeamos os eixos e damos título e fonte para o gráfico.

Títulos de doutorado outorgados pela Universidade de São Paulo, de 2010 a 2014

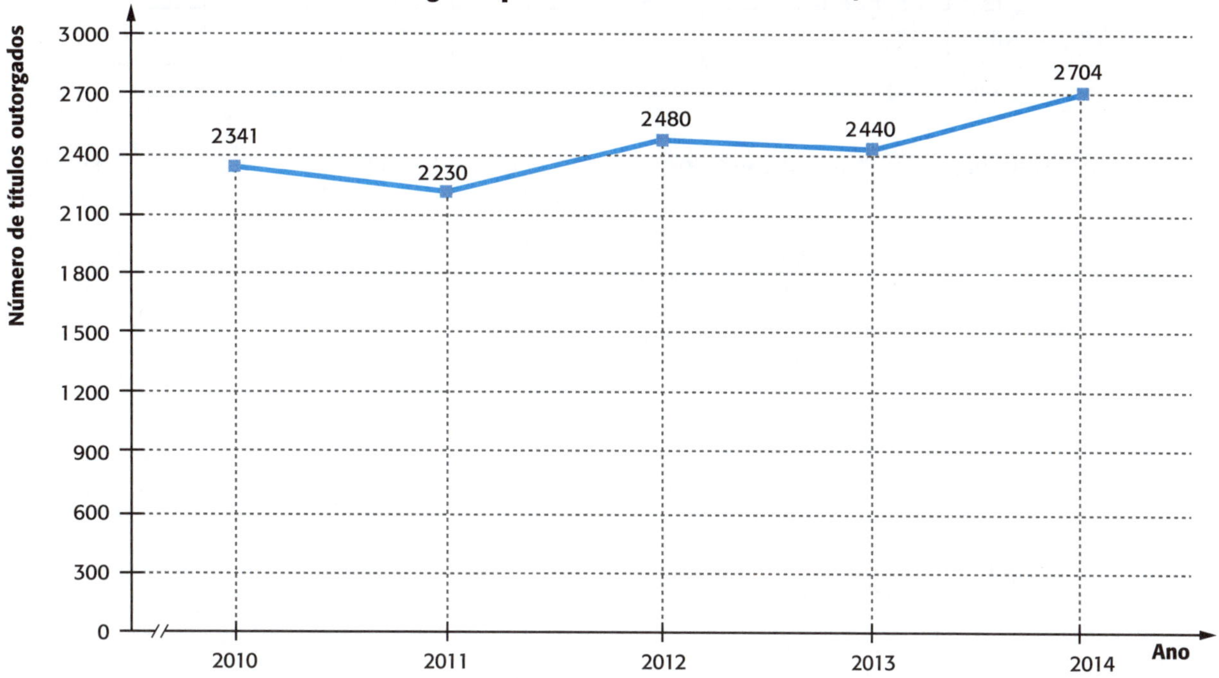

Fonte: <https://uspdigital.usp.br/anuario/AnuarioControle#>. Acesso em: 28 jul. 2016.

Analisando os dados

1. De acordo com os dados apresentados no gráfico sobre a Universidade de São Paulo, responda:

a) Em quais anos ocorreu queda no número de títulos de doutorado, em relação ao ano anterior?

____

b) Em quais anos ocorreu aumento em relação ao ano anterior? Qual foi a porcentagem de aumento em cada caso?

____

____

____

c) Em qual ano houve uma maior variação do número de títulos de doutorado em relação ao ano anterior? Justifique.

____

____

____

Pratique mais

2. A tabela a seguir mostra a quantidade de doutores para cada 100 mil habitantes na região Norte do Brasil nos anos 2000, 2002, 2004, 2006, 2008, 2010 e 2014.

Número de doutores por 100 mil habitantes

Ano	2000	2002	2004	2006	2008	2010	2014
Região Norte	5,4	8,5	12,2	15,8	18,9	24,9	39,8

Fonte: CNPq/AEI. Disponível em: <www.cnpq.br/documents/10157/f381542e-4a82-4318-a0e1-d1449eabb54c>. Acesso em: 11 jul. 2016.

- Construa o gráfico de linhas representando os dados dessa tabela.

UNIDADE 6 Introdução à trigonometria e polígonos regulares

Reveja a jornada

Elementos do triângulo retângulo

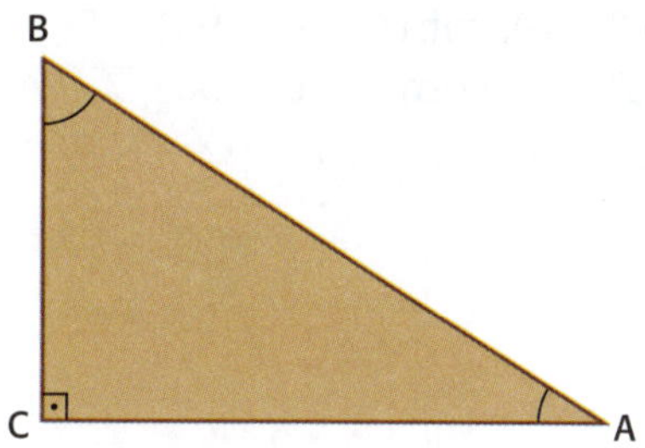

- A ______________________ $\overline{AB}$ é o maior lado e é oposta ao ângulo reto.
- Os ______________________ $\overline{AC}$ e $\overline{BC}$ são os lados que formam o ângulo reto.

Razões trigonométricas no triângulo retângulo

- $\text{sen}\ \alpha = \dfrac{\text{medida do cateto oposto ao ângulo } \alpha}{\text{medida da hipotenusa}}$, com $0 < \alpha < 90°$

Exemplo:

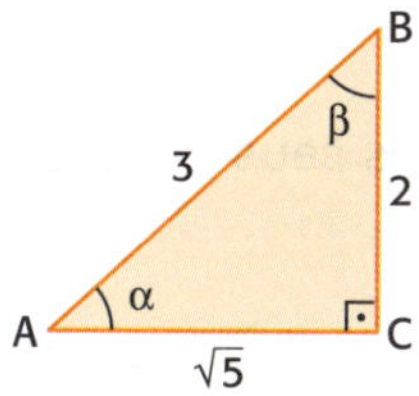

$$\text{sen}\ \alpha = \frac{\text{medida do cateto oposto ao ângulo } \alpha}{\text{medida da hipotenusa}} = \frac{2}{3}$$

$$\text{sen}\ \beta = \frac{\text{medida do cateto oposto ao ângulo } \beta}{\text{medida da hipotenusa}} = \frac{\sqrt{5}}{3}$$

- $\cos \alpha = \dfrac{\text{medida do cateto adjacente ao ângulo } \alpha}{\text{medida da hipotenusa}}$, com $0 < \alpha < 90°$

Exemplo:

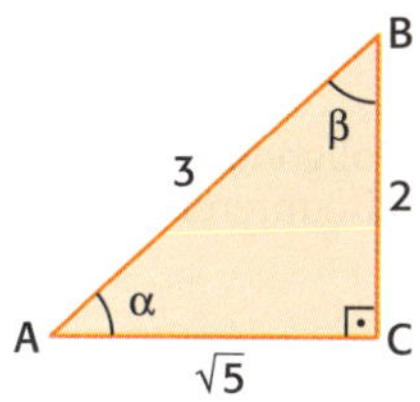

$$\cos \alpha = \frac{\text{medida do cateto adjacente ao ângulo } \alpha}{\text{medida da hipotenusa}} = \frac{\sqrt{5}}{3}$$

$$\cos \beta = \frac{\text{medida do cateto adjacente ao ângulo } \beta}{\text{medida da hipotenusa}} = \frac{2}{3}$$

- $\text{tg}\,\alpha = \dfrac{\text{medida do cateto oposto ao ângulo } \alpha}{\text{medida do cateto adjacente ao ângulo } \alpha}$, com $0 < \alpha < 90°$

Exemplo:

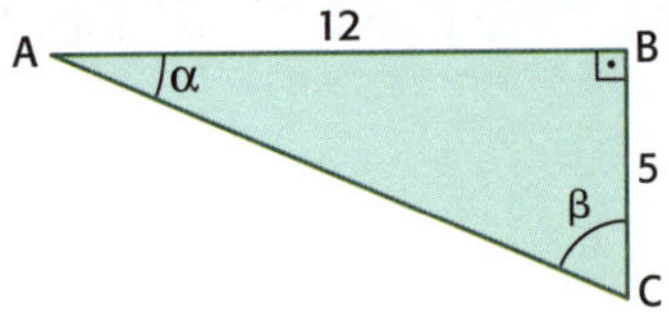

$$\text{tg}\,\alpha = \frac{\text{medida do cateto oposto ao ângulo } \alpha}{\text{medida do cateto adjacente ao ângulo } \alpha} = \frac{5}{12}$$

$$\text{tg}\,\beta = \frac{\text{medida do cateto oposto ao ângulo } \beta}{\text{medida do cateto adjacente ao ângulo } \beta} = \frac{12}{5}$$

Relações entre as razões trigonométricas

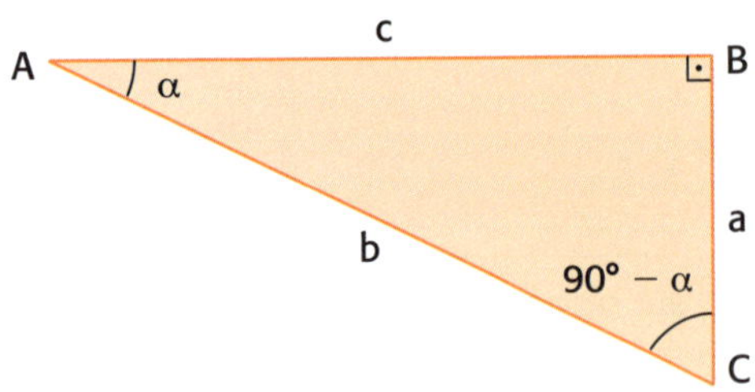

$\cos \alpha = \text{sen}\,(90° - \alpha)$, com $0 < \alpha < 90°$
$\text{sen}\,\alpha = \cos\,(90° - \alpha)$, com $0 < \alpha < 90°$
$\text{tg}\,\alpha = \dfrac{\text{sen}\,\alpha}{\cos \alpha}$, com $0 < \alpha < 90°$

Seno, cosseno e tangente dos ângulos de 30°, 45° e 60°

	30°	45°	60°
Seno	$\frac{1}{2}$	$\frac{\sqrt{2}}{2}$	$\frac{\sqrt{3}}{2}$
Cosseno	$\frac{\sqrt{3}}{2}$	$\frac{\sqrt{2}}{2}$	$\frac{1}{2}$
Tangente	$\frac{\sqrt{3}}{3}$	1	$\sqrt{3}$

Polígonos regulares inscritos na circunferência

- Um polígono está **inscrito** em uma circunferência quando todos os seus ________________ pertencem à circunferência.

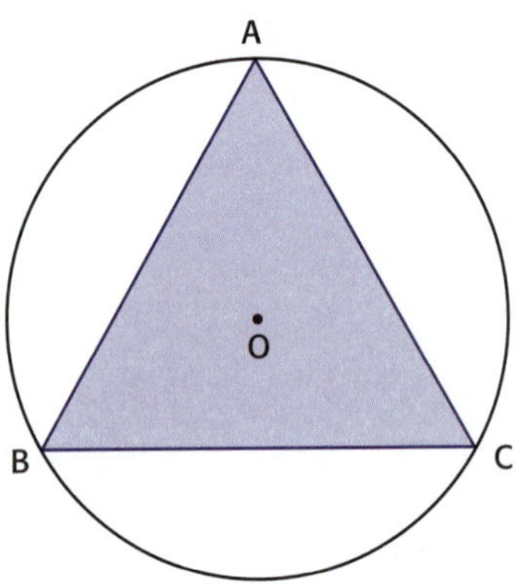

Polígono regular inscrito na circunferência.

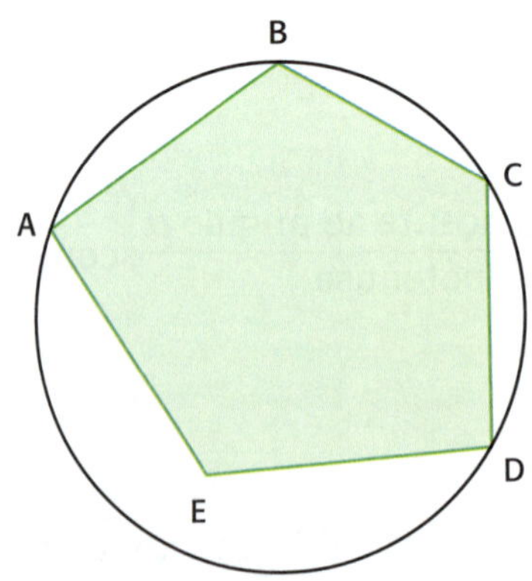

Polígono não inscritível na circunferência.

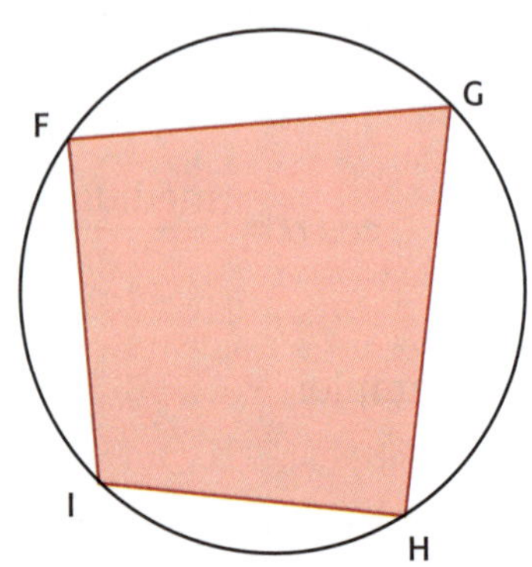

Polígono não regular inscrito na circunferência.

- Todo polígono ________________________ pode ser inscrito em uma circunferência.

- A medida do **ângulo central** de um polígono regular com **n** lados é dada por:

$$360^\circ : n$$

- A medida de cada **ângulo interno** de um polígono regular de **n** lados pode ser obtida utilizando a seguinte fórmula:

$$a_i = \frac{(n - 2) \cdot 180^\circ}{n}$$

Observe alguns elementos e algumas características de um triângulo equilátero inscrito na circunferência.

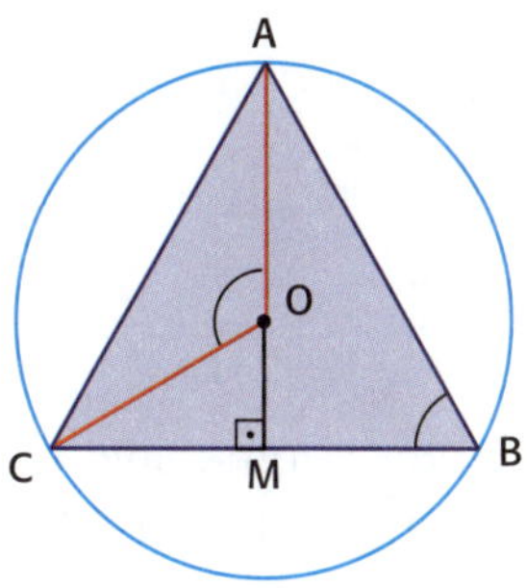

O segmento $\overline{OM}$, perpendicular a $\overline{CB}$, com extremidades no centro da circunferência e no ponto médio M do lado $\overline{BC}$ é um **apótema** do triângulo ABC.

O ângulo $C\hat{B}A$ é um ângulo ______________ do triângulo ABC.

O ângulo $A\hat{O}C$ é um ângulo ______________.

- A medida do **apótema** de alguns polígonos regulares inscritos na circunferência pode ser expressa, utilizando razões trigonométricas, em função da medida do ____________ da circunferência.

- A medida do **lado** de polígonos regulares ______________ na circunferência, como o quadrado e o hexágono regular, pode ser obtida a partir da medida do raio da circunferência e das razões trigonométricas no triângulo retângulo.

Exemplo:

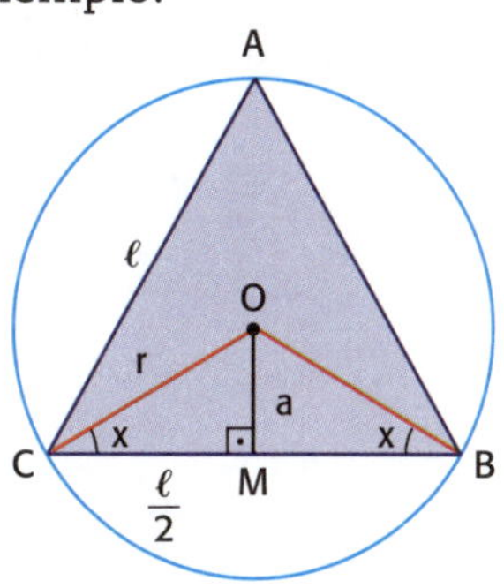

No triângulo equilátero ABC, inscrito na circunferência, a medida **a** do apótema $\overline{OM}$ é dada por $a = \frac{r}{2}$. A medida ℓ, do lado, é dada por $\ell = r\sqrt{3}$.

Polígonos regulares circunscritos à circunferência

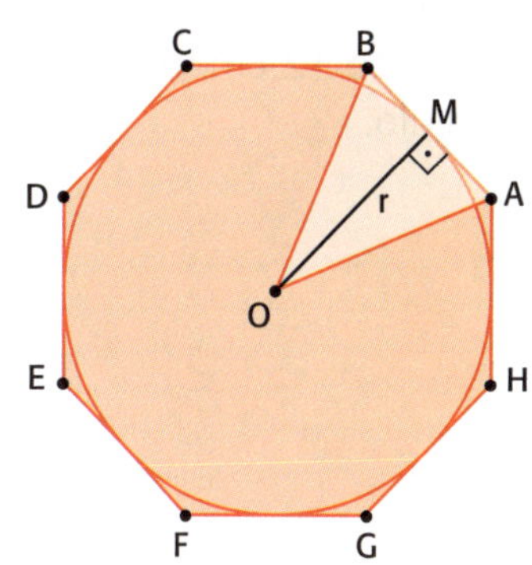

Polígono circunscrito a uma circunferência.

- Quando uma circunferência é ____________________ aos lados de um polígono, dizemos que o polígono está **circunscrito** à circunferência.

- Todo polígono ______________ é circunscritível a uma circunferência.

Para praticar

1. Razões trigonométricas no triângulo retângulo

1. Na figura abaixo, obtenha a medida da altura **h** relativa ao lado $\overline{BC}$.
Dados: sen 25° = 0,423; cos 25° = 0,906;
tg 25° = 0,466

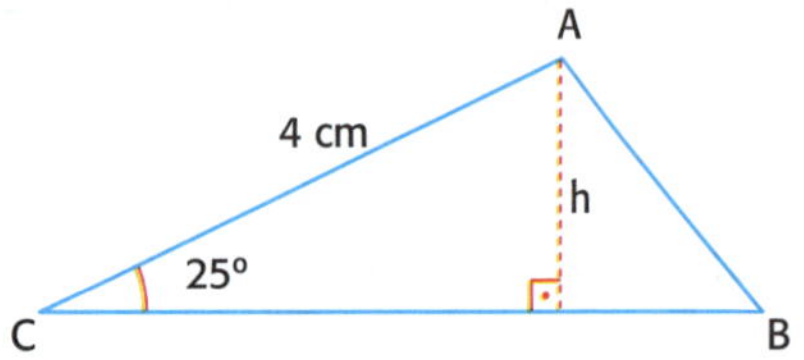

2. O proprietário de um terreno com formato triangular, representado pelo triângulo ABC abaixo, deseja cercar com arame esse terreno. Quantos metros de arame ele deverá utilizar?

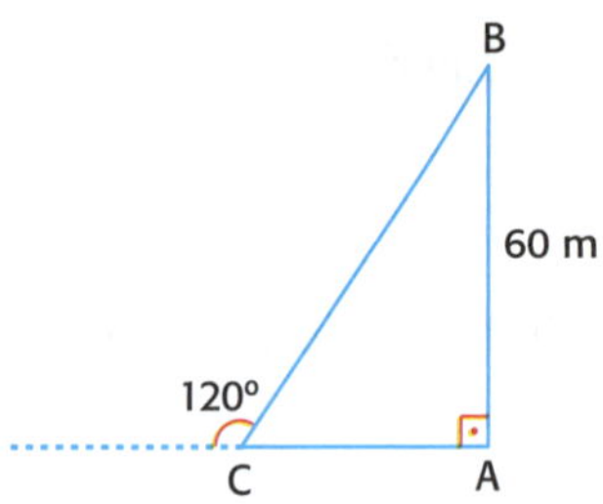

3. Em um triângulo retângulo, um dos ângulos mede 30° e o cateto adjacente a esse ângulo mede 12 cm. Calcule o perímetro desse triângulo.

4. Se os catetos de um triângulo retângulo medem 4a e 3a, respectivamente, qual é o seno do ângulo oposto ao cateto de medida 3a?

5. Um observador, a 50 m de uma árvore, avista o seu topo segundo um ângulo de 30°, como representado na figura a seguir.

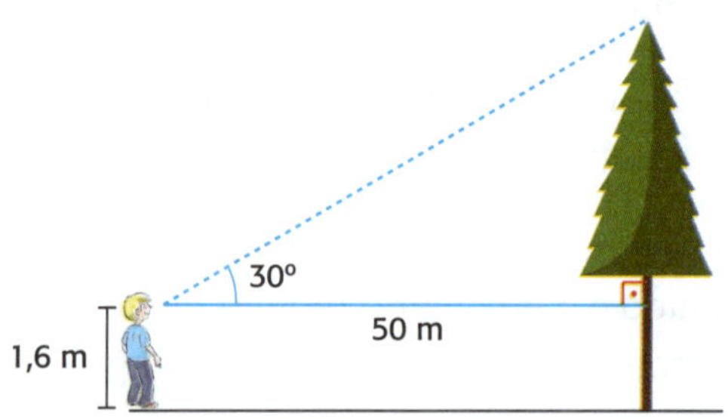

Qual é a altura, em metros, dessa árvore?

6. Determine a medida da altura de um triângulo equilátero cujo lado mede $\sqrt{3}$ cm.

7. Determine o valor de **x** na figura a seguir.

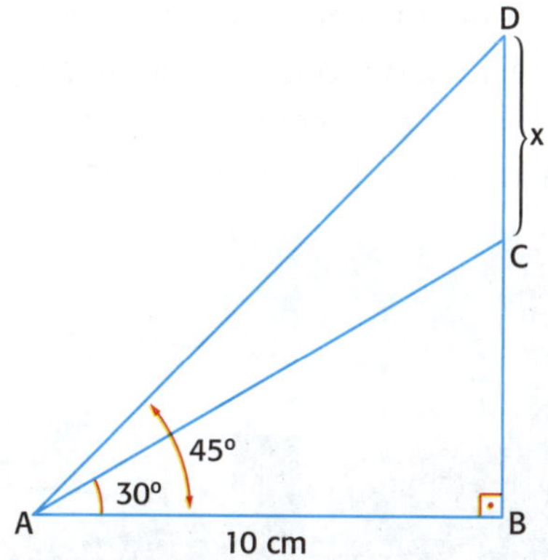

8. A figura abaixo representa um terreno retangular dividido em dois lotes, um cuja forma lembra um triângulo e o outro a de um trapézio.

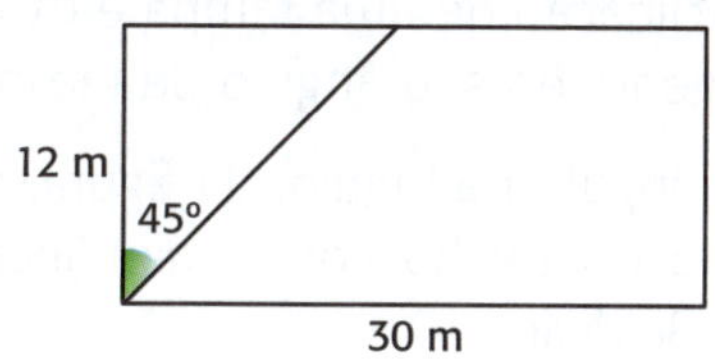

Calcule a área do terreno cuja forma lembra um trapézio.

9. Observe o quadrilátero ABCD abaixo.

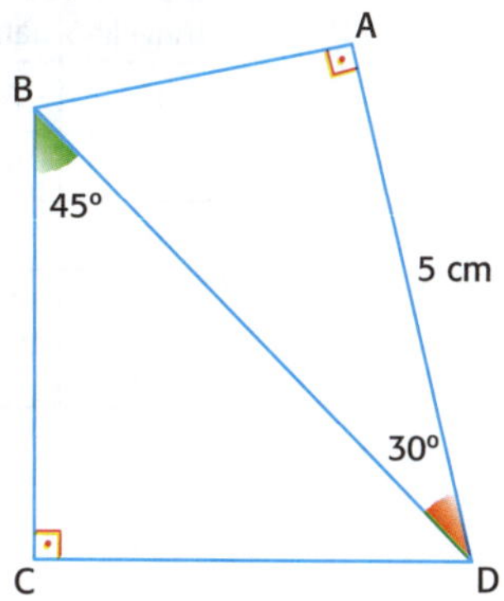

Determine a medida do lado $\overline{BC}$.

10. Na figura abaixo, as circunferências de centros C e D têm raios de medida 25 cm e 9 cm, respectivamente.

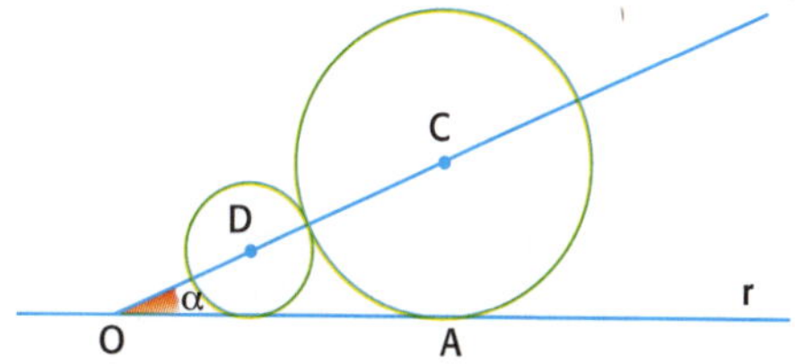

Sabendo que as circunferências são tangentes entre si e à reta **r**, determine o valor de cos α.

11. Uma escada está apoiada em uma parede, formando com ela um ângulo de 60°. Se a escada tem 6 m de comprimento, o ponto em que ela está apoiada na parede está a que distância do solo?

12. Uma folha de papel com formato retangular é dobrada conforme mostra a figura abaixo.

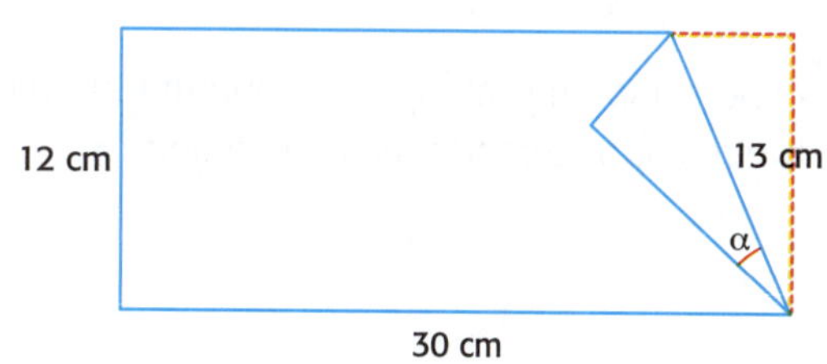

Obtenha o valor de tg α.

13. Duas retas **r** e **s** se intersectam em O, formando um ângulo de 60°. Um ponto em **s** dista 10 cm de O. Qual é a distância desse ponto à reta **r**?

14. Originalmente, uma corrida de rua era realizada seguindo o trajeto ABFH, da figura 1. Em um determinado ano, os organizadores alteraram o percurso para o trajeto ABDEFH, mostrado na figura 2.

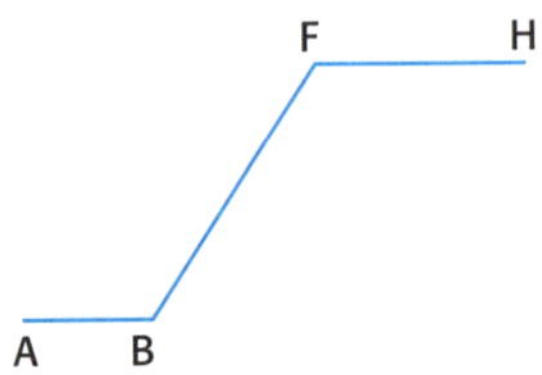

figura 1

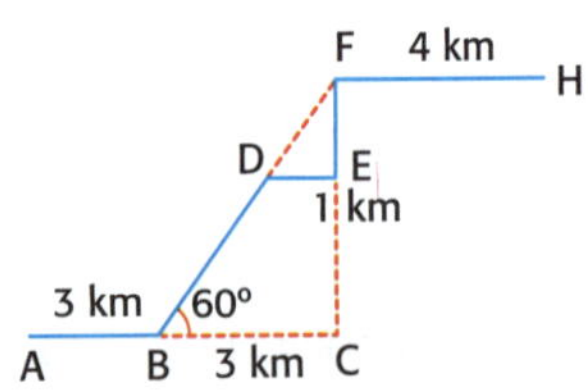

figura 2

O percurso original (figura 1) aumentou quantos metros após a modificação do trajeto?

15. (Etec) A inclinação das vias públicas é um problema para o transporte. Na cidade de Dunedin, na Nova Zelândia, está localizada a rua Baldwin que, em seu trecho inferior, tem uma rampa de inclinação moderada e, em seu trecho superior, tem uma rampa extremamente íngreme. O trecho com maior inclinação apresenta uma taxa de 1 : 2,86, o que significa que, para cada 2,86 metros percorridos horizontalmente, é necessário vencer 1 metro na vertical.

DAVID WALL/ALAMY/LATINSTOCK

<http://tinyurl.com/nxluef7> Acesso em: 22 fev. 2015. Adaptado.

Considere que:

- o ângulo de inclinação de uma rampa é medido entre a horizontal e a rampa;
- a inclinação de uma rampa é expressa pela tangente do seu ângulo de inclinação; e
- o triângulo retângulo, da figura, representa parte do trecho com maior inclinação da rua Baldwin.

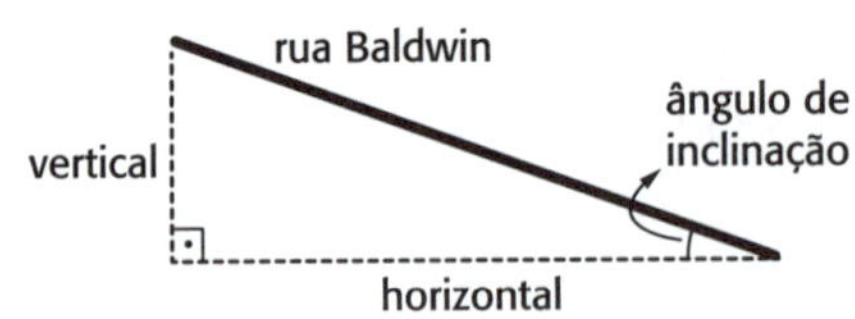

Nessas condições, o ângulo de inclinação desse trecho da rua Baldwin é mais próximo de:

a) 12°

b) 15°

c) 19°

d) 21°

e) 24°

Adote:

Ângulo	Tangente
12°	0,213
15°	0,268
19°	0,344
21°	0,384
24°	0,445

16. (Etec) As ruas e avenidas de uma cidade são um bom exemplo de aplicação de Geometria. Um desses exemplos encontra-se na cidade de Mirassol, onde se localiza a (Etec) Prof. Mateus Leite de Abreu. A imagem apresenta algumas ruas e avenidas de Mirassol, onde percebemos que a Av. Vitório Bacan, a Rua Romeu Perati e a Av. Lions Clube/Estrada Bálsamo formam uma figura geométrica que se aproxima muito de um triângulo retângulo, como representado no mapa.

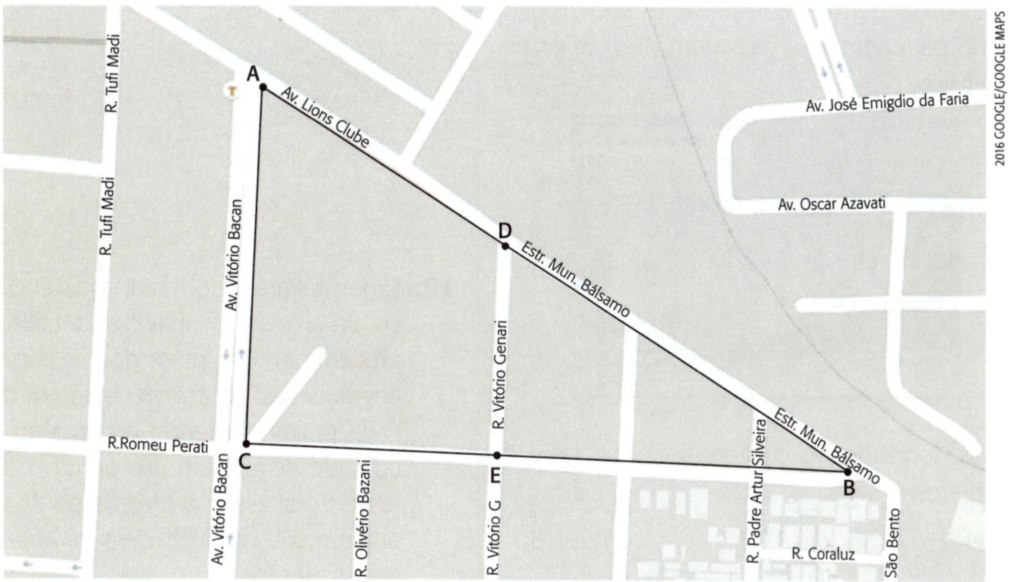

(http://maps.google.com.br. Acesso em: 18 fev. 2012. Adaptado.)

Considere que

- a Rua Bálsamo é continuação da Av. Lions Clube;
- o ponto A é a intersecção da Av. Vitório Bacan com a Av. Lions Clube;
- o ponto B é a intersecção da Rua Romeu Perati com a Estrada Bálsamo;
- o ponto C é a intersecção da Av. Vitório Bacan com a Rua Romeu Perati;
- o ponto D é a intersecção da Estrada Bálsamo com a Rua Vitório Genari;
- o ponto E é a intersecção da Rua Romeu Perati com a Rua Vitório Genari;
- a medida do segmento $\overline{AC}$ é 220 m;
- a medida do segmento $\overline{BC}$ é 400 m e
- o triângulo ABC é retângulo em C.

No triângulo ABC, o valor do seno do ângulo $A\hat{B}C$ é, aproximadamente,

a) 0,44.

b) 0,48.

c) 0,66.

d) 0,74.

e) 0,88.

Utilize a tabela.

	26º	29º	41º	48º	62º
sen	0,44	0,48	0,66	0,74	0,88
cos	0,90	0,87	0,75	0,67	0,47
tg	0,49	0,55	0,87	1,11	1,88

17. (IFSP) A tirolesa é uma atividade esportiva de aventura, originária da região do Tirol, na Áustria. O equipamento utilizado nessa atividade consiste em um cabo aéreo ancorado em dois pontos, pelo qual o praticante desliza preso a esse cabo. Tal atividade permite ao praticante sobrevoar o terreno para admirar a paisagem, sem exigir esforço físico.

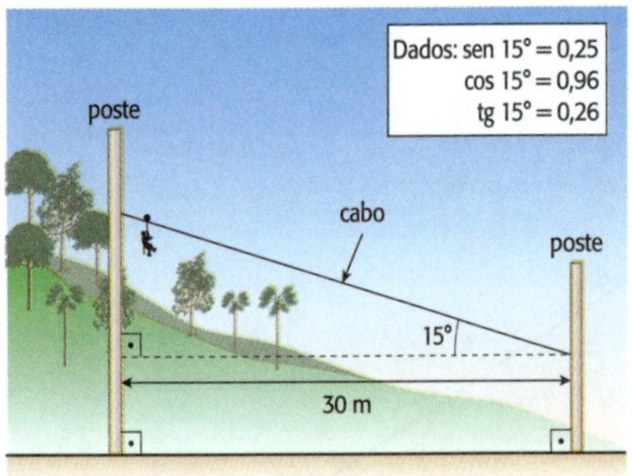

Nessas condições, o comprimento do cabo é, em metros, igual a:

a) 31,25
b) 31,30
c) 31,35
d) 31,45
e) 31,50

18. (IFSP) Para determinar a altura de uma torre ($\overline{AB}$) perpendicular ao solo, pode-se proceder da seguinte forma, conforme a figura:

- pega-se um espelho plano e marca-se o seu centro (ponto E), colocando-o no solo;
- um observador coloca-se em pé no ponto D e tem o seu olho indicado pelo ponto C;
- o observador vê a imagem do topo da torre no ponto E;
- nessas condições, os ângulos AÊB e CÊD são congruentes.

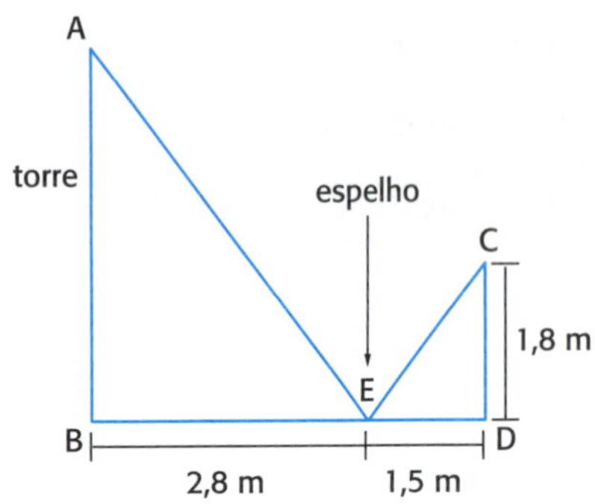

Se BE = 2,8 m, ED = 1,5 m e CD = 1,8 m, então a altura da torre (medida do segmento $\overline{AB}$) é, em metros,

a) 2,33.
b) 2,94.
c) 3,05.
d) 3,36.
e) 4,58.

19. (Enem) Para determinar a distância de um barco até a praia, um navegante utilizou o seguinte procedimento: a partir de um ponto A, mediu o ângulo visual α fazendo mira em um ponto fixo P da praia. Mantendo o barco no mesmo sentido, ele seguiu até um ponto B de modo que fosse possível ver o mesmo ponto P da praia, no entanto sob um ângulo visual 2α. A figura ilustra essa situação:

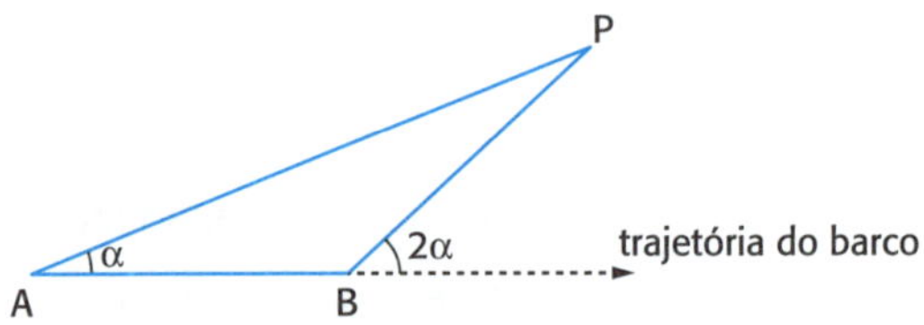

Suponha que o navegante tenha medido o ângulo $\alpha = 30°$ e, ao chegar ao ponto B, verificou que o barco havia percorrido a distância AB = 2 000 m. Com base nesses dados e mantendo a mesma trajetória, a menor distância do barco até o ponto fixo P será:

a) 1 000 m
b) $1\,000\sqrt{3}$ m
c) $2\,000\frac{\sqrt{3}}{3}$ m
d) 2 000 m
e) $2\,000\sqrt{3}$ m

20. (Etec) O astrolábio é um instrumento que serve para medir ângulos. Há cerca de 500 anos, por exemplo, os navegadores portugueses, que chegaram às ilhas dos Açores, de Cabo Verde e ao Brasil, usaram o astrolábio para não se perderem no mar. Com o astrolábio, eles podiam marcar a sua posição sobre a Terra, medindo o ângulo que o Sol fazia com o horizonte e, assim, determinar a latitude em que se encontravam. O astrolábio também era usado para determinar a altura de uma montanha ou de uma edificação.

(www.cienciaviva.pt/equinocio/onde_estas/astrolabio_e_quadrante.asp. Acesso em: 1º mar. 2011. Adaptado.)

ASTROLÁBIO: MODELO SIMPLIFICADO

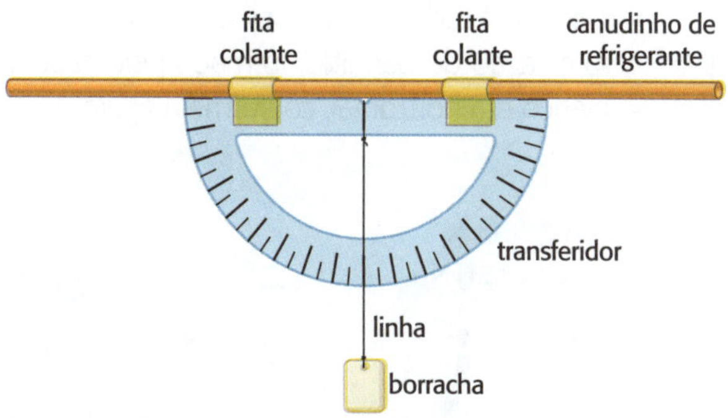

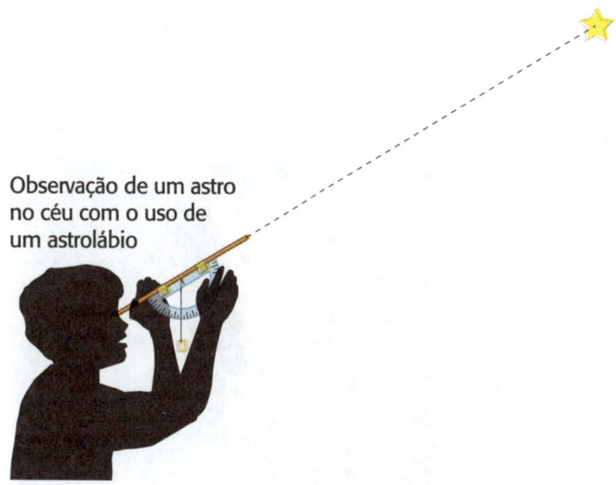

Após a aula sobre astrolábios, o professor de uma ETEC propôs a seus alunos que determinassem a altura de uma antena localizada em um terreno plano e sem obstáculos à sua volta, que ficava próxima à escola. Para a realização da tarefa, explicou aos alunos os procedimentos para se determinar a altura (**H**) da antena:

- O aluno deve se colocar a uma distância (**d**) da base da antena;
- com o astrolábio, mirar o topo da antena e obter a medida do ângulo α;
- medir a distância (**h**) dos olhos do aluno até o solo.

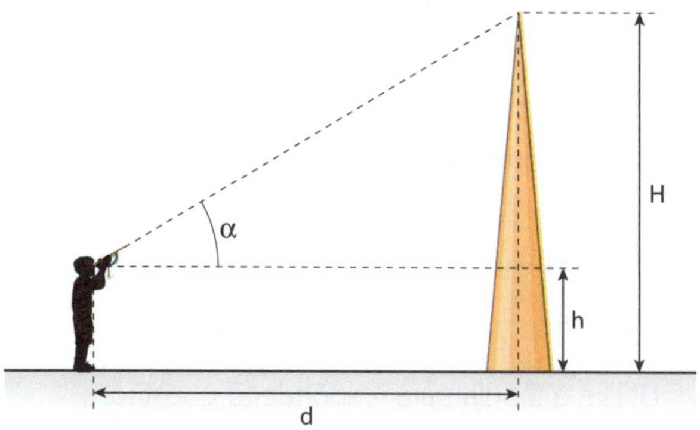

Dados obtidos pelos alunos:
- $h = 1{,}50$ m
- $d = 12$ m
- $\alpha = 66°$

Adote:
- sen 66° = 0,9
- cos 66° = 0,4
- tg 66° = 2,25

Os alunos concluíram que a altura (**H**) da antena era, em metros,

a) 25,0.
b) 28,5.
c) 30,0.
d) 32,5.
e) 34,0.

21. (Enem) As torres Puerta de Europa são duas torres inclinadas uma contra a outra, construídas numa avenida de Madri, na Espanha. A inclinação das torres é de 15° com a vertical e elas têm, cada uma, uma altura de 114 m (a altura é indicada na figura como o segmento $\overline{AB}$). Estas torres são um bom exemplo de um prisma oblíquo de base quadrada e uma delas pode ser observada na imagem.

MANUEL GONZÁLEZ OLAECHEA Y FRANCO

Disponível em: <www.fickr.com>. Acesso em: 27 mar. 2012. (Foto: reprodução)

Utilizando 0,26 como valor aproximado para a tangente de 15° e duas casas decimais nas operações, descobre-se que a área da base desse prédio ocupa na avenida um espaço:

a) menor que 100 m².

b) entre 100 m² e 300 m².

c) entre 300 m² e 500 m².

d) entre 500 m² e 700 m².

e) maior que 700 m².

22. (Etec) O passeio em teleférico é uma opção turística em várias cidades do mundo. O teleférico mais alto e o segundo mais longo do mundo fica na cidade de Mérida, Venezuela, unindo a cidade ao Pico Espejo, cujo topo está a uma altura de 4 765 metros acima do nível do mar. O teleférico sai da estação de Barinitas, a 1 577 metros acima do nível do mar, na cidade de Mérida e, depois de se deslocar 12,5 km, atinge o topo do Pico Espejo. Considere que o cabo do teleférico seja completamente esticado e que θ seja o ângulo, com vértice na estação de Barinitas, formado pelo cabo do teleférico e a horizontal, conforme a figura.

FEDERICO PARRA/AFP

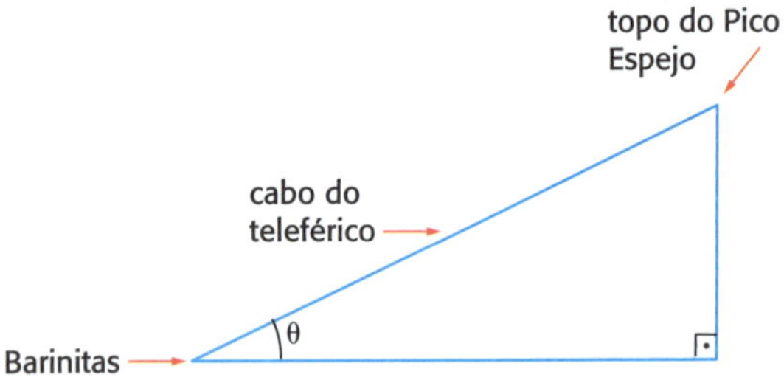

Nessas condições, o valor aproximado do ângulo θ é:

a) 11° c) 18° e) 25°

b) 15° d) 22°

Utilize a tabela para responder à questão.

medida do ângulo	seno	cosseno	tangente
11°	0,191	0,982	0,194
15°	0,259	0,966	0,268
18°	0,309	0,951	0,325
22°	0,375	0,927	0,404
25°	0,423	0,906	0,467

2. Polígonos regulares

23. Qual é a medida do apótema do quadrado inscrito em uma circunferência cujo raio mede 5 cm?

24. Determine a medida do apótema de um triângulo equilátero inscrito em uma circunferência de 10 cm de raio.

25. O apótema de um hexágono regular inscrito em uma circunferência mede $5\sqrt{3}$ cm. Determine:

a) a medida do raio dessa circunferência;

b) a medida do lado do hexágono.

26. Determine a medida da diagonal de um quadrado cujo apótema mede 10 cm.

27. O apótema de um hexágono regular inscrito em uma circunferência mede $\sqrt{3}$ cm. Determine o comprimento dessa circunferência. Use $\pi = 3{,}1$.

28. A diagonal do quadrado inscrito em uma circunferência mede 4 m. Determine a medida do lado do triângulo equilátero inscrito na mesma circunferência.

Leitura do mundo

Probabilidade

Apresentando a situação

No início de uma partida de futebol, podemos ver o juiz lançando uma moeda para o ar para definir qual dos dois times começará o jogo com a posse de bola. Esse lançamento de moeda é conhecido como "cara ou coroa". Você conhece a origem desse jogo?

[...]

O jogo, que surgiu na Roma Antiga, era conhecido como *navia aut caput*, "cara ou navio", em referência à moeda que trazia de um lado o rosto do deus da mitologia Janus e, do outro, uma embarcação. Além de ser usado para decidir quem escolhe o campo e quem começa com a bola antes de toda partida de futebol, o jogo já foi importante para resolver impasses maiores: nos EUA, em 1845, Asa Lovejoy e Francis Pettygrove jogaram a moedinha para saber quem escolheria o nome da nova cidade do estado de Oregon. Pettygrove levou a melhor e nomeou a cidade como Portland.

Disponível em: <http://super.abril.com.br/blogs/superlistas/conheca-a-origem-de-6-brincadeiras-populares/>. Acesso em: 12 jul. 2016.

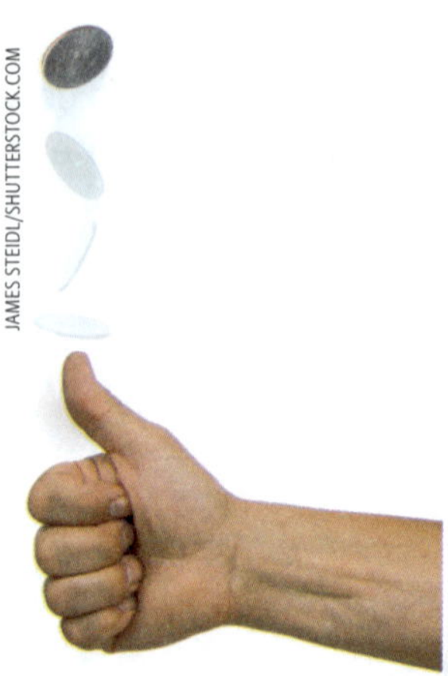

JAMES STEIDL/SHUTTERSTOCK.COM

Devido à condição de probabilidade que o jogo de cara ou coroa oferece, sua escolha pode ser apropriada para orientar certas ações. No experimento a seguir, iremos examinar a probabilidade no jogo de cara ou coroa.

Analisando os dados

1. No lançamento de uma moeda, podem-se obter dois resultados para a face voltada para cima: cara ou coroa. Sobre o lançamento de uma moeda não viciada, responda:

a) Qual é a probabilidade de se obter cara?

b) E de se obter coroa?

2. **Probabilidade experimental** é uma estimativa calculada a partir dos resultados de um experimento e corresponde à razão entre a quantidade de ocorrências de determinado resultado e o total de casos verificados no experimento. Para explorar esse conceito, faça um experimento lançando vinte vezes uma moeda e anote os resultados no quadro abaixo, usando K para cara e C para coroa.

Lançamento	1º	2º	3º	4º	5º	6º	7º	8º	9º	10º	11º	12º	13º	14º	15º	16º	17º	18º	19º	20º
Resultado																				

- Após completar o quadro, responda às questões a seguir.

a) Quantas vezes você obteve cara como resultado? E coroa?

____

____

b) No experimento que você acabou de realizar com a moeda, qual foi a probabilidade experimental correspondente ao resultado coroa?

____

____

____

c) Compare agora a probabilidade experimental determinada no item anterior com a probabilidade determinada no item **b** da atividade **1**. As duas probabilidades são iguais? Comente os resultados.

____

____

____

____

____

____

____

____

____

____

Pratique mais

3. Sobre o lançamento de um dado não viciado de seis faces, faça o que se pede:

RTIMAGES/SHUTTERSTOCK.COM

a) Determine a probabilidade de se obter o número 2.

____

____

b) Agora, lance um dado trinta e seis vezes, faça uma tabela no espaço abaixo e registre nela os resultados obtidos.

c) No experimento que você acabou de realizar com o dado, qual foi a probabilidade experimental correspondente ao número 2?

____

____

____

d) O valor obtido no item **c** é próximo ao obtido no item **a**? Comente os resultados.

____

____

____

UNIDADE 7

Perímetro, área e volume

Reveja a jornada

Perímetro

- Perímetro é a medida do _______________ de uma figura plana.
- O **perímetro de um círculo** é dado pelo dobro do produto do número π pela medida de seu raio.

$$C = 2 \cdot \pi \cdot r$$

Um arco de circunferência de medida angular α, em graus, tem medida de comprimento igual a:

$$\left(\frac{\alpha}{360°}\right) \cdot 2 \cdot \pi \cdot r$$

Área

- A **área de um retângulo** é igual ao produto da medida da _______________ pela medida da altura.

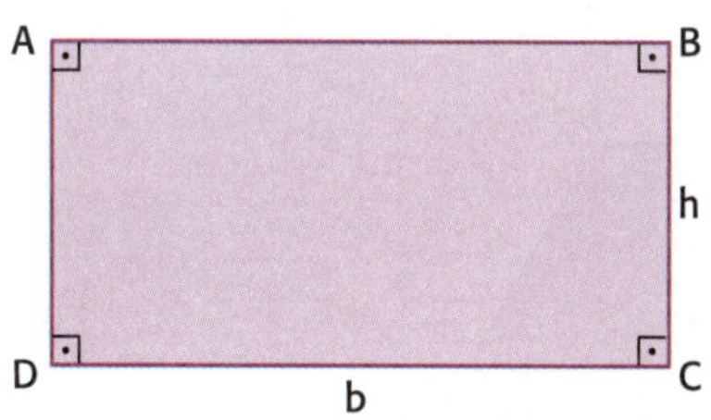

$$A_{retângulo} = b \cdot h$$

- A **área de um quadrado** é igual ao quadrado da medida do _______________.

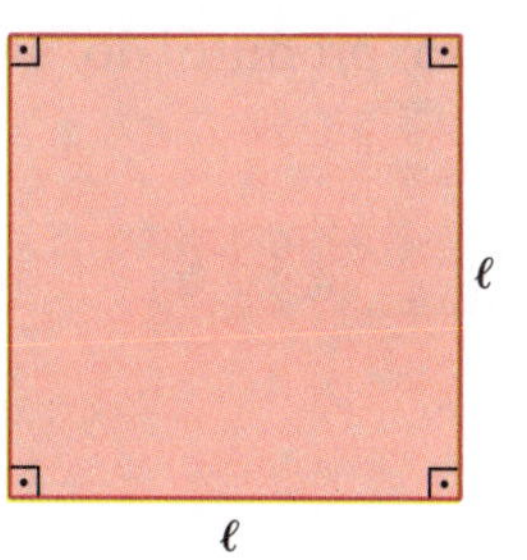

$$A_{quadrado} = \ell^2$$

- A **área de um triângulo** é igual à metade do produto da medida da base pela medida da _______________ relativa a essa base.

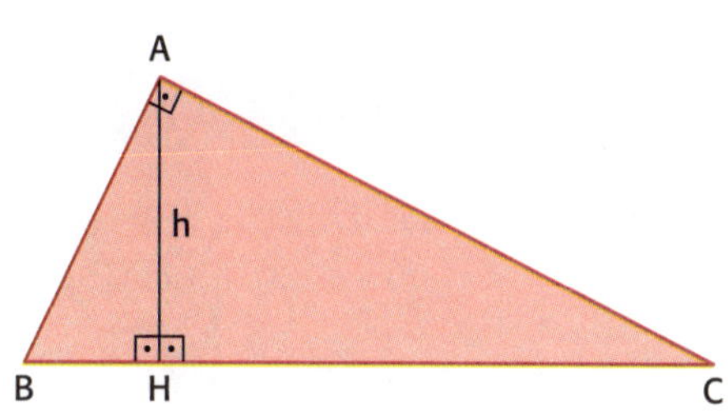

$$A_{triângulo} = \frac{b \cdot h}{2}$$

- A **área de um paralelogramo** pode ser obtida pelo produto da medida da ________________ pela medida da altura.

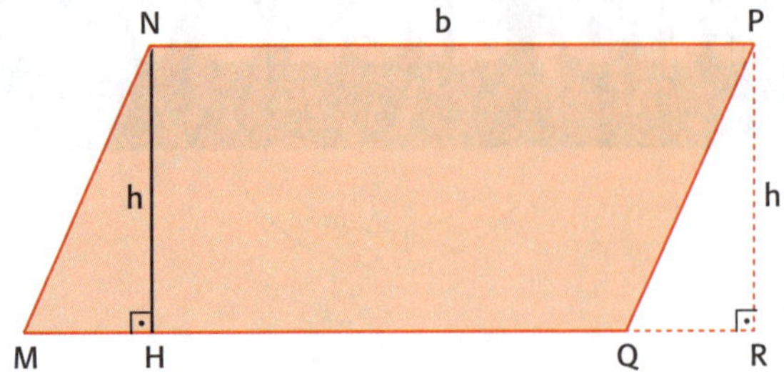

$$A_{paralelogramo} = b \cdot h$$

- A **área de um losango** é igual à metade do produto das medidas das ________________.

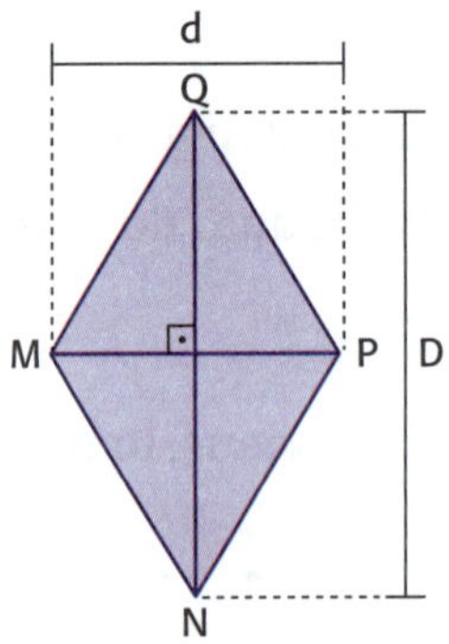

$$A_{losango} = \frac{D \cdot d}{2}$$

- A **área de um trapézio** é igual à metade do produto da medida da altura pela soma das medidas das ________________.

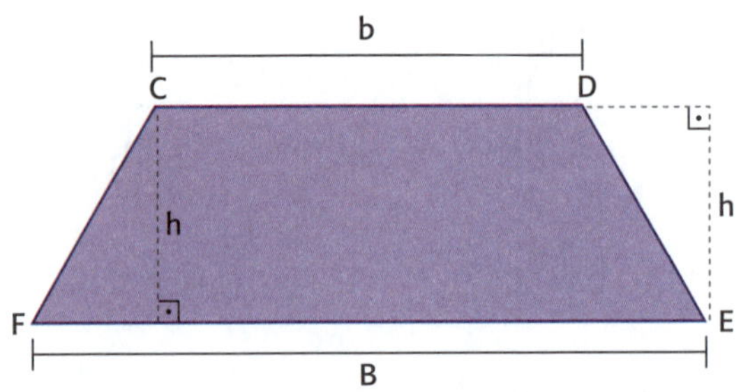

$$A_{trapézio} = \frac{h \cdot (B + b)}{2}$$

- A **área de um polígono regular** é igual ao produto do semiperímetro pela medida do ________________.

$$A_{polígono\ regular} = p \cdot a$$

Área de um círculo

- A **área de um círculo** de raio de medida **r** é dada por:

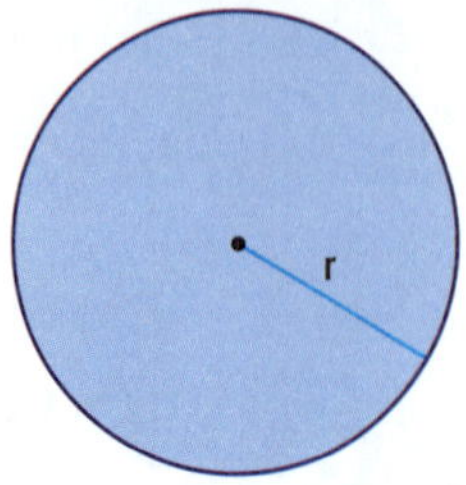

$$A_{círculo} = \pi \cdot r^2$$

- A **área de uma coroa circular** é dada por:

$$A_{\text{coroa circular}} = \pi \cdot (R^2 - r^2)$$

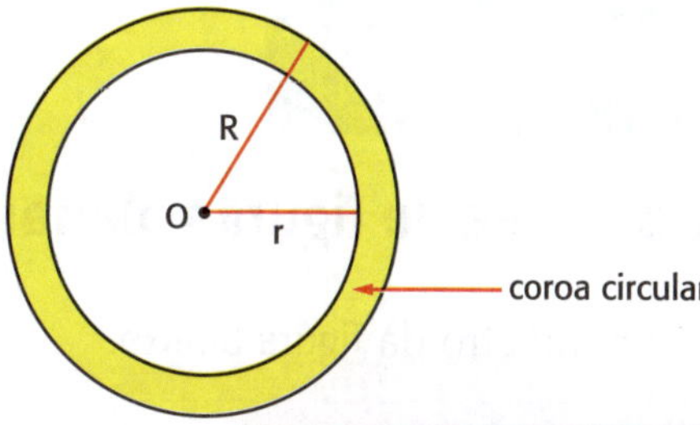

A **coroa circular** é a região compreendida entre duas circunferências concêntricas.

- A **área de um setor circular** cujo ângulo central mede α é: $A_{\text{setor circular}} = \dfrac{\alpha}{360°} \cdot \pi \cdot r^2$

Volume

- O **volume de um bloco retangular** pode ser calculado por meio do produto da área da ______________________ (A_b) pela medida da altura (**h**).

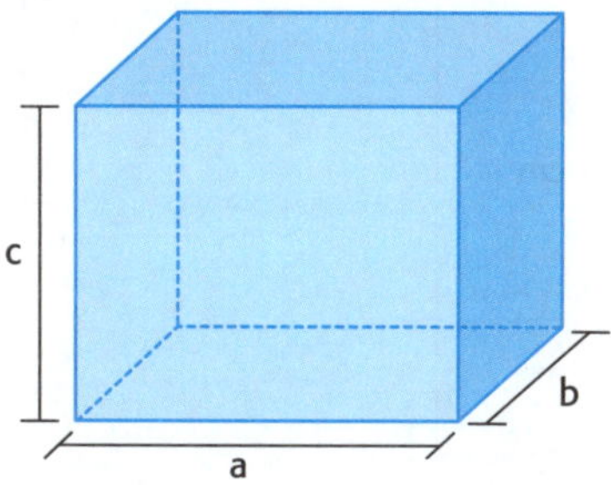

$$V = A_b \cdot h$$

- O **volume de um prisma** pode ser calculado por meio do produto da área da base (A_b) pela medida da ______________________ (**h**) desse prisma.

$$V = A_b \cdot h$$

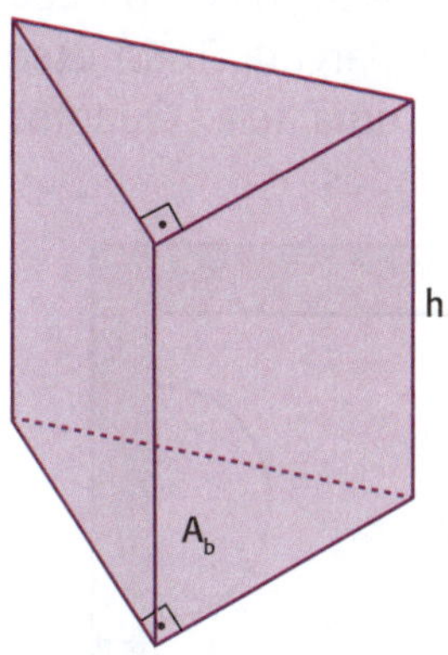

- O **volume de um cilindro circular** de raio de medida **r** e altura **h** pode ser calculado por meio do produto da área da base pela medida da altura.

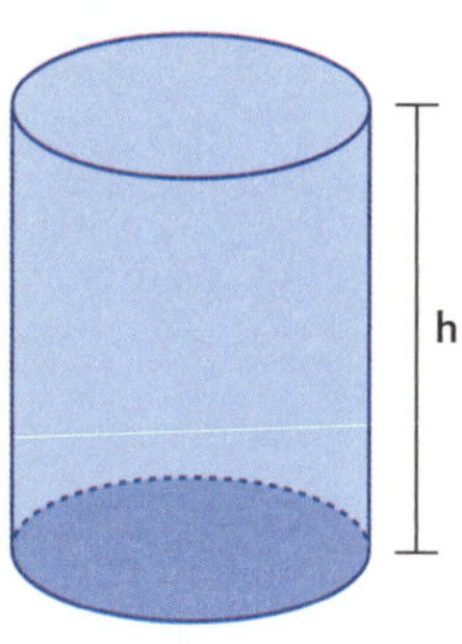

$$V = \pi \cdot r^2 \cdot h$$

Para praticar

1. Perímetro e área de figuras planas

1. Determine o perímetro da figura abaixo.

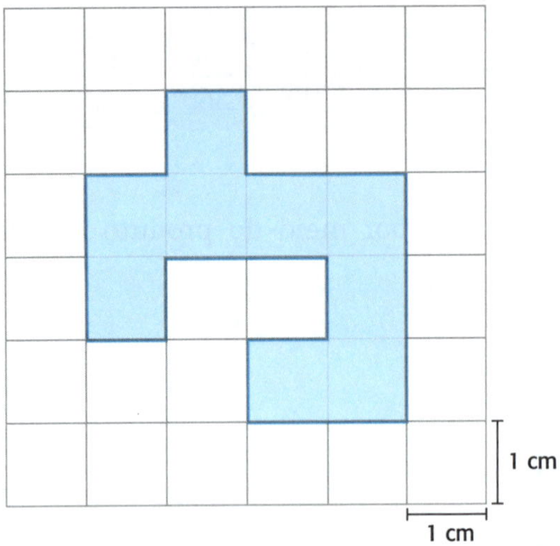

2. Uma pista de 3 m de largura será feita em torno de uma quadra de futebol de salão de 40 m de comprimento por 20 m de largura. Todo esse espaço será cercado por uma tela. Quantos metros de tela serão utilizados?

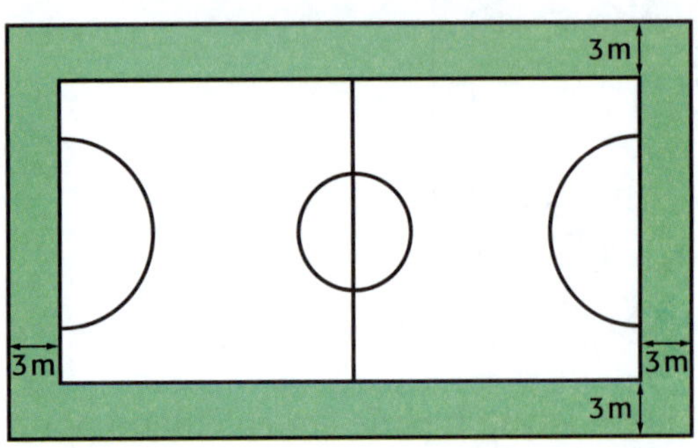

3. A figura abaixo mostra as dimensões de um dormitório em um projeto arquitetônico. Se a porta tem 0,70 m de largura, quantos metros de rodapé serão utilizados nesse quarto?

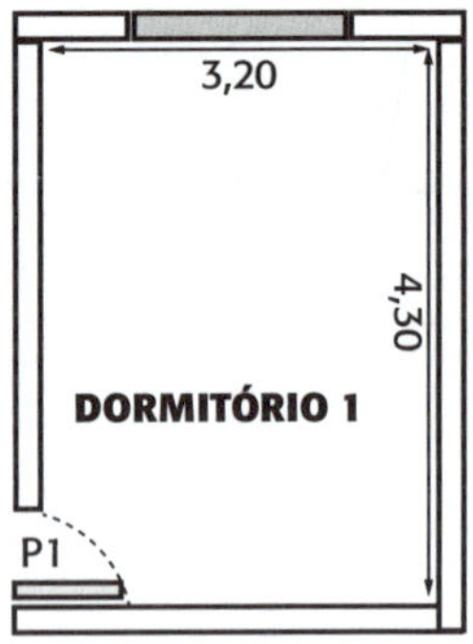

4. Determine o perímetro de um triângulo equilátero inscrito em uma circunferência de 10 cm de raio.

Dado: a altura de um triângulo equilátero, de lado de medida L, é obtida por $\frac{L\sqrt{3}}{2}$.

5. Determine a área da figura representada abaixo.

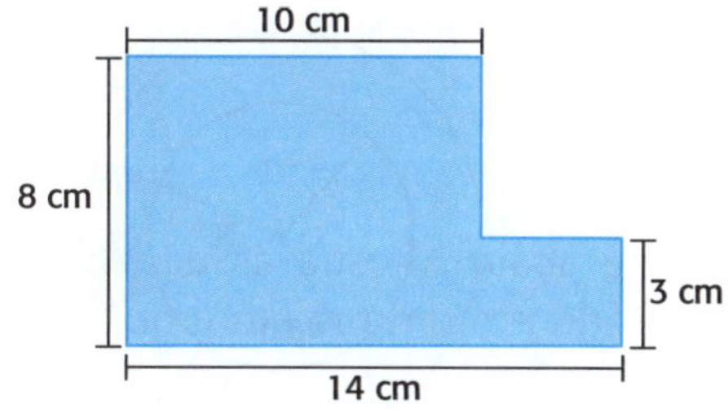

6. A figura representada abaixo mostra um octógono obtido a partir da retirada de quatro triângulos isósceles congruentes de um quadrado. Qual é a área desse octógono?

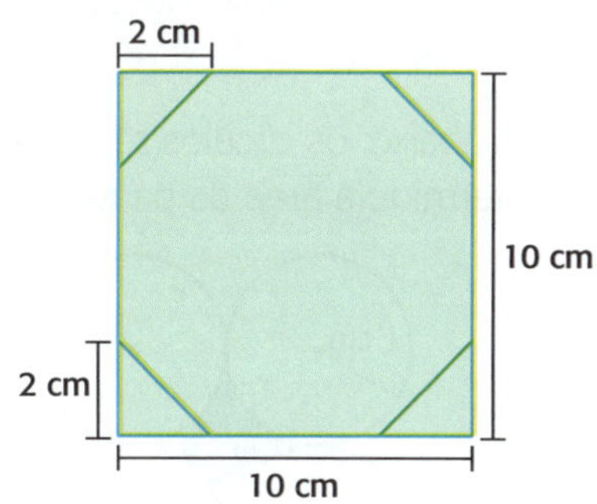

7. (Obmep) A figura abaixo é formada por dois quadrados de lado 6 cm e dois triângulos. Se M é o ponto médio de AB, qual é a área total da figura?

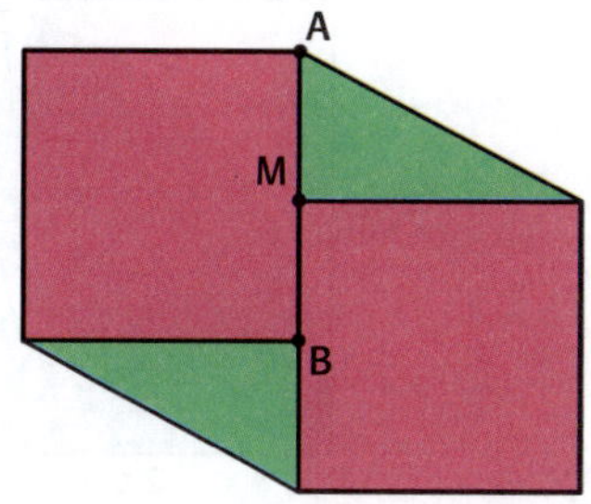

a) 90 cm^2

b) 96 cm^2

c) 100 cm^2

d) 108 cm^2

e) 120 cm^2

8. Considere o hexágono regular ABCDEF de centro O.

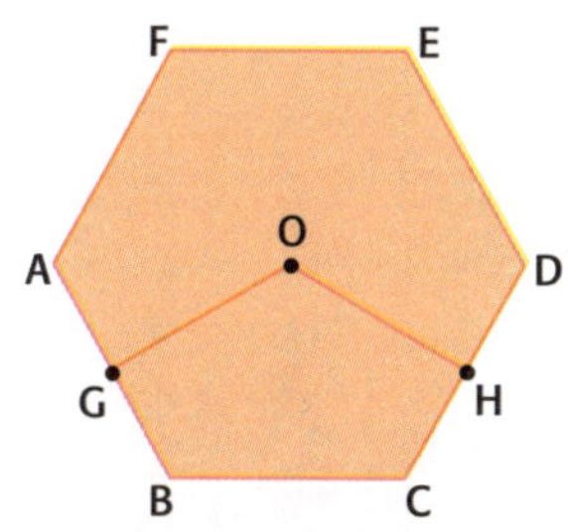

Se G e H são pontos médios de AB e CD, respectivamente, e a medida do lado do hexágono é igual a 4 cm, determine a área do pentágono BCHOG.

9. O quadrado ABCD representado abaixo tem 10 cm de lado e a curva BD é um arco de circunferência de centro C. Determine o perímetro da região CBD. Considere $\pi = 3$.

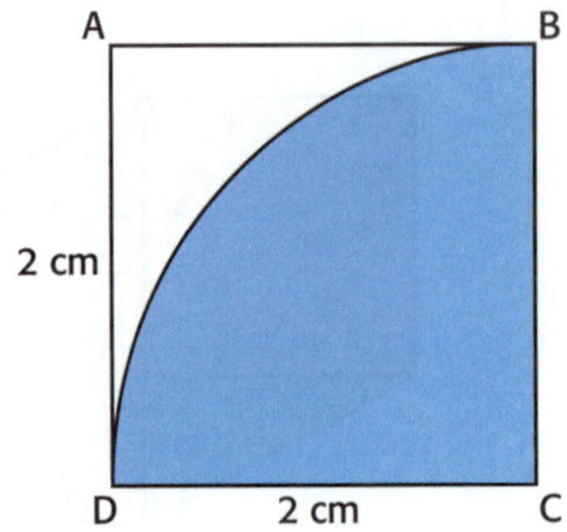

10. Na figura abaixo, o diâmetro da circunferência vale $2\sqrt{3}$ cm. Determine o perímetro e a área do hexágono regular.

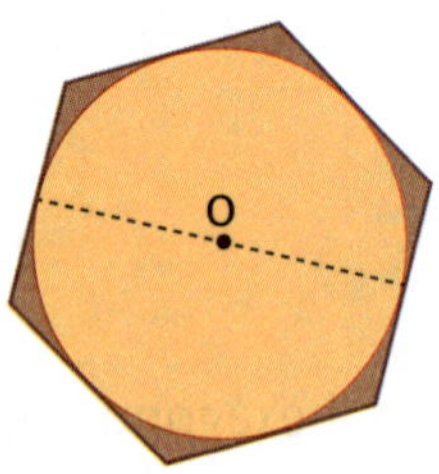

11. Considere as circunferências de centro O e raios 4 cm e 6 cm. Calcule a área da parte destacada.

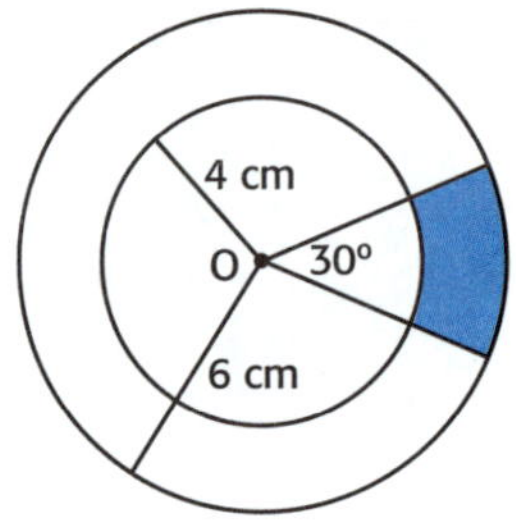

12. Na figura abaixo, os círculos são tangentes dois a dois. Determine a área da parte azul.

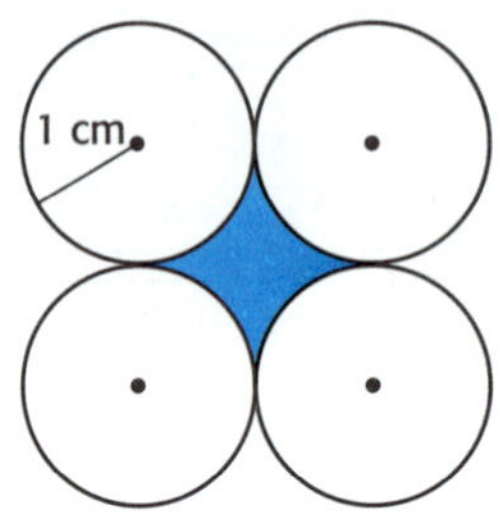

13. (Canguru de Matemática) Na figura abaixo, cada círculo tem área de 1 cm². A área comum a cada dois círculos que se sobrepõem é de $\frac{1}{8}$ cm². Qual é a área da região coberta pela figura?

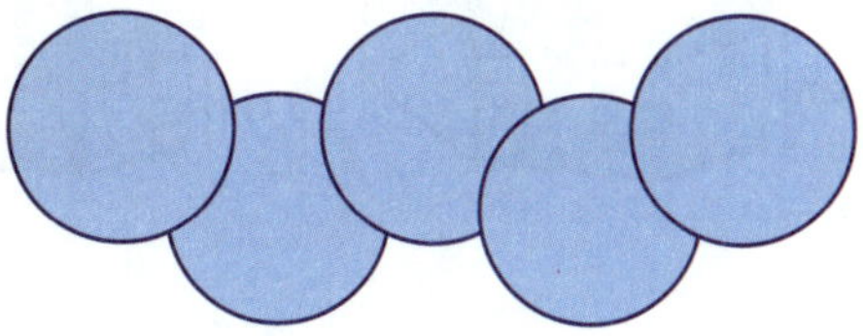

a) 4 cm²

b) $\frac{9}{2}$ cm²

c) $\frac{35}{8}$ cm²

d) $\frac{39}{8}$ cm²

e) $\frac{19}{4}$ cm²

14. (Canguru de Matemática) Na figura, o retângulo cinza tem área de 13 cm². X e Y são os pontos médios dos lados do trapézio. Qual é a área do trapézio, em cm²?

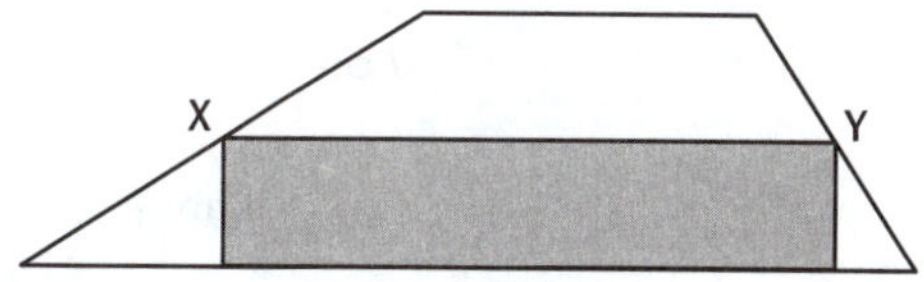

a) 24

b) 25

c) 26

d) 27

e) 28

2. Volume

15. O sólido representado abaixo é formado por cubos de aresta 1 cm. Determine o volume desse sólido.

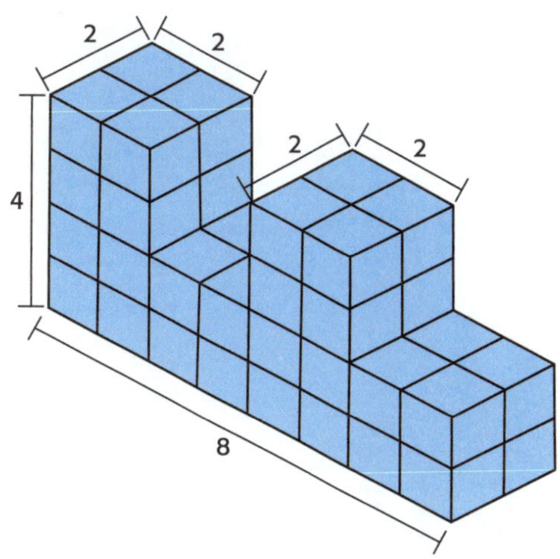

16. Calcule a diferença entre os volumes dos sólidos representados abaixo.

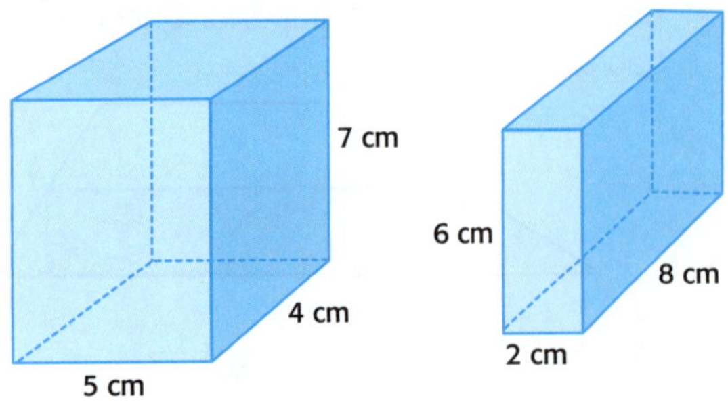

17. Calcule o volume do prisma representado abaixo.

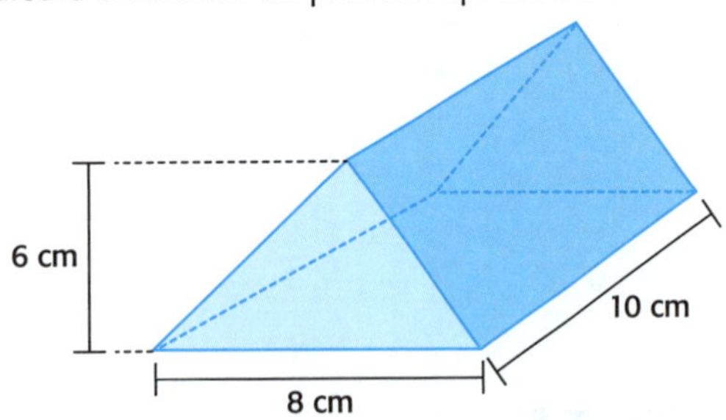

18. Os prismas A e B, representados abaixo, têm bases iguais. Se o volume do prisma A é 400 cm^3, qual é o volume do prisma B?

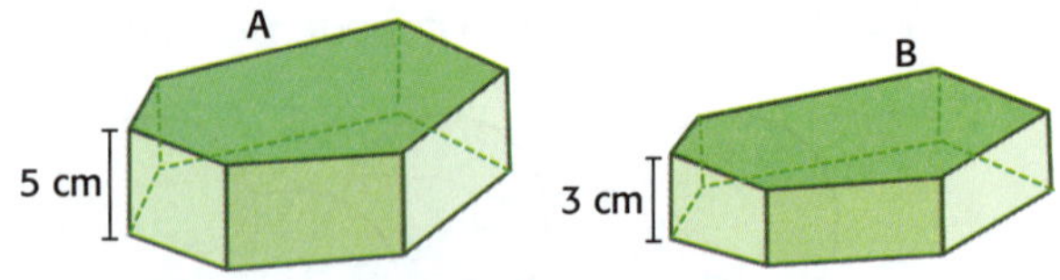

19. (Enem) Para resolver o problema de abastecimento de água foi decidida, numa reunião do condomínio, a construção de uma nova cisterna. A cisterna atual tem formato cilíndrico, com 3 m de altura e 2 m de diâmetro, e estimou-se que a nova cisterna deverá comportar 81 m^3 de água, mantendo o formato cilíndrico e a altura da atual. Após a inauguração da nova cisterna a antiga será desativada. Utilize 3,0 como aproximação para π.

Qual deve ser o aumento, em metros, no raio da cisterna para atingir o volume desejado?

a) 0,5
b) 1,0
c) 2,0
d) 3,5
e) 8,0

20. Calcule o volume do cilindro circular reto representado a seguir, sabendo que o raio da esfera inscrita nesse cilindro mede 4 cm.

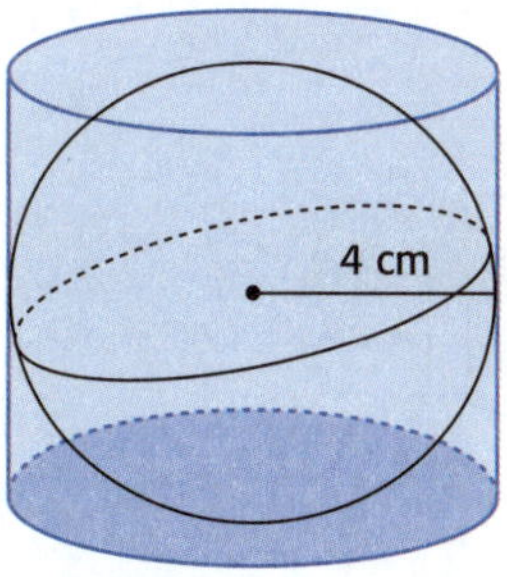

21. Calcule o volume do sólido representado abaixo.

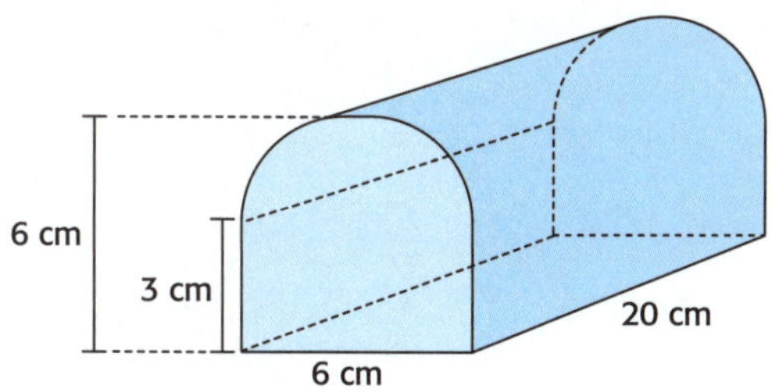

22. Uma caixa tem a forma de um prisma hexagonal, cujas dimensões são representadas na figura abaixo.

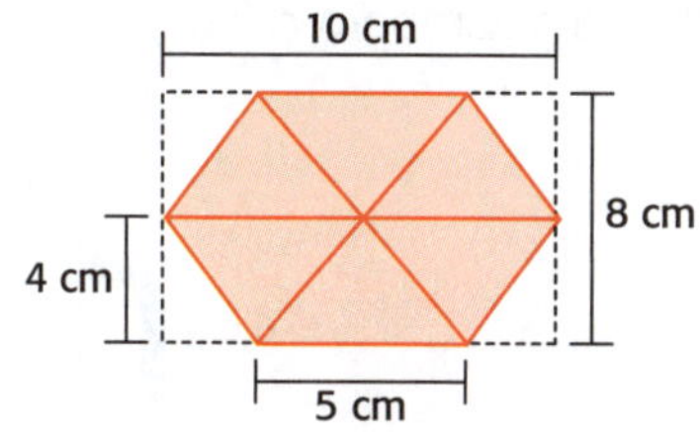

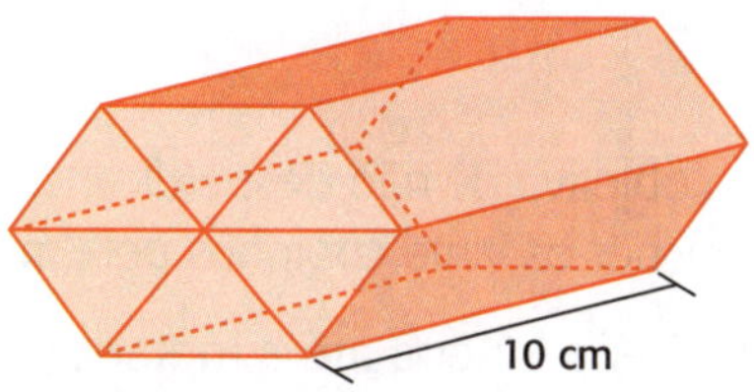

Calcule o volume dessa caixa.

23. (Enem) Uma fábrica produz barras de chocolates no formato de paralelepípedos e de cubos, com o mesmo volume. As arestas da barra de chocolate no formato de paralelepípedo medem 3 cm de largura, 18 cm de comprimento e 4 cm de espessura.

Analisando as características das figuras geométricas descritas, a medida das arestas dos chocolates que têm o formato de cubo é igual a

a) 5 cm

b) 6 cm

c) 12 cm

d) 24 cm

e) 25 cm

24. (Enem) Dona Maria, diarista na casa da família Teixeira, precisa fazer café para servir as vinte pessoas que se encontram numa reunião na sala. Para fazer o café, Dona Maria dispõe de uma leiteira cilíndrica e copinhos plásticos, também cilíndricos.

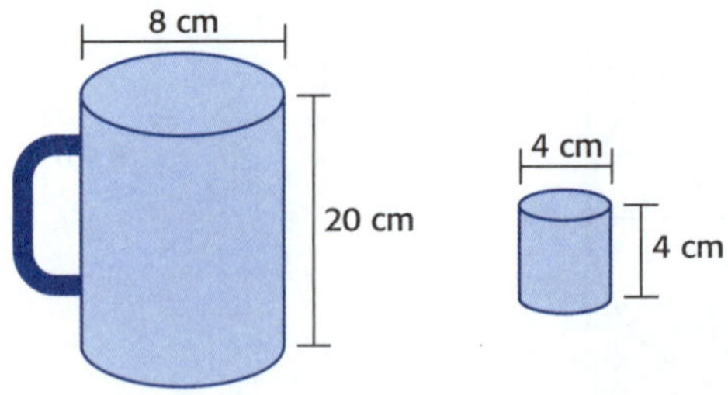

Com o objetivo de não desperdiçar café, a diarista deseja colocar a quantidade mínima de água na leiteira para encher os vinte copinhos pela metade. Para que isso ocorra, Dona Maria deverá

a) encher a leiteira até a metade, pois ela tem um volume 20 vezes maior que o volume do copo.

b) encher a leiteira toda de água, pois ela tem um volume 20 vezes maior que o volume do copo.

c) encher a leiteira toda de água, pois ela tem um volume 10 vezes maior que o volume do copo.

d) encher duas leiteiras de água, pois ela tem um volume 10 vezes maior que o volume do copo.

e) encher cinco leiteiras de água, pois ela tem um volume 10 vezes maior que o volume do copo.

25. (Canguru de Matemática) José quer colocar água numa cuba, na forma de um prisma retangular de base quadrada de lado 10 cm, até uma altura **h**. Um cubo de metal de lado 2 cm será colocado na cuba. Qual é o menor valor possível de **h** para o qual o cubo de metal fica totalmente submerso?

a) 1,92 cm

b) 1,93 cm

c) 1,90 cm

d) 1,91 cm

e) 1,94 cm

Leitura do mundo

Probabilidade

Apresentando a situação

Várias situações do dia a dia, sobretudo as que envolvem jogos, estão relacionadas à probabilidade. O texto a seguir comenta as probabilidades de ganhar na loteria e completar um álbum de figurinhas.

[...]

Das figurinhas da Copa do Mundo da Fifa aos jogos da Mega-Sena, as chances de preencher o álbum ou de ganhar na loteria sozinho podem ser traduzidas em números. Quanto maior o prêmio, menor a probabilidade. Se você marcar seis números na Mega-Sena, gastando para isso R$ 2,50, a chance de ganhar é uma em mais de 50 milhões. Mas, se jogar 15 números, desembolsando R$ 12.512,50, terá mais chances: uma em mais de dez mil. Mais fácil que ganhar na loteria seria completar o álbum da Copa sem trocar as figurinhas com ninguém – algo em si bastante difícil. Se comprasse aproximadamente sete vezes o número de figurinhas totais, pode ser que conseguisse completá-lo sem nenhuma troca, considerando que fossem impressas em números iguais e distribuídas uniformemente pelas regiões.

MARKA/AGB PHOTO

Disponível em: <http://pre.univesp.br/jogos-e-probabilidade>. Acesso em: 13 jul. 2016.

Um jogo de baralho é composto de 52 cartas de quatro naipes diferentes: ouros, paus, espadas e copas. Para cada naipe, há 13 cartas: 2, 3, 4, 5, 6, 7, 8, 9, 10, valete (J), dama (Q), rei (K) e ás (A), como mostra a figura a seguir:

ALEXANDER MAZURKEVICH/SHUTTERSTOCK.COM

Cartas do naipe paus.

Analisando os dados

1. Considerando um baralho de 52 cartas como o descrito anteriormente, responda às perguntas.

a) Qual é a probabilidade de se retirar aleatoriamente uma carta e ela ser de copas?

____

b) Qual é a probabilidade de se retirar aleatoriamente uma carta e ela ser um ás (A)?

____

c) Retirando do baralho uma carta de ouros, sem devolvê-la, qual é a probabilidade de se retirar uma segunda carta e ela também ser de ouros?

____

d) Retirando-se todas as cartas de copas do baralho, qual é a probabilidade de se retirar uma carta do restante do baralho e ela ser de espadas?

____

Pratique mais

2. Um jogo de cartas muito popular é o Black Jack (conhecido no Brasil como 21). Esse jogo consiste em conseguir soma igual a 21 com as cartas do baralho. Nele, a carta ás (A) vale 1, as cartas valete (J), dama (Q) e rei (R) valem 10 e as demais valem os próprios números, ou seja, o 2 vale 2, o 3 vale 3 etc.

ALEX ALEKSEEV/SHUTTERSTOCK.COM

- Imagine uma versão mais simples desse jogo, com apenas as cartas do naipe de ouros do baralho e disputado por dois jogadores. Cada jogador deve retirar duas cartas do baralho; vence quem conseguir a soma 11 nessas cartas. Qual é a probabilidade de, retirando-se duas cartas desse baralho, a soma dos valores ser 11?

____

____

____

____

UNIDADE 8 Estatística, contagem e probabilidade

Reveja a jornada

Noções de Estatística

- Em Estatística, **população** é o conjunto de indivíduos ou objetos a respeito dos quais desejamos obter informações.
- A parte da população que é investigada para obter os resultados da pesquisa é chamada ______________________.
- As características investigadas em uma pesquisa são chamadas **variáveis**.
- Uma variável é **quantitativa** quando é expressa por meio de valores numéricos.
- Uma variável é **qualitativa** quando é definida por categorias ou apresenta uma classificação dos indivíduos.

Organização dos dados

- Nos **gráficos de barras verticais**, os dados são representados por ______________, todos com mesma medida da base e altura diretamente proporcional aos valores obtidos na pesquisa, que podem indicar a frequência absoluta ou relativa.

Idade dos alunos do 9º ano da professora Fabiana

Idade (em anos completos)	Frequência absoluta	Frequência relativa
13	12	$\frac{12}{25} = 0{,}48 = 48\%$
14	8	$\frac{8}{25} = 0{,}32 = 32\%$
15	5	$\frac{5}{25} = 0{,}20 = 20\%$
Total	25	100%

Dados elaborados pelo autor.

Tabela de frequências relativas e absolutas e gráfico de barras verticais com os dados das idades dos alunos de uma turma.

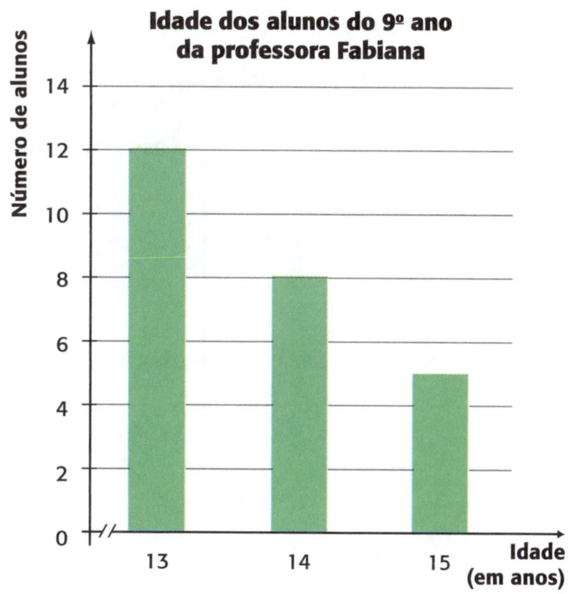

Dados elaborados pelo autor.

- Nos gráficos de **barras horizontais**, os dados são representados por retângulos, assim como no gráfico de barras verticais, com a diferença de que os retângulos têm mesma altura e base diretamente proporcional aos valores obtidos na pesquisa.

Rendimento médio real habitualmente recebido pela população ocupada, por região metropolitana em dezembro de 2014 (em real)

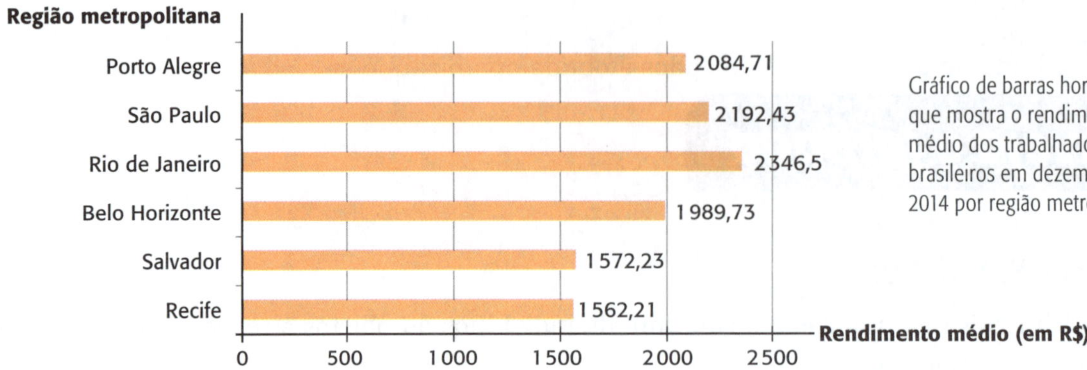

Gráfico de barras horizontais que mostra o rendimento médio dos trabalhadores brasileiros em dezembro de 2014 por região metropolitana.

Fonte: IBGE. Diretoria de Pesquisas, Coordenação de Trabalho e Rendimento. Pesquisa Mensal de Emprego, 2014.

- Os **gráficos de setores circulares** são muito utilizados quando apresentamos os dados na forma de porcentagens. A área de cada setor é diretamente ____________________ aos dados obtidos na pesquisa.
- O **gráfico de setores circulares** permite comparar os dados entre os diferentes setores e comparar visualmente a área de cada ________________ em relação ao total.

População brasileira segundo cor ou raça (%)

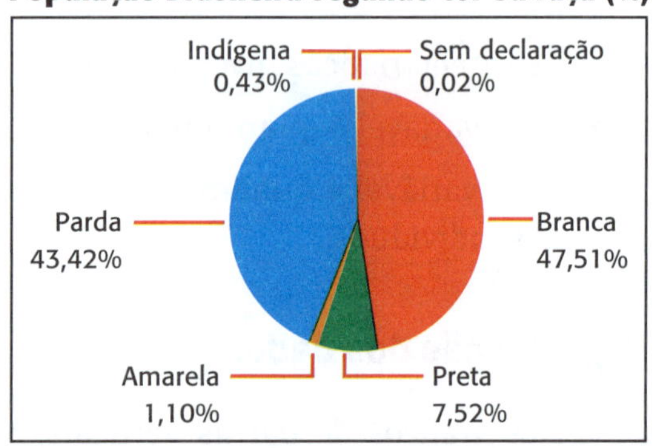

Fonte: IBGE. Censo 2010.

Gráfico de setores circulares do percentual de brasileiros que declararam sua cor ou raça no Censo demográfico de 2010.

- O **gráfico de linhas** é utilizado, principalmente, quando há interesse em evidenciar o comportamento ou a tendência dos dados ao longo do ______________________________.

Casos confirmados de dengue por mês no Ceará em 2014

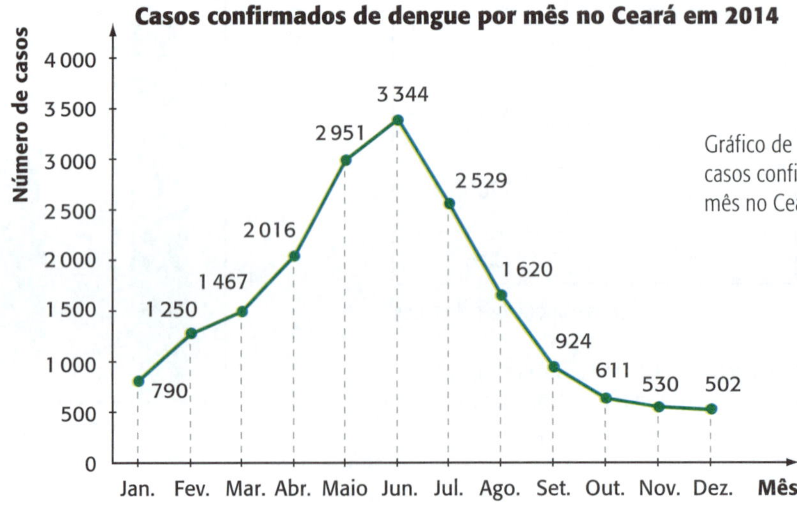

Gráfico de linhas do número de casos confirmados de dengue por mês no Ceará em 2014.

Fonte: Sinan *on-line*. Disponível em: <www.saude.ce.gov.br/index.php/boletins?download...da-dengue>. Acesso em: 29 abr. 2015.

Medidas de tendência central

- A **média aritmética** de um conjunto de números é obtida adicionando-os e, em seguida, dividindo a soma obtida pelo número de ________________________.
- A **moda** de um conjunto de dados é seu valor mais frequente, ou seja, aquele que aparece o maior número de vezes.
- A **mediana** de um conjunto de dados é obtida organizando-se os dados em ordem crescente ou decrescente de valores.
  — Se a quantidade de dados for **ímpar**, a mediana será o valor correspondente à posição ________________.
  — Se a quantidade de dados for **par**, a mediana será a média aritmética dos dois valores centrais.

Contagem e probabilidade

- **Princípio fundamental da contagem**: Se uma decisão **D** pode ser tomada de **m** modos e, qualquer que seja esta escolha, a decisão **d** pode ser tomada de **n** modos, então o número de maneiras distintas de se tomarem seguidamente as decisões **D** e **d** é igual a $m \cdot n$.
- **Experimentos aleatórios** são aqueles que, repetidos em idênticas condições, podem produzir resultados diferentes. Nesses experimentos não é possível identificar o resultado que será obtido.
- A **probabilidade** de ocorrência de um evento aleatório, considerando um conjunto finito de resultados igualmente prováveis, é dada por:

$$\text{Probabilidade de ocorrência de um evento} = \frac{\text{número de casos favoráveis}}{\text{número total de casos}}$$

- A probabilidade é um número que pode variar de zero a 1 e pode ser expressa por meio de porcentagens de 0% a ________________.
- Quando a probabilidade de um evento ocorrer é igual a ________________, dizemos que se trata de um **evento certo**.
- Quando a probabilidade de um evento ocorrer é igual a ________________, dizemos que se trata de um **evento impossível**.

Para praticar

1. Noções de Estatística

1. Classifique as seguintes variáveis como quantitativas ou qualitativas:

a) cor dos olhos de um indivíduo;

b) altura de um indivíduo;

c) peso de um indivíduo;

d) tipo sanguíneo de um indivíduo;

e) número de alunos de uma escola.

2. O gráfico abaixo mostra a distribuição das idades dos alunos presentes em uma palestra.

Idade dos alunos presentes

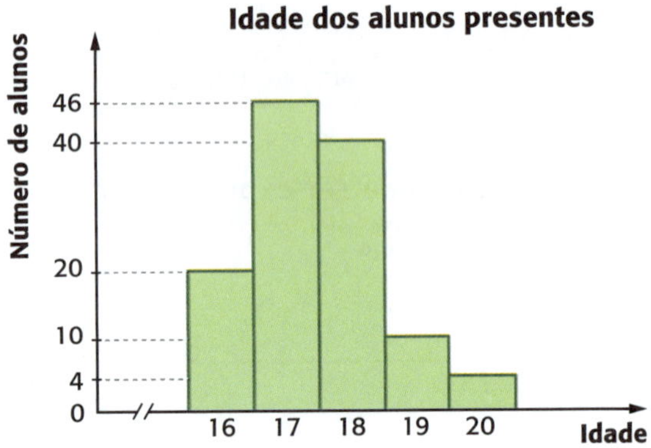

Dados elaborados pelo autor.

Quantos alunos estiveram nessa palestra?

3. O gráfico abaixo mostra o resultado de uma pesquisa realizada com 200 estudantes de uma escola sobre a fruta de que mais gostam.

Fruta preferida pelos alunos

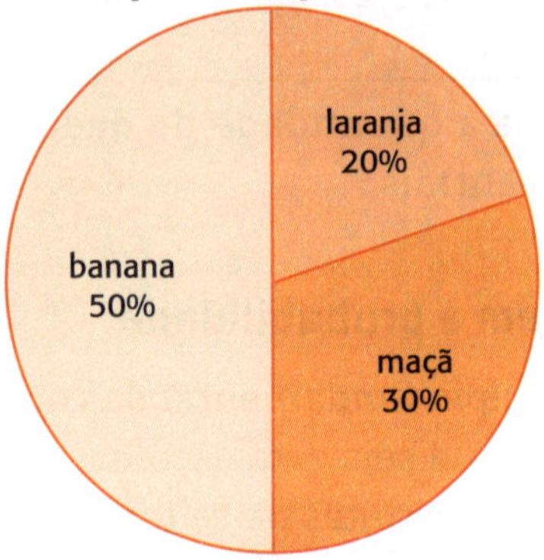

Dados elaborados pelo autor.

Quantos alunos preferem laranja?

4. O gráfico abaixo mostra a evolução da população de uma determinada cidade de 10 em 10 anos.

Evolução da população

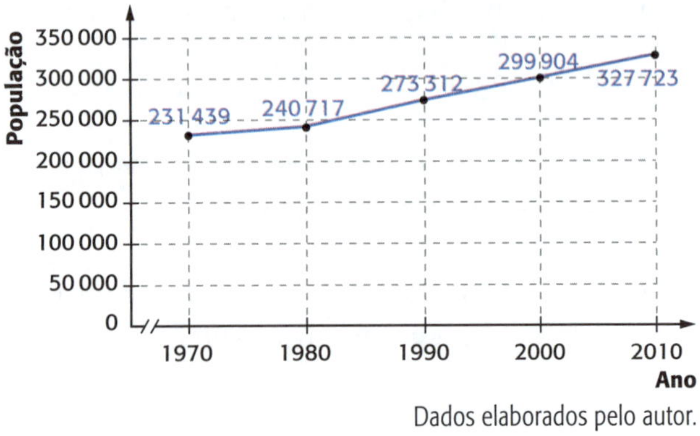

Dados elaborados pelo autor.

Em qual desses períodos ocorreu o maior aumento da população?

5. As idades de 7 filhos adotivos de um casal são: 2 anos, 5 anos, 10 anos, 4 anos, 7 anos, 7 anos e 8 anos. Qual é a mediana das idades dos filhos desse casal?

6. Uma empresa registrou mensalmente, ao longo de um ano, o número de faltas não justificadas de seus funcionários e obteve os seguintes dados: 8, 12, 4, 1, 4, 5, 8, 8, 5, 6, 2, 9.
Qual é a média mensal de faltas não justificadas registradas pela empresa?

7. A tabela abaixo mostra a produção de grãos de uma fazenda entre 2011 e 2015.

Produção anual de grãos

Ano	Produção (em toneladas)
2011	2535
2012	2666
2013	2122
2014	3750
2015	2007

Dados elaborados pelo autor.

Determine a média da produção de grãos de 2011 a 2015.

8. Observe, abaixo, uma tabela de frequência de idades dos alunos de um curso de informática.

Idade dos alunos da turma de Informática

Idade	Frequência
41	3
42	2
43	1
44	1
45	1
46	2
50	2
51	1
52	1
54	1
57	1
58	2
60	2
Total	**20**

Dados elaborados pelo autor.

Qual é a moda desse conjunto de dados?

____

9. (Enem) Em uma seletiva para a final dos 100 metros livres de natação, numa olimpíada, os atletas, em suas respectivas raias, obtiveram os seguintes tempos:

Raia	Tempo (segundo)
1	20,90
2	20,90
3	20,50
4	20,80
5	20,60
6	20,60
7	20,90
8	20,96

A mediana dos tempos apresentados no quadro é:

a) 20,70
b) 20,77
c) 20,80
d) 20,85
e) 20,90

10. (Enem) A tabela a seguir mostra a evolução da receita bruta anual nos três últimos anos de cinco microempresas (ME) que se encontram à venda.

ME	2009 (em milhares de reais)	2010 (em milhares de reais)	2011 (em milhares de reais)
Alfinetes V	200	220	240
Balas W	200	230	200
Chocolates X	250	210	215
Pizzaria Y	230	230	230
Tecelagem Z	160	210	245

Um investidor deseja comprar duas das empresas listadas na tabela. Para tal, ele calcula a média da receita bruta anual dos últimos três anos (de 2009 até 2011) e escolhe as duas empresas de maior média anual.

As empresas que este investidor escolhe comprar são:

a) Balas W e Pizzaria Y.

b) Chocolates X e Tecelagem Z.

c) Pizzaria Y e Alfinetes V.

d) Pizzaria Y e Chocolates X.

e) Tecelagem Z e Alfinetes V.

11. A expressão $M = \frac{3 \cdot 1 + 7 \cdot 2 + 6 \cdot 3}{x}$ representa o cálculo da média ponderada de 3 notas: 3, 7 e 6. Para cada nota foi atribuído um peso diferente: 1, 2 e 3. Determine o valor de **x**.

12. A tabela mostra o resultado de uma pesquisa sobre o número de filhos realizada com 34 famílias.

Quantidade de filhos por família

Filhos	Frequência
0	2
1	6
2	10
3	12
4	4
Total	**34**

Dados elaborados pelo autor.

Determine a mediana desse conjunto de dados.

13. (Enem) Os candidatos K, L, M e P estão disputando uma única vaga de emprego em uma empresa e fizeram provas de Português, Matemática, Direito e Informática. A tabela apresenta as notas obtidas pelos cinco candidatos.

Candidatos	Português	Matemática	Direito	Informática
K	33	33	33	34
L	32	39	33	34
M	35	35	36	34
N	24	37	40	35
P	36	16	26	41

Segundo o edital de seleção, o candidato aprovado será aquele para o qual a mediana das notas obtidas por ele nas quatro disciplinas for a maior.

O candidato aprovado será:

a) K
b) L
c) M
d) N
e) P

14. (Canguru de Matemática) A média aritmética de quatro números é 9. Se três desses números são 5, 9 e 12, qual é o quarto número?

a) 6
b) 8
c) 9
d) 10
e) 36

15. (Enem) Ao final de uma competição de Ciências em uma escola, restaram apenas três candidatos. De acordo com as regras, o vencedor será o candidato que obtiver a maior média ponderada entre as notas das provas finais nas disciplinas Química e Física, considerando, respectivamente, os pesos 4 e 6 para elas. As notas são sempre números inteiros. Por questões médicas, o candidato II ainda não fez a prova final de Química. No dia em que sua avaliação for aplicada, as notas dos outros dois candidatos, em ambas as disciplinas, já terão sido divulgadas.

O quadro apresenta as notas obtidas pelos finalistas nas provas finais.

Candidato	Química	Fisíca
I	20	23
II	X	25
III	21	18

A menor nota que o candidato II deverá obter na prova final de Química para vencer a competição é:

a) 18
b) 19
c) 22
d) 25
e) 26

2. Contagem e probabilidade

16. Rafael escolheu camisetas e calças para levar em uma viagem seguindo as mesmas quantidades e cores ilustradas abaixo. De quantos modos diferentes ele pode combinar uma camiseta com uma calça?

17. Quantos números de três algarismos distintos são possíveis formar?

18. Em uma urna, há 20 cartões coloridos, dos quais 10 são vermelhos, 5 são verdes e 5 são azuis. Retirando um cartão da urna ao acaso, qual é a probabilidade de ele ser azul?

19. Uma escola entrevistou os alunos de duas salas de 9º ano para saber quantas horas diárias eles costumam estudar fora do horário de aula. Os resultados obtidos foram representados na tabela a seguir.

Quantidade de horas estudadas por dia

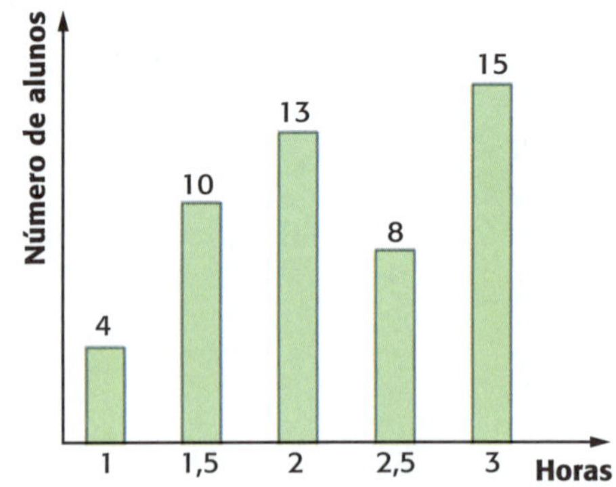

Dados elaborados pelo autor.

Escolhendo aleatoriamente um dos alunos que responderam à pesquisa, qual é a probabilidade desse aluno sorteado estudar 2,5 horas por dia?

20. Em uma urna, há bolas idênticas diferenciadas apenas pela cor. A tabela abaixo mostra as quantidades de bolas de cada cor.

Cores	Quantidade
Azul	15
Verde	23
Vermelho	14
Amarelo	8

Dados elaborados pelo autor.

Retirando uma bola ao acaso, e sem que se observe o interior da urna, qual é a probabilidade de essa bola ser azul?

21. Uma caixa contém fichas idênticas, numeradas de 1 a 10. Sorteando uma ficha ao acaso, e sem que se observe o interior da caixa, qual a probabilidade de essa ficha conter numeração superior a 7?

22. Uma sacola contém bolas pretas, vermelhas e verdes, feitas do mesmo material e com as mesmas dimensões. Ao retirar uma dessas bolas ao acaso, e sem que se observe o interior da sacola, a probabilidade de sair uma bola preta é de 30% e a probabilidade de sair uma bola vermelha é de 25%. Qual a probabilidade de sair uma bola verde?

23. O gráfico abaixo mostra o resultado de uma pesquisa com os alunos de uma sala de 9º ano sobre a quantidade de livros lidos em um período de um ano.

Quantidade de livros lidos em um ano

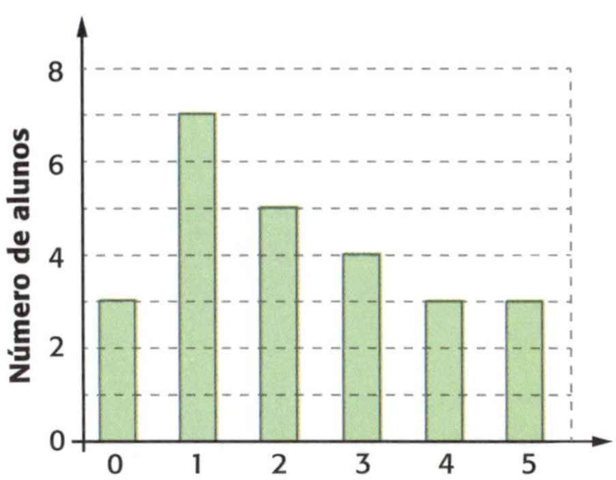

Dados elaborados pelo autor.

Escolhendo ao acaso um dos alunos que participaram da pesquisa, qual a probabilidade de esse aluno sorteado ter lido 3 livros ou mais?

24. Para arrecadar dinheiro para a festa de fim de ano da escola, a sala de Andréa vendeu todos os 300 números de uma rifa. Andréa comprou alguns números de modo que a sua probabilidade de ganhar é de 8%. Quantos números da rifa Andréa comprou?

25. (Enem) Todo o país passa pela primeira fase de campanha de vacinação contra a gripe suína (H1N1). Segundo um médico infectologista do Instituto Emílio Ribas, de São Paulo, a imunização "deve mudar", no país, a história da epidemia. Com a vacina, de acordo com ele, o Brasil tem a chance de barrar uma tendência do crescimento da doença, que já matou 17 mil no mundo. A tabela apresenta dados específicos de um único posto de vacinação.

Campanha de vacinação contra a gripe suína

Datas da vacinação	Público-alvo	Quantidade de pessoas vacinadas
8 a 19 de março	Trabalhadores da saúde e indígenas	42
22 de março a 2 de abril	Portadores de doenças crônicas	22
5 a 23 de abril	Adultos saudáveis entre 20 e 29 anos	56
24 de abril a 7 de maio	População com mais de 60 anos	30
10 a 21 de maio	Adultos saudáveis entre 30 e 39 anos	50

Disponível em: http://img.terra.com.br. Acesso em: 26 abr. 2010 (adaptado).

Escolhendo-se aleatoriamente uma pessoa atendida nesse posto de vacinação, a probabilidade de ela ser portadora de doença crônica é

a) 8%
b) 9%
c) 11%
d) 12%
e) 22%

26. (Canguru de Matemática) Sílvia tem um dado que a ajuda a tomar decisões, mostrado em três diferentes posições na figura abaixo. Ele tem as palavras "sim", "não" e "talvez" escritas em suas faces. Qual é a probabilidade de sair "sim" quando o dado for lançado?

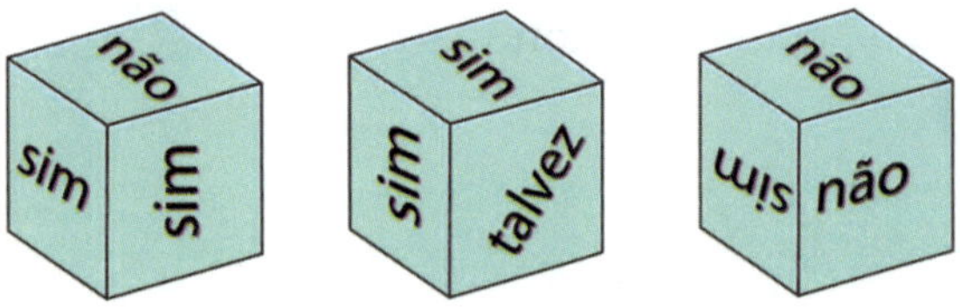

a) 1/3
b) 1/2
c) 5/9
d) 2/3
e) 5/6

27. (Enem) O diretor de um colégio leu numa revista que os pés das mulheres estavam aumentando. Há alguns anos, a média do tamanho dos calçados das mulheres era de 35,5 e, hoje, é de 37,0. Embora não fosse uma informação científica, ele ficou curioso e fez uma pesquisa com as funcionárias do seu colégio, obtendo o quadro a seguir:

Tamanho dos calçados	Número de funcionárias
39,0	1
38,0	10
37,0	3
36,0	5
35,0	6

Escolhendo uma funcionária ao acaso e sabendo que ela tem calçado maior que 36,0, a probabilidade de ela calçar 38,0 é

a) $\frac{1}{3}$
b) $\frac{1}{5}$
c) $\frac{2}{5}$
d) $\frac{5}{7}$
e) $\frac{5}{14}$

Leitura do mundo

Estatística, contagem e probabilidade

Apresentando a situação

Ao longo de um campeonato profissional de futebol, podemos acompanhar no noticiário esportivo uma série de informações a respeito do desempenho dos times no torneio em curso e também seu histórico, referente às edições passadas. Leia o texto a seguir, que analisa a média de gols da primeira rodada do Campeonato Brasileiro de futebol, em 2016.

[...]

O Campeonato Brasileiro começou neste fim de semana com poucas emoções. A primeira rodada da competição registrou apenas 14 gols em dez jogos – média de 1,4 por partida.

É a pior média de gols em uma rodada inaugural do Brasileiro desde 2003, quando o torneio passou a ser disputado por pontos corridos. Em 2015, por exemplo, a primeira rodada do torneio teve o dobro de gols, 28 – média de 2,8.

Disponível em: <www.gazetadopovo.com.br/esportes/futebol/campeonato-brasileiro/primeira-rodada-do-brasileiro-2016-tem-a-pior-media-de-gols-da-era-por-pontos-corridos-en0xuatr3fhtcdonl00u8m7ic>. Acesso em: 13 jul. 2016.

ANEKOHO/SHUTTERSTOCK.COM

O texto acima trata da média de gols em uma rodada do Campeonato Brasileiro de futebol. Essa informação pode ser calculada para comparar as edições de um campeonato, dividindo-se os números de gols marcados pelo número de partidas disputadas.

Durante um campeonato, diversos números são computados, e eles podem ser utilizados para obter informações estatísticas, como veremos na atividade a seguir.

Analisando os dados

1. Agora, analise uma parte da tabela da 38ª rodada do Campeonato Espanhol 2016, contendo os 10 primeiros colocados. Depois, faça o que se pede a seguir.

	Time	Pontos	Jogos	Vitórias	Empates	Derrotas	Gols pró	Gols contra	Saldo de Gols
1	Barcelona	91	38	29	4	5	112	29	83
2	Real Madrid	90	38	28	6	4	110	34	76
3	Atlético de Madrid	88	38	28	4	6	63	18	45
4	Villarreal	64	38	18	10	10	44	35	9
5	Athletic Bilbao	62	38	18	8	12	58	45	13
6	Celta de Vigo	60	38	17	9	12	51	59	−8
7	Sevilla	52	38	14	10	14	51	50	1
8	Málaga	48	38	12	12	14	38	35	3
9	Real Sociedad	48	38	13	9	16	45	48	−3
10	Betis	45	38	11	12	15	34	52	−18

Disponível em: <http://globoesporte.globo.com/futebol/futebol-internacional/futebol-espanhol/>. Acesso em: 14 jul. 2016.

a) Com base na tabela, calcule a média de gols pró por partida, feitos pelo time do Barcelona.

b) Calcule a média de vitórias dos 10 primeiros colocados desse campeonato na 38ª rodada.

c) Qual foi a moda do número de derrotas dos times listados na tabela?

d) Qual foi a mediana do saldo de gols dos times listados na tabela?

Pratique mais

2. Considere a seguinte situação:
Dois times, A e B, disputam uma partida de um campeonato de futebol. Sabe-se que ao final dessa partida foram marcados, ao todo, 6 gols. Qual é a probabilidade de esse jogo ter terminado com o time A não derrotado?